revista de derecho publico

José Ignacio **HERNÁNDEZ G**, Sub-Director
jihernandezg@cantv.net

Mary **RAMOS FERNÁNDEZ**, Secretaria de Redacción
Maryra77@gmail.com

Revista de Derecho Público
Fundación de Derecho Público

Torre América, PH, Av. Venezuela, Bello Monte, Caracas 1050, Venezuela
Email: fundaciondederechopublico@gmail.com.

Editada por la **Fundación Editorial Jurídica Venezolana**, Avda. Francisco Solano López, Torre Oasis, P.B., Local 4, Sabana Grande, Caracas, Venezuela. Telf. (58) 212 762-25-53/38-42/ Fax. 763-52-39 Apartado N° 17.598 – Caracas, 1015-A, Venezuela.

Email: fejv@cantv.net
Pág. web: http://www.editorialjuridicavenezolana.com.ve

© 1980, FUNDACIÓN DE DERECHO PÚBLICO/EDITORIAL JURÍDICA VENEZOLANA

Revista de Derecho Público
N° 1 (Enero/marzo 1980)
Caracas.Venezuela

Publicación Trimestral

Hecho Depósito de Ley
Depósito Legal: pp 198002DF847
ISSN: 1317-2719
1. Derecho público–Publicaciones periódicas

Normas para el envío de originales

La Revista de Derecho Público aceptará artículos inéditos en el campo del derecho público. Los artículos deberán dirigirse a la siguiente dirección secretaria@revistadederechopublico.com

Se solicita atender a las normas siguientes:

1. Los trabajos se enviarán escritos a espacio y medio, con una extensión aproximada no mayor de 35 cuartillas tamaño carta.

2. Las citas deberán seguir el siguiente formato: nombre y apellidos del autor o compilador; título de la obra (en letra cursiva); volumen, tomo; editor; lugar y fecha de publicación; número de página citada. Para artículos de revistas u obras colectivas: nombre y apellidos del autor, título del artículo (entre comillas); nombre de la revista u obra colectiva (en letra cursiva); volumen, tomo; editor; lugar y fecha de publicación; número de página citada.

3. En su caso, la bibliografía seguirá las normas citadas y deberá estar ordenada alfabéticamente, según los apellidos de los autores.

4. Todo trabajo sometido deberá ser acompañado de dos resúmenes breves, en español e inglés, de unas 120 palabras cada uno y con una palabras clave (en los dos idiomas)

5. En una hoja aparte, el autor indicará los datos que permitan su fácil localización (N° fax, teléfono, dirección postal y correo electrónico). Además incluirá un breve resumen de sus datos académicos y profesionales.

6. Se aceptarán para su consideración y arbitraje todos los textos, pero no habrá compromiso para su devolución ni a mantener correspondencia sobre los mismos.

La adquisición de los ejemplares de la Revista de Derecho Público puede hacerse en la sede antes indicada de la Fundación Editorial Jurídica Venezolana, o a través de la librería virtual en la página web de la Editorial: http://www.editorialjuridicavenezolana.com

La adquisición de los artículos de la Revista en versión digital puede hacerse a través de la página web de la Revista de Derecho Público: http://www.revistadederechopublico.com

Las instituciones académicas interesadas en adquirir la Revista de Derecho Público mediante canje de sus propias publicaciones, pueden escribir a canje@revistadederechopublico.com

La Revista de Derecho Público se encuentra indizada en la base de datos CLASE (bibliografía de revistas de ciencias sociales y humanidades), Dirección General de Bibliotecas, Universidad Nacional Autónoma de México, LATINDEX (en catálogo, Folio N° 21041), REVENCYT (Código RVR068) y DIALNET (Universidad de la Rioja, España).

Portada: Lilly Brewer (1980)

Diagramado y montaje electrónico de artes finales: Mirna Pinto,
en letra Times New Roman 9,5, Interlineado 10,5, Mancha 20x12.5

Hecho el depósito de Ley
Depósito Legal: DC2016001706
ISBN Obra Independiente: 978-980-365-369-9

Impreso por: Lightning Source, an INGRAM Content company
para Editorial Jurídica Venezolana International Inc.
Panamá, República de Panamá.
Email: ejvinternational@gmail.com

revista de derecho público

N° 145 - 146
Enero – Junio 2016

Director Fundador: Allan R. Brewer-Carías
Editorial Jurídica Venezolana
Fundación de Derecho Público

SUMARIO

Comentarios Legislativos

JURISPRUDENCIA

Información Jurisprudencial

Comentarios Jurisprudenciales

Comentario general.

Primero: Comentarios sobre las sentencias de la Sala Electoral Nº 260 de 30 de diciembre de 2015 (Caso: Nicia Marina Maldonado Maldonado vs. Elecciones Estado Amazonas), y Nº 1 de 11 de enero de 2016, y sobre la sentencia de la Sala Constitucional Nº 3 de 14 de enero de 2016.

UN CAMBIO NECESARIO

No es necesario argumentar mucho sobre la crisis económica generalizada que afecta al país para entender por qué tuvimos que publicar los dos últimos números del año pasado 2015 en forma integrada como publicación semestral (N° 143-144), y por qué también hemos tenido que publicar estos dos primeros números del año en curso igualmente en forma semestral (N° 145-146). Las mismas dificultades de impresión que se presentaron a comienzos de la década pasada, que nos obligaron a publicar números integrados semestrales e incluso anuales, han afectado la edición de la Revista, y a ello tenemos que amoldarnos, con la esperanza de que el cambio que estamos resintiendo sea temporal.

Además, durante los últimos años desde la *Revista* también hemos sido testigos de los importantes cambios que se han venido produciendo en nuestro derecho público, particularmente en el derecho constitucional y el derecho administrativo que son las dos ramas del derecho a las cuales se ha dedicado básicamente esta *Revista de Derecho Público* durante los últimos treinta y cinco años. Esos cambios, sin duda, han comenzado a condicionar el mismo enfoque y contenido de la *Revista*, como se aprecia de la configuración de los números del semestre anterior N° 143-144, cuya Sección integrada de Estudios fue coordinada por los profesores Antonio Silva Aranguren y Carlos García Soto, a quienes quiero de nuevo agradecer su colaboración. En dichos números, básicamente tuvimos que destinar su contenido a analizar la avalancha de decretos leyes y decretos de emergencia cuya emisión fue la que condicionó buena parte de las acciones del Estado durante esos meses.

Lo mismo, pero bajo otro ángulo, ha condicionado el contenido de este N° 145-146, correspondiente al primer semestre del año en curso, durante el cual lo que básicamente ha caracterizado la actuación del Estado ha sido el torrente de sentencias emanadas de la Sala Constitucional y de la Sala Electoral del Tribunal Supremo, mediante las cuales se han venido limitando, restringiendo y reduciendo, con la cooperación del Poder Ejecutivo, las competencias y poderes constitucionales de la Asamblea Nacional. Ello ha motivado que el grueso de los artículos y comentarios que conforman este volumen hayan tenido que versar sobre el análisis crítico a dichas sentencias.

La *Revista* la concebimos en 1980 en el marco del estudio y divulgación de un derecho público signado por su progresión como instrumento de regulación de un Estado de derecho que se estaba progresivamente consolidando, montado sobre un régimen político democrático en sus relaciones con los administrados, como consecuencia fundamentalmente del control judicial de la constitucionalidad de los actos estatales y de la legalidad de la actividad de los órganos del Estado, con el propósito primordial de garantizar los derechos fundamentales de los ciudadanos y administrados frente a los funcionarios.

Ese marco ha sido precisamente el que ha cambiado en los últimos años, y ello lo hemos constatado desde la *Revista*, cuando hemos dado cuenta por ejemplo, del contenido de la legislación, la cual progresivamente se ha tornado en un amasijo de normas y regulaciones cada vez más estatistas y menos garantistas; y asimismo, cuando hemos constatado cómo la otrora riquísima y garantista jurisprudencia emanada de las Salas Constitucional, Político Administrativa y Electoral del Tribunal Supremo de Justicia, ha venido variando radicalmente, de manera que de haber sido una jurisprudencia limitativa de los poderes y prerrogativas del gobierno y la Administración, y protectora de los derechos de los administrados, ha pasado a ser una jurisprudencia que lo que muestra es una tendencia a justificar las arbitrariedades del Ejecutivo, haciendo prevalecer la voluntad de los gobernantes en sacrificio de los derechos y garantías individuales.

La "doctrina" jurisprudencial, de la cual durante tantos años progresivamente extrajimos todos los principios del derecho público del Estado de derecho, por tanto, se ha tornado en cada vez más escasa; de manera que del estudio de la jurisprudencia del Tribunal Supremo, antes que poder identificar principios del derecho público apuntalando los valores del Estado de derecho, lo que se encuentra es lo contrario, al haber materialmente desaparecido el carácter del control judicial tanto de la constitucionalidad de las leyes como de la conformidad con el derecho de los actos administrativos, que han dejado de ser instrumentos de protección de los administrados. Así, a veces se percibe que el juez constitucional y el juez contencioso administrativo han pasado lamentablemente a convertirse incluso en muchos casos en instrumentos de convalidación o encubrimiento de actuaciones estatales inconstitucionales o legales, siendo en la actualidad raro, para no decir incunable, que haya alguna sentencia anulatoria de alguna ley o de algún acto administrativo.

Todos esos cambios, por tanto, inevitablemente los veremos reflejados en la forma de presentación del contenido de la *Revista*, que seguirá en todo caso girando en torno a las tres partes centrales que siempre ha tenido: Estudios, Legislación y Jurisprudencia.

Caracas, junio 2016
Allan R. Brewer-Carías
Director

ESTUDIOS

Artículos

La legitimidad de los jueces de la Corte Interamericana de Derechos Humanos

Manuel E. Ventura Robles[1]

Abogado

Resumen: *El artículo analiza los problemas de legitimidad que han afectado a algunos jueces de la Corte Interamericana de Derechos Humanos, con motivo de recusaciones formuladas a algunos de los mismos, y de la emisión de algunas sentencias comenzando con la dictada en el caso Mémoli contra Argentina, y producirse con la misma un cambio de criterio de la Corte sobre el derecho a la libertad de expresión.*

Abstract: *This Paper analyses the legitimacy problems that have affected some of the Judges of the Inter American Court of Human Rights, as a consequence of recusals filed against some of them, and the issuing of some decisions beginning with the one ruling in the case Mémoli vs. Argentina producing a change of criteria of the Court on matters of freedom of expression.*

Palabras Clave: *Corte Interamericana de Derechos Humanos. Libertad de expresión. Legitimidad.*

Key words: *Inter American Court on Human Rights. Freedom of Expression. Legitimacy.*

SUMARIO

---

[1]   Miembro del Comité Asesor de los Estados Partes en el Tratado Roma para asesorar en la escogencia de los candidatos a jueces del Tribunal Penal Internacional; ExJuez (2004-2015) y Exvicepresidente de la Corte Interamericana de Derechos Humanos; Miembro de la "International Law Association"; Miembro de la "American Society of International Law"; Miembro del "Instituto Hispano-Luso-Americano y Filipino de Derecho Internacional"; Miembro Honorario de la "Asociación Costarricense de Derecho Internacional" y reconocido por ésta con el Premio "Manuel María de Peralta"; Miembro Correspondiente de la Asociación Argentina de Derecho Internacional; Miembro del "Consejo Editorial de la Revista do Instituto Brasileiro de Direitos Humanos", Miembro del Consejo Editorial del Boletín de la Sociedad Brasileña de Derecho Internacional y homenajeado por el Instituto Brasileño de Derechos Humanos con el "Premio Derechos Humanos 2014" y la "Medalla Antônio Augusto Cançado Trindade"; homenajeado por el Colegio de Abogados de Costa Rica con el Premio "Rodolfo Piza Escalante", y Presidente Honorario del Instituto Colombiano de Derechos Humanos. Correo electrónico: manuelventura.robles@gmail.com

I.   INTRODUCCIÓN

Agradezco profundamente a la Universidad Austral y muy especialmente al Doctor Rodolfo Vigo y a la Doctora María Gattinoni, la gentileza de invitarme a participar como conferencista en estas *IX Jornadas de Derecho Judicial* con un tema muy importante, pero para mi muy difícil de preparar, como es la "Legitimidad de los Jueces de la Corte Interamericana de Derechos Humanos". Porque después de estar veinticinco años en la Secretaría de la Corte y doce como Juez, me ha tocado ser testigo de los grandes momentos por los que ha pasado la Corte, así como de los dudosos que todos esperamos que se superen para el bien del Tribunal.

La legitimidad de los jueces de la Corte Interamericana de Derechos es un tema que, en mis casi 38 años que estuve en el Tribunal, no ha sido desarrollado ni presentado en conferencia alguna durante una actividad académica. Y es entendible porque no se trata solo de señalar las normas que legitiman la función jurisdiccional de los jueces del Tribunal, sino porque hay que conocer los casos en que en opinión de los Estados Partes en la Convención Americana sobre Derechos Humanos, o de las víctimas o sus representantes, se ha puesto en duda esa legitimidad. Para comprobar si esto ha sido cierto, hay que analizar las situaciones que se han presentado con el propósito de deslegitimizar a uno o a varios jueces a través de recusaciones en los procesos o críticas fundadas a sentencias de la Corte. Para esto citaré en primer lugar las normas de la Convención y del Estatuto de la Corte, que legitiman la función de sus jueces.

II.   NORMAS DE LA CONVENCIÓN AMERICANA SOBRE DERECHOS HUMANOS Y DEL ESTATUTO DE LA CORTE IDH

Las normas convencionales que legitiman a los jueces de la Corte Interamericana de Derechos Humanos en el desempeño de sus funciones son las siguientes:

Artículo 52. 1. La Corte se compondrá de siete jueces, nacionales de los Estados miembros de la Organización, elegidos a título personal entre juristas de la más alta autoridad moral, de reconocida competencia en materia de derechos humanos, que reúnan las condiciones requeridas para el ejercicio de las más elevadas funciones judiciales conforme a la ley del país del cual sean nacionales o del Estado que los proponga como candidatos.

Artículo 70. 1. Los jueces de la Corte y los miembros de la Comisión gozan, desde el momento de su elección y mientras dure su mandato, de las inmunidades reconocidas a los agentes diplomáticos por el derecho internacional. Durante el ejercicio de sus cargos gozan, además, de los privilegios diplomáticos necesarios para el desempeño de sus funciones.

2. No podrá exigirse responsabilidad en ningún tiempo a los jueces de la Corte ni a los miembros de la Comisión por votos y opiniones emitidos en el ejercicio de sus funciones.

Artículo 71. Son incompatibles los cargos de juez de la Corte o miembros de la Comisión con otras actividades que pudieren afectar su independencia o imparcialidad conforme a lo que se determine en los respectivos Estatutos.

Artículo 73. Solamente a solicitud de la Comisión o de la Corte, según el caso, corresponde a la Asamblea General de la Organización resolver sobre las sanciones aplicables a los miembros de la Comisión o jueces de la Corte que hubiesen incurrido en las causales previstas en los respectivos Estatutos. Para dictar una resolución se requerirá una mayoría de los dos tercios de los votos de los Estados miembros de la Organización en el caso de los miembros de la Comisión y, además, de los dos tercios de los votos de los Estados Partes en la Convención, si se tratare de jueces de la Corte.

Las normas estatutarias que legitiman a los jueces de la Corte en el desempeño de sus funciones son las siguientes:

Artículo 4. 1. La Corte se compone de siete jueces, nacionales de los Estados miembros de la OEA, elegidos a título personal de entre juristas de la más alta autoridad moral, de reconocida competencia en materia de derechos humanos, que reúnan las condiciones requeridas para el ejercicio de las más elevadas funciones judiciales, conforme a la ley del Estado del cual sean nacionales o del Estado que los postule como candidatos.

Artículo 15. 1. Los jueces gozan, desde el momento de su elección y mientras dure su mandato, de las inmunidades reconocidas por el derecho internacional a los agentes diplomáticos. Durante el ejercicio de sus funciones gozan, además, de los privilegios diplomáticos necesarios para el desempeño de sus cargos.

2. No podrá exigírseles en ningún tiempo responsabilidad por votos y opiniones emitidos o actos realizados en el ejercicio de sus funciones.

3. La Corte en sí y su personal gozan de las inmunidades y privilegios previstos en el Acuerdo sobre Privilegios e Inmunidades de la Organización de los Estados Americanos de 15 de mayo de 1949, con las equivalencias correspondientes, habida cuenta de la importancia e independencia de la Corte. (…)

5. El régimen de inmunidades y privilegios de los jueces de la Corte y de su personal, podrá reglamentarse o complementarse mediante convenios multilaterales o bilaterales entre la Corte, la OEA y sus Estados miembros.

Artículo 19. 1. Los jueces estarán impedidos de participar en asuntos en que ellos o sus parientes tuvieren interés directo o hubieran intervenido anteriormente como agentes, consejeros o abogados, o como miembros de un tribunal nacional o internacional, o de una comisión investigadora, o en cualquier otra calidad, a juicio de la Corte.

2. Si alguno de los jueces estuviere impedido de conocer, o por algún motivo calificado considerare que no debe participar en determinado asunto, presentará su excusa ante el Presidente. Si éste no la aceptare, la Corte decidirá.

3. Si el Presidente considera que alguno de los jueces tiene causal de impedimento o por algún otro motivo calificado no deba participar en determinado asunto, así se lo hará saber. Si el juez en cuestión estuviere en desacuerdo, la Corte decidirá.

4. Cuando uno o más jueces fueren inhabilitados conforme a este artículo, el Presidente podrá solicitar a los Estados partes en la Convención que en una sesión del Consejo permanente de la OEA designen jueces interinos para reemplazarlos.

Artículo 20. 1. Los jueces y el personal de la Corte deberán observar, dentro y fuera de sus funciones, una conducta acorde con la investidura de quienes participan en la función jurisdiccional internacional de la Corte. Responderán ante ésta de esa conducta, así como de cualquier impedimento, negligencia u omisión en el ejercicio de sus funciones.

2. La potestad disciplinaria respecto de los jueces corresponderá a la Asamblea General de la OEA solamente a solicitud motivada de la Corte, integrada al efecto por los jueces restantes.

3. La potestad disciplinaria respecto del Secretario corresponde a la Corte, y respecto al resto del personal, al Secretario, con la aprobación del Presidente.

4. El régimen disciplinario será reglamentado por la Corte, sin perjuicio de las normas administrativas de la Secretaría General de la OEA, en lo que fueren aplicables conforme al artículo 59 de la Convención.

Por su parte el Reglamento de la Corte, aprobado por ella misma y no por la Asamblea General de la Organización de los Estados Americanos (OEA) como es el caso del Estatuto, dispone en su artículo 21 los mismos impedimentos, excusas e inhabilitaciones, que el artículo 19 del Estatuto. Dicho artículo 21 del Reglamento dispone literalmente:

Artículo 21. 1. Los impedimentos, las excusas y la inhabilitación de los Jueces se regirán por lo dispuesto en el artículo 19 del Estatuto y el artículo 19 de este Reglamento.

2. Los impedimentos y excusas deberán alegarse antes de la celebración de la primera audiencia del caso. Sin embargo, si la causal de impedimento o excusa ocurriere o fuere conocida posteriormente, dicha causal podrá hacerse valer ante la Corte en la primera oportunidad, para que ésta decida de inmediato.

3. Cuando por cualquier causa un Juez no esté presente en alguna de las audiencias o en otros actos del proceso, la Corte podrá decidir su inhabilitación para continuar conociendo del caso habida cuenta de todas las circunstancias que, a su juicio, sean relevantes.

III. CASOS EN QUE SE HAN RECUSADO JUECES DE LA CORTE

1. El primer caso en que se recusó a un juez de la Corte Interamericana fue en el caso *Baena Ricardo y otros*, realizado por la República de Panamá, contra el entonces Presidente de la Corte, Juez Antônio Augusto Cançado Trindade, el 25 de enero del año 2000

El caso en mención, conocido popularmente como "Víctimas de la Ley 25", fue sometido a la Corte por la Comisión Interamericana de Derechos Humanos (CIDH), por haber dado el Estado panameño efecto retroactivo a la Ley 25, para legitimar el despido de 270 trabajadores del sector público que aparentemente se sumaron a una asonada militar de ex miembros de la Guardia Nacional de Panamá, lo que provocó la intervención, para su develamiento, de las fuerzas americanas estacionadas en la zona del Canal de Panamá.

El 21 de enero del año 2000, el Presidente de la Corte dio una conferencia de prensa en la sede del Tribunal, que fue reproducida en la prensa panameña, manifestando que el caso *Baena Ricardo y otros* era "un caso laboral" y que era el primero que "sobre esta materia que llega a la Corte", criterio que la República de Panamá no aceptaba. Agregó el Estado, en su escrito de recusación, que el Presidente manifestó que el caso versaba sobre "el debido proceso legal en materia económica y social" y que "las cuestiones de denegación de justicia se relacionan con materia económica y social".

Finalmente y como consecuencia de las declaraciones señaladas, el Estado realizó la siguiente petición especial:

Por la gravedad de la situación creada con la conducta del Juez Cançado Trindade, y dada su alta investidura de Presidente de la Corte, solicitamos que la Corte lleve a cabo una audiencia especial, con participación del Estado Panameño, para discutir y considerar la presente recusación, examinando las pruebas que se aducen en este incidente, y escuchando la posición de la parte incidentista.

Adicionalmente, como quiere que el Juez Cançado Trindade actuó, no a título personal, sino en su calidad de Juez de la Corte, sus expresiones han creado una situación inapropiada para llevar a cabo la audiencia de fondo programada originalmente para los días 26, 27 y 28 de enero próximo. Habida cuenta de esto, la República de Panamá pide a la Corte que se aplace la audiencia hasta tanto se den las condiciones que permitan realizar la audiencia en condiciones de serenidad y objetividad.

La Corte, al resolver la recusación consideró:

1. Que aún cuando ni la Convención ni el Estatuto ni el Reglamento de la Corte previenen causas y procedimientos para la recusación de un juez, la Corte estimó conveniente abrir el expediente respectivo y resolver el planteamiento formulado por el Estado de Panamá.

2. Que la Corte ha encomendado a su Presidente la celebración de conferencias de prensa para informar, en términos generales, sobre el contenido de los trabajos de los sus períodos de sesiones, y que en tal virtud el Presidente llevó a cabo una conferencia de prensa el 21 de enero de 2000 en relación con el XLVII Período Ordinario de Sesiones.

3.   Que la Corte en pleno escuchó los informes del Presidente y el Secretario de la Corte, señor Manuel E. Ventura Robles, en relación con la conferencia de prensa del 21 de enero de 2000.

4.   Que igualmente la Corte escuchó la grabación de la citada conferencia de prensa, la que además había sido oportunamente proporcionada al Estado de Panamá por iniciativa del Presidente de este Tribunal.

5.   Que ni la citada grabación ni de los recortes de prensa proporcionados por Panamá como prueba de los hechos que a su entender sustentan el incidente de recusación surgen elementos que puedan, a criterio de esta Corte, configurar conducta impropia de su Presidente que amerite su inhabilitación para continuar conociendo el presente caso por haber anticipado su criterio o el de la Corte.

6.   Que la Corte es responsable de las declaraciones oficiales que hagan el Presidente o sus integrantes, no así de las versiones que den o de las interpretaciones que realicen otras personas acerca de dichas declaraciones.

7.   Que el Presidente se excusó de intervenir en este proceso.

8.   Que es pertinente conveniente continuar la tramitación del presente caso y llevar a cabo la audiencia pública convocada para el día 26 de enero y siguientes de 2000 en la sede de la Corte, tal cual fuera convocada por Resolución del Presidente de 7 de diciembre de 1999.

POR TANTO:

LA CORTE INTERAMERICANA DE DERECHOS HUMANOS,

De conformidad con los artículos 19 y 20 del Estatuto de la Corte Interamericana de Derechos Humanos y los artículos 14 y 19 de su Reglamento,

RESUELVE:

Por unanimidad,

1.   Desestimar la recusación planteada por el Estado de Panamá contra el Presidente de la Corte Interamericana de Derechos Humanos, Juez Antônio Augusto Cançado Trindade, así como las demás solicitudes contenidas en su escrito de 21 de enero de 2000.

2.   No aceptar la excusa formulada por el Presidente de la Corte Interamericana de Derechos Humanos, Juez Antônio Augusto Cançado Trindade, para no intervenir en el presente proceso.

3.   Continuar la tramitación del presente caso.

2. Recusación contra el Juez Diego García Sayán en el caso del Penal Castro Castro contra el Perú.

La segunda recusación, por razones muy diferentes a la primera, se presentó por la representante legal de las víctimas en el caso del *Penal Castro Castro contra el Perú*, en una sesión extraordinaria de la Corte en el Salvador el 25 de junio de 2006, contra el juez peruano Diego García Sayán, quien fue Ministro de Justicia y de Relaciones Exteriores del Estado peruano, al tiempo de la tramitación del caso ante la Comisión Interamericana de Derechos Humanos, y por considerar que había tenido en ese entonces la responsabilidad como funcionario de las políticas y decisiones del Estado sobre este caso. Consecuentemente consideraron que el juez García Sayán tenía impedimento para participar como juez en el caso.

Ese mismo día, el Juez García Sayán envió una comunicación al Presidente de la Corte, manifestando que no intervino en el caso y mucho menos haber tenido intervención alguna en las "políticas y decisiones del Estado peruano en relación a la investigación o falta de investigación de los hechos". Sin embargo, comunicó a la Corte la decisión de no continuar conociendo el caso.

La Corte, mediante resolución de ese mismo día, aceptó la excusa del Juez García Sayán de continuar conociendo el caso de conformidad con los dispuestos en el artículo 19.2 de su Estatuto y decidió continuar con la tramitación del mismo.

3. Las diez recusaciones de Venezuela contra los jueces de la Corte Interamericana de Derechos Humanos.

Con motivo del 38 Período Extraordinario de Sesiones de la Corte realizado en Santo Domingo, República Dominicana, del 30 de marzo al 3 de abril de 2009, se celebró la audiencia pública en el caso *Usón Ramírez contra Venezuela*. Al finalizar la audiencia la Secretaría de la Corte, como es usual, transmitió la grabación de la misma al Estado de Venezuela y, por error, incluyó también la deliberación que sobre el caso *Usón Ramírez* realizó el Tribunal luego de finalizada la audiencia pública.

Después de escuchar la grabación de la deliberación privada, el Estado venezolano presentó como excepción preliminar la recusación de los jueces Diego García Sayan, Leonardo Franco, Manuel E. Ventura Robles, Margarette May Macaulay y Rhadys Abreu Blondet, así como al Secretario de la Corte Pablo Saavedra Alessandri, por supuesta falta de imparcialidad. El documento del Estado que contenía expresiones injuriosas contra la Corte, fue respondido mediante resolución del Presidente en funciones, el año siguiente, juez Alberto Pérez Pérez de Uruguay, que no integraba la Corte el año anterior cuando se conoció el caso *Usón Ramírez*.

El juez Pérez Pérez afirmó, en su condición de Presidente en funciones, literalmente lo siguiente:

POR TANTO:

EL PRESIDENTE EN FUNCIONES DE LA CORTE INTERAMERICANA DE DERECHOS HUMANOS,

De conformidad con los artículos 12, 13, 19 y 25 del Estatuto y con los artículos 4, 21, 31 y 39 del Reglamento,

RESUELVE:

1. Declarar manifiestamente improcedente el ataque global a la Corte como tal contenido en el escrito al que se remite el Estado (supra Considerando sexto), rechazar las expresiones injuriosas indebidamente empleadas por el Estado en dicho escrito y advertir que todo escrito que contenga expresiones de esa índole será devuelto a quien lo haya presentado sin darle trámite alguno.

(…)

3. Declarar inadmisibles, por no referirse al presente caso, las consideraciones formuladas por el Estado en relación con la Sentencia emitida en el caso *Usón Ramírez vs. Venezuela*, de conformidad con lo expuesto en el Considerando quinto de la presente Resolución.

4. Declarar que es infundada la alegación de falta de imparcialidad formulada por el Estado en relación con los Jueces Diego García Sayan, Leonardo Franco, Manuel E. Ventura Robles, Margarette May Macaulay y Rhadys Abreu Blondet, quienes no han incurrido en ninguna de las causales estatutarias de impedimento ni realizado acto alguno que permita cuestionar su imparcialidad, de conformidad con lo indicado en los Considerandos décimo tercero a vigésimo cuarto de la presente Resolución.

5. Declarar improcedentes e infundados los alegatos estatales referidos a la supuesta falta de imparcialidad de Pablo Saavedra Alessandri, Secretario del Tribunal, de conformidad con lo indicado en el Considerando vigésimo quinto de la presente Resolución.

6. Determinar que corresponde que la Corte, en su composición íntegra, sin perjuicio de lo indicado en el Considerando 26 de la presente Resolución, continúe conociendo plenamente (este y otros casos contra Venezuela).

7. Disponer que la Secretaría de la Corte notifique la presente Resolución a la Comisión Interamericana, a los representantes de la presunta víctima y a la República Bolivariana de Venezuela.

Durante los años siguientes, 2010-2016, Venezuela interpuso la misma excepción en idénticos términos y fue respondida también en idénticos términos por resoluciones del juez Pérez Pérez. Los casos en que esto ocurrió fueron los siguientes: *Chocrón Chocrón, López Mendoza, Familia Barrios, Díaz Peña, Uzcátegui y otros, Castillo González y otros, Brewer-Carías, Hermanos Landaeta Mejías y otros y Granier y otros*, todos contra el Estado venezolano.

IV. INICIO DE UN PROCESO DE DESLEGITIMACIÓN DE ALGUNOS JUECES Y DE LA CORTE, EL CUAL AÚN NO TERMINA

El mes de noviembre del año 2013 dio inicio un inesperado proceso que ha perjudicado mucho la legitimidad del Tribunal y de algunos jueces. Al deliberar el *caso Mémoli contra Argentina* y al votar en el mismo, se produjo un cambio de criterio de la Corte sobre el derecho a la libertad de expresión, que generó una inmediata y fuerte reacción de la Comisión Interamericana y varias ONGs, especialmente porque en marzo de ese año se había fallado el *caso Kimel* contra Argentina. En el *caso Kimel* se decidió la violación del derecho a la libertad de expresión y en el *caso Mémoli* no, bajo similares hechos.

En el proceso de deliberación de la sentencia, la Corte se dividió en dos: los jueces que votaron contra la violación a la libertad de expresión: el Presidente, juez Diego García Sayán, y los jueces Alberto Pérez Pérez, Roberto F. Caldas y Humberto Sierra Porto. Y por otra parte, los jueces que salvaron su voto, a favor de la violación del derecho a la libertad de expresión: Manuel E. Ventura Robles, Eduardo Vio Grossi y Eduardo Ferrer Mac-Gregor.

Como si eso fuera poco, ese mes se produjo la votación para elegir nuevo Presidente y Vicepresidente de la Corte. Por precedencia y compromiso de votos se esperaba elegir a los jueces Manuel E. Ventura Robles y Eduardo Vio Grossi, respectivamente. La sorpresa fue que el mismo grupo que había votado en contra de la violación a la libertad de expresión en el *caso Mémoli* se unió y eligieron Presidente a Humberto Sierra Porto y a Roberto F. Caldas como Vicepresidente. Estos dos jueces tenían únicamente 9 meses de integrar el Tribunal y con esto se rompió la tradición de los tribunales internacionales de elegir a los jueces más antiguos y experimentados. Se sospechó desde un inicio una maniobra por parte del entonces Presidente de la Corte de quien se rumoraba que quería ser candidato a la Secretaría General de la OEA.

La confirmación de la sospecha

No hubo que esperar mucho para que se confirmaran los hechos. Pronto, el 26 de mayo de 2014, la Corte emitió sentencia en el caso *Allan R. Brewer-Carías* contra Venezuela, en que se puso en evidencia que el mismo grupo de cuatro jueces que habían votado favorablemente el caso *Mémoli* contra Argentina, hicieron mayoría para que no se condenara a Venezuela en el citado caso. Los jueces Manuel E. Ventura Robles y Eduardo Ferrer Mac-Gregor y votaron en contra y emitieron un voto disidente contra la sentencia emitida por la Corte. El juez Vio Grossi se excusó de conocer el caso por haber trabajado como exiliado en Venezuela en la Universidad Central de Caracas bajo la dirección del Profesor Brewer-Carías.

Para entonces, Allan Brewer-Carías tenía diez años de vivir en New York exiliado de Venezuela. El Estado alegaba que para agotar los recursos internos debía estar presente en Venezuela, lo que lo expondría a ser puesto preso, y mientras tanto el juicio en Venezuela no se fallaba. El Profesor Brewer-Carías, un reconocido jurista y académico en toda América y en Europa fue defendido por el grupo de abogados más notable que se haya juntado en caso alguno ante la Corte Interamericana: Pedro Nikken, Helio Bicudo, Claudio Grossman, Juan Méndez, Douglas Cassell y Héctor Faúndez Ledezma.

El Profesor Brewer-Carías publicó en Caracas en el mismo año 2014, en la Editorial Jurídica Venezolana, un libro de quinientas páginas, titulado: *"El Caso Allan R. Brewer-Carías vs. Venezuela ante la Corte Interamericana de Derechos Humanos*. Estudio del Caso y Análisis Crítico de la Errada Sentencia de la Corte Interamericana de Derechos Humanos N° 277 de 26 de mayo de 2014."

En la tapa de dicho libro se leen textualmente las razones por las que, como consecuencia de esta sentencia, se afectó la legitimidad de la Corte y de cuatro jueces. Procedo a continuación a citar textualmente lo señalado en dicha publicación:

Este libro sobre el Caso *CIDH Allan R. Brewer-Carías vs. Venezuela*, es la reflexión personal del propio profesor Allan R. Brewer-Carías sobre la sentencia N° 277 dictada en su caso por la Corte Interamericana de Derechos Humanos el 26 de mayo de 2014, el cual fue llevado con la asistencia de los destacados abogados y profesores Pedro Nikken, Claudio Grossman, Juan E. Méndez, Douglas Cassell, Helio Bicudo y Héctor Faúndez Ledezma. En el mismo, se denunciaron las masivas violaciones cometidas contra sus derechos y garantías judiciales (a la defensa, a ser oído, a la presunción de inocencia, a ser juzgado por un juez imparcial e independiente, al debido proceso judicial, a seguir un juicio en libertad, a la protección judicial) y otros (a la honra, a la libertad de expresión, incluso al ejercer su profesión de abogado, a la seguridad personal y a la circulación y a la igualdad y no discriminación) consagrados en los artículos 44, 49, 50, 57 y 60 de la Constitución de Venezuela y de los artículos 1.1, 2, 7, 8.1, 8.2, 8.2.c, 8.2.f, 11, 13, 22, 24 y 25 de la Convención Americana sobre Derechos Humanos. Las violaciones fueron cometidas en contra de Brewer-Carías durante el curso del proceso penal desarrollado desde 2005 en Venezuela, con motivo de la falsa acusación formulada en su contra de haber "conspirado para cambiar violentamente la Constitución," con motivo de los hechos políticos ocurridos tres años antes, en 2002, con ocasión de la anunciada renuncia del Presidente Hugo Chávez, y en los cuales se limitó a dar una opinión jurídica en ejercicio de su profesión de abogado, en esos momentos de crisis institucional. El juicio, en realidad, ha sido un instrumento de persecución política en su contra por su crítica al gobierno autoritario de su país.

La Corte Interamericana, sin embargo, se abstuvo de juzgar el fondo de las denuncias, y admitió la excepción de falta de agotamiento de los recursos internos que había sido opuesta por el Estado, violando no sólo su propia jurisprudencia histórica sentada desde el caso *Velásquez Rodríguez vs. Honduras* (1987), que le imponía la obligación de entrar a conocer del fondo de la causa cuando las denuncias formuladas contra un Estado son precisamente violaciones a las garantías judiciales, sino violando también el derecho de Brewer de acceso a la Justicia internacional, protegiendo en cambio al Estado, e ignorando además, que en el proceso sí se había efectivamente agotado el único recurso disponible y oportuno que tuvo, que fue la solicitud de nulidad absoluta o amparo penal, que nunca fue resuelta.

La aparición de este libro coincide, por otra parte con la noticia, que por cierto era un secreto a voces bien conocido, de que uno de los jueces de la Corte, quien fue su Presidente durante la sustanciación del caso, ha sido propuesto como candidato a la Secretaría General de la OEA, lo que evidencia una absoluta situación de incompatibilidad, al cual, además, se operó durante todo el proceso del caso, derivada de un Juez buscando votos de Estados en apoyo a su aspiración, mientras pretendía juzgar a esos mismos Estados con cuyos votos aspiraba contar, todo lo cual generó la percepción de que podía haber votos de Jueces que estuvieran influidos por factores ajenos a los estrictamente jurídicos. La aparición del libro también coincide con la insólita noticia de que, aún con la protesta de destacados jueces, el Presidente de la Corte ha dado una "excusa" al "Juez candidato" para que continúe siendo Juez de la Corte, con todas sus prerrogativas, y siga a la vez buscando votos de apoyo de los Estados que la Corte juzga. Con actitudes como estas, sin duda se está arruinando una obra de más de treinta años, no solo consistente en el desprecio a un rico acervo de jurisprudencia, sino, peor aún, de destrucción de la confianza entre las víctimas de violaciones a los derechos humanos en la región, de que les quedaba una última esperanza de obtener en San José la justicia que se les niega en su país.

Por otra parte, el 21 de agosto de 2014 el entonces Presidente de la Corte, Humberto Antonio Sierra Porto, emitió una resolución por medio de la cual aceptó la excusa planteada por el entonces juez Diego García Sayán, para no participar de todas las actividades de la Corte, en virtud de su candidatura al puesto de Secretario General de la OEA.

Como respuesta a esta resolución del Presidente de la Corte, el 21 de agosto de 2014, el juez Eduardo Vio Grossi remitió a la Presidencia y Secretaría de la Corte nuestra *Constancia de Disentimiento ante la "excusa" otorgada al juez Diego García Sayán por el Presidente juez Humberto Sierra Porto, sin competencia para ello, para que sin dejar de ser juez de la Corte Interamericana pueda realizar actividades políticas incompatibles con la de juez, como candidato a la Secretaría General de la OEA.* A esta constancia de disentimiento el suscrito, juez Manuel E. Ventura Robles, se adhirió por completo a los planteamientos en ella formulados.

En esta constancia se expuso la disconformidad con lo resuelto por el Presidente de la Corte, por considerar que la excusa elevada por el juez García Sayán no correspondía al espíritu y claros términos del artículo 19.2 del Estatuto de la Corte, que regula la institución de la excusa, por lo que se puede concluir que ella era del todo improcedente. Lo que sí podría haber procedido era la renuncia al cargo de juez de la Corte en virtud de la candidatura a la Secretaría General de la OEA, posibilidad contemplada en el artículo 21.1 del Estatuto del Tribunal.

Aunado a lo anterior, en ella se manifiesta el criterio de que, con base en el artículo 18.2 del Estatuto, no procedía que el Presidente de la Corte se pronunciara con relación a la aludida petición del juez García Sayán como efectivamente lo hizo, por carecer de competencia para ello y en cambio, lo que correspondía era permitir su análisis y resolución por el pleno de la Corte. En nuestra constancia de disidencia expusimos además las graves consecuencias que este accionar implicaba para la institución.

En la mencionada constancia de disentimiento, se señala textualmente:

Por todo lo afirmado precedentemente, resulta al menos plausible sostener que la referida solicitud de excusa del juez García Sayán y lo resuelto al efecto por el Presidente, pueden afectar seriamente la credibilidad en lo que concierne a su "*imparcialidad*", "*dignidad*" o "*prestigio*".

Agregó el juez Vio Grossi que:

Asimismo, esta constancia de disentimiento responde a la transparencia que, a juicio del suscrito, debe imperar en una instancia judicial de la envergadura de la Corte, que imparte justicia en materia de derechos humanos con estricto apego a los principios de imparcialidad, independencia, legalidad y certeza y seguridad jurídicas, otorgando, por ende, a quienes comparecen ante ella la máxima garantía de que efectivamente procede así.

Anteriormente, el 20 de agosto de 2014, el juez Manuel E. Ventura Robles, le dirigió una carta al Presidente de la Corte en los siguientes términos:

Señor Presidente:

He recibido copia de una carta que el día de ayer le entregó el Juez Diego García Sayán, solicitándole que, de acuerdo con lo estipulado en el artículo 19.2 del Estatuto de la Corte Interamericana de Derechos Humanos, lo excuse de participar en los casos contenciosos sometidos a la Corte por un período de tiempo, en este momento indefinido, hasta que se elija al nuevo Secretario General de la Organización de los Estados Americanos, puesto para el cual él es candidato presentado por el Estado del Perú.

En mi opinión, pese a que usted aceptó la excusa en carta del día de hoy, sin posibilidad de apelación de parte de los otros jueces según dispone el citado artículo 19.2 del Estatuto, esta norma se refiere a las excusas de los jueces ante la Presidencia para no conocer casos concretos y no para períodos de tiempo.

Consecuentemente y debido a que considero que la situación en que se encuentra el Juez García Sayán, debido a que es candidato a la Secretaría General de la OEA, es un asunto de clara incompatibilidad con el cargo de Juez de la Corte Interamericana de acuerdo con lo que dispone el artículo 18.1.c del Estatuto, le solicito formalmente, someter este asunto a consideración del Pleno de la Corte, para que se resuelva lo pertinente sobre la incompatibilidad en este caso y todos los jueces podamos pronunciarnos sobre el tema.

Mucho le agradecería responder por escrito a esta solicitud lo más pronto posible, debido a la importancia de este asunto.

El Presidente de la Corte contestó ese mismo día en los siguientes términos:

Señor Juez Manuel Ventura Robles:

Acuso recibo de su comunicación de fecha 20 de agosto del presente por medio de la cual me presenta un escrito en el que indica que la situación que he resuelto respecto al Juez Diego García Sayán es un (asunto de clara incompatibilidad con el cargo de Juez de la Corte Interamericana de acuerdo a lo que dispone el artículo 18.1.c del Estatuto) y me solicita someter el asunto a consideración del Pleno.

El Juez García Sayán me presentó el día 19 de agosto, de conformidad al artículo 19.2 del Estatuto de la Corte, su excusa de participar en las actividades jurisdiccionales de ésta mientras sea candidato a la Secretaría General de la OEA. De conformidad con el citado artículo, resolví aceptar su excusa de manera que no participe en ninguna actividad del Tribunal. Solo en caso que hubiese procedido una negativa de mi parte, el asunto debería ser considerado por el Pleno, cuestión que no ocurrió en el presente caso.

En atención de lo anterior, su solicitud resulta improcedente.

Sin otro particular,

(f)

Humberto Sierra Porto

Presidente

V.   ÚLTIMAS CONSECUENCIAS DE LA DESLEGITIMACIÓN DE LA CORTE

La presencia en la Presidencia de la Corte actualmente del juez Roberto Caldas, miembro del grupo de jueces que con su voto se sumo a los casos *Mémoli* y *Brewer-Carías* y que apoyó el permiso para ser candidato a Secretario General de la OEA al juez García Sayán, acaba de producir un hecho que afectó la legitimidad de la Corte, durante el proceso que llevó a juicio político a Dilma Rousseff, Presidenta del Brasil. Lo anterior en virtud de declaraciones públicas hechas siendo Presidente de la Corte, en contra del mencionado proceso, las que la prensa atribuyó a la Corte como posición de la misma sobre este tema. Cabe aclarar que el juez Roberto Caldas fue propuesto como candidato a juez de la Corte Interamericana, por el gobierno de la Presidenta del Brasil, Dilma Rousseff. Hechos como este, en mi entendimien-to, afectan la imparcialidad del juez y la imagen de la Corte, por la cual no pudo participar en la absolución de la opinión consultiva solicitada por el Secretario General de la OEA sobre la materia.

VI. CONCLUSIÓN

Como hemos visto a lo largo de la conferencia, a los jueces de la Corte los legitima el que el Tribunal haya sido creado por la Convención Americana sobre Derechos Humanos, que a su vez dispuso la integración de la Corte con siete jueces y las condiciones o requisitos que se necesitan para serlo. Si estas normas incluidas en la Convención, el Estatuto o el Re-glamento se violan, los jueces pertinentes o la Corte misma se deslegitiman. Recobrar esa legitimidad cuesta mucho y toma tiempo, así como es muy fácil perderla.

Para mí, la presencia en la composición actual de los jueces Eduardo Vio Grossi, Eduardo Ferrer Mac-Gregor Poisot, así como de los nuevos jueces Elizabeth Odio Benito, Eugenio Raúl Zaffaroni y Patricio Pazmiño, son una esperanza de que la legitimidad de todos los jueces de la Corte volverá a resplandecer y por ende el Tribunal mismo.

De momento, los Estados Partes en la Convención Americana deberían someter a la Asamblea General de la OEA, una reforma al Estatuto de la Corte para que expresamente prohíba a los jueces ser candidatos a puestos en que para ser elegidos, voten los mismos Estados Partes a quien ese juez juzga en ejercicio de sus funciones como juez de la Corte Interamericana de Derechos Humanos.

La traición a la Constitución: El desmontaje del Estado de derecho por el Juez Constitucional en Venezuela*

Allan R. Brewer-Carías

Director de la Revista

Resumen: *El artículo tiene como objeto describir los aspectos generales del colapso del régimen democrático producto de la traición progresiva a los principios y promesas insertos en la Constitución de 1999.*

Abstract: *The article is intended to describe the general aspects of the collapse of the democratic regime, as a consequence of the betrayal of the principles and promises contained in the 1999 Constitution.*

Palabras Clave: *Constitución. Democracia. Separación de Poderes. Federalismo. Centralización.*

Key words: *Constitution. Democracy. Separation of Powers. Federalism. Centralization.*

SUMARIO

Durante tres lustros, a la vista de todo el mundo democrático, en Venezuela se ha venido produciendo un verdadero proceso de colapso en sus instituciones democráticas, como consecuencia de la traición a la Constitución; perfidia, que fue cometida por el grupo militarista que asaltó el poder en 1999, y que utilizando los instrumentos de la democracia ha venido destruyéndola y desmontando progresivamente el Estado de derecho.

---

* Este estudio es básicamente el texto de la conferencia que con el título:"La traición a la Constitución: El desmontaje del Estado de derecho por el Juez Constitucional en Venezuela," dictamos en el acto de presentación del libro: *La doctrina constitucional y administrativa del Estado social y democrático de derecho, Liber Amicorum Allan Brewer-Carías* (Coordinadores: Eduardo Jorge Prats y Olivo Rodríguez Huertas), Instituto Dominicano de Derecho Constitucional, Asociación Dominicana de Derecho Administrativo, Santo Domingo 2016, en la *I Jornada Jurídica Post Grado PUCMM, Pontificia Universidad Católica Madre y Maestra,* Santo Domingo, 13 de junio de 2016.

Esa situación, nosotros, como hombres del mundo del derecho, no podemos ni debemos soslayarla; no lo hicimos antes y hoy no podemos hacerlo, y, al contrario, estamos obligados a seguir enfrentándola desde las páginas de esta *Revista* y de todos los otros diversos medios de difusión del pensamiento jurídico.

Para ello, quiero comenzar ratificando una precisión temporal y es que la catastrófica situación política, económica y social que atraviesa Venezuela, que solo en los últimos meses es que ha despertado la atención mundial por la crisis humanitaria que se ha producido, y por el descarado desmontaje de la Asamblea Nacional y con ello de la voluntad popular, que se ha ejecutado por parte de la Sala Constitucional del Tribunal Supremo sujeta a control, por parte del Poder Ejecutivo, no se ha producido de la noche a la mañana. Todo ha sido el producto de un largo proceso de desconocimiento y traición a la Constitución que comenzó a producirse en el mismo momento en el cual se la aprobó en 1999. Como consecuencia de ello, todo su contenido resultó una gran mentira, habiéndose violado su texto por los gobernantes, tantas veces como cuantas ustedes los han visto en los medios de comunicación blandiéndola en actos públicos, pero no para aplicarla, sino para tratar de disimular la traición a la misma.

Una Constitución, conforme a los principios del constitucionalismo moderno, para ser tal, tiene ante todo que ser un pacto de una sociedad formulada por el pueblo como una ley fundamental que tiene que ser acatada por todos, por los ciudadanos y los gobernantes.[1] Por ello, los mismos textos constitucionales hablan de sí mismos como "norma suprema";[2] declaración de la cual, al menos derivan cuatro derechos fundamentales de los ciudadanos: *primero,* el derecho a la Constitución y a su supremacía,[3] es decir, el derecho que todos tenemos a que la misma se imponga sobre gobernantes y gobernados, que no pierda vigencia, y ni sea violada; *segundo*, el derecho de los ciudadanos a que lo prometido en la Constitución sea cumplido y ejecutado por los gobernantes electos, en particular, en lo que concierne a la separación de poderes y a la distribución del poder; *tercero*, el derecho a la rigidez de la Constitución, de manera que la misma solo sea modificada o reformada mediante los procedimientos previstos en su propio texto; y *cuarto*, el derecho que todos los ciudadanos tienen de poder controlar la constitucionalidad de todos los actos del Estado que sean contrarios a las promesas constitucionales.[4]

---

[1]   Véase Allan R. Brewer-Carías, *Reflexiones sobre la Revolución Americana (1776), la Revolución Francesa (1789) y la Revolución Hispanoamericana (1810-1830) y sus aportes al constitucionalismo moderno*, Colección Derecho Administrativo N° 2, Universidad Externado de Colombia, Bogotá 2008.

[2]   Como se expresa en el artículo 7 de la Constitución de Venezuela de 1999. Me correspondió proponer en la Asamblea Nacional Constituyente de 1999 la consagración expresa del principio de supremacía en los artículos 7 y 334. Véase Allan R. Brewer-Carías, *Debate Constituyente, (Aportes a la Asamblea Nacional Constituyente),* Tomo II, (9 septiembre-17 octubre 1999), Fundación de Derecho Público-Editorial Jurídica Venezolana, Caracas, 1999, p. 24.

[3]   Al tema me he referido en diversos trabajos, y entre ellos, en el libro Allan R. Brewer-Carías, *Mecanismos nacionales de protección de los derechos humanos (Garantías judiciales de los derechos humanos en el derecho constitucional comparado latinoamericano),* Instituto Interamericano de Derechos Humanos, San José, 2005, pp. 74 ss.; y "Sobre las nuevas tendencias del derecho constitucional del reconocimiento del derecho a la Constitución y del derecho a la democracia", en *UNIVERSITAS, Revista de Ciencias Jurídicas (Homenaje a Luis Carlos Galán Sarmiento)*, Pontificia Universidad Javeriana, facultad de Ciencias Jurídicas, N° 119, Bogotá 2009, pp. 93-111

[4]   Como lo visualizó Alexander Hamilton en *El Federalista* (1788) en los inicios del constitucionalismo moderno: "Una Constitución es, de hecho, y así debe ser vista por los jueces, como ley fun-

En Venezuela, conforme a esos principios, en 1999 y como consecuencia de un proceso constituyente que llevó a cabo una Asamblea Nacional Constituyente mal conformada y peor estructurada,[5] –quizás el origen remoto de todo el colapso posterior–, se sancionó una Constitución con la promesa de conformar un "Estado Democrático y Social de derecho y de Justicia, con forma Federal y descentralizada,[6] sobre la base de tres pilares político-constitucionales, ninguno de los cuales se ha estructurado realmente, pues todos han sido traicionados: *primero*, un sistema de control del poder mediante su separación horizontal y su distribución vertical; *segundo*, un sistema político de gobierno democrático, de democracia representativa y participativa, que debería asegurar la legitimidad democrática de la elección de los titulares de los órganos del Poder Público; y *tercero*, un sistema económico de economía mixta conforme a principios de justicia social, basado en el principio de la libertad como opuesto al de economía dirigida,[7] con la participación de la iniciativa privada y del propio Estado como promotor del desarrollo económico y regulador de la actividad económica.

Yo mismo contribuí a la redacción de aquella Constitución como miembro independiente que fui de la Asamblea, –formando junto con otros tres constituyentes la exigua minoría opositora de cuatro constituyentes en una Asamblea de 161 miembros, totalmente dominada por los seguidores del entonces Presidente Hugo Chávez–; y sé que transcurridos ya más de tres lustros desde que se sancionó, nada de lo que se prometió en su texto se ha cumplido, ninguno de los derechos básicos respecto de la Constitución se ha respetado, pudiendo considerársela hoy en día como la muestra más vívida en el constitucionalismo contemporáneo, de una Constitución que ha sido violada y vulnerada desde antes incluso de que fuera publicada.

La Constitución en efecto, se aprobó mediante referendo el 20 de diciembre de 1999, pero no pasó una semana cuando ya comenzó a ser violada, antes incluso de su publicación, al decretarse por la propia Asamblea Constituyente que ya había concluido sus funciones, un

---

damental, por tanto, corresponde a ellos establecer su significado así como el de cualquier acto proveniente del cuerpo legislativo. Si se produce una situación irreconocible entre los dos, por supuesto, aquel que tiene una superior validez es el que debe prevalecer; en otras palabras, la Constitución debe prevalecer sobre las leyes, *así como la intención del pueblo debe prevalecer sobre la intención de sus agentes,"* en *The Federalist* (ed. por B.F. Wright), Cambridge, Mass. 1961, pp. 491-493.

[5]   Véase Allan R. Brewer-Carías, *Golpe de Estado y proceso constituyente en Venezuela*, Universidad nacional Autónoma de México, México 2002.

[6]   Véase el estudio de la Constitución en cuanto a la regulación de este modelo de Estado Constitucional en Allan R. Brewer-Carías, *La Constitución de 1999. Derecho Constitucional venezolano*, 2 tomos, Caracas 2004.

[7]   Véase sobre la Constitución Económica, lo que hemos expuesto en Allan R. Brewer-Carías, *La Constitución de 1999. Derecho Constitucional Venezolano*, Tomo II, Editorial Jurídica venezolana, Caracas 2004 pp. 53 ss.; y en "Reflexiones sobre la Constitución Económica" en *Estudios sobre la Constitución Española. Homenaje al Profesor Eduardo García de Enterría*, Madrid, 1991, pp. 3.839 a 3.853. Véase, además, Henrique Meier, "La Constitución económica", en *Revista de Derecho Corporativo*, Vol. 1, N° 1. Caracas, 2001, pp. 9-74; Dagmar Albornoz, "Constitución económica, régimen tributario y tutela judicial efectiva", en *Revista de Derecho Constitucional*, N° 5 (julio-diciembre), Editorial Sherwood, Caracas, 2001, pp. 7-20; Ana C. Núñez Machado, "Los principios económicos de la Constitución de 1999", en *Revista de Derecho Constitucional, N° 6* (enero-diciembre), Editorial Sherwood, Caracas, 2002, pp. 129-140; Claudia Briceño Aranguren y Ana C. Núñez Machado, "Aspectos económicos de la nueva Constitución", en *Comentarios a la Constitución de la República Bolivariana de Venezuela*, Vadell Hermanos, Editores, Caracas, 2000, pp. 177 y ss.

supuesto "Régimen Transitorio" no aprobado por el pueblo que en muchos aspectos duró varios lustros, violando de entrada lo que se había prometido, para que no se pudiera cumplir, en lo que entonces califiqué como un golpe de Estado.[8]

Ese fue el origen de un régimen constitucional que en definitiva fue establecido para no ser cumplido, que como antes dije, fue una gran mentira desde su inicio, en particular por lo que se refiere al establecimiento de un régimen político democrático representativo y partici-pativo, que no ocurrió; al establecimiento de un Estado democrático de derecho y de justicia, lo cual no sucedió; a la consolidación de un Estado federal descentralizado, que al contrario fue una forma estatal que se abandonó; y al establecimiento de un Estado social, que no pasó de ser una vana ilusión propagandista, habiendo solo adquirido la deformada faz de un Esta-do populista, para en definitiva empobrecer y hacer dependiente de una burocracia gigante e ineficiente a las personas de menos recursos, que hoy ya son casi todos los habitantes del país, que sufren las mismas carestías.

Estando hoy entre juristas, me referiré particularmente a la falta de implementación y más bien, a la traición a la Constitución respecto de los tres primeros aspectos mencionados.

I.   LA TRAICIÓN CONSTITUCIONAL EN CUANTO AL ESTABLECIMIENTO DE UN RÉGIMEN POLÍTICO DEMOCRÁTICO, ALTERNATIVO Y PARTICIPATIVO: UNA GRAN MENTIRA

Lo primero que se incumplió desde el inicio de la vigencia de la Constitución venezola-na de 1999, fue la idea fundamental misma que la informa, de la configuración del Estado como un Estado democrático, con un gobierno que además de representativo y alternativo, debía a ser participativo (art. 6).

A tal efecto, en Venezuela se estableció un sistema de división del Poder Público que se configuró en la Constitución no solo entre los tres Poderes públicos tradicionales (Ejecutivo, Legislativo y Judicial), sino entre cinco poderes, agregándose a los anteriores, el Poder Elec-toral, con la autoridad electoral, y un Poder Ciudadano, con los órganos constitucionales de control; con la característica fundamental de que los titulares de todos ellos deben ser electos en forma popular sea en forma directa o indirecta conforme a los principios de la democracia representativa.

En tal sentido, si bien la elección directa de los órganos del Poder Ejecutivo y del Poder Legislativo por sufragio universal directo y secreto, se ha realizado en el país durante los últimos años, aún con altibajos, por el progresivo control del Poder Electoral por el Poder Ejecutivo; en cambio, en materia de elección popular indirecta de los titulares de los Poderes Judicial, Ciudadano y Electoral, que debía realizarse por la Asamblea Nacional como Cuerpo elector de segundo grado, esa "elección" se ha realizado en violación sistemática de la Cons-titución, sin la mayoría calificada exigida para el voto de los diputados, y sin asegurarse la

---

[8]   Véase Allan R. Brewer-Carías, *Golpe de Estado y proceso constituyente en Venezuela*, Universi-dad nacional Autónoma de México, México 2002. A ello se sumaron diversas "modificaciones" o "reformas" al texto introducidas con ocasión de "correcciones de estilo" para su publicación lo que ocurrió el 30 de diciembre de 1999. Véase Allan R. Brewer-Carías, "Comentarios sobre la ilegíti-ma "Exposición de Motivos" de la Constitución de 1999 relativa al sistema de justicia constitucio-nal", en la *Revista de Derecho Constitucional*, N° 2, Enero-Junio 2000, Caracas 2000, pp. 47-59.

participación ciudadana en la postulación de los nominados;[9] es decir, en violación de los principios de la democracia representativa y de la democracia participativa.

El texto constitucional en este campo se violó desde el inicio, y con ello, se sembró el virus que afectó la separación de poderes, al incluirse en el antes mencionado "régimen transitorio" para-constitucional de 1999, un procedimiento conforme al cual se comenzó a designar a esos altos funcionarios apartándose de lo exigido en la Constitución, cuyas normas en la materia siguieron violándose sucesivamente mediante leyes dictadas en 2000,[10] en 2001 y 2004, respecto del Poder Ciudadano y Electoral[11] y a partir de 2004, e incluso en 2015, respecto del Tribunal Supremo de Justicia.[12]

Esta deformación legislativa inconstitucional que el Tribunal Supremo se negó a controlar, incluso condujo a la también inconstitucional designación desde 2004, de los titulares del Consejo Nacional Electoral, no por la Asamblea Nacional como lo prometió la Constitución, sino por el propio Tribunal Supremo una vez bajo control del Poder Ejecutivo, lo que ocurrió de nuevo más recientemente en diciembre de 2014.[13] A ello se suman las más recientes designaciones realizadas en diciembre de 2015[14] con respecto de los Magistrados del Tribunal Supremo por parte de la anterior Asamblea Nacional pero sin la mayoría calificada exigida, que es la garantía de su representatividad, y sin asegurarse la participación de los diversos sectores de la sociedad como lo exige la Constitución.[15]

---

[9]   Véase los comentarios sobre la inconstitucional práctica legislativa reguladora de los Comités de Postulaciones integradas, cada uno, con una mayoría de diputados, convirtiéndolas en simples "comisiones parlamentarias ampliadas, en Allan R. Brewer-Carías, "La participación ciudadana en la designación de los titulares de los órganos no electos de los Poderes públicos en Venezuela y sus vicisitudes políticas, en la *Revista Iberoamericana de Derecho Público y Administrativo*, Año 5, N° 5-205, San José, Costa Rica, 2005, pp. 76-95.

[10]   Ley Especial para la designación de los Titulares de los Poderes Públicos. *Gaceta Oficial* N° 37.077 de 14 de noviembre de 2000. La impugnación por inconstitucional de dicha Ley en 2000, hay que recordarlo, le costó el cargo a la primera Defensora del Pueblo que había electo la Asamblea Constituyente en 1999.

[11]   Ley Orgánica del Poder Ciudadano, *Gaceta Oficial* N° 37.310 de 25 de octubre de 2001; y Ley Orgánica del Poder Electoral, *Gaceta Oficial* N° 37.573 de 19 de noviembre de 2002.

[12]   Ley Orgánica del Tribunal Supremo de Justicia, *Gaceta Oficial* N° 37.942 del 19 de mayo de 2004.

[13]   Véase Allan R. Brewer-Carías, "El golpe de Estado dado en diciembre de 2014 en Venezuela con la inconstitucional designación de las altas autoridades del Poder Público," en *El Cronista del Estado Social y Democrático de Derecho*, N° 52, Madrid 2015, pp. 18-33; José Ignacio Hernández, "La designación del Poder Ciudadano: fraude a la Constitución en 6 actos;" en *Prodavinci*, 22 de diciembre, 2014, en http://prodavinci.com/blogs/la-designacion-del-poder-ciudadano-fraude-a-la-constitucion-en-6-actos-por-jose-i-hernandez/.

[14]   Véase Allan R. Brewer-Carías, "El golpe de Estado dado en diciembre de 2014, con la inconstitucional designación de las altas autoridades del Poder Público," en *Revista de Derecho Público*, N° 140, Cuarto Trimestre 2014, Editorial Jurídica Venezolana, Caracas 2014, pp. 495-518.

[15]   Como se dijo, los mecanismos de participación ciudadana directamente previstos en la Constitución le fueron arrebatados al pueblo, al distorsionarse en la legislación la integración de los Comités de Postulaciones Judiciales, Electorales y del Poder Ciudadano, que quedaron bajo el control político de la mayoría oficialista de la Asamblea Nacional sin que el ciudadano y sus organizaciones pueda participar Véase Allan R. Brewer-Carías, "La participación ciudadana en la designación de los titulares de los órganos no electos de los Poderes Públicos en Venezuela y sus vicisitudes

Por ello, además de traicionarse la promesa de asegurar la representatividad democrática en el país, se violó también la exigencia constitucional de asegurar la participación ciudadana, lo que se ha ratificado con la violación de la obligación impuesta a los órganos del Estado de someter a consulta popular, los proyectos de ley (art. 211).

La Asamblea Nacional, en efecto, hasta 2015 no hizo consulta popular efectiva alguna sobre los proyectos de ley dictados en los últimos lustros,[16] y en todo caso, la posibilidad de participación popular se disipó totalmente en virtud de que en ese período la Asamblea simplemente dejó de legislar y delegó en el Poder Ejecutivo la legislación básica del país, al punto de que más del 90% de las leyes vigentes en Venezuela en un régimen que se ha proclamado como democrático, han sido dictadas mediante decretos leyes que, por supuesto, nunca fueron consultados al pueblo. Y lo peor de ello, es que fue la Sala Constitucional del Tribunal Supremo, es decir, de nuevo un Juez Constitucional completamente bajo control del Poder Ejecutivo, el que en 2014 cohonestó, en fraude a la Constitución,[17] el incumplimiento de la promesa constitucional de participación popular, estableciendo que solo existía cuando la Asamblea legislara, pero no cuando el Ejecutivo lo hiciera.[18]

Tal ha sido el descaro de violación de la Constitución en esta materia, que en solo dos días de diciembre de 2015, entre el 28 y 29, y en plenas fiestas navideñas y de fin de año, la

---

políticas", en *Revista Iberoamericana de Derecho Público y Administrativo*, Año 5, N° 5-2005, San José, Costa Rica 2005, pp. 76-95.

[16]   Véase por ejemplo, "Apreciación general sobre los vicios de inconstitucionalidad que afectan los Decretos Leyes Habilitados" en *Ley Habilitante del 13-11-2000 y sus Decretos Leyes*, Academia de Ciencias Políticas y Sociales, Serie Eventos N° 17, Caracas 2002, pp. 63-103; y "El derecho ciudadano a la participación popular y la inconstitucionalidad generalizada de los decretos leyes 2010-2012, por su carácter inconsulto," en *Revista de Derecho Público*, N° 130, (abril-junio 2012), Editorial Jurídica Venezolana, Caracas 2012, pp. 85-88.

[17]   La Sala Constitucional del Tribunal Supremo de Justicia en la sentencia N° 74 de 25-01-2006 señaló que un *fraude a la Constitución* ocurre cuando se destruyen las teorías democráticas "mediante el procedimiento de cambio en las instituciones existentes aparentando respetar las formas y procedimientos constitucionales", o cuando se utiliza "del procedimiento de reforma constitucional para proceder a la creación de un nuevo régimen político, de un nuevo ordenamiento constitucional, sin alterar el sistema de legalidad establecido, como ocurrió con el *uso fraudulento de los poderes* conferidos por la ley marcial en la Alemania de la Constitución de *Weimar*, forzando al Parlamento a conceder a los líderes fascistas, en términos de dudosa legitimidad, la plenitud del poder constituyente, otorgando un poder legislativo ilimitado"; y que un *falseamiento de la Constitución* ocurre cuando se otorga "a las normas constitucionales una interpretación y un sentido distinto del que realmente tienen, que es en realidad una modificación no formal de la Constitución misma", concluyendo con la afirmación de que "*Una reforma constitucional sin ningún tipo de límites, constituiría un fraude constitucional*". Véase en *Revista de Derecho Público*, Editorial Jurídica Venezolana, N° 105, Caracas 2006, pp. 76 ss. Véase Néstor Pedro Sagües, *La interpretación judicial de la Constitución*, Buenos Aires 2006, pp. 56-59, 80-81, 165 ss.

[18]   Véase sentencia N° 203 de 25 de marzo de 2014. Caso *Síndica Procuradora Municipal del Municipio Chacao del Estado Miranda, impugnación del Decreto Ley de Ley Orgánica de la Administración Pública de 2008*, en http://www.tsj.gov.ve/decisiones/scon/marzo/162349-203-25314-2014-09-0456.HTML. La Ley impugnada fue publicada en *Gaceta Oficial* N° 5.890 Extra. de 31 de julio de 2008. Véase Allan Brewer-Carías, "El fin de la llamada "democracia participativa y protagónica" dispuesto por la Sala Constitucional en fraude a la Constitución, al justificar la emisión de legislación inconsulta en violación al derecho a la participación política," en *Revista de Derecho Público*, N° 137, Primer Trimestre 2014, Editorial Jurídica Venezolana, Caracas 2014, pp. 157-164.

Asamblea que terminaba su período, al unísono con el Presidente de la República, con el objeto de privar de poderes a la nueva Asamblea que tomaba posesión el 5 de enero de 2016, dictaron más de 60 leyes –en sólo dos días– cuyo contenido y propósito solo fue conocido cuando salieron publicadas en la *Gaceta Oficial*.[19]

En esta forma, las dos promesas constitucionales principales de democracia participativa que fueron directamente establecidas en la Constitución, la participación ciudadana para el proceso de nominación de los altos funcionarios de los Poderes Públicos, y la consulta popular de las leyes, fueron olvidadas y la Constitución violada, desde el propio inicio de su vigencia.

Y a ello se suma la resistencia del régimen a aceptar que el pueblo active los mecanismos de democracia directa que se previeron en la Constitución, en especial, la figura del referendo revocatorio del mandato presidencial, que si bien es poco común en el constitucionalismo comparado, fue insertado en la Constitución como respuesta a la extensión de hasta seis años del período del Presidente de la República, pudiendo convocarse por iniciativa popular una vez cumplido a la mitad del mismo. Pero todo ello no ha sido más que otra mentira.

El referendo revocatorio ya se experimentó en 2004, con su convocatoria para revocar el mandato del Presidente Chávez, que el Poder Electoral entrabó hasta la saciedad mediante el cuestionamiento de las más de tres millones y medio de firmas que en dos oportunidades lo peticionaron,[20] de manera que para cuando se pudo realizar finalmente, a pesar de que el mandato del Presidente fue revocado constitucionalmente (votaron más electores por revocarlo que los que votaron por elegirlo), el Consejo Nacional Electoral, ya controlado por el Poder Ejecutivo, en combinación de nuevo con un Juez Constitucional dócil, convirtieron el referendo revocatorio en un inexistente referendo "ratificatorio;" pasando luego, el gobierno, a desarrollar el proceso de discriminación política más masivo que se ha producido en toda la historia de América Latina, al publicar la lista ("lista Tascón") de los peticionarios (no de los votantes, solo de los que ejercieron el derecho constitucional de petición) –más de tres millones– quienes quedaron excluidos de toda posibilidad de entrar en contacto con la Administración del Estado, hasta incluso para poder sacar el documento de identidad.

Igual situación está ocurriendo en estos momentos: luego de que hace unas escasas semanas se presentó una petición popular para iniciar ahora el proceso de convocatoria del referendo revocatorio de quien ejerce la Presidencia Nicolás Maduro, respaldada por más de dos millones de firmas. Ya, por órdenes de quién se resiste a aceptar que carece de respaldo popular, el Consejo Nacional Electoral ha iniciado el proceso de entrabamiento de la manifestación legítima de la voluntad popular, y para comprender la magnitud del mismo en un país donde se repite la mentira de que tiene un régimen político "participativo y protagónico," basta recordar lo que viene de expresar sobre esto el Secretario General de la Organiza-

---

[19]   Además finalmente, basta solo constatar que durante las sesiones extraordinarias celebradas entre el 23 y el 30 de diciembre de 2015, en plena fiestas navideñas, la Asamblea "discutió" y sancionó 20 leyes, sin que se hubiese hecho consulta popular alguna. Véase por ejemplo *Gaceta Oficial* Nº 40.819 de diciembre de 2015.

[20]   Véase Allan R. Brewer-Carías, *La Sala Constitucional versus el Estado democrático de derecho. El secuestro del Poder Electoral y de la Sala Electoral del Tribunal Supremo y la confiscación del derecho a la participación política*, Los Libros de El Nacional, Colección Ares, Caracas 2004; "El secuestro del Poder Electoral y la confiscación del derecho a la participación política mediante el referendo revocatorio presidencial: Venezuela 2000-2004", en *Boletín Mexicano de Derecho Comparado*, Instituto de Investigaciones Jurídicas, Universidad Nacional Autónoma de México, Nº 112, México, enero-abril 2005 pp. 11-73.

ción de Estados Americanos, Luis Almagro, en su comunicación al Consejo Permanente de la Organización, el 30 de mayo de 2016, sobre la situación de Venezuela a la luz de la Carta Democrática Interamericana:

> "**Las soluciones pacíficas a la hora de la verdad las da el pueblo en las urnas.** El hecho de llamar a un revocatorio conforme a la Constitución no es ser golpista; ser golpista es anular esa posibilidad constitucional de que el pueblo se exprese. O diferirla. O ponerle obstáculos. O proponer fórmulas insanas políticamente como la formulada por el diputado Diosdado Cabello: que se haga el revocatorio en marzo de 2017, Maduro lo pierde. Se nombra Presidente al Vicepresidente y a Maduro vicepresidente, el nuevo Presidente renuncia y queda Maduro de Presidente.
>
> Esa declaración constituye un absurdo mecanismo de violencia que se puede perpetrar sobre la voluntad popular."[21]

A lo que hay que agregar que constituiría un burdo fraude a la Constitución.

Por último, otra promesa constitucional incumplida respecto del gobierno democrático, aparte de las violaciones a los principios de representatividad y participación antes referidas, ha sido el abandono al principio pétreo y más que bicentenario de la alternabilidad republicana, establecido para impedir la reelección sucesiva e ilimitada de los gobernantes. Para apartarse de lo prometido en la Constitución, Hugo Chávez propuso una reforma constitucional en 2007 para establecer la posibilidad de reelección indefinida, lo cual sin embargo fue rechazado por el pueblo mediante referendo en diciembre de ese año. En fraude a la voluntad popular, dos años después, Chávez logró la aprobación de una Enmienda Constitucional, y desde entonces Venezuela está inmersa en la misma corriente continuista en la cual andan Ecuador y Bolivia, precisamente en contradicción con lo que sostuvo quien supuestamente (aun cuando erradamente, pues es otra mentira) sería el mentor del régimen autoritario "bolivariano," Simón Bolívar. Sobre esto, en 1819, en realidad Bolívar sostuvo que:

> "las repetidas elecciones son esenciales en los sistemas populares, porque nada es tan peligroso como dejar permanecer largo tiempo en un mismo ciudadano el poder. El pueblo se acostumbra a obedecerle y él se acostumbra a mandarlo."[22]

Y lo más grave en este cambio de un principio que se expresó como promesa pétrea en la Constitución de 1999, al decir que el gobierno "es y será siempre alternativo," (art. 6), fue que de nuevo correspondió al Juez Constitucional sometido, proceder muy diligentemente a "mutar" ilegítimamente la Constitución,[23] confundiendo deliberada y maliciosamente "go-

---

[21]   Véase la comunicación del Secretario General de la OEA de 30 de mayo de 2016 con el Informe sobre la situación en Venezuela en relación con el cumplimiento de la Carta Democrática Interamericana, p. 88. Disponible en oas.org/documents/spa/press/OSG-243.es.pdf.

[22]   Véase en Simón Bolívar, *Escritos Fundamentales*, Caracas, 1982.

[23]   Una mutación constitucional ocurre cuando se modifica el contenido de una norma constitucional de tal forma que aun cuando la misma conserva su contenido, recibe una significación diferente. Véase Salvador O. Nava Gomar, "Interpretación, mutación y reforma de la Constitución. Tres extractos" en Eduardo Ferrer Mac-Gregor (coordinador), Interpretación Constitucional, Tomo II, Ed. Porrúa, Universidad Nacional Autónoma de México, México 2005, pp. 804 ss. Véase en general sobre el tema, Konrad Hesse, "Límites a la mutación constitucional", en *Escritos de derecho constitucional*, Centro de Estudios Constitucionales, Madrid 1992.

bierno alternativo" con "gobierno electivo,"[24] con lo cual se abrió el camino para la Enmienda Constitucional antes mencionada.

O sea, lo prometido en la Constitución no fue más que otra mentira, ha sido a base de mentiras que el régimen se apoderó de todas las instituciones del Estado,[25] y destruyó el principio de la separación de poderes.

II. LA TRAICIÓN CONSTITUCIONAL EN CUANTO AL ESTABLECIMIENTO DE UN ESTADO DEMOCRÁTICO DE DERECHO Y DE JUSTICIA: LA DESTRUCCIÓN DE LA SEPARACIÓN DE PODERES

Y en efecto, el segundo de los principios constitucionales fundamentales traicionados que conforman la Constitución de 1999 ha sido el de la configuración del Estado democrático de derecho y de justicia como lo define la Constitución, que debía estar montado sobre la base de un sistema de separación de poderes y de control recíproco entre los mismos, todo lo cual no fue más que una máscara para el establecimiento, en su lugar, de un Estado Totalitario, de concentración y centralización total del poder, donde por supuesto ninguno de los elementos esenciales y de los componentes fundamentales de la democracia que se definen en la Carta Democrática Interamericana se ha asegurado.[26]

Para que exista un Estado democrático, por sobre todo, y hay que recordarlo una y otra vez, el mismo tiene que estar montado sobre el principio de siempre de la separación e independencia de los poderes público, que asegure que el ejercicio del poder esté sometido a control, particularmente a cargo de una Justicia autónoma e independiente. Solo así se puede llegar a hablar de un "Estado de justicia" como el que prometió la Constitución; y de un sistema de equilibrio entre los poderes y prerrogativas de la Administración del Estado y los derechos de los ciudadanos, que está a la base del derecho administrativo mismo.[27]

Es decir, sin separación de poderes y sin un sistema de control del poder, simplemente no pueden realizarse verdaderas elecciones libres, justas y confiables; no puede haber pluralismo político, ni acceso al poder conforme a la Constitución; no puede haber efectiva participación en la gestión de los asuntos públicos, ni transparencia administrativa en el ejercicio del gobierno, ni rendición de cuentas por parte de los gobernantes; en fin, no puede haber sumisión efectiva del gobierno a la Constitución y las leyes, así como subordinación de los militares al gobierno civil;

---

[24] Véase sentencia de Nº 53 de 3 de febrero de 2009. Véase los comentarios en Allan R. Brewer-Carías, "El Juez Constitucional vs. La alternabilidad republicana (La reelección continua e indefinida), en *Revista de Derecho Público*, Nº 117, (enero-marzo 2009), Caracas 2009, pp. 205-211.

[25] Véase Allan R. Brewer-Carías, *La mentira como política de Estado, Crónica de una crisis política permanente. Venezuela 1999-2015*, Editorial Jurídica Venezolana International, Caracas 2015.

[26] Véase Allan R. Brewer-Carías, *Estado totalitario y desprecio a la ley. La desconstitucionalización, desjuridificación, desjudicialización y desdemocratización de Venezuela*, Fundación de Derecho Público, Editorial Jurídica Venezolana, 2014.

[27] Véase sobre el tema Gustavo Tarre Briceño, *Solo el poder detiene al poder, La teoría de la separación de los poderes y su aplicación en Venezuela*, Colección Estudios Jurídicos Nº 102, Editorial Jurídica Venezolana, Caracas 2014; y Jesús María Alvarado Andrade, "División del Poder y Principio de Subsidiariedad. El Ideal Político del Estado de Derecho como base para la Libertad y prosperidad material" en Luis Alfonso herrera Orellana (Coord.), *Enfoques Actuales sobre Derecho y Libertad en Venezuela*, Academia de Ciencias Políticas y Sociales, Caracas, 2013, pp. 131-185.

no puede haber efectivo acceso a la justicia; y real y efectiva garantía de respeto a los derechos humanos, incluyendo la libertad de expresión y los derechos sociales.[28]

Nada de ello se ha podido lograr en Venezuela, a pesar de todas las promesas de la Constitución, al haberse concentrado en las manos del Poder Ejecutivo el control sobre los otros Poderes Públicos, particularmente sobre el Tribunal Supremo de Justicia y su Sala Constitucional, y del órgano electoral, al punto de que a pesar de que en diciembre de 2015 se eligió una nueva Asamblea Nacional mayoritariamente controlada en forma incluso calificada por la oposición al gobierno autoritario, la misma ha sido progresivamente privada en los últimos cinco meses de sus competencias más elementales precisa e insólitamente por el Juez Constitucional.

El Tribunal Supremo en efecto, ha despojado a la Asamblea de sus potestades de legislación, imponiendo hasta una inconstitucional autorización previa por parte del Ejecutivo para poder poner en vigencia las leyes;[29] le ha anulado sus potestades de control político y administrativo, imponiendo el visto bueno previo del mismo Vicepresidente Ejecutivo para poder interpelar a los Ministro, con preguntas solo formuladas por escrito,[30] incluso barriendo las potestades de la Asamblea para aprobar votos de censura a los Ministros o para improbar los estados de excepción que se decreten.[31] Es decir, el Poder Legislativo representado por la Asamblea Nacional ha sido totalmente neutralizado, al punto de que todas, absolutamente todas las leyes que ha sancionado desde enero de 2016 hasta ahora, han sido declaradas inconstitucionales,[32] y lo más insólito, porque han estado motivadas políticamente. ¿Y qué otra

---

[28] Véase Allan R. Brewer-Carías, "Prólogo" al libro de Gustavo Tarre Briceño, *Solo el poder detiene al poder, La teoría de la separación de los poderes y su aplicación en Venezuela*, Colección Estudios Jurídicos N° 102, Editorial Jurídica Venezolana, Caracas 2014, pp. 13-49.

[29] Véase los comentarios en Allan R. Brewer-Carías, "El fin del Poder Legislativo: La regulación por el Juez Constitucional del régimen interior y de debates de la Asamblea Nacional, y la sujeción de la función legislativa de la Asamblea a la aprobación previa por parte del Poder Ejecutivo, 3 de mayo de 2016, disponible en http://www.allanbrewercarias.com/Content/449725d9-f1cb-474b-8ab2-41efb849fea3/Content/Brewer.%20EL%20FIN%20DEL%20PODER%20LEGISLATIVO.%20OSC.%20mayo%202016.pdf

[30] Véase los comentarios en Allan R. Brewer-Carías, "la inconstitucional "restricción" impuesta por el Presidente de la República a la Asamblea Nacional para aprobar votos de censura contra los ministros." 8 de mayo de 2016, disponible en http://www.allanbrewercarias.com/Content/449725d9-f1cb-474b-8ab2-41efb849fea3/Content/BREWER.%20INCONSTITUCIONAL%20RESTRICCI%C3%93N%20CENSURA%20ASAMBLEA%20A%20MINISTROS%208.5.2016.pdf.

[31] Véase los comentarios en Allan R. Brewer-Carías, "El ataque de la Sala Constitucional contra la Asamblea Nacional y su necesaria e ineludible reacción. De cómo la Sala Constitucional del Tribunal Supremo pretendió privar a la Asamblea Nacional de sus poderes constitucionales para controlar sus propios actos, y reducir inconstitucionalmente sus potestades de control político sobre el gobierno y la administración pública; y la reacción de la Asamblea Nacional contra a la sentencia N° 9 de 1-3-2016, disponible en http://www.allanbrewercarias.com/Content/449725d9-f1cb-474b-8ab2-41efb849fea3/Con-tent/Brewer.%20El%20ataque%20Sala%20Constitucional%20v.%20 Asam blea%20Nacional.%20SentNo.%209%201-3-2016).pdf; y "Nuevo golpe contra la representación popular: la usurpación definitiva de la función de legislar por el Ejecutivo Nacional y la suspensión de los remanentes poderes de control de la Asamblea con motivo de la declaratoria del estado de excepción y emergencia económica," 19 de mayo de 2016 >>http://www.allanbrewercarias.com/Content/449725d9-f1cb-474b-8ab2-41efb849fea3/Content/Brewer.%20Golpe%20final%20a%20la%20democracia.%20%20Edo%20excepci%C3%B3n%20%2019%20mayo%202016.pdf.

[32] Véase los comentarios en Allan R. Brewer-Carías, "La aniquilación definitiva de la potestad de legislar de la Asamblea Nacional: el caso de la declaratoria de inconstitucionalidad de la Ley de

motivación podrían tener la leyes que emanan de un Parlamento si no es la política? Pues bien ello ha sido considerado por el Juez Constitucional como una "desviación de poder," por ser diferente a la política gubernamental, llegando hasta declarar inconstitucional una ley de amnistía.[33]

Es decir, de los cinco poderes públicos que debían estar separados, si bien el único con autonomía frente al Poder Ejecutivo desde hace cinco meses es la Asamblea Nacional, por el golpe de Estado que el Poder Ejecutivo le ha dado en colusión con el Poder Judicial, hoy está materialmente paralizado; y en cambio, los otros Poderes Públicos, cuyos titulares fueron designados por la antigua Asamblea Nacional que terminó en enero de 2016 sin cumplir con la Constitución, quedaron todos como dependientes del Ejecutivo habiendo abandonado sus poderes de control.

Así durante 17 años, por ejemplo, la Contraloría General de la República en Venezuela dejó de ejercer control fiscal alguno de la Administración Pública, razón por la cual, entre otros factores el país está ubicado en el primer lugar del índice de corrupción en el mundo, según las cifras difundidas por Transparencia Internacional.[34] El Defensor del Pueblo, desde cuando la primera persona designada para ocupar el cargo en 2000 fue removida del mismo por haber intentado un recurso judicial contra la Ley que violaba el derecho colectivo a la participación ciudadana para la nominación de los altos titulares de los Poderes Públicos,[35] dicho órgano abandonó toda idea de defensa de derechos humanos, convirtiéndose en el órgano oficial para avalar la violación de los mismos por parte de las autoridades del Estado.[36] El Ministerio Público que ejerce la Fiscalía General de la República, en lugar de haber

<hr>

reforma de la Ley Orgánica del Tribunal Supremo de Justicia," 16 de mayo de 2016, disponible en http://www.allanbrewercarias.com/Content/449725d9-f1cb-474b-8ab2-41efb849fea3/Content/ Brewer.%20Aniquilaci%C3%B3n%20%20Asamblea%20Nacional.%20Inconstituc.%20Ley% 20TSJ % 2015-5-2016.pdf.

[33] Véase el estudio de la totalidad de las sentencias dictadas hasta comienzos de junio de 2016 en Allan R. Brewer-Carías, *El Juez Constitucional y la perversión del Estado de derecho. La "dictadura judicial" y la destrucción de la democracia en Venezuela*, Editorial Jurídica Venezolana International, 5 de junio 2016.

[34] Véase el Informe de la ONG alemana, Transparencia Internacional de 2013, en el reportaje: "Aseguran que Venezuela es el país más corrupto de Latinoamérica," en El Universal, Caracas 3 de diciembre de 2013, en http://www.eluniversal.com/nacional-y-politica/131203/aseguran-que-venezuela-es-el-pais-mas-corrupto-de-latinoamerica. Igualmente véase el reportaje en BBC Mundo, "Transparencia Internacional: Venezuela y Haití, los que se ven más corruptos de A. Latina," 3 de diciembre de 2013, en http://www.bbc.co.uk/mundo/ultimas_noticias/2013/12/131203_ultnot _transparencia_corrupcion_lp.shtml. Véase al respecto, Román José Duque Corredor, "Corrupción y democracia en América Latina. Casos emblemáticos de corrupción en Venezuela," en *Revista Electrónica de Derecho Administrativo*, Universidad Monteávila, 2014.

[35] Véase los comentarios en Allan R. Brewer-Carías, "La participación ciudadana en la designación de los titulares de los órganos no electos de los Poderes Públicos en Venezuela y sus vicisitudes políticas", en *Revista Iberoamericana de Derecho Público y Administrativo*, Año 5, Nº 5-2005, San José, Costa Rica 2005, pp. 76-95.

[36] Por ejemplo, ante la crisis de la salud denunciada por la Academia Nacional de Medicina en agosto de 2014, reclamando la declaratoria de emergencia del sector, la respuesta de la Defensora del Pueblo fue simplemente que en Venezuela no había tal crisis. Véase el reportaje: "Defensora del Pueblo Gabriela Ramírez afirma que en Venezuela no existe ninguna crisis en el sector salud," en Noticias Venezuela, 20 agosto de 2014, en http://noticiavenezuela.info/2014/08/defensora-del-pueblo-gabriela-ramirez-afirma-que-en-venezuela-no-existe-ninguna-crisis-en-el-sector-salud/; y el reportaje: "Gabriela Ramírez, Defensora del Pueblo: Es desproporcionada petición de emergencia

sido la parte de buena fe necesaria del proceso penal, ha asumido el rol de ser el principal instrumento para asegurar la impunidad en el país, y la persecución política.[37] Además está el Poder Electoral, a cargo del Consejo Nacional Electoral, que ha terminado de ser una especie de agente electoral del gobierno, integrado por militantes del partido oficial, o como lo denunció el Secretario General de la OEA en la comunicación antes mencionada por "activistas político partidistas [que] ocuparon cargos dentro del gobierno nacional,"[38] todo en violación abierta de la Constitución, habiendo dejado de ser el árbitro independiente en las elecciones. En todo caso, desde 2004 quedó totalmente secuestrado por el Poder Ejecutivo, al ser sus jerarcas nombrados por el Tribunal Supremo de Justicia y ni siquiera por la Asamblea Nacional como correspondía.[39]

En ese marco de traición a la Constitución en establecer un Estado democrático sometido a control, en todo caso, lo más grave en Venezuela ha sido el efecto devastador que ha tenido para las instituciones, el control político que se ejerce sobre el Poder Judicial. En cualquier Estado de derecho, si un Poder Judicial está controlado por el Ejecutivo o el Legislativo, por más separados que incluso éstos puedan estar, no existe el principio de la separación de poderes, y en consecuencia, no se puede hablar de Estado de derecho.

Y esa ha sido la situación en Venezuela desde 1999, donde por obra de la misma Asamblea Nacional Constituyente se comenzó a establecer una composición del Tribunal Supremo de Justicia para asegurar su control por parte del Ejecutivo; y como al mismo Tribunal se le atribuyó el gobierno y administración de la Justicia (que antes estaba en manos de un Consejo de la Judicatura que se eliminó), el resultado es que a través del mismo se ha politizado toda la Judicatura.

Las promesas constitucionales sobre la independencia y autonomía del Poder Judicial, todas han sido violadas: Durante quince años, no se han respetado las condiciones para la elección de los Magistrados del Tribunal Supremo, ni la mayoría calificada de votos en la Asamblea requerida para ello, ni la participación ciudadana requerida en la nominación de

---

humanitaria en el sector salud," en El Universal, Caracas 20 de agosto de 2014, en http://m.eluniversal.com/nacional-y-politica/140820/es-desproporcionada-peticion-de-emergencia-humanitaria-en-el-sector-sa. Por ello, con razón, el Editorial del diario El Nacional del 22 de agosto de 2014, se tituló: "A quien defiende la defensora?" Véase en http://www.el-nacional.com/opinión/editorial/defiende-defensora_19_46874-3123.html.

[37] Como se destacó en el Informe de la Comisión Internacional de Juristas sobre *Fortalecimiento del Estado de Derecho en Venezuela*, publicado en Ginebra en marzo de 2014, el "Ministerio Público sin garantías de independencia e imparcialidad de los demás poderes públicos y de los actores políticos," quedando los fiscales "vulnerables a presiones externas y sujetos órdenes superiores." Véase en http://icj.wpengine.netdna-cdn.com/wp-content/uploads/2014/06/VENEZUELA-Informe-A4-elec.pdf

[38] Véase la comunicación del Secretario General de la OEA de 30 de mayo de 2016 con el Informe sobre la situación en Venezuela en relación con el cumplimiento de la Carta Democrática Interamericana, p. 88. Disponible en oas.org/documents/spa/press/OSG-243.es.pdf.

[39] Véase Allan R. Brewer-Carías, "El secuestro del Poder Electoral y la confiscación del derecho a la participación política mediante el referendo revocatorio presidencial: Venezuela 2000-2004," en *Boletín Mexicano de Derecho Comparado*, Instituto de Investigaciones Jurídicas, Universidad Nacional Autónoma de México, N° 112, México, enero-abril 2005, pp. 11-73; *La Sala Constitucional versus el Estado Democrático de Derecho. El secuestro del poder electoral y de la Sala Electoral del Tribunal Supremo y la confiscación del derecho a la participación política*, Los Libros de El Nacional, Colección Ares, Caracas, 2004, 172 pp.

candidatos. Jamás se han celebrado los concursos públicos de oposición para la elección de los jueces como lo prevé la Constitución para que ingresen a la carrera judicial, que materialmente no existe.[40] Además, como desde 1999 la Asamblea Nacional Constituyente intervino el Poder Judicial,[41] ratificada luego con el régimen transitorio emitido después de la aprobación popular de la Constitución, que aún no concluye, los jueces han sido destituidos a mansalva y masivamente, sin garantías al debido proceso, con la consecuencia de que la Judicatura se llenó de jueces temporales y provisionales,[42] sin garantía de estabilidad; quedando la destitución de los mismos al arbitrio de una Comisión *ad hoc* del Tribunal Supremo de Justicia, todo ello con el aval del mismo. Y en cuanto a la Jurisdicción Disciplinaria Judicial prevista en la Constitución, la misma no fue sino otra mentira, al punto de que la que se creó en 2011 se conformó como dependiente de la Asamblea Nacional, es decir, sujeta al control político.[43]

La verdad es que es ciertamente imposible conseguir en Constitución alguna en el mundo contemporáneo un conjunto de promesas constitucionales como las insertas en la Constitución venezolana de 1999 para asegurar la independencia judicial. Lamentablemente, sin embargo, fueron todas declaraciones formuladas para no ser cumplidas, dando como resultado la trágica dependencia del Poder Judicial que quedó sometido en su conjunto a los designios y control político por parte del Poder Ejecutivo,[44] funcionando al servicio del gobierno del Estado y de su política autoritaria.

---

[40] Como lo destacó la misma Comisión Internacional de Juristas, en un *Informe* de marzo de 2014, que resume todo lo que en el país se ha venido denunciando en la materia, al dar "cuenta de la falta de independencia de la justicia en Venezuela," se destaca que "el Poder Judicial ha sido integrado desde el Tribunal Supremo de Justicia (TSJ) con criterios predominantemente políticos en su designación. La mayoría de los jueces son "provisionales" y vulnerables a presiones políticas externas, ya que son de libre nombramiento y de remoción discrecional por una Comisión Judicial del propio Tribunal Supremo, la cual, a su vez, tiene una marcada tendencia partidista." Véase en http://icj.wpengine.netdna-cdn.com/wp-content/uploads/2014/06/VENEZUELA-Informe-A4-elec.pdf

[41] Véase nuestro voto salvado a la intervención del Poder Judicial por la Asamblea Nacional Constituyente en Allan R. Brewer-Carías, *Debate Constituyente, (Aportes a la Asamblea Nacional Constituyente)*, Tomo I, (8 agosto-8 septiembre), Caracas 1999; y las críticas formuladas a ese proceso en Allan R. Brewer-Carías, *Golpe de Estado y proceso constituyente en Venezuela*, Universidad Nacional Autónoma de México, México, 2002.

[42] En el *Informe Especial* de la Comisión sobre Venezuela correspondiente al año 2003, la misma también expresó, que "un aspecto vinculado a la autonomía e independencia del Poder Judicial es el relativo al carácter provisorio de los jueces en el sistema judicial de Venezuela. Actualmente, la información proporcionada por las distintas fuentes indica que más del 80% de los jueces venezolanos son "provisionales". *Informe sobre la Situación de los Derechos Humanos en Venezuela 2003, cit.* párr. 161.

[43] Solo fue, luego de que el gobierno perdió la mayoría en la Asamblea Nacional, que la saliente Asamblea en unas ilegítimas sesiones extraordinarias celebradas en diciembre de 2015, reformó la Ley del Código de Ética del Juez, pero para quitarle a la nueva Asamblea la competencia para nombrar dichos jueces (que por supuesto nunca debió tener), y pasarlos al Tribunal Supremo. Véase en *Gaceta Oficial* N° 6204 Extra de 30 de diciembre de 2015.

[44] Véase Allan R. Brewer-Carías, "La progresiva y sistemática demolición de la autonomía en independencia del Poder Judicial en Venezuela (1999-2004)", en *XXX Jornadas J.M. Domínguez Escovar, Estado de derecho, Administración de justicia y derechos humanos*, Instituto de Estudios Jurídicos del Estado Lara, Barquisimeto, 2005, pp. 33-174; y "La justicia sometida al poder [La ausencia de independencia y autonomía de los jueces en Venezuela por la interminable emergencia del Poder Judicial (1999-2006)]" en *Cuestiones Internacionales. Anuario Jurídico Villanueva*

Como lo observó la Comisión Internacional de Juristas de Ginebra en 2014:

"Un sistema de justicia que carece de independencia, como lo es el venezolano, es comprobadamente ineficiente para cumplir con sus funciones propias. En este sentido en Venezuela, [...] el poder judicial, precisamente por estar sujeto a presiones externas, no cumple su función de proteger a las personas frente a los abusos del poder sino que por el contrario, en no pocos casos es utilizado como mecanismo de persecución contra opositores y disidentes o simples críticos del proceso político, incluidos dirigentes de partidos, defensores de derechos humanos, dirigentes campesinos y sindicales, y estudiantes."[45]

Por ello, como también lo observó el Secretario General de la OEA, Luis Almagro hace unos días, el 30 de mayo de 2016, "en la situación actual que vive Venezuela, no se puede más que concluir que estamos ante alteraciones graves al orden democrático tal como se ha definido en numerosos instrumentos regionales y subregionales,"[46] particularmente después de constatar, entre múltiples hechos, que "no existe en Venezuela una clara separación e independencia de los poderes públicos, donde se registra uno de los casos más claros de cooptación del Poder Judicial por el Poder Ejecutivo."[47]

Con todo esto, la promesa constitucional de la separación de poderes y sobre todo de la autonomía e independencia del Poder Judicial, quedó incumplida, siendo por tanto las previsiones constitucionales una gran mentira, habiendo el Poder Judicial abandonado su función fundamental de servir de instrumento de control y de balance respecto de las actividades de los otros órganos del Estado para asegurar su sometimiento a la Constitución y a la ley; y a la vez, habiendo materialmente desaparecido el derecho ciudadano a la tutela judicial efectiva y a controlar el poder.

Lo que se ha producido en definitiva, ha sido una desjusticiabilidad del Estado, siendo inconcebible que el Poder Judicial en Venezuela hoy pueda llegar a decidir y enjuiciar la conducta de la Administración y frente a ella, garantizar los derechos ciudadanos.

III. LA TRAICIÓN RESPECTO DEL ESTABLECIMIENTO DE UN ESTADO FEDERAL DESCENTRALIZADO, Y LA CONSOLIDACIÓN DE UN ESTADO TOTALITARIO CENTRALIZADO USANDO LA MASCARA DE LA "PARTICIPACIÓN"

La tercera gran traición a las promesas de la Constitución venezolana de 1999, también totalmente incumplida, fue la del reforzamiento de un "Estado federal descentralizado," que debía responder a la tradición histórica que se remonta a la Constitución Federal de los Estados de Venezuela de 1811, y que debía haber asegurado la prometida política descentralización política, también definida constitucionalmente para "profundizar la democracia, acercando el poder a la población y creando las mejores condiciones, tanto para el ejercicio de la democra-

---

2007, Centro Universitario Villanueva, Marcial Pons, Madrid, 2007, pp. 25-57; "La demolición de las instituciones judiciales y la destrucción de la democracia: La experiencia venezolana," en *Instituciones Judiciales y Democracia. Reflexiones con ocasión del Bicentenario de la Independencia y del Centenario del Acto Legislativo 3 de 1910,* Consejo de Estado, Sala de Consulta y Servicio Civil, Bogotá 2012, pp. 230-254.

45   Véase en http://icj.wpengine.netdna-cdn.com/wp-content/uploads/2014/06/VENEZUELA-Informe-A4-elec.pdf.

46   Véase la comunicación del Secretario General de la OEA de 30 de mayo de 2016 con el Informe sobre la situación en Venezuela en relación con el cumplimiento de la Carta Democrática Interamericana, p. 125. Disponible en oas.org/documents/spa/press/OSG-243.es.pdf.

47   *Idem.* p. 73. Disponible en oas.org/documents/spa/press/OSG-243.es.pdf.

cia como para la prestación eficaz y eficiente de los cometidos estatales" (art. 158). Para lograr esta promesa constitucional lo que debió haberse hecho era el reforzamiento de las instancias regionales y locales de gobierno, federalizándose y municipalizándose todos los rincones del país,[48] pero en realidad se hizo todo lo contrario.

De nuevo, mentira y vanas ilusiones, o promesa deliberadamente incumplida, al haberse desarrollado en su lugar, en los últimos tres lustros, una política para lograr todo lo contrario, es decir, para centralizar completamente el Estado, eliminando todo vestigio de descentralización política, de autonomía territorial y de democracia representativa a nivel local, particularmente en el municipio que al contrario a la promesa constitucional que lo declara como la unidad política primaria en la organización nacional, (art. 168) se ha vaciado de contenido.[49] La realidad es que lo que se ha producido en Venezuela ha sido un lamentable proceso de desmunicipalización,[50] y con ello, de ausencia efectiva de posibilidad de participación política, pues ésta en la práctica solo puede materializarse en sistemas políticos descentralizados.[51]

Para lograr desmontar lo que quedaba de Estado federal, minimizar el Municipio y eliminar la participación política, el Estado totalitario utilizó en forma falaz y engañosa la creación de instancias comunales, prometiendo una "participación política protagónica," pero que resultó para lo contrario, para establecer estructuras más centralistas, controladas por el Poder Ejecutivo y el partido de gobierno, en lo que denominó el Estado del Poder Popular o Estado Comunal.

---

[48] Véase Allan R. Brewer-Carías, "La descentralización política en la Constitución de 1999: Federalismo y Municipalismo (una reforma insuficiente y regresiva)" en *Boletín de la Academia de Ciencias Políticas y Sociales*, N° 138, Año LXVIII, Enero-Diciembre 2001, Caracas 2002, pp. 313-359.

[49] Ello incluso se dispuso así en la reforma de la Ley Orgánica del Poder Público Municipal de 2010, para privar al Municipio de su carácter constitucional de "unidad política primaria de la organización nacional," sustituyéndoselo por comunas; eliminándose de paso en carácter representativo de las "parroquias" que como entidades locales están en la Constitución (art. 178). Véase en *Gaceta Oficial* N° 6.015 Extraordinario del 28 de diciembre de 2010.

[50] Véase Allan R. Brewer-Carías, "El inicio de la desmunicipalización en Venezuela: La organización del Poder Popular para eliminar la descentralización, la democracia representativa y la participación a nivel local", en *AIDA, Opera Prima de Derecho Administrativo. Revista de la Asociación Internacional de Derecho Administrativo*, Universidad Nacional Autónoma de México, Facultad de Estudios Superiores de Acatlán, Coordinación de Postgrado, Instituto Internacional de Derecho Administrativo "Agustín Gordillo", Asociación Internacional de Derecho Administrativo, México, 2007, pp. 49 a 67.

[51] Véase por ejemplo, Allan R. Brewer-Carías, "Democracia participativa, descentralización política y régimen municipal", en Miguel Alejandro López Olvera y Luis Gerardo Rodríguez Lozano (Coordinadores), *Tendencias actuales del derecho público en Iberoamérica*, Editorial Porrúa, México 2006, pp. 1-23; Allan R. Brewer-Carías, "La descentralización del poder en el Estado democrático contemporáneo", en Antonio María Hernández (Director) José Manuel Belisle y Paulina Chiacchiera Castro (Coordinadores), *La descentralización del poder en el Estado Contemporáneo*, Asociación Argentina de derecho constitucional, Instituto Italiano de Cultura de Córdoba, Instituto de derecho constitucional y derecho público provincial y municipal Joaquín V. González, Facultad de Derecho y Ciencias Sociales Universidad nacional de Córdoba, Córdoba Argentina, 2005, pp. 75-89.

En el mismo se estructuraron unos Consejos Comunales carentes de pluralismo político y sin dirigentes electos mediante sufragio, sino más bien impuestos y controlados directamente por el Poder Central,[52] configurándose en una falacia engañosa de participación[53].

Ese esquema centralista se pretendió formalizar en 2007 con la rechazada reforma constitucional que propuso el Presidente Chávez ese año,[54] tratando de sustituir el Estado Constitucional por el llamado Estado del Poder Popular socialista,[55] pero ello fue rechazado por el pueblo. Sin embargo, violando la promesa constitucional de la rigidez, en fraude a la voluntad popular y a la propia Constitución, procedió a implementar las reformas constitucionales rechazadas mediante leyes, y con ellas un Estado Totalitario. Para ello, en 2010, la Asamblea sancionó un conjunto de leyes orgánicas[56] estableciendo el mencionado Estado Comunal, pero en paralelo al Estado Constitucional, desconstitucionalizándolo,[57] violando expresamente la promesa constitucional de la democracia representativa al disponer sin ambages que estas instancias comunales "no nacen del sufragio ni de elección alguna," es decir, no responden a

---

[52]   Véase Allan R. Brewer-Carías, *Ley Orgánica de Consejos Comunales,* Colección Textos Legislativos, N° 46, Editorial Jurídica Venezolana, Caracas 2010.

[53]   Véase sobre esto Allan R. Brewer-Carías, "La necesaria revalorización de la democracia representativa ante los peligros del discurso autoritario sobre una supuesta "democracia participativa" sin representación," en *Derecho Electoral de Latinoamérica. Memoria del II Congreso Iberoamericano de Derecho*, Bogotá, 31 agosto-1 septiembre 2011, Consejo Superior de la Judicatura, ISBN 978-958-8331-93-5, Bogotá 2013, pp. 457-482. Véase además, el texto de la Ponencia: "La democracia representativa y la falacia de la llamada "democracia participativa," *Congreso Iberoamericano de Derecho Electoral*, Universidad de Nuevo León, Monterrey, 27 de noviembre 2010.

[54]   Véase Allan R. Brewer-Carías, *La reforma constitucional de 2007 (Comentarios al proyecto inconstitucionalmente sancionado por la Asamblea Nacional el 2 de noviembre de 2007)*, Colección Textos Legislativos, N° 43, Editorial Jurídica Venezolana, Caracas 2007; y *Hacia la consolidación de un Estado socialista, centralizado, policial y militarista. Comentarios sobre el sentido y alcance de las propuestas de reforma constitucional 2007*, Colección Textos Legislativos, N° 42, Editorial Jurídica Venezolana, Caracas 2007.

[55]   Véase *Discurso del Presidente Chávez de Presentación del Anteproyecto de Constitución ante la Asamblea Nacional*, Caracas 2007.

[56]   Véase Leyes Orgánicas del Poder Popular, de las Comunas, de los Consejos Comunales, del Sistema Económico Comunal, de Planificación Pública y Comunal y de Contraloría Social, en *Gaceta Oficial* N° 6.011 Extra. de 21-12-2010. Véase en general sobre estas leyes, Allan R. Brewer-Carías, Claudia Nikken, Luis A. Herrera Orellana, Jesús María Alvarado Andrade, José Ignacio Hernández y Adriana Vigilanza, *Leyes Orgánicas sobre el Poder Popular y el Estado Comunal (Los consejos comunales, las comunas, la sociedad socialista y el sistema económico comunal)* Colección Textos Legislativos N° 50, Editorial Jurídica Venezolana, Caracas 2011; Allan R. Brewer-Carías, "La Ley Orgánica del Poder Popular y la desconstitucionalización del Estado de derecho en Venezuela," en *Revista de Derecho Público*, N° 124, Editorial Jurídica Venezolana, Caracas 2010, pp. 81-101.

[57]   Véase en general sobre este proceso de desconstitucionalización del Estado, Allan R. Brewer-Carías, "La desconstitucionalización del Estado de derecho en Venezuela: del Estado Democrático y Social de derecho al Estado Comunal Socialista, sin reformar la Constitución," *en Libro Homenaje al profesor Alfredo Morles Hernández, Diversas Disciplinas Jurídicas*, (Coordinación y Compilación Astrid Uzcátegui Angulo y Julio Rodríguez Berrizbeitia), Universidad Católica Andrés Bello, Universidad de Los Andes, Universidad Monteávila, Universidad Central de Venezuela, Academia de Ciencias Políticas y Sociales, Vol. V, Caracas 2012, pp. 51-82; en Carlos Tablante y Mariela Morales Antonorzzi (Coord.), *Descentralización, autonomía e inclusión social. El desafío actual de la democracia*, Anuario 2010-2012, Observatorio Internacional para la democracia y descentralización, En Cambio, Caracas 2011, pp. 37-84; y en *Estado Constitucional*, Año 1, N° 2, Editorial Adrus, Lima, junio 2011, pp. 217-236.

la promesa constitucional. Y en violación a la Constitución se llegó en dichas leyes a imponerle la obligación a los titulares electos de los órganos del Estado Constitucional de tener que "gobernar obedeciendo"[58] precisamente a los órganos del supuesto Estado del Poder Popular, que no son electos popularmente.

Además, la formal desmunicipalización del país se decretó en otra Ley Orgánica llamada para la Transferencia al Poder Popular de la Gestión y Administración Comunitaria de Servicios de 2012, produciéndose así la desmunicipalización del país,[59] a través del vaciamiento de competencias de los Estados y Municipios, para transferirlas a los Consejos Comunales, que como antes dije quedaron integrados por "voceros" no electos y sin representatividad democrática, dependientes del Poder central.[60]

A todo lo anterior, en la carrera de incumplir promesas constitucionales, en 2009 se despojó de la autonomía política requerida al Distrito Capital, dictándose una Ley para crear un "gobierno" de la ciudad capital (Caracas), no electo democráticamente, dependiente del

---

[58] El artículo 24 de la Ley Orgánica del Poder Popular, en efecto, sobre dispone sobre las "Actuaciones de los órganos y entes del Poder Público" que "Todos los órganos, entes e instancias del Poder Público guiarán sus actuaciones por el principio de gobernar obedeciendo, en relación con los mandatos de los ciudadanos, ciudadanas y de las organizaciones del Poder Popular, de acuerdo a lo establecido en la Constitución de la República y las leyes." Ello, por supuesto, se configura como una limitación inconstitucional a la autonomía política de los órganos del Estado Constitucional, particularmente de los electos, como la Asamblea Nacional, los Gobernadores y Consejos Legislativos de los Estados y los Alcaldes y Concejos Municipales, confiscándose la soberanía popular trasladándola de sus representantes electros a unas asambleas que no lo representan.

[59] Para vaciar a los Municipios de toda competencia se dictó en 2012 una Ley Orgánica para la Gestión Comunitaria de Competencias, Servicios y Otras Atribuciones (Decreto Ley N° 9.043, Véase en *Gaceta Oficial* N° 6.097 Extra. de 15 de junio de 2012), transformada en 2014, en la Ley Orgánica para la Transferencia al Poder Popular de la Gestión y Administración Comunitaria de Servicios (Véase en *Gaceta Oficial* N° 40.540 de 13 de noviembre de 2014.

[60] Como observó Cecilia Sosa Gómez, para entender esta normativa hay que "aceptar la desaparición de las instancias representativas, estadales y municipales, y su existencia se justicia en la medida que año a año transfiera sus competencias hasta que desaparezcan de hecho, aunque sigan sus nombres (Poderes Públicos Estadal y Municipal) apareciendo en la Constitución. El control de estas empresas, las tiene el Poder Público Nacional, específicamente el Poder Ejecutivo, en la cabeza de un Ministerio." Véase Cecilia Sosa G., "El carácter orgánico de un Decreto con fuerza de Ley (no habilitado) para la gestión comunitaria que arrasa lentamente con los Poderes estadales y municipales de la Constitución," en *Revista de Derecho Público*, N° 130, Editorial Jurídica Venezolana, Caracas 2012, p. 152. Véase sobre la Ley Orgánica de 2012, los comentarios de: José Luis Villegas Moreno, "Hacia la instauración del Estado Comunal en Venezuela: Comentario al Decreto Ley Orgánica de la Gestión Comunitaria de Competencia, Servicios y otras Atribuciones, en el contexto del Primer Plan Socialista-Proyecto Nacional Simón Bolívar 2007-2013"; de Juan Cristóbal Carmona Borjas, "Decreto con rango, valor y fuerza de Ley Orgánica para la Gestión Comunitaria de Competencias, Servicios y otras atribuciones;" de Cecilia Sosa G., "El carácter orgánico de un Decreto con fuerza de Ley (no habilitado) para la gestión comunitaria que arrasa lentamente con los Poderes estadales y municipales de la Constitución;" de José Ignacio Hernández, "Reflexiones sobre el nuevo régimen para la Gestión Comunitaria de Competencias, Servicios y otras Atribuciones;" de Alfredo Romero Mendoza, "Comentarios sobre el Decreto con rango, valor y fuerza de Ley Orgánica para la Gestión Comunitaria de Competencias, Servicios y otras Atribuciones;" y de Enrique J. Sánchez Falcón, "El Decreto con Rango, Valor y Fuerza de Ley Orgánica para la Gestión Comunitaria de Competencias, Servicios y otras Atribuciones o la negación del federalismo cooperativo y descentralizado," en *Revista de Derecho Público*, N° 130, Editorial Jurídica Venezolana, Caracas 2012, pp. 127 ss.

Poder Ejecutivo, en paralelo al gobierno democrático del Alcalde del Área Metropolitana de Caracas, con el objeto de minimizarlo y ahogarlo.[61]

A todo lo anterior se agrega el proceso de desmantelamiento de la autonomía de los Estados de la Federación, al haberse regulado durante los últimos lustros, diversas estructuras en la Administración Central nacional denominadas Regiones, dependientes del Vicepresidente Ejecutivo de la República, pero creadas en forma paralela y superpuesta a la Administración de los Estados, para terminar de ahogarlas.[62]

En esta forma, al fraude a la Constitución, que ha sido la técnica constantemente aplicada por el gobierno autoritario en Venezuela desde 1999 para imponer sus decisiones a los venezolanos al margen de la Constitución,[63] olvidándose de las promesas constitucionales; se ha sumado posteriormente el fraude a la voluntad popular, al imponerle a los venezolanos mediante leyes orgánicas un modelo de Estado por el cual nadie nunca ha votado y que más bien el pueblo rechazó, que cambia radical e inconstitucionalmente el texto de la Constitución de 1999, y que el Juez Constitucional se niega a controlar.

Como dije al inicio, la Constitución de 1999 prometió establecer un Estado Social montado en un esquema de Constitución económica de economía mixta,[64] en el cual la iniciativa privada debía tener un rol tan importante como la del propio Estado. En los términos de la promesa constitucional (art. 299), ese Estado debía velar por la satisfacción de las necesidades colectivas de la población, de manera de asegurar la justicia social,[65] mediante una justa

---

[61]   Véase en *Gaceta Oficial* N° 39.156, de 13 de abril de 2009. Véase en general, Allan R. Brewer-Carías et al., *Leyes sobre el Distrito Capital y el Área Metropolitana de Caracas*, Editorial Jurídica Venezolana, Caracas 2009. El Alcalde Antonio Ledezma, incluso fue detenido por motivos políticos fútiles, situación en la que ha estado ya por varios años.

[62]   Son los denominados "Órganos Desconcentrados de las Regiones Estratégicas de Desarrollo Integral (REDI),"a cargo de funcionarios denominados "Autoridades Regionales," o "Jefes de Gobierno" según la denominación de la Ley Orgánica de la Administración Pública Nacional de 2014 (art. 34.41), como integrantes de "los órganos superiores de dirección del Nivel Central de la Administración Pública nacional" (art. 44, 71); con "Dependencias" en cada Estado de la República, que están a cargo de Delegaciones Estadales, todos del libre nombramiento del Vicepresidente de la República. Véase Resolución N° 031 de la Vicepresidencia de la República, mediante la cual se establece la Estructura y Normas de Funcionamiento de los órganos Desconcentrados de las Regiones Estratégicas de Desarrollo Integral (REDI), en *Gaceta Oficial* N° 40.193 de 20-6-2013.

[63]   Véase Allan R. Brewer-Carías, *Reforma constitucional y fraude a la Constitución (1999-2009)*, Academia de Ciencias Políticas y Sociales, Caracas 2009; *Dismantling Democracy. The Chávez Authoritarian Experiment*, Cambridge University Press, New York 2010.

[64]   Véase Allan R. Brewer-Carías, "Reflexiones sobre la Constitución económica" en *Estudios sobre la Constitución Española. Homenaje al Profesor Eduardo García de Enterría*, Editorial Civitas, Tomo V, Madrid, 1991, pp. 3.839-3.853; y lo expuesto en relación con la Constitución de 1999 en Alan R. Brewer-Carías, "Sobre el régimen constitucional del sistema económico," en *Debate Constituyente (Aportes a la Asamblea Nacional Constituyente), Tomo III (18 octubre-30 noviembre 1999)*, Fundación de Derecho Público-Editorial Jurídica Venezolana, Caracas 1999, pp. 15-52.

[65]   En términos de la jurisprudencia de la Sala Constitucional del Tribunal Supremo de Justicia expresada en 2004, "el Estado Social de Derecho es el Estado de la *procura existencial*, su meta es satisfacer las necesidades básicas de los individuos distribuyendo bienes y servicios que permitan el logro de un *standard* de vida elevado, colocando en permanente realización y perfeccionamiento el desenvolvimiento económico y social de sus ciudadanos." Véase sentencia N° 1002 de 26 de mayo de 2004 (caso: *Federación Médica Venezolana vs. Ministra de Salud y Desarrollo Social y el Pre-*

distribución de la riqueza[66] y la elevación del nivel de vida de la población, por supuesto en un marco democrático[67] como en su momento lo interpretó la Sala Constitucional, "en forma opuesta al autoritarismo,"[68] pues está montado sobre el reconocimiento constitucional de los derechos económicos de los individuos.[69]

---

sidente del Instituto Venezolano de los Seguros Sociales), en *Revista de Derecho Público*, N° 97-98, Editorial Jurídica Venezolana, Caracas 2004, pp. 143 ss.

[66] La Sala Constitucional del Tribunal Supremo en sentencia N° 85 del 24 de enero de 2002 (Caso *Asociación Civil Deudores Hipotecarios de Vivienda Principal (Asodeviprilara)*, preciso en cuanto a "la protección que brinda el Estado Social de Derecho," no sólo que la misma está vinculada al "interés social" que se declara como "un valor que persigue equilibrar en sus relaciones a personas o grupos que son, en alguna forma, reconocidos por la propia ley como débiles jurídicos, o que se encuentran en una situación de inferioridad con otros grupos o personas, que por la naturaleza de sus relaciones, están en una posición dominante con relación a ellas;" sino que dicha protección "varía desde la defensa de intereses económicos de las clases o grupos que la ley considera se encuentran en una situación de desequilibrio que los perjudica, hasta la defensa de valores espirituales de esas personas o grupos, tales como la educación (que es deber social fundamental conforme al artículo 102 constitucional), o la salud (derecho social fundamental según el artículo 83 constitucional), o la protección del trabajo, la seguridad social y el derecho a la vivienda (artículos 82, 86 y 87 constitucionales), por lo que el interés social gravita sobre actividades tanto del Estado como de los particulares, porque con él se trata de evitar un desequilibrio que atente contra el orden público, la dignidad humana y la justicia social." Véase en http://www.tsj.gov.ve/decisiones/scon/enero/85-240102-01-1274%20.htm.

[67] Véase la sentencia N° 1158 de 18 de agosto de 2014 (Caso: *Amparo en protección de intereses difusos, Rómulo Plata, contra el Ministro del Poder Popular para el Comercio y Superintendente Nacional para la Defensa de los Derechos Socio Económicos*), en http://www.tsj.gov.ve/decisiones/scon/agosto/168705-1158-18814-2014-14-0599.HTML. Véase en general, sobre el tema del Estado Social y el sistema de economía mixta: José Ignacio Hernández G. "Estado Social y Libertad de Empresa en Venezuela: Consecuencias Prácticas de un Debate Teórico" en *Seminario de Profesores de Derecho Público*, Caracas, 2010, en http://www.uma.edu.ve/admini/ckfinder/ user-files/files/Libertad_economica_seminario.pdf; y "Estado social y ordenación constitucional del sistema económico venezolano," Biblioteca Jurídica Virtual del Instituto de Investigaciones Jurídicas de la UNAM, en http://www.juridicas.unam.mx/publica/librev/rev/dconstla/cont/2006.1/pr/pr14.pdf; José Valentín González P, "Las Tendencias Totalitarias del Estado Social y Democrático de Derecho y el carácter iliberal del Derecho Administrativo", CEDICE-Libertad, 2012. http://cedice.org.ve/wp-content/uploads/2012/12/Tendencias-Totalitarias-del-Edo-Social-y-Democr%C3%Altico-de-Derecho-Administrativo.pdf; y José Valentín González P, "Nuevo Enfoque sobre la Constitución Económica de 1999," en el libro *Enfoques sobre Derecho y Libertad*, Academia de Ciencias Políticas y Sociales, Serie Eventos, Caracas 2013.

[68] La Sala Constitucional del Tribunal Supremo en sentencia N° 117 de 6 de febrero de 2001, reiterando expresamente un fallo anterior de la antigua Corte Suprema de 15 de diciembre de 1998, expresó: "Los valores aludidos se desarrollan mediante el concepto de libertad de empresa, que encierra, tanto la noción de un derecho subjetivo "a dedicarse libremente a la actividad económica de su preferencia", como un principio de ordenación económica dentro del cual se manifiesta la voluntad de la empresa de decidir sobre sus objetivos. En este contexto, los Poderes Públicos, cumplen un rol de intervención, la cual puede ser directa (a través de empresas) o indirecta (como ente regulador del mercado) [...] A la luz de todos los principios de ordenación económica contenidos en la Constitución de la República Bolivariana de Venezuela, se patentiza el carácter mixto de la economía venezolana, esto es, un sistema socioeconómico intermedio entre la economía de libre mercado (en el que el Estado funge como simple programador de la economía, dependiendo ésta de la oferta y la demanda de bienes y servicios) y la economía interventora (en la que el Estado interviene activamente como el "empresario mayor")." Véase en *Revista de Derecho Público*, N° 85-88, Editorial Jurídica Venezolana, Caracas, 2001. Véase José Ignacio Hernández, "Constitución

Esa promesa constitucional de la estructuración de un Estado social en Venezuela, a pesar de toda la propaganda oficial desarrollada por el gobierno, también ha sido sin duda palmariamente incumplida durante los últimos tres lustros, habiéndose estructurado, al contrario, un Estado totalitario montado sobre un sistema de economía socialista que no está en la Constitución, con el cual, violándosela, se ha excluido y perseguido la iniciativa privada y la libertad económica; incluso implementándoselo después del rechazo popular a la reforma constitucional de 2007 que buscaba establecerlo.[70] De nuevo aquí, violándose la promesa de la rigidez constitucional, en abierta violación a la Constitución, en 2010 se dictó la Ley Orgánica del Sistema Económico Comunal,[71] que al contrario de lo definido en la Constitu-

---

económica y privatización (Comentarios a la sentencia de la Sala Constitucional del 6 de febrero de 2001)", en *Revista de Derecho Constitucional,* N° 5, julio-diciembre-2001, Editorial Sherwood, Caracas, 2002, pp. 327 a 342.

[69]   En ese sistema de economía mixta, la Constitución, en efecto, regula los derechos económicos, en particular, siguiendo la tradición del constitucionalismo venezolano, la libertad económica como el derecho de todos de dedicarse libremente a la actividad económica de su preferencia, sin más limitaciones que las previstas en la Constitución y las que establezcan las leyes, por razones de desarrollo humano, seguridad, sanidad, protección del ambiente u otras de interés social (art. 112), y el derecho de propiedad; y la garantía de la expropiación (art. 115) y prohibición de la confiscación (art. 116). La Constitución, además, regula el derecho de todas las personas a disponer de bienes y servicios de calidad, así como a una información adecuada y no engañosa sobre el contenido y características de los productos y servicios que consumen, a la libertad de elección y a un trato equitativo y digno. (art. 117). Por la otra, en el texto constitucional se regulan las diferentes facetas de la intervención del Estado en la economía, como Estado promotor, es decir, que no sustituye a la iniciativa privada, sino que fomenta y ordena la economía para asegurar su desarrollo, en materia de promoción del desarrollo económico (art. 299); de promoción de la iniciativa privada (art. 112); de promoción de la agricultura para la seguridad alimentaria (art. 305); de promoción de la industria (art. 302); de promoción del desarrollo rural integrado (art. 306); de promoción de la pequeña y mediana industria (art. 308); de promoción de la artesanía popular (art. 309); y de promoción del turismo (art. 310).Además, se establecen normas sobre el Estado Regulador, por ejemplo en materia de prohibición de los monopolios (art. 113), y de restricción del abuso de las posiciones de dominio en la economía con la finalidad de proteger al público consumidor y los productores y asegurar condiciones efectivas de competencia en la economía. Además, en materia de concesiones estatales (art. 113); protección a los consumidores o usuarios (art. 117); política comercial (art. 301); y persecución de los ilícitos económicos (art. 114).Igualmente la Constitución prevé normas sobre la intervención del Estado en la economía, como Estado empresario, (art. 300); con especial previsión del régimen de la nacionalización petrolera y el régimen de la reserva de actividades económicas al Estado (art. 302 y 303).

[70]   Véase los comentarios a la reforma constitucional de 2007 aprobada por la Asamblea Nacional en Allan R. Brewer-Carías, *La reforma constitucional de 2007 (Comentarios al proyecto inconstitucionalmente sancionado por la Asamblea Nacional el 2 de noviembre de 2007)*, Colección Textos Legislativos, N° 43, Editorial Jurídica Venezolana, Caracas 2007.

[71]   Véase en *Gaceta Oficial* N° 6.011 Extraordinario del 21 de diciembre de 2010. Véase mis comentarios sobre esta Ley Orgánica, en Allan R. Brewer-Carías, "Sobre la Ley Orgánica del Sistema Económico Comunal o de cómo se implanta en Venezuela un sistema económico comunista sin reformar la Constitución," en *Revista de Derecho Público*, N° 124, (octubre-diciembre 2010), Editorial Jurídica Venezolana, Caracas 2010, pp. 102-109; y Allan R. Brewer-Carías, "La reforma de la Constitución económica para implantar un sistema económico comunista (o de cómo se reforma la Constitución pisoteando el principio de la rigidez constitucional), en Jesús María Casal y María Gabriela Cuevas (Coordinadores), *Homenaje al Dr. José Guillermo Andueza. Desafíos de la República en la Venezuela de hoy. Memoria del XI Congreso Venezolano de Derecho Constitucional*, Universidad Católica Andrés Bello, Caracas 2013, Tomo I, pp. 247-296. Véase además el libro Allan R. Brewer-Carías et al., *Leyes Orgánicas sobre el Poder Popular y el Estado Comunal (Los*

ción, se lo definió exclusivamente conforme a "principios y valores socialistas," incluso comunistas,[72] buscando la eliminación de la propiedad privada[73] en nombre de un fracasado e

---

Consejos Comunales, Las Comunas, La Sociedad Socialista y el Sistema Económico Comunal), Colección Textos Legislativos N° 50, Editorial Jurídica Venezolana, Caracas 2011. Véase igualmente, Allan R. Brewer-Carías, "La reforma de la Constitución económica para implantar un sistema económico comunista (o de cómo se reforma la Constitución pisoteando el principio de la rigidez constitucional), en Jesús María Casal y María Gabriela Cuevas (Coordinadores), *Homenaje al Dr. José Guillermo Andueza. Desafíos de la República en la Venezuela de hoy. Memoria del XI Congreso Venezolano de Derecho Constitucional*, Universidad Católica Andrés Bello, Tomo I, Caracas 2013, pp. 247-296.

[72] Ello, incluso deriva del texto expreso de la Ley Orgánica del Sistema Económico Comunal de 2010, a la que antes hemos mencionado, que define el "modelo productivo socialista" que se ha dispuesto para el país, como el "modelo de producción basado en la *propiedad social* [de los medios de producción], orientado hacia la *eliminación de la división social del trabajo* propio del modelo capitalista," y "dirigido a la satisfacción de necesidades crecientes de la población, a través de nuevas formas de generación y apropiación así como de la *reinversión social del excedente*" (art. 6.12). Basta destacar de esta definición legal, sus tres componentes fundamentales para entender de qué se trata, y que son: *la propiedad social, la eliminación de la división social del trabajo y la reinversión social del excedente*; que los redactores de la norma, sin duda, se copiaron de algún Manual vetusto de revoluciones comunistas fracasadas, parafraseando en el texto de una Ley, lo que Carlos Marx y Federico Engels escribieron hace más de 150 años, en 1845 y 1846, en su conocido libro *La Ideología Alemana* al definir la sociedad comunista. Por ejemplo, Marx y Engels, después de afirmar que la propiedad es "el derecho de suponer de la fuerza de trabajo de otros" y declarar que la "división del trabajo y la propiedad privada" eran "términos idénticos: uno de ellos, referido a la esclavitud, lo mismo que el otro, referido al producto de ésta," escribieron que: "la división del trabajo nos brinda ya el primer ejemplo de cómo, mientras los hombres viven en una sociedad natural, mientras se da, por tanto, una separación entre el interés particular y el interés común, mientras las actividades, por consiguientes no aparecen divididas voluntariamente, sino por modo natural [que se daba según Marx y Engels "en atención a las dotes físicas, por ejemplo, la fuerza corporal, a las necesidades, las coincidencias fortuitas, etc.] los actos propios del hombres se erigen ante él en un poder hostil y ajeno, que lo sojuzga, en vez de ser él quien los domine. En efecto, a partir del momento en que comienza a dividirse el trabajo, cada cual se mueve en un determinado círculo exclusivo de actividad, que le es impuesto y del cual no puede salirse; el hombre es cazador, pescador, pastor o crítico, y no tiene más remedio que seguirlo siendo, si no quiere verse privado de los medios de vida; al paso que en la sociedad comunista, donde cada individuo no tiene acotado un círculo exclusivo de actividades, sino que puede desarrollar sus aptitudes en la rama que mejor le parezca, la sociedad se encarga de regular la producción general, con lo que hace cabalmente posible que yo pueda por la mañana cazar, por la tarde pescar y por la noche apacentar ganado, y después de comer, si me place, dedicarme a criticar, sin necesidad de ser exclusivamente cazador, pescador, pastor o crítico, según los casos." Véase en Karl Marx and Fredric Engels, "The German Ideology," en *Collective Works*, Vol. 5, International Publishers, New York 1976, p. 47. Véanse además los textos pertinentes en http://www.educa.madrid.org/cmstools/files/0a24636f-764c-4e03-9c1d-6722e2ee60d7/Texto%20Marx%20y%20Engels.pdf. Véase sobre el tema Jesús María Alvarado Andrade, "La 'Constitución económica' y el sistema económico comunal (Reflexiones Críticas a propósito de la Ley Orgánica del Sistema Económico Comunal)," en Allan R. Brewer-Carías (Coordinador), Claudia Nikken, Luis A. Herrera Orellana, Jesús María Alvarado Andrade, José Ignacio Hernández y Adriana Vigilanza, *Leyes Orgánicas sobre el Poder Popular y el Estado Comunal (Los Consejos Comunales, las Comunas, la Sociedad Socialista y el Sistema Económico Comunal)*, Editorial Jurídica Venezolana, Caracas 2011, pp. 377-456.

[73] Véase por ejemplo lo expresado en el Voto Salvado del Magistrado Jesús Eduardo Cabrera a la sentencia N° 2042 de la Sala Constitucional del Tribunal Supremo de 2 de noviembre de 2007, en el cual expresó sobre el proyecto de reforma constitucional de 2007 sobre el régimen de la propie-

impreciso "socialismo del siglo XXI,"[74] que no es nada distinto a todos los populismos fracasados de la historia.

El resultado ha sido el establecimiento de un régimen de terror económico que puso a las empresas a la merced de la burocracia estatal y lamentablemente, en manos de la corrupción que tal poder genera; siendo ella la negación más paladina de las promesas y los principios más elementales que se configuraron en la Constitución para garantizar la libertad económica y el derecho de propiedad, y por tanto, el modelo de Estado Social de economía mixta. Al contrario lo que ha vivido el país, ha sido un proceso inconstitucional de ocupaciones y confiscaciones masivas de empresas, fincas y medios de producción, sin garantía de justa indemnización, y que luego han sido abandonadas o desmanteladas, acabando con el aparato productivo del país.[75]

---

dad, que: "El artículo 113 del Proyecto, plantea un concepto de propiedad, que se adapta a la propiedad socialista, y que es válido, incluso dentro del Estado Social; pero al limitar la propiedad privada solo sobre bienes de uso, es decir aquellos que una persona utiliza (sin especificarse en cual forma); o de consumo, que no es otra cosa que los fungibles, surge un cambio en la estructura de este derecho que dada su importancia, conduce a una transformación de la estructura del Estado. Los alcances del Derecho de propiedad dentro del Estado Social, ya fueron reconocidos en fallo de esta Sala de 20 de noviembre de 2002, con ponencia del Magistrado Antonio García García."

[74]   Pompeyo Márquez, conocido dirigente de la izquierda venezolana ha expresado lo siguiente al contestar a una pregunta de un periodista sobre si "¿Existe "el socialismo bolivariano", tal como se define el Partido Socialista Unido de Venezuela (PSUV) en su declaración doctrinaria?" Dijo: "-No existe. Esto no tiene nada que ver con el socialismo. Después del XX Congreso del Partido Comunista de la Unión Soviética, donde Nikita Jrouschov denunció los crímenes de Stalin, se produjo un gran debate a escala internacional sobre las características del socialismo, y las definiciones, que se han esgrimido: Felipe González, Norberto Bobbio, para mencionar a un español y a un italiano son contestatarias a lo que se está haciendo aquí. // -Esto es una dictadura militar, que desconoce la Constitución, y la que reza en su artículo 6: "Venezuela es y será siempre una República democrática". Además, en el artículo 4 habla de un estado de derecho social. Habla del pluralismo y de una serie de valores, que han sido desconocidos por completo durante este régimen chavomadurista, que no es otra cosa que una dictadura. // -Esto se ve plasmado en la tendencia totalitaria, todos los poderes en manos del Ejecutivo. No hay independencia de poderes. No hay justicia. Aquí no hay donde acudir, porque no hay justicia. Cada vez más se acentúa la hegemonía comunicacional." Véase en *La Razón,* 31 julio, 2014, en http://www.larazon.net/2014/07/31/pompeyo-marquez-no-podemos-esperar-hasta-el-2019/

[75]   El que fue Ministro de Economía del país, Alí Rodríguez Araque, y artífice de la política económica en los últimos lustros ha explicado la situación así: "Hay que hacer ciertas definiciones estratégicas que no están claras. ¿Qué es lo que va a desarrollar el Estado?, porque la revolución venezolana no es la soviética, donde los trabajadores armados en medio de una enorme crisis asaltan el poder, destruyen el viejo Estado y construyen uno nuevo. Ni es la revolución cubana, donde un proceso armado asalta el poder y construye uno nuevo. Aquí se llegó al Gobierno a través del proceso electoral. La estructura del Estado es básicamente la misma. Yo viví la experiencia de la pesadez de la democracia. Una revolución difícilmente puede avanzar exitosamente con un Estado de esas características. Eso va a implicar un proceso tan largo como el desarrollo de las comunas. Un nuevo Estado tiene que basarse en el poder del pueblo. Mientras, durante un muy largo periodo, se van a combinar las acciones del Estado con las del sector privado. Tiene que haber una definición en ese orden, los roles que va a cumplir ese sector privado, estableciendo las regulaciones para evitar la formación de monopolios. Está demostrado que el Estado no puede asumir todas las actividades económicas. ¿Qué vamos a hacer con la siderúrgica? Yo no estoy proponiendo que se privatice, pero ¿vamos a continuar pasando más actividades al Estado cuando su eficacia es muy limitada? ¿Qué vamos a hacer con un conjunto de actividades en las cuales se ha venido metiendo el Estado y que están francamente mal y no lo podemos ocultar? Esto no es problema del proceso revo-

Simplemente, en Venezuela se pensó que la bonanza petrolera de la última década sería para siempre, y que no era necesario para un país petrolero tener que producir nada, porque todo se podía importar, y todo se podía repartir. Todo ello originó en el marco interno, una economía social basada en el subsidio directo a las personas, recibiendo beneficios sin enfrentar sacrificios o esfuerzos, con lo que además se destruyó el valor del trabajo productivo como fuente de ingreso, que materialmente se ha eliminado, sustituido por el antivalor de que es preferible recibir sin trabajar. Ello trastocó lo que debió ser un Estado social en un Estado Populista, con una organización destinada a dar dadivas a los sectores pobres y garantizar así su adhesión a las políticas autoritarias,[76] provocado más miseria y control de conciencia sobre una población de menos recursos, totalmente dependiente de la burocracia estatal y sus dádivas, en las que muchos creyeron encontrar la solución definitiva para su existencia,[77] pero a costa del deterioro ostensible y trágico de los servicios públicos más elementales como los servicios de salud y atención médica.

En fin, como lo destacó el Editorial del diario *El Tiempo* de Bogotá hace unas semanas el 22 de mayo, en definitiva:

"Pensar que en Venezuela la gente iba a pasar hambre era una idea inconcebible hasta hace unos años. Pero es así. Al otro lado de la frontera se gesta una crisis humanitaria de inmensas proporciones, sin precedentes en el hemisferio americano y que solo tiene trazas de empeorar. Aparte de la falta de alimentos para abastecer adecuadamente a una población de 30 millones, son notorias las carencias de medicamentos y otros productos que componen la canasta básica. Una enfermedad sería casi equivale a una sentencia de muerte, dada la inoperancia del sistema de salud, que está sumido en el desabastecimiento."[78]

---

lucionario, su raíz es histórica". Véase "Alí Rodríguez Araque: El Estado no puede asumirlo todo", en *Reporte Confidencial*, 10 de agosto de 2014, en http://www.reporteconfidencial.info/noti cia/3223366/ali-rodriguez-araque-el-estado-no-puede-asumirlo-todo/ Véase igualmente lo expuesto por quien fue el ideólogo del régimen, y a quien se debe la denominación de "socialismo del siglo XXI", que ha expresado: que "El modelo del socialismo impulsado por Chávez fracasó, siendo "El gran error del gobierno de Maduro es seguir con la idea de Chávez, insostenible, de que el gobierno puede sustituir a la empresa privada. El gobierno usará su monopolio de importaciones y exportaciones para repartir las atribuciones en las empresas," en *El Nacional*, Caracas 19 de abril de 2014, en http://www.el-nacional.com/politica/Heinz-Dieterich-Venezuela-surgimiento-republica_ 0_394160741.html.

[76] Véase Heinz Sonntag "¿Cuántas Revoluciones más?" en El *Nacional*, Caracas 7 de octubre de 2014, en http://www.el-nacional.com/heinz_sonntag/Cuantas-Revoluciones_0_496150483.html.

[77] Como el mismo Area lo ha descrito en lenguaje común y gráfico, pero tremendamente trágico: "Vivimos pues "boqueando" y de paso corrompiéndonos por las condiciones impuestas por y desde el poder que nos obligan a vivir como "lateros", "balseros", "abasteros" mejor dicho, que al estar "pelando" por lo que buscamos y no encontramos, tenemos que andar en gerundio, ladrando, mamando, haciendo cola, bajándonos de la mula, haciéndonos los bolsas o locos, llevándonos de caleta algo, caribeando o de chupa medias, pagando peaje, tracaleando, empujándonos los unos contra los otros, en suma, degradándonos, envileciéndonos, para satisfacer nuestras necesidades básicas de consumo. Es asfixia gradual y calculada, material y moral. Desde el papel toilette hasta la honestidad. ¡Pero tenemos Patria! Falta el orgullo, la dignidad, el respeto, el amor a uno mismo." Véase en "El 'Estado Misional' en Venezuela," en *Analítica.com*, 14 de febrero de 2014, en http://analitica.com/opinion/opinion-nacional/el-estado-misional-en-venezuela/

[78] Véase en "Una tragedia que no da espera", dice: "La que en épocas pasadas fuera la nación con el segundo nivel de desarrollo más alto de América Latina es hoy un lugar donde reina la desesperanza. Resulta increíble constatar cómo en un territorio que cuenta con las mayores reservas de petróleo del mundo no solo hay que hacer filas para adquirir bienes esenciales, sino que en muchos

IV. APRECIACIÓN FINAL: EL DESMONTAJE DE LA ASAMBLEA NACIONAL POR EL JUEZ CONSTITUCIONAL

De todo ello, en consecuencia, no queda otra conclusión institucional a la cual se pueda llegar, que no sea que diecisiete años después de haberse convocado la Asamblea Nacional Constituyente de 1999 supuestamente para refundar la República, la misma no fue sino un soberano fracaso; Asamblea en la cual como dije, fui parte activa pero para oponerme al designio autoritario que la conducía.

La crisis política que en ese momento existía, particularmente por el deterioro que mostraba el sistema de partidos tradicionales, sin duda condujo a que el país se encandilase con el primer aprendiz de mago que apareció por el lugar, como una especie degradada de un Melquíades de los *Cien Años de Soledad* de Gabriel García Márquez, prometiendo con malabarismos que todo iba a cambiar, cuando todos querían que todo cambiase, y que para ello debía acabarse con la vieja política.

Sin embargo, como suele ocurrir con los deslumbramientos, no pasó lo que se quería que ocurriera, la Asamblea Nacional Constituyente que comenzó removiendo las viejas estructuras, al final como lo denuncié al concluir sus sesiones en 2000, terminó legando junto con la intervención antidemocrática de los poderes constituidos, el texto exuberantemente florido de una Constitución que no se iba a aplicar, que era de mentira, como en efecto ocurrió, pero que prometía estructurar un Estado democrático y social de derecho y de justicia que era lo que los venezolanos esperaban; dejando además sembradas, aquí y allá, en ciertos artículos, semillas autoritarias.

El resultado de aquél proceso político tan importante en el cual el país fijó todas sus esperanzas de cambio, visto ahora retrospectivamente, fue que seducido por cantos de sirena, el país cayó inmisericordemente en manos de una secta antidemocrática que asaltó el poder a mansalva, a la vista de todos, cumpliendo sí con la promesa de acabar con la vieja política de los partidos tradicionales, pero no para edificar una nueva democracia sino para acabar con la misma, en fraude a la Constitución, utilizando sus propios instrumentos, y con ello demoler y machacar institucionalmente el país.[79]

En ese contexto, lamentablemente, la Constitución se convirtió en un conjunto normativo maleable por absolutamente todos los poderes públicos, cuyas normas, abandonada su rigidez, han tenido en la práctica la vigencia y el alcance que dichos órganos han dispuesto, mediante leyes ordinarias y decretos leyes que el Tribunal Supremo se niega a juzgar y controlar, e incluso, para mayor tragedia, con la participación activa del mismo mediante sentencias de la Jurisdicción Constitucional, todas hechas a la medida, dictadas "a la carta" mediante interpretaciones abstractas de la Constitución conforme se ha ido solicitando el Poder Ejecutivo, y con la "garantía" de que dichas actuaciones inconstitucionales no serán controladas, no sólo porque el guardián de la Constitución no tiene nadie que lo controle,[80] sino precisamente por la sujeción política de la Jurisdicción Constitucional al control del Ejecutivo.

---

casos la espera es infructuosa porque los artículos nunca llegan a los anaqueles", en Editorial de *El Tiempo*, Bogotá, del 22 de mayo de 2016, http://www.eltiempo.com/opinion/editorial/una-tragedia-que-no-da-espera-editorial-el-tiempo/16599526.

[79] Véase. Allan R. Brewer-Carías, *La ruina de la democracia. Algunas consecuencias. Venezuela 2015*, Editorial Jurídica Venezolana, Caracas 2015.

[80] Véase Allan R. Brewer-Carías, "*Quis Custodiet Ipsos Custodes*: De la interpretación constitucional a la inconstitucionalidad de la interpretación", en *Revista de Derecho Público*, N° 105, Editorial Jurídica Venezolana, Caracas 2006, pp. 7-27. Publicado en *Crónica sobre la "In" Justicia*

Contra todas esas prácticas autoritarias, y contra un Juez Constitucional que dejó de ser el instrumento de control de la inconstitucionalidad, renunciando a ser el sustituto la rebelión del pueblo para proteger su Constitución, fue que entre otras razones, el pueblo venezolano de nuevo efectivamente se rebeló el 6 de diciembre de 2015, aun cuando por los momentos solo votando en las elecciones parlamentarias en forma mayoritaria en contra del gobierno autoritario y sus prácticas.

La nueva Asamblea Nacional que resultó electa, en la cual se fijaron todas las esperanzas para completar la implementación de la manifestación de la voluntad popular, y que más temprano que tarde tendrá que renovar los poderes constituidos, y devolverle al Tribunal Supremo la autonomía e independencia, sin embargo ahora enfrenta la conspiración montada por el Poder Ejecutivo y el propio Tribunal Supremo por minimizarla, incluso mediante la instauración de un estado de excepción –esto está ocurriendo ahora–, mediante el cual ambos poderes han barrido a la Asamblea Nacional.

Este desmontaje de la Asamblea Nacional por el Juez Constitucional en Venezuela, se puede apreciar de los sucesivos golpes a la Constitución que se han dado en los pasados seis meses, después de la elección parlamentaria de 2016 a los que antes me referí, mediante los cuales se ha eliminado inconstitucionalmente la posibilidad por parte de la Asamblea de poder ejercer el control político sobre el gobierno y la Administración que le corresponde; de legislar sin el "permiso" previo del Poder Ejecutivo; y de incluso controlar sus propios actos.

Pero como con la voluntad popular en definitiva no podrán acabar, no renuncio a la esperanza de que pronto podamos ser testigos de otras manifestaciones que harán florecer la democracia en Venezuela, y que permitirán a la representación de la voluntad popular rescatar su rol constitucional. En esos logros es que todos los demócratas tenemos que estar comprometidos, para lo cual, sin duda, necesitamos el apoyo de tantos, personas e instituciones en el mundo democrático, como en estos últimos tiempos afortunadamente han comenzado a manifestarse.

_____

Constitucional. La Sala Constitucional y el autoritarismo en Venezuela, Colección Instituto de Derecho Público. Universidad Central de Venezuela, N° 2, Editorial Jurídica Venezolana, Caracas 2007, pp. 47-79.

Sobre la destrucción del *"Estado de derecho"* (Rule of Law) y la democracia en Venezuela (Reflexiones sobre una obra de Allan R. Brewer-Carías)*

Jesús María Alvarado Andrade

Profesor de la Universidad Francisco Marroquín,
Universidad Central de Venezuela y Universidad Católica Andrés Bello

Es la libertad, ese bien tan grande y dulce, que cuando se pierde, todos los males sobrevienen y que, sin ella, todos los otros bienes, corrompidos por la servidumbre, pierden enteramente su gusto y sabor. Sólo a la libertad los hombres la desdeñan, únicamente, a lo que me parece, porque si la deseasen la tendrían: como si se rehusasen a hacer esa preciosa conquista porque es demasiado fácil[1].

Étienne de la Boétie

Resumen: *El presente estudio ofrece una perspectiva eminentemente crítica sobre el rol desempeñado por la Sala Constitucional del Tribunal Supremo de Justicia de Venezuela en las últimas dos décadas (1999-2016). La aproximación jurídico-constitucional analiza el proceso de abolición del «Estado de Derecho» (rule of law) y de la democracia política en Venezuela, perpetrado por los jueces de la jurisdicción constitucional a través de sentencias que han instaurado un «Estado socialista» no previsto en la Constitución, desatendiendo el principio de supremacía constitucional. Centrado en una aproximación constitucional, el estudio no descuida las raíces ideológicas que han llevado a los jueces a una deferencia absoluta a las exigencias de una «revolución» permanente, cuyo único fin es instaurar un sistema político diferente al previsto en la Constitución de 1999, lo que ha llevado a que se debata en el foro jurídico nacional la existencia de una «dictadura judicial».*

Abstract: *This study provides an analytical perspective on the role performed by the Constitutional Chamber of the Supreme Tribunal of Justice in Venezuela during the last two decades (1999-2016). This constitutional approach depicts the process of abolition of the «Rule of Law» (Estado de Derecho) as well as the political democracy in Venezuela as it was perpetrated by the judges in the constitutional courts. Such process was executed through developmental rulings which established a «Socialist State» without constitutional provision, disregarding the principle of constitutional supremacy. Focused on a constitutional approach, this study keeps an eye on the ideological roots which have encouraged the judges to act under absolute deference to the commandments of a permanent «revolution»,*

---

* Esta versión es una adaptación corregida de la nota de presentación elaborada para el libro de Allan R. Brewer-Carías, *Dictadura Judicial y Perversión del Estado de Derecho. La Sala Constitucional y la destrucción de la democracia en Venezuela*, Colección Estudios Políticos, N° 13, Editorial Jurídica Venezolana International, Primera edición, New York-Caracas, 2016, pp. 44-56.

[1] *Discurso sobre la servidumbre voluntaria*, (trad. Max Flint), Cyngular, Caracas, 2016.

whose ultimate goal is to set forth a political system different from that on the 1999 Constitution. Therefore, the national legal forum actually discusses whether or not a «judicial dictatorship» exists.

Palabras Claves: *Estado de Derecho, Democracia, Dictadura, Revolución e Ideología.*

Keywords: *Rule of Law, Democracy, Dictatorship, Revolution, Ideology.*

En las últimas casi dos décadas (1999-2016), destacados juristas en Venezuela han publicado densos estudios en relación al deplorable funcionamiento del Tribunal Supremo de Justicia, con un arsenal de críticas dogmáticas, teóricas y argumentativas[2], revelando el escaso compromiso de los jueces con el «Estado de Derecho» (*rule of law*) y la democracia.

Dentro de este esfuerzo, el profesor Allan R. Brewer-Carías ha descollado, pues se ha propuesto un programa de investigación dirigido a evidenciar como la Sala Constitucional del Tribunal Supremo de Justicia de Venezuela –en lo sucesivo SC/TSJ– desde sus inicios, ha contribuido a la mutación ilegítima del texto de 1999[3], en procura de hacerlo compatible con el desiderátum inconstitucional de un «Estado socialista» promovido desde el poder político.

La afirmación anterior puede resultar escandalosa para cualquier estudioso del Derecho comparado y de la «judicial review» occidental, dado el gran acuerdo en relación a la importancia que tiene y debería tener el control judicial de la constitucionalidad para la pervivencia del «Estado de Derecho» (*rule of law*) y la democracia, luego de las fatídicas experiencias de las guerras europeas y las experiencias dictatoriales de diversos contornos ideológicos en la región latinoamericana.

Sin embargo, ha sido ese acuerdo general occidental el que se ha roto en Venezuela, al punto que puede aseverarse que la ruptura con el Derecho constitucional liberal y democrático ha sido el rasgo característico del proceso político-venezolano (1999-2016).

Durante este proceso socio-político cuyas repercusiones –no causas– han sido parcialmente conocidas en el mundo, la SC/TSJ instituida en el documento de 1999 (arts. 7, 335 y 336) ha venido asumiendo competencias que no tiene constitucionalmente previstas. De igual modo, ha jugado un papel preponderante en la demolición institucional, al punto de arrogarse hercúleos poderes con el fin de favorecer los objetivos políticos del proyecto socialista con vocación *totalitaria* en curso.

---

[2] Con buen provecho teórico, Serviliano Abache Carvajal, *Sobre falacias, justicia constitucional y Derecho Tributario: del gobierno de las leyes al gobierno de los hombres: más allá de «la pesadilla y el noble sueño»*, Librería Álvaro Nora, Caracas, 2015.

[3] Véase, Constitución de la República Bolivariana de Venezuela, *Gaceta Oficial* N° 36.860 de fecha 30 de diciembre de 1999, reimpresa –con una exposición de motivos inconstitucional– en *Gaceta Oficial*, N° 5.453 de fecha 24 de marzo de 2000, enmendada en los artículos 160, 162, 174, 192 y 230, *Gaceta Oficial* N° 5.908 Extraordinario de fecha 19 de febrero de 2009. Véase Allan R. Brewer-Carías, «Comentarios sobre la ilegítima «Exposición de Motivos» de la Constitución de 1999 relativa al sistema de justicia constitucional» en *Revista de Derecho Constitucional*, N° 2, Editorial Sherwood, Caracas, 2000, pp. 47-59; y, «El juez constitucional al servicio del autoritarismo y la ilegítima mutación de la Constitución: el caso de la Sala Constitucional del Tribunal Supremo de Justicia de Venezuela (1999-2009)», en *Revista de Administración Pública*, N° 180, Centro de Estudios Políticos y Constitucionales, Madrid, 2009, pp. 383-318.

Con la maestría que le caracteriza, Brewer-Carías, experto conocedor e investigador del Derecho constitucional y administrativo, ha dedicado parte de sus esfuerzos intelectuales a analizar el rol de la SC/TSJ en el proceso de demolición institucional. En su más reciente obra[4] titulada: *Dictadura Judicial y Perversión del Estado de Derecho. La Sala Constitucional y la destrucción de la democracia en Venezuela*, analiza las diversas sentencias proferidas en los primeros seis meses del 2016, período que abarca del 6 de diciembre de 2015 a junio de 2016, en los que la Asamblea Nacional (parlamento) ha sido anulado en sus competencias legislativas, deliberativas y de control político.

Centrado en el período antes mencionado, el autor escruta la estrategia fijada por el poder político, luego de que se dieran a conocer los resultados electorales de diciembre de 2015, en el que se materializó una de una de las votaciones más significativas en favor de la democracia y del «Estado de Derecho» (*rule of law*). En efecto, con un casi 75% de participación ciudadana resultado de las ansias por vivir en libertad del pueblo de Venezuela, las fuerzas políticas opositoras al régimen actual lograron obtener los 2/3 de la conformación del parlamento, lo que ha sido revertido políticamente gracias a actuaciones concretas de la SC/TSJ quien se ha comportado como la cortesana de la «dictadura socialista».

La ausencia del deber de independencia e imparcialidad[5] en el ámbito de la justicia venezolana y de la SC/TSJ en particular, ha favorecido la edificación inconstitucional de un «Estado socialista». Al modo de cirujano, el autor disecciona las sentencias revelando todas las aviesas estrategias del Gobierno y del poder judicial como su secuaz, para maniatar a la Asamblea Nacional integrada por sectores democráticos, con el objetivo simple de mantener la hegemonía de las fuerzas políticas «revolucionarias».

El libro con sus distintas ediciones[6], no es una «crónica» periodística o un recordatorio de lo que aconteció en los primeros seis meses del 2016. Se trata, al contrario, de un estudio jurídico al modo de crítica jurisprudencial extensa que toma debida cuenta del «frío laboratorio de los acontecimientos pretéritos»[7] como destacaría el insigne Tocqueville, un pensador que ha ejercido gran influencia en su obra teórica.

La obra forma parte de una zaga de obras precedentes[8] que explican exhaustivamente el rol que ha jugado el poder judicial en el afianzamiento de la «tiranía tropical», luego del

---

[4]   Decir obras «recientes» es una simplificación pues sabemos que el autor es un jurista muy prolífico, y cuando este trabajo salga publicado, seguramente la comunidad jurídica-nacional contará con nuevas obras del autor, e incluso, reediciones de obras pasadas sistematizadas para las generaciones jóvenes que desconocen las obras clásicas pioneras del Derecho público venezolano.

[5]   VV.AA, *Independencia Judicial*, Colección Estado de Derecho, Tomo I, Academia de Ciencias Políticas y Sociales, Acceso a la Justicia org., Fundación de Estudios de Derecho Administrativo (Funeda), Universidad Metropolitana (Unimet), Caracas 2012.

[6]   El libro cuenta con una edición en Caracas, una edición norteamericana, pero también contará con una edición en Madrid y México D.F.

[7]   David Carrión Morillo, *Tocqueville: la libertad política en el Estado social*, Delta Ediciones, Madrid, 2010, p. 25.

[8]   A título enunciativo: Allan R. Brewer-Carías, *Crónica sobre la «in» Justicia Constitucional. La Sala Constitucional y el autoritarismo en Venezuela*, Colección Instituto de Derecho Público. Universidad Central de Venezuela, N° 2, Editorial Jurídica Venezolana, Caracas 2007; *Dismantling Democracy. The Chávez Authoritarian Experiment*, Cambridge University Press, New York, 2010; *Práctica y distorsión de la justicia constitucional en Venezuela (2008-2012)*, Colección Justicia N° 3, Acceso a la Justicia, Academia de Ciencias Políticas y Sociales, Universidad Metropoli-

«golpe de Estado» que se produjo con el fraude llamado «proceso constituyente» de 1999[9] en el que se derogó por medios inconstitucionales la Constitución válida y vigente para esa fecha (1961) con la cual murió toda «Constitución»[10].

El experimento de la «Constituyente», cuyas consecuencias todavía padece Venezuela, no tenía como finalidad el fortalecimiento del «Estado de Derecho» (*rule of law*) y la democracia. De hecho, en sus inicios, el *primer ideal político* fue denunciado como una simple fórmula «taumatúrgica» en la célebre Carta de Hugo Chávez a la Corte Suprema de Justicia (1999), y el *segundo ideal político* fue catalogado de falso, en tanto se adujo que el «socialismo» era la «democracia verdadera», algo que la sociedad venezolana no reparó debidamente en su momento, pues:

> [...] como suele ocurrir con los deslumbramientos, no pasó lo que se quería que ocurriera, la Asamblea Nacional Constituyente que comenzó removiendo las viejas estructuras, al final como lo denuncié al concluir sus sesiones en 2000, terminó legando junto con la intervención antidemocrática de los poderes constituidos, nada más que un florido texto de una Constitución que no se iba a aplicar, que era de mentira, como en efecto ocurrió, pero que prometía estructurar un Estado democrático y social de derecho y de justicia que era lo que los venezolanos esperaban; dejando además sembradas, aquí y allá, en ciertos artículos, semillas autoritarias[11].

---

tana, Editorial Jurídica Venezolana, Caracas, 2012; *Authoritarian Government v. The Rule of Law. Lectures and Essays (1999-2014) on the Venezuelan Authoritarian Regime Established in Contempt of the Constitution*, Fundación de Derecho Público, Editorial Jurídica Venezolana, Caracas, 2014; *El Golpe a la democracia dado por la Sala Constitucional (De cómo la Sala Constitucional del Tribunal Supremo de Justicia de Venezuela impuso un gobierno sin legitimidad democrática, revocó mandatos populares de diputada y alcaldes, impidió el derecho a ser electo, restringió el derecho a manifestar, y eliminó el derecho a la participación política, todo en contra de la Constitución)*, Colección Estudios Políticos N° 8, Editorial Jurídica venezolana, Caracas, 2014; *Estado totalitario y desprecio a la ley. La desconstitucionalización, desjuridificación, desjudicialización y desdemocratización de Venezuela*, Fundación de Derecho Público, Editorial Jurídica Venezolana, Caracas, 2014; *La patología de la Justicia Constitucional*, 3° edición, Editorial Jurídica Venezolana, Caracas, 2015; *La ruina de la democracia. Algunas consecuencias. Venezuela 2015*, Colección Estudios Políticos, N° 12, Editorial Jurídica Venezolana, Caracas, 2015; *La mentira como política de Estado. Crónica de una crisis política permanente*. Venezuela 1999-2015, Editorial Jurídica Venezolana, Caracas, 2015; *Concentración y Centralización del Poder y Régimen Autoritario*, Colección Tratado de Derecho Constitucional, Tomo IX, Fundación de Derecho Público-Editorial Jurídica Venezolana, Caracas, 2015 y *Golpe de Estado Constituyente, Estado Constitucional y Democracia*, Colección Tratado de Derecho Constitucional, Tomo VIII, Fundación de Derecho Público-Editorial Jurídica Venezolana, Caracas, 2015.

[9]   Claudia Nikken, «Sobre la invalidez de una constitución» *El derecho público a comienzos del siglo XXI: estudios en homenaje al profesor Allan R. Brewer Carías*, (Coord. Arismendi A., Alfredo & Caballero Ortiz, Jesús) Vol. 1, Editorial Civitas, Madrid, 2003, pp. 205-218; Lolymar Hernández Camargo, «El poder constituyente como principio legitimador de la constitución» en *El derecho público a comienzos del siglo XXI: estudios en homenaje al profesor Allan R. Brewer Carías, op. cit.*, 2003, pp. 113-132; y, Lolymar Hernández Camargo, *El Proceso Constituyente Venezolano de 1999*, Academia de Ciencias Políticas y Sociales, Caracas, 2008.

[10] Alessandro Pace, «Muerte de una Constitución (Comentario a la Sentencia de la Corte Suprema de Venezuela, N° 17, del 19 de enero de 1999)» en *Revista Española de Derecho Constitucional*, N° 57, Centro de Estudios Políticos y Constitucionales, Madrid, 1999, pp. 271-283.

[11] Allan R. Brewer-Carías, *Dictadura Judicial y Perversión del Estado de Derecho. La Sala Constitucional y la destrucción de la democracia en Venezuela, op. cit.*, p. 417.

La confusión entre texto (documento) y Constitución[12], ha tenido efectos concretos en el desconcierto político, jurídico y social en Venezuela. De hecho, el texto de 1999 catalogado erróneamente de Constitución ha favorecido la obsesión por apelar a un documento *mentira* como sostiene el autor. Las repercusiones de estas acciones y confusiones se observan en los constantes recursos interpuestos ante los tribunales con la esperanza de que los mismos ejerzan su función con independencia e imparcialidad.

En el caso de *Dictadura Judicial y Perversión del Estado de Derecho*, se critican enfáticamente las discutibles interpretaciones de la SC/TSJ, haciendo notar las falencias, falacias, manipulaciones, mentiras e intereses en juego, así como los efectos que las mismas tienen en el proceso de demolición institucional.

No es un estudio sobre las causas que explican la tragedia institucional, económica, cultural, social y política que padece Venezuela, sino una aproximación exhaustiva a los efectos de un pésimo diseño institucional y a los actos inconstitucionales recurrentes que padece la sociedad entera sin control judicial. Los sucesivos «golpes de Estado» producidos por el régimen para reescribir el Derecho que históricamente se había dado la sociedad venezolana, son el aspecto neurálgico de este libro que complementan la zaga de obras mencionadas anteriormente[13], que todo estudioso del Derecho debería leer.

Si bien en Venezuela se aprobó la primera Constitución (1811) en lengua castellana, hoy en día atraviesa una crisis político-constitucional singular, caracterizada por su ruptura con las bases republicanas liberal-democráticas que se forjaron con sus contradicciones en el siglo XIX. Esta crisis en varios ámbitos parece no despertar el más mínimo interés por parte de los estudiosos y amantes de la libertad, pero también, de las organizaciones internacionales de derechos humanos[14], tanto nacionales como internacionales, quizás por la banalización a la cual ha sido objeto la situación, reducida lamentablemente al sensacionalismo mediático de una situación dramática como la carestía de bienes materiales[15], sin atender a la liquida-

---

[12] Jesús María Alvarado Andrade, «Sobre Constitución y Administración Pública ¿Es realmente el Derecho Administrativo en Venezuela un Derecho Constitucional Concretizado?» en José Ignacio Hernández G. (Coord.), *100 Años de Enseñanza del Derecho Administrativo en Venezuela 1909-2009*, Centro de Estudios de Derecho Público de la Universidad Monteávila, Fundación de Estudios de Derecho Administrativo (FUNEDA), Caracas, 2011, pp. 165-263.

[13] Véase nota N° 8.

[14] La salvedad reciente está en el histórico documento de Luis Almagro, «Comunicación del Secretario General de la OEA de 30 de mayo de 2016 con el Informe sobre la situación en Venezuela en relación con el cumplimiento de la Carta Democrática Interamericana», Organización de Estados Americanos (OEA), Washington, D.C. 2016.

[15] Durante todo el proceso de demolición institucional, la comunidad jurídica internacional no reparó en el asunto, pues la repartición del botín petrolero acalló todo control internacional. Luego de que se produjera el «golpe de Enero» y falleciera el líder de la «revolución», Venezuela ha sufrido un colapso en lo económico, lo social, cultural etc., que se venía gestando desde 1999, y que detonó por la caída de los precios del petróleo. Las quejas constantes por productos de la cesta básica (cosa importante claro está), oculta el proceso de control estatal total de la vida social, al punto que, en la actualidad, se habla de una crisis humanitaria, pero cuya escasez ha sido una herramienta de control del Estado. Dada la confusión permanente sobre qué se entiende por «Estado de Derecho» (*rule of law*) y por democracia, la opinión pública nacional e internacional sigue catalogando al régimen de democrático, pese a que haya surgido un claro «golpe de estado», no se ciña a ninguna regla, atente contra el pluralismo político, la igualdad política, y desconozca la libertad política, como se puede ver en la reticencia para con el «referéndum revocatorio» entre otros factores.

ción de las libertades. Tal incomprensión se subsana con los esfuerzos y sacrificios de Brewer-Carías con obras densas sobre lo que está ocurriendo en el ámbito institucional en Venezuela.

La obra no es coyuntural como puede sugerir una lectura apresurada. Es un tomo contentivo de un período singular de la historia, de manera eufemística denominada a veces en Venezuela como «historia constitucional». La obra, es un vaticinio-predicción que deberían tomar en serio aquellas sociedades en América española que creen estar exoneradas o alejadas del experimento socio-político «revolucionario» que ocurre en Venezuela, desmontando con ello el mito de la «excepcionalidad»[16].

De hecho, en donde exista fragilidad institucional endémica, e ingenua fe en una tabla de salvación como la «judicial review» sin reparar en el estado global del sistema político-constitucional en conjunto, existe la posibilidad de que la «judicial review» se convierta en el instrumento más artero y eficaz para instaurar un nuevo régimen[17] violando la Constitución o en la simple perpetuación de cualquier proyecto autoritario[18].

La posición del Secretario de la Organización de Estados Americanos (OEA) es una voz aislada y no escuchada lamentablemente en la región.

[16] Es llamativo que en Venezuela años atrás se hablara de la «excepcionalidad» de su proceso socio-político «democrático». En 1999, voces críticas a las políticas e ideas planteadas por el Teniente Coronel Hugo Chávez F., planteaban las similitudes que tenían estas con el experimento castrista. La sociedad en su conjunto respondía generalizadamente que Venezuela no era «Cuba». Actualmente, Venezuela vive un proceso de «socialismo» a la castrista, que incluso guarda similitudes atroces con el llamado «período especial». Los venezolanos se creían superiores a los cubanos en un desconocimiento del experimento socialista-castrista al cual han sido sometidos los cubanos. De igual forma, algunos países centroamericanos y suramericanos observan el proceso socio-político venezolano con indiferencia, alegando que simplemente no son «Venezuela». Con sistemas políticos-constitucionales débiles o más débiles que los de la Venezuela de 1998, algunos postulan un «excepcionalismo» que en los hechos puede desvanecerse rápidamente, si no hay conciencia de las causas y consecuencias que el experimento chavista está teniendo en Venezuela y se eluda el examen crítico de los frágiles sistemas político-constitucionales propensos a padecer experimentos similares. El resultado de tal lucha por inventar un «excepcionalismo» ha sido, que el país que para 1998 era un ejemplo de «democracia» estable, hoy en día es el foco «revolucionario» de la región, algo que dejará muy marcada huella. Si un país con recursos naturales tan impresionantes como los de Venezuela, ha sido sometida a más de diecisiete años de sistemática demolición institucional y de su aparato productivo, es fácil pensar, que muchos de los países de la región no resistirían mucho. La indiferencia internacional se debe entre otros factores a una *ideologización* constante de los organismos internacionales, quienes frente a movimientos de «izquierda» cierran los ojos, quizás debido a que estas corrientes políticas fueron deliberadamente excluidas en los experimentos de «aperturas democráticas» que nunca han sido reales democracias, y quede una especie de complejo de «culpa» que es aprovechado por los experimentos políticos autoritarios. De esta ausencia de democracia, ha quedado la constante tutela militar, la apelación permanente al «consenso» y al conciliábulo, debido al terror que genera en América latina la libertad individual y política.

[17] Allan R. Brewer-Carías, *Historia Constitucional de Venezuela*, Colección Tratado de Derecho Constitucional, Tomo I, Fundación Editorial Jurídica Venezolana Internacional, Caracas, 2014.

[18] Solo basta observar lo que está aconteciendo en Nicaragua. Jesús María Alvarado Andrade, «Democracia y Estado de Derecho en Nicaragua» en *Fundación Libertad y Desarrollo*, Guatemala, 16 de agosto de 2016, en http://www.fundacionlibertad.com/articulo/democracia-y-estado-de-derecho-en-nicaragua

La inexistencia de una institucionalidad sólida, de fuertes convicciones morales en la sociedad en favor de la libertad, del «Estado de Derecho» (*rule of law*) y la democracia, ha facilitado el proceso de desmantelamiento de las instituciones político-constitucionales liberales. De hecho, los cantos de sirenas autoritarios han tenido eco en la «sociedad civil», al punto de ser refrendados en muchas votaciones –no «elecciones»–, no lo que muestra a todas luces un problema cultural e ideológico de gran calado, que puede ser comprendido a la luz de la confusión conceptual existente en el país.

Como en buena parte de América latina, en Venezuela, existe la confusión conceptual entre «Estado de Derecho» (*rule of law*) y democracia, e incluso, entre democracia y acciones de gobiernos concretas. Entendemos a nivel teórico el ideal político del «Estado de Derecho» (*rule of law*) como aquella doctrina de la limitación del poder político tendiente a favorecer las libertades individuales independiente de la forma de gobierno.

De hecho, no existe conceptualmente equivalencia entre «Estado de Derecho» (*rule of law*) y formas de gobierno en particular, ya que hay repúblicas, monarquías parlamentarias y democracias cimentadas en el «Estado de Derecho» (*rule of law*)[19].

En relación a la democracia, es aquella forma de gobierno fundamentada en la *libertad política*, no en las libertades individuales, mediante la cual los individuos disputan por el poder político a través de reglas de juegos formales, es decir, reglas y procedimientos para la toma del poder político y la resolución de controversias políticas.

Tal forma de gobierno no postula normas sustantivas sobre cuales han de ser las acciones de gobierno concretas. De allí que toda «democracia material» sea un invento ideológico que mezcla la forma de gobierno «democrática» (siempre formal) con el llamado «Estado social» cimentado en la procura de la «justicia social».

Esta confusión conceptual ha llevado a la equívoca idea según la cual, si el gobierno de turno ofrece «programas sociales» es «democrático», y si es «democrático» entonces es un gobierno respetuoso del «Estado de Derecho» (*rule of law*). Esta confusión ha sido aprovechada ideológicamente, al punto de que toda decisión política votada, aun cuando esté en violación flagrante con la Constitución es «democrática», eludiéndose con ello que tal perspectiva encierra ideológicamente la legitimación de una «revolución» permanente o de una «democracia totalitaria». Ello ha impedido que las personas en América latina acentúen su escrutinio social en el subsistema político-constitucional.

La escogencia de representantes mediante participación electoral en condiciones de igualdad política y sin coerción arbitraria, son rasgos característicos de la forma de gobierno democrática. Cimentada en la libertad política, la democracia (formal) tiene como regla que las decisiones una vez sean discutidas en los foros idóneos previstos constitucionalmente (parlamentos), se tomen mediante la regla mayoritaria y no mediante el «consenso» de actores no representativos. Por ello resulta importante diferenciar los roles de las instituciones democráticas de aquellas que no lo son como los tribunales.

En *Dictadura Judicial y Perversión del Estado de Derecho,* si bien no se aborda esta confusión conceptual, si se pone el acento en la praxis judicial, mostrando a través del inten-

---

[19]   Cuando colocamos «Estado de Derecho» (*rule of law*) es por la sencilla razón de que éste (aceptado por quien escribe) se diferencia del «Estado de legalidad» cimentado en la legalidad estatal, tan característico en la América latina. Este es sin duda un ideal político que se espera algún día pueda cristalizar en la realidad venezolana.

so examen jurisprudencial que la SC/TSJ ha asumido un rol activo en la destrucción de todos los valores occidentales, tanto del «Estado de Derecho» (*rule of law*) como de la democracia formal, al punto que ya no solo se desconocen las libertades individuales, sino también la libertad política del conjunto social.

De hecho, en la propuesta inconstitucional de «reforma constitucional» de 2007 no controlada judicialmente por la SC/TSJ, rechazada popularmente en votación sin efectos jurídicos reales, pero concretada por vías inconstitucionales desde 2007 a 2016, se indicaba justificando la eliminación de la libertad política que:

> El pueblo es el depositario de la soberanía y la ejerce directamente a través del Poder Popular. Éste no nace del sufragio ni de elección alguna, sino de la condición de los grupos humanos organizados como base de la población (art. 136)[20].

La confusión conceptual antes referida ha posibilitado la inacción política y el desconcierto social. De hecho, la SC/TSJ abusando de sus competencias jurisdiccionales, se ha convertido en un foro político, coadyuvando, en colusión con los demás órganos que ejercen el poder público nacional, al desmontaje institucional, cuando no en la legitimación de «golpes de estado».

La actuación de la SC/TSJ puede escindirse en dos fases, a saber, la *primera*, aquella que comprende desde enero del 2000 a diciembre de 2015, caracterizada por un control jurisdiccional nulo a los actos u actuaciones del poder político y de ejercicio de la «jurisdicción normativa» para acelerar la reescritura del «derecho burgués».

De igual modo, una *segunda fase* estudiada por Brewer-Carías en *Dictadura Judicial y Perversión del Estado de Derecho*, caracterizada por una actividad desconocedora del principio de «constitucionalidad de las leyes», debido a que toda legislación u actuación de la Asamblea Nacional integrada por fuerzas opositoras(«contrarrevolucionarias» en criterio de jueces y titulares de los órganos que ejercen el poder político) a la «revolución» ha sido entendida por la SC/TSJ como inconstitucional, aun cuando éstas puedan ser interpretables conforme a la Constitución, pues como ha destacado Aguiar:

> Seguidamente, durante las dos semanas que la separan de la instalación de la nueva Asamblea electa por mayoría opositora, ilegítimamente y contando con el respaldo que sin reservas le otorga la Sala Constitucional del Tribunal Supremo, ya desaporada convoca a sesiones extraordinarias y adopta decisiones orientadas a montar un andamiaje ad hoc, con abierto fraude a la Constitución, para impedir el cabal funcionamiento del parlamento sucedáneo. Así, "fidelizando" políticamente a los jueces constitucionales y para hacerlos sirvientes de tal desiderátum, el 23 de diciembre designa, obviando los pasos reglamentarios y requisitos constitucionales, 13 magistrados y 21 suplentes en ese Supremo Tribunal, reintegrándolo hasta con ex diputados oficialistas quienes votan por su propia elección como administradores de Justicia[21].

La ideologización de la justicia en Venezuela ha sido llevada al paroxismo en esta convulsa etapa de la historia contemporánea del país suramericano. En efecto, el principio de

---

20   Allan R. Brewer-Carías *La Reforma Constitucional de 2007 (Comentarios al Proyecto Inconstitucionalmente sancionado por la Asamblea Nacional el 2 de noviembre de 2007)*, Colección textos legislativos N° 43, Editorial Jurídica Venezolana, Caracas, 2007, pp. 55, 76, 77, 85 ss. y 190.

21   Asdrúbal Aguiar, «La Ruptura de la Democracia» en Allan R. Brewer-Carías, *Dictadura Judicial y Perversión del Estado de Derecho. La Sala Constitucional y la destrucción de la democracia en Venezuela, op. cit.*, p. 10.

«constitucionalidad de las leyes» opera a rajatabla cuando se trata de actuaciones de un parlamento favorable al Gobierno, mientras que el principio de «constitucionalidad de las leyes» no opera cuando se trata de un parlamento opuesto a la labor del Gobierno. En tal sentido, la falta de independencia e imparcialidad de los jueces ha ocasionado tal distorsión institucional.

Brewer-Carías ofrece evidencia empírica de tal atípico proceder jurisdiccional. De hecho, centrado en el derecho en acción (jurisprudencia) analiza las discutibles interpretaciones jurídicas de la SC/TSJ plasmadas en «sentencias», que parecen más bien programas políticos dictados por un foro político que en un auténtico tribunal. Tal hecho no debería generar extrañeza, pues es claro que el recinto de la Esquina de «Dos Pilitas» en Caracas se ha distanciado de su función jurisdiccional, pues han olvidado que su:

> [...] función se asemeja a la de cualquier otro tribunal en general, y constituye principalmente aplicación del Derecho y, solamente en una débil medida, creación del Derecho; su función es, por tanto, verdaderamente jurisdiccional[22].

En tal sentido, las «sentencias» dictadas por la SC/TSJ más allá de la crítica han tenido efectos jurídicos concretos en el proceso socio-político y en el sistema político-constitucional venezolano en su conjunto. Prescindiendo de la diatriba sobre la vulneración que las mismas representan al Derecho existente, surgen dos preguntas inquietantes, a saber, ¿por qué las mismas se han acatado tan servilmente?, o ¿por qué han servido para fortalecer la *servidumbre voluntaria* y la obediencia a ciega al Derecho producido revolucionariamente contrariando el orden jurídico positivo (formal y material)?

Quizás como planteaba Étienne de La Boétie.

> ...la respuesta se halla en que cualquier tiranía favores y beneficios que prodigan los tiranos se dirigen únicamente a aumentar el número de quienes consideran provechosa la tiranía, en términos que pueda rivalizar con el de los amantes de la Libertad.

De hecho, en un sistema político-constitucional postizo, luce obvio que el control del poder haya sido desplazado por el excesivo énfasis en las acciones de gobierno en procura del mito de la «justicia social», eludiendo el correlato histórico de que la libertad es la que genera prosperidad y no la redistribución que desincentiva la iniciativa privada. Y la generación de riqueza. En efecto, dado que la acción de gobierno en procura de la «justicia social» legitima tiranías, pues los hombres a cambio de prebendas prescinden de la libertad, no resulta difícil comprender que los amantes de la libertad sean pocos como le preocupaba a de La Boétie[23].

---

[22]   Hans Kelsen, «La garantía jurisdiccional de la Constitución (la Justicia Constitucional)» (trad. Domingo García Balaúnde) en *Revista Iberoamericana de Derecho Procesal Constitucional*, Nº 10, Editorial Porrúa, Instituto Iberoamericano de Derecho Procesal Constitucional, México D.F, 2008, p. 25.

[23]   Llama la atención que un abogado harto conocido del foro venezolano hablaba en 2009 de la «servidumbre voluntaria de los poderes públicos» al régimen «revolucionario». Es interesante acotar que si bien hay personas que nacen siervos, hay otros que son educados como tales, pero también hay otros que les conviene serlos, pues la conveniencia o el disfrute de cierta prosperidad económica está en prioridad lógica en este tipo de servidumbre. Véase, «Golpe a la Constitución», en *Tal Cual digital,* Caracas, 21 de agosto 2016, en http://www.talcualdigital.com/Nota/16305/gol pe-a-la-constitucion.

La ingenua creencia en una «judicial review» como una tabla de salvación, no ha sido asumida por Brewer-Carías. Si bien es un insigne defensor de la «judicial review»[24] es su mayor crítico en Venezuela. No ha sido un crítico de la fundamentación de la misma, de sus contradicciones con el régimen democrático y de sus peligros para con el «Estado de Derecho» (*rule of law*) como sostienen los objetores al sistema contra-mayoritario, pero lo ha sido de las tergiversaciones burdas de la institución.

Sin embargo, es menester acotar, además, que no ha sido nunca un jurista ingenuo encerrado en una burbuja específica del Derecho público o en algún tipo de «fetichismo normativista». De hecho, gracias al «dominio sin parangón del Derecho constitucional latinoamericano»[25] que posee, sin menoscabo del dominio de disciplinas no jurídicas que se observa en su obra teórica, le vacunaron desde temprana edad con cualquier ingenuidad en el tratamiento del Derecho público[26].

Precisamente por ello, en el estudio teórico y práctico del Derecho, vio desde 1999 en la que incluso fue «constituyente», las consecuencias desastrosas que tendría el funesto circo «constituyente» y el rol que tendría esa «judicial review» que se inauguraba prometedora en lo formal con la carta de 1999, que en criterio de quien escribe no puede catalogarse de Constitución[27].

Con meridiana claridad avizoró que la «judicial review» en Venezuela rápidamente estaba distanciándose del cometido de control al poder que ésta tiene en cualquier sociedad civilizada. De hecho, el cometido de hacer valer la Constitución entendida como norma jurídica obligatoria para gobernantes como gobernados, fue desplazada por la SC/TSJ por la finalidad de lograr por la vía judicial la legitimación de los actos del poder político dirigidos a reescribir el ordenamiento jurídico que permanecía luego del proceso «constituyente».

La cooptación del poder judicial por las fuerzas «revolucionarias» fue algo que se realizó en paralelo a la falsedad del «proceso constituyente», cuyo resultado no fue otra que el otorgamiento de una carta «otorgada» que legitimaba el ejercicio del poder político de los nuevos detentadores del poder político con vocación hegemónica.

La cuestión no es baladí, y solo ha sido ignorado gracias a que el Derecho público en Venezuela ha navegado lamentablemente por los senderos de un estéril formalismo y un desdén pavoroso por los asuntos políticos. Pese haber contado la comunidad jurídica venezolana con la presencia por muchas décadas del insigne constitucionalista Manuel García Pelayo, quien tanto abogó por un Derecho público alejado del reduccionismo, la exégesis de la legislación y el apoliticismo del Derecho, la situación no ha cambiado significativamente.

---

[24]   Jesús María Alvarado Andrade, «Prólogo» al libro *Derecho Procesal Constitucional. Instrumentos para la Justicia Constitucional*, 3° Ed. ampliada, Colección Centro de Estudios de Derecho Procesal Constitucional, Universidad Monteávila, N° 2, Caracas, 2014, pp. 13-58.

[25]   Francisco Fernández Segado, «Allan R. Brewer-Carías: Derecho Procesal Constitucional. Instrumentos para la justicia constitucional» en *Anuario Iberoamericano de Justicia Constitucional*, N° 19, Centro de Estudios Políticos y Constitucionales, Madrid, 2015, p. 638.

[26]   Jesús María Alvarado Andrade, «Sobre el Derecho Público iberoamericano a propósito del «Tratado de Derecho Administrativo» de Allan R. Brewer-Carías», en *Revista de Administración Pública*, N° 193, Centro de Estudios Políticos y Constitucionales, Madrid, 2014, pp. 423-464.

[27]   Jesús María Alvarado Andrade, «Aproximación a la tensión Constitución y libertad en Venezuela» en *Revista de Derecho Público*, N° 123, Editorial Jurídica Venezolana, Caracas, 2010, pp. 17-43.

Una excepción entre otros, ha sido Brewer-Carías, quien en su densa y prolífica obra ha otorgado importancia al combate contra esa «cultura jurídica» indiferente en términos generales a lo que ha acontecido en estas casi dos décadas.

El resultado de este «papanatismo formalista»[28] imperante, ha ocasionado que el gremio jurídico nacional observe el fenómeno «constitucional» en curso, con simple asombro, estupor y poca comprensión. En medio de la confusión conceptual, desorientación ideológica y poca deferencia para con los asuntos teóricos, la «revolución» ha logrado por vía jurisprudencial que el concepto de Derecho devenga en una simple extensión de la «moral» socialista, al punto que todo aquello que esté cónsono con esta atípica «moral» es «moral» *verdadera* y es «Derecho» *verdadero.*

La obediencia y sumisión a los actos del poder inconstitucionales, puede deberse a la manipulación ideológica antes advertida. De hecho, es innegable que una «revolución» no solo procura legitimación *ex post facto*, sino también, tener una función pedagógica en la sociedad que favorezca la asimilación de todas las ideas y prácticas revolucionarias.

Ahora bien, cuando existe una clara indefensión ideológica en una «sociedad civil» tan inexistente como la venezolana, es fácil observar, cómo la legalización de toda la actuación política no sea escrutada socialmente, es decir, se imposibilita el examen de aquello que es válido jurídicamente en conformidad con la norma válida, y que es aquello que termina siendo aceptado como legítimo, aun cuando no tenga soporte jurídico formal.

En tal sentido, las obras jurídicas de denuncia de Brewer-Carías resultan una vacuna teórica frente a la agravada indefensión ideológica. Centrado en el estudio crítico de las sentencias emanadas de la SC/TSJ, se evidencia cómo se ha reescrito casi por entero el ordenamiento jurídico positivo en éstas décadas de edificación del «Estado socialista» (1999-2016). De igual manera, se puede observar cómo la acción política ha girado alrededor de la impugnación de actos u actuaciones ante la SC/TSJ sabiendo de antemano los recurrentes la posición jurisprudencial de la misma, su conformación y sus líneas ideológicas.

Tal hecho resulta de gran interés tanto desde el punto de vista teórico como práctico. De hecho, al amparo del argumento de que puede formarse un «expediente» contentivo de todas las violaciones jurídicas, manipulaciones jurídicas o falacias empleadas en las sentencias de la SC/TSJ, se ha favorecido una actitud de sumisión de la «sociedad civil» a tales actos, la cual solo contaría con el poder de revertir tal proceder inconstitucional mediante un «referéndum» o en su defecto, en las votaciones presidenciales, evidenciándose con esto la franca debilidad de la «sociedad civil» estatizada y del sistema político-constitucional en su conjunto.

La cuestión mencionada es de vieja data, si se tiene presente los rasgos singulares del denominado «sistema populista de conciliación de élites»[29] basado en la preponderancia del «consenso» de actores políticos, empresariales, etc., y no en el acatamiento de normas jurídicas. Ahora bien, también es importante prestar atención a las ideas jurídicas que han venido proliferando en el foro nacional, las cuales ignoradas, persuadieron en la sombra a actores políticos relegados del sistema, de que una teoría de la «producción jurídica origi-

---

[28]   Francisco Rubio Llorente, «La defensa de la igualdad política en la reciente jurisprudencia de la Corte Suprema Norteamericana» en *Revista de la Facultad de Derecho*, N° 36, Universidad Central de Venezuela, Caracas, 1967, p. 87.

[29]   Juan Carlos Rey, «La democracia venezolana y la crisis del sistema populista de conciliación» en *Revista de Estudios Políticos*, N° 74, Centro de Estudios Políticos y Constitucionales, Madrid, 1991, pp. 533-578

naria» que retara «la construcción dogmática del derecho público y la filosofía política tradi-cionales»[30], podía ser la llave para defender una «revolución» sin que nadie se percatara.

La «revolución» una vez triunfante requería del apoyo de la estrenada SC/TSJ, con el objetivo de que todos los actos de los órganos que ejercen el poder público nacional, «inter-pretaran» el Derecho en consonancia con los requerimientos del proyecto político socialista en curso, ajeno a lo previsto en la carta de 1999. El objetivo no era otro, que garantizar que el derecho existente –pasado y presente– fuera filtrado por el tamiz ideológico de los requeri-mientos de una «revolución legal» que rompiera con la estructura «burguesa».

De ahí el énfasis en la llamada «revolución pacífica» que no es otra cosa, que hacer la «revolución» por métodos «estatalmente legales»[31], evitando a toda costa, una transmisión legal del poder por medios constitucionales a fuerzas políticas contrarias a la «revolución», pues como ha indicado Aguiar:

> Así las cosas, lo real es que quedan como producto del entuerto, de un lado, quienes justi-ficándolo todo a nombre de una manida revolución y a costa de prosternar el constituciona-lismo democrático y de aniquilar el principio de la alternabilidad, osan calificar de golpistas a los que defienden la ortodoxia democrática y protestan el amoral comportamiento de la Sa-la Constitucional. ¡Y es que hacen de sus fines utopías utópicas, si cabe morigerar el análisis, cuyo logro no depende más de los medios ni de su legitimidad![32]

Lamentablemente, el actuar de la SC/TSJ ha estado lejos de las exigencias éticas y mo-rales del foro jurídico venezolano, de que se concretaran los principios, garantías e institutos procesales dirigidos a favorecer la supremacía constitucional, como deuda histórica que se tenía, máxime si se tienen presentes los antecedentes históricos de esa preocupación[33] con poca concreción real en la actualidad.

Si bien Venezuela contaba históricamente con la previsión de la consecuencia inmediata de la vulneración de la Constitución, a saber, la nulidad de toda ley que contradijera la *lex superior* en la Constitución de 1811 (art. 227), la «acción popular» (1858) y el control difuso de la constitucionalidad (1893), se pensaba que el sistema de justicia constitucional previsto en 1999 configuraría un avance en Derecho comparado, lo cual demuestra una y otra vez que las «normas jurídicas» de papel requieren de operadores jurídicas que las hagan efectivas.

Los mecanismos jurisdiccionales de control de la constitucionalidad ampliados en lo formal en 1999, en la realidad han devenidos en inútiles, debido a que el sistema ha estado regentado por personas formadas y otras no formadas, en un ambiente institucional en el que es evidente la ausencia de independencia e imparcialidad en el ámbito judicial, lo cual ha

---

[30] José Manuel Delgado Ocando, *Discurso de Orden Apertura de las Actividades Judiciales del Año 2001*, Tribunal Supremo de Justicia, Caracas, 2001. De igual forma, y con mucho provecho para entender su proceder en la Sala Constitucional, es imperioso leer su trabajo «Revolución y Dere-cho» en *Estudios sobre la Constitución. Libro Homenaje a Rafael Caldera*, Tomo IV, Facultad de Ciencias Jurídicas y Políticas, Universidad Central de Venezuela, Caracas, 1979, 2595-2600.

[31] Carl Schmitt, «La revolución legal mundial» en *Revista de Estudios Políticos*, N° 10, Centro de Estudios Políticos y Constitucionales, Madrid, 1979, pp. 5-24.

[32] Asdrúbal Aguiar, «La Ruptura de la Democracia» en Allan R. Brewer-Carías, *Dictadura Judicial y Perversión del Estado de Derecho. La Sala Constitucional y la destrucción de la democracia en Venezuela, op. cit.*, p. 15.

[33] Francisco Fernández Segado, «El Control de Constitucionalidad en Latinoamérica: del control político a la aparición de los primeros Tribunales Constitucionales» en Derecho PUCP: *Revista de la Facultad de Derecho*, N° 52, Pontificia Universidad Católica del Perú, Lima, 1999, pp. 409-465.

incentivado que sean instrumentos de la usurpación de la soberanía popular[34], en procura de hacer posible los designios políticos de quien detente la silla presidencial en el palacio de Miraflores.

La existencia de jueces de dudosa moralidad provenientes del partido de gobierno, ha tenido como misión el afianzar el control de la justicia, lo cual ha permitido que la labor jurisdiccional devenga siempre en provecho del régimen, al amparo de la inexistencia de responsabilidad de los jueces. La invención de una pretendida labor legislativa en el ámbito judicial usurpando la voluntad popular cuando el Derecho existente no sea favorable a los intereses políticos en juego, ha sido uno de los poderes más grandes que se ha arrogado el poder judicial, y en especial, la SC/TSJ.

Como plantea Brewer-Carías, con tal proceder se hace nugatorio pensar en la posibilidad remota de independencia e imparcialidad judicial, y mucho que menos de «judicial review» como un mecanismo de garantía a la supremacía constitucional[35]. De hecho, en *Dictadura Judicial y Perversión del Estado de Derecho* se desmantela un mito que aún pervive en Venezuela, como es el hecho de que existan tribunales independientes inmunes a influencias extrañas al Derecho provenientes desde fuera del proceso jurisdiccional, en este caso frente al Estado y al partido de gobierno.

De la misma manera, se refuta por entero la perniciosa y falsa idea según la cual existen tribunales imparciales, puesto que, a todas luces, los jueces favorecen estadísticamente siempre a una de las partes en los conflictos sometidos a su conocimiento, todo lo contrario, a lo que puede esperarse de un auténtico tribunal[36].

Las mutaciones ilegítimas y fraudulentas de la carta de 1999, el incumplimiento de las sentencias de la Corte Interamericana de Derechos Humanos,[37] el desconocimiento de los derechos humanos[38] y de los principios más elementales del Derecho constitucional occidental perpetuados por la SC/TSJ, han sido posible entre otras cosas, gracias a la «patología de la justicia constitucional».

---

[34] Pedro De Vega, *La Reforma Constitucional y la Problemática del Poder Constituyente*, Tecnos, Madrid, 1988, p. 114.

[35] Antonio Canova, et al, *El TSJ al servicio de la revolución*, Editorial Galipán, Caracas, 2014.

[36] Para corroborar tal aserto, por todos: Tomás A. Arias Castillo, «Los actos de apertura de año judicial en Venezuela (1999-2012): De la relativa solemnidad a la política descarnada» en *Crisis de la función judicial*, Colección Estado de Derecho. Serie Primera, Tomo IX, Academia de Ciencias Políticas y Sociales; Acceso a la Justicia; Fundación Estudios de Derecho Administrativo; Universidad Metropolitana, Caracas, 2012, p. 99-167.

[37] Carlos Ayala Corao, *La «inejecución» de las sentencias internacionales en la jurisprudencia constitucional de Venezuela (1999-2009)*, Fundación Manuel García-Pelayo, Caracas, 2009.

[38] Véase Sala Constitucional/Tribunal Supremo de Justicia N° 1309, Caso: *Hermann Escarrá*, N° Expediente: 01-1362, Magistrado Ponente: José Manuel Delgado Ocando, en el que se sostenía que «los estándares para dirimir el conflicto entre los principios y las normas deben ser compatibles con el proyecto político de la Constitución (Estado Democrático y Social de Derecho y de Justicia) y no deben afectar la vigencia de dicho proyecto con elecciones interpretativas ideológicas que privilegien los derechos individuales a ultranza o que acojan la primacía del orden jurídico internacional sobre el derecho nacional en detrimento de la soberanía del Estado [...] no puede ponerse un sistema de principios supuestamente absoluto y suprahistórico por encima de la Constitución [...] son inaceptables las teorías que pretenden limitar so pretexto de valideces universales, la soberanía y la autodeterminación nacional»

Esta extraña enfermedad jurídica tiene su causa, entre otros factores, en la ausencia de independencia e imparcialidad judicial y en la equívoca idea según la cual no importa que haya convicciones morales subyacentes en la sociedad en favor del «Estado de Derecho» (*rule of law*), sino que con «judicial review» la Constitución estará salvada.

Esta idea elude la importancia que tiene un sistema político sano en el mantenimiento de la *lex superior*, la asimilación y adherencia social a los valores, principios y derechos contenidos en la misma, e incluso, en la necesaria buena ingeniería que debe tener una Constitución que se presenta históricamente en Venezuela como «racional normativa»[39].

La existencia de constituciones «semánticas» o «nominales»[40] no es reversible con la simple instauración de controles judiciales de la constitucionalidad. De hecho, la propuesta incrédula de una «judicial review» como mecanismo de modelaje social y jurídico, pasa por una creencia a ciegas en el papel de hombres siempre bondadosos en el ejercicio de tan importante función, lo cual es casi un intento peregrino por construir la casa por el tejado.

De ahí la conocida ingenua tesis, de que todo cambia si se tienen buenos hombres en el ejercicio de la función judicial, obviándose teóricamente, que el diseño jurídico, es decir, la ingeniería constitucional, así como el respaldo político del subsistema político-constitucional son aún más importantes.

La institución de un Tribunal, Corte o Sala Constitucional, como suprema instancia normativista en un sistema constitucional basado en una jerarquía de normas y «valores» con cartas de derechos amplísimos, deviene la mayor de las veces en una instancia que se erige en «supremo legislador»[41], lo que ha sido bautizado en un uso del léxico político histórico en Venezuela como «jurisdicción normativa»[42]. Con un poder tal en el ámbito judicial[43], no solo es posible violar la Constitución impunemente, sino que también es posible encontrar senten-

---

[39]   Manuel García-Pelayo, «Constitución y Derecho constitucional: (Evolución y crisis de ambos conceptos)» en *Revista de Estudios Políticos*, N° 37-38, Centro de Estudios Políticos y Constitucionales, Madrid, 1948, pp. 53-124

[40]   Karl Loewenstein, «Constituciones y Derecho constitucional en Oriente y Occidente» en *Revista de Estudios Políticos*, N° 164, Centro de Estudios Políticas y Constitucionales, Madrid, 1969, pp. 5-56.

[41]   Carl Schmitt, «La revolución legal mundial» en *Revista de Estudios Políticos*, N° 10, Centro de Estudios Políticos y Constitucionales, Madrid, 1979, pp. 5-24.

[42]   Véase SC/TSJ, sentencia N° 85, N° Expediente: 01-1274, Caso: *ASODEVIPRILARA*, de fecha 24 de enero de 2002, Magistrado Ponente: Jesús E. Cabrera Romero.

[43]   La SC/TSJ cuenta constitucionalmente con unas competencias bastante discutibles. Sin embargo, no es este el caso para exponer el punto. Lo que sí es evidente, es que, al margen de esta discusión, la SC/TSJ ha abusado hasta la saciedad de tales competencias, instrumentadas las mismas para propósitos claramente políticos de aquellos que colocan a los jueces en tales puestos. Lamentablemente el sistema político-constitucional en Venezuela siempre ha sido así. Nunca ha dado mayor importancia al poder judicial, y siempre han querido los actores políticos a jueces amigos, cercanos, complacientes con el poder político y con intereses económicos. La aplicación de la Constitución es una cuestión que atañe a un tema interpretativo. Al amparo del mito del único significado posible en la interpretación de la Constitución, se encubre todo tipo de manipulación jurídico-ideológica. La cuestión está, en que en Venezuela, lamentablemente el poder judicial es la cenicienta, cuando no la cortesana del poder político, toda vez que la elección de los magistrados del Tribunal Supremo de Justicia es de facto una decisión política basada en las normas interpersonales características de una sociedad pre-moderna. Un estudio empírico podría mostrar tal aserto de una manera dramática, algo que debería cambiar en algún momento de nuestra convulsionada historia.

cias calificadas sin exageración como «barbaridades jurídicas»[44], «aberraciones jurídicas»[45], «manipulaciones jurídicas»[46], cuando no de cinismo abierto[47].

Solo bajo una concepción bastante provinciana y no cosmopolita del mundo, cualquier interesado en los asuntos jurídicos puede desentenderse por completo de los temas tratados por Brewer-Carías en su obra *Dictadura Judicial y Perversión del Estado de Derecho.* En el ámbito de la América española, el fenómeno debería ser de gran interés, toda vez que cualquier país puede estar sometido a algo similar.

De hecho, todo indica que, desde una perspectiva histórica, pareciera que Venezuela experimenta un peculiar proceso socio-político de decadencia de su sistema político-constitucional derivado de que las élites siempre van a menos, en especial, cuando se burocratizan, proceso *sui generis*, que se adelanta significativamente a situaciones que pueden darse en otras latitudes.

La decadencia del sistema político-constitucional y su sustitución por medio de una carta resultado de la aberración jurídica como fue el «proceso constituyente» al margen de la Constitución de 1961, fue posible gracias al rol de la extinta Corte Suprema de Justicia. El nacimiento de la «revolución» tiene como padre al poder judicial, elemento que no es pertinente obviar. El reemplazo del sistema político constitucional hegemónicamente social-demócrata, se dio mediante una nueva «carta» en una clara «revolución», que requería de un nuevo sub-sistema político, pues no existe una Constitución válida y vigente sin un sistema político que la soporte.

En efecto, las políticas decimonónicas rivales a la hegemonía social-demócrata, como el socialismo marxista, el socialismo marxista-leninista, el leninismo no marxista, comunismo, social-cristianismo, liberalismo, etc., fueron domesticados por el «consenso», que impide la libertad de pensamiento, expresión, pluralismo político etc.

En lo que concierne al espectro ideológico de «izquierda», lo llamativo del proceso socio-político venezolano, es que, pese a que muchos estuvieron declarados ilegales o al margen del sistema político-constitucional cimentado en un pacto político, sin respaldo popular incluso, revivieron artificialmente gracias a una «revolución» ocurrida en el propio sistema, la cual borró del mapa el conciliábulo del sistema político (1961-1998), inaugurando un conciliábulo «socialista».

Las élites que forjaron el experimento de «apertura democrática» (1961-1998), no comprendieron la obra realizada como ha destacado Brewer-Carías, al punto que congelaron al sistema político-constitucional sin atender a las exigencias modernas, de allí que el cambio devino en una súbita «revolución» que arrasó por completo con los actores, aun cuando no con las estructuras pre-democráticas, al punto que éstas son usadas por los actores «revolucionarios».

La discusión política-jurídica se ha retrotraído a los esquemas de inicios del siglo pasado, y ello explica que la Venezuela del siglo XXI tenga un debate acerca de la posibilidad o conveniencia de un «Estado socialista» que reemplace al «Estado social democrático de derecho y de justicia».

---

[44]   Allan R. Brewer-Carías, *Dictadura Judicial y Perversión del Estado de Derecho. La Sala Constitucional y la destrucción de la democracia en Venezuela, op. cit.*, p. 55

[45]   *Ibíd.*, p. 55.

[46]   *Ibíd.*, p. 55.

[47]   *Ibíd.*, p. 55.

La explicación puede deberse a que en un país pobre –no de recursos naturales claro está–, subdesarrollado debido a su esquema «pre-capistalista» soportado en la extracción de recursos naturales para mantener la redistribución aniquiladora de la libertad individual, y sometido a una constante prédica «revolucionaria», es inevitable que busque remedios tribales para enfrentar los retos difíciles de la sociedad abierta.

Pedagógicamente el «Estado social democrático de derecho», manipuló y condicionó tanto con su paternalismo inusitado a la «sociedad civil», que ésta paulatinamente fue domesticada en la ética de la redistribución de recursos del poder político y no en valores como la libertad, la democracia o el Estado de Derecho» (*rule of law*).

Socialmente es menester acota, la actividad judicial no es escrutada en Venezuela, dada la visión paternalista imperante, la cual ha forjado la funesta idea según la cual, lo importante es el reparto del botín petrolero/minero, lo cual también encubre y adorna la «clase política» venezolana.

Este aspecto, no debe ser subestimado en el análisis jurídico-constitucional, dado que es llamativo que la acción política general por parte de los opositores al régimen «revolucionario», no sea la de condenar, desconocer o enfrentar las actuaciones o actos francamente inconstitucionales, sino la de pedir espacios de «diálogo» en condiciones claramente adversas[48] en una apelación constante al «consenso».

La situación de Venezuela sin bien es harta extraña para los venezolanos, lo es más para la comunidad jurídica internacional. Lamentablemente la poca sensibilidad para con las nuevas tiranías, ha encubierto los problemas enormes de Venezuela[49]. Ahora bien, desde una perspectiva histórica es menester recordar que en el siglo XIX una élite de venezolanos[50] procuró la independencia en América española, y en el siglo XX, un selecto grupo de personas[51] tuvieron la convicción de abrir los causes para instaurar un sistema democrático que sigue como tarea pendiente.

Venezuela era el país que tenía el record histórico de menor tradición democrática, pero durante el período que va de 1985-1998 promovió una estrategia anti dictatorial en la región.

---

[48] Las fuerzas opositoras al régimen con sus diferencias de estrategias, han privilegiado cualquier acción política de «acomodo» a las reglas siempre cambiantes en cualquier «revolución», mientras que el régimen ha privilegiado la constante «ruptura» cuando las circunstancias se lo han permitido. En estas dos estrategias claramente diferentes se han disuelto cada vez los principios del orden social moderno. Para los actores «revolucionarios», la estrategia ha sido la del «despiste», centrado en encubrir una «lucha de clases» que pueda perpetrar todo el daño posible a las fuerzas opuestas, con el objeto de permitirles una vez abandonen el poder político, tener una fortaleza en un nuevo «pacto», que, como el pasado, no dará mayor importancia al subsistema político-constitucional. Esto quizás sea un ejercicio de «prospectiva constitucional».

[49] Asdrúbal Aguiar, *El Problema de Venezuela (1998-2016)*, Fundación Editorial Jurídica Venezolana, Caracas, 2016.

[50] Carlos Pi Sunyer, *Patriotas americanos en Londres: Miranda, Bello y otras figuras*, Monte Ávila Editores, Caracas, 1978.

[51] Allan R. Brewer-Carías, *Sobre Miranda. Entre la perfidia de uno y la infamia de otros y otros escritos*, Colección Cuadernos de la Cátedra Fundacional de Historia del derecho, Charles Brewer Maucó, Universidad Católica Andrés Bello, Caracas-New York, 2016, 302 pp.

Si bien hoy en día atraviesa por una crisis de magnitudes considerables, es evidente que la misma no es «excepcional», sino el resultado de consecuencias no queridas de acciones intencionales en un sistema político-constitucional que guarda similitudes con muchos de los países de la región latinoamericana.

Padeciendo por adelantado procesos traumáticos que pueden avecinarse en una región[52] signada por su antiliberalismo y anti-democratismo, actualmente la sociedad venezolana, débil, estatizada y golpeada por un régimen con clara vocación totalitaria pide a gritos la solidaridad internacional, la cual en su momento la tuvo Venezuela con otros países de la región[53].

El estudio de Brewer-Carías se da en el exilio, lo que muestra aún más como los tentáculos del poder político pueden amenazar la labor investigadora y de ejercicio profesional

---

[52]   La situación de Venezuela causa asombro en el contexto internacional, por el hecho de que no se explica como un país con tantos recursos naturales pueda estar en los umbrales de la miseria y la carestía en medicinas, alimentos, vestido, prestación de servicios públicos y franca decadencia moral, intelectual, cultural, etc. La cuestión es que todo esto son efectos y no causas. Si bien Venezuela cuenta con recursos naturales inmensos en comparación con otros países de la región, es evidente que Venezuela guarda unas similitudes pavorosas –como no podía ser de otro modo históricamente– con otros países de la región en cuanto a estructuras sociales, institucionales, económicas etc. Dentro de estas similitudes encontramos que en Venezuela como en otros países de la región, la izquierda «revolucionaria» impopular en sus años mozos jamás gobernó, e incluso fue excluida del «consenso». La llamada «democracia» ha sido sencillamente un «Estado de Partidos» en el que los actores del sistema político (políticos, partidos, grupos de presión y de poder) decidieron qué valor tendrá la Constitución dependiendo de las circunstancias o «momentos políticos». Adicionalmente, el falso sistema democrático ha estado tutelado militarmente y afianzado por élites sociales, económicas, políticas no representativas que mediante la obtención de privilegios y favores brindan apoyo al sistema. El poco crecimiento económico, debido a los constantes privilegios, miedos para con la sociedad abierta y el comercio, así como el rol expansivo de la acción del Estado en el ámbito económico y social, han destruido cualquier contacto con la institución del mercado como proceso de distribución de bienes y servicios. De allí que se ponga tanto el acento en la redistribución de la miseria existente. La destrucción de espacios de discusión, participación, y de acuerdos naturales mediante la imposición del «consenso» que procura la unanimidad en lugar de acuerdos que reconozcan la diferencia y el pluralismo han generado mucha violencia en la región. Cuando la situación política se sale de control, es indudable que puede desatarse una «revolución», la cual la mayoría ignora hasta tanto se ven y padecen las consecuencias, dada la gran banalización, destrucción cultural y frivolidad de la «sociedad civil» sometida a la estatización y destrucción de los cuerpos intermedios.

[53]   Venezuela fue un actor decisivo en la «Exclusión del actual Gobierno de Cuba de su participación en el Sistema Interamericano». En efecto, en la Octava Reunión de Consulta de Ministros de Relaciones Exteriores de la OEA realizada en Punta del Este-Uruguay, del 22 al 31 de enero de 1962, se consideró el tema de Cuba, adoptándose la Resolución VI que estableció sanciones contra Cuba adoptadas en 1962 y 1964. Tales sanciones recibieron las 2/3 partes de los votos requeridos por el Tratado Interamericano de Asistencia Recíproca. Actualmente el régimen castrista (marxista-leninista), ha sido reincorporado al sistema mediante resolución AG/RES. 2438 (XXXIX-O/09), la cual resuelve que la Resolución VI de 1962, queda sin efecto en la Organización de los Estados Americanos (OEA), lo que evidencia la confusión moral, política, intelectual en la región. Venezuela apoyó también al proceso de democratización de Centroamérica, así como al proceso de pacificación. Formó parte del llamado Grupo Contadora, instancia multilateral propuesta en enero de 1983 por México a Colombia, a la que se invitó a Panamá y Venezuela. De igual forma, los gobiernos en el período 1958-1998, se opusieron a las dictaduras imperantes en América latina, brindando todo su apoyo humano y económico a los perseguidos.

de la profesión de abogado. Su trabajo no es el resultado de una burbuja académica, sino de la exigencia que todo investigador del Derecho debe satisfacer cuando las circunstancias exigen levantar la voz de manera crítica.

La decadencia que padece Venezuela no debería ser ajena ni a los venezolanos ni a los amantes de la libertad. Investigaciones académicas como las de Brewer-Carías acotadas al ámbito de lo político-constitucional coadyuvan significativamente a la comprensión de la situación político-jurídica que padece la pequeña Venecia. En momentos en los que se habla demagógicamente de la era digital, los libros suplen la desinformación colosal, cuando no de simple banalización que encontramos en la «civilización del espectáculo»[54], despreocupada por lo que pasa allende nuestras fronteras territoriales, nacionales o estatales.

La decadencia del «Estado de Derecho» (*rule of law*) y la democracia, y la sustitución por el «socialismo revolucionario» no es una exageración, sino el regreso de un «espectro» que nunca gobernó y que congelado en el tiempo adopta para sí una táctica novedosa, a saber, la de usar el sistema político-democrático, manipular las categorías constitucionales, y los jueces para destruir desde dentro cualquier arreglo civilizatorio. La actuación de los jueces resulta fundamental en estos nuevos esquemas, como se prueba del examen pormenorizado de la actuación de la SC/TSJ.

Es cierto que luce importante exigir las responsabilidades correspondientes a quienes acabaron con el «Estado de Derecho» (*rule of law*) y la democracia en el país, pero también luce importante comprender las causas que han posibilitado la decadencia en todos los terrenos en Venezuela. Comoquiera que las revoluciones contemporáneas no se hacen en abierta violación al Derecho, sino que se maquillan y se fortalecen con leyes *ex post facto*, o sentencias que legitimen los actos revolucionarios, el libro de Brewer-Carías resulta capital para comprender un hecho concreto de ese proceder.

Como bien refería Schmitt, el célebre y polémico jurista, «Quien trabaja legalmente, no es ni trastornador, ni agresor, ni saboteador».[55] En efecto, la idea de una «espectro» socialista que se manifiesta en un mundo post-caída Muro de Berlín, que quiere perpetrarse por medio de una «revolución legal», debe ser una de las cuestiones centrales a tener en cuenta a la hora de evaluar la justicia constitucional en Venezuela.

Por ello, es que desde el mismo instante en que fuerzas democráticas en Venezuela conquistaron la mayoría de dos tercios en la Asamblea Nacional, a través de una contundente victoria el 15 de diciembre de 2015, la SC/TSJ en su segunda fase antes apuntada, se encargó rápidamente de minar las competencias de la Asamblea Nacional, tanto en el ámbito legislativo como de control político.

Este proceso bastante peculiar, se da paradójicamente en un tiempo en el que la región batalla por tratar de encauzar sus sistemas político-constitucionales al amparo del ideal político del «Estado de Derecho» (*rule of law*) y la democracia. Ahora bien, tal lucha ha estado fracturada desde hace mucho tiempo, pues basta recordar que durante el octavo período extraordinario de sesiones en fecha 11 de septiembre de 2001 en Lima-Perú se aprobó la llamada Carta Democrática Interamericana, precisamente el día en que una serie de atentados terroristas en los Estados Unidos causaron la muerte de miles de seres huma-

---

[54]   Mario Vargas Llosa, *La Civilización del Espectáculo*, Alfaguara, Madrid, 2012.

[55]   Carl Schmitt, «La revolución legal mundial» en *Revista de Estudios Políticos*, N° 10, Centro de Estudios Políticos y Constitucionales, Madrid, 1979, p. 13.

nos, inaugurando una etapa de guerra no convencional en la civilización occidental nunca conocida, que ha afectado de paso el disfrute de la libertad individual y los derechos humanos.

Estos funestos ataques desviaron la atención de lo que también estaba ocurriendo en América latina. Basta recordar, que luego de décadas de luchas contra dictaduras –de derecha y de izquierda–, los Jefes de Estado y de Gobierno de las Américas habían adoptado en la Tercera Cumbre de las Américas, en fecha 20 al 22 de abril de 2001 en la ciudad de Quebec, una cláusula democrática que luego cristalizó en la Carta Democrática Interamericana. En dicha declaración se afirmaba: «Hemos adoptado un Plan de Acción para fortalecer la democracia representativa, promover una eficiente gestión de gobierno y proteger los derechos humanos y las libertades fundamentales»

Esta Declaración de Quebec fue rápidamente criticada por el Gobierno «revolucionario» de Venezuela, al punto de que la delegación reservó su posición en lo que respecta a los párrafos 1 y 6, debido a que la democracia debía ser entendida según el régimen de Venezuela, en su sentido más amplio y no únicamente en su carácter representativo.

La idea era reducir el método democrático a la participación de los ciudadanos en la toma de decisiones minando la democracia y la representación política. En efecto, las reservas mostraban tempranamente las convicciones y hostilidad del régimen de Venezuela, para con el sistema liberal democrático, cuyas consecuencias padece el país en la actualidad.

Luego de casi dos décadas de «revolución», luce menester adentrarse en obras como la de Brewer-Carías, en el que se analiza el comportamiento de los jueces en la destrucción del «Estado de Derecho» (*rule of law*) y la democracia. Si bien guarda diferencias con el proceso nazi, el proceso de socialismo posmoderno guarda similitudes con aquel, en lo atinente al rol que los jueces tienen[56], lo que evidencia además el estado de la cultura jurídica imperante y los valores a los cuales se adhiere la judicatura en esta parte del mundo.

Como se ha sostenido, la SC/TSJ ha devenido en un instrumento servil del poder, por claras fallas estructurales. De hecho, como bien ha afirmado Hernández G.: «Admitir el control judicial de todas las actuaciones y omisiones del Poder Legislativo implica un claro riesgo, pues podría el juez constitucional sustituirse en valoraciones políticas privativas del Poder Legislativo»[57]. Es cierto que éste no es el tema de Brewer-Carías en el libro, pero debe serlo de la dogmática jurídica *iuspublicista* venezolana, pues gracias a varios dogmas imperantes en contextos institucionales tan frágiles es que se ha posibilitado la «tiranía tropical»[58].

---

[56] Ingo Muller, *Juristas del Horror. La «justicia» de Hitler: el pasado que Alemania no puede dejar atrás*, Álvaro Nora Librería Jurídica; Caracas, 2009.

[57] José Ignacio Hernández G., «El Asedio A La Asamblea Nacional» en Allan R. Brewer-Carías, *Dictadura Judicial y Perversión del Estado de Derecho. La Sala Constitucional y la destrucción de la democracia en Venezuela*, Colección Estudios Políticos, N° 13, Editorial Jurídica Venezolana International, New York-Caracas, 2016, p. 24.

[58] Como bien ha destacado Lilla, «Tarde o temprano, el lenguaje del antitotalitarismo tendrá que abandonarse y estudiarse de nuevo el problema clásico de la tiranía. Esto no quiere decir que los conceptos antiguos de tiranía puedan extrapolarse en general en el pensamiento de hoy, aunque asombra cuántos malos regímenes de hoy exhiben patologías que los pensadores políticos de la Antigüedad y de los inicios de la Europa moderna conocían muy bien: el asesinato político, la tortura, la demagogia, los estados de excepción maquinados, el cohecho, el nepotismo y todo lo demás», Mark Lilla, «La nueva era de la tiranía» en *Letras libres*, Año N° 4, N° 47, Letras Libres In-

La obra de Brewer-Carías, *Dictadura Judicial y Perversión del Estado de Derecho* requiere ser conocida nacional e internacionalmente como una investigación jurídica seria que puede ampliar la comprensión y elevar la conciencia de cómo puede materializarse una «dictadura judicial». En la obra, se da cuenta de cómo la SC/TSJ manipulando su competencia en el ejercicio del «control concentrado» de la constitucionalidad sin control ella misma en su actuación, impone su voluntad libérrima no atendiendo a la propia Constitución.

Si bien quien tiene la obligación de hacer valer la Constitución no lo hace, es indudable que la «dictadura judicial» ha devenido en una herramienta de quien realmente tiene el poder político, es decir, de quien mantiene a los jueces en su cargo, en un país signado por la ausencia de «Estado de Derecho» (*rule of law*) y de democracia.

Si la pregunta «¿*Quis custodiet ipsos custodes?*» es una pregunta sin respuesta desde los moldes de la «judicial review» moderna, entonces frente a la «dictadura judicial», no cabe otro remedio que la *desobediencia civil* como único recurso posible cuando las vías constitucionales se encuentran cercenadas, pues como se ha dicho:

> [...] si en su función interpretativa de la Constitución el pueblo, como titular del poder constituyente, entendiese que el Tribunal había llegado a una conclusión inaceptable (o porque se tratase de una consecuencia implícita en la Constitución de que el constituyente no hubiese tenido consciencia clara y que al serle explicitada no admite, o bien –hipótesis no rechazable como real– porque entendiese que la decisión del Tribunal excede del marco constitucional), podrá poner en movimiento el poder de revisión constitucional y definir la nueva norma en el sentido que el constitucionalismo decida, según su libertad incondicionada.[59]

La afirmación de García de Enterría luce fundamental en el contexto venezolano, dado que frente a las prácticas autoritarias legitimadas por la SC/TSJ, así como sus aviesas interpretaciones, debería ponerse en movimiento el poder de «reforma constitucional», como medio de rechazo social a las interpretaciones inaceptables del «guardián de la Constitución».

Cuando se afirma que la SC/TSJ se excede de sus competencias jurisdiccionales (arts. 7 y 336), e incluso, se arroga competencias que no tiene alegándose que es «máximo y última intérprete de la Constitución», ello no significa que constitucionalmente se entregue un poder sin límites, pues ello sería lo contrario a toda Constitución.

Frente a tal manipulación, cabe mencionar que la misma puede proferir sentencias definitivas en ejercicio de sus competencias jurisdiccionales, pero sus sentencias pueden ser escrutadas por el último intérprete de la Constitución que es el pueblo.

Es el poder de poder de «reforma constitucional» que debería ejercer el pueblo, cuando está frente a actuaciones excesivas por parte de la SC/TSJ. De hecho, luce menester recordar que Brewer-Carías concibe a la «judicial review» como un substituto de la revolución, lo cual es solo posible cuando se está en un sistema constitucional auténticamente hablando y no se está en «revolución».

---

ternacional, Madrid, 2002, p. 103. La afirmación del autor se comprende más cuando afirma que «paradoja del discurso político de Occidente desde la Segunda Guerra Mundial: mientras más nos sensibilizamos ante los horrores de las tiranías totalitarias, menos sensibles somos con respecto a la tiranía en sus formas más moderadas» (p. 102).

[59]   Eduardo García de Enterría, *La Constitución como Norma y el Tribunal Constitucional*, Editorial Civitas, Madrid, 2001, p. 201.

La abolición de la desobediencia civil prevista constitucionalmente por parte de la SC/TSJ, ha ocasionado que la misma solo se canalice a través del castigo electoral, que no es estrictamente hablando desobediencia.

Que el pueblo rechace mediante el sufragio a determinados actores políticos no es desobediencia, ni es tampoco, el mecanismo idóneo para exigir que la Constitución sea norma jurídica.

Si bien el poder de «reforma constitucional» es complicado constitucionalmente, pedagógicamente eleva mucho más la clara consciencia sobre lo que es jurídicamente constitucional de lo que no es, así sea dicho por el «máximo y último intérprete de la Constitución»[60], pues la apatía estaría en oposición a la sabia advertencia de Desmond Tutu: «si eres neutral en situaciones de injusticia, has elegido el lado del opresor».[61]

---

[60]   Allan R. Brewer-Carías, *Dictadura Judicial y Perversión del Estado de Derecho. La Sala Constitucional y la destrucción de la democracia en Venezuela, op. cit.*, p. 418.

[61]   Luis Almagro, «Apéndice 2. Presentación del Secretario General de la Organización de Estados Americanos, Luis Almagro, ante el Consejo Permanente. Aplicación de la Carta Democrática Interamericana» en Allan R. Brewer-Carías, *Dictadura Judicial y Perversión del Estado de Derecho. La Sala Constitucional y la destrucción de la democracia en Venezuela*, Colección Estudios Políticos, N° 13, Editorial Jurídica Venezolana International, New York-Caracas, 2016, p. 431.

El asedio a la Asamblea Nacional. Con motivo de la presentación al libro Dictadura Judicial y Perversión del Estado de Derecho, del profesor Allan R. Brewer-Carías

José Ignacio Hernández G.

*Profesor de Derecho Administrativo en la Universidad Central de Venezuela
y la Universidad Católica Andrés Bello
Director del Centro de Estudios de Derecho Público de la Universidad Monteávila*

Donde reina el poder arbitrario son sinónimos el derecho y la fuerza.

Juan Germán Rocío

El triunfo de la libertad sobre el despotismo, 1817.

Resumen: *Desde enero de 2016, la Sala Constitucional, excediéndose de las atribuciones que le corresponden dentro de la justicia constitucional, ha dictado un conjunto de sentencias que progresivamente desconocieron las funciones constitucionales de la Asamblea Nacional.*

Abstract: *Since January 2016, the Constitutional Chamber abused of the judicial review of the Constitution, trough several sentences that gradually eliminates the constitutional functions of the National Assembly.*

Palabras Clave: *Control judicial de la Constitución, Separación de Poderes.*

Key words: *Judicial Review, Separation of Power.*

SUMARIO

I. EL GOLPE DE ESTADO PERMANENTE A LA ASAMBLEA NACIONAL

En las elecciones parlamentarias del 6 de diciembre de 2015, la organización política de oposición Mesa de la Unidad Democrática (MUD) obtuvo 112 diputados, es decir, las dos terceras partes de la Asamblea Nacional, compuesta por 167 diputados. Tras quince años bajo el dominio del partido político de Gobierno, la Asamblea Nacional pasaba a estar controlada por la oposición.

Muy pronto quedó en evidencia la intención política de desconocer los efectos prácticos de esas elecciones. La Asamblea Nacional electa en 2010, en las últimas semanas de su período, adoptó diversas decisiones orientadas a reducir la capacidad de acción de la nueva Asamblea. Por su parte, el Tribunal Supremo de Justicia, primero a través de su Sala Electoral y luego, a través de su Sala Constitucional, dictó varias sentencias que restringieron, progresivamente, las funciones constitucionales de los diputados electos el 6 de diciembre. También el Presidente de la República dictó diversas Decretos con el propósito de suspender el ejercicio de competencias constitucionales de la Asamblea.

Todo ello configura el *asedio a la Asamblea Nacional,* es decir, el cerco institucional que, mediante diversas decisiones y de manera progresiva, ha desnaturalizado las funciones constitucionales de la Asamblea como órgano de representación nacional. Por ello, en su conjunto, esas decisiones pueden ser calificadas como un *golpe de Estado permanente*, es decir, el conjunto de actuaciones que los Poderes Públicos llevan a cabo para desnaturalizar a la Asamblea Nacional electa democráticamente, en una violación continua y sistemática de la Constitución[1].

Este concepto exige atender a la esencia de las instituciones constitucionales, y no solo a su aspecto meramente formal. Así, las consecuencias jurídicas y políticas de la elección del 6 de diciembre de 2015 implicaban el deber de los Poderes Públicos de permitir, formalmente, la instalación y actuación de la nueva Asamblea Nacional. Pero además, esas consecuencias exigían, por parte de los otros Poderes Públicos, respetar el efectivo ejercicio de las funciones constitucionales de la Asamblea Nacional, en su condición de órgano de representación nacional.

La realidad, como apuntamos, fue otra. La saliente Asamblea Nacional, el Tribunal Supremo de Justicia y el Presidente de la República han dictado un conjunto de decisiones que han vaciado de contenido efectivo las funciones constitucionales de la Asamblea Nacional.

De todas estas decisiones, destacan las sentencias dictadas por la Sala Constitucional del Tribunal Supremo de Justicia que, en claro exceso de poder, han desnaturalizado el contenido efectivo las competencias de la Asamblea Nacional, impidiendo el ejercicio de la representación nacional.

Este proceso de sistemático desconocimiento de la Asamblea Nacional ha sido magníficamente estudiado por el profesor Allan R. Brewer-Carías en su reciente libro *Dictadura Judicial y la perversión del Estado de Derecho. El Juez constitucional y la destrucción de la democracia en Venezuela,*[2] cuyo contenido presentamos en estas breves reflexiones. Nadie mejor que el profesor Brewer-Carías para efectuar ese estudio. En efecto, desde el plano teórico y práctico, el profesor Allan R. Brewer-Carías ha venido estudiando el proceso que, en los últimos lustros, ha degenerado a la justicia constitucional y, con ello, a la propia Constitución[3].

---

[1]   El concepto de *golpe de Estado permanente,* como es sabido, fue acuñado por Mitterrand. Véase sobre ello a José Armando Mejía, "La ruptura del hilo constitucional", en *Revista de Derecho Público* N° 112, Caracas, 2007, pp. 47 y ss.

[2]   Editorial Jurídica Venezolana, Colección Estudios Políticos, Caracas 2016, pp. 453.

[3]   Sería imposible citar todos los estudios que, desde 1999, el profesor Brewer-Carías ha dedicado a la teoría y práctica de la justicia constitucional venezolana. Baste con referir, por ello, a algunos de estos estudios, de especial interés para la mejor comprensión del libro que analizados en este ensayo: *El sistema de justicia constitucional en la Constitución de 1999*, Editorial Jurídica Venezolana,

Dentro de este proceso degenerativo debemos ubicar lo que aquí hemos calificado de asedio a la Asamblea Nacional. Tal y como resume el propio autor en el libro que comentamos:

"En particular, es precisamente ese rol que ha reasumido la Sala Constitucional del Tribunal Supremo de Justicia en Venezuela después del triunfo de la oposición en las elecciones parlamentarias de diciembre de 2015, controlada como está por el Poder Ejecutivo, con la misión de impedir que la representación popular encarnada en la Asamblea Nacional ejerza sus funciones constitucionales, y terminar de destruir lo que queda de democracia...".

No se trata, quiere advertirse, del comentario crítico que pueda hacerse a sentencias de la justicia constitucional que asumen un control excesivo del Poder Legislativo. Ciertamente, uno de los problemas más agudos de la justicia constitucional, en modelos como el venezolano que asumen el control concentrado de la Constitución, es el conflicto que existe entre el control de la Constitución y la fundamentación democrática y plural del Poder Legislativo. Admitir el control judicial de todas las actuaciones y omisiones del Poder Legislativo implica un claro riesgo, pues podría el juez constitucional sustituirse en valoraciones políticas privativas del Poder Legislativo[4].

No es ése, se insiste, el enfoque que el profesor Brewer-Carías ha asumido en su trabajo. En realidad, su análisis apunta a mucho más que un conjunto de comentarios críticos a sentencias de la justicia constitucional. Lo que demuestra el profesor Brewer-Carías en el libro que presentamos es un caso *desviación de poder de la justicia constitucional*, que lejos de defender la Constitución, se ha dedicado a desnaturalizar a la Asamblea Nacional electa el pasado 6 de diciembre de 2015. Una desviación que, como vimos, puede ser catalogada como un golpe de Estado permanente en contra de la Asamblea[5].

II. EL LARGO CAMINO AL GOLPE DE ESTADO PERMANENTE CONTRA LA ASAMBLEA NACIONAL

El conjunto de sentencias de la Sala Constitucional adoptadas a partir del 6 de diciembre de 2015, y que han configurado un golpe de Estado permanente y en evolución, son conse-

---

Caracas 2000, pp. 7 y ss.; *Golpe de estado y proceso constituyente en Venezuela*, Universidad Nacional Autónoma de México, México, 2002, pp. 181 y ss.; *Crónica sobre la "In" Justicia Constitucional. La Sala Constitucional y el autoritarismo en Venezuela*, Editorial Jurídica Venezolana, Caracas, 2007, pp. 11 y ss., y *La patología de la justicia constitucional*, tercera edición ampliada, Editorial Jurídica Venezolana, Caracas, 2014, pp. 13 y ss. Más adelante citaremos otros trabajos del profesor Brewer-Carías.

[4] Sobre este conflicto, entre otros, *vid.* Víctor Ferreres Comella, *Justicia constitucional y democracia*, Madrid, Centro de Estudios Políticos y Constitucionales, 2007, pp. 197 y ss. Para el caso venezolano véase a Jesús María Casal, "Algunos cometidos de la jurisdicción constitucional en democracia", en *La jurisdicción constitucional, Democracia y Estado de Derecho*, Caracas, Universidad Católica Andrés Bello, 2005, pp. 105 y ss.

[5] La Asamblea Nacional, como órgano de representación nacional, cuenta con un contenido institucional básico previsto en la Constitución con el propósito de proteger efectivamente el ejercicio de tal representación. Es por ello que consideramos aplicable la figura de la *garantía institucional,* es decir, que la autonomía y perfiles básicos de la Asamblea, al estar establecidos en la Constitución, no pueden ser desconocidos o desnaturalizados por ningún órgano del Poder Público ni siquiera, por la Sala Constitucional. Por el contrario, en el conjunto de decisiones estudiadas por el profesor Brewer-Carías en su obra que comentamos, la Sala Constitucional desnaturalizó la Asamblea Nacional, al desconocer el conjunto básico de atributos que, conforme a la Constitución, debe tener el Poder Legislativo.

cuencia de un largo camino que se inició con el propio proceso constituyente que, en 1999, culminó con la Constitución vigente. Así, la Asamblea Nacional Constituyente de 1999 –electa en violación a la entonces vigente Constitución de 1961– se excedió del mandato que los electores le habían dado, a fin de configurar un ilegítimo *régimen transitorio* que desembocó en la eliminación, de hecho, del principio de separación de poderes[6].

En este contexto, la Sala Constitucional del Tribunal Supremo de Justicia, creada en la Constitución de 1999, ha jugado un rol determinante. Desde su primera sentencia, la Sala Constitucional trastocó el sistema de justicia constitucional, usurpando la condición de "máximo y último intérprete de la Constitución" y configurándose, *de facto,* como un Tribunal superior al propio Tribunal Supremo de Justicia[7].

Fue así cómo la Sala Constitucional, excediéndose de las amplias atribuciones que le asignó el Texto de 1999[8], creó nuevos y amplios mecanismos de "control judicial" de la Constitución, como es el caso, por ejemplo, del "recurso de interpretación abstracto de la Constitución"[9]. Asimismo, la Sala Constitucional, excediendo el sentido del control concentrado de la Constitución, actuó como *legislador positivo,* no solo para sustituirse en la labor legislativa de la Asamblea Nacional, sino también, para sustituirse en sus funciones de control[10].

Sin embargo, mientras la Asamblea Nacional estuvo controlada por el partido de Gobierno, la Sala Constitucional mantuvo cierta deferencia en cuanto al control judicial de las Leyes de la Asamblea e incluso, en cuanto al alcance de las interpretaciones autónomas de la Constitución. Por ejemplo, en no pocas ocasiones la Sala Constitucional reconoció –sin mu-

---

[6]   Allan R. Brewer-Carías, *Golpe de estado y proceso constituyente en Venezuela, cit.* Sobre la patología de la separación de poderes en el Derecho Público venezolano, *vid.* Gustavo Tarre, *Solo el poder detiene al poder,* Editorial Jurídica Venezolana, Caracas, 2014, pp. 221 y ss. De especial interés resulta también la referencia a Manuel Rachadell, *Evolución del Estado venezolano,* Editorial Jurídica Venezolana-FUNEDA, Caracas, 2015, pp. 295 y ss.

[7]   Véase a Brewer-Carías, Allan, *Crónica sobre la "In" Justicia Constitucional. La Sala Constitucional y el autoritarismo en Venezuela, cit.* Véase nuestro reciente artículo sobre este tema en José Ignacio Hernández G., "Constitución y control judicial del poder en Venezuela. Breves reflexiones sobre el olvido de Locke", en *Revista de Derecho Público N° 142,* Caracas, 2015, pp. 65 y ss.

[8]   En nuestra opinión, los excesos en los que ha incurrido la Sala Constitucional fueron facilitados, en parte, por un indebido marco institucional, que no delineó con claridad las atribuciones de esa Sala ni estableció reglas claras para la designación de sus Magistrados. Sin embargo, en modo alguno cabe concluir que la actuación de la Sala ha sido consecuencia de la aplicación de la Constitución. Todo lo contrario: la Sala, en su actuación, ha desconocido la Constitución. Sobre los perfiles de la justicia constitucional en la Constitución de 1999, entre otros, *vid.* Allan R. Brewer-Carías, *El sistema de justicia constitucional en la Constitución de 1999, cit.* y Jesús María Casal, *Constitución y justicia constitucional,* Universidad Católica Andrés Bello, Caracas, 2004, pp. 17 y ss.

[9]   La Sala Constitucional creó un "recurso de interpretación abstracto de la Constitución", en virtud del cual puede conocer y decidir solicitudes autónomas de interpretación de la Constitución e incluso de Leyes en función a su relación con la Constitución. Este mecanismo ha sido empleado para ratificar, convalidar o asentar, por vía de "interpretaciones abstractas", decisiones políticas. *Cfr.:* Allan R. Brewer-Carías, *Crónica sobre la "In" Justicia Constitucional. La Sala Constitucional y el autoritarismo en Venezuela, cit.,* pp. 52 y ss.

[10]   Allan R. Brewer-Carías, *Constitutional Courts as Positive Legislators. A comparative Law Study,* Cambridge, 2011, pp. 5 y ss. Sobre la Sala Constitucional como legislador positivo, *vid.* Daniela Urosa Maggi, *La Sala Constitucional del Tribunal Supremo de Justicia como legislador positivo,* Academia de Ciencias Políticas y Sociales, Caracas, 2011, pp. 100 y ss.

cha precisión– la deferencia a favor de la Asamblea. Así, la Sala Constitucional ha reconocido, en sentencia N° 1718/2000, lo siguiente:

> "en razón de lo dicho, es necesario insistir en que el principio de división en ramas del Poder Público que detenta el Estado no sólo es un principio dogmático (de técnica fundamental) del Estado democrático consagrado por el Texto Constitucional (artículo 2), que afirma una identidad absoluta entre la separación en ramas del Poder Público (que en definitiva es expresión de la soberanía del pueblo venezolano) y la garantía de la libertad frente a la arbitrariedad, sino que también es un postulado del Estado de Derecho consagrado en la Carta Magna, en la medida en que, a su través, se garantizan el imperio de la ley, el equilibrio de las actuaciones de los órganos y entes que integran las diferentes ramas en que se divide el Poder Público (tanto a nivel nacional como a nivel político-territorial) y la legalidad de la actividad de la Administración, lo cual significa que, particularmente, en relación con el Órgano Legislativo Nacional, *el control jurisdiccional de la constitucionalidad de los actos dictados con o sin forma de ley, en ejecución directa e inmediata de la Norma Suprema por esta Sala Constitucional, así como de la conformidad con aquella de la actuación parlamentaria mediante la sujeción a las normas que la Asamblea Nacional se da a sí misma, únicamente podría justificarse para proteger objetivamente los principios (como son el democrático, el de responsabilidad social, de preeminencia de los derechos humanos, del pluralismo político, etc) y normas contenidas en el Texto Constitucional (según su artículo 335) o para brindar tutela a los derechos y garantías individuales inherentes a la persona humana, según la propia Constitución o los Tratados Internacionales de Protección de los Derechos Humanos, tal y como ha sido reconocido pacíficamente en otros ordenamientos jurídicos por los órganos constitucionales encargados de garantizar la preeminencia de la Norma Suprema, entendida como norma jurídica, en el Estado constitucional de Derecho*" (destacado nuestro).

De hecho, al analizar el alcance del llamado "recurso de interpretación" la Sala llegó a advertir que la interpretación de la Constitución no puede entorpecer el funcionamiento del Parlamento. En sentencia N° 165/2003, afirmó, así, lo siguiente:

> "(…) No puede olvidarse que el hecho de que esta Sala pueda anular sus actos no implica bajo ningún concepto una superioridad: Poder Ejecutivo, Legislativo, Judicial, Ciudadano y Electoral comparten jerarquía. Todos son igualmente constitucionales y entre todos ejercen Poder Público, si bien ha sido a esta Sala del Máximo Tribunal a la que ha correspondido la última palabra, toda vez que incluso en el más paritario de los sistemas algún órgano ha de tenerla, siendo que lo contrario –la separación absoluta de cada órgano– tendría efectos tan indeseables como el de la reunión del poder.
>
> *Por ello esta Sala ha rechazado todo recurso por el que se pretende, con carácter previo, obtener una decisión –así sea merodeclarativa– que esté dirigida al resto de los órganos que ejercen el Poder Público.* La separación de los órganos no es absoluta; por el contrario, se exige la colaboración entre ellos e incluso se admite el control de unos sobre otros. *Ahora bien, ese control sólo puede fundarse en expresa atribución constitucional, pues de otra manera constituiría invasión.*
>
> *Una sentencia interpretativa sobre el ejercicio del poder parlamentario sería una especie de control preventivo que no está autorizado por el Texto Fundamental.* Es sabido que de por sí el recurso de interpretación no está recogido en la Constitución, pero que se desprende de su contenido, pero nunca para vincular, de antemano, a los órganos de rango constitucional (destacado nuestro).

Estos criterios deben ser tomados en cuenta dentro del contexto político del momento. En áreas ajenas a la zona de interés político del Gobierno, la Sala Constitucional –como regla– mantuvo la deferencia hacia la Asamblea Nacional, bajo el control del partido de Gobierno. Pero cuando el interés político lo ameritaba, la Sala Constitucional no dudó en apartarse de su propia doctrina para sustituirse en la Asamblea Nacional. El mejor ejemplo fue la designación de rectores del Consejo Nacional Electoral –en dos oportunidades– invocando la tesis de la "demanda por omisión legislativa", todo lo cual implica negar cualquier deferencia hacia el Legislador[11].

Otro ejemplo relevante fue el rol de la Sala Constitucional en la crisis política generada en 2013 con la muerte del Presidente de la República. Fue la Sala Constitucional, así, la que permitió obviar las formalidades constitucionales asociadas al inicio del período presidencial el 10 de enero de 2013. La Sala, igualmente, permitió al entonces Vicepresidente de la República encargarse de la Presidencia pese a que el Presidente electo no había tomado posesión del cargo. Cuando se convocó la elección presidencial para el 14 de abril de 2013, la Sala permitió que el Presidente encargado se postulara al cargo de Presidente sin separarse del cargo. Finalmente, cuando se formularon varias impugnaciones contra la elección del 14 de abril ante la Sala Electoral, fue la Sala Constitucional la que se avocó al conocimiento de todos los recursos contencioso-electorales, para declararlos inadmisibles[12].

Este proceso de deformación de la justicia constitucional, minuciosamente estudiado por el profesor Brewer-Carías[13], constituye el antecedente inmediato que permite comprender el conjunto de decisiones que, a partir del 6 de diciembre de 2015, configuraron el golpe de Estado permanente contra la Asamblea Nacional.

---

[11]　En dos oportunidades la Sala Constitucional ha designado a los Rectores del Consejo Nacional Electoral –cuya designación es competencia privativa de la Asamblea– considerando que el Poder Legislativo ha omitido llevar a cabo esa designación (sentencias N° 2341/2003, de 25 de agosto, y N° 1865/2014, de 26 de diciembre). Sobre la figura de la demanda por omisión legislativa, puede verse a Jesús María Casal, "La protección de la Constitución frente a las omisiones legislativas", en *Revista de Derecho Constitucional N° 4*, Caracas, 2001, pp. 141 y ss., y Daniela Urosa Maggi, "Control judicial de las omisiones legislativas a la luz de la jurisprudencia constitucional", en *Revista de Derecho Público N° 101*, Caracas, 2005, pp. 7 y ss.

[12]　Este episodio ha sido analizado por nosotros en tres artículos publicados en la *Revista de Derecho Público*, que partieron de trabajos previos publicados en Prodavinci: "El abuso y el poder en Venezuela. Primera parte: de cómo se violó el régimen constitucional de las faltas y ausencias presidenciales, entre el 9 de diciembre de 2012 y el 11 de marzo de 2013", en *Revista de Derecho Público N° 133*, Caracas, 2013, pp. 45 y ss.; "El abuso y el poder en Venezuela. Segunda parte: de cómo se consumaron hechos de corrupción electoral en la elección del 14 de abril de 2013", en *Revista de Derecho Público N° 134*, Caracas, 2013, pp. 51 y 61 y "El abuso y el poder en Venezuela. Tercera y última parte: de cómo la Sala Constitucional, arbitrariamente, inadmitió los recursos contencioso-electorales relacionados con la elección del 14 de abril de 2013", en *Revista de Derecho Público N° 135*, Caracas, 2013, pp. 35 y ss. Véase también, sobre ello, la recopilación de trabajos (incluyendo estudios del profesor Brewer-Carías), contenidos en la obra preparada por Asdrúbal Aguilar, *Historia Inconstitucional de Venezuela 1999-2012*, Editorial Jurídica Venezolana, Caracas, 2012.

[13]　De sus últimas obras, véase *La patología de la justicia constitucional, cit.* Asimismo, *vid. Práctica y distorsión de la justicia constitucional en Venezuela (2008-2012)*. Colección Justicia N° 3, Acceso a la Justicia, Academia de Ciencias Políticas y Sociales, Universidad Metropolitana, Editorial Jurídica Venezolana, Caracas, 2012, así como *Concentración y centralización del poder y régimen autoritario, Colección Tratado de Derecho Constitucional, Tomo IX*, Fundación de Derecho Público, Editorial Jurídica Venezolana, Caracas, 2015. Asimismo, del autor, *vid., El golpe a la democracia dado por la Sala Constitucional*, Editorial Jurídica Venezolana, Caracas, 2014, especialmente pp. 21 y ss.

III. EL FRAUDE CONSTITUCIONAL CONTRA LA ASAMBLEA NACIONAL ELEC-
TA EL 6 DE DICIEMBRE

Poco después de la elección del 6 de diciembre de 2015, la saliente Asamblea Nacional adoptó un conjunto de decisiones que solo pueden comprenderse en función al propósito de coartar la acción de la Asamblea Nacional electa el 6 de diciembre, y que debía iniciar sus funciones el 5 de enero de 2016[14]. Para lograr ese cometido fue necesario contar con el "aval" de la Sala Constitucional, que desnaturalizando el régimen de sesiones de la Asamblea, habilitó a la saliente Asamblea Nacional para continuar sesionando más allá del 15 de diciembre de 2015, a fin de debatir sobre asuntos que en modo alguno cabía catalogar de extraordinarios. Ello fue resultado de un "recurso interpretación" propuesto ante la Sala por el Presidente de la saliente Asamblea Nacional. Este episodio es analizado en el libro que comentamos, en el cual el profesor Brewer-Carías concluye lo siguiente:

"Para ello, para buscar "legitimar" las arbitrariedades que se proponía, fue que el Presidente de la Asamblea que fenecía acudió ante la Sala Constitucional el mismo día en el cual finalizó el período ordinario de sesiones de la Asamblea, y con ello, los períodos ordinarios de la misma para todo su período constitucional, para pedir una "interpretación constitucional" precisamente del artículo 220 de la Constitución antes mencionado, que nada tiene de ambiguo u oscuro, para pretender seguir gobernando, a pesar de su situación terminal. Fue así cómo la saliente Asamblea Nacional, obviando el procedimiento constitucional y legal, procedió a designar a trece Magistrados de la Sala Constitucional que, de otro modo, debieron ser designados por la nueva Asamblea. Igualmente, la Asamblea modificó el régimen jurídico de la defensoría pública, eliminando las facultades de control que hasta entonces se habían reconocido a la Asamblea"

Haciendo uso de esa "interpretación", la saliente Asamblea Nacional, obviando el procedimiento constitucional y legal, procedió a designar a trece Magistrados del Tribunal Supremo de Justicia que, de otro modo, debieron haber sido designados por la nueva Asamblea[15]. Igualmente, la Asamblea modificó el régimen jurídico de la defensoría pública, eliminando las facultades de control que hasta entonces se habían reconocido a la Asamblea[16].

---

[14] Dentro de estas acciones para desconocer el resultado del 6 de diciembre, el Gobierno llegó incluso a plantear la conformación del "Parlamento Comunal Nacional", figura inexistente en el –inconstitucional– régimen del Poder Popular. Nunca llegó a materializarse esa propuesta. Como afirma el profesor Brewer-Carías en el libro que se comenta *"ello, en todo caso, hay que tomarlo como lo que fueron, pura y simplemente: signos terminales de un régimen político que el pueblo rechazó"*.

[15] Todo lo cual constituyó un fraude a la Constitución, como explica el profesor Brewer-Carías en el libro objeto de los presentes comentarios. Puede incluso afirmarse que tal designación efectuada por la Asamblea Nacional es inexistente, en tanto no fue consecuencia del procedimiento aplicable de acuerdo con la Constitución y la Ley Orgánica del Tribunal Supremo de Justicia, sino que fue resultado de un procedimiento creado por la Asamblea Nacional para poder designar a esos Magistrados antes de la instalación de la nueva Asamblea.

[16] Al aprobar la reforma de la Ley Orgánica de la Defensa Pública (*Gaceta Oficial Nº* 6.207 extraordinario de 28 de diciembre de 2015). Por ello, como bien concluye el profesor Brewer-Carías en su reciente libro que comentamos, *"las sesiones extraordinarias de la Asamblea Nacional, convocadas desde el 22 de diciembre de 2015, y que se extendieron hasta el 4 de enero de 2016, además, fueron ilegítimamente utilizadas con abuso y desviación de poder por la feneciente Asamblea Nacional, para legislar desenfrenadamente, emitiendo sobre todo leyes y reformas de leyes para bloquear o menoscabar los poderes de la nueva Asamblea Nacional"*.

El Presidente de la República también participó en ese fraude constitucional. En ejercicio de la Ley Habilitante que expiró el 31 de diciembre de 2015, fueron dictados diversos Decretos-Leyes que redujeron las facultades de control de la Asamblea, por ejemplo, sobre el Banco Central de Venezuela, así como en materia presupuestaria[17]. En palabras del profesor Brewer-Carías, en la obra que comentamos, la Ley Habilitante, con evidente desviación de poder:

> "se utilizó en los últimos días de diciembre de 2015 por el Presidente de la República, para dictar toda suerte de decretos leyes, cuyo contenido fue contrarió abiertamente el motivo y propósito de la Ley Habilitante, lo que las hizo totalmente inconstitucionales, pues por más amplio que pudo haber sido el enunciado de las normas de la Ley, todos los decretos leyes habilitados debían siempre respetar el propósito y rezón de la habilitación legislativa que se plasmó en la Exposición de Motivos de la Ley".

Lo que cabía esperar, con todos estos antecedentes, era que la Sala Constitucional ejerciera sus atribuciones con el solo propósito de reducir el ejercicio de las competencias de la nueva Asamblea, tal y como sucedió[18].

IV. EL ILEGÍTIMO INTENTO DE DESCONOCER LA MAYORÍA CALIFICADA DE LA OPOSICIÓN

El esperado conflicto constitucional comenzó, en todo caso, antes de la instalación de la nueva Asamblea Nacional. Así, en las últimas semanas de diciembre fueron presentados varios recursos contencioso-electorales contra la elección del 6 de diciembre. La existencia del breve lapso de caducidad previsto a tales efectos en la Ley Orgánica de Procesos Electorales fue burlado por la Sala Electoral, al decidir suspender sus días de despacho de manera intermitente, con lo cual, el lapso para impugnar esas elecciones se extendió más allá de lo normal.

Fue así cómo, el 30 de diciembre de 2015, la Sala Electoral admitió uno de esos recursos contencioso-electorales, acordando como medida cautelar la suspensión de efectos del acto de totalización, adjudicación y proclamación de los diputados del estado Amazonas[19]. Basta la lectura del recurso contencioso-electoral para comprobar el error en el que incurrió el recurrente, quien solicitó la suspensión de la proclamación de esos diputados que, a su decir, sería efectuada el 5 de enero de 2016. En realidad, ya esos diputados habían sido proclamados, siendo que el 5 de enero debían tomar posesión del cargo para el cual fueron electos.

Es por ello que la sentencia de la Sala Electoral era inejecutable: mal puede suspenderse los efectos de un acto que, como la proclamación, ya se había consumado. Por ello, la Sala

---

[17]   Los comentarios a esos Decretos-Leyes pueden revisarse en el número especial de la *Revista de Derecho Público N° 144*, Caracas, 2015.

[18]   Así lo advertimos en noviembre de 2015 en Prodavinci, al explicar cómo la Sala Constitucional podía llegar a suprimir, en la práctica, a la Asamblea Nacional: http://prodavinci.com/blogs/puede-la-sala-constitucional-del-tsj-anular-a-la-asamblea-nacional-por-jose-ignacio-hernandez-g/.

[19]   Sentencia N° 260/2015 de 30 de diciembre de la Sala Electoral. Su dispositivo fue el siguiente: *"ORDENA de forma provisional e inmediata la suspensión de efectos de los actos de totalización, adjudicación y proclamación emanados de los órganos subordinados del Consejo Nacional Electoral respecto de los candidatos electos por voto uninominal, voto lista y representación indígena en el proceso electoral realizado el 6 de diciembre de 2015 en el estado Amazonas para elección de diputados y diputadas a la Asamblea Nacional".*

Electoral, al adoptar esa decisión, ignoró el precedente que la Sala Constitucional había establecido, al señalar que no es posible suspender a un funcionario electo popularmente[20].

Cabe advertir que esta sentencia de la Sala Electoral tenía un claro significado político: dentro de los diputados cuya "suspensión" fue acordada, se encontraban tres diputados de la MUD, lo que implicaba que de los 112 diputados electos de esa organización, solo podrían asumir el ejercicio del cargo 109.

Luego de su instalación, sin embargo, los tres diputados cuya "suspensión" había acordado la Sala Electoral fueron juramentados. No cabe hablar, allí, de incumplimiento a la sentencia de la Sala Electoral pues, como se dijo, tal sentencia era inejecutable. Sin embargo, con rapidez, la propia Sala Electoral calificó tal incumplimiento y declaró la nulidad de cualquier decisión que pudiera adoptar la Asamblea, lo que carece de sentido, pues la Sala Electoral no puede declarar la nulidad de los actos de la Asamblea. Asimismo, diputados del bloque oficialista presentaron, ante la Sala Constitucional, una demanda por omisión legislativa en contra de la Asamblea, alegando –confusamente– que tal Asamblea estaba constituida indebidamente[21].

En todo caso, esta maniobra judicial no podía afectar la mayoría calificada de la oposición en la Asamblea, pues de aceptarse la eficacia de la "suspensión" ordenada por la Sala Electoral, ello debía conducir a una composición "temporal" de la Asamblea Nacional de 163 diputados, ante la "suspensión" de cuatro diputados. Con lo cual, los diputados de la oposición (109), en esta composición temporal de la Asamblea, equivalían a las dos terceras partes de 163. Como concluye el profesor Brewer-Carías en su reciente libro, que comentamos en este ensayo:

> "Así, si se analiza la integración de la Asamblea Nacional luego de la sentencia de la Sala Electoral del 30 de diciembre de 2015, lo cierto es que con la misma se mutiló "provisionalmente" la representación popular en la misma, al "suspenderse" la proclamación de cuatro diputados; pero con la misma en realidad no se afectó en forma alguna la mayoría calificada que tenía la MUD en la Asamblea. Es decir, lo que perseguían los impugnantes con las demandas, y lo que quizás persiguió la sentencia de la Sala Electoral, de afectar la mayoría calificada que ganó la oposición democrática en la Asamblea no lo lograron. Por ello hablamos de "golpe judicial pírrico."

---

[20] La Sala Constitucional, en sentencia N° 95/2000 de 4 de agosto, señaló que *"la proclamación de un candidato en un determinado cargo, así no sea de carácter público sino de los existentes en los órganos enumerados en el artículo 293, ordinal 6 de la Constitución de la República Bolivariana de Venezuela, no puede ser suspendida o controlada a través de una acción de amparo constitucional otorgada a favor de quien lo pretende"*. A ello debemos agregar la siguiente observación del profesor Brewer-Carías, en el libro que comentamos: *"el error de la sentencia de la Sala Electoral, además, se agravó, porque la misma desconoció que conforme a la Constitución solo la propia Asamblea Nacional tiene la potestad privativa de calificar a sus integrantes (art. 187.20), y que los diputados desde su proclamación gozan de inmunidad parlamentaria (art. 200), pudiendo solo perder su investidura mediante revocación popular de su mandato (arts. 72, 198)"*.

[21] La Sala Electoral declaró el "desacato" de la Asamblea en sentencia N° 1/2016, de 11 de enero. Por su parte, la Sala Constitucional –luego de la desincorporación de los Diputados de Amazonas– declaró que había cesado la omisión legislativa que había motivado la demanda presentada por el Poder Ejecutivo Nacional en contra de la Asamblea (sentencia N° 3/2016, de 14 de enero). La declaratoria de "cese" de esa omisión implica reconocer que hubo, en efecto, omisión por parte de la Asamblea.

Poco después los tres diputados de la coalición de oposición optaron por solicitar su desincorporación, lo que impidió nuevas sentencias de la Sala Electoral y de la Sala Constitucional. Cabe observar que estos diputados, de considerarlo conveniente, podrán incorporarse a la Asamblea Nacional como diputados electos, proclamados y juramentados, actos que en modo alguno podrían ser enervados por la Sala Electoral del Tribunal Supremo de Justicia, pues la sentencia que acordó la "suspensión" de los actos de totalización, adjudicación y proclamación es inejecutable.

V.   LAS SENTENCIAS DE LA SALA CONSTITUCIONAL QUE DESNATURALIZARON LAS FUNCIONES DE LA ASAMBLEA NACIONAL

Luego de este episodio, la Sala Constitucional del Tribunal Supremo de Justicia dictó un conjunto de decisiones que han reducido notablemente las funciones constitucionales de la Asamblea, al punto de desnaturalizarlas. Así, como se ha señalado, la Asamblea Nacional cumple básicamente tres funciones: *(i)* la función deliberativa, para la discusión y debate de asuntos políticos de interés nacional; *(ii)* la función legislativa y *(iii)* la función de control sobre los otros órganos del Poder Público[22]. Esas tres funciones conforman la autonomía de la Asamblea Nacional como órgano de representación nacional, autonomía que es una institución constitucionalmente garantizada. En su condición de garantía institucional, esa autonomía no puede ser desnaturalizada por ningún Poder Público, ni siquiera, por la Sala Constitucional[23].

Sin embargo, la Sala Constitucional desnaturalizó esa autonomía, la cual fue vaciada de todo contenido útil, al punto de que en virtud de sus sentencias, la Sala Constitucional ha enervado la validez y eficacia de las funciones propias de la Asamblea Nacional.

Estas decisiones, cuidadosamente estudiadas por el profesor Allan R. Brewer-Carías en el libro que presentamos, configuran el golpe de Estado permanente contra la Asamblea, golpe que está todavía en pleno desarrollo, pues es más que razonable esperar nuevas sentencias de la Asamblea Nacional orientadas a agravar la crisis constitucional.

De esa manera, en cuanto a las *funciones deliberativas,* la Sala Constitucional, en sentencia N° 269/2016, procedió a modificar el Reglamento Interior y de Debates de la Asamblea, usurpando la función privativa de la Asamblea Nacional de dictar su propio reglamento interno[24]. Así, desconociendo sus propios precedentes, la Sala Constitucional suspendió distintos artículos del Reglamento de 2010 (más de cinco años después de que su nulidad fuese invocada por entonces diputados de la oposición). En realidad, sin embargo, más que suspen-

---

[22]   Sobre las funciones de la Asamblea Nacional, véase, entre otros, a Ramón Guillermo Aveledo, *Curso de Derecho Parlamentario*, Caracas, Universidad Católica Andrés Bello, 2013, pp. 71 y ss. Del profesor Brewer-Carías, *vid. La Constitución de 1999. Derecho Constitucional Venezolano, Tomo I*, Editorial Jurídica Venezolana, Caracas, 2009, 439 y ss.

[23]   Puede verse sobre ello a Juan Miguel Matheus, *La Asamblea Nacional: cuatro perfiles para su reconstrucción constitucional,* Centro de Estudios de Derecho Público de la Universidad Monteávila-Editorial Jurídica Venezolana-Instituto de Estudios Parlamentarios Fermín Toro, Caracas, 2013, pp. 45 y ss.

[24]   Sentencia N° 269/2016, de 21 de abril. La sentencia fue consecuencia de la admisión del recurso de nulidad que los entonces diputados de oposición interpusieron contra el Reglamento Interior y de Debates aprobado en 2010. Que la Sala Constitucional haya más de tardado cinco años en admitir ese recurso, y que solo lo haya admitido luego del cambio de composición política de la Asamblea, es índice revelador de una desviación de poder.

der normas, la Sala Constitucional creó nuevas normas, cambiando así el régimen de las sesiones de la Asamblea y el procedimiento de formación de Leyes, para lo cual incluso llegó a crear un control inexistente en la Constitución, cual es la necesidad de conciliar, con el Poder Ejecutivo, la viabilidad económica de los Proyectos de Ley.

Con lo cual, no solo la Sala Constitucional se sustituyó en la Asamblea al dictar sus normas internas de procedimiento, sino que además, pretendió subordinar la Asamblea al control político del Presidente. Con razón, el profesor Brewer-Carías concluye en el libro que comentamos esta sentencia es inconstitucional pues la Sala impuso normas de funcionamiento interno a la Asamblea, cuando de conformidad con el numeral 19 del artículo 187 de la Constitución, solo la Asamblea puede regular su funcionamiento interno.

Esta ilegítima sustitución de la Sala Constitucional contradijo su propia doctrina, en la cual se había afirmado que "*la Asamblea Nacional tiene plena autonomía e independencia normativa y organizativa frente a los órganos de las demás ramas del Poder Público Nacional para establecer la forma de su estructura interna*" (sentencia N° 1718/2003 de 20 de agosto). Muy por el contrario, la Sala desnaturalizó esa autonomía al pretender imponer a la Asamblea normas de funcionamiento interno.

Cuando la Asamblea Nacional, invocando la usurpación de funciones de la Sala Constitucional, optó por sujetar su actividad al Reglamento Interior y de Debates de 2010 (y no, por ello, a las normas ilegítimamente dictadas en la citada sentencia N° 269/2016), la Sala Constitucional decidió no solo por ratificar las medidas cautelares dictadas, sino que además, emplazó a la Asamblea Nacional a acreditar el cumplimiento de tales medidas, bajo el riesgo de declarar el incumplimiento de esa decisión, procediendo conforme a lo dispuesto en el artículo 122 de la Ley Orgánica del Tribunal Supremo de Justicia[25].

En cuanto a la *función legislativa,* la Sala Constitucional –en el control previo de constitucionalidad– ha declarado contrarias al Texto de 1999 cinco de las seis Leyes sancionadas a la fecha por la Asamblea. Y respecto de la única Ley que, según la Sala, sí se ajusta a la Constitución, se anuló la disposición que ordenaba su entrada de vigencia inmediata. Por ello, en la práctica, la Sala Constitucional ha impedido la aplicación de todas las Leyes que, a la fecha, ha dictado la Asamblea Nacional[26].

---

[25] Sentencia N° 473/2016, de 14 de junio.

[26] La relación de sentencias y Leyes es la siguiente: *(i)* sentencia N° 259/2016 de 31 de marzo, que declaró inconstitucional la *Ley de Reforma Parcial del Decreto N° 2.179 con Rango, Valor y Fuerza de Ley de Reforma Parcial de la Ley del Banco Central de Venezuela; (ii)* 264/2016 de 11 de abril, que declaró la inconstitucionalidad de la *Ley de Amnistía y Reconciliación Nacional; (iii)* 341/2016 de 5 de mayo, por medio de la cual se declaró la inconstitucionalidad de la *Ley de Reforma Parcial de la Ley Orgánica del Tribunal Supremo de Justicia; (iv)* 343/2016 de 6 de mayo, que declaró la inconstitucionalidad de la *Ley de Otorgamiento de Títulos de Propiedad a Beneficiarios de la Gran Misión Vivienda Venezuela y otros Programas Habitacionales del Sector Público* y *(v)* 60/2016, de 9 de junio, en la cual la *Ley especial para atender la crisis nacional de salud* fue declarada inconstitucional. La única Ley considerada conforme al Texto de 1999 es la *Ley de bono para alimentos y medicinas a pensionados y jubilados,* la cual, sin embargo, fue declarada "inaplicable" (sentencia N° 327/2016 de 28 de abril).

Esto implica no solo un súbito cambio en las estadísticas de la Sala Constitucional, hasta entonces favorables a la Asamblea[27]. Además, con esas sentencias la Sala Constitucional olvidó sus precedentes sobre la deferencia al Poder Legislativo.

Estos excesos de la Sala Constitucional son particularmente evidentes en dos casos. El primero es la nulidad de la *Ley de reforma del Decreto con rango, valor y fuerza de la Ley del Banco Central de Venezuela de 2015*, que era en realidad la reproducción del Decreto-Ley dictado en 2014. Ignorando ello, la Sala declaró la nulidad de esa Ley al considerar que mediante ella se pretendía subordinar el Banco Central de Venezuela a la Asamblea, cuando lo que se hizo, en realidad, fue reproducir el contenido del Decreto-Ley de 2014.

El segundo caso es la nulidad de la *Ley de Amnistía,* pues la Sala Constitucional cuestionó la oportunidad de la amnistía, pese a que la amnistía es una competencia exclusiva de la Asamblea que no admite control judicial en cuanto a su oportunidad y mérito. Sobre este último caso, comenta el profesor Brewer-Carías en la obra que analizamos, lo siguiente:

"Es decir, con esta sentencia, el Juez Constitucional puso fin a la posibilidad del ejercicio de uno de los privilegios más exclusivos y tradicionales de cualquier órgano legislativo, que en Venezuela ejerció legítima y constitucionalmente la Asamblea Nacional, y que hizo, además, en ejecución de la oferta política que llevó a la oposición política al gobierno, a controlar a la Asamblea Nacional al obtener la contundente mayoría parlamentaria que resultó de la votación efectuada el 6 de diciembre de 2015".

Estas decisiones, además, han desvirtuado el concepto de "iniciativa legislativa" del artículo 204, a fin de considerar que la Asamblea Nacional no puede ejercer su función legislativa respecto de Leyes cuya iniciativa, conforme a esa norma, corresponde a otro órgano del Poder Público[28].

Incluso, también la Sala Constitucional, separándose de sus precedentes, ejerció el control previo sobre el proyecto de enmienda constitucional aprobado por la Asamblea para –entre otros propósitos– reducir el período presidencial. Según la Sala, la reducción del período presidencial no podía ser aplicada de manera inmediata al período en curso[29].

.- Por último, la *función de control* ha sido también desnaturalizada, al considerar la Sala Constitucional –en el marco de un recurso de interpretación– que el control sobre el Decreto que declara el estado de excepción no tiene relevancia jurídica[30]. Asimismo, la Sala Consti-

---

[27]   Véase esas estadísticas en Antonio Canova y otros, *El TSJ al servicio de la revolución*, Editorial Galipán, Caracas, 2014, pp. 115 y ss.

[28]   Esta fue una de las causas que llevó a la Sala Constitucional a cuestionar la *Ley de Reforma Parcial de la Ley Orgánica del Tribunal Supremo de Justicia*, en sentencia N° 341/2016 de 5 de mayo. Igualmente, frente al Proyecto de Ley Orgánica de Referendo aprobado por la Asamblea Nacional en primera discusión, el Consejo Nacional Electoral opinó que era necesaria la iniciativa de ese órgano para que la Asamblea pudiera legislar en la materia.

[29]   Sentencia N° 274/2016 de 21 días de abril. En la práctica, la Sala ejerció el control previo sobre el proyecto de enmienda constitucional aprobado por la Asamblea Nacional en primera discusión, pese a que, con anterioridad, había negado todo control previo sobre la enmienda, con ocasión a la enmienda aprobada en 2009 para la reelección de los cargos de elección popular (entre otras, sentencia N° 958/2009 de 14 de julio). El proyecto de enmienda puede consultarse aquí: http://www.asambleanacional.gob.ve/uploads/botones/bot_fa1a7d73d8c9146e2c22c58f0e37661f6d19d40e.pdf.

[30]   El *Decreto N° 2.184, mediante el cual se declara el Estado de Emergencia Económica en todo el Territorio Nacional, de conformidad con la Constitución de la República Bolivariana de Venezuela y su ordenamiento jurídico, por un lapso de sesenta (60) días, en los términos que en él se indi-*

tucional –al decidir otro recurso de interpretación– redujo el alcance de las funciones de control e investigación del Poder Legislativo, considerando que tales funciones solo podían ejercerse frente a ciertos funcionarios del Poder Ejecutivo Nacional. Además, la Sala restó toda eficacia práctica a la competencia de la Asamblea para acordar la interpelación de tales funcionarios[31]. Esta decisión (N° 9/2016) es, sin duda, una de sentencias más graves dictadas por la Sala en este conflicto, pues cercenó previamente las facultades de investigación y control de la Asamblea Nacional. Como señala el profesor Brewer-Carías:

> "En efecto, la Sala Constitucional del Tribunal Supremo, mediante sentencia N° 9 del 1° de marzo de 2016 dictada con ocasión de un "Recurso de interpretación" abstracta de los artículos 136, 222, 223 y 265 de la Constitución intentado por un grupo de ciudadanos, en violación de las más elementales y universales principios que rigen la administración de justicia, procedió a cercenar y restringir las potestades de control político de la Asamblea Nacional, sobre el Gobierno y la Administración Pública, materialmente liberando a los Ministros de su obligación de comparecer ante la Asamblea cuando se les requiera para investigaciones, preguntas e interpelaciones; y adicionalmente como se verá más adelante, negándole a la Asamblea su potestad de auto control sobre sus propios actos parlamentarios".

Como extensión de este criterio, la Sala Constitucional, al admitir la acción autónoma de amparo constitucional interpuesta por el Poder Ejecutivo Nacional en contra de la Asamblea –acción que fue "convertida" por la Sala, sin embargo, en una demanda de conflicto constitucional– ordenó a la Asamblea Nacional *"abstenerse de pretender dirigir las relaciones exteriores de la República"*, negando toda competencia de la Asamblea en materia de política internacional[32].

---

can (*Gaceta Oficial* N° 6.214 extraordinario de 14 de enero de 2016) fue sometido al control posterior de la Sala Constitucional y de la Asamblea Nacional. La Sala, en sentencia N° 184/2016 de 20 de enero, avaló la constitucionalidad del Decreto. La Asamblea Nacional, sin embargo, el 22 de enero, improbó el Decreto. A pesar que de acuerdo con la Constitución y la Ley Orgánica sobre los Estados de Excepción, tal improbación implicaba la extinción inmediata del Decreto, la Sala Constitucional, al resolver el recurso de interpretación interpuesto, concluyó que el control de la Asamblea sobre el Decreto que declara el estado de excepción es político, no jurídico (sentencia N° 184/2016, de 11 días de febrero). Ha sido con base en ese criterio que se han ignorado los efectos jurídicos de las decisiones de la Asamblea Nacional de *(i)* improbar la prórroga del Decreto N° 2.184 (prorrogado mediante Decreto N° 2.270, publicado en la *Gaceta Oficial* N° 6219 extraordinario de 11 de marzo de 2016, cuya constitucionalidad fue avada por sentencia de la Sala Constitucional N° 184/2016, de 17 de marzo), y de *(ii)* improbar el Decreto N° 2.323, publicado en la *Gaceta Oficial* N° 6.227 de 13 de mayo de 2016, que declaro el estado de excepción y de emergencia económica. En este caso, el Decreto fue improbado mediante Acuerdo de la Asamblea de 17 de mayo de 2016 (http://www.asambleanacional.gob.ve/uploads/actos_legislativos/doc_b26c86 ccf5e1c7ab16f698b3ef75493f7a871839.pdf, Consulta 16-06-16), y su constitucionalidad fue avalada posteriormente por la Sala, en sentencia N° 411/2016 de 19 de mayo. Tal sentencia no solo ignoró los efectos jurídicos del control ejercido por la Asamblea dos días antes, sino que además cuestionó la improbación, al considerar que la Asamblea debió pronunciarse, como máximo, el domingo 15 de mayo, a pesar de que la *Gaceta Oficial* en la cual fue publicado el Decreto N° 2.323, fue divulgada el 16. En la obra que comentamos, el profesor Brewer-Carías realiza un minucioso análisis de todas estas decisiones.

[31] Sentencia N° 9/2016, de 1 de marzo.

[32] Sentencia N° 478/2016, de 14 de junio.

La violación sistemática de las funciones de control de la Asamblea Nacional ha llegado al punto de obviar su competencia para acordar voto de censura de Ministros y aprobar, con las tres quintas partes de los diputados, su destitución[33]. El Presidente de la República, en todo caso, ha intentado derogar la Constitución a fin de suspender el ejercicio de esas competencias de control de la Asamblea en el marco del estado de excepción. En concreto, ha pretendido suspender la competencia de la Asamblea de aprobar votos de censura; la competencia para autorizar previamente contratos de interés público y la competencia de la Asamblea para autorizar operaciones de crédito público[34].

De allí que es pertinente la conclusión final que sobre este aspecto formula el profesor Brewer-Carías, comentando el último de los Decretos dictados en este sentido por el Presidente de la República:

"A partir de este Decreto, ya nada le quedó por hacer a la Asamblea Nacional en Venezuela, salvo rebelarse constitucionalmente contra la usurpación de la voluntad popular que han ejecutado tanto el Poder Ejecutivo como el Poder Judicial a través de la Sala Constitucional del Tribunal Supremo".

Otro aspecto relacionado con las funciones de investigación y control de la Asamblea en los cuales la Sala Constitucional ha participado, tiene que ver con la ilegítima designación de magistrados efectuada por la anterior Asamblea, en diciembre de 2015. La Asamblea Nacional aprobó la creación de una Comisión para investigar tales designaciones y posteriormente, otra Comisión para adoptar las medidas conducentes a restablecer la autonomía del Poder Judicial. Empero, la Sala Constitucional ha considerado –anticipándose a cualquier decisión que pueda adoptarse– que la Asamblea no puede controlar o investigar tales designaciones y, mucho menos, podría declarar su nulidad, desconociendo con ello anteriores decisiones en las que había avalado tal competencia[35].

Es importante recordar que dentro de las Leyes declaradas inconstitucionales, encontramos la Ley de reforma de la Ley Orgánica del Tribunal Supremo de Justicia, la cual pretendió aumentar el número de magistrados de la Sala. De allí que al impedir esta reforma y la

---

[33]   El 28 de abril de 2016 la Asamblea Nacional, invocando el numeral 10 del artículo 187 de la Constitución, aprobó la moción de censura presentada en contra del Ministro Marcos Torres, y además, acordó su destitución.

[34]   Mediante Decreto N° 2.309, publicado en la *Gaceta Oficial* N° 6.225 de 2 de mayo de 2016, se acordó restringir y limitar el ejercicio de la competencia de la Asamblea Nacional establecida en el numeral 10 del artículo 187 de la Constitución. Tal Decreto fue dictado en ejecución del citado Decreto N° 2.184. Posteriormente, el Decreto N° 2.323 pretendió habilitar al Presidente de la República para limitar otras funciones de control de la Asamblea.

[35]   En sentencias N° 09/2016 de 1 de marzo y 225/2016, de 29 de marzo, la Sala Constitucional ha concluido que "*la Asamblea Nacional no está legitimada para revisar, anular, revocar o de cualquier forma dejar sin efecto el proceso interinstitucional de designación de los magistrados y magistradas del Tribunal Supremo de Justicia, principales y suplentes, en el que también participan el Poder Ciudadano y el Poder Judicial (este último a través del comité de postulaciones judiciales que debe designar –art. 270 Constitucional), pues además de no estar previsto en la Constitución y atentar contra el equilibrio entre Poderes, ello sería tanto como remover a los magistrados y magistradas sin tener la mayoría calificada de las dos terceras partes de sus integrantes, sin audiencia concedida al interesado o interesada, y en casos de supuestas faltas– graves no calificadas por el Poder Ciudadano, al margen de la ley y de la Constitución (ver art. 265 Constitucional)*". Sin embargo, en sentencia N° 2230/2002, la Sala Constitucional había afirmado que "*la Asamblea Nacional puede investigar, lo concerniente a la elección, y si fuere el caso, en caso de faltas graves calificadas por el Poder Ciudadano, la remoción de Magistrados*".

revisión de las designaciones realizadas en diciembre de 2015, la Sala Constitucional pretende bloquear las vías constitucionales para restablecer el sistemático desconocimiento de la Asamblea a través de la justicia constitucional.

VI. EL DESCONOCIMIENTO DE LA ASAMBLEA NACIONAL Y LA ALTERACIÓN DEL ORDEN DEMOCRÁTICO Y CONSTITUCIONAL

El número de decisiones dictadas en contra de la Asamblea Nacional, desde el 30 de diciembre de 2015 a la presente fecha, como puede verse, es sin duda elevado. Gracias al profesor Allan R. Brewer-Carías, esas decisiones no se han perdido en el laberinto de las muchas sentencias dictadas por la Sala Constitucional, pues su estudio sistemático ha quedado minuciosamente registrado.

Es importante insistir que estas sentencias no se cuestionan en un intento por crear una suerte de inmunidad a favor de la Asamblea Nacional. No se discute, así, que las Leyes –como todo acto del Poder Público– deben quedar sometidas al control judicial. Como tampoco debe perderse de vista que tal control, de no estar sometido a límites muy precisos, podrá degenerar en la indebida sustitución del Juez constitucional en decisiones propias de la deliberación política del Poder Legislativo.

En realidad, tras las críticas del profesor Brewer-Carías en su reciente obra *El juez constitucional y la perversión del Estado de Derecho,* subyace otro tipo de consideración: la Sala Constitucional se ha excedido en el ejercicio del control judicial que le corresponde efectuar con base en el artículo 336 de la Constitución, con el propósito de reducir sistemáticamente las funciones deliberativas, legislativas y de control de la Asamblea Nacional.

Tal exceso de poder es, en cierta forma, la culminación de un largo proceso iniciado en el año 2000, y en el cual la Sala Constitucional amplió considerablemente el catálogo de sus competencias y se auto-atribuyó la condición de máximo y último intérprete de la Constitución. Partiendo de ese carácter, la Sala Constitucional ha optado no solo por controlar los Leyes de la Asamblea Nacional –para impedir su aplicación– sino que además, en el marco de "interpretaciones abstractas", ha establecido diversas limitaciones previas a la actuación de la Asamblea, al punto que las funciones de ese órgano han quedado desnaturalizadas, en lo que puede catalogarse como un golpe de Estado permanente.

Ahora bien, todas esas sentencias comentadas por el profesor Brewer-Carías en su reciente obra, giran en torno a un conjunto de principios que han sido afirmados por la Sala Constitucional, y que suponen una grave alteración al orden democrático y constitucional. En resumen, podemos ubicar cuatro granes principios:

El *primer* principio defendido por la Sala Constitucional consiste en la exacerbación del régimen presidencialista, al hacer pivotar todo el sistema político en torno a las competencias del Presidente de la República, muy especialmente, en el contexto del estado de excepción. Ello desconoce que el centro del sistema democrático venezolano, con fundamento en el artículo 5 de la Constitución, debe ser la Asamblea Nacional, en su condición de órgano de representación nacional.

En *segundo* lugar, la Sala Constitucional ha invertido la relación constitucional del Gobierno y de la Asamblea Nacional. A tenor del artículo 141 constitucional, el Gobierno debe subordinarse a las Leyes dictadas por la Asamblea Nacional, como natural manifestación del principio de representación.

Para la Sala, por el contrario, es la Asamblea la que se subordina al Poder Ejecutivo Nacional, en materias tales y como régimen de comparecencia e interpelación; proceso de formación de Leyes y adopción de decisiones en el orden socioeconómico.

En *tercer* lugar, la Sala Constitucional ha trastocado la fundamentación democrática del Estado venezolano y con ello, el propio concepto de soberanía. Así, la Sala niega toda legitimidad democrática a la Asamblea Nacional, pretendiendo fortalecer con ello los privilegios y prerrogativas del Poder Ejecutivo Nacional. Esto desconoce, se insiste, que el único órgano que ejerce la representación nacional del pueblo venezolano es la Asamblea Nacional.

Por último, y en *cuarto* lugar, de manera expresa la Sala Constitucional ha negado que la Asamblea Nacional electa el 6 de diciembre de 2015 sea un órgano de representación nacional, pues según la Sala, se trataría de un órgano dominado por una "mayoría" que pretende imponer un orden contrario a la Constitución. Así, al declarar la nulidad de la *Ley de Amnistía y Reconciliación Nacional*, la Sala Constitucional, en sentencia N° 264/2016 de 11 de abril, señaló lo siguiente:

> "Ello es así, porque la idea de la partición política no tiene carácter fundamental en lo que se refiere a la constitucionalidad de la amnistía, en el sentido que se superponga y domine los principios, derechos y garantías consagrados en la Constitución, ya que someter la validez de las amnistías exclusivamente al grado de legitimidad de las mismas, es abrir un espacio a la arbitrariedad y al desconocimiento de los elementos estructurales del Estado y de la concepción de la Constitución como garantía de los derechos fundamentales, abriendo un espacio para el desarrollo de posiciones de poder e influencia política tanto de las minorías activas como centros de poder para legitimar sus actividades al margen del ordenamiento jurídico, como de las mayorías que circunstancialmente puedan adherirse a tales posiciones en desconocimiento del Estado democrático y social de Derecho y de Justicia".

La misma Sala Constitucional que en el pasado había exacerbado el rol de la mayoría parlamentaria, ahora reduce el resultado del 6 de diciembre a una "mayoría circunstancial", negándole toda legitimidad al considerar que tal mayoría pretende violentar el orden constitucional que la propia Sala ha definido en sentencias que, de *facto*, han modificado a la propia Constitución[36].

Este desconocimiento a la Asamblea Nacional es reiterado por el Presidente de la República en su Decreto N° 2.323, que justificó el estado de excepción y emergencia económica en las supuestas agresiones de la "*oposición política venezolana*" realizadas a través de la Asamblea Nacional. Como explica el profesor Brewer-Carías:

> "En todo caso, lo grave de todo el contenido del decreto de estado de excepción y emergencia económica, es que a juicio del Presidente de la República, pura y simplemente en Venezuela no puede haber oposición a las políticas del Gobierno, acusándose a la oposición de todos los males del país, incluso de estar combinada con supuestos "grupos criminales armados y paramilitarismo extranjero." Esta fase de criminalización de la oposición, por ser oposición, es lo que se refleja en la denuncia que el Presidente hizo en los "Considerandos" del decreto, al expresar que fue a partir de 5 de enero de 2016, cuando se instaló la nueva Asamblea Nacional electa en diciembre de 2015, que la misma pasó a estar controlada por: "representantes políticos de la oposición a la Revolución Bolivariana, quienes desde su oferta electoral y hasta sus más recientes actuaciones con apariencia de formalidad, han pretendido el

---

[36]   Véase, sobre la exaltación a las mayorías por parte de la Sala Constitucional, a Dieter Nohlen, y Nicolás Nohlen, "El sistema electoral alemán y el Tribunal Constitucional Federal (La igualdad electoral en debate con una mirada a Venezuela)", en *Revista de Derecho Público N° 109*, Caracas, 2007, pp. 7 y ss.

desconocimiento de todos los Poderes Públicos y promocionando particularmente la interrupción del período presidencial establecido en la Constitución por cualquier mecanismo a su alcance, fuera del orden constitucional, llegando incluso a las amenazas e injurias contra las máximas autoridades de todos los Poderes Públicos."

Esas expresiones, se insiste, no solo afectan a los diputados de la Asamblea Nacional individualmente considerados. En realidad, tales expresiones desconocen el resultado electoral de 6 de diciembre de 2015 y la representación nacional del pueblo venezolano que ejerce por mandato la Asamblea. Lo paradójico, además, es que el Poder Ejecutivo que niega la legitimidad de la Asamblea Nacional tiene una muy cuestionada legitimidad de origen, en contraposición a la clara y contundente legitimidad de origen de la Asamblea[37].

Es por ello que la Asamblea Nacional, en Acuerdo de 10 de mayo de 2016, declaró la *"ruptura del orden constitucional y democrático en Venezuela, materializado en la violación a las disposiciones constitucionales por parte del Poder Ejecutivo Nacional, del Tribunal Supremo de Justicia y del Consejo Nacional Electoral"*[38]. Y es por ello, también, que el Secretario General de la Organización de Estados Americanos, en comunicación de 31 de mayo de 2016, solicitó al Consejo Permanente convocar una sesión especial para debatir las violaciones a la Carta Democrática Interamericana, causadas no solo por las decisiones que hemos comentado, sino además, por la grave crisis económica y social por la que atraviesa el país.

Frente a estas decisiones ha reaccionado la Sala Constitucional, en la sentencia comentada N° 478/2016, de 14 de junio, en la cual *(i)* negó a la Asamblea Nacional toda competencia en materia de política internacional, con el probable propósito de impedir la participación de la Asamblea Nacional en los debates que se llevarán a cabo en el seno de la Organización de Estados Americanos, y *(ii)* suspendió los efectos del citado Acuerdo de 10 de mayo, así como del Acuerdo del 31 de mayo, que exaltaba la participación de organismos internacionales en la crisis venezolana[39]. Por ello, como concluye el profesor Brewer-Carías, estamos ante el desconocimiento, *de facto,* de la Asamblea Nacional, la cual ha sido prácticamente disuelta por un conjunto de sentencias de la Sala Constitucional que, en claro exceso y abuso de poder, han desnaturalizado el rol que le corresponde cumplir a la Asamblea según el Texto de 1999. Según concluye el profesor Brewer-Carías en la obra comentada:

"Como sucede en esos supuestos, a pesar de que se trate de una sentencia dictada una Sala del Tribunal Supremo, mediante ella no se puede cambiar ilegítimamente el texto de la Constitución, ni se pueden derogar sus normas, de manera que si ello ocurre, como ha sucedido con muchas de estas sentencias, como lo indica la misma norma constitucional, "todo ciudadano investido o no de autoridad, tendrá el deber de colaborar en el restablecimiento de su

---

[37] No nos referimos solo a las obscuras condiciones bajo las cuales fue electo el Presidente de la República, sino a la legitimidad de esa elección. La elección presidencial de 2013 se resolvió por una diferencia inferior a 1,5 puntos, mientras que la elección parlamentaria del 2015 se resolvió por una diferencia cercana a 32 puntos.

[38] El texto del Acuerdo, y sus comentarios, puede consultarse en la obra comentada del profesor Brewer-Carías. El Acuerdo, asimismo, puede ser visto en la página de la Asamblea: http: //www.asambleanacional.gob.ve/uploads/actos_legislativos/doc_4a8238c36cbfecbadcff3b7c3c435c1 92459d5f3.pdf.

[39] El texto de ese Acuerdo puede ser consultado en: http://www.asambleanacional.gob.ve/uploads /actos_legislativos/doc_7110e441941d844160a8a60fe2bb02fcbcddf9bb.pdf [Consulta 16-06-16]. La Sala, con esta decisión, demuestra un claro exceso de poder, pues los Acuerdos de la Asamblea cuyos efectos fueron suspendidos, no generan en realidad consecuencias jurídicas, al ser demostraciones políticas de quien ejerce la representación del pueblo venezolano.

efectiva vigencia;" deber que tienen, ante todo y en primer lugar, los diputados electos por el pueblo que representan la soberanía popular que integran la Asamblea Nacional, y que en nombre del pueblo que los eligió deben rechazar las mutaciones y cambios ilegítimos a la Constitución, y hacer lo que está en sus manos conforme a sus propias atribuciones para restablecer su efectiva vigencia".

Frente a la conclusión del profesor Brewer-Carías, la Sala Constitucional –como se acredita en su comentada sentencia N° 473/2016– pretende imponer coactivamente la obediencia a sus decisiones. Sin embargo, la esencia del sistema republicano venezolano, presente en la Constitución de 1999, cuestiona toda obediencia ciega a los actos del Poder Público, pues esa obediencia ciega abriría las puertas al despotismo. Como resumió Juan Germán Roscio en el Capítulo XXX de su obra *El triunfo de la libertad sobre el despotismo,* de 1817:

"una obediencia ciega, una obediencia obscura, bien presto abriría el camino a la tiranía y destruiría la libertad".

El libro del profesor Allan R. Brewer-Carías que comentamos, analiza con detalle y rigor las decisiones que han materializado el desconocimiento de la Constitución y de la soberanía popular, y señala los pasos para salir, en palabras de Roscio, del camino de la tiranía.

Comentarios Monográficos

SEPARACIÓN O DIVISIÓN DE PODERES.
ESTADO SIN CONSTITUCIÓN

Humberto Briceño León
Abogado

Resumen: *La doctrina de Separación de Poderes es aún piedra angular de las modernas repúblicas constitucionales. Readaptada ha sido incorporada a los textos constitucionales de hoy en día en normas que se han dado en llamar clausulas de distribución del poder, división de ramas o control y balance. Su objetivo continúa siendo el mismo, evitar los gobiernos despóticos. La revolución bolivariana en Venezuela abandono subrepticiamente la doctrina y en consecuencia el pensamiento republicano.*

Abstract: *This paper is about the doctrine of separation of powers as a keystone principle for constitutionals republics. Readapted has been embedded in the today's constitutionals texts as rules called distributing clauses, divisions of branches, or check and balance clauses. Its goal remains the same, to avoid despotic governments. The Bolivarian Revolution in Venezuela has stealthily abandoned the doctrine and consequently the republican thought.*

Palabras Clave: *Separación de Poderes, Control de Poderes Venezuela.*

Key words: *Separation of Powers, Division of Powers, Check and balance Venezuela.*

A partir del siglo XVIII el principio de separación de poderes se asocia al pensamiento constitucional republicano. John Locke en 1689 fue probablemente el primer teórico sobre el Estado en plantearlo en su "Segundo Tratado sobre el gobierno civil"[1]. En efecto, el despotismo se considero opuesto a las formas republicanas al desarrollase la noción de "Estado Constitucional"[2]. La separación de poderes se presentó así como una protesta ideológica contra el absolutismo de naturaleza deífica de la monarquía en siglo XVII y XVIII, de este modo el liberalismo constitucional identifico la separación de poderes con la libertad individual. La libertad es el "telos ideológico" de la teoría de separación de poderes[3].

Montesquieu en 1747 publico su obra el "Espíritu de las leyes"[4], a él corresponde el mérito de formular la clasificación de los órganos, sus formas de colaboración, funciones y la finalidad de la separación de poderes como una protección contra la tiranía y una garantía contra la omnipotencia del Estado. Afirmó este pensador:

---

[1]   John Lock, *Segundo tratado sobre el Gobierno Civil*, publicación original diciembre 1689, Editorial Awnsham Chorchill.

[2]   Karl Loewenstein, *Teoría de la Constitución*, Ariel, Barcelona España, 1965, p 46

[3]   *Ídem*, p. 55.

[4]   Monstesquieu, *El espíritu de las Leyes, 1747.*

"No habrá libertad si el poder de juzgar no está separado del de legislar y del ejecutivo"[5].

Históricamente este principio se diseñó para contener el poder absoluto de los monarcas, para generar libertades y como un sistema de pesos y contrapesos para frenar el poder con el poder.

La doctrina constitucional contemporánea mas autorizada está de acuerdo con usar los términos "separación de poderes" para referirse a esa noción. Consistentemente llaman separación de poderes a ese principio, entre otros, Joseph Barthelemy[6]; John Alder[7]; Bernard Chantebout[8]; y Bruce Ackerman[9]. Coincidente con ellos el profesor venezolano Brewer Carías[10] al estudiar el tema titula el capítulo correspondiente "El principio de la separación orgánica de poderes", para Brewer esta separación:

"debería originar un esquema de pesos y contra pesos, de manera que cada poder fuera independiente en relación con el otro,..."[11]

En ocasiones la doctrina constitucional de Europa continental describe el concepto básico de la separación de poderes como formas de "división", "distribución funcional", "distinción", o "asignación orgánica-funcional" y frecuentemente usa indistintamente varias de estas palabras para designar o referir al contenido esencial de la noción constitucional de separación de poderes. Estas aproximaciones doctrinales que apoyan, reformulan o pretenden correcciones críticas a la separación de poderes, han continuado prescribiendo su finalidad esencial el "control político" como necesario para defender la libertad y preservar la naturaleza constitucional republicana de la democracia representativa contemporánea.

Loewenstein[12] al estudiar la distribución y concentración del poder como base para una clasificación de la formas de gobierno llama anticuada a la teoría de separación de poderes, y propuso una nueva "división tripartita": (i) la decisión política conformadora o fundamental, (ii) la ejecución de la decisión, y (iii) el control político. Afirmo este académico que la función de control se distribuye entre el gobierno, el parlamento y el electorado[13]. Este mismo autor[14], constantemente expresa la necesidad de controlar, restringir y limitar el poder político al hacerlo usa los términos "distribución de poder entre varios de sus detentadores", exige independencia entre ellos y formulas de control mutuo. En concreto respecto del poder judicial estima como parte de de su función controlar el poder[15] y en ocasiones también usa el término "separados"[16] para referirse a esa exigencia para los procesos políticos modernos.

---

5   Ídem, Libro XI, Ch.VI.

6   Joseph Barthelemy, *Derecho Constitucional*, Dalloz, Paris, 1933, p. 138

7   John Alder, *Derecho Constitucional y Administrativo*, Palgrave, Londres, 1989, p. 145

8   Bernard Chantebout, *Derecho Constitucional y Ciencias Políticas*, Armand Colin, Paris, 1991, p. 106

9   Bruce Ackerman, *We the People Foundations*, Belknap Harvard, London, 1991, p. 45-46

10   Allan R. Brewer-Carias, La Constitución de 1999, Arte, 2000, p. 105

11   Ídem, p. 106

12   Loewenstein, supra nota 2, p. 62.

13   Ídem, p. 69

14   Ídem, p. 29, 50, 65,

15   Ídem, p. 67.

16   Ídem, p. 92 y 106

Herman Heller[17] igualmente al usar la noción de "división de poderes" la presenta como una garantía de los derechos fundamentales y como límite eficaz al poder político mediante preceptos constitucionales. También el constitucionalista español Manuel Gracia Pelayo[18] titula el capítulo correspondiente de su obra "La división de poderes" pero de igual modo usa el término "separación" al afirmar:

"... en el marco de esta *separación*, los poderes se vinculan recíprocamente mediante un sistema de correctivos y vetos."[19]

Por su parte el profesor Ackerman de la universidad de Yale en Estados Unidos de Norteamérica, en su trabajo "We the people Foundations"[20] distingue para el constitucionalismo norteamericano entre separación y división de poderes. Separación de poderes es para él la que se enuncia para el poder nacional entre el Judicial, el Legislativo y el Ejecutivo y división de poderes la que se produce entre los estados miembros de la federación norteamericana en el nivel estadal y el que corresponde al poder nacional estatal.

Si aceptamos la distinción que Ackerman plantea entre separación y división de poderes para el constitucionalismo norteamericano, el texto del artículo 136 de Constitución venezolana recoge tanto la separación como la división de poderes. En el sentido de este académico, la norma en comento prescribe la separación al dividir el poder nacional en Legislativo, Ejecutivo, Judicial, Ciudadano y Electoral y la división al distribuirlo entre los órganos políticos territoriales Municipal, Estadal y Nacional. Esa clausula del constituyente venezolano uso el término "divide" para establecer e imponer, sin alterar su contenido básico y fundamental para el control político de los poderes públicos, el principio de separación de poderes entre Judicial, Legislativo y Ejecutivo.

Las repúblicas desarrolladas de occidente han plasmado en sus vidas político constitucionales los elementos primordiales de la doctrina de la separación de poderes, la han ampliado, reformulado, modificado y en ocasiones han criticado su rigidez. Sin haberse abandonado la esencia del principio, es cierto que las formas de colaboración y control entre los poderes se han ampliado y reformulado, así lo demuestra entre otros ejemplos la ampliación de los poderes normativos y de iniciativa legislativa concurrentes a órganos no clásicamente legislativos; el incremento de los poderes discrecionales del Ejecutivo; el aumento significativo de los poderes de control para el juez de la constitucionalidad y legalidad de las actuaciones públicas; el establecimiento de nuevos poderes públicos orgánica y funcionalmente considerados; consultas, referendos y plebiscitos como formas de participación ciudadana; y la ampliación y establecimiento de nuevas formas de control entre los órganos públicos.

Joel Mekhantar en 1997 sostuvo que quienes denuncian la teoría de separación de poderes son quienes desean asegurar en nombre de principios ideológicos una absoluta eficacia política del Estado. Para los marxistas el Estado debe conquistarse para imponer la dictadura del proletariado, el poder no puede estar separado en el seno del Estado, debe asegurarse en una etapa de la historia una verdadera concentración del poder político para garantizar la dominación del proletariado. Para esta escuela de pensamiento el Estado es el instrumento a través del cual se asegura la dominación de una clase por la otra. De este modo "el Socialis-

---

[17]   Herman Heller, *Teoría del Estado*, Fondo de Cultura Económica, México, 1942, p. 266 y 267.

[18]   Manuel García Pelayo, *Derecho Constitucional comparado*, Alianza Editorial, Madrid, 1984, p. 154.

[19]   *Idem*, p. 155.

[20]   Ackerman, supra nota 9, p. 45-46.

mo del siglo XXI" que se ha proclamado marxista repudia la doctrina de la separación de poderes para la vida política constitucional lo que a su vez implica un rechazo al pensamiento republicano contemporáneo. Ese rechazo desnuda el verdadero propósito y abre la puerta a formas de gobierno que concentran los poderes en el sentido de Loewenstein[21].

García Pelayo afirmo:

"…, pues no hay Estado, como no hay ser existente, que no esté constituido de cierta manera, es decir, con una determinada forma de organización de la unidad política y de la manifestación de esta voluntad, y, por consiguiente no hay Estado sin constitución"[22].

La academia internacional de nuestros días se ha ocupado de debatir en torno a la forma de gobierno que hoy tiene Venezuela. Para ese propósito resultaron insuficientes viejas categorías que formularon clasificaciones que fueron satisfactorias para su época y el estado de la ciencia jurídica constitucional de entonces como la correspondiente a Loewenstein[23] por ejemplo. Proveniente de la teoría constitucional y política de nuestros días se han formulados nuevas aproximaciones para el estudio de la actual forma de gobierno en Venezuela, para ello se han expuestos tesis como la del "constitucionalismo abusivo"[24], "autoritarismo competitivo"[25], o "autoritarismo encubierto"[26].

El "autoritarismo encubierto" del profesor Ozan Varol[27] resulta particularmente interesante, para él un gobierno es un "autoritarismo encubierto" cuando entre otras prácticas se apoya retorica y formalmente en las reglas jurídicas, la democracia y el estado de derecho sin que en verdad obedezca ni siga esos principios con el objetivo de mantenerse en el poder; uso del contencioso constitucional y administrativo no como formas de control sino como herramientas para consolidar su poder; uso de la desacreditación ,intimidación y criminalización de medios de comunicación y políticos disidentes; manipulación de formulas y procedimientos electorales; y aparentar eficazmente operar en la estructura de la democracia competitiva.

La doctrina tradicional, como hemos visto, llegaría a la conclusión que debido al abandono del principio de separación de poderes y al pensamiento republicano tenemos un Estado sin constitución, o incluso una Nación sin Estado. Para la doctrina constitucional y política de vanguardia nuestra forma de gobierno corresponde a un autoritarismo encubierto.

---

[21] Loewenstein, supra nota 2, p. 52.

[22] García Pelayo, supra nota 16, p. 56.

[23] Loewenstein, pp. 73-145.

[24] David Landau, *Abusive Constitutionalism*, UC Davis L. Rev. Forthcoming FSU College of Law, Public Law Research Paper N° 646, 2013.

[25] Sonia González Fuentes, *Desconfianza política: el colapso del sistema de partidos en Venezuela, en los intersticios de la democracia y el autoritarismo-Algunos casos de Asia, África y América Latina*, Buenos Aires, Consejo Latinoamericano de Ciencias Sociales, 2006.

[26] OzanVarol, *Stealth Authoritarianism*, 100 Iowa L. Rev. 2015.

[27] *Ídem*, p. 1679 y siguientes.

LEGISLACIÓN

Información Legislativa

LEYES, DECRETOS NORMATIVOS, REGLAMENTOS Y RESOLUCIONES DE EFECTOS GENERALES DICTADOS DURANTE EL PRIMER SEMESTRE DE 2016

Recopilación y selección
por Flavia Pesci Feltri
Abogada

I.   ORDENAMIENTO ORGÁNICO DEL ESTADO

1.   *Régimen del Poder Público Nacional*

A.   *Poder Ejecutivo*

a.   *Organización General de la Administración Pública*

Decreto N° 2.269 de la Presidencia de la República, mediante el cual se dicta el Decreto sobre Organización General de la Administración Pública Nacional. *G.O.* N° 40.865 del 09-03-2016.

b.   *Consejo Federal de Gobierno y Fondo de Compensación Interterritorial*

Resolución N° 004 de la Vicepresidencia de la República, mediante el cual se dicta el Reglamento Orgánico de la Secretaría del Consejo Federal de Gobierno y el Fondo de Compensación Interterritorial. *G.O.* N° 40.826 del 12-01-2016.

B.   *Régimen de la Procuraduría General de la República*

Decreto N° 2.173 de la Presidencia de la República, mediante el cual se dicta el Decreto con Rango, Valor y Fuerza de Ley Orgánica de la Procuraduría General de la República. *G. O.* N° 6.220 Extraordinario del 15-03-2016.

C.   *Régimen de la Contraloría General de la República*

Resolución N° 01-00-000245 de la Contraloría General de la República, mediante la cual se dictan los Lineamientos para la Organización y Funcionamiento de las Contralorías Municipales. *G.O.* N° 40.920 del 07-06-2016.

Resolución N° 01-00-000242 de la Contraloría General de la República, mediante la cual se dicta el Reglamento para el Registro, Calificación, Selección y Contratación de Auditores, Consultores y Profesionales Independientes en Materia de Control. *G.O.* N° 40.909 del 23-05-2016.

D.   *Régimen de la Defensoría del Pueblo*

Resolución N° 2016-011 de la Defensoría del Pueblo, mediante la cual se Reforma Parcialmente el Reglamento sobre el Régimen de Jubilaciones y Pensiones de los Funcionarios de la Defensoría del Pueblo. *G.O.* N° 40.852 del 19-02-2016.

2.   *Régimen de la Administración Pública*

Decreto N° 2.282 de la Presidencia de la República, mediante el cual se dicta el Reglamento Parcial del Decreto con Rango, Valor y Fuerza de Ley Orgánica de Misiones, Grandes Misiones y Micro Misiones, sobre el Fondo Nacional de Misiones. *G.O.* N° 40.872 del 18-03-2016.

II. RÉGIMEN DE LOS ESTADOS DE EXCEPCIÓN

1. *Decretos de estados de excepción*[1]

Decreto N° 2.184 de la Presidencia de la Republica, mediante el cual se declara el Estado de Emergencia Económica en todo el Territorio Nacional, de conformidad con la Constitución de la República Bolivariana de Venezuela y su ordenamiento jurídico, por un lapso de sesenta (60) días, en los términos que en él se indican. *G.O.* N° 6.214 Extraordinario del 14-01-2016.[2]

Decreto N° 2.270 de la Presidencia de la República, mediante el cual se prorroga por sesenta (60) días, el plazo establecido en el Decreto N° 2.184, publicado en la *G.O.* N° 6.214 Extraordinario, de fecha 14 de enero de 2016. *G.O.* N° 6.219 Extraordinario del 11-03-2016.

Decreto N° 2.323 de la Presidencia de la República, mediante el cual se declara el Estado de Excepción y de la Emergencia Económica, dadas las circunstancias extraordinarias de orden Social, Económico, Político, Natural y Ecológicas que afectan gravemente la Economía Nacional. *G.O.* N° 6.227 Extraordinario del 13-05-2016.[3]

III. RÉGIMEN DE LA ADMINISTRACIÓN GENERAL DEL ESTADO

1. *Sistema de auditoría y control interno*

Providencia N° 15 del Ministerio del Poder Popular para Hábitat y Vivienda, mediante la cual se dicta el Reglamento Interno de la Gerencia General de Auditoría Interna del Banco Nacional de Vivienda y Hábitat (BANAVIH). *G.O.* N° 40.826 del 12-01-2016.

Providencia N° 587-2015 del Instituto Nacional de Investigaciones Agrícolas, mediante la cual se dicta el Reglamento Interno de la Oficina de Auditoría Interna del Instituto Nacional de Investigaciones Agrícolas. *G.O.* N° 40.829 del 15-01-2016.

Providencia N° PRE-CJU-GDI-425-16 del Ministerio del poder popular para Transporte Terrestre y Obras Públicas, mediante la cual se dicta el Reglamento Interno de la Unidad de Auditoría Interna, del Instituto Nacional de Aeronáutica Civil. *G.O.* N° 40.921 del 08-06-2016.

---

[1] Sentencia de la Sala Constitucional del TSJ, mediante la cual se interpreta los Artículos 339 y 136 de la Constitución de la República Bolivariana de Venezuela, y los Artículos 27 y 33 de la Ley Orgánica sobre Estados de Excepción (publicada en la *Gaceta Oficial* N° 37.261, del 15 de agosto de 2001) y declara que el Decreto N° 2.184, publicado en la *Gaceta Oficial de la República* Bolivariana *de Venezuela* N° 6.214 Extraordinario, del 14 de enero de 2016 que declaró el Estado de Emergencia Económica en todo el Territorio Nacional, durante un lapso de 60 días, entró en vigencia desde que fue dictado y su Legitimidad, Validez, Vigencia y Eficacia Jurídica-Constitucional se mantiene irrevocablemente incólume, conforme a lo previsto en el texto fundamental. *G.O.* N° 40.846 del 11-02-2016.

[2] Sentencia de la Sala Constitucional del TSJ, mediante la cual se declara la Constitucionalidad del Decreto N° 2.184, donde se declara el Estado de Emergencia Económica en todo el Territorio Nacional por un lapso de sesenta (60) días. *G.O.* N° 40.838 del 28-01-2016.

[3] Sentencia de la Sala Constitucional del TSJ, mediante la cual se declara la constitucionalidad del Decreto N° 2.323, dictado por el Presidente de la República Bolivariana de Venezuela, donde se declara el Estado de Excepción y de Emergencia Económica, dadas las circunstancias extraordinarias de Orden Social, Económico, Político, Natural y Ecológicas que afectan gravemente la Economía Nacional. *G.O.* N° 40.924 del 13-06-2016

Providencia de Ministerio del Poder Popular para la Energía Eléctrica, mediante la cual se dicta el Reglamento de la Unidad de Auditoría Interna de la Corporación Eléctrica Nacional S.A. (CORPOELEC). *G.O.* N° 40.935 del 30-06-2016.

Resolución N° 2016-033 de la Defensoría del Pueblo, mediante la cual se dicta el Reglamento Interno de la Dirección de Auditoría Interna de la Defensoría del Pueblo. *G.O.* N° 40.910 del 24-05-2016.

Resolución N° 01-00-000619 de la Contraloría General de la República, mediante la cual se dicta las Normas Generales de Control Interno de ese Organismo. *G.O.* N° 40.851 del 18-02-2016.

2.   *Sistema funcionarial*

  A.   *Funcionarios de la Administración Pública Nacional, Estadal y Municipal*

    a.   *Sistema de remuneraciones*

Decreto N° 2.274 de la Presidencia de la República, mediante el cual se establece el Sistema de Remuneraciones de las Funcionarias y Funcionarios de la Administración Pública Nacional. *G.O.* N° 40.867 del 11-03-2016.

Decreto N° 2.275 de la Presidencia de la República, mediante el cual se establece el Ajuste al Sistema de Remuneraciones de las Obreras y Obreros de la Administración Pública Nacional. *G.O.* N° 40.867 del 11-03-2016.

Decreto N° 2.307 de la Presidencia de la República, mediante el cual se fija un aumento del salario mínimo nacional mensual obligatorio en todo el territorio de la República Bolivariana de Venezuela para los trabajadores y las trabajadoras que presten servicios en los sectores público y privado, del treinta por ciento (30%), a partir del 1° de mayo de 2016. *G.O.* N° 40.893 del 29-04-2016, reimpreso en N° 40.895 del 03-05-2016.

Decreto N° 2.308 de la Presidencia de la República, mediante el cual se ajusta el pago del Cestaticket Socialista para los trabajadores y las trabajadoras que presten servicios en los sectores público y privado, a tres Unidades Tributarias y media (3,5 U.T.) por día, a razón de treinta (30) días por mes. *G.O.* N° 40.893 del 29-04-2016.

Decreto N° 2.316 de la Presidencia de la República, mediante el cual se establece el Sistema de Remuneraciones de las Funcionarias y Funcionarios de la Administración Pública Nacional. *G.O.* N° 40.899 del 09-05-2016, reimpreso en N° 40.901 del 11-05-2016.

Decreto N° 2.317 de la Presidencia de la República, mediante el cual se establece el Sistema de Remuneraciones de las Obreras y Obreros de la Administración Pública Nacional. *G.O.* N° 40.899 del 09-05-2016.

    b.   *Días y horas laborables*

Decreto N° 2.294 de la Presidencia de la República, mediante el cual se declaran los días viernes como No Laborables para el sector público, a partir del 08 de abril de 2016 y mientras persistan los efectos del fenómeno climático "El Niño" sobre la Central Hidroeléctrica Simón Bolívar. *G.O.* N° 40.880 del 06-04-2016.

Decreto N° 2.300 de la Presidencia de la República, mediante el cual se declara el día lunes 18 de abril de 2016, como No Laborable para la Administración Pública y para el Sector Educativo Público y Privado, como medida necesaria para disminuir los efectos del fenómeno climático "El Niño" sobre la Central Hidroeléctrica Simón Bolívar. *G.O.* N° 6.223 Extraordinario del 14-04-2016.

Decreto N° 2.352 de la Presidencia de la República, mediante el cual se dicta el Decreto N° 06 dictado en el Marco del Estado de Excepción y de Emergencia Económica, donde se establece para los Órganos y Entes de la Administración Pública Nacional, un horario especial laboral, desde las 8:00 a.m. hasta la 1:00 p.m., a partir del día lunes 13 de junio de 2016 hasta el viernes 24 de junio de 2016; prorrogable por el período que acuerde el Ejecutivo Nacional. *G.O.* N° 40.923 del 10-06-2016.

Decreto N° 2.360 de la Presidencia de la República, mediante el cual se prorroga hasta el viernes 8 de julio de 2016 el horario especial laboral, desde las 8:00 a.m. hasta la 1:00 p.m., para los órganos y entes de la Administración Pública Nacional, establecido mediante Decreto N° 2.352, de fecha 10 de junio de 2016, publicado en la *Gaceta Oficial de la República Bolivariana de Venezuela* N° 40.923, de la misma fecha. *G.O.* N° 40.932 del 23-06-2016.

IV. RÉGIMEN DE POLÍTICA, SEGURIDAD Y DEFENSA

1. *Relaciones exteriores*

A. *Leyes Aprobatorias*

Ley Aprobatoria del Acuerdo entre la República Bolivariana de Venezuela y la República de Colombia sobre el Transporte Internacional de Carga y Pasajeros de Carretera, emanada de la Asamblea Nacional. *G.O.* N° 40.826 del 12-01-2016.

B. *Acuerdos*

Resolución N° DM-010 del Ministerio del Poder Popular para Relaciones Exteriores, mediante la cual se informa la entrada en vigor del Acuerdo entre el Gobierno de la República Bolivariana de Venezuela y el Gobierno de la República Socialista de Vietnam, sobre proyectos de cooperación agrícola para el período 2015-2018, suscrito en la ciudad de Hanoi, República Socialista de Vietnam. *G.O.* N° 40.853 del 22-02-2016.

Resolución N° DM/056 del Ministerio del Poder Popular para Relaciones Exteriores, mediante la cual se ordena la publicación del Acuerdo entre el Gobierno de la República Bolivariana de Venezuela y el Gobierno de Burkina Faso, sobre la Supresión de Visas para los Nacionales de los dos Países Titulares de Pasaportes Diplomáticos o de Servicio. *G.O.* N° 40.920 del 07-06-2016.

2. *Régimen de Seguridad y Defensa*

Ley de Disciplina Militar. *G.O.* N° 40.833 del 21-01-2016.

V. RÉGIMEN DE LA ECONOMÍA

1. *Régimen Cambiario*

Convenio Cambiario N° 34 del Banco Central de Venezuela, mediante el cual se establece que las personas naturales y jurídicas privadas, dedicadas a la exportación de bienes y servicios, podrán retener y administrar hasta el sesenta por ciento (60%) del ingreso que perciban en divisas, en razón de las exportaciones realizadas. *G.O.* N° 40.851 del 18-02-2016.

Convenio Cambiario N° 35 del Banco Central de Venezuela, mediante el cual se establecen las normas que regirán las operaciones del régimen administrado de divisas. *G.O.* N° 40.865 del 09-03-2016.

Convenio Cambiario N° 36 del Banco Central de Venezuela, mediante el cual se dictan las normas que regulan las operaciones en divisas efectuadas por prestadores de servicios turísticos que operen turismo receptivo, así como los pagos de mercancías destinadas a la Venta a Pasajeros. *G.O.* N° 40.881 del 07-04-2016.

Convenio Cambiario N° 37 del Banco Central de Venezuela, mediante el cual se establece que las personas privadas nacionales o extranjeras que hayan obtenido la Licencia correspondiente del Ministerio del Poder Popular con competencia en materia de Petróleo y Minería, para desarrollar las actividades a las que se refiere el Capítulo V de la Ley Orgánica de Hidrocarburos Gaseosos, en la medida en que reciban o administren divisas como consecuencias de la operación de los instrumentos legales que las vinculan, incluyendo las recibidas por el producto de sus ventas de exportación o cambio de patrón de consumo, podrán mantenerlas en cuentas en instituciones bancarias o de similar naturaleza, a los efectos de su inversión o reinversión en los proyectos previamente aprobados por el Ministerio del Poder Popular de Petróleo y Minería en materia de hidrocarburos gaseosos, así como para su aplicación al pago de bienes, materiales y equipos adquiridos con ocasión de la ejecución de los proyectos antes referidos, o restitución de los fondos que hayan sido destinados a tales fines, siempre que aquéllos no sean fabricados en el país y sean necesarios para el desarrollo de las operaciones de dichas empresas. *G.O.* N° 40.913 del 27-05-2016.

2. *Régimen de la Banca Central*

Decreto N° 2.264 de la Presidencia de la República, mediante el cual se establece que la cartera de crédito bruta anual, que con carácter obligatorio deben colocar con recursos propios las instituciones del sector bancario, se destinará un veinte por ciento (20%) a la concesión de nuevos créditos hipotecarios para la construcción, adquisición y autoconstrucción, mejoras y ampliación de vivienda principal. *G.O.* N° 40.865 del 09-03-2016.

Providencia de la Superintendencia de las Instituciones del Sector Bancario, mediante la cual se dictan las normas relativas a la aplicación y registro de los beneficios netos originados por el efecto de la actualización al tipo de cambio oficial de conformidad con la Resolución N° 16-03-01, emanada del Banco Central de Venezuela el 29 de marzo de 2016. *G.O.* N° 40.918 del 03-06-2016.

3. *Régimen impositivo*

Decreto N° 2.212 de la Presidencia de la República, mediante el cual se establece una alícuota del cero por ciento (0%) para el pago del Impuesto a las Grandes Transacciones Financieras, a los contribuyentes y responsables sujetos a la aplicación de la Ley que crea el tributo, cuando realicen operaciones que involucren cuentas en moneda extranjera en el Sistema Financiero Nacional, incluidas las cuentas mantenidas en el Banco Central de Venezuela. *G.O.* N° 40.839 del 29-01-2016.

Decreto N° 2.232 de la Presidencia de la República, mediante el cual se establece una alícuota del cero por ciento (0%) del impuesto a las grandes transacciones financieras, que se generen por los efectos que en él se especifican, en los términos que en él se indican. *G.O* N° 40.846 del 11-02-2016.

Decreto N° 2.266 de la Presidencia de la República, mediante el cual se exonera del pago del Impuesto Sobre la Renta el enriquecimiento neto anual de fuente territorial obtenido por las personas naturales residentes en el país, hasta por un monto en bolívares equivalente a tres mil unidades tributarias (3.000 U.T.). *G.O.* N° 40.864 del 08-03-2016, reimpreso en N° 40.865 del 09-03-2016.

Decreto N° 2.284 de la Presidencia de la República, mediante el cual se establece une alícuota del cero por ciento (0%) para el pago del Impuesto a las Grandes Transacciones Financieras, por los débitos efectuados en las cuentas bancarias pertenecientes a los establecimientos especializados en la administración y gestión de beneficios sociales, destinadas a la transferencia de fondos de los cestatickets de alimentación socialista a los trabajadores y trabajadoras. *G.O.* N° 40.872 del 18-03-2016.

Decreto N° 2.287 de la Presidencia de la República, mediante el cual se exonera del pago del Impuesto Sobre la Renta, los enriquecimientos netos de fuente venezolana provenientes de la explotación primaria de las actividades agrícolas, forestales, pecuarias, avícolas, pesqueras, acuícolas y piscícolas, obtenidos por personas naturales, por personas jurídicas y entidades sin personalidad jurídica, residentes en el país. *G.O.* N° 40.873 del 28-03-2016.

Decreto N° 2.356 de la Presidencia de la República, mediante el cual se exonera del pago del Impuesto al Valor Agregado, Impuesto de Importación y Tasa por determinación del régimen aduanero, en los términos y condiciones previstos en este Decreto, a la importación definitiva de los bienes muebles corporales, realizada por las personas jurídicas productoras de camarones en el marco del Acuerdo para la Ejecución de Operaciones de Importación de Alimento Balanceado para Camarones y Larvas de la Industria Camaronera Nacional. *G.O.* N° 40.931 del 22-06-2016.

4. *Unidad tributaria*

Providencia N° 2016-011 del Servicio Nacional Integrado de Administración Aduanera y Tributaria (SENIAT), mediante la cual se reajusta la Unidad Tributaria de ciento cincuenta bolívares (Bs. 150) a ciento setenta y siete bolívares (Bs. 177). *G.O.* N° 40.846 del 11-02-2016.

5. *Régimen de las Instituciones Financieras*

Resolución 088-16 de la Superintendencia de las Instituciones del Sector Bancario, mediante la cual se dictan las instrucciones relativas al pago de la cuota de contribución que deben efectuar las Instituciones sometidas a la supervisión y control de este Organismo. *G.O.* N° 40.933 del 28-06-2016.

Aviso Oficial del Banco Central de Venezuela, mediante el cual se informa que las Instituciones Bancarias podrán cobrar hasta los límites máximos de comisiones, tarifas o recargos por las operaciones y actividades que en él se indican. *G.O.* N° 40.935 del 30-06-2016.

6. *Régimen de la Actividad Aseguradora*

Decreto N° 2.173 de la Presidencia de la República, mediante el cual se dicta el Decreto con Rango, Valor y Fuerza de la Actividad Aseguradora. *G.O.* N° 6.220 Extraordinario del 15-03-2016.

Decreto N° 2.250 de la Presidencia de la República, mediante el cual se ordena que el porcentaje del aporte anual para el Desarrollo Social que deben realizar las empresas de seguros, de medicina prepagada, las asociaciones cooperativas que realicen actividad aseguradora y las administradoras de riesgo, de conformidad con la normativa que rige la actividad aseguradora, sea enterado al Fondo de Desarrollo Nacional Fonden, S.A. *G.O.* N° 40.872 del 18-03-2016.

Resolución N° 022 del Ministerio del Poder Popular para la Banca y Finanzas, mediante la cual se fija en dos coma cinco por ciento (2,5%) el monto del aporte que deberán enterar los sujetos regulados al patrimonio de la Superintendencia de la Actividad Aseguradora, alícuota que se aplicará al total de las primas netas cobradas que en ella se señalan, correspondientes al ejercicio económico del año 2016. *G.O.* N° 40.844 del 05-02-2016.

Providencia N° FSAA-2-00287 de la Superintendencia de la Actividad Aseguradora, mediante la cual se dicta el código de cuentas y normas de contabilidad para empresas de medicina prepagada. *G.O.* N° 40.869 del 15-03-2016.

Providencia FSAA-00288 de la Superintendencia de la Actividad Aseguradora, mediante la cual se modifican las cuentas contables de las normas de contabilidad para empresas de seguros. *G.O.* N° 40.908 del 20-05-2016.

Resolución N° 111 del Ministerio del Poder Popular para la Banca y Finanzas, mediante la cual se fija en tres por ciento (3%), para el segundo semestre del ejercicio económico 2016, la alícuota del aporte al Fondo del Sistema Público Nacional de Salud, o cualquier otro fondo que considere el Ejecutivo Nacional, que deben efectuar las empresas de seguros, medicina prepagada, las administradoras de riesgos y las asociaciones cooperativas que realicen actividad aseguradora. *G.O.* N° 40.935 del 30-06-2016.

7.   *Régimen del comercio*

   A.   *Régimen de Protección al Consumidor*

      a.   *Marcaje de precios*

Providencia N° 2016/0001 del Servicio Nacional Integrado de Administración Aduanera y Tributaria (SENIAT), mediante la cual se prorroga, a partir del 07 de enero de 2016 hasta el 07 de abril de 2016, el plazo establecido en el Artículo 10 de la Providencia Administrativa SNAT/2015/0017, de fecha 24 de febrero de 2015, donde se establecen las formalidades para el marcaje del Precio de Venta al Público en las Etiquetas o Impresiones de los Envases. *G.O.* N° 40.834 del 22-01-2016.

Providencia N° 2016/0006 del Servicio Nacional Integrado de Administración Aduanera y Tributaria (SENIAT), mediante la cual se prorroga, a partir del 07 de enero de 2016 hasta el 07 de abril de 2016, la entrada en vigencia de la Providencia Administrativa SNAT/2015/0056, de fecha 06 de agosto de 2015, donde se prorroga el plazo establecido para el marcaje de Precios de Venta al Público en las etiquetas u impresiones de los envases de bebidas alcohólicas desde el 06-08-2015 hasta 06-01-2016. *G.O.* N° 40.835 del 25-01-2016, reimpreso en *G.O.* N° 40.846 del 11-02-2016.

8.   *Régimen de la seguridad y soberanía agroalimentaria*

Acuerdo de la Asamblea Nacional mediante el cual se declara crisis humanitaria e inexistencia de seguridad alimentaria de la población venezolana. *G.O.* N° 40.866 del 10-03-2016.

9.   *Régimen de la Agricultura familiar*

Resolución N° 008-16 del Ministerio del Poder Popular de Agricultura Urbana, mediante la cual se aprueba la incorporación al ordenamiento jurídico nacional la resolución MERCOSUR/CMC/DEC N° 06/09, el Reglamento del Fondo de Agricultura Familiar del Mercosur. *G.O.* N° 40.909 del 23-05-2016.

Resolución N° 009-16 del Ministerio del Poder Popular de Agricultura Urbana, mediante la cual se aprueba la incorporación al ordenamiento jurídico nacional la resolución MERCOSUR/GMC/RES N° 25/07, sobre las Directrices para el Reconocimiento e Identificación de la Agricultura Familiar en el Mercosur. *G.O.* N° 40.909 del 23-05-2016.

10. *Régimen de la Industria*

Resolución N° 015 del Ministerio del Poder Popular de Petróleo y Minería, mediante la cual se establecen los precios de los tipos de productos que serán vendidos en los establecimientos dedicados al expendio de combustibles, debidamente autorizados por este Ministerio. *G.O.* N° 40.851 del 18-02-2016.

Resolución Conjunta N° DM/026/2016, DM/041/2016 y DM/SN/2016 de los Ministerios del Poder Popular para la Agricultura Productiva y Tierras, para Industria y Comercio y de Petróleo y Minería, mediante la cual se establecen las bases, regulaciones y los controles en materia de precios y volúmenes de la urea, para implantar la planificación centralizada en las cadenas productivas de este rubro, con destino al sector agroalimentario, con el fin de satisfacer las necesidades de la Nación. *G.O.* N° 40.877 del 01-04-2016.

Resolución N° 16-04-02 del Banco Central de Venezuela, mediante la cual se dictan las normas sobre la comercialización del diamante en bruto bajo el sistema de certificación del proceso kimberley. *G.O.* N° 40.897 del 05-05-2016.

Providencia N° 2016/0020 del Servicio Nacional Integrado de Administración Aduanera y Tributaria (SENIAT), mediante la cual se legaliza la emisión y circulación de Bandas de Garantía para Licores, por las cantidades que en ella se señalan. *G.O.* N° 40.915 del 31-05-2016.

Providencia N° 2016/0021 del el Servicio Nacional Integrado de Administración Aduanera y Tributaria (SENIAT), mediante la cual se establece la obligación del uso de Bandas de Garantías Codificadas de Seguridad en cajetillas y envases de cigarrillos, tabaco, picaduras y otros derivados del tabaco, de Producción Nacional o Importados. *G.O.* N° 40.927 del 16-06-2016.

11. *Régimen del Comercio exterior e inversión internacional*

Decreto N° 2.292 de la Presidencia de la República, mediante el cual se dicta el Instructivo sobre Simplificación de los Trámites, y Procesos Vinculados con la Exportación de Mercancías No Tradicionales. *G.O.* N° 6.222 del 1-04-2016.

Resolución N° 001-2016 del Ministerio de Estado para el Comercio Exterior e Inversión Internacional, mediante la cual se establece que los certificados, permisos y licencias exigidos por entes u órganos de la Administración Pública en los procesos de exportación de mercancías no tradicionales, que se expidan de conformidad con el Decreto N° 2.292, donde se dicta el Instructivo sobre simplificación de los trámites y procesos vinculados con la exportación de mercancías no tradicionales, o cualquier otro no regulado en el referido Decreto, pero vinculado con procesos de exportación, deberán ser exigidos por el Servicio Nacional Integrado de Administración Aduanera y Tributaria (SENIAT), a los fines de la extracción de las mercancías del país, sólo cuando ello constituya un requisito contemplado en el Anexo II del Arancel de Aduanas dictado por medio de la Resolución que en ella se indica. *G.O.* N° 40.911 del 25-05-2016.

12. *Régimen de Turismo*

Resolución N° 015 del Ministerio del Poder Popular para el Turismo, mediante la cual se establece que los Bancos Universales destinarán, para el año 2016, el cinco coma veinticinco por ciento (5,25%) calculado sobre el promedio de los cierres de la cartera de crédito bruto al 31 de diciembre de 2014 y al 31 de diciembre de 2015, para el financiamiento de las operaciones y proyectos de carácter turístico. *G.O.* N° 40.875 del 30-03-2016.

Resolución N° 007 del Ministerio del Poder Popular para el Turismo, mediante la cual se establecen los requisitos y procedimiento para la inscripción o actualización del Registro Turístico Nacional y emisión de la licencia o credencial de turismo. *G.O.* N° 40.883 del 12-04-2016.

VI. RÉGIMEN DE DESARROLLO SOCIAL

1. *Régimen laboral*

Decreto N° 2.243 de la Presidencia de la República, mediante el cual se fija un aumento del salario mínimo nacional mensual obligatorio en todo el territorio de la República Bolivariana de Venezuela para los trabajadores y las trabajadoras que presten servicios en los sectores público y privado, sin perjuicio de lo dispuesto en el Artículo 2° de este Decreto, del veinte por ciento (20%) a partir del 1° de marzo de 2016, estableciéndose la cantidad de once mil quinientos setenta y siete bolívares con ochenta y un céntimos (Bs. 11.577,81) mensuales. *G.O.* N° 40.852 del 19-02-2016.

Decreto N° 2.244 de la Presidencia de la República, mediante el cual se ajusta el pago del Cestaticket Socialista para los trabajadores y las trabajadoras que presten servicios en los sectores público y privado, a dos y media Unidades Tributarias (2,5 U.T.) por día, a razón de treinta (30) días por mes, pudiendo percibir hasta un máximo del equivalente a setenta y cinco Unidades Tributarias (75 U.T.) al mes, sin perjuicio de lo dispuesto en el Artículo 7° del Decreto con Rango, Valor y Fuerza de Ley del Cestaticket Socialista para los trabajadores y trabajadoras. *G.O.* N° 40.852 del 19-02-2016.

Decreto N° 2.276 de la Presidencia de la República, mediante el cual se declaran días no laborables y, por tanto, considerados como feriados a los efectos de la Ley Orgánica del Trabajo, los Trabajadores y las Trabajadoras, los días 21, 22 y 23 de marzo del año 2016. *G.O.* N° 40.868 del 14-03-2016.

Decreto N° 2.303 de la Presidencia de la República, mediante el cual se establece un régimen especial, transitorio, de días No Laborables, mientras persistan los efectos del fenómeno climático "El Niño", sobre la Central Hidroeléctrica Simón Bolívar, a partir del día miércoles 27 de abril de 2016, y hasta el viernes 13 de mayo de 2016. *G.O.* N° 40.890 del 26-04-2016.

Decreto N° 2.307 de la Presidencia de la República, mediante el cual se fija un aumento del salario mínimo nacional mensual obligatorio en todo el territorio de la República Bolivariana de Venezuela para los trabajadores y las trabajadoras que presten servicios en los sectores público y privado, del treinta por ciento (30%), a partir del 1° de mayo de 2016. *G.O.* N° 40.893 del 29-04-2016, reimpreso en N° 40.895 del 03-05-2016.

Decreto N° 2.308 de la Presidencia de la República, mediante el cual se ajusta el pago del Cestaticket Socialista para los trabajadores y las trabajadoras que presten servicios en los sectores público y privado, a tres Unidades Tributarias y media (3,5 U.T.) por día, a razón de treinta (30) días por mes. *G.O.* N° 40.893 del 29-04-2016.

Decreto N° 2.319 de la Presidencia de la República, mediante el cual se prorroga, hasta el viernes 27 de mayo de 2016, el régimen especial de días No Laborables, de carácter transitorio, establecido mediante Decreto N° 2.303, publicado en la *Gaceta Oficial de la República Bolivariana de Venezuela* N° 40.890, de fecha 26 de abril de 2016. *G.O.* N° 40.902 del 12-05-2016.

Decreto N° 2.337 de la Presidencia de la República, mediante el cual se prorroga, hasta el viernes 10 de junio de 2016, el régimen especial de Días No Laborables de carácter transitorio. *G.O.* N° 40.913 del 27-05-2016.

VII. RÉGIMEN DEL DESARROLLO FÍSICO Y ORDENACIÓN DEL TERRITORIO

1. *Régimen del ambiente y recursos naturales*

Decreto N° 2.242 de la Presidencia de la República, mediante el cual se crea la zona de Desarrollo Estratégico Nacional Faja Petrolífera del Orinoco "Hugo Chávez". *G.O.* N° 40.852 del 19-02-2016.

Decreto No 2.248 de la Presidencia de la República, mediante el cual se crea la Zona de Desarrollo Estratégico Nacional "Arco Minero del Orinoco". *G.O.* N° 40.855 del 24-02-2016.

Decreto N° 2.249 de la Presidencia de la República, mediante el cual se crea la Zona de Desarrollo Estratégico Nacional "Faja Pesquera y Acuícola de Venezuela". *G.O.* N° 40.856 del 25-02-2016.

Decreto N° 2.301 de la Presidencia de la República, mediante el cual se modifica el Huso Horario en todo el territorio de la República Bolivariana de Venezuela, entrando en vigencia el primero de mayo de 2016. *G.O.* N° 6.224 Extraordinario del 20-04-2016.

Resolución N° 343 del Ministerio del Poder Popular para Ecosocialismo y Aguas, mediante la cual se dictan las Normas para la aplicación de la Convención sobre el Comercio Internacional de Especies Amenazadas de Fauna y Flora Silvestre (CITES). *G.O.* N° 40.934 del 29-06-2016.

2. *Régimen de Transporte y Tránsito*

A. *Sistema de Trasporte Terrestre*

Resoluciones Conjuntas de los Ministerios del Poder Popular para Transporte y Obras Públicas, para Industria y Comercio y para Relaciones Interiores, Justicia y Paz, mediante las cuales se establecen las tarifas en las rutas interurbanas y suburbanas a nivel nacional, por los Prestadores del Servicio Público de Transporte Terrestre de pasajeras y pasajeros, en modalidad colectivo. *G.O.* N° 6.221 Extraordinario del 17-03-2016.

Resolución Conjunta de los Ministerios del Poder Popular para la Agricultura Productiva y Tierras, para la Defensa, para Industria y Comercio y de Petróleo y Minería, mediante la cual se establecen los mecanismos de control a transportistas y usuarios finales de Abonos Minerales o Químicos en el Territorio Nacional. *G.O.* N° 40.878 del 04-04-2016.

Resolución Conjunta de los Ministerios del Poder Popular para Transporte y Obras Públicas, para Hábitat y Vivienda y de Petróleo y Minería, mediante la cual se deroga la Resolución Conjunta de los Ministerios que en ella se mencionan, donde se establecieron las tarifas o fletes a ser cobrados por la prestación del servicio de transporte terrestre de carga de materiales insumos y materia prima requerida para la ejecución de actividades de construcción en todo el territorio nacional. *G.O.* N° 40.891 del 27-04-2016.

B. *Sistema de Transporte Acuático y Aéreo*

Decreto N° 2.341 de la Presidencia de la República, mediante el cual se aprueba el Plan Nacional de Seguridad de la Aviación Civil Contra los Actos de Interferencia Ilícita. *G.O.* N° 40.917 del 02-06-2016.

Decreto N° 2.342 de la Presidencia de la República, mediante el cual se dicta el Plan Nacional de Seguridad de la Aviación Civil Contra los Actos de Interferencia Ilícita. *G. O.* N° 40.917 del 02-06-2016.

Decreto N° 2.343 de la Presidencia de la República, mediante el cual se dicta el Plan Nacional de Facilitación. *G.O.* N° 40.917 del 02-06-2016.

Providencia N° PRE-CJU-GDA-398-16 del Instituto Nacional de Aviación Civil (INAC), mediante la cual se dictan las Condiciones Generales del Transporte Aéreo. *G.O.* N° 6.228 Extraordinario del 18-05-2016.

Providencias N° PRE-CJU-GDA-343-16, PRE-CJU-345-16, PRE-CJU-386-16, PRE-CJU-GDA-412-16 y PRE-CJU-417-16 del Instituto Nacional de Aviación Civil (INAC), mediante las cuales se dictan las Regulaciones Aeronáuticas Venezolanas sobre Seguridad de la Aviación Civil en los Aeródromos y Aeropuertos (RAV 107), Certificación de Empresas de Servicios de Seguridad de la Aviación Civil (RAV 112), Seguridad en las Operaciones de Carga, Correo, Provisiones y Suministros en la Aviación Civil (RAV 109), Inspección y Fiscalización en Materia de Facilitación (RAV 9) y Seguridad de Aeronaves en la Aviación Civil (RAV 108). *G.O.* N° 6.228 Extraordinario del 18-05-2016.

Resolución N° 045 del Ministerio del Poder Popular para Transporte y Obras Públicas, mediante la cual se aprueba la actualización e implementación del sistema de tarifas para los trámites, derechos aeronáuticos y servicios prestados por el Instituto Nacional de Aeronáutica Civil, por el Instituto Aeropuerto Internacional de Maiquetía, así como en los aeropuertos administrados por la Empresa del Estado Bolivariana de Aeropuertos (BAER), S.A. *G.O.* N° 40.933 del 28-06-2016.

Comentarios Legislativos

COMENTARIOS A LA REFORMA DE 2015 DE LA LEY DEL BANCO CENTRAL DE VENEZUELA Y SU DEFENSA POR LA SALA CONSTITUCIONAL

José Ignacio Hernández G.

Profesor de Derecho Administrativo en la Universidad Central de Venezuela y la Universidad Católica Andrés Bello. Director del Centro de Estudios de Derecho Público de la Universidad Monteávila

Resumen: *La reforma de la Ley del Banco Central de Venezuela de 2015 limitó, todavía más, la autonomía del Banco Central, con el apoyo de la Sala Constitucional del Tribunal Supremo de Justicia.*

Abstract: *The Venezuelan Central Bank Law Reform, approved in 2015, violates –even more– the Central Bank autonomy, with the support of the Constitutional Chamber of the Supreme Tribunal.*

Palabras Clave: *Banco Central de Venezuela, política monetaria, Constitución económica.*

Key words: *Venezuelan Central Bank, monetary policy, Economic Constitution.*

I. INTRODUCCIÓN

Mediante el Decreto-Ley N° 2.179, publicado en la *Gaceta Oficial* N° 6.211 extraordinario de 30 de diciembre de 2015, fue reformada la Ley del Banco Central de Venezuela (LBCV). El Decreto-Ley se dictó en ejercicio de la Ley Habilitante 2015, motivada en la necesidad de adoptar medidas "antiimperialistas", con ocasión a la decisión del Gobierno de Estados Unidos de Norteamérica de declarar la "amenaza" respecto de ciertos funcionarios venezolanos[1].

Como ha sucedido en relación con otras Leyes Habilitantes, las motivaciones –genéricas por lo demás– que llevaron a promulgar la Ley Habilitante no condicionan el contenido de los Decretos-Leyes que son dictados.

El presente caso es un buen ejemplo: en el marco de una Ley Habilitante basada en un supuestas condiciones excepcionales dentro de las relaciones internacionales, se dictó la reforma de la LBCV, que es un asunto meramente doméstico.

El verdadero propósito de la reforma de la LBCV, sin embargo, puede derivarse de su contenido y del momento en el cual fue dictado. En cuanto a su contenido, básicamente la reforma se orientó a disminuir las facultades de control de la Asamblea Nacional sobre el

---

[1]   *Vid.*, Gerson J. Revanales. "Comentarios sobre la Orden Ejecutiva 13.692 del Presidente de los Estados Unidos de América de fecha 8 de marzo de 2015, sobre sanciones a funcionarios venezolanos (un expediente en defensa de la democracia)", en *Revista de Derecho Público N° 141*, Caracas, 2015.

Banco Central de Venezuela (BCV). En cuanto a su momento, el Decreto-Ley fue dictado después de la elección del 6 de diciembre de 2015, que otorgó a la coalición de oposición (Mesa de la Unidad Democrática) el control sobre las dos terceras partes de la Asamblea Nacional.

De lo anterior puede concluirse que el propósito plausible del Decreto-Ley N° 2.179 es reducir el control de la nueva Asamblea Nacional sobre el BCV, incrementando su dependencia al Gobierno. Por ello, además de menoscabar la autonomía del BCV, el Decreto-Ley puede ser considerado un caso de *desviación de poder,* pues la reforma pretendió reducir, injustificadamente, las atribuciones del Poder Legislativo.

Junto al análisis de esa reforma, este artículo estudiará también un episodio que puede considerarse único en nuestra historia constitucional. La nueva Asamblea Nacional sancionó una Ley de reforma del mencionado Decreto-Ley, que fue la primera Ley sancionada por la nueva Asamblea. La Ley, en realidad, se limitó a derogar las reformas implementadas mediante el Decreto-Ley N° 2.179, retomando el texto de la LBCV contenido en el Decreto-Ley dictado en 2014[2].

Por ello, en el fondo, la reforma introducida por la Asamblea era solo formal, en el sentido que, sustantivamente, esa Ley reprodujo el texto de la LBCV de 2014. Sin embargo, una vez que el Presidente de la República recibió el proyecto sancionado, sometió éste a la consideración de la Sala Constitucional, considerando que ese Proyecto violaba el Texto de 1999, tal y como declaró la Sala en sentencia N° 259/2016, de 31 de marzo. Para la Sala, la Ley aprobada por la Asamblea pretendía someter al BCV al control de la Asamblea Nacional, lo que resultaba contrario al Texto de 1999.

No solo la sentencia de la Sala Constitucional persiste en la desnaturalización de la autonomía del BCV reconocida en la Constitución. Además, la sentencia incurre en un manifiesto error: considerar que el propósito de la Ley aprobada por la Asamblea era someter al BCV a su control, cuando la Ley, en realidad, se limitó a reproducir el mismo texto de la LBCV contenida en el Decreto-Ley de 2014. Con lo cual, en realidad, la Sala declaró la inconstitucionalidad de normas contenidas en el Decreto-Ley de 2014, insólitamente, a solicitud del Presidente de la República, autor de dicho acto.

De allí que este breve artículo, además de reflexionar sobre el estado actual de la autonomía del BCV, introduce diversas críticas al desviado rol que la Sala Constitucional ejerce en relación con la Asamblea Nacional electa el 6 de diciembre de 2015, en lo que consideramos es una "tiranía" de la justicia constitucional.

II.   BREVES NOTAS SOBRE LA GÉNESIS DE LA AUTONOMÍA DEL BANCO CENTRAL DE VENEZUELA

La evolución institucional del BCV, desde su creación en 1939, alcanza un hito importante con la LBCV de 1992, que consagra la denominada "autonomía" del BCV. De una sociedad de capital mixto creada por el Estado, pasando por su configuración como empresa del Estado, el BCV había sido considerado un ente descentralizado integrado a la Administración Pública Nacional y, por ende, sujeto al control de ésta.

---

[2]   Publicado en la *Gaceta Oficial* N° 6.155 extraordinario de 19 de noviembre de 2014.

Tal visión cambió en 1992, cuando se reconoce, por vía legislativa, que el BCV es un ente autónomo respecto del Gobierno Nacional[3].

Esta "autonomía" tiene una dimensión jurídica y una justificación económica. La dimensión jurídica consiste en la supresión de todo control de tutela entre la Administración Nacional Central y el BCV, en lo que respecta al objeto básico de ese Instituto, como es el diseño y ejecución de la política monetaria. En cuanto a la dimensión económica, tal autonomía se justificó en la premisa según la cual la política monetaria no puede quedar subordinada a las directrices del Gobierno, en tanto esa subordinación genera condiciones institucionales que propician la inflación.

Esta autonomía fue reconocida, con matices, en la Constitución de 1999. Así, el artículo 318 de la Constitución reconoce la existencia del BCV, el cual es concebido como una "...*persona jurídica de derecho público con autonomía para la formulación y el ejercicio de las políticas de su competencia...*". El artículo 318 de la Constitución garantiza, de esa manera, la existencia de la institución del BCV, de suerte tal que los trazos conforme a los cuales el constituyente delineó tal figura, no podrían, al menos en teoría, ser luego obviadas por el Legislador. En especial, la garantía institucional opera respecto de la autonomía constitucionalmente declarada del BCV.

La Constitución no específico, sin embargo, respecto de quién opera esa autonomía. La respuesta se deduce, en todo caso, del artículo 320 de la Constitución, el cual dispone que en el ejercicio de sus funciones el BCV "...*no estará subordinado a directivas del Poder Ejecutivo y no podrá convalidar o financiar políticas fiscales deficitarias...*". El BCV es, por ende, autónomo frente al Poder Ejecutivo por así disponerlo el artículo 320 y, además, *autónomo respecto del resto de los órganos del Poder Público,* como manifestación del principio de separación de poderes recogido en el artículo 136.

Cabe advertir que hay en la Constitución de 1999 diversas normas que inciden negativamente sobre esa autonomía[4]. De cara al presente artículo, en todo caso, basta con insistir en esta premisa: la autonomía del BCV frente al Gobierno y la Administración Pública Nacional, es una institución constitucionalmente garantizada, que permite calificar al BCV como Administración independiente.

III. EL LARGO CAMINO HACIA LA DESNATURALIZACIÓN DE LA AUTONOMÍA DEL BANCO CENTRAL DE VENEZUELA

El nuevo régimen constitucional del BCV fue desarrollado en la Ley de 2001[5]. De acuerdo con su artículo 2, la autonomía alcanza a la formulación y el ejercicio de las políticas de su competencia, con lo cual, "*en el ejercicio de sus funciones, el Banco Central de Vene-*

---

[3] Sobre la génesis y evolución del BCV, con referencias a la legislación, doctrina y jurisprudencia venezolana, véanse nuestros anteriores trabajos, en colaboración con Carlos Hernández Delfino: "El Banco Central de Venezuela", en *El Derecho Administrativo venezolano en los umbrales del siglo XX. Libro homenaje al Manual de Derecho Administrativo de Eloy Lares Martínez,* Editorial Jurídica Venezolana-Universidad Monteávila, Caracas, 2006, pp. 287 y ss., y "Reflexiones sobre el régimen de la autonomía del Banco Central de Venezuela", en *Temas actuales de Derecho Bancario. Libro homenaje a la memoria del Dr. Oswaldo Padrón Amaré,* FUNEDA, Caracas, 2009, pp. 333 y ss.

[4] Para un mayor análisis de este punto, véanse los trabajos citados en la nota anterior.

[5] *Gaceta Oficial* N° 37.296 de 3 de octubre de 2001.

zuela no está subordinado a directrices del Poder Ejecutivo". Tales "funciones" aparecen descritas en el artículo 7, cuyo numeral 1 le atribuye la formulación y ejecución de la política monetaria, que constituye, de esa manera, el núcleo duro de la autonomía constitucionalmente garantizada del Banco Central.

Interesa destacar que en previsión de la disposición transitoria cuarta, apartado octavo de la Constitución, la Ley de 2001 reguló la composición de la máxima autoridad del BCV –el Directorio– asegurando su estabilidad y el control de la Asamblea Nacional en la designación de dos de los siete Directores.

Asimismo, según el artículo 36, la autonomía del BCV se protegió a través de la prohibición de *"acordar la convalidación o financiamiento monetario de políticas fiscales deficitarias"*. Nótese cómo, al igual que la Constitución, el Legislador aludió a dos términos diferentes: convalidación o financiamiento, lo que realza que también corresponde al Banco Central controlar la ejecución de políticas fiscales deficitarias por parte del Ejecutivo Nacional. De allí que tampoco pueda, conforme al numeral 2, otorgar créditos al Ejecutivo ni tampoco, en un sentido estricto, relajar la política monetaria para facilitar el financiamiento del Fisco, pues con ello estaría incumpliendo con su objeto.

En resumen, en la Ley de 2001 el **BCV quedó sometido al técnicas de control por parte de la Asamblea Nacional**, quien además debía controlar el cumplimiento razonable de sus objetivos y metas, so pena de acordar la destitución de su Directorio (artículo 27). Se observa que el control de la Asamblea Nacional debe interpretarse como garantía de la autonomía del BCV respecto del Gobierno, pero sin que ello pueda derivar en una indebida injerencia del Poder Legislativo sobre el BCV, pues tal injerencia violaría no tanto su autonomía –que insistimos, se predica solo respecto del Gobierno– sino el principio de separación de poderes. Retengamos esta conclusión, que será de provecho al analizar la reforma de la LBCV mediante el Decreto-Ley de 2015.

Ahora bien, desde el 2001, a través de diversas reformas legislativas, se ha modificado ese régimen, a fin de reducir la autonomía del BCV e incrementar su dependencia al Gobierno, en violación al estatuto constitucional del Instituto emisor. Aun cuando escapa de los límites de este artículo el análisis completo de esa evolución, sí interesa destacar sus trazos generales.

.- De tal manera, la *primera* reforma de la LBCV es de 2002[6], orientada básicamente a un aspecto puramente formal: el ejercicio fiscal del Instituto Emisor. Empero, la reforma dispuso que el BCV entregará las *utilidades* declaradas en el período –previa deducción de las reservas de Ley– a la Tesorería Nacional, cuyo cálculo se supeditó a las normas dictadas por la entonces Superintendencia de Bancos y Otras Instituciones Financieras. Con este régimen se abrió espacio para establecer el marco dentro del cual el BCV podría transferir recursos, sin contraprestación, al Ejecutivo Nacional, en violación a la Constitución.

.- La *segunda* reforma, de 2005[7], introduce dos modificaciones trascendentales: *(i)* la inclusión del concepto de *nivel adecuado de las reservas internacionales*, y *(ii)* la modificación del régimen de divisas aplicables a Petróleos de Venezuela, S.A. (PDVSA). Respecto a lo primero, la Disposición Transitoria Décima de la Ley dispuso la transferencia, por única vez, de las así llamadas "reservas excedentarias", a favor de un *Fondo* especial, para *"el financia-*

---

6   *Gaceta Oficial* N° 5.606 extraordinario de 18 de octubre de 2002.

7   *Gaceta Oficial* N° 38.232 de 20 de julio de 2005.

miento de proyectos de inversión en la economía real y en la educación y la salud; el mejoramiento del perfil y saldo de la deuda pública externa; así como, la atención de situaciones especiales y estratégicas", esto es, el Fondo de Desarrollo Nacional (FONDEN)[8].

En cuanto a lo segundo, se afectó la disposición del Instituto Emisor sobre las reservas internacionales al modificarse, sensiblemente, el régimen de las divisas *"que se obtengan por concepto de exportaciones de hidrocarburos, gaseosos y otras"*. A pesar de que el artículo 113 reformado preservó el principio que impone la venta obligatoria de esas divisas al BCV, el artículo dispuso que las divisas provenientes de la actividad llevada a cabo por PDVSA, serán administradas por ésta directamente, salvo las divisas que sean vendidas *"por las cantidades necesarias a los fines de atender los gastos operativos y de funcionamiento en el país de dicha empresa; y las contribuciones fiscales a las que está obligada"*. Se invirtió así la regla tradicional que imperaba hasta la Ley de 2001. Antes, PDVSA debía vender *todas* las divisas, salvo aquellas indispensables para gastos operativos; ahora, podrá administrar esas divisas, salvo aquellas vendidas para atender sus gastos en monedas de curso legal[9].

Estas dos medidas que la Ley de 2005 adoptó violaron el estatuto constitucional del BCV, por afectar sustancialmente a su autonomía e incidir negativamente sobre los principios del sistema económico. En efecto, a pesar de que la Ley de 2005 preserva en lo formal la autonomía del BCV, al modificar el concepto jurídico de reservas internacionales –excluyendo el grueso de las divisas generadas por PDVSA– se privó al Banco Central de una de las competencias que le corresponden dentro del diseño y ejecución de la política monetaria, a saber, la administración de esas reservas (artículo 318 constitucional).

Y además, la citada disposición transitoria obligó al Banco Central a "transferir" al Ejecutivo divisas, a fin de disponer la constitución del FONDEN. Ello, a pesar de que la Constitución prohíbe el financiamiento del BCV al Gobierno.

.- La *tercera* reforma es de 2009[10]. En este caso, las modificaciones estuvieron principalmente orientadas a dos aspectos. El primer aspecto reformado fue permitir –bajo ciertas condiciones– operaciones de descuento y redescuento incluso respecto a entes del Estado, así como la adquisición de títulos valores emitidos por PDVSA (artículos 48.8, 56 y 58), todo lo cual resulta contrario a su autonomía y al principio –inherente a ésta– según el cual el BCV no puede financiar al Gobierno.

El segundo aspecto reformado se relacionó con el concepto de "reservas excedentarias" y el régimen de disposición y ventas de divisas (artículo 113).

---

[8] En ejecución de esa norma se creó el Fondo de Desarrollo Nacional (FONDEN), como empresa pública mediante Decreto N° 3.854, *Gaceta Oficial* N° 38.261 de 30 de agosto de 2005. En general, *vid.* Manuel Rachadell. *Socialismo del Siglo XXI. Análisis de la Reforma Constitucional propuesta por el Presidente Chávez en agosto de 2007,* Editorial Jurídica Venezolana-FUNEDA, Caracas, 2007, pp. 56 y ss.

[9] Con el remanente de divisas, PDVSA realizará dos operaciones: *(i)* mantener fondos en divisas, con opinión favorable del BCV, a los efectos de cumplir con sus pagos operativos y de inversión en el exterior, y *(ii)* transferir *"mensualmente al Fondo que el Ejecutivo Nacional creará a los fines del financiamiento de proyectos de inversión en la economía real y en la educación y la salud; el mejoramiento del perfil y saldo de la deuda pública; así como, la atención de situaciones especiales y estratégicas"*. Es decir, la transferencia de recursos al FONDEN.

[10] *Gaceta Oficial* N° 39.301 de 6 de noviembre de 2009.

De esa manera, PDVSA solo debía vender al BCV las divisas "*necesarias a los fines de atender los gastos operativos y de funcionamiento en el país de dicha empresa; y las contribuciones fiscales a las que está obligada de conformidad con las leyes, por el monto estimado en la Ley de Presupuesto para el Ejercicio Fiscal de la República*".

Asimismo, se dispuso que el "*remanente de divisas*" será transferido "*mensualmente al Fondo que el Ejecutivo Nacional creará a los fines del financiamiento de proyectos de inversión en la economía real y en la educación y la salud; el mejoramiento del perfil y saldo de la deuda pública; así como, la atención de situaciones especiales y estratégicas*", esto es, al FONDEN.

Esta reforma formalizó la posibilidad del BCV de hacer "transferencias" de recursos al Ejecutivo Nacional, violando así la autonomía del Instituto emisor, al permitir el financiamiento al Gobierno.

.- La *cuarta* reforma, de 2010[11], avanzó en la desnaturalización de la autonomía del BCV, de acuerdo con el principio según el cual el BCV debe colaborar con el Ejecutivo Nacional en los objetivos superiores de la Nación conforme al principio de solidaridad (artículos 2, 5 y 101). Esta es la justificación formal de la coordinación entre el Gobierno Nacional y el BCV que, en realidad, implica la primacía de aquél sobre éste.

.- La *quinta* reforma de la LBCV se realizó en 2014 mediante Decreto-Ley[12]. La modificación del artículo 125 enfatizó la "transferencia" de recursos del BCV al FONDEN, empleando a tales efectos el concepto de "reservas excedentarias"[13].

Cabe acotar que reforma de la LBCV de 2005 fue cuestionada ante la Sala Constitucional, quien en sentencia N° 1115/2006 de 16 de noviembre, desestimó tal demanda. Para ello, la Sala "interpretó" el estatuto constitucional del BCV, negando, en la práctica, toda relevancia a su autonomía. Así, para la Sala, la autonomía del BCV –que no puede ser considerada de "independencia"– está limitada por la necesaria coordinación con las políticas económicas del Poder Ejecutivo, todo lo cual justifica la transferencia de recursos al FONDEN:

"Además, debe tenerse en consideración que la Constitución de la República Bolivariana de Venezuela fija que entre el Banco Central de Venezuela y el Ejecutivo una coordinación macroeconómica, que permita promover y defender la estabilidad económica, evitar la vulnerabilidad de la economía y velar por la estabilidad monetaria y de precios, para asegurar el bienestar social, por lo que aquellas divisas transferidas mensualmente al Fondo de Desarrollo Nacional, S.A. (FONDEN), si bien no son parte de las reservas internacionales en los términos antes expuestos –en la medida que no se encuentran a disposición y administración del Banco Central de Venezuela–, son activos externos del país, que igualmente deben responder en su manejo al logro de los objetivos superiores del Estado y la Nación y, particularmente, la promoción y defensa la estabilidad económica, evite la vulnerabilidad de la economía y velar por la estabilidad monetaria y de precios; mediante el financiamiento de pro-

---

[11]   *Gaceta Oficial* N° 39.419 de 7 de mayo de 2010.

[12]   Decreto N° 1.419, *mediante el cual se dicta el Decreto con Rango, Valor y Fuerza de Ley de Reforma Parcial de la Ley del Banco Central de Venezuela* (*Gaceta Oficial* N° 6.155 extraordinario de 19 de noviembre de 2014).

[13]   Según la reforma, el BCV, "*tomando en consideración la estimación del nivel adecuado de reservas internacionales operativas*", entre otras variables, "*transferirá al Fondo de Desarrollo Nacional (FONDEN), si fuere el caso, el excedente correspondiente*". La transferencia de recursos "*se hará mediante la acreditación del saldo correspondiente en una cuenta especial de depósito en moneda extranjera abierta a nombre del Fondo de Desarrollo Nacional (FONDEN)*".

yectos de inversión en la economía real, en la educación, salud y a la atención de situaciones especiales y estratégicas, así como el mejoramiento del perfil y saldo de la deuda pública, para asegurar el bienestar social".

El argumento que intenta esbozar la Sala Constitucional no considera que, de acuerdo con el sentido evidente de la autonomía del BCV constitucionalmente garantizada, éste no puede financiar al Poder Ejecutivo, siendo que la "transferencia" de recursos al FONDEN es, a no dudarlo, un mecanismo de financiamiento.

De este marco jurídico, que desnaturalizó la autonomía del BCV, han derivado nocivas consecuencias para la economía venezolana. De esa manera, violando la Constitución, el BCV ha financiado a PDVSA. Tal financiamiento, junto el opaco sistema de transferencia de recursos al FONDEN, han derivado en la subordinación de la política monetaria a las necesidades coyunturales del Gobierno, lo que permite explicar el notable incremento que la inflación ha tenido en Venezuela en los últimos años[14].

IV. EL INTENTO DEL DECRETO-LEY DE 2015 DE REDUCIR EL CONTROL DE LA ASAMBLEA NACIONAL SOBRE EL BANCO CENTRAL DE VENEZUELA Y LA RESPUESTA DE LA ASAMBLEA NACIONAL

La reforma de la LBCV de 2015, realizada mediante Decreto-Ley N° 2.179, puede resumirse en la eliminación de las facultades de control de la Asamblea Nacional. Esto fue evidente en la modificación de los artículos que permitían a la Asamblea controlar, designar y remover a miembros del Directorio del BCV (artículos 9, 15, 16, 17, 26 y 27). Con la reforma, esas decisiones corresponden exclusivamente al Poder Ejecutivo Nacional. Asimismo, en su artículo 37, se convalidó la competencia del BCV para financiar al Gobierno[15].

Esa modificación, además de alterar el régimen vigente desde 2001, desconocía las facultades de control que la Asamblea Nacional debe ejercer sobre el BCV, de acuerdo con el numeral 4 de la disposición transitoria cuarta de la Constitución. Ciertamente esos controles no pueden subordinar el BCV a la Asamblea Nacional, pero tampoco esos controles pueden reducirse –como se hizo con el Decreto comentado– al punto de hacer nugatorio el control que la Asamblea debe ejercer sobre el BCV como garantía de su autonomía frente al Poder Ejecutivo[16].

Ahora bien, la Asamblea Nacional optó por derogar tal Decreto-Ley, para retomar la redacción original de los artículos que habían sido reformados por éste, de acuerdo con su

---

[14] Véase el trabajo de Prodavinci de Daniel Raguá y Bárbara Lira, *El financiamiento del BCV a PDVSA y la inflación en Venezuela*, de 13 de septiembre de 2014, en http://prodavinci.com /blogs/el-financiamiento-del-bcv-a-pdvsa-y-la-inflacion-por-daniel-ragua-y-barbara-lira/. Igualmente, en Prodavinci, puede verse, de Víctor Salmerón, "¿Cuáles son las consecuencias de la reforma a la Ley del Banco Central?", en: http://prodavinci.com/blogs/cuales-son-las-consecuencias-de-la-reforma-a-la-ley-del-banco-central-por-victor-salmeron/.

[15] De acuerdo con el numeral 2 de esa norma, excepcionalmente el BCV *"podrá obtener, otorgar o financiar créditos al Estado y entidades públicas o privadas, cuando objetivamente exista amenaza interna o externa a la seguridad u otro perjuicio al interés público, que calificará el Presidente o Presidenta de la República mediante Informe confidencial; o en aquellos casos en que hayan sido aprobados de forma unánime por los miembros del Directorio"*.

[16] Véase, de Anabella Abadi, "Éstas son 10 de las principales modificaciones a la Ley del BCV", en Prodavinci: http://prodavinci.com/blogs/estas-son-10-de-las-principales-modificaciones-la-ley-del-bcv-por-anabella-abadi-m/.

redacción de 2014. Tal fue el contenido de la Ley de Reforma del Decreto-Ley N° 2.179, sancionada por la Asamblea en marzo de 2016: restablecer el régimen legal del BCV de 2014 y, con él, los tradicionales controles del Poder Legislativo sobre el BCV.

V. LA DECISIÓN DE LA SALA CONSTITUCIONAL EN DEFENSA DEL DECRETO-LEY DE 2015

El 17 de marzo de 2016 el Presidente de la República –a quien la Asamblea había remitido la LBCV sancionada para su promulgación– solicitó a la Sala Constitucional que se pronunciara sobre la inconstitucionalidad de esa Ley, considerando –en resumen– que a través de esa Ley la Asamblea pretendía controlar políticamente al BCV.

El argumento, además de carecer de fundamento, resulta paradójico, si recordamos que la LBNCV cuya inconstitucionalidad denunció el Presidente, se limitó a repetir las normas del Decreto-Ley dictado, por el propio Presidente, en 2014. Es decir, que en realidad, el Presidente solicitó a la Sala Constitucional que declarara la inconstitucionalidad de las normas por él dictadas en el 2014.

La Sala Constitucional estimó en su totalidad los argumentos del Presidente de la República, considerando que, en efecto, la LBCV sancionada por la Asamblea sometía al BCV al control político de ésta. Así, en sentencia N° 259/2016, de 31 de marzo, la Sala Constitucional consideró que:

> "De la simple comparación entre la normativa vigente y la reforma recientemente sancionada por la Asamblea Nacional se constata que la modificación planteada supone la participación del Órgano Legislativo Nacional en el proceso de designación del Presidente del Banco Central de Venezuela, a efectos de ejercer control político sobre la misma, a través de la figura de la ratificación, situación que, como ya se señaló, resulta contraria a lo previsto en el cardinal octavo de la Disposición Transitoria Cuarta de la Constitución".

Para afirmar esa conclusión, la Sala reiteró el desnaturalizado concepto de autonomía, considerando que, aun cuando el BCV debe ser autónomo, al mismo tiempo, debe coordinar sus políticas con el Poder Ejecutivo, incluso, sometiéndose al Plan de Desarrollo, o "Plan de la Patria". Para la Sala, el BCV debe actuar *bajo* la coordinación del Poder Ejecutivo, lo que excluye su sometimiento a la *mayoría* de la Asamblea Nacional:

> "Del examen del contenido de las normas reformadas, resulta evidente que el propósito de la Ley de Reforma Parcial del Decreto N° 2.179 con Rango, Valor y Fuerza de Ley de Reforma Parcial de la Ley del Banco Central de Venezuela, es la de asegurar, por parte de la mayoría parlamentaria de la Asamblea Nacional, el control político del Instituto Emisor, lo cual riñe con los fines constitucionalmente previstos en los artículos 318 y 319 del Texto Fundamental e implican, como ya fue establecido, una contravención al mandato que la Constitución le impone al legislador en el cardinal octavo de la Disposición Transitoria Cuarta *ejusdem*. Por ello, la ley objeto del presente control preventivo de constitucionalidad está incursa en el vicio de desviación de poder; y así se declara".

La falsedad del argumento empleado por la Sala Constitucional al declarar la desviación de poder de la LBCV sancionada por la Asamblea se evidencia por un hecho silenciado por la sentencia: el propósito de esa Ley fue, simplemente, reiterar la vigencia de la LBCV contenida en el Decreto-Ley de 2014. Tal argumento hubiese bastado no solo para negar la inconstitucionalidad denunciada, sino además, para considerar que no podía haber, en este caso, desviación de poder.

Esta sentencia, por ello, debe interpretarse dentro del intento iniciado por la Sala Constitucional en 2016 de desconocer, de *facto,* a la Asamblea Nacional electa el 6 de diciembre de 2015, imponiendo así –en ejercicio abusivo de sus atribuciones– decisiones que bien pueden calificarse de *tiranía,* es decir, decisiones que no responden ni a la fundamentación democrática del sistema republicano, ni al recto ejercicio de las atribuciones asociadas al control judicial de la Constitución.

Para imponer su voluntad sobre las decisiones de la Asamblea, la Sala Constitucional, en todo caso, reiteró la desnaturalización de la autonomía del BCV, cuya inconstitucional subordinación al Gobierno quedó ratificada en el Decreto-Ley de 2015.

BREVE NOTA SOBRE LA PROPIEDAD PRIVADA DE LAS VIVIENDAS DE LA GRAN MISIÓN VIVIENDA VENEZUELA?

José Ignacio Hernández G.

*Profesor de Derecho Administrativo en la Universidad Central de Venezuela
y la Universidad Católica Andrés Bello
Director del Centro de Estudios de Derecho Público de la Universidad Monteávila*

Resumen: *La Asamblea Nacional aprobó una Ley cuyo principal propósito era reconocer la propiedad privada sobre las viviendas entregadas por el Gobierno. La Sala Constitucional, sin embargo, consideró que reconocer la propiedad privada sobre la vivienda violada el derecho a una vivienda justa.*

Abstract: *The National Assembly approved a Law which main purpose was to recognize the private property over the houses built by the Government. However, the Constitutional Chamber declared that the private property over the houses provided by the Government was contrary to the right to a fair house.*

Palabras Clave: *Derecho a una vivienda justa, propiedad privada.*

Key words: *Right to a fair house; private property.*

I

La *Ley de Otorgamiento de Títulos de Propiedad a Beneficiarios de la Gran Misión Vivienda Venezuela* (GMVV) generó, muy tempranamente, algunas críticas desde el Gobierno.

Así, se señaló que esa Ley pretende derogar el programa de la GMVV, lo cual violaría el derecho a una vivienda digna reconocido en el artículo 82 constitucional.

Asimismo, se señaló que la propiedad sobre las viviendas es una "propiedad social" que no está sujeta al Derecho Mercantil.

II

Para poder comprender mejor el alcance de la citada Ley, cabe recordar algunas nociones básicas sobre la propiedad. Así, la propiedad está definida en el artículo 545 del Código Civil de la siguiente manera: *"la propiedad es el derecho de usar, gozar y disponer de una cosa de manera exclusiva, con las restricciones y obligaciones establecidas por la Ley"*. Se trata del mismo concepto que se reconoce en el artículo 115 de la Constitución.

Como se sabe, la propiedad se conoce como el *"pleno poder sobre un bien"*, pues el propietario, autónomamente y de manera exclusiva, puede decidir cómo usar el bien, cómo beneficiarse del bien y cómo disponer del bien, por ejemplo, vendiéndolo.

En tal sentido, cabe apuntar que hay solo dos tipos de propiedad, como claramente señala el artículo 538 del Código Civil: la *propiedad pública*, que es aquella que pertenece al Estado, y la *propiedad privada*, que es la que pertenece a los particulares.

La propiedad privada debe ser analizada, en este sentido, como una manifestación de la libertad general del ciudadano. Esto quiere decir que el fundamento de la propiedad privada es la libertad del ciudadano: sin libertad no hay propiedad, y sin propiedad no hay libertas.

Se trata de dos categorías que no admiten un término medio. Son embargo, en el marco del modelo socialista se ha intentado un proceso de "deconstrucción jurídica de la propiedad", al crearse "nuevos" tipos de propiedad que pretenden presentarse como una categoría distinta a la propiedad privada y la propiedad pública.

Esto es lo que sucede, precisamente, con la propiedad social, que pretende presentarse como una forma de propiedad alternativa a la propiedad pública y a la propiedad privada.

De conformidad con el numeral 15 del artículo 6 de la Ley Orgánica del Sistema Económico Comunal, la propiedad social es el derecho de *"poseer medios y factores de producción"* que *"por condición y naturaleza propia son del dominio del Estado"*.

Como puede verse, la llamada propiedad social es, en realidad, un simple derecho de posesión, o sea, el derecho de poseer o usar un bien, pero no de disponer y de gozar de tal bien.

Además, el dominio de la propiedad social pertenece al Estado. Esto significa que es el Estado –y no el ciudadano– el que contrala efectivamente a la propiedad social, con lo cual, se trata en realidad de una propiedad pública.

Asimismo, el Decreto-Ley, la *Ley del Régimen de Propiedad de las Viviendas de la Gran Misión Vivienda Venezuela* pretende crear un nuevo tipo de propiedad. Como su nombre lo indica, ese Decreto-Ley regula las formas de propiedad bajo la GMVV.

El artículo 9 del Decreto-Ley crea un tipo de especial de propiedad sobre las viviendas, llamada "propiedad familiar". Según la norma, la propiedad familiar es *"el derecho sobre la vivienda destinada única y exclusivamente al uso, goce, disfrute y disposición, por parte de la Unidad Familiar, en los términos, condiciones y limitaciones establecidos en el Decreto con Rango, Valor y Fuerza de Ley Orgánica de Emergencia para Terrenos y Vivienda, el presente Decreto con Rango, Valor y Fuerza de Ley, su reglamento y el Contrato de propiedad respectivo"*.

A su vez, el Decreto-Ley crea la *"propiedad multifamiliar"*, como el derecho sobre el terreno, inmuebles, y las áreas de uso y disfrute común (artículo 10).

Ahora bien, ese concepto de "propiedad familiar" pretende crear un nuevo tipo de propiedad. Pero ya expliqué que, en realidad, solo hay dos tipos de propiedad: la propiedad privada y la propiedad privada.

¿Es la propiedad familiar una propiedad privada? La respuesta es negativa, pues falta en el citado artículo 9 del Decreto-Ley el elemento característico de esa propiedad: el pleno dominio sobre la vivienda.

Así, el uso, goce y disposición de las viviendas solo puede efectuarse de acuerdo con el Decreto-Ley y las disposiciones que dicte el Gobierno, el cual ha regulado, recientemente, un sistema especial de registro, a través de la Resolución *mediante la cual se dictan las Normas para la Protocolización de Documentos en el Marco de la Gran Misión Vivienda Venezuela* (*Gaceta Oficial* N° 40.838 de 28 de enero de 2016).

Es clara la intención de otorgarle, a la propiedad familiar, un tratamiento distinto a la propiedad privada. Tan es así que el registro de esa propiedad se reguló de manera especial.

Y entonces, si las viviendas no son propiedad privada de los beneficiarios de la GMVV, ¿quién es el propietario de tales bienes? Como expliqué, la propiedad reconocida sobre viviendas de la GMVV no es propiedad privada, pues falta el atributo del dominio pleno sobre esas viviendas. Y como solo hay dos tipos de propiedad, entonces, parece claro que la propiedad sobre las viviendas de la GMVV es una propiedad pública, correspondiéndole al ciudadano, únicamente, el uso de esas viviendas.

III

La Sala Constitucional, en sentencia de 6 de mayo de 2016, y en ejercicio del control previo de la constitucionalidad, declaró que la *Ley de Otorgamiento de Títulos de Propiedad a Beneficiarios de la Gran Misión Venezuela y Otros Programas Habitacionales del Sector Público* era inconstitucional.

Lo destacable de esa sentencia es que, en el fondo, la Sala consideró que el reconocimiento del derecho de propiedad sobre las viviendas era violatorio al derecho constitucional a la vivienda, previsto en el artículo 82 del Texto de 1999.

Así, según la sentencia, *"el otorgamiento de títulos de propiedad sobre las unidades de vivienda adjudicadas dentro del marco de las políticas sociales del Estado, solo puede darse mediante un sistema que rigurosamente garantice que las familias no puedan verse privadas del ejercicio del derecho a la vivienda por la disposición del derecho a la propiedad con fines distintos al que está ligado el bien inmueble"*.

El argumento es altamente contradictorio. Para la Sala Constitucional reconocer la propiedad privada sobre la vivienda puede restringir el ejercicio del derecho a la vivienda. Es decir: si se otorga la propiedad sobre la vivienda, se estaría privando el derecho sobre la vivienda.

Es importante advertir que la Sala no condiciona su razonamiento a las formas de adquisición de la propiedad. Es decir, lo inconstitucional no es que esa adquisición se realice gratuitamente o que se condicione al pago de un precio. Lo inconstitucional, en realidad, es la adjudicación en sí.

El argumento según el cual es inconstitucional reconocer el derecho de propiedad sobre la vivienda es complementado por la Sala Constitucional al señalar que es inconstitucional que las familias puedan disponer de las viviendas asignadas por el Estado.

Incluso, la Sala llega a objetar que las familias puedan vender la vivienda para *"apalancar el patrimonio familiar y el emprendimiento"*. Es decir, que es inconstitucional que las familias puedan, sobre la base de la vivienda que le ha sido asignada, apalancar su patrimonio familiar.

No estamos ante valoraciones constitucionales sino ante un juicio que me atrevo de calificar de moral. La Sala Constitucional considera que el derecho a la vivienda no puede implicar el reconocimiento de la propiedad privada sobre la vivienda, pues ello permitiría que las familias beneficiarias de la vivienda puedan hacer crecer su patrimonio.

Pareciera así que para la Sala es inconstitucional que las familias aspiren a salir de la pobreza empleando para ello la vivienda que le ha sido asignada y su propio emprendimiento.

Ahora bien, si el derecho a la vivienda no incluye el derecho de propiedad *sobre* la vivienda, solo cabe una posibilidad: que ese derecho se limite al *uso* sobre la vivienda. Precisamente, esa es la naturaleza del "derecho" que reconocen las Leyes especiales sobre la propiedad de las viviendas de la Gran Misión Vivienda Venezuela.

Por ello, según la Sala Constitucional, las familias sólo tienen derecho a "usar" la vivienda que le asigna el Estado, todo lo cual crea un vinculo de dependencia con el Estado que abre las puertas al abuso de poder, al clientelismo y a la corrupción.

COMENTARIOS AL DECRETO Nº 2.309 DE 2 DE MAYO DE 2016: LA INCONSTITUCIONAL "RESTRICCIÓN" IMPUESTA POR EL PRESIDENTE DE LA REPÚBLICA, RESPECTO DE LA POTESTAD DE LA ASAMBLEA NACIONAL APROBAR VOTOS DE CENSURA CONTRA LOS MINISTROS

Allan R. Brewer-Carías

Director de la Revista

Resumen: *Este estudio tiene por objeto analizar los vicios de inconstitucionalidad del Decreto Nº 2.309 de 2 de mayo de 2016, dictado por el Presidente de la república, supuestamente con fundamento en la Ley Orgánica de los Estados de Excepción, restringiendo y suspendiendo sin potestad alguna para ello, los poderes constitucional de la Asamblea Nacional de aprobar votos de censura contra los Ministros.*

Palabras Clave: *Estados de Excepción. Asamblea Nacional. Votos de censura. Ministros.*

Abstract: *This article analyses the unconstitutionality vices that affects the Decree Nº 2.309 issued by the President of the Republic on May 2, 2016, supposedly base don the provisions of the Organic Law on the States of Emergency, through which it has suspended and restricted the constitutional powers of the National Assembly to approve Votes of censorship to the Ministers*

Key words: *States of Exception. National Assembly. Censorship Votes. Cabinet Ministers.*

El medio del conflicto político entre la Sala Constitucional del Tribunal Supremo de Justicia y la Asamblea Nacional, en el cual la primera ha cercenado las competencias constitucionales de la segunda, el Presidente de la República dictó el Decreto Nº 2.309 de 2 de mayo de 2016,[1] mediante el cual pretendió "restriñir y suspender" la potestad constitucional de la Asamblea Nacional de aprobar votos de censura contra los Ministros, cuando lo juzgue políticamente oportuno y conveniente, a su exclusivo juicio; irrumpiendo así contra la Constitución, y dando otro golpe de Estado contra la Asamblea Nacional.

Dicho acto presidencial es absolutamente nulo e ineficaz, en los términos del artículo 138 de la Constitución, por estar viciado de usurpación de autoridad. Con este acto, después

---

[1] Véase en *Gaceta Oficial* Extra. Nº 6225 de 2 de mayo de 2016. Véase los comentarios a dicho decreto en Allan R. Brewer-Carías, "La inconstitucional "restricción" impuesta por el Presidente de la República a la Asamblea Nacional para aprobar votos de censura contra los ministros" 8 de mayo de 2016, en http://www.allanbrewercarias.com/Content/449725d9-f1cb-474b-8ab2-41efb849 fea3/Content/BREWER.%20INCONSTITUCIONAL%20RESTRICCI%C3%93N%20CENSURA% 20ASAMBLEA%20A%20MINISTROS%208.5.2016.pdf.

de que el Tribunal Supremo como antes hemos analizado, le negó a la Asamblea Nacional el poder ejercer autónomamente el control político en relación con las actuaciones del Gobierno y de la Administración Pública, ahora fue el Poder Ejecutivo Nacional el que directamente arremetió contra la Asamblea en forma totalmente inconstitucional.

En efecto, entre las competencias constitucionales de la Asamblea Nacional, que permiten considerar el sistema de gobierno en Venezuela contrariamente a lo afirmado por la Sala Constitucional, como un sistema presidencial "con sujeción parlamentaria,"[2] está la atribución establecida en el artículo 187.10 de la Constitución que le asigna el poder de:

"10. Dar voto de censura al Vicepresidente Ejecutivo o Vicepresidenta Ejecutiva y a los Ministros o Ministras. La moción de censura sólo podrá ser discutida dos días después de presentada a la Asamblea, la cual podrá decidir, por las tres quintas partes de los diputados o diputadas, que el voto de censura implica la destitución del Vicepresidente Ejecutivo o Vicepresidenta Ejecutiva o del Ministro o Ministra."

La consecuencia de la aprobación de un voto de censura a los altos funcionarios del Poder Ejecutivo, como manifestación del control político que a la Asamblea corresponde ejercer sobre los mismos, está establecida en la misma Constitución según que la censura se apruebe en relación con el Vicepresidente Ejecutivo o con los Ministros, en la siguiente

Artículo 240. La aprobación de una moción de censura al Vicepresidente Ejecutivo o Vicepresidenta Ejecutiva, por una votación no menor de las tres quintas partes de los integrantes de la Asamblea Nacional, implica su remoción. El funcionario removido o funcionaria removida no podrá optar al cargo de Vicepresidente Ejecutivo o Vicepresidenta Ejecutiva, o de Ministro o Ministra por el resto del período presidencial.

Artículo 246. La aprobación de una moción de censura a un Ministro o Ministra por una votación no menor de las tres quintas partes de los o las integrantes presentes de la Asamblea Nacional, implica su remoción. El funcionario removido o funcionaria removida no podrá optar al cargo de Ministro o Ministra, ni de Vicepresidente Ejecutivo o Vicepresidenta Ejecutiva por el resto del período presidencial.

Y más nada dispone la Constitución. Estas son las normas que regulan esta competencia que es esencialmente de carácter político para ser ejercida por un órgano que es esencialmente político, y que pone en funcionamiento el ejercicio de un control político por parte de la mayoría que controla políticamente a la Asamblea Nacional en relación con la ejecución de las políticas públicas por parte del Poder Ejecutivo.

En uso de estas atribuciones, la Asamblea Nacional, luego de los debates correspondientes, aprobó un Acuerdo[3] mediante el cual dio un Voto de Censura al Ministro para la Alimen-

---

[2] Contrariamente a lo que recientemente comenzó a afirmar la Sala Constitucional, en el sentido de que Venezuela tendría un sistema "*fundamentalmente presidencialista de gobierno*" o un "*sistema cardinalmente presidencial de gobierno.*" Véase la sentencia N° 269 de 21 de abril de 2016, en http://historico.tsj.gob.ve/decisio-nes/scon/abril/187363-269-21416-2016-11-0373.HTML Véase sobre el sistema de gobierno en Venezuela, Allan R. Brewer-Carías, "El sistema presidencial de gobierno en la Constitución de Venezuela de 1999," en el libro: *Estudios sobre el Estado constitucional (2005-2006),* Cuadernos de la Cátedra Fundacional Allan R. Brewer-Carías de Derecho Público, Universidad Católica del Táchira, N° 9, Editorial Jurídica Venezolana, Caracas, 2007, pp. 475-624

[3] Véase "Asamblea aprueba voto de censura al ministro de Alimentación Marco Torres," en *El Universal,* 28 de abril de 2016, en http://www.eluniversal.com/noticias/politica/asamblea-aprueba-voto-censura-ministro-alimentacion-marco-torres_307078 Véase igualmente en: http://m.pano-rama.com. ve/politicayeconomia/AN-debate-voto-de-censura-a-ministro-de-Alimentacion-Rodolfo-Marco-Torre -20160428-0027.html.

tación, Marco Torres, por su incomparecencia ante la Asamblea para ser interpelado y oído, lo "que fue considerado por el órgano legislativo como una renuencia del Gobierno a explicar la situación de escasez de alimentos en el país." Como lo explicó el Presidente de la Asamblea Nacional: "hubiese sido preferido escuchar al ministro Marco Torres, quien había sido citado por la Cámara para que viniera a la sesión de este jueves, pero tampoco se presentó." Luego de explicar que la invitación al funcionario le fue enviada también al vicepresidente de la República, Aristóbulo Istúriz, dijo: "Hemos cumplido estrictamente con el dispositivo constitucional; hubiésemos querido escuchar la exposición del ministro Marco Torres sobre la crisis alimentaria."[4]

La reacción del gobierno fue inmediata en contra de la Asamblea Nacional. El mismo día 28 de abril, el Presidente de la República expresó desconociendo la Constitución, que "Al ministro de Alimentación no lo remueve nadie,"[5] rechazando el Voto de Censura contra el mismo,[6] expresando entre otras cosas que:

> "Esa decisión es írrita y nula, y como írrita y nula no existe, así de sencillo. Le digo al señor Ramos Allup, al ministro no lo remueve nadie. Acate la sentencia del TSJ," agregando además que:

> "La Asamblea Nacional debe acatar en todas sus partes, la sentencia del TSJ y sencillamente ellos han declarado abiertamente que no la van a acatar, y estamos en el marco de una emergencia económica, esos artículos de la Constitución, vamos a revisar para sacar un decreto en el marco del decreto vigente, constitucional, que emití desde el mes de enero, para dejar sin efecto constitucionalmente mientras dure la emergencia económica, cualquier sabotaje que haga la Asamblea Nacional contra cualquier ministro, institución u órgano del poder popular, vamos a sacar un decreto especial de emergencia, mañana mismo."[7]

Estas primeras apreciaciones sobre la supuesta incompatibilidad del ejercicio del control político por parte de la Asamblea Nacional, el supuesto "desacato" por la misma de la sentencia de la Sala Constitucional N° 9 del 1° de marzo de 2016 dictada con ocasión de un "*Recurso de interpretación" abstracta de los artículos 136, 222, 223 y 265 la Constitución* intentado por un grupo de ciudadanos,[8] que había restringido" la forma de citar a los Ministros para interpelarlos,[9] fueron complementadas por el propio Presidente de la República al día siguiente 29 de abril, en particular en cuanto a su determinación de proceder a "revisar" [¿reformar? ¿reformular? ¿modificar?] los artículos de la Constitución y mediante decreto

---

4   *Ídem.*

5   Véase en http://www.eluniversal.com/noticias/politica/maduro-rechaza-voto-censura-ministro-alimentacion-marco-torres_307192.

6   Véase en http://notiexpresscolor.com/maduro-ministro-no-lo-remueve-nadie/.

7   *Ídem.*

8   Véase en http://historico.tsj.gob.ve/decisiones/scon/marzo/185627-09-1316-2016-16-0153.HTML Véase los comentarios en Allan R. Brewer-Carías, "El ataque de la Sala Constitucional contra la Asamblea Nacional y su necesaria e ineludible reacción. De cómo la Sala Constitucional del Tribunal Supremo pretendió privar a la Asamblea Nacional de sus poderes constitucionales para controlar sus propios actos, y reducir inconstitucionalmente sus potestades de control político sobre el gobierno y la administración pública; y la reacción de la Asamblea Nacional contra la sentencia N° 9 de 1-3-2016," en http://www.allanbrewercarias.com/Con-tent/449725d9-f1cb-474b-8ab2-41efb849fea3/Content/Brewer.%20El%20ataque%20Sala%20Constitucional%20v.%20Asamblea%20Nacional.%20SentNo.%209%201-3-2016).pdf.

9   *Ídem.*

ejecutivo dejar "sin efecto las potestades constitucionales de la Asamblea Nacional.[10] Anunció, en efecto el Presidente de la República, que:

"promulgará un decreto para "dejar sin efecto" cualquier "sabotaje" que realice el Parlamento contra "cualquier ministro u órgano del poder popular" en referencia a la moción de censura aprobada contra el ministro de Alimentación.

"Esos artículos de la Constitución vamos a revisarlos para sacar un decreto para dejar sin efecto constitucionalmente, mientras dure la emergencia económica, cualquier sabotaje que haga la Asamblea contra cualquier ministro, institución u órgano del poder popular," dijo Maduro en un acto desde la Refinería de Puerto La Cruz, estado Anzoátegui.

"Mañana mismo vamos a sacarlo porque no nos podemos calar un sabotaje."[11]

Y efectivamente en la prensa del 4 de mayo se reseñó en los medios de comunicación que el Presidente de la República había distado un decreto que "resta poderes a la Asamblea Nacional de Venezuela,"[12] es decir, para:

"restringir y diferir las mociones de censura que se hagan desde el Parlamento de mayoría opositora contra sus ministros que tienen como consecuencia la remoción del cargo de los funcionarios, según la Constitución."

En el decreto hecho público se indica que esta decisión del Gobierno tendrá validez "hasta tanto cesen los efectos del Decreto de Emergencia Económica dictado por el presidente" con el objetivo de "garantizar la continuidad en la ejecución de las medidas económicas de emergencia."[13]

La decisión del Poder Ejecutivo se conoció el 5 de mayo de 2016, cuando apareció en *Gaceta Oficial Extraordinaria* Nº 6225 del 2 de mayo de 2016, el Decreto Nº 2309 de 2 de mayo de 2016,[14] en el cual el ejercicio de esta potestad constitucional de control político atribuida al órgano que ejerce la representación popular de poder declarar Voto de censura a los Ministros, simple e insólitamente fue *"restringida y suspendida"* por el Jefe del Poder Ejecutivo, que es el órgano controlado, es decir, por el Presidente de la República cuyos subalternos (Vicepresidente Ejecutivo y Ministros son los controlados y controlables por la Asamblea) violando descaradamente la Constitución y el principio de la separación de poderes que impone la autonomía e independencia de los Poderes Públicos que garantiza su artículo 136,[15] por supuesto, sin que el Presidente de la República tuviera competencia constitucional ni legal alguna para ello.

---

[10]   Véase: "Maduro promulgará decreto para "dejar sin efecto" decisiones del Parlamento," en Diario Las Américas, 29 de abril de 2016, en http://www.diariolasame-ricas.com/4848_venezuela/3782331_maduro-promulgara-decreto-dejar-efecto-decisiones-del-parlamento.html.

[11]   *Ídem.*

[12]   Véase "Decreto de Maduro resta poderes a la Asamblea Nacional de Venezuela," 4 de mayo de 2016, en http://noticias.terra.com/decreto-de-maduro-resta-poderes-a-la-asamblea-nacional-de-vene zuelab9ab08070bf18b140ca4e473ca4bbbaekpx40avv.html.

[13]   *Ídem.*

[14]   Véase en *Gaceta Oficial* Extraordinaria Nº 6225 de 2 de mayo de 2016.

[15]   **Artículo 136.** El Poder Público se distribuye entre el Poder Municipal, el Poder Estadal y el Poder Nacional. El Poder Público Nacional se divide en Legislativo, Ejecutivo, Judicial, Ciudadano y Electoral. / Cada una de las ramas del Poder Público tiene sus funciones propias, pero los órganos a los que incumbe su ejercicio colaborarán entre sí en la realización de los fines del Estado.

1. *Un decreto ineficaz y nulo por estar viciado de incompetencia manifiesta por usurpación de autoridad y usurpación de funciones*

El decreto N° 2309 de 2 de mayo de 2016, en efecto, debe señalarse que de entrada fue dictado en violación de los artículos 137[16] y 236.24 de la Constitución. El primero dispone que la "Constitución y la ley definen las atribuciones de los órganos que ejercen el Poder Público, *a las cuales deben sujetarse las actividades que realicen*"; y el segundo dispone que el Presidente de la República solo puede ejercer las competencias *"que le señalen esta Constitución y la ley."*

Basta leer la Constitución para constatar que ninguna norma constitucional autoriza al Presidente de la República para en forma alguna "restringir" las potestades constitucionales de la Asamblea Nacional y menos "suspenderlas." Por ello, como se dijo, el decreto, de entrada, es totalmente ineficaz y nulo por estar viciado de usurpación de autoridad conforme a lo establecido en el artículo 138 de la Constitución. Como lo ha observado José Ignacio Hernández al argumentar sobre las razones por las cuales el Presidente de la República no podía dictar el Decreto mencionado:

"La primera razón es muy obvia: el Presidente no puede, ni siquiera en un estado de excepción, restringir y diferir la aplicación de la Constitución. Así lo dispone el Artículo 7 de esa Constitución: los Poderes Públicos se someten a la Constitución, pero no lo contrario, que es lo que pretende el Decreto.

La segunda razón es que el Presidente de la República no puede prohibirle a la Asamblea Nacional el ejercicio de una competencia propia del Poder Legislativo. Para eso existe el principio de separación de poderes, que es una garantía básica de la libertad para prevenir el abuso de poder y el despotismo.

Por último, el Poder Ejecutivo no puede impedir que la Asamblea Nacional lo controle, incluso, acordando votos de censura. El sujeto controlado no puede limitar la conducta del sujeto que controla."[17]

---

[16]   *Artículo 137.* "Esta Constitución y la ley definen las atribuciones de los órganos que ejercen el Poder Público, a las cuales deben sujetarse las actividades que realicen."

[17]   Véase José Ignacio Hernández, "¿Ahora la AN no podrá dictar votos de censura?, en *Prodavinci*, 4 de mayo de 2016, en http://prodavinci.com/blogs/ahora-la-an-no-podra-dictar-votos-de-censura-por-jose-ignacio-hernandez-g/ En el mismo sentido la Organización Acceso a la Justicia explicó que "el decreto presidencial persigue prohibir el ejercicio legítimo de las competencias de la Asamblea Nacional previstas en la Carta Fundamental del país, con la excusa de la vigencia del estado de emergencia económica. / Es importante señalar que un estado de excepción no significa que el Presidente de la República pueda suspender las normas del texto constitucional y socavar los cimientos del Estado de derecho y democrático, y más aún cuando dicha emergencia económica (declarada en todo el territorio nacional) y su prórroga fueron dictadas sin cumplir con las exigencias para su procedencia, como ya fue advertido por Acceso a la justicia. / Por otro lado, interesa dejar claro que la declaratoria del estado de excepción no es aval para cometer arbitrariedades y actuar por encima de los preceptos de la Constitución, en este caso, interfiriendo de manera caprichosa en las competencias del Poder Legislativo, especialmente para impedir que dicte votos de censura contra los funcionarios que están sujetos a su control parlamentario, y de esta manera crear una inmunidad política al Vicepresidente Ejecutivo y a los ministros." Véase "El Presidente prohíbe que la AN dicte votos de censura: "Algo huele mal en Dinamarca," en *Acceso a la Justicia, Observatorio Venezolano de la Justicia*, 10 de mayo de 2016, en http://www.accesoalajusticia.org/wp/infojus-ticia/noticias/el-presidente-prohibe-que-la-an-dicte-votos-de-censura-algo-huele-mal-en-dinamar.

El vicio de incompetencia manifiesta del Decreto, además, se evidenció de su propio texto, en particular de la supuesta "base legal" que se buscó para "fundamentarlo," es decir, las normas que se citaron en su propio texto y en cuyo supuesto ejercicio se dictó, que fueron por lo que respecta a normas constitucionales, los numerales 3,[18] 7,[19] 16[20] y 20[21] del artículo 236 de la Constitución que enumera las atribuciones del Presidente. Todo ello fue por supuesto descaradamente falso, pues ninguna de esas normas (basta leer su texto) asignan competencia alguna al Presidente de la República como Jefe del Poder Ejecutivo, para restringir o suspender las atribuciones constitucionales de la Asamblea Nacional.

La otra norma legal en la cual supuestamente se basó el Presidente para dictar el Decreto restringiendo y suspendiendo las atribuciones constitucionales de la Asamblea es el artículo 15 de la Ley Orgánica sobre los Estados de Excepción, en la cual se dispone que:

> *"Artículo 15.* El Presidente de la República, en Consejo de Ministros, tendrá las siguientes facultades: a) Dictar todas las medidas que estime convenientes en aquellas circunstancias que afecten gravemente la seguridad de la Nación, de sus ciudadanos y ciudadanas o de sus instituciones, de conformidad con los artículos 337, 338 y 339 de la Constitución de la República Bolivariana de Venezuela. b) Dictar medidas de orden social, económico, político o ecológico cuando resulten insuficientes las facultades de las cuales disponen ordinariamente los órganos del Poder Público para hacer frente a tales hechos."

Dichas competencias solo pueden ejercerse dentro del marco de las atribuciones constitucionales, sin que esta norma legal pueda considerarse como una carta en blanco para violar la Constitución.

2.   *Un decreto nulo por invadir y afectar el ejercicio por la Asamblea Nacional de sus facultades constitucionales*

De acuerdo con el artículo 339 de la Constitución, la declaración del estado de excepción por parte del Presidente de la República "no interrumpe el funcionamiento de los órganos del Poder Público," de manera que más clara no pudo haber sido la intención del Constituyente al regularlos, lo que implica que en ningún caso esa declaratoria podría interrumpir el cumplimiento de la función esencial de la Asamblea Nacional para legislar y de controlar la acción política del gobierno y la actividad de la Administración Pública conforme se indica en el artículo 187 de la misma Constitución.

Por tanto, por más que el Presidente de la República haya dictado el Decreto N° 2.184 de fecha 14 de enero de 2016, mediante el cual declaró el Estado de Emergencia Económica en todo el Territorio Nacional, el cual fue prorrogado mediante Decreto N° 2.270 de fecha 11 de marzo de 2016, ello en ninguna forma pudo interrumpir el funcionamiento de la Asamblea Nacional.

---

[18]   *Artículo 236.3:* "Nombrar y remover al Vicepresidente Ejecutivo o Vicepresidenta Ejecutiva, nombrar y remover los Ministros o Ministras."

[19]   *Artículo 236.7:* "Declarar los estados de excepción y decretar la restricción de garantías en los casos previstos en esta Constitución."

[20]   *Artículo 236.16:* "Nombrar y remover a aquellos funcionarios o aquellas funcionarias cuya designación le atribuyen esta Constitución y la ley."

[21]   *Artículo 236.20:* "Fijar el número, organización y competencia de los ministerios y otros organismos de la Administración Pública Nacional, así como también la organización y funcionamiento del Consejo de Ministros, dentro de los principios y lineamientos señalados por la correspondiente ley orgánica."

En consecuencia, un decreto ejecutivo como el dictado con el N° 2039 de 2 de mayo de 2016, aparte de sus vicios de incompetencia manifiesta que lo afectan, es esencialmente inconstitucional al pretender, como lo dijo su propio texto, *restringir y diferir* el ejercicio de sus funciones por parte de la Asamblea Nacional.

En efecto, el artículo 1 del decreto dispuso:

Artículo 1°. Se restringe y difiere de acuerdo al artículo N° 236 numeral 7, de la Constitución de la República Bolivariana de Venezuela, las mociones de censura que pudiera acordar la Asamblea Nacional contra los Ministros y Ministras del Poder Popular, o contra el Vicepresidente Ejecutivo, en las cuales solicitaren su remoción, hasta tanto cesen los efectos del Decreto de Emergencia Económica dictado por el Presidente de la República en Consejo de Ministros; ello a fin de garantizar la continuidad en la ejecución de las medidas económicas de emergencia encomendadas al Gabinete Ejecutivo y de las cuales depende la estabilización de la economía nacional y la satisfacción oportuna y continua de las necesidades de los venezolanos y venezolanas en el orden económico.

O sea, de entrada, atropellando lo establecido en el citado artículo 339 de la Constitución conforme al cual el decreto de estado de excepción "no interrumpe el funcionamiento de los órganos del Poder Público," el Decreto precisamente buscó todo lo contrario para lo cual se basó precisamente en el artículo 267.7 constitucional que es el que solo atribuye al Presidente el poder de decretar dichos Estados de excepción.

Es decir, no puede un decreto de estado de excepción, interrumpir el funcionamiento de la Asamblea al "restringir y diferir" el ejercicio de su competencia para poder aprobar las mociones de censura que estime políticamente oportunas y convenientes contra los Ministros y el Vicepresidente Ejecutivo y solicitar incluso "su remoción." Sin embargo, al contrario, el Presidente procedió a dictar esa "restricción y suspensión" a la Asamblea, "hasta tanto cesen los efectos del Decreto de Emergencia Económica," a los efectos de supuestamente "garantizar la continuidad en la ejecución de las medidas económicas de emergencia," las que por lo visto sólo podían ejecutarse por personas individualizadas y no por funcionarios que ejercer un cargo.

Esta barbaridad jurídica fue dictada con base en un conjunto de motivaciones que se consignaron en los "considerandos" del Decreto, que –dejando aparte muchos lugares comunes floridos– lo que sirvieron fue para evidenciar el atropello cometido.

Lo primero que llama la atención es que el Presidente consideró que su propio Decreto de Estado de Emergencia Económica, supuestamente le daba "Poderes Especiales para defender y preservar la paz, la estabilidad y el derecho al desarrollo independiente de Nuestra Patria," cuando ello no era cierto pues ese objetivo lo tenían que perseguir todos los órganos del Estado, de manera que lo que le permitió el mencionado Decreto es solo lo que en él se estableció y no era una carta blanca para atropellar a los demás Poderes Públicos.

Sin embargo, refiriéndonos ahora a las "motivaciones" sustantivas del decreto de aniquilación de la función política de la Asamblea Nacional de controlar el Gobierno y la Administración Pública, el segundo Considerando era explícito, al considerar dejando de lado el sin sentido de que el Presidente calificara a la mayoría de la oposición en la Asamblea resultante de la abrumadora elección del 6 de diciembre de 2015, como "una mayoría burguesa circunstancial," que actuaba en "acatamiento de órdenes de gobiernos extranjeros" por el hecho de que la Asamblea hubiera comenzado a ejercer sus funciones sin sujeción al Ejecutivo como ocurrió hasta diciembre de 2015; entonces considerase que ello era actuar en forma "opuesta al orden constitucional [...], apartándose con su acción de la naturaleza legisladora de dicho órgano legislativo, dedicándose al plano de la confrontación política." Es decir, para el Presidente de la República, todo acto legislativo motivado por el ejercicio de una oposición al gobierno, era "inconstitucional," catalogándose a la oposición en definitiva como un "enemigo interno" que había que enfrentar con normas "no convencionales."

Luego pasó el Presidente en el Decreto a considerar lo que podría ser la motivación central del Decreto, que no fue otra que si el Presidente tenía la competencia para nombrar sus Ministros, entonces nadie podría removerlos, ni siquiera cuando ello estuviese así previsto en la Constitución; reclamando para sí "la garantía de autonomía en cuanto a la designación" de su equipo de gobierno, que nadie le había negado, pero desconociendo el ejercicio autónomo de las potestades de los otros órganos del Poder Público.

Con base en ello, consideró en forma absurda que el ejercicio por parte de la Asamblea Nacional de su potestad de aprobar una moción de censura a un Ministro, y removerlo a consecuencia de ello, atentaría "contra la continuidad de la ejecución de políticas públicas, acarreando una mora en las actividades de la Administración Pública." Consideró, además el Presidente que la Administración Pública no puede "ser sometida a constantes perturbaciones y amenazas por parte de cualquier instancia del Poder Público," ignorando por supuesto el texto mismo de la Constitución, estimado los actos de la Asamblea como de "aparente institucionalidad," pero acusándola de pretender "subrogarse en funciones de otros Poderes, intentando ejercer la gestión de asuntos públicos que corresponden al Ejecutivo Nacional," pero sin decir, por supuesto, cuáles.

Luego el Presidente, en los Considerandos del Decreto, pasó a acusar a la Asamblea de supuestamente ejercer competencias no previstas en la Constitución, –sin decir por supuesto cuáles– indicando como si él mismo fuera "el pueblo" que:

"cada una de las actuaciones que ha realizado desde su instalación y hasta la fecha, están claramente dirigidas a tomar el control absoluto, autoritario y despótico del poder que sólo el Pueblo detenta, apuntando para ello a la destrucción del Estado Venezolano."

Acusación ésta gravísima entre órganos del Estado; gravísima; formulada en general e irresponsablemente, sin mencionar hecho alguno que pudiera justificar tal aserto. En realidad lo único que mencionó el Presidente sobre esto, fue que la Asamblea Nacional, en uso de sus atribuciones constitucionales de control político, había aprobado una Moción de Censura contra el ciudadano Rodolfo Clemente Marco Torres, en su carácter de Ministro del Poder Popular para la Alimentación destacando que ello fue "con una indudable motivación política" u "obedeciendo a conveniencias políticas" –como si ello fuera un fraude, cuando una mención de censura no puede tener otra motivación que no sea política– que es la única que puede tener; alegando que la Asamblea Nacional quería imponer un "modelo económico rechazado por el pueblo hace más de 17 años," cuando ello no es cierto y basta leer la Constitución de 1999. En realidad lo que en materia de modelos económicos el pueblo sí rechazó en 2007, fue el modelo presentado en la reforma constitucional propuesta por Chávez para la implementación de un Estado socialista, que sin embargo, en fraude a la voluntad popular, es el que ha sido aplicado y desarrollado por el Gobierno.[22]

---

[22]   Véase Allan R. Brewer-Carías, La Reforma Constitucional de 2007 (Comentarios al Proyecto Inconstitucionalmente sancionado por la Asamblea Nacional el 2 de noviembre de 2007), Colección textos legislativos Nº 43, Editorial Jurídica Venezolana, Caracas, 2007, 224 pp.; y "La reforma constitucional en Venezuela de 2007 y su rechazo por el poder constituyente originario," en José Mª Serna de la Garza (Coordinador), Procesos Constituyentes contemporáneos en América la-

En todo caso, el Presidente no era quién para juzgar si la aprobación de un voto de censura era o no justificada, como resultó de su afirmación en los Considerandos del decreto de que existía "fundado convencimiento en torno a la aplicación justificada de la moción de censura a los miembros del Gabinete Ejecutivo por parte de la Asamblea Nacional." El Presidente no tenía por qué presumir que todo voto de censura es una "vía de ejercicio político tendente a socavar la acción de Gobierno, hacer daño a la economía de la República y desestabilizar la sociedad venezolana, poniendo en riesgo la paz nacional," o que con ello se pretendía realizar un "sabotaje inescrupuloso" para afectar "la organicidad del Poder Ejecutivo."

Con su decreto usurpador, en realidad, fue el Presidente de la República, no la Asamblea Nacional, el que buscó agravar "un conflicto de poderes, una confrontación para la inestabilidad de las instituciones republicanas, que en nada favorece a la situación que en los actuales momentos vive Venezuela," como lo expresó en el último de los considerandos de su decreto.

3.   *La restricción por parte del Poder Ejecutivo de las competencias constitucionales de la Asamblea Nacional*

Con base en las motivaciones anteriores, el Presidente de la República procedió entonces a restringir en el marco del decreto sobre emergencia económica, sin tener competencia constitucional ni legal alguna para ello, las competencias constitucionales de la Asamblea Nacional en la siguiente forma:

En primer lugar, refiriéndose a su competencia para decretar estados de excepción (artículo 236.7, Constitución), decretó no sólo la *restricción* sino el *diferimiento* ("se restringe y difiere") "de las mociones de censura que pudiera acordar la Asamblea Nacional" contra los Ministros y el Vicepresidente Ejecutivo, "en las cuales solicitaren su remoción [...] hasta tanto cesen los efectos del Decreto de Emergencia Económica dictado por el Presidente de la República en Consejo de Ministros," todo con el objeto de "garantizar la continuidad en la ejecución de las medidas económicas de emergencia encomendadas al Gabinete Ejecutivo."

Ignoró el Presidente que el funcionamiento de la Administración Pública y la continuidad de la ejecución de las políticas públicas no depende de alguna persona en particular, como la que en un momento determinado pueda ejercer el cargo de Ministro, sino de la organización de la propia Administración Pública que tiene que funcionar, sea quien fuere el Ministro de turno. Por tanto, la moción de censura y remoción de un Ministro no puede por principio alterar la continuidad de la Administración, no teniendo por tanto justificación alguna el inconstitucional decreto.

En segundo lugar, el Presidente instruyó a la Procuraduría General de la República para que, en el marco de sus competencias, "realice los análisis jurídico constitucionales pertinentes y, de lucir procedente, interponga el correspondiente Recurso por Controversia Constitucional entre órganos del Poder Público ante la Sala Constitucional del Tribunal Supremo de Justicia, de conformidad con el artículo 336, numeral 9, de la Constitución de la República Bolivariana de Venezuela, a fin de procurar el mantenimiento de los equilibrios de los poderes y la gobernabilidad."

tina. Tendencias y perspectivas, Universidad Nacional Autónoma de México, México 2009, pp. 407-449.

Si ese recurso llegara a interponerse, y si en Venezuela existiese una Sala Constitucional autónoma e independiente, sin duda que lo que resultaría sería declararlo improcedente, por impertinente, porque no puede haber "controversia constitucional" alguna entre la Asamblea Nacional y el Ejecutivo Nacional, como consecuencia de que la primera dé un voto de censura a algún Ministro en ejercicio del control político que le corresponde realizar conforme a la Constitución.

En todo caso, es difícil encontrar un ejemplo de acto estatal dictado con tanto abuso de poder, tanta arbitrariedad y tanto desconocimiento constitucional como este de la restricción por el Poder Ejecutivo de las competencias constitucionales de la Asamblea Nacional, que si hubiese un Juez Constitucional autónomo e independiente, no dudaría en anularlo *in limine*.

JURISPRUDENCIA

Información Jurisprudencial

Jurisprudencia Administrativa y Constitucional (Tribunal Supremo de Justicia y Cortes de lo Contencioso Administrativo): Primer Semestre de 2016

Selección, recopilación y notas
por Mary Ramos Fernández
Abogada
Secretaria de Redacción de la Revista

VI. JURISDICCIÓN CONTENCIOSO-ADMINISTRATIVA

1. *Contencioso administrativo de anulación.* A. Motivos de inconstitucionalidad. Medidas cautelares. Suspensión de efectos del acto administrativo. B. Medidas Cautelares. C. Sentencia. Vicio de incongruencia negativa. 2. *El Contencioso Administrativo contra la Abstención o negativa de la administración.* 3. *Contencioso Administrativo de los servicios públicos. Competencia Juzgados de Municipio.* 4. *Recurso Contencioso administrativo electoral y amparo cautelar.* 5. *Recurso contencioso tributario.* A. Sanciones. B. Sentencia. Vicio de falso supuesto de derecho.

VII. LA JUSTICIA CONSTITUCIONAL

1. *Control judicial de los decretos de Estados de excepción. Por la sala Constitucional.* 2. *Demandas contra los actos parlamentarios sin forma de Ley. Competencia Sala Constitucional.* 3. *Recurso de inconstitucionalidad de la omisión del Legislador y de los otros órganos del Poder Público.* A. Legitimación. B. Competencia. 4. *Resolución de controversias constitucionales entre órganos del poder público.* 5. *Resolución de controversias constitucionales entre órganos del poder público.* 6. *Recurso de Interpretación.* 7. *Recurso de revisión constitucional.* 8. *Acción de amparo constitucional.*

I.   ORDENAMIENTO CONSTITUCIONAL Y FUNCIONAL DEL ESTADO

1.   *Ordenamiento Jurídico*

   A.   *Interpretación Constitucional*

   TSJ-SC (264)   **11-4-2016**

   Ponencia Conjunta

   Caso: Constitucionalidad de la Ley de Amnistía y Reconciliación Nacional, sancionada por la Asamblea Nacional el 29 de marzo de 2016.

Ahora bien, como se ha señalado en reiterada jurisprudencia de esta Sala (*vid.*, sentencias números 597 del 26 de abril de 2011, caso: *"Municipio Maracaibo del Estado Zulia"*, y 780 del 24 de mayo de 2011, caso: *"Julián Isaías Rodríguez Díaz"*), resulta necesario considerar que la hermenéutica jurídica y el análisis de la constitucionalidad de las normas es una actividad que debe desarrollarse en su totalidad, lo cual comporta que la interpretación normativa debe realizarse enmarcada en el sistema global del derecho positivo, para así esclarecer el significado y alcance de las disposiciones, cuyo conocimiento es necesario para determinar cuál ha sido la voluntad del legislador.

Así, el principio general de interpretación de la ley consagrado en el artículo 4 del Código Civil –conforme al cual, a la ley debe atribuírsele el sentido que aparece evidente del significado propio de las palabras, según la conexión de ellas entre sí y la intención del legislador–, resulta aplicable no sólo en un contexto lógico, sino teleológico o finalista, con lo cual los elementos normativos deben ser armonizados como un todo, en el sentido de no poder hacer abstracción unos de otros, sino que los mismos han de ser tomados en cuenta al momento de hacer la correcta valoración del contenido del texto legal (*vid.* sentencia de esta Sala número 2.152 del 14 de noviembre de 2007, caso: *"Antonio José Ledezma Díaz"*).

Conforme a lo expuesto, en la sentencia número 2.152 del 14 de noviembre de 2007, esta Sala señaló lo siguiente:

"...*la interpretación jurídica debe buscar el elemento sustantivo que se halla en cada una de las reglas del ordenamiento jurídico, constituido por los principios del derecho que determinan lo que GARCÍA DE ENTERRÍA (Revolución Francesa y Administración Contemporánea. Madrid: Editorial Civitas, 4° edición. 1994, p. 29), denomina como 'fuentes significativas' del ordenamiento, esto es, lo que el iuspublicismo con Kelsen, por un lado, y Santi Romano por otro, teorizaron como una Constitución <en sentido material> distinguible de la <Ley constitucional> en sentido formal, como un condensado de reglas superiores de la organización del Estado, que expresan la unidad del ordenamiento jurídico. Así, la Constitución como expresión de la intención fundacional y configuradora de un sistema entero que delimita y configura las bases jurídico-socio-políticas de los Estados, adquiere valor normativo y se constituye en lex superior, lo cual imposibilita la distinción entre artículos de aplicación directa y otros meramente programáticos, pues todos los preceptos constituyen normas jurídicas directamente operativas, que obligan a las leyes que se dictan a la luz de sus principios a respetar su contenido esencial...*".

En este sentido, la interpretación constitucional posibilita el giro del proceso hermenéutico alrededor de las normas y principios básicos que la Constitución de la República Bolivariana de Venezuela ha previsto, y ello significa que la protección de la Constitución y la jurisdicción constitucional que la garantiza, exigen que la interpretación de todo el ordenamiento jurídico ha de hacerse conforme a la Constitución. Tal conformidad requiere del cumplimiento de varias condiciones, unas formales, como la técnica fundamental (división del poder, reserva legal, no retroactividad de las leyes, generalidad y permanencia de las normas, soberanía del orden jurídico, etc.) (Ripert. *Les Forces créatrices du droit*, Paris, LGDJ, 1955, pp. 307 y ss.]; y otras axiológicas (Estado democrático y social de Derecho y de Justicia, pluralismo político y preeminencia de los derechos fundamentales y los derechos humanos en general, soberanía y autodeterminación nacional, ética), pues el carácter dominante de la Constitución en el proceso interpretativo no puede servir de pretexto para vulnerar los principios axiológicos en que descansa el Estado constitucional venezolano. Interpretar el ordenamiento jurídico conforme a la Constitución significa, por tanto, salvaguardar a la Constitución misma de toda desviación de principios y de todo apartamiento del proyecto político que ella encarna por voluntad del pueblo (*vid*. Sentencia de la Sala número 3.167 del 9 de diciembre de 2002, caso: "*Fiscal General de la República*").

De allí, que esta Sala, al analizar la expresión jurídica legal o sub legal con el Texto Fundamental de acuerdo al principio de supremacía constitucional, debe tener presente que toda manifestación de autoridad del Poder Público debe seguir los imperativos o coordenadas trazadas en la norma fundamental, como un efecto del principio de interpretación conforme a la Constitución y de la funcionalización del Estado a los valores que lo inspiran (*vid*. sentencia número 780 del 24 de mayo de 2011, caso: "*Julián Isaías Rodríguez Díaz*").

B.   *Estados de excepción. Características del Decreto*

TSJ-SC (4)   **20-1-2016**

Ponencia Conjunta

Caso: Solicitud para que se declare la CONSTITUCIONALIDAD del Decreto N° 2.184, dictado por el Presidente de la República Bolivariana de Venezuela, mediante el cual se decreta el Estado de Emergencia Económico en todo el territorio Nacional.

En la doctrina patria, los estados de excepción han sido definidos como circunstancias extraordinarias dotadas de la característica de la irresistibilidad de los fenómenos y la lesividad de sus efectos, que se plantean en un régimen constitucional, afectando o amenazando con hacerlo a sus instituciones fundamentales, impidiendo el normal desarrollo de la vida ciudadana y alterando la organización y funcionamiento de los poderes públicos (Rondón de Sansó, Hildegard. *Cuatro Temas Álgidos de la Constitución Venezolana de 1999*, Editorial *Ex Libris*, Caracas 2004).

Particularmente, la doctrina citada identifica los siguientes elementos conceptuales sobre la noción que ocupa a la Sala en esta ocasión, a saber:

"-Los estados de excepción son circunstancias de variada índole: derivados del hombre, de la naturaleza o de los fenómenos socio-económicos.

-Las circunstancias que conforman los estados de excepción pueden afectar la seguridad de la nación, de las instituciones o de los ciudadanos.

-Los hechos que determinan el estado de excepcional no pueden combatirse con las facultades de las cuales normalmente dispone el Poder Público para actuar en las situaciones habituales en las que se desarrolla la vida colectiva e institucional.

De allí que los conceptos que entran en juego son:

1.- La heterogeneidad de las circunstancias determinantes de los estados de excepción. En efecto, la noción no se limita simplemente a los hechos político-militares o bélicos, –como se consideró durante mucho tiempo–, ya que se entendía como sinónimo de estados de excepción las alteraciones que, en el orden político, podían afectar al gobierno y a las instituciones del Estado, mencionándose como tales, las sublevaciones civiles o militares, las asonadas, los intentos de golpe de estado, el descubrimiento de focos conspirativos contra el régimen, la presencia de tropas extranjeras en el territorio nacional, la actuación de grupos subversivos contra el orden gubernativo institucional o político, e incluso, las crisis virulentas en el seno de los poderes públicos. A estas figuras bélicas tradicionales hay que agregar hoy en día, nuevas modalidades que no implican la presencia de un enemigo identificable, sino que los actos dañinos que se producen derivan de sujetos u organizaciones que se mueven en la sombra y que utilizan como recurso básico el elemento-sorpresa (...).

2.- La irresistibilidad de los fenómenos, esto es, la incapacidad de atender las necesidades que surgen de los hechos excepcionales con los medios disponibles durante los períodos de normalidad (...).

3.- La lesividad de los hechos, esto es, la producción o inminencia de producción de daños a las personas, a las cosas y a las instituciones, derivados directa o indirectamente de las circunstancias que conforman el estado de excepción. El daño grave o amenaza de daño, se refiere tanto al de naturaleza material como al que está en el orden de lo inmaterial. Así, el daño psicológico que se produce por el temor de enfermedades o peligros y, por la inducción al odio irracional contra personas o instituciones, también configura al supuesto de la norma. Uno de los daños más graves que los movimientos desestabilizadores producen es el que afecta la psiquis, creando una situación de miedo o manía persecutoria en las personas, todo lo cual llega a conformar sentimientos colectivos de inseguridad y temor permanentes".

En tal sentido, puede afirmarse que los estados de excepción son circunstancias de variada índole, que pueden afectar la seguridad de la nación, de las instituciones o de los ciudadanos, para cuya atención no serían totalmente suficientes ni adecuadas a los fines del restablecimiento de la normalidad, las facultades de que dispone ordinariamente el Poder Público, y ante las cuales el ciudadano Presidente de la República, en Consejo de Ministros, está investido de potestades plenas para declarar tal estado en los términos que contemple en el Decreto respectivo, con los límites y bajo el cumplimiento de las formalidades estatuidas en el Texto Fundamental, pero siempre en la búsqueda de garantizar la independencia y soberanía de la República en todos sus atributos y aspectos.

Respecto de las circunstancias que ameritarían la activación de tal mecanismo excepcional y extraordinario, ciertamente, tal como lo propugna la doctrina antes mencionada, destacan los conceptos de heterogeneidad, irresistibilidad o rebase de las facultades ordinarias del Poder Público y de lesividad, por la producción potencial o acaecida de daños a personas, cosas o instituciones. De éstos la Sala estima pertinente aludir a la heterogeneidad, puesto que, en efecto, las condiciones que pueden presentarse en el plano material, sean de origen natural, económico o social en general, son de enorme diversidad e índole, y, en esa medida, los estados de excepción reconocidos por Decreto del Presidente de la República, pueden versar sobre hechos que tradicionalmente se asocian a este tipo de medidas; empero, por igual, pueden referirse a situaciones anómalas que afecten o pretendan afectar la paz, la seguridad integral, la soberanía, el funcionamiento de las instituciones, la economía y la sociedad en general, a nivel nacional, regional o local.

Igualmente, los estados de excepción solamente pueden declararse ante situaciones objetivas de suma gravedad que hagan insuficientes los medios ordinarios de que dispone el Estado para afrontarlos. De allí que uno de los extremos que ha de ponderarse se refiere a la proporcionalidad de las medidas decretadas respecto de la *ratio* o las situaciones de hecho acontecidas, en este caso, vinculadas al sistema socio-económico nacional, las cuales inciden de forma negativa y directa en el orden público constitucional. De tal modo que las medidas tomadas en el marco de un estado de excepción, deben ser, en efecto, proporcionales a la situación que se quiere afrontar en lo que respecta a gravedad, naturaleza y ámbito de aplicación, en virtud de lo dispuesto en el artículo 4 de la Ley Orgánica sobre Estados de Excepción.

En cuanto a la naturaleza propiamente del Decreto que declara el estado de excepción, la Ley Orgánica sobre Estados de Excepción señala en su artículo 21, que éste suspende temporalmente, en las leyes vigentes, los artículos incompatibles con las medidas dictadas en dicho Decreto.

Por su parte, artículo 22 *eiusdem* dispone que el mismo tendrá rango y fuerza de Ley, y que entrará en vigencia una vez dictado por el Presidente de la República, en Consejo de Ministros. Igualmente, prevé que deberá ser publicado en la Gaceta Oficial de la República Bolivariana de Venezuela y difundido en el más breve plazo por todos los medios de comunicación social.

Por otra parte, el lapso de vigencia del mencionado instrumento jurídico-constitucional está supeditado a los parámetros que dispone la Constitución de la República Bolivariana de Venezuela.

En ese sentido, el Decreto que declara el estado de excepción es un acto de naturaleza especial, con rango y fuerza de ley, de orden temporal, con auténtico valor que lo incorpora al bloque de la legalidad y que está, por tanto, revestido de las características aplicables de los actos que tienen rango legal ordinariamente, y más particularmente, concebido en la categoría de actos de gobierno. Ello tendría su asidero en las especialísimas situaciones fácticas bajo las cuales son adoptados y los efectos que debe surtir con la inmediatez que impone la gravedad o entidad de las afectaciones que el Poder Público, con facultades extraordinarias temporarias derivadas del propio Decreto, está en la obligación de atender.

C.   *Estados de excepción. Poderes de control político por la Asamblea nacional*

TSJ-SC (7)   **11-2-2016**

Ponencia Conjunta

Caso: Se interpreta los artículos 339 y 136 de la Constitución de la República Bolivariana de Venezuela, y los artículos 27 y 33 de la Ley Orgánica sobre Estados de Excepción.

Como puede apreciarse, la pretensión gira en torno al contenido y alcance de varias normas constitucionales y legales vinculadas a los estados de excepción (que inclusive trascienden a las señaladas por los demandantes), a su control a lo interno del Poder Público y a los efectos del mismo, razón por la que, con motivo de la necesaria interpretación integral y conforme al principio de supremacía constitucional, resulta necesario atender al contenido de esas normas, así como del resto de las fuentes del derecho vinculadas a las mismas, de acuerdo a las incertidumbres hermenéuticas planteadas por los justiciables de autos.

Al respecto, directamente sobre los estados de excepción, la Constitución de la República Bolivariana de Venezuela, prevé las siguientes disposiciones:

"Sección segunda: de las atribuciones del Presidente o Presidenta de la República

Artículo 236. *Son atribuciones y obligaciones del Presidente o Presidenta de la República:*

(...)

7. Declarar los estados de excepción y decretar la restricción de garantías en los casos previstos en esta Constitución.

(...)

El Presidente o Presidenta de la República ejercerá en Consejo de Ministros las atribuciones señaladas en los numerales 7, 8, 9, 10, 12, 13, 14, 18, 20, 21, 22 y las que le atribuya la ley para ser ejercidas en igual forma.

TÍTULO VIII. DE LA PROTECCIÓN DE ESTA CONSTITUCIÓN. Capítulo II De los estados de excepción

Artículo 337. *El Presidente o Presidenta de la República, en Consejo de Ministros, podrá decretar los estados de excepción. Se califican expresamente como tales las circunstancias de orden social, económico, político, natural o ecológico, que afecten gravemente la seguridad de la Nación, de las instituciones y de los ciudadanos y ciudadanas, a cuyo respecto resultan insuficientes las facultades de las cuales se disponen para hacer frente a tales hechos. En tal caso, podrán ser restringidas temporalmente las garantías consagradas en esta Constitución, salvo las referidas a los derechos a la vida, prohibición de incomunicación o tortura, el derecho al debido proceso, el derecho a la información y los demás derechos humanos intangibles.*

Artículo 338. *Podrá decretarse el estado de alarma cuando se produzcan catástrofes, calamidades públicas u otros acontecimientos similares que pongan seriamente en peligro la seguridad de la Nación, o de sus ciudadanos y ciudadanas. Dicho estado de excepción durará hasta treinta días, siendo prorrogable hasta por treinta días más. Podrá decretarse el estado de emergencia económica cuando se susciten circunstancias económicas extraordinarias que afecten gravemente la vida económica de la Nación. Su duración será de hasta sesenta días, prorrogable por un plazo igual. Podrá decretarse el estado de conmoción interior o exterior en caso de conflicto interno o externo, que ponga seriamente en peligro la seguridad de la Nación, de sus ciudadanos y ciudadanas, o de sus instituciones. Se prolongará hasta por noventa días, siendo prorrogable hasta por noventa días más. La aprobación de la prórroga de los estados de excepción corresponde a la Asamblea Nacional. Una ley orgánica regulará los estados de excepción y determinará las medidas que pueden adoptarse con base en los mismos.*

Artículo 339. *El decreto que declare el estado de excepción, en el cual se regulará el ejercicio del derecho cuya garantía se restringe, será presentado, dentro de los ocho días siguientes de haberse dictado, a la Asamblea Nacional o a la Comisión Delegada, para su consideración y aprobación, y a la Sala Constitucional del Tribunal Supremo de Justicia, para que se pronuncie sobre su constitucionalidad. El decreto cumplirá con las exigencias, principios y garantías establecidos en el Pacto Internacional de Derechos Civiles y Políticos y en la Convención Americana sobre Derechos Humanos. El Presidente o Presidenta de la Repúbli-*

ca podrá solicitar su prórroga por un plazo igual, y será revocado por el Ejecutivo Nacional o por la Asamblea Nacional o por su Comisión Delegada, antes del término señalado, al cesar las causas que lo motivaron. La declaración del estado de excepción no interrumpe el funcionamiento de los órganos del Poder Público".

Así pues, según el referido artículo 236.7 Constitucional, es atribución y obligación del Presidente o Presidenta de la República, en Consejo de Ministros, declarar los estados de excepción y decretar la restricción de garantías en los casos previstos en esta Constitución. Autoridad que se ratifica en el artículo 337 *eiusdem*, según el cual *"se califican expresamente como tales las circunstancias de orden social, económico, político, natural o ecológico, que afecten gravemente la seguridad de la Nación, de las instituciones y de los ciudadanos y ciudadanas, a cuyo respecto resultan insuficientes las facultades de las cuales se disponen para hacer frente a tales hechos"*. Asimismo, indica la norma en cuestión que *"En tal caso, podrán ser restringidas temporalmente las garantías consagradas en esta Constitución, salvo las referidas a los derechos a la vida, prohibición de incomunicación o tortura, el derecho al debido proceso, el derecho a la información y los demás derechos humanos intangibles"*.

Al respecto, la tendencia predominante del constitucionalismo patrio y del sistema fundamentalmente presidencialista que ha imperado en el mismo, ha optado, históricamente desde el siglo XIX, en asignar esta especial potestad que incide en los derechos fundamentales, al Presidente o Presidenta de la República, quien es Jefe de Estado y Jefe del Ejecutivo Nacional, en cuya condición dirige la acción del Gobierno (artículo 226 Constitucional), y sólo en algunas Constituciones se ha dado intervención, generalmente limitada y referida al control político, al Poder Legislativo Nacional en esta materia, tal como ocurre en las Constituciones de 1961 y de 1999, entre otras tantas.

En tal sentido, la Constitución de 1961 disponía lo siguiente:

"Capítulo II. Título VI

Artículo 190, De las Atribuciones del Presidente de la República.

(...)

6. Declarar el Estado de Emergencia. Decretar la Restricción o Suspensión de Garantías.

7. Medidas en caso de Emergencia Internacional.

8. Dictar medidas extraordinarias en materia económica o financiera cuando así lo requiera el interés público y haya sido autorizado para ellos por ley especial;

(...)

Título IX, Capítulo II

De la Emergencia. Artículos 240 al 244.

Artículo 240. En caso de conflicto interior o exterior o amenaza de ello, el Presidente de la República podrá declarar el Estado de Emergencia.

Artículo 241. En caso de emergencia, conmoción que pueda perturbar la paz de la República o de graves circunstancias que afecten la vida económica o social, el Presidente de la República podrá Restringir o Suspender las Garantías Constitucionales, con excepción del derecho a la vida y a la libertad en el sentido de los numerales 3° y 7° del artículo 60 de la Constitución. El Decreto deberá ser motivado e indicar si rige para todo o parte del territorio nacional.

Artículo 242. El Decreto de Suspensión o Restricción de Garantías será dictado en Consejo de Ministros y sometido a consideración de las Cámaras en sesión conjunta o de la Comisión Delegada.

Artículo 243. El Decreto de restricción o supresión de garantías será revocado por el Ejecutivo Nacional, o por las Cámaras en sesión conjunta, al cesar las causas que lo motivaron. La cesación del estado de emergencia será declarada por el Presidente de la República en Consejo de Ministros y con la autorización de las Cámaras en sesión conjunta o de la Comisión Delegada.

Artículo 244. Facultad de dictar Medidas Indispensables, que se limitarán a la detención o confinamiento de los indiciados y las adoptará el Presidente de la República en Consejo de Ministros, en caso de amenaza de trastornos del orden público que no justifiquen la Suspensión o Restricción de las Garantías".

Así pues, en la Constitución de 1961 (sin control jurídico-constitucional), la declaración de restricción o supresión de garantías también correspondía al Presidente de la República, pero el constituyente sólo indicó que el decreto que la contenía debía ser sometido a consideración de las Cámaras en sesión conjunta o de la Comisión Delegada. La actual, como ya lo referimos, se refiere a su consideración y aprobación.

Como ha podido apreciarse, entre otros aspectos, la Constitución de 1961 otorgaba al Presidente de la República, la potestad de dictar estas medidas de excepción, señalando simplemente que *"El Decreto de Suspensión o Restricción de Garantías será (...) sometido a consideración de las Cámaras en sesión conjunta o de la Comisión Delegada"*, sin que se estableciera posibilidad de aprobar políticamente o no tal decreto, sino únicamente que *"El Decreto de restricción o supresión de garantías será revocado por el Ejecutivo Nacional o por las Cámaras en sesión conjunta, al cesar las causas que lo motivaron"*, y que *"La cesación del estado de emergencia será declarada por el Presidente de la República en Consejo de Ministros y con la autorización de las Cámaras en sesión conjunta o de la Comisión Delegada"*.

Así pues, ni la Constitución de 1961 ni la de 1999 se refieren de forma expresa a su eventual desaprobación (probablemente partiendo de la naturaleza propia de los estados de excepción y de los principios de presunción de legitimidad de los actos del Poder Público, de unidad de fines del Estado y colaboración a lo interno del Poder Público). Por el contrario, no se encuentra dentro de las atribuciones contempladas en el artículo 187 Constitucional vigente, la de desaprobar o improbar el estado de excepción decretado por el Poder Ejecutivo. Sin embargo, por lógica jurídica, la referencia expresa a la aprobación, en la Constitución de 1999, apareja la posibilidad contraria, es decir, la de la desaprobación, tal como lo ha reconocido esta Sala.

Sin embargo, la aprobación o desaprobación del decreto de estado de excepción, por parte de la Asamblea Nacional, lo afecta desde la perspectiva del control político y, por ende, lo condiciona políticamente, pero no desde la perspectiva jurídico-constitucional, pues, de lo contrario, no tendría sentido que el constituyente, en correspondencia con los principios de supremacía constitucional y del Estado Constitucional (no del otrora Estado Legislativo de Derecho), hubiere exigido, además de aquel control, el examen constitucional del mismo, por parte de esta Sala, como máxima protectora de la Constitucionalidad (vid. artículos 335 y 339 del Texto Fundamental); de allí que aquel control, sobre la base de los principios y normas mencionados, además de la autonomía del Poder Público, no invalida la tutela definitoria de la constitucionalidad.

En efecto, la anulación, en el ámbito de los artículos 339 Constitucional y 38 de la Ley Orgánica sobre Estados de Excepción, es un examen de la legitimidad, validez y vigencia jurídico-constitucional, lo que no le corresponde efectuar al Poder Legislativo Nacional, el cual, por disposición del referido artículo 339, podrá revocar políticamente, antes del término señalado y al cesar las causas que lo motivaron, la prórroga del estado de excepción (potestad que ante todo se le asigna al Ejecutivo Nacional).

Tal regulación histórica no solo se compagina con la forma de gobierno cardinalmente adoptada en la tradición constitucional patria (Presidencialista), sino con la necesidad de colocar al frente de tales situaciones excepcionales (*catástrofes, calamidades públicas u otros acontecimientos similares que pongan seriamente en peligro la seguridad de la Nación o de sus ciudadanos y ciudadanas; circunstancias económicas extraordinarias que afecten gravemente la vida económica de la Nación o conflictos internos o externos, que pongan seriamente en peligro la seguridad de la Nación, de sus ciudadanos y ciudadanas, o de sus instituciones*), en este contexto, al máximo representante del Poder Ejecutivo Nacional y titular de la Jefatura del Estado, reduciendo los riesgos derivados de la demora de cuerpos colegiados deliberantes y especialmente nutridos como la máxima representación del Poder Legislativo Nacional: Asamblea Nacional; razón que explica el control posterior en este ámbito, tanto el político, cuya omisión hoy día no implica responsabilidad disciplinaria en lo que corresponde a la Ley Orgánica sobre Estados de Excepción, como el Constitucional, que sí es imperativo e insoslayable por mandato legal, al aparejar, además, responsabilidad para los magistrados y magistradas de esta Sala, si ella no se pronunciare dentro del lapso de ley, todo ello en razón de la preeminencia de los principios de supremacía constitucional, jurisdicción constitucional y carácter vinculante e ineludibilidad del control jurídico-constitucional (ver arts. 7, 334 y 335 Constitucional, y 32 de la Ley Orgánica sobre Estados de Excepción).

En efecto, si se examina el Derecho Comparado, los estados de excepción generalmente corresponden al Poder Ejecutivo, el cual puede implementarlos con el auxilio o soporte de la autoridad militar. Esto es lógico, porque como refiere la autora Hildegard Rondón De Sansó, *"el Poder Ejecutivo es más ágil en la toma y ejecución de sus decisiones que los restantes poderes, y sus titulares son los que mejor conocen de las circunstancias fácticas que pueden afectar la vida constitucional"* (*Análisis de la Constitución venezolana de 1999. Parte Orgánica y Sistemas*, Editorial *Ex Libris*, Caracas 2002, p. 362). Incluso, la citada autora considera que *"las medidas de excepción, por su misma naturaleza, no deberían estar sometidas a controles a priori, por cuanto ello podría afectar su eficacia e incluso su existencia..."*, además de *"atentar contra el carácter inmediato y urgente de las mismas"* (*ídem*).

Incluso en los regímenes parlamentarios, el estado de excepción generalmente es competencia del Gobierno, mediante decreto acordado en Consejo de Ministros, aunque siempre se prevea como regla general el control político parlamentario (ver, por ejemplo, el artículo 116 de la Constitución española). En cualquier caso o modalidad, el estado de excepción *"emana de la necesidad de auto-conservación y se legitima porque existe para la protección y la salvaguarda del orden existente en la sociedad"* (Calvo Baca, Emilio. *Terminología Jurídica Venezolana*, Ediciones Libra C.A, Caracas, 2011, p. 326).

Así pues, y sin que esas menciones impliquen el reconocimiento de la constitucionalidad o no de estas normas, salvo que se indique expresamente, el artículo 31 de la Ley Orgánica sobre Estados de Excepción dispone *"El decreto que declare el estado de excepción, su prórroga o aumento del número de garantías restringidas, será remitido por el Presidente de la República dentro de los ocho días continuos siguientes a aquél en que haya sido dictado, a la Sala Constitucional del Tribunal Supremo de Justicia, a los fines de que ésta se pronuncie sobre su constitucionalidad. En el mismo término, el Presidente de la Asamblea Nacional enviará a la Sala Constitucional el Acuerdo mediante el cual se apruebe el estado de excepción"*. A su vez, el único aparte de esa disposición legal prevé que *"Si el Presidente de la*

República o el Presidente de la Asamblea Nacional, según el caso, no dieren cumplimiento al mandato establecido en el presente artículo en el lapso previsto, la Sala Constitucional del Tribunal Supremo de Justicia se pronunciará de oficio"; sin que se establezca responsabilidad disciplinaria, como sí ocurre respecto de los magistrados y magistradas que integran esta Sala, según lo ordenado en el artículo siguiente:

"**Artículo 32.** La Sala Constitucional del Tribunal Supremo de Justicia decidirá en el lapso de diez días continuos contados a partir del recibo de la comunicación del Presidente de la República o del Presidente de la Asamblea Nacional, o del vencimiento del lapso de ocho días continuos previsto en el artículo anterior, siguiendo el procedimiento que se establece en los artículos subsiguientes.

Si la Sala Constitucional no se pronunciare en el lapso establecido en el presente artículo, los magistrados que la componen incurrirán en responsabilidad disciplinaria, pudiendo ser removidos de sus cargos de conformidad con lo establecido en el artículo 265 de la Constitución de la República Bolivariana de Venezuela".

Como puede apreciarse, el propio legislador reconoció las limitaciones propias del control político que ejerce el Poder Legislativo Nacional, no sólo cuando omitió aludir a la responsabilidad disciplinaria de los diputados en el contexto de la referida ley, sino que previó la convalidación política automática del decreto que declare el estado de excepción: *"Si por caso fortuito o fuerza mayor la Asamblea Nacional no se pronunciare dentro de los ocho días continuos siguientes a la recepción del decreto"*, el cual, en este caso, *"se entenderá aprobado"*; no ocurriendo lo propio con el control constitucional que sí resulta insoslayable por su contenido, naturaleza y alcance, que condiciona la legitimidad, validez, vigencia y eficacia jurídica del decreto en cuestión y de su prórroga (siendo posible, ulteriormente, dictar otro u otros decretos de estados de excepción, en razón del posible mantenimiento de las circunstancias o del surgimiento de otras que lo fundamenten), sino que además incide sobre los efectos jurídicos en tiempo del referido decreto, estableciendo, inclusive, que:

"La decisión de nulidad que recaiga sobre el decreto tendrá efectos retroactivos, debiendo la Sala Constitucional del Tribunal Supremo de Justicia restablecer inmediatamente la situación jurídica general infringida, mediante la anulación de todos los actos dictados en ejecución del decreto que declare el estado de excepción, su prórroga o aumento del número de garantías constitucionales restringidas, sin perjuicio del derecho de los particulares de solicitar el restablecimiento de su situación jurídica individual y de ejercer todas las acciones a que haya lugar. Esta decisión deberá ser publicada íntegramente en la Gaceta Oficial de la República Bolivariana de Venezuela" (artículo 38 *eiusdem*).

["']

En efecto, mientras el control jurídico, en este caso, jurídico-constitucional, conlleva una sanción en caso de verificarse la contradicción con el Texto Fundamental, lo que implicaría la declaratoria de inconstitucionalidad y, por ende, la nulidad del acto contrario al texto fundamental (*vid.*, p. ej. artículo 38 de la Ley Orgánica sobre Estados de Excepción), el control político sólo pudiera conllevar de forma excepcional alguna sanción (ello por la subjetividad, relatividad y discrecionalidad de ese control que, por ende, no está exento de examen jurídico), circunstancia que implica que, por ejemplo, el Texto Constitucional vigente sólo se refiriese al sometimiento del decreto que declara estado de excepción a la Asamblea Nacional para su consideración y aprobación, y sólo alude, en el contexto de la prórroga de ese estado, a la posibilidad de revocatoria *"por el Ejecutivo Nacional o por la Asamblea Nacional o por su Comisión Delegada, antes del término señalado, al cesar las causas que lo motivaron"*, actuación (revocatoria) que, de ser el caso, pudiera ser sometida a conocimiento de la jurisdicción constitucional, por ejemplo, sobre la base de lo previsto en el cardinal 4, o, de ser el caso, en el 9, del artículo 336, dependiendo del supuesto de hecho que se plantee.

Así pues, ese control político, además de ser un control relativo, está sometido al control constitucional, que además de ser un control jurídico y rígido, es absoluto y vinculante, al incidir en la vigencia, validez, legitimidad y efectividad de los actos jurídicos, incluyendo los decretos mediante los cuales se establecen estados de excepción; razón por la cual la Sala Constitucional siempre debe pronunciarse sobre la constitucionalidad o no de tales decretos, circunstancia que, se reitera, explica que dicha omisión apareje sanciones disciplinarias en la Ley Orgánica sobre Estados de Excepción (*que remite al único supuesto de remoción de magistrados o magistrados y, en fin, de alteración de la constitución de este Máximo Tribunal de la República que prevé la Constitución –artículo 265–*) y no se disponga en la misma, la convalidación de la constitucionalidad de tales decretos por la referida inactividad; lo que resulta especialmente claro si se advierte, tal como lo hiciere el jurista Manuel García Pelayo, que en un Estado Constitucional "*Todo deriva de la Constitución y todo ha de legitimarse por su concordancia directa o indirecta con la Constitución*".

Por tal razón, el artículo 33 de la referida ley, según el cual, "*la Sala Constitucional del Tribunal Supremo de Justicia omitirá todo pronunciamiento, si la Asamblea Nacional o la Comisión Delegada desaprobare el decreto de estado de excepción o denegare su prórroga, declarando extinguida la instancia*"; no sólo advierte insalvables antinomias frente a otras normas de ese mismo texto legal (*vid*., artículos 31 y ss.), sino una evidente contradicción con los artículos 339, 335, 334, 253, 137, 138, 136 y 7 Constitucional; en fin, con la norma cardinal según la cual, sin excepción, "El Decreto que declare el estado de excepción, en el cual se regulará el ejercicio del derecho cuya garantía se restringe, será presentado, dentro de los ocho días siguientes de haberse dictado, a la Asamblea Nacional, o a la Comisión Delegada, para su consideración y aprobación, y a la Sala Constitucional del Tribunal Supremo de Justicia, para que se pronuncie sobre su constitucionalidad", así como también con los axiomas de supremacía constitucional, del Estado Constitucional, de jurisdicción constitucional y de autonomía del Poder Judicial.

D.   *Estado de excepción y de la emergencia económica*

TSJ-SC (411)   **19-5-2016**

Ponencia Conjunta

Caso: Decreto N° 2.323, mediante el cual se declara el Estado de excepción y de la emergencia económica, dadas las circunstancias extraordinarias de orden social, económico, político, natural y ecológicas que afectan gravemente la economía nacional.

La Sala Constitucional al revisar y declarar la constitucionalidad del decreto de estado de excepción, ordena el acatamiento del mismo, a pesar de que ello no está dentro de su competencia constitucional o legal.

En conclusión, evidencia esta Sala que el Decreto en cuestión cumple con los principios y normas contenidas en la Constitución de la República Bolivariana de Venezuela, en tratados internacionales sobre derechos humanos válidamente suscritos y ratificados por la República, y en la Ley Orgánica sobre Estados de Excepción.

En fuerza de las anteriores consideraciones, esta Sala Constitucional debe pronunciarse afirmativamente respecto de la constitucionalidad del Decreto N° 2.323, mediante el cual se declara el Estado de Excepción y de la Emergencia Económica, dadas las circunstancias extraordinarias de orden social, económico, político, natural y ecológicas que afectan gravemente la economía nacional, publicado en la Gaceta Oficial de la República Bolivariana de

Venezuela N° 6.227 Extraordinario del 13 de mayo de 2016, en la medida en que cumple los extremos de utilidad, proporcionalidad, tempestividad, adecuación, estricta necesidad para solventar la situación presentada y de completa sujeción a los requisitos constitucionales, dirigiéndose a adoptar las medidas oportunas que permitan atender eficazmente la situación excepcional, extraordinaria y coyuntural que afectan la vida económica de la Nación, tanto de índole climático, económico y político, afectando el orden constitucional, la paz social, la seguridad de la Nación, las Instituciones Públicas, y a los ciudadanos y ciudadanas, por lo cual se circunscribe a una de las diversas clasificaciones contempladas en el artículo 338 de la Constitución de la República Bolivariana de Venezuela.

Ello así, este Tribunal Supremo de Justicia, en Sala Constitucional, establece la constitucionalidad del Decreto N° 2.323, dictado por el Presidente de la República, mediante el cual declara el Estado de Excepción y de la Emergencia Económica, dadas las circunstancias extraordinarias de orden social, económico, político, natural y ecológicas que afectan gravemente la economía nacional, publicado en la Gaceta Oficial de la República Bolivariana de Venezuela N° 6.227 Extraordinario del 13 de mayo de 2016, que deberá ser acatado y ejecutado por todo el Poder Público y la colectividad, conforme a sus previsiones y al resto del orden constitucional y jurídico en general, para alcanzar cabalmente sus cometidos. Así se decide.

E.   *Estados de excepción. Constitucionalidad de los Decretos que prorrogan Decretos de estado de excepción. Prorroga*

TSJ-SC (2)   **8-1-2016**

Ponencia Conjunta

Caso: Constitucionalidad del Decreto mediante el cual se prorroga por sesenta 60, días el plazo establecido en el Decreto N° 2071, de fecha 23 de octubre de 2015.

La Sala Constitucional declara la constitucionalidad del Decreto que prorroga por sesenta (60) días el plazo establecido en el Decreto N° 2.071 del 23 de octubre de 2015, mediante el cual se declaró el estado de excepción en el municipio Atures del estado Amazonas.

Tanto los estados de excepción como sus prórrogas solamente pueden declararse ante situaciones objetivas de suma gravedad que hagan insuficientes los medios ordinarios que dispone el Estado para afrontarlos. De allí que uno de los extremos que ha de ponderarse se refiere a la proporcionalidad de las medidas decretadas respecto de la *ratio* o las situaciones de hecho acontecidas, vinculadas a la criminalidad organizada, con especial énfasis en la criminalidad económica y en los atentados contra la seguridad ciudadana y a la seguridad nacional, las cuales inciden de forma negativa y directa en el orden público constitucional. De tal modo que las medidas tomadas en el marco de un estado de excepción, deben ser proporcionales a la situación que se quiere afrontar en lo que respecta a gravedad, naturaleza y ámbito de aplicación, en virtud de lo dispuesto en el artículo 4 de la citada Ley Orgánica.

(…)

Así pues, observa esta Sala Constitucional, que el Decreto que prorroga por sesenta (60) días el plazo establecido en el Decreto N° 2.071 del 23 de octubre de 2015, publicado en la Gaceta Oficial de la República Bolivariana de Venezuela N° 40.773 de la misma fecha, mediante el cual se declaró el estado de excepción en el municipio Atures del estado Amazonas, atiende de forma prioritaria aspectos de seguridad ciudadana, económicos, y de seguridad y de defensa integral de la Nación, y de su territorio, resulta proporcional, pertinente, útil y necesario para el ejercicio y desarrollo integral del derecho constitucional a la protección por parte del Estado, especialmente, los derechos al acceso a bienes y servicios de calidad, a la salud, así como los derechos a la vida, a la integridad personal, a la libertad, entre otros tantos necesarios para garantizar los valores fundamentales de integridad territorial, soberanía, autodeterminación nacional, igualdad, justicia y paz social, necesarios para la construcción de una sociedad justa y amante de la paz, y para la promoción de la prosperidad y bienestar del pueblo, conforme a lo previsto en el artículo 3 Constitucional.

(…)

Ello así, este Tribunal Supremo de Justicia, en Sala Constitucional, declara la constitucionalidad del Decreto N° 2.157, publicado en la Gaceta Oficial Extraordinaria de la República Bolivariana de Venezuela N° 6.206 de la misma fecha, dictado por el Presidente de la República mediante el cual prorroga por sesenta (60) días el plazo establecido en el Decreto N° 2.071, publicado en la Gaceta Oficial de la República Bolivariana de Venezuela N° 40.773 del 23 de octubre de 2015, en el cual se declaró el estado de excepción en el municipio Atures del estado Amazonas, el cual deberá ser acatado y ejecutado por todo el Poder Público y la colectividad, conforme a sus previsiones y al resto del orden constitucional y jurídico en general, para alcanzar cabalmente sus cometidos. Así se decide.

TSJ-SC (184)   **17-3-2016**

Ponencia Conjunta

Caso: Constitucionalidad del Decreto mediante el cual se prorroga por sesenta 60, días el plazo establecido en el Decreto N° 2.184, de fecha 14 de enero de 2016.

La Sala Constitucional, declara la constitucionalidad del Decreto que prorroga por sesenta (60) días el plazo establecido en el Decreto N° 2.184, publicado en la Gaceta Oficial de la República Bolivariana de Venezuela N° 6.214 Extraordinario del 14 de enero de 2016, en el cual se declaró el estado de Emergencia Económica en todo el Territorio Nacional.

En fin, estima esta Sala que el Decreto sometido a control de constitucionalidad cumple con los principios y normas contenidas en la Constitución de la República Bolivariana de Venezuela, en tratados internacionales sobre derechos humanos válidamente suscritos y ratificados por la República, y en la Ley Orgánica sobre Estados de Excepción.

Sobre la base de las anteriores consideraciones, esta Sala Constitucional debe pronunciarse afirmativamente respecto de la constitucionalidad del Decreto N° 2.270, del 11 de marzo de 2016, publicado en la Gaceta Oficial de la República Bolivariana de Venezuela N° 6219 Extraordinario de la misma fecha; mediante el cual, el Presidente de la República prorroga por sesenta (60) días el plazo establecido en el Decreto N° 2.184, publicado en la Gaceta Oficial de la República Bolivariana de Venezuela N° 6.214 Extraordinario del 14 de enero de 2016, en el cual se declaró el estado de de Emergencia Económica en todo el Territorio Nacional, en la medida en que cumple los extremos de utilidad, proporcionalidad, tempestividad, adecuación, estricta necesidad para solventar la situación presentada y de completa sujeción a los requisitos constitucionales, dirigiéndose a preservan y ratifican la plena vigencia de los derechos y garantías constitucionales y demás previstos en el ordenamiento jurídico, desprendiéndose de ello la configuración de otro elemento en el examen de constitucionalidad, a favor de la plena adecuación a los preceptos y límites que se coligen del Texto Fundamental, a ser observados cuando el Jefe del Estado ejercita las facultades de declaratoria de Estados de Emergencia Económica. El Decreto, asimismo, resguarda y no implica restricción de aquellos derechos cuyas garantías no pueden ser limitadas por expreso mandato constitucional, a saber, las referidas a los derechos a la vida, prohibición de incomunicación o tortura, el derecho al debido proceso, el derecho a la información y los demás derechos humanos intangibles, tal como lo disponen los artículos 337 del Texto Fundamental y 7 de la Ley Orgánica sobre Estados de Excepción.

Ello así, este Tribunal Supremo de Justicia, en Sala Constitucional, declara la constitucionalidad del Decreto N° 2.270 del 11 de marzo de 2016, publicado en la Gaceta Oficial de la República Bolivariana de Venezuela N° 6219 Extraordinario de la misma fecha, dictado por el Presidente de la República mediante el cual prorroga por sesenta (60) días el plazo establecido en el Decreto N° 2.18, publicado en la Gaceta Oficial de la República Bolivariana de Venezuela N° 6.214 Extraordinario del 14 de enero de 2016, en el cual se declaró el estado de Emergencia Económica en todo el Territorio Nacional, el cual deberá ser acatado y ejecutado por todo el Poder Público y la colectividad, conforme a sus previsiones y al resto del orden constitucional y jurídico en general, para alcanzar cabalmente sus cometidos en defensa de la ciudadanía. Al respecto, debe reiterarse lo dispuesto en el artículo 17 de la Ley Orgánica Sobre Estados de Excepción, según el cual "*Decretado el estado de excepción, toda persona natural o jurídica, de carácter público o privado, está obligada a cooperar con las autoridades competentes para la protección de personas, bienes y lugares, pudiendo imponerles servicios extraordinarios por su duración o por su naturaleza, con la correspondiente indemnización de ser el caso*".

Con fuerza en los razonamientos jurídicos que anteceden, este Tribunal Supremo de Justicia en Sala Constitucional, dictamina la constitucionalidad del Decreto *sub examine*, el cual fue dictado en cumplimiento de todos los parámetros que prevé la Constitución de la República Bolivariana de Venezuela y la Ley Orgánica sobre Estados de Excepción y demás normativas aplicables, preservando los Derechos Humanos y en protección del Texto Fundamental, el Estado, sus instituciones y el pueblo, lo cual, además de determinar la validez, vigencia y eficacia jurídica del mismo, motiva el respaldo orgánico de este cuerpo sentenciador de máximo nivel de la Jurisdicción Constitucional, hacia las medidas contenidas en el Decreto objeto de examen de constitucionalidad dictado por el ciudadano Presidente de la República, en Consejo de Ministros, en reconocimiento por su pertinencia, proporcionalidad y adecuación, el cual viene a apuntalar con sólido basamento jurídico y con elevada significación popular, la salvaguarda del pueblo y su desarrollo armónico ante factores inéditos y extraordinarios adversos en nuestro país. Este pronunciamiento no prejuzga sobre la constitucionalidad de las actuaciones que se desplieguen en el contexto del decreto *sub examine*.

Finalmente, esta Sala reitera que, de conformidad con lo dispuesto en los artículos 334 y 335 de la Constitución, le corresponde garantizar la supremacía y efectividad de las normas y principios fundamentales, en su condición de máxima y última intérprete de la Constitución. En consecuencia, sus decisiones sobre dichas normas y principios son estrictamente vinculantes en función de asegurar la protección y efectiva vigencia de la Carta Fundamental.

Por último, se ordena la publicación de la presente decisión en la Gaceta Oficial de la República Bolivariana de Venezuela, en la Gaceta Judicial y en la página web de este Tribunal Supremo de Justicia.

2. *La Ley*

A.   *Actos parlamentarios sin forma de Ley*

TSJ-SC (225)   29-3-2016

Magistrada Ponente: Gladys María Gutiérrez Alvarado

Caso: Robert Luis Rodríguez Noriega

Esta Sala debe determinar su competencia para conocer de la presente acción, que se presenta en su petitorio como una demanda de nulidad parcial contra el *"Acuerdo Parlamentario de fecha 23 de Diciembre del 2015, publicado en la Gaceta Oficial 40.816 de fecha 28* (sic) *de Diciembre del 2015 y en consecuencia la designación de los ciudadanos Yanina Karabin de Díaz, Juan Luis Ibarra Verenzuela, como magistrados principales de la Sala* [Casación] *Penal del Tribunal Supremo de Justicia, de Juan Carlos Cuencas, como magistrado suplente de dicha sala* (sic) *y de Calixto Ortega, como magistrado principal de la Sala Constitucional (…), para el período 2015-2021 por ser ilegal e inconstitucional su nombramiento, según lo previsto en el numeral 1 del artículo 19 de la Ley Orgánica de Procedimientos* (sic)*"*.

Al respecto, esta Sala observa que tradicionalmente se ha aceptado que los órganos legislativos exteriorizan su voluntad a través de dos tipos de actos, que se ubican en un mismo nivel: Las leyes y los actos parlamentarios sin forma de ley. Como se observa, se distinguen por la forma y no por su contenido, aunque por lo general sólo las leyes tienen carácter normativo. Los actos parlamentarios sin forma de ley suelen ser dictados en ejercicio de las labores no legislativas de los parlamentos, en especial su función de control sobre el Gobierno y la Administración. En tal sentido, se precisa que si bien los órganos deliberantes ejercen, sin duda, la función administrativa, ella no constituye la esencia de su labor, sino que lo hacen de manera complementaria al ejercicio de las funciones que sí les son propias, como lo son la de legislar y la de controlar. Ni la legislación ni el control –verdadero centro del Poder Legislativo– pueden ser, en consecuencia, considerados como de naturaleza administrativa.

B.   *Leyes Orgánicas. Modificación*

TSJ-SC (341)   5-5-2016

Ponencia Conjunta

Caso: La constitucionalidad de la Ley de Reforma Parcial de la Ley Orgánica del Tribunal Supremo de Justicia.

La pretensión de modificar una ley orgánica dictada bajo la vigencia de la Constitución de la República Bolivariana de Venezuela requiere, en criterio de esta Sala, de la votación calificada contemplada en el primer aparte del artículo 203 constitucional.

En efecto, este acápite estipula que: *"Todo proyecto de ley orgánica, salvo aquel que esta Constitución califique como tal, será previamente admitido por la Asamblea Nacional, por el voto de las dos terceras partes de los o las integrantes presentes antes de iniciarse la discusión del respectivo proyecto de ley.* Esta votación calificada se aplicará también para la modificación de las leyes orgánicas*"* (subrayado nuestro).

Si se observa con detenimiento dicho párrafo, se advierte con claridad que el Constituyente no distinguió entre los distintos tipos de ley orgánica que prevé el artículo 203, a propósito de una eventual modificación.

Al respecto, esta Sala Constitucional en su sentencia N° 2573 del 16 de octubre de 2002 (Ley Orgánica contra la Corrupción), acoge parcialmente en su motiva lo que se expone en este fallo, en los siguientes términos: *"Otra cuestión relevante es que la votación que exigía la Constitución de 1961, requerida para la sanción de la Ley Orgánica de Salvaguarda del Patrimonio Público, es inferior a la que en la actualidad gobierna para la sanción de esa categoría de Ley, esto es, las dos terceras partes de los integrantes de la Cámara para el momento de iniciarse su discusión, como en efecto se constata de la copia certificada del acto de la sesión acompañada a los autos, de lo que se sigue que el actual proyecto de Ley, objeto de la presente solicitud, cuenta con una mayoría calificada, es decir superior, a la requerida para la sanción de la Ley cuya derogatoria se pretende, de manera que, estima esta Sala que se cumple en el caso de autos con el requisito contenido en la parte in fine del primer aparte del artículo 203 de la Constitución, según el cual: '[E]sta votación calificada se aplicará también para la modificación de las leyes orgánicas', de suerte que se verifica tal supuesto, de carácter necesario para modificar aquella, por aplicación inmediata de la norma, no obstante su rango de orgánica conforme a la derogada Constitución"* (subrayado del presente fallo).

Ciertamente, esta Sala Constitucional dictó el fallo N° 34 del 26-01-2004, que negó la necesidad del voto calificado para la sanción de la Ley Orgánica del Tribunal Supremo de Justicia de 2004. Se estima que dicha sentencia es acorde con la realidad constitucional que se planteaba para ese momento y en relación al aludido texto legal.

En efecto, la Ley de 2004 era una nueva ley, calificada como tal por el Constituyente de 1999 y, en consecuencia, se debía aplicar lo previsto en el encabezamiento del artículo 203 constitucional. No se trataba de una simple modificación de una ley (Ley Orgánica de la Corte Suprema de Justicia), por otra parte, preconstitucional.

La misma Sala advirtió, en dicho fallo, que pudiera existir duda en cuanto al sentido que debe atribuirse al acápite incluido en el mismo primer aparte de la norma examinada (artículo 203), de acuerdo con el cual *"Esta votación calificada (de dos terceras partes) se aplicará también para la modificación de las leyes orgánicas"*.

Cita al respecto esta sentencia la opinión del magistrado emérito José Peña Solís, en su obra: "La nueva concepción de las leyes orgánicas en la Constitución de 1999" (*Revista de Derecho* N° 1, TSJ, Caracas, 2000, p. 98 y 99), quien considera que esta votación calificada se aplica –sin excepciones– para la modificación de leyes orgánicas (sea cual fuere su modalidad).

En consecuencia, esta Sala Constitucional concuerda con el dispositivo del fallo 34/2004 en que no era necesario el voto favorable de las dos terceras partes de los integrantes de la Asamblea Nacional para dar inicio a la discusión del proyecto de la Ley de 2004, pero no con base en que el quórum calificado solo se aplica para la modificación de leyes orgánicas pre-constitucionales (Ley Orgánica de la Corte Suprema de Justicia) o de aquellas designadas así por la Constitución; sino porque la Asamblea Nacional con la Ley de 2004 no pretendió nunca modificar la Ley Orgánica de la Corte Suprema de Justicia sino crear una nueva ley para una nueva institución que, por decisión del Constituyente de 1999, no requería dicha votación calificada.

En conclusión, esta Sala reitera que, tal como lo exige el Constituyente, se requiere la mayoría calificada de las dos terceras partes de los integrantes presentes de la Asamblea Nacional, antes de la discusión del respectivo proyecto de ley, cuando se trate el mismo de una modificación de una ley orgánica, sea cual fuere su tipo o modalidad, según lo contemplado en el artículo 203 constitucional. Así se decide.

II. DERECHOS Y GARANTÍAS CONSTITUCIONALES

1.   *Garantías Constitucionales. Presunción de inocencia*

TSJ-SPA (69)   **27-1-2016**

Magistrado Ponente: Eulalia Coromoto Guerrero Rivero

Caso: Contraloría General del Estado Lara vs. Decisión Corte Primera de lo Contencioso Administrativo con motivo del recurso de nulidad interpuesto conjuntamente con solicitud de suspensión de efectos por el ciudadano Francisco Antonio Martínez La Paz.

La garantía constitucional del derecho a la presunción de inocencia rige en el ordenamiento administrativo sancionador, de modo que el sometido a un procedimiento sancionador no puede ser tenido por culpable hasta que su culpabilidad haya sido declarada, con pleno apego al debido proceso.

Dadas las circunstancias expuestas, debe señalarse que la presunción de inocencia se encuentra prevista expresamente en el numeral 2 del artículo 49 de la Constitución de la República Bolivariana de Venezuela; tal derecho rige sin excepciones en el ordenamiento administrativo sancionador para garantizar el derecho a no sufrir sanción que no tenga fundamento en una previa actividad probatoria sobre la cual el órgano competente pueda fundamentar un juicio razonable de culpabilidad.

Se refiere, desde otra perspectiva, a una regla en cuanto al tratamiento del imputado o del sometido a un procedimiento sancionador, que proscribe que pueda ser tenido por culpable en tanto su culpabilidad no haya sido legalmente declarada, esto es, que se le juzgue o precalifique de estar incurso en irregularidades, sin que para llegar a esta conclusión se le dé la oportunidad de desvirtuar los hechos que se le atribuyen. (*Vid.*, entre otras, sentencias de la Sala Nros. 182 y 00607 de fechas 6 de febrero de 2007 y 2 de junio de 2015).

Precisado el contenido de la referida garantía y luego del análisis de las actas del expediente, considera necesario la Sala ratificar lo expuesto por el *a quo*, en cuanto a que la Dirección de Determinación de Responsabilidad de la Contraloría General del Estado Lara en el auto de inicio del procedimiento administrativo sancionatorio, preliminarmente atribuyó y dio por probado el hecho de que el recurrente, en su condición de Presidente del Consejo Legislativo del Estado Lara, incumplió con los requisitos mínimos exigidos en el Manual Descriptivo de Cargos del Consejo Legislativo del Estado Lara y en los artículos 78 y 30 del Reglamento Interior de Debates del Consejo Legislativo de esa misma entidad, al nombrar en los cargos de Directora General de Servicios Administrativos y Jefe de la Unidad de Compras a unas ciudadanas que no encuadraban dentro del perfil requerido para dichos cargos, según el instrumento normativo vigente.

Tal afirmación fue ratificada posteriormente en el acto administrativo dictado por la Contraloría General del Estado Lara en fecha 6 de abril de 2010, al señalar que el recurrente *"no logró desvirtuar el hecho imputado, por lo cual* [esa] *Contraloría General del Estado Lara, ratifica el presente hecho* [impuesto] *en el Auto de Apertura de fecha 15-12-2009...".* (Agregados de la Sala).

2. *Derechos Humanos. Violaciones: Delito de lesa humanidad.*

TSJ-SC (162)   **14-3-2016**

Magistrado Ponente: Gladys María Gutiérrez Alvarado

Caso: Juan Alberto Barradas R.

La Sala Constitucional reitera su criterio relativo al ejercicio de la acción penal en los procesos penales que tengan por objeto delitos de lesa humanidad, violaciones graves de derechos humanos y los crímenes de guerra; la cual es imprescriptible pues busca evitar que queden impunes, a todo evento y por el transcurrir del tiempo, dichas conductas delictivas.

Analizadas de forma detenida y detalladas las actas que conforman el presente expediente, se han observado fundados elementos que hacen presumir a esta Sala, que el hecho objeto del proceso penal principal, concretamente, la provocación de la muerte a la ciudadana MIRIAM BARRETO MERCHÁN, constituye una violación grave a los derechos humanos –específicamente, del derecho a la vida–, en los términos de los artículos 29 y 271 de la Constitución de la República Bolivariana de Venezuela y del numeral 1 del artículo 6 de la Ley para Sancionar los Crímenes, Desapariciones, Torturas y Otras Violaciones de los Derechos Humanos por Razones Políticas en el Período 1958-1998, ya que el, o los presuntos autores de tales delitos fue o fueron cometidos por funcionarios militares, –ello sin perjuicio de que otras personas hayan podido intervenir, sea como autores o partícipes, en la comisión del hecho antes descrito–.

Con base en lo anterior, se considera que la acción penal para sancionar la provocación de la muerte de la ciudadana MIRIAM BARRETO MERCHÁN es imprescriptible, de forma similar a como lo declaró esta Sala en sentencias N° 186/2015 y N° 1185/2015, en las que asentó lo siguiente.

En cuanto al argumento del Ministerio Público, según el cual los presentes hechos, constituyeron violaciones graves a los derechos humanos, y concretamente, del artículo 58 de la Constitución Nacional de 1961 (el cual consagraba el derecho a la vida), y por ende la acción penal para sancionarlo es imprescriptible, esta Sala observa lo siguiente:

El artículo 29 de la Constitución de la República Bolivariana de Venezuela dispone lo siguiente:

"**Artículo 29.** El Estado estará obligado a investigar y sancionar legalmente los delitos contra los derechos humanos cometidos por sus autoridades.

Las acciones para sancionar los delitos de lesa humanidad, violaciones graves de los derechos humanos y los crímenes de guerra son imprescriptibles. Las violaciones de derechos humanos y los delitos de lesa humanidad serán investigados y juzgados por los tribunales ordinarios. Dichos delitos quedan excluidos de los beneficios que puedan conllevar su impunidad, incluidos el indulto y la amnistía" (Resaltado del presente fallo).

Asimismo, el artículo 271 *eiusdem* establece lo siguiente:

"**Artículo 271.** En ningún caso podrá ser negada la extradición de los extranjeros o extranjeras responsables de los delitos de deslegitimación de capitales, drogas, delincuencia organizada internacional, hechos contra el patrimonio público de otros Estados y contra los derechos humanos. **No prescribirán las acciones judiciales dirigidas a sancionar los delitos contra los derechos humanos**, o contra el patrimonio público o el tráfico de estupefacientes.

Asimismo, previa decisión judicial, serán confiscados los bienes provenientes de las actividades relacionadas con los delitos contra el patrimonio público o con el tráfico de estupefacientes.

El procedimiento referente a los delitos mencionados será público, oral y breve, respetándose el debido proceso, estando facultada la autoridad judicial competente para dictar las medidas cautelares preventivas necesarias contra bienes propiedad del imputado o de sus interpósitas personas, a los fines de garantizar su eventual responsabilidad civil". (Resaltado del presente fallo)

Respecto al sentido y alcance de las citadas disposiciones constitucionales, esta Sala ha señalado en anteriores oportunidades que aquéllas se refieren al ejercicio de la acción penal en los procesos penales que tengan por objeto delitos de lesa humanidad, violaciones graves de derechos humanos y los crímenes de guerra (Sentencia N° 821 del 18 de junio de 2009). Así, la imprescriptibilidad a la que hace alusión dicha disposición normativa es de la acción penal como ejercicio del *ius puniendi* del Estado, que se materializa en el inicio y posterior culminación de un proceso penal determinado, todo ello para contravenir la regla de prescripción de la acción penal, ordinaria y judicial, contemplada en los artículos 108 y siguientes del Código Penal (Sentencia N° 821 del 18 de junio de 2009).

Es el caso, que la imprescriptibilidad de la acción penal prevista en el artículo 29 de la Constitución de la República Bolivariana de Venezuela tiene como génesis primordial el hecho de evitar que queden impunes, a todo evento y por el transcurrir del tiempo, aquellas conductas delictivas consideradas como las más graves, como lo son los delitos de lesa humanidad, violaciones graves de derechos humanos y los crímenes de guerra (Sentencia N° 821 del 18 de junio de 2009).

A mayor abundamiento, esta Sala estableció en sentencia N° 864 del 21 de junio de 2012, que la Ley para Sancionar los Crímenes, Desapariciones, Torturas y Otras Violaciones de los Derechos Humanos por Razones Políticas en el Periodo 1958-1998 establece expresamente que el Estado Venezolano tiene la obligación de investigar y castigar los delitos contra los derechos humanos y de lesa humanidad cometidos por sus autoridades, sobre la base de la imprescriptibilidad de los mismos, excluyéndolos de cualquier beneficio procesal que pueda conllevar a su impunidad, incluso: el indulto y la amnistía.

Igualmente, en sentencia N° 65 del 15 de febrero de 2013, esta Sala Constitucional afirmó que del texto del artículo 29 de la Constitución de la República Bolivariana de Venezuela, se desprende que el Constituyente sólo perfiló algunas de las conductas delictivas respecto de las cuales, por ser susceptibles de ser encuadradas en los conceptos de delitos contra los derechos humanos o de lesa humanidad, no se extingue, por razón del transcurso del tiempo, la acción para procurar el enjuiciamiento de los responsables por su comisión, así como la sanción penal a dichos partícipes.

En esa misma sentencia se indicó lo siguiente:

"…el Poder Judicial y, especialmente, esta Sala Constitucional del Tribunal Supremo de Justicia, ha luchado contra la impunidad de forma permanente, incansable y eficaz, en cumplimiento de postulados fundamentales de la democrática Constitución de la República Bolivariana de Venezuela, especialmente en los casos que han significado una afrenta para los valores e intereses jurídicos más relevantes de las personas y la colectividad, como es el que hoy nos ocupa.

(...) el Poder Judicial, como ya se advirtió en honor a la memoria histórica, a la verdad y a la Justicia, condenó de forma contundente a los autores materiales del crimen cometido en perjuicio de Danilo Anderson (incluso con las máximas sanciones que permite el Texto Fundamental).

(...) esta Sala, en el marco de sus atribuciones constitucionales y en el contexto de la lucha emprendida por todo el Estado Venezolano, actuando de forma unitaria, ha realizado aportes determinantes para contrarrestar no la impunidad de delitos cometidos en los últimos años como consecuencia, en su mayoría, de residuos de la violencia determinada por políticas erradas durante la Cuarta "República", sino de crímenes perpetrados durante la opresión que se vivió en esa época.

(...) el Poder Judicial ha seguido y sigue en la lucha permanente contra la impunidad de los crímenes cometidos durante el denominado "Caracazo" e, inclusive, la de otros tantos perpetrados con anterioridad a esos sucesos, y que también eran producto de la opresión ejercida en la época, como fue el caso del ciudadano Jesús Alberto Márquez Finol, a través de una decisión que anuló la írrita decisión dictada el 7 de mayo de 1973, por el Consejo de Guerra Permanente de Caracas, mediante la cual declaró Terminada la Averiguación Sumarial instruida con motivo de la muerte del prenombrado ciudadano, por no haber lugar a proseguirla, ya que el hecho que la originó *"no reviste carácter penal"*, y, en consecuencia, ordenó al Ministerio Público, con arreglo a lo que establece el artículo 19 de la "Ley para Sancionar los Crímenes, Desapariciones, Torturas y Otras Violaciones de los Derechos Humanos por Razones Políticas en el Período 1958-1998" anteriormente citado, interpretado y utilizado para subsumir los juicios acerca de la decisión impugnada, que reabra el caso y que lo tramite, de estar dadas las condiciones y requisitos para ello, por la vía ordinaria".

En el caso de autos, una vez analizadas de forma detenida y detalladas las actas que conforman el presente expediente, se han observado fundados elementos que hacen presumir a esta Sala, que los hechos objeto del proceso penal principal, y concretamente, el homicidio de la ciudadana MIRIAM BARRETO MERCHÁN, constituyeron violaciones graves a los derechos humanos –específicamente, del derecho a la vida–, en los términos de los artículos 29 y 271 de la Constitución de la República Bolivariana de Venezuela y del numeral 1 del artículo 6 de la Ley para Sancionar los Crímenes, Desapariciones, Torturas y Otras Violaciones de los Derechos Humanos por Razones Políticas en el Período 1958-1998. Con base en lo anterior, se considera que la acción penal para sancionar el homicidio de la ciudadana antes mencionada, es imprescriptible.

En atención a todo lo antes expuesto, concluye esta Alzada que la Corte Primera de lo Contencioso Administrativo no incurrió en suposición falsa pues efectivamente, la Contraloría General del Estado Lara, desde el inicio del procedimiento administrativo sancionatorio consideró que el ciudadano Francisco Antonio Martínez La Paz, en su condición de Presidente del Consejo Legislativo de ese Estado, incurrió en responsabilidad administrativa al haber incumplido con lo dispuesto en el Manual Descriptivo de Cargos del Consejo Legislativo del Estado Lara y en el Reglamento Interior de Debates de ese Consejo Legislativo, antes mencionados, lo cual resulta violatorio del derecho a la presunción de inocencia; en razón de lo cual se desecha la denuncia formulada al respecto. Así se declara.

3.   *Derechos Individuales*

A.   *Derecho a la libertad personal*

TSJ-SC (177)   **14-3-2016**

Magistrado Ponente: Luis Fernando Damiani Bustillos

Caso: Darwin Ramón Lugo Sira

Las disposiciones contenidas en los artículos 13.3 y 22 del Código Penal, no coliden con el derecho a la libertad personal estipulado en el artículo 44 de la Constitución de la República Bolivariana de Venezuela, conforme a la interpretación vinculante efectuada por esta Sala en su fallo N° 1.675 del 17 de diciembre de 2015.

Así las cosas, se observa que esta Sala pese a que en su fallo anuló e integró parcialmente las disposiciones contenidas en los artículos 10.1, 13.3, 16.2 y 22 del Código Penal, en lo que respecta al deber del penado de dar cuenta a los respectivos Jefes Civiles de los municipios donde resida o por donde transite de su salida y llegada a éstos, lo cierto es que mantuvo la validez –aunque en distintos términos– de la sujeción a la vigilancia de la autoridad, al estimar que la misma constituye una pena que se sustenta en la prevención y, por ende, en los principios de resocialización, rehabilitación y reinserción social, en los términos del artículo 272 de la Constitución de la República Bolivariana de Venezuela, *"que incide en menor grado en las libertades fundamentales, respecto del presidio o la prisión, y, por tanto, más asociada a las fórmulas no privativas de libertad y menos conectada con la idea de retribución"*, ratificando de tal forma la constitucionalidad de las normas sometidas a nulidad.

En tal sentido, se advierte que contrario a lo expuesto por el Juzgado Segundo de Primera Instancia en Funciones de Ejecución del Circuito Judicial Penal del Estado Falcón, las disposiciones contenidas en los artículos 13.3 y 22 del Código Penal, no coliden con el derecho a la libertad personal estipulado en el artículo 44 de la Constitución de la República Bolivariana de Venezuela, conforme a la interpretación vinculante efectuada por esta Sala en su fallo N° 1.675 del 17 de diciembre de 2015, respecto a la redacción del artículo 22 del Código Penal, donde se adecuó su contenido y aplicación al ordenamiento jurídico vigente, lo que permite establecer la constitucionalidad de las normas que regulan la pena accesoria de sujeción a la vigilancia de la autoridad.

En consecuencia, la Sala declara no conforme a derecho la desaplicación de los artículos 13.3 y 22 del Código Penal, efectuada por el Juzgado Segundo de Primera Instancia en Funciones de Ejecución del Circuito Judicial Penal del Estado Falcón, en lo que respecta a la pena accesoria de sujeción a la vigilancia de la autoridad civil que debía cumplir el ciudadano Darwin Ramón Lugo Sira, quien fue condenado a la pena de un año y seis meses de prisión, por la comisión del delito de ocultamiento de arma de fuego, por lo que se anula dicho fallo **únicamente en lo que se refiere a la desaplicación por control difuso de la constitucionalidad de las normas que prevén la mencionada pena accesoria.** Así se decide.

B.   *Derecho a la información*

TSJ-SPA (119)   **10-2-2016**

Magistrado Ponente: María Carolina Ameliach Villarroel

Caso: Asociación Civil Espacio Público vs. Ministra del Poder Popular para el Servicio Penitenciario.

El derecho a la información no es un derecho absoluto –como sería el derecho a la vida–, pues su ejercicio está sujeto a determinados límites, razón por la cual no puede ser invocado como un elemento excluyente de la antijuricidad. El solicitante de una información deberá manifestar expresamente las razones por las cuales requiere la misma, así como justificar que lo pedido sea proporcional con el uso que se le pretende dar.

En este sentido, se advierte que la parte actora solicitó a la aludida Ministra en fecha 26 de enero de 2015, que *"1. Provea un listado de la cantidad de muertos y heridos en las penitenciarías de la nación desde el 2001 al 2014; informe de manera discriminada la cantidad de muertes y heridos según las penitenciarías de cada región del Estado Venezolano y de acuerdo con el sexo"*; así como también que *"(…) 2. Provea la cantidad de médicos destina-*

dos a las penitenciarías del país para atender a los privados de libertad; indique de manera discriminada la cantidad de médicos según las penitenciarías de cada región del Estado venezolano" (*Vid.*, folio 28 del expediente judicial).

Dicho requerimiento de información fue reiterado por la parte demandante el 25 de marzo de 2015, expresando como fundamento lo siguiente: *"Es de suma preocupación, que hasta la fecha no hemos recibido por parte de su institución respuesta alguna, tomando en cuenta que la información solicitada esta netamente orientada y enfocada a un tema de interés social, como también la de dar a conocer la gestión de nuestro país a nivel internacional. De la misma manera, señalamos que se han excedido los veinte (20) días hábiles que tiene esta institución para dar respuesta a la misma de conformidad con el artículo 5 de la Ley Orgánica de Procedimientos Administrativos. Por ello, insistimos respetuosamente en que la petición de información enviada nos sea contestada a la brevedad posible (…)"* (*Vid.* folio 29 del expediente judicial).

A mayor abundancia, la accionante destacó en su escrito recursivo que la abstención de otorgar respuesta por parte de la Ministra accionada, trasgrede el derecho al acceso a la información de los administrados, así como el ejercicio de la libertad de expresión, ya que se impide conocer una situación de gran relevancia para la colectividad, que le permitiría estar al tanto de las funciones y actividades desempeñadas por la institución, con el objeto de realizar la contraloría social necesaria para garantizar el respeto a los derechos humanos, a la vida, así como las condiciones sanitarias de los individuos privados de libertad.

Ahora bien, teniendo en cuenta lo anterior, es imprescindible destacar que respecto al ejercicio del derecho a la información, contenido en el artículo 143 de la Constitución de la República Bolivariana de Venezuela, la Sala Constitucional de este Máximo Tribunal estableció, con carácter vinculante, en sentencia N° 745 del 15 de julio de 2010 (reafirmada por esta Sala, entre otras por decisión N° 1.177 publicada el 6 de agosto de 2014, caso: *Asociación Civil Espacio Público y otros*), lo siguiente:

> *"(…) el derecho a la información está legitimado en función del principio de transparencia en la gestión pública, que es uno de los valores expresamente establecidos en el artículo 141 de la Constitución de la República Bolivariana de Venezuela. Sin embargo, el artículo 143 eiusdem expresamente regula tal derecho, en los términos siguientes:*
>
> *'Los ciudadanos y ciudadanas tienen derecho a ser informados e informadas oportuna y verazmente por la Administración Pública, sobre el estado de las actuaciones en que estén directamente interesados e interesadas, y a conocer las resoluciones definitivas que se adopten sobre el particular. Asimismo, tienen acceso a los archivos y registros administrativos, sin perjuicio de los límites aceptables dentro de una sociedad democrática en materias relativas a seguridad interior y exterior, a investigación criminal y a la intimidad de la vida privada, de conformidad con la ley que regule la materia de clasificación de documentos de contenido confidencial o secreto. No se permitirá censura alguna a los funcionarios públicos o funcionarias públicas que informen sobre asuntos bajo su responsabilidad (resaltado añadido).'*
>
> *De dicha lectura se infiere que aun cuando el texto constitucional reconoce el derecho ciudadano a ser informado, determina límites externos al ejercicio de tal derecho, en el entendido de que no existen derechos absolutos, salvo en nuestro derecho constitucional el derecho a la vida. Así, la invocación del derecho constitucional a la información no actúa como causa excluyente de la antijuricidad.*
>
> *De modo que, esta Sala determina con carácter vinculante, a partir de la publicación de esta decisión, que en ausencia de ley expresa, y para salvaguardar los límites del ejercicio del derecho fundamental a la información, se hace necesario: i) que el o la solicitante de la información manifieste expresamente las razones o los propósitos por los cuales requiere la información; y ii) **que la magnitud de la información que se solicita sea proporcional con la utilización y uso que se pretenda dar a la información solicitada**"* (Negrillas de la Sala).

De conformidad con la sentencia antes transcrita, la Sala Constitucional de este Alto Tribunal determinó que al no tratarse el derecho a la información de un derecho absoluto –como sería el derecho a la vida– su ejercicio está sujeto a determinados límites, razón por la cual no puede ser invocado como un elemento excluyente de la antijuricidad. Igualmente, se estableció que a partir de la publicación de la aludida decisión, y para salvaguardar los límites del ejercicio del derecho a la información, el solicitante deberá manifestar expresamente las razones por las cuales requiere la información, así como justificar que lo pedido sea proporcional con el uso que se le pretende dar.

Atendiendo al criterio transcrito de la Sala Constitucional de este Máximo Tribunal, se observa que la parte actora adujo como razón de su requerimiento que la información solicitada es necesaria para ejercer "*contraloría social*", para dar a conocer a la colectividad sobre las funciones y actividades desempeñadas por la institución, y así verificar si la gestión realizada por ese Ministerio es eficiente y eficaz respecto a las necesidades que tiene la sociedad. A su vez, que la misma es requerida para aportar ideas y opiniones para mejorar la situación existente en los centros penitenciarios del país, así como para demostrar a familiares que se les está resguardando debidamente el derecho a la vida y las condiciones sanitarias mínimas a los reclusos.

Asimismo, adujeron que "(…) *ésta información se requiere para realizar informes con motivo del Pacto Internacional de Derechos Civiles y Políticos y el Pacto Internacional de Derechos Económicos, Sociales y Culturales*", a la vez que es un derecho de los ciudadanos participar en los asuntos públicos del Estado y velar por que se respeten los derechos, principios y garantías establecidas en la Constitución de la República Bolivariana de Venezuela, así como los derechos humanos.

Ahora bien, de una revisión exhaustiva del expediente judicial, esta Sala observa que la parte actora conjuntamente con el escrito contentivo de la demanda por abstención interpuesta, únicamente consignó las dos comunicaciones dirigidas al Ministerio del Poder Popular para el Servicio Penitenciario mediante las cuales se requirió la información objeto de controversia, así como el instrumento Poder que acreditaba la representación del ciudadano Oswaldo Rafael Cali Hernández, como apoderado judicial de la Asociación Civil Espacio Público.

En virtud de ello, advierte este órgano jurisdiccional que si bien la parte accionante manifestó –de forma genérica– las razones y propósitos por los cuales pidió la información –con lo que, en principio, se daría cumplimiento al primer requisito exigido por el criterio vinculante sentado por la Sala Constitucional antes aludido–, no fueron incorporados a los autos elementos suficientes que permitieran demostrar cómo la información requerida pueda serle de utilidad, o de qué manera pudiera influir en la mejora de la eficacia y eficiencia de la labor de la institución penitenciaria.

No explica la parte demandante cómo los informes que dicha organización realiza con motivo del Pacto Internacional de Derechos Civiles y Políticos y el Pacto Internacional de Derechos Económicos, Sociales y Culturales, puedan influir en la mejora de los centros penitenciarios del país, ni en qué consiste específicamente la "*contraloría social*", ni quienes serían los individuos o personas encargadas de llevarla a cabo. Asimismo, no se determinan los parámetros, índices o baremos que permitan establecer la relación entre la eficacia y eficiencia de la labor de la institución en relación con los datos que fueron peticionados, ni la manera en cómo supuestamente ha de ser difundida dicha información, lo que denota que no hay correspondencia entre la magnitud de lo peticionado con el uso que pueda dársele.

Igualmente, la demandante también aduce que otro de los motivos de su requerimiento es aportar ideas y propuestas que permitan mejorar el sistema penitenciario del país, no siendo un impedimento para esto que el Ministerio accionado otorgue o no la información solicitada, dado que perfectamente pueden hacerse contribuciones y hacer llegar a este órgano propuestas positivas y constructivas para el mejoramiento de los centros de reclusión, sin que sea un requisito indispensable una respuesta de la Administración –con los detalles exigidos– para ello.

Siendo así, no considera esta Sala que se encuentre debidamente cumplido el segundo requisito exigido por el criterio vinculante de la Sala Constitucional de este Tribunal Supremo de Justicia, establecido mediante sentencia N° 745 del 15 de julio de 2010.

En razón de los argumentos expuestos, esta Sala Político Administrativa declara inadmisible la demanda por abstención incoada. Así se decide (*Vid.*, entre otras, sentencias de esta Sala Nros. 1636 y 1736 de fechas 3 y 18 de diciembre de 2014, respectivamente).

C.   *Derecho a la libertad de expresión. (Medidas cautelares)*

TSJ-SC (259)   **8-6-2016**

Magistrado Ponente: Lourdes Benicia Suárez Anderson

Caso: Juan Ernesto Garantón Hernández

En virtud de lo anterior, la pretensión de la medida cautelar innominada en el presente caso se circunscribe a la prohibición de publicar y difundir por parte de los medios de comunicación digitales "**LA PATILLA**" y "**CARAOTA DIGITAL**", los videos de linchamientos transmitidos en fecha 15 de febrero de 2016 por el link http://www.lapatilla.com/site/2016/02/15/atrapan-a- metrochoro-en-altamira-y-casi-lo-linchan-video/; el 23 de marzo del año en curso, por el portal web http://caraotadigital.net/ la-gnb-lo-capturo-y-luego-lo-entrego-a-la-gente-para-que-lo-lincharan-video/ y el 04 de abril de 2016 por los link http://caraotadigital.net/ vecinos-enardecidos-de-los-ruices-golpean-y-queman-a-hampon-video/ y; http://caraotadigital.net/nuevo-linchamiento-en-caracas-video/, en los cuales se observa como una turba sin piedad y deshumanizando a las víctimas sustituyen el ejercicio de la justicia, quitándole la vida o en su defecto ocasionando lesiones gravísimas a personas que presuntamente cometieron un ilícito penal, lo cual, en un examen preliminar, se constata del contenido de los referidos videos, que son un hecho notorio comunicacional, un mensaje altamente agresivo, violento, que pudiera ser influyente en el bienestar psicológico, moral y emocional de los usuarios y usuarias que visualizan esa transmisión, dejando aparentemente en segundo plano la nota periodística, lo cual pareciera avalar implícitamente los linchamientos, no contribuyendo así los medios de comunicación digitales denunciados –instrumentos esenciales para el desarrollo del proceso educativo– al fortalecimiento de la ciudadanía en el respeto por la dignidad humana, por la vida, por la ley y por las instituciones encargadas de administrar justicia.

(…)

Al respecto, queda acreditado como un hecho notorio comunicacional los videos de linchamientos transmitidos pública y masivamente por los medios de comunicación digitales "**LA PATILLA**" y "**CARAOTA DIGITAL**", cuyo contenido causa perturbación e intranquilidad en la sociedad, lo cual podría ocasionar un caos social, toda vez que el hecho de la noticia es importante, sin embargo, es necesario ser responsable al momento de ofrecer la nota informativa, evitando lo más posible un efecto psicológico negativo en la mayoría de la población, por ser como en psicología se ha estudiado como el "primado" –priming– denominado "(...) *un fenómeno inconsciente que hace que nuestra forma de pensar y/o comportarnos cambie debido al contexto de la información* (...)". (Ver link http://quo.mx/noti cias/2014/02/26 por-cambia-nuestra-forma-de-pensar). Así se declara.

En este contexto, se destaca el Informe Temático realizado por la Misión de Verificación de Naciones Unidas en Guatemala (MINUGUA), en diciembre del año 2000, mediante el cual recomendó a los medios de comunicación lo siguiente:

> "(...) *Los medios de comunicación social podrían contribuir a que los linchamientos no sean interpretados como actos de "justicia popular". Para ello sería conveniente que promuevan una mayor comprensión de la compleja realidad socioeconómica, cultural e histórica del país. Debería evitarse la descripción de un hecho delictivo como "justicia" dado que esto lo presenta con una legitimidad que lo sitúa en el subconsciente colectivo con una valoración positiva. La descripción de "popular" es también cuestionable, ya que es sabido que en una turba son pocos los que activamente participan en un linchamiento. Por último, cuando se cataloga de "delincuentes" a las víctimas de los linchamientos y no a los linchadores, se justifica un acto criminal, al tiempo que se viola entre otros derechos, el de la presunción de inocencia y al debido proceso* (...)". (Ver https://es.wikisource.org/wiki/Los linchamientos: _un_flagelo_contra_la_dignidad_humana). (Negrillas y subrayado de la Sala).

A tal efecto, aprecia esta Sala preliminarmente que la divulgación y difusión indiscriminada de los videos de linchamientos producen un efecto perturbador de los elementos psicológicos, éticos, morales y rectores de la sociedad, razón por la cual esta Sala aprecia que aunado al hecho de que los mencionados mensajes visuales son divulgados reiteradamente, se produce un grave riesgo de alteración del orden social y de la estabilidad psíquica y emocional de los usuarios y usuarias de estos canales de información en formato digital, lo cual, más allá de la noticia y los derechos a la libertad de expresión y a la información, resultan contrarios a la paz social y al interés general de mantenimiento del Estado de Derecho, por propender al enaltecimiento del quebrantamiento de la Ley.

Al hilo de las consideraciones expuestas y en aras de determinar la procedencia de la medida cautelar innominada solicitada, se hace necesario ponderar los derechos en conflicto, así tenemos que nuestra Carta Magna consagra el derecho a la libertad de expresión y el derecho a una información oportuna y veraz. Partiendo de allí, los comunicadores sociales tienen el derecho de expresar periodísticamente un hecho noticioso y los usuarios y usuarias tienen el derecho de recibir una información adecuada, pero estos derechos no deben crear zozobra e incertidumbre en la población, ya que el ejercicio de la comunicación social debe contribuir con el desarrollo integral del individuo y de la sociedad, no siendo plausible que se socaven las bases de la convivencia social, que se fomenten acciones contrarias al orden público y denigrantes a la condición humana, lesionando implícitamente otros derechos constitucionales como el derecho a la salud pública, el derecho a la presunción de inocencia, el derecho al honor y a la reputación, haciéndose imperioso la adopción de medidas necesarias para salvaguardar cautelarmente los derechos constitucionales infringidos, a favor de la sociedad. (Ver sentencias Nros. 1566/2012 y 359/2014).

Precisamente, cuando el órgano jurisdiccional tenga conocimiento de un caso y constate la lesión de uno o varios derechos constitucionales por el ejercicio desproporcionado de otro derecho constitucional está en la obligación de salvaguardar la preeminencia de los derechos humanos, los derechos de la sociedad, preservar la paz y la sanidad pública, los cuales son eminentemente de orden público, permitiéndole así la facultad de limitar de manera razonable, oportuna y proporcionalmente ese derecho, para lo cual el Juzgador deberá ineludiblemente evaluar si la restricción o delimitación del derecho constitucional está: (i) permitido por la ley –fundamento legal–; (ii) que la finalidad sea salvaguardar ciertos bienes jurídicos relevantes; (iii) que se trate de medidas necesarias en una sociedad democrática, en la cual se busca que las instituciones protejan los derechos esenciales de los habitantes; y (iv) que existe la necesidad de imponer el límite o restricción de manera proporcional a la finalidad perseguida. (Ver sentencias Nros. 379/2007, 1566/2012 y 359/2014).

En razón de las consideraciones expuestas y visto que la transmisión reiterada de los videos de linchamientos podrían exaltar estos hechos contrarios a la esencia misma de la convivencia social a través de las instituciones del Estado, fomentando la anomia, el irrespeto a las leyes y a los derechos humanos en el sentido de concebir como lícita la justicia por propias manos por parte de la ciudadanía, sin prever la inocencia o no de la víctima y los derechos al debido proceso, la vida, y la integridad personal y en aras de promover el equilibrio democrático, la paz, la preeminencia de los derechos humanos y el imperio de la Ley, esta Sala declara procedente la medida cautelar de prohibición de publicación por parte de los medios digitales "**LA PATILLA**" y "**CARAOTA DIGITAL**" de los videos con contenido de linchamientos, hasta tanto se decida el fondo de la presente demanda por derechos e intereses difusos. Así se decide.

En virtud de los derechos tutelados y visto el carácter de orden público que reviste la presente causa, esta Sala Constitucional extiende la medida cautelar decretada a todos los medios de comunicación nacionales con capacidad de transmitir este tipo de videos a través de sus plataformas tecnológicas. Así se decide.

Finalmente, dada la extensión de la medida cautelar decretada se ordena la notificación del Presidente del Colegio Nacional de Periodistas, así como también al Secretario General del Sindicato Nacional de Trabajadores de la Prensa. Así se decide.

En atención a la procedencia de la medida cautelar decretada, esta Sala ordena la publicación íntegra del presente fallo en el Portal Web de este Tribunal Supremo de Justicia "www.tsj.gob.ve." en cuyo sumario deberá indicarse lo siguiente:

"Sentencia de la Sala Constitucional del Tribunal Supremo de Justicia, que declara procedente la medida cautelar de prohibición de publicación por parte de los medios digitales "LA PATILLA" y "CARAOTA DIGITAL" de los videos con contenido de linchamientos, hasta tanto se decida el fondo de la presente demanda por derechos e intereses difusos, así como su extensión a todos los medios de comunicación nacionales con capacidad de transmitir este tipo de videos a través de sus plataformas tecnológicas".

    D.   *Derecho a la tutela judicial efectiva*

TSJ-SC (179)   **15-3-2016**

Magistrado Ponente: Calixto Antonio Ortega Ríos

Caso: César Dasilva Maita

> **Se anula parcialmente el artículo 201 de la Ley Orgánica Procesal del Trabajo, por ser inconstitucional en tanto y en cuanto dispone que el juez podrá declarar la perención de la instancia después de vista la causa, lo cual resulta contrario al derecho a la tutela judicial efectiva, de acuerdo a la doctrina desarrollada por la Sala Constitucional en este caso. Se declaran los efectos de dicha anulación parcial como *ex nunc*.**

Entre las referidas libertades públicas taxativamente reconocidas, se encuentra un derecho operacional que ha permitido la sustitución de la autodefensa y constituye un derivado del ejercicio estatal del monopolio de la coacción física legítima, mediante el cual se garantiza a los sujetos de derecho el goce y la salvaguarda de sus situaciones jurídicas.

Tal derecho, cuyo equivalente anglosajón es el *"due process of law"*, es conocido como el derecho a la tutela judicial efectiva (artículo 26 del Texto Fundamental) y consiste según Domínguez A., (*Constitución y Derecho Sancionador Administrativo*. Ediciones Jurídicas y Sociales, Madrid 1997, p. 303) en "residenciar en el poder judicial cualquier reclamación sobre un derecho o interés legítimo lesionado por otro ciudadano o poder público".

Con ello, el derecho a la tutela judicial efectiva se presenta como aquella situación jurídica de poder en la cual toda persona tiene la facultad de "recurrir al juez, mediante un juicio en el que se respeten todas las garantías procesales, con el fin de obtener una resolución motivada que sea conforme a derecho" (De Esteban, *Curso de derecho Constitucional Español II*, Madrid 1993, p. 80).

Significa en términos de Pérez Royo (*Curso de derecho Constitucional*, Ediciones Jurídicas y Sociales Marcial Pons, Madrid 2000, p. 492), "utilizar los recursos que la ley prevea, con el objeto de poner en práctica los derecho subjetivos ventilados en cada caso en concreto y por ello, se trata de un derecho prestacional que tiende a la defensa de todos los demás derechos.

Sobre tales premisas Figueruelo ha afirmado (Crisis de la Justicia y Tutela Judicial Efectiva, *Revista de Derecho Constitucional N° 8*, Editorial Sherwood, Caracas 2003, p. 27), que la tutela judicial es el precepto que engloba las garantías básicas de toda Administración de Justicia, toda vez que comprende, el derecho de acceso a la jurisdicción, a obtener una resolución judicial sobre el fondo del asunto siempre que se cumplan los requisitos formales para ello, el derecho a una decisión motivada, a los recursos dispuestos en el ordenamiento jurídico, a la ejecución de las sentencias; el derecho a la invariabilidad e intangibilidad de las resoluciones judiciales y a la tutela cautelar.

En el mismo sentido se pronuncia Molas (*Derecho Constitucional*, Editorial Tecnos, España 1998, p. 344), al afirmar, que el derecho en referencia comprende acceder a los órganos del poder judicial sin limitaciones de tipo formalista, así como a obtener de los mismos una decisión motivada fundada en derecho sobre pretensiones deducidas, aunque no sea favorable y finalmente a la ejecución de dicha decisión.

Según lo expuesto, el derecho a la tutela judicial efectiva presenta varias fases como son la facultad de acceder a la justicia, la obtención de una justicia impartida conforme al artículo 26 del Texto Fundamental (imparcial, gratuita, accesible, idónea, transparente, autónoma, independiente, responsable, equitativa, expedita, sin dilaciones indebidas, sin formalismos o reposiciones inútiles), el derecho al debido proceso (que a su vez comprende el derecho a la defensa, el derecho a la presunción de inocencia, el derecho a ser oído, el derecho al juez natural, la prescripción a declarar contra sí mismo y allegados, la confesión sin coacción, la libertad de pruebas, el *nulla crimen nulla pena sine lege*, el *non bis in idem* y la responsabilidad del Estado por error judicial) y finalmente, el derecho a la ejecución del fallo proferido.

Al mismo tiempo, la garantía bajo análisis, comporta el derecho a que una vez cumplidas todas las cargas procesales, se obtenga "una sentencia de fondo sobre los temas jurídicos materiales debatidos durante el proceso" (De Esteban. *Curso de derecho Constitucional Español II*, Madrid 1993, p. 83), pues la razón de ser de los órganos jurisdiccionales es, precisamente, resolver los conflictos a los fines del mantenimiento del principio de paz social.

Ciertamente, cuando las partes han dado cumplimiento a las cargas legalmente establecidas, tienen derecho (en el marco de la tutela judicial efectiva) a un pronunciamiento que resuelva "expresamente sobre el objeto y petitorio de la demanda y de la defensa, y también sobre las articulaciones substanciales y costas" (Bielsa. *Sobre lo Contencioso Administrativo*. 2° Edición, Buenos Aires 1954, p. 207), ya que precisamente las sentencias tienen como vocación primaria la solución de los conflictos elevados a instancia jurisdiccional.

Adicionalmente, el derecho a obtener una sentencia de mérito, en los términos arriba expuestos, va aparejado a que el proceso concluya en una "duración razonable" (Bidart Campos. *Derecho de la Constitución y su Fuerza Normativa*, Buenos Aires 1995, p. 307), lo cual quiere decir, que una vez cumplidas las cargas procesales destinadas a poner la causa en estado de decisión, esto es en "vistos" si se refiere al fondo del asunto planteado o una vez designado ponente a los fines de resolver una incidencia, como podría ser el caso de pretensiones cautelares, el órgano jurisdiccional debe proveer lo conducente a dirimir las pretensiones esgrimidas, lo cual, no necesariamente supone favorecer la solicitud formulada, sino que se resuelva si ella es o no conforme a derecho.

La comentada sujeción del proceso a plazo razonable, es un efecto del artículo 26 de la Constitución, que dispone la garantía constitucional de una justicia sin dilaciones indebidas, en donde la actuación de los sujetos procesales debe estar orientada por el principio de celeridad y cuya vinculación sobre los jueces, supone la prohibición de "dilatar las resoluciones" (Useche. *El Acceso a la justicia en el Nuevo Orden Constitucional Venezolano. Bases y Principios del Sistema Constitucional Venezolano*, VII Congreso Venezolano del Derecho Constitucional, 2001, p. 55).

En el marco de las observaciones anteriores, esta Sala estableció en la sentencia N° 956, dictada el 1° de junio de 2001, en el caso *Milagro Urdaneta Cordero*, que "siendo la perención un '*castigo*' a la inactividad de las partes, la de los jueces no puede perjudicar a los litigantes, ya que el incumplimiento del deber de administrar justicia oportuna es sólo de la responsabilidad de los sentenciadores, a menos que la falta de oportuno fallo dependa de hechos imputables a las partes."

Con fundamento en el comentado criterio, esta Sala dictó la decisión N° 2673, el 14 de diciembre de 2001, correspondiente al caso *DHL Fletes Aéreos y otros*, en donde se reiteró, "la imposibilidad de declarar la perención de la instancia ante la inactividad del órgano jurisdiccional después de vista la causa, cuando no cumpliera con su obligación de sentenciar en los términos señalados en las leyes, paralizando con ello la causa, pues, sólo cuando la paralización sea incumbencia de las partes, podrá ocurrir la perención."

En esta última decisión, la Sala dejó claramente establecido, que cuando la causa se encuentran en estado de sentencia, las partes no tienen la carga de cumplir con ningún acto procesal y, que en consecuencia, la perención de la instancia en etapa de decisión, implica una transpolación a las partes del deber de decisión sin dilaciones indebidas que recae sobre los órganos jurisdiccionales. En el presente caso, la norma atacada dispone que el juez podrá declarar la perención de la instancia después de vista la causa, lo cual, en los términos antes expuestos, resulta contrario al derecho a la tutela judicial efectiva y, por tanto, inconstitucional por contrariar lo establecido en el artículo 26 del Texto Fundamental. Así se decide.

Por tal razón se anula parcialmente el artículo 201 de la Ley Orgánica Procesal del Trabajo en la parte que dispone lo siguiente. "*Igualmente, en todas aquellas causas en donde haya transcurrido más de un (1) año después de vista la causa, sin que hubiere actividad alguna por las partes o el Juez, este último deberá declarar la perención*".

Finalmente, corresponde determinar los efectos de la presente decisión anulatoria en el tiempo y en tal sentido, desde sus inicios (*Vid.*, sentencia 518, del 1° de junio de 2000, caso: *Alejandro Romero, entre otras*), esta Sala Constitucional hizo suya la doctrina de la extinta Corte Suprema de Justicia, según la cual, la nulidad por inconstitucionalidad produce efectos *ex tunc*, es decir, hacia el pasado. Salvo que en aras de la seguridad jurídica y para evitar mayores perjuicios, se fijen los efectos anulatorios *ex nunc* o hacia el futuro (*Vid.* 359 del 11 de mayo de 2000, dictada en el caso *Jesús María Cordero Giusti*).

En el caso de autos, en resguardo del principio de seguridad jurídica, esta Sala fija los efectos del fallo anulatorio *ex nunc*, es decir, hacia el futuro, desde el momento en que se publique el presente fallo.

4. *Derechos Sociales y de las familias*

A. *Derecho a una vivienda digna*

TSJ-SC (343)   **6-5-2016**

Magistrada Ponente: Lourdes Benicia Suárez Anderson

Caso: La constitucionalidad de la Ley de Otorgamiento de Títulos de Propiedad a Beneficiarios de la Gran Misión Vivienda Venezuela y otros Programas Habitacionales del Sector Público, como control preventivo, conforme lo prevé el artículo 214 de nuestra Carta Magna.

En este marco, debe analizarse la inclusión en la Constitución de la República Bolivariana de Venezuela del derecho a una vivienda digna en su artículo 82, el cual consagra que *"Toda persona tiene derecho a una vivienda adecuada, segura, cómoda, higiénica, con servicios básicos esenciales que incluyan un hábitat que humanice las relaciones familiares* (…)*; para ello, "El Estado dará prioridad a las familias y garantizará los medios para que éstas, y especialmente las de escasos recursos, puedan acceder a las políticas sociales y al crédito para la construcción, adquisición o ampliación de viviendas"*, incluyendo este artículo en el Capítulo V, denominado "De los Derechos sociales y de las familias", lo cual obliga no sólo a valorarlo en su contenido literal, sino también en el contexto en que lo estableciera el Constituyente.

El derecho a la vivienda, se encuentra entre los llamados derechos prestacionales de interés social, cuya satisfacción progresiva debe ser garantizada por el Estado, tal como lo ha establecido previamente esta Sala al reconocer que la tutela de este derecho es de efectivo e inmediato cumplimiento, en los siguientes términos:

"(…) *el derecho a una vivienda adecuada –o digna- no puede ser un derecho retórico, el cual, en efecto, aun cuando dispone de un amplio marco jurídico en nuestro país, debe propenderse a su efectiva concreción, evitando en lo posible que sea desplazado al evanescente mundo de las aspiraciones éticas. La garantía de tal derecho, cuyo contenido trasciende socialmente, implica un real compromiso, una política de acción social"* (*Vid.*, Sentencia N° 1317 del 3 de agosto de 2011 caso: *"Mirelia Espinoza Díaz"*)."

La concepción del Estado Democrático y Social de Derecho y de Justicia implica que el Estado tiene la obligación de salvaguardar y garantizar la realización de los derechos sociales de sus ciudadanos, en este caso **el derecho a la vivienda**, instrumentando medidas que contribuyan al diseño y formulación de políticas sociales en aras de lograr el efectivo ejercicio de dicho derecho constitucional, e impedir que sea vulnerado por las distorsiones del mercado perjudicando a los sectores económicos menos favorecidos.

El Constituyente de 1999, en el diseño del sistema de derechos humanos y en especial de los derechos sociales, no pretendió crear normas programáticas de aspiración a unos posteriores desarrollos legislativos o cuando se encontraren cumplidas ciertas condiciones para su reconocimiento como derecho. Nuestro constitucionalismo social se sitúa en la perspectiva de que las políticas públicas implementadas por el Estado a través del Ejecutivo lo obligan, en aras de superar el asistencialismo, a reconocer que las personas beneficiarias de la misma resultan titulares de derechos, tal como se desarrolla en la Gran Misión Vivienda Venezuela, que en cuanto a política social responde al marco constitucional del derecho a la vivienda como prestación del Estado a sus ciudadanos y no a imperativos políticos o morales, sino a la exigibilidad presente en el artículo 82 de la Constitución de la República Bolivariana de Venezuela.

En este sentido, una ley que desarrolle derechos constitucionales debe circunscribirse a la línea del cumplimiento efectivo de los mismos y en cuanto a los derechos sociales en particular, tiene como finalidad dar protección a sectores vulnerables de la sociedad y por ello el Estado tiene la discrecionalidad de tomar, dentro de un amplio espectro de medidas, las que sean convenientes para hacer efectivos estos derechos en cuanto al diseño, formulación de políticas, planes, programas, proyectos y acciones que permitan, en el caso que nos ocupa, el cumplimiento de un deber constitucional del Estado de garantizar el acceso de las familias a **una vivienda digna**.

La consagración constitucional del derecho a una vivienda digna es el corolario de una evolución que en Venezuela se remonta al establecimiento del Estado Social de Derecho, en particular desde la Constitución de 1947, que reconocía el derecho a la vivienda en su artículo 52, que consagró la obligación del Estado de fomentar la construcción de viviendas baratas para facilitar el acceso a las mismas a las clases económicamente débiles en el contexto de la seguridad social, a saber:

> *"(...) Los habitantes de la República tienen el derecho de vivir protegidos contra los riesgos de carácter social que puedan afectarlos y contra la necesidad que de ellos se deriva.*

> *El Estado establecerá en forma progresiva, un sistema amplio y eficiente de Seguridad Social y fomentará la construcción de viviendas baratas destinadas a las clases económicamente débiles* (...)". Subrayado de la Sala.

Luego, en la Constitución de 1961 se estableció, dentro del marco de la protección a la familia, el deber del Estado de facilitar la adquisición de una vivienda digna en los términos siguientes:

> *"Artículo 73.- El Estado protegerá la familia como célula fundamental de la sociedad y velará por el mejoramiento de su situación moral y económica. La ley protegerá el matrimonio, favorecerá la organización del patrimonio familiar, inembargable y proveerá lo conducente a facilitar a cada familia la adquisición de vivienda cómoda e higiénica".* Subrayado de esta Sala.

De la transcripción de este artículo, se desprende que desde 1961 en Venezuela el derecho constitucional a la vivienda está ligado a la protección de las familias, por lo que su satisfacción por parte del Estado debe dirigirse primordialmente a tal fin, concepción esta que fue desarrollada con mayor profundidad en el artículo 82 de la Constitución de la República Bolivariana de Venezuela.

Por otra parte, considerando la adhesión de Venezuela a distintos acuerdos internacionales en materia de derechos humanos, así como el rango constitucional que estos ostentan en nuestro ordenamiento jurídico, resulta oportuno observar cómo se ha regulado **el derecho a la vivienda** en este ámbito, por lo que se hará referencia a diversos convenios internacionales suscritos por la República en dicha materia.

Declaración Universal de los Derechos Humanos (1948):

> *Artículo 25.1: "Toda persona tiene derecho a un nivel de vida adecuado que le asegure, así como a su familia, la salud y el bienestar, y en especial la alimentación, el vestido, la vivienda, la asistencia médica y los servicios sociales necesarios; tiene asimismo derecho a los seguros en caso de desempleo, enfermedad, invalidez, viudez, vejez y otros casos de pérdida de sus medios de subsistencia por circunstancias independientes de su voluntad".*

Convención Internacional Sobre la Eliminación de todas las Formas de Discriminación Racial (1965):

Artículo 5 (e) (iii): "En conformidad con las obligaciones fundamentales estipuladas en el artículo 2 de la presente Convención, los Estados partes se comprometen a prohibir y eliminar la discriminación racial en todas sus formas y a garantizar el derecho de toda persona a la igualdad ante la ley, sin distinción de raza, color y origen nacional o étnico, particularmente en el goce de los derechos siguientes: (...) (e) (...) (iii) El derecho a la vivienda".

Pacto Internacional de Derechos Económicos, Sociales y Culturales (1966):

Artículo 2: Cada uno de los Estados Partes en el presente Pacto se compromete a adoptar medidas, tanto por separado como mediante la asistencia y la cooperación internacionales, especialmente económicas y técnicas, hasta el máximo de los recursos de que disponga, para lograr 'progresivamente, por todos los medios apropiados, inclusive en particular la adopción de medidas legislativas, la plena efectividad de los derechos aquí reconocidos.

Artículo 11.1: "Los Estados Partes en el presente Pacto reconocen el derecho de toda persona a un nivel de vida adecuado para sí y su familia, incluso alimentación, vestido y vivienda adecuados, y a una mejora continua de las condiciones de existencia. Los Estados Partes tomarán medidas apropiadas para asegurar la efectividad de este derecho, reconociendo a este efecto la importancia esencial de la cooperación internacional fundada en el libre consentimiento". Subrayado de esta Sala.

Convención sobre los Derechos del Niño (1989)

Artículo 16.1: "Ningún niño será objeto de injerencias arbitrarias o ilegales en su vida privada, su familia, su domicilio o su correspondencia ni de ataques ilegales a su honra y a su reputación."

Artículo 27.3: "Los Estados Partes, de acuerdo con las condiciones nacionales y con arreglo a sus medios, adoptarán medidas apropiadas para ayudar a los padres y a otras personas responsables por el niño a dar efectividad a este derecho y, en caso necesario, proporcionarán asistencia material y programas de apoyo, particularmente con respecto a la nutrición, el vestuario y la vivienda". Subrayado de esta Sala.

Se concluye, que el derecho de acceso a una vivienda digna está incluido en el elenco de los derechos humanos internacionalmente reconocidos, ligado a su dimensión social y a la protección de la familia como uno de los elementos esenciales para un nivel de vida adecuado, por lo que la inclusión del derecho a la vivienda de las personas y sus familias en el catálogo de derechos constitucionales concreta el cumplimiento de lo establecido en los instrumentos internacionales y el carácter de Estado Democrático y Social de Derecho y Justicia, expresamente reconocido en el artículo 2 Constitucional, teniendo como fines esenciales "(...) *la defensa y el desarrollo de la persona y el respecto a su dignidad* (...) *la promoción de la prosperidad y bienestar del pueblo* (...)", tal como lo prevé el artículo 3 de nuestra Carta magna, lo que implica no solo deponer los obstáculos que impidan o dificulten el ejercicio del derecho a la vivienda a todos los ciudadanos, sino que impone una obligación prestacional al Estado de procurar los medios necesarios para que todos tengan acceso real al mismo.

...La consagración constitucional del derecho a una vivienda digna es el corolario de una evolución que en Venezuela se remonta al establecimiento del Estado Social de Derecho, en particular desde la Constitución de 1947, que reconocía el derecho a la vivienda en su artículo 52, que consagró la obligación del Estado de fomentar la construcción de viviendas baratas para facilitar el acceso a las mismas a las clases económicamente débiles en el contexto de la seguridad social, a saber:

"(...) Los habitantes de la República tienen el derecho de vivir protegidos contra los riesgos de carácter social que puedan afectarlos y contra la necesidad que de ellos se deriva.

El Estado establecerá en forma progresiva, un sistema amplio y eficiente de Seguridad Social y fomentará la construcción de viviendas baratas destinadas a las clases económicamente débiles (...)". Subrayado de la Sala.

Luego, en la Constitución de 1961 se estableció, dentro del marco de la protección a la familia, el deber del Estado de facilitar la adquisición de una vivienda digna en los términos siguientes:

"Artículo 73.- El Estado protegerá la familia como célula fundamental de la sociedad y velará por el mejoramiento de su situación moral y económica. La ley protegerá el matrimonio, favorecerá la organización del patrimonio familiar, inembargable y proveerá lo conducente a facilitar a cada familia la adquisición de vivienda cómoda e higiénica". Subrayado de esta Sala.

De la transcripción de este artículo, se desprende que desde 1961 en Venezuela el derecho constitucional a la vivienda está ligado a la protección de las familias, por lo que su satisfacción por parte del Estado debe dirigirse primordialmente a tal fin, concepción esta que fue desarrollada con mayor profundidad en el artículo 82 de la Constitución de la República Bolivariana de Venezuela.

Por otra parte, considerando la adhesión de Venezuela a distintos acuerdos internacionales en materia de derechos humanos, así como el rango constitucional que estos ostentan en nuestro ordenamiento jurídico, resulta oportuno observar cómo se ha regulado el derecho a la vivienda en este ámbito, por lo que se hará referencia a diversos convenios internacionales suscritos por la República en dicha materia.

Declaración Universal de los Derechos Humanos (1948):

Artículo 25.1: "Toda persona tiene derecho a un nivel de vida adecuado que le asegure, así como a su familia, la salud y el bienestar, y en especial la alimentación, el vestido, la vivienda, la asistencia médica y los servicios sociales necesarios; tiene asimismo derecho a los seguros en caso de desempleo, enfermedad, invalidez, viudez, vejez y otros casos de pérdida de sus medios de subsistencia por circunstancias independientes de su voluntad".

Convención Internacional Sobre la Eliminación de todas las Formas de Discriminación Racial (1965):

Artículo 5 (e) (iii): "En conformidad con las obligaciones fundamentales estipuladas en el artículo 2 de la presente Convención, los Estados partes se comprometen a prohibir y eliminar la discriminación racial en todas sus formas y a garantizar el derecho de toda persona a la igualdad ante la ley, sin distinción de raza, color y origen nacional o étnico, particularmente en el goce de los derechos siguientes: (...) (e) (...) (iii) El derecho a la vivienda".

Pacto Internacional de Derechos Económicos, Sociales y Culturales (1966):

Artículo 2: Cada uno de los Estados Partes en el presente Pacto se compromete a adoptar medidas, tanto por separado como mediante la asistencia y la cooperación internacionales, especialmente económicas y técnicas, hasta el máximo de los recursos de que disponga, para lograr progresivamente, por todos los medios apropiados, inclusive en particular la adopción de medidas legislativas, la plena efectividad de los derechos aquí reconocidos.

Artículo 11.1: "Los Estados Partes en el presente Pacto reconocen el derecho de toda persona a un nivel de vida adecuado para sí y su familia, incluso alimentación, vestido y vivienda adecuados, y a una mejora continua de las condiciones de existencia. Los Estados Partes tomarán medidas apropiadas para asegurar la efectividad de este derecho, reconociendo a este efecto la importancia esencial de la cooperación internacional fundada en el libre consentimiento". Subrayado de esta Sala.

Convención sobre los Derechos del Niño (1989)

Artículo 16.1: "Ningún niño será objeto de injerencias arbitrarias o ilegales en su vida privada, su familia, su domicilio o su correspondencia ni de ataques ilegales a su honra y a su reputación."

*Artículo 27.3: "Los Estados Partes, de acuerdo con las condiciones nacionales y con arreglo a sus medios, adoptarán medidas apropiadas para ayudar a los padres y a otras personas responsables por el niño a dar efectividad a este derecho y, en caso necesario, proporcionarán asistencia material y programas de apoyo, particularmente con respecto a la nutrición, el vestuario y **la vivienda***". Subrayado de esta Sala.

(…)

Se concluye, que el derecho de acceso a una vivienda digna está incluido en el elenco de los derechos humanos internacionalmente reconocidos, ligado a su dimensión social y a la protección de la familia como uno de los elementos esenciales para un nivel de vida adecuado, por lo que la inclusión del derecho a la vivienda de las personas y sus familias en el catálogo de derechos constitucionales concreta el cumplimiento de lo establecido en los instrumentos internacionales y el carácter de Estado Democrático y Social de Derecho y Justicia, expresamente reconocido en el artículo 2 Constitucional, teniendo como fines esenciales "(…) *la defensa y el desarrollo de la persona y el respecto a su dignidad* (…) *la promoción de la prosperidad y bienestar del pueblo* (…)", tal como lo prevé el artículo 3 de nuestra Carta magna, lo que implica no solo deponer los obstáculos que impidan o dificulten el ejercicio del derecho a la vivienda a todos los ciudadanos, sino que impone una obligación prestacional al Estado de procurar los medios necesarios para que todos tengan acceso real al mismo.

De esta manera, la Carta Magna establece el derecho de las familias a acceder a una vivienda digna como uno de los fines esenciales del Estado, lo que implica necesariamente un desarrollo normativo más cercano a los derechos de protección y a los derechos sociales. En palabras de Forsthoff, tales obligaciones se dirigen a una regulación socialmente adecuada de las *"oportunidades de apropiación"*, colocando en el Estado la obligación de prestaciones normativas y además fácticas, por el deber de asumir con sus propios medios el servicio destinado a atender a los extensos grupos que requieren de su urgente intervención en materia de vivienda, producto de la desigualdad social como consecuencia de la desatención de la que fueran objeto durante años la mayoría de los ciudadanos y ciudadanas agudizando el problema.

Estas prestaciones fácticas, que el Estado debe realizar para garantizar el acceso de todos sus ciudadanos a condiciones básicas para una vida adecuada, siguiendo la teoría de Jellinek, deben estar recogidas en el derecho positivo que es el *minimum* ético que la sociedad precisa en cada momento para seguir conviviendo y que debe ser elaborado de un modo sistemático para favorecer el bien jurídico llamado a tutelar, existiendo distintos tipos de derechos, tal como refiere Zippelius que divide los derechos subjetivos conforme a la situación jurídica del ciudadano frente al Estado, clasificándolos en (i) estatus negativo: entre los cuales se encuentran los derechos fundamentales a la vida, libertad, integridad personal, inviolabilidad del domicilio y propiedad; (ii) estatus activo: referido a los derechos de participación en la voluntad política entre los que destaca el sufragio, libertad de opinión, asamblea y asociación; y (iii) el estatus positivo, atendiendo a los derechos prestacionales que le corresponde recibir en su favor para la satisfacción de sus necesidades básicas, tales como educación, salud y vivienda.

B.   *Derecho a la Salud*

TSJ-SC (247)   **29-3-2016**

Magistrada Ponente: Carmen Zuleta de Merchan

Caso: Karin Valle Ochoa Simancas vs. Decisión Juzgado Superior Segundo en lo Civil y Contencioso Administrativo de la Región Capital.

Vistos los lineamientos preliminares sobre la disconformidad a derecho de la sentencia impugnada, debe esta Sala reafirmar que el derecho a la salud no solo se constituye como un derecho constitucional de los ciudadanos sino que a su vez se erige como un imperativo prestacional del Estado, mediante su prestación y protección, tal como lo señala el artículo 83 de la Constitución de la República Bolivariana de Venezuela, incluyendo dentro de este a la salud psíquica y mental adicionalmente al bienestar físico, ya que su protección implica el reguardo de la vida, no solo como protección ulterior del ser humano sino también de la calidad de vida, ya que su disminución implica un menoscabo de las condiciones físicas y psíquica de cada persona.

Sobre el contenido y amplitud del derecho a la salud, esta Sala se pronunció en sentencia N° 1566/2012, en la cual se señaló que:

En este orden de ideas, es de destacar que el derecho a la salud forma parte del derecho a la vida, por cuanto es intrínseco a la vida misma la condición de salud que pueda tener cada ciudadano o una colectividad determinada siendo una obligación del Estado garantizar su aseguramiento, y no restringiéndose éste a la salud física sino que ésta abarca y se extiende a la salud mental y psíquica de cada ser humano. Dicha concepción no es extraña al mismo, ya que en el plano internacional, se proclamó por primera vez en la Constitución de la Organización Mundial de la Salud (OMS), de 1946, en su preámbulo que la salud es '(…) un estado de completo bienestar físico, mental y social, y no solamente la ausencia de afecciones y enfermedades (…)'.

Asimismo, en el artículo 25 de la Declaración Universal de los Derechos Humanos, también se incluye el derecho a la salud, cuando se contempla que 'Toda persona tiene derecho a un nivel de vida adecuado que le asegure, así como a su familia, la salud y el bienestar, y en especial la alimentación, el vestido, la vivienda, la asistencia médica y los servicios sociales necesarios; tiene asimismo derecho a los seguros en caso de desempleo, enfermedad, invalidez, viudez, vejez u otros casos de pérdida de sus medios de subsistencia por circunstancias independientes de su voluntad (…)'.

Por último, se aprecia que el Pacto Internacional de Derechos Económicos, Sociales y Culturales, en su artículo 12.1 reafirma esa concepción amplia del derecho a la salud, la cual no abarca la salud física sino incluye igualmente a la salud mental de las personas, al efecto, el mencionado artículo dispone: 'Artículo 12. 1. Los Estados Partes en el presente Pacto reconocen el derecho de toda persona al disfrute del más alto nivel posible de salud física y mental'.

De la disposición citada establecida en el artículo 83 del Texto Constitucional, así como las normas de derechos humanos que regulan el derecho a la salud, se desprende que el derecho a la salud no implica solo la atención médica por parte de los órganos del Estado sino que ello envuelve otros derechos como el derecho a la prevención y el tratamiento médico de enfermedades, acceso a medicamentos, acceso igual a los servicios de salud, oportunidad en su atención, acceso a la información sobre tratamientos así como las enfermedades que puedan alterar la salud del ser humano o de un colectivo, la participación en las decisiones relacionadas con la salud, la no discriminación en la prestación como en la atención del servicio, entre otros.

Esa amplitud de implicaciones en el ejercicio del referido derecho depende incluso de otros derechos humanos, por ser parte esencial del derecho a la vida como expresamente lo cataloga el artículo 83 de la Constitución de la República Bolivariana de Venezuela y se reafirma en los valores superiores del ordenamiento jurídico consagrados en el artículo 2 del Texto Constitucional, cuando consagra que: 'Venezuela se constituye en un Estado democrático y social de Derecho y de Justicia, que propugna como valores superiores de su ordenamiento jurídico y de su actuación, la vida, la libertad, la justicia, la igualdad, la solidaridad, la democracia, la responsabilidad social y en general, la preeminencia de los derechos humanos, la ética y el pluralismo político'.

En razón de ello, el derecho a la salud se encuentra plenamente interrelacionado con el derecho a una alimentación sana, el acceso al agua, a una vivienda adecuada, a la no discriminación y a la igualdad, derecho a la intimidad y al libre desarrollo de la personalidad, acceso a la información, a la participación, entre otros, ya que la satisfacción de dichos derechos y su interrelación mediata o inmediata entre ellos, es acorde con uno de los fines esenciales del Estado es la '(…) promoción de la prosperidad y bienestar del pueblo y la garantía del cumplimiento de los principios, derechos y deberes reconocidos y consagrados en esta Constitución'.

Si bien, la Ley Orgánica de Salud no contempla una definición expresa sobre el contenido de lo que debe entenderse por salud mental, resulta innegable su reconocimiento en el artículo 2, cuando dispone'. Se entiende por salud no sólo la ausencia de enfermedades sino el completo estado de bienestar físico, mental, social y ambiental' (…).

En este orden de ideas, cualquier gravamen u omisión constatada en la protección o prestación del servicio implica una afectación no sólo a la condición existencial del ciudadano –núcleo de protección– sino que a su vez, podría conllevar un menoscabo a otros derechos que pueden verse infringidos, como el derecho al trabajo, a la igualdad y a la no discriminación, entre otros; razón por la cual, su tutela a diferencia de lo expresado por la Corte Primera de lo Contencioso Administrativo no deriva de la prestación de un servicio activo, sino que ésta se refuerza cuando existe un servicio pasivo, en el sentido terminológico expresado por los referidos juzgadores, ya que en este supuesto la trabajadora se encontraba de reposo precisamente por una incapacidad de salud que le impedía prestar sus servicios laborales en una condición de normalidad y no por una actuación unilateral del afectado, sin un sustento legal para ello.

(…)

Sobre este aspecto, cabe señalar que la protección del derecho a la salud debe tener un grado de resguardo proporcional a la afectación tanto cualitativa como cuantitativa del afectado, así como temporal. En los primeros dos supuestos, se debe atender no solo a la incapacidad respecto al desempeño normal en sus labores habituales sino a las condiciones y resguardo de un ambiente sano y flexible con sus incapacidades, de manera de que un ciudadano no se transforme en ser improductivo laboralmente sino que se propenda a su integración en el ejercicio de sus funciones (*vgr.*, Trabajadores con discapacidades motoras y/o mentales, que permitan el pleno desarrollo de sus funciones en un ambiente de normalidad). En tanto, la temporalidad responde a la protección de sus condiciones laborales mientras que subsiste la dolencia temporal o la definitiva de ser estimada por los órganos competentes, sin que en el mencionado período exista perturbación alguna.

En igual mesura, debe atenderse a las condiciones médicas degenerativas e irreversibles, las cuales si bien no pueden ser apreciables visiblemente en las etapas iniciales de la enfermedad y no generan una incapacidad inmediata, pueden acarrear altos grados de avance de padecimiento con el transcurso del tiempo que hacen objeto de protección reforzada ante posibles tratos discriminatorios por la desmejora en las condiciones físicas y/o mentales con el desarrollo de la enfermedad.

Así pues, la protección debe ser otorgada cuando la enfermedad deriva en una inhabilidad o imposibilidad al desarrollo cotidiano de sus labores diarias, independientemente de que las condiciones sean visibles o no, ya que existe una gran diversidad de enfermedades que no denotan una apreciación externa y por ende, los daños son internos, lo que no niega ni obstaculiza la protección del derecho a la salud, ya que este debe ser garantizado independientemente por el Estado, cuando la situación implica un riesgo para su salud o las condiciones laborales pueden implicar no sólo un deterioro a su estado de salud sino que limitan el pleno y libre ejercicio de su condición (*Vgr.*, Enfermedad de Parkinson, Esclerosis Lateral Amiotrófica, entre otras).

En este orden de ideas, se aprecia que estos elementos particulares, que pueden ser objetivos o subjetivos, implican a su vez una revisión sanitaria por las autoridades médicas correspondientes, que deben ser objeto de valoración por parte de los órganos jurisdiccionales, con el objeto de verificar si un momento dado se constata una violación de los derechos constitucionales del afectado, en virtud de que si bien pueden subsistir elementos objetivos de determinadas enfermedades, existen otros elementos casuísticos y/o personales de cada ser humano que pueden implicar un mayor grado de incidencia en una condición de salud que ameritan un examen pormenorizado de la situación que hacen efectiva la realización de la ponderación del derecho a la salud con el derecho al trabajo y la consecuente protección de uno sobre otro, si se hace insoportable el grado de sufrimiento físico, psíquico y moral de determinado ciudadano.

De esta forma, se aprecia que contrario a lo señalado por el referido órgano jurisdiccional, la protección al derecho a la salud requiere un mayor grado de resguardo cuando el ciudadano afectado se encuentra de reposo por el sufrimiento de la misma, ya que de lo contrario, implicaría admitir arbitrariedades no solo fácticas sino jurídicas; en virtud de que en dicho período –reposo o incapacidad temporal– se encuentra recuperándose y no en período de disfrute o distracción lúdica.

Además, no puede dejar de advertir esta Sala que a pesar de los avances a nivel de la legislación –artículo 70 de la Ley Orgánica de Prevención, Condiciones y Medio Ambiente de Trabajo– y la jurisprudencia nacional (*Cfr.* Sentencia de la Sala de Casación Social nros. 1238/2011 y 904/2013) y extranjera, la jurisdicción contencioso administrativa debe tener en consideración que la naturaleza de algunas patologías o condiciones de salud (*Vgr.*, El caso del estrés laboral –Enfermedad ocupacional–), podría comportar en algunos casos el esparcimiento terapéutico que en forma alguna contradice la "*condición de reposo*", dada la naturaleza del correspondiente tratamiento médico prescrito de ser el caso.

En este aspecto, interesa destacar el grado de afectación que puede tener el estrés laboral en el desempeño de los trabajadores, requiere de una protección del derecho a la salud, como muchas de las enfermedades mentales que paradójicamente han sido ensimismadas por un manto de prejuicios de los patronos, al presumir la mala fe de los ciudadanos y no la real existencia de un padecimiento psicológico, el cual en muchos supuestos puede tener igual grado de incidencia o mayor que una enfermedad física visible.

En ese marco de garantía real de los derechos fundamentales, cabe llamar la atención que la protección del derecho a la salud, abarca la salvaguarda de otros beneficios laborales y funcionariales como las vacaciones, cuando la incapacidad devino dentro de dicho período, ya que el justificante es que no pudo existir un goce pleno del disfrute de las vacaciones cuando la persona se encontraba aquejada de salud, debiendo posteriormente restituirse dicho lapso por un período equivalente al de duración de la enfermedad (*vid.*, Sentencia del Tribunal de Justicia de la Unión Europea del 22 de noviembre de 2011, KHS (C-214/10), véase asimismo sentencia del 10 de septiembre de 2009, Vicente Pereda (C-277/08), consultado en http://curia.europa.eu/jcms/upload/docs/application/pdf/2012-06/cp120087es.pdf)

C. *Derecho a la Seguridad Social*

TSJ-SC (247)   **29-3-2016**

Magistrada Ponente: Carmen Zuleta de Merchan

Caso: Karin Valle Ochoa Simancas vs. Decisión Juzgado Superior Segundo en lo Civil y Contencioso Administrativo de la Región Capital.

Establecido lo anterior, cabe efectuarse un cuestionamiento sobre la posible coexistencia de pensiones otorgadas por diversos organismos, lo cual podría subsistir en el presente caso, en atención al pago por concepto de incapacidad total y permanente a cargo del Instituto Venezolano de los Seguros Sociales y la posibilidad de ser acordada a su vez otra pensión de incapacidad por parte del Ministerio Público.

En este sentido, se aprecia que en el caso de autos de ser acordada la referida pensión de incapacidad total y permanente por el Ministerio Público existiría una identidad absoluta en cuanto al supuesto de hecho respecto a la del Instituto Venezolano de los Seguros Sociales, por lo que, el otorgamiento de la pensión más beneficiosa hace cesar la otra pensión, para lo cual, el juzgador o el organismo de adscripción debe atender no sólo a la especialidad del régimen estatutario del funcionario sino al aspecto cualitativo y cuantitativo de ambas prestaciones, conforme a la cláusula interpretativa del principio *indubio pro operario* establecida en el artículo 89.3 de la Constitución de la República Bolivariana de Venezuela, plenamente aplicable al régimen laboral y funcionarial, el cual señala:

> Artículo 89. El trabajo es un hecho social y gozará de la protección del Estado. La ley dispondrá lo necesario para mejorar las condiciones materiales, morales e intelectuales de los trabajadores y trabajadoras. Para el cumplimiento de esta obligación del Estado se establecen los siguientes principios:
>
> *Omissis*
>
> 3. Cuando hubiere dudas acerca de la aplicación o concurrencia de varias normas, o en la interpretación de una determinada norma se aplicará la más favorable al trabajador o trabajadora. La norma adoptada se aplicará en su integridad.

Similar interpretación, pero en el supuesto de la jubilación se realizó por esta Sala en el fallo N° 165/2005, respecto al reingreso a la Administración Pública y a la asunción del pago de jubilación; por ende cabe concluir en similares términos a la jubilación que la procedencia de la pensión de incapacidad acordada por el Ministerio Público implica la extinción de la pensión preexistente –Instituto Venezolano de los Seguros Sociales–, siempre y cuando exista un mayor beneficio para la afectada de manera de no menoscabar los derechos de la ciudadana Karin del Valle Ochoa Simancas.

En este punto cabe destacar, considerando que sí pueden coincidir las pensiones por incapacidad laboral total y permanente con la de jubilación, ya que parten de distintos supuestos de hecho, el Tribunal de alzada, al momento de analizar los requisitos y específicamente el tiempo de servicio a los efectos de verificar o no la procedencia de la jubilación, deberá atender al criterio expuesto por esta Sala en el fallo N° 1392 del 21 de octubre de 2014.

Así pues, se observa que este derecho se encuentra consagrado incluso dentro del Texto Constitucional en el artículo 147, cuando establece que es la ley nacional la que se encargará de establecer el régimen de pensiones y jubilaciones de los funcionarios públicos nacionales, estadales y municipales.

En consecuencia, se observa que el prenombrado derecho se erige como un deber del Estado de garantizar el disfrute de ese beneficio ya que el mismo tiene como objeto otorgar un subsidio perenne e intransferible al funcionario, que previa la constatación de ciertos requisitos, se ha hecho acreedor de un derecho para el sustento de su vejez o de su incapacidad, como ocurrió en el caso de autos, por la prestación del servicio de una función pública. Al efecto, cabe citar sentencia de esta Sala N° 3/2005, en la cual se señaló que:

> (...) se incluye en el derecho constitucional a la seguridad social que reconoce el artículo 86 de la Constitución de la República Bolivariana de Venezuela –artículos 94 y 2 de la Enmienda de la Constitución de 1961– como pensión de vejez para la persona que cumplió con

los requisitos de edad y años de servicio para que sea recipiendaria de tal beneficio de orden social pues su espíritu es, precisamente, garantizar la calidad de vida del funcionario público o trabajador privado, una vez que es jubilado(...)

Visto el contenido y la intención del legislador en dicha norma, es que esta Sala ha entendido el derecho a la seguridad social debe privar aun sobre los actos administrativos de remoción, retiro, destitución o separación del cargo (*vid.*, sentencia de esta Sala N° 1518/2007), verificando preliminarmente al dictamen de este último la procedencia del derecho a la jubilación o en su defecto si existe una causal impeditiva de la continuidad de la relación laboral por razones de enfermedad –constatada por las autoridades competentes– de manera de establecer la pertinencia de otorgar una pensión de incapacidad al afectado, tal como se consagra en los artículos 140 y 141 del Estatuto de Personal del Ministerio Público.

En idéntico sentido, se pronunció la Sala Constitucional del Tribunal Supremo de Justicia, mediante sentencia N° 184 del 8 de febrero de 2002 (caso: *"Olga Fortoul de Grau"*), en la cual señaló:

Por lo tanto, la Sala declara sin lugar el amparo por estos motivos. Ahora bien, también observa la Sala que el accionante ha invocado la violación de su derecho social a la jubilación aduciendo reunir los requisitos para ello, y haber hecho la solicitud a ese fin.

Tratándose de un derecho social que no le debe ser vulnerado a la accionante, la Sala ordena se tramite dicha solicitud.

En resumen, debe esta Sala señalar que la imbricación del derecho a la seguridad social no solo abarca a la jubilación sino en igual medida a la incapacidad, por lo que su satisfacción se concibe en un sentido progresivo de los derechos de los ciudadanos (*Vid.* Sentencia de esta Sala N° 1392/2014), en aras de garantizar su acceso y efectivo disfrute, más aun cuando el supuesto generado es la incapacidad ya que ésta busca resarcir un perjuicio en las condiciones humanas de una persona que le impiden el ejercicio habitual en sus labores profesionales, sean de carácter temporal o de carácter permanente.

TSJ-SC (327)   **28-4-2016**

Ponencia Conjunta

Caso: El control previo de la constitucionalidad de la Ley de Bono para alimentos y medicinas a pensionados y jubilados.

La seguridad social es un derecho social de carácter prestacional y principalmente le corresponde al Estado garantizar su eficacia, tanto en el ámbito normativo (creación de la Ley), como en la aplicación de la misma (ejecución de la política pública).

Al respecto, la seguridad social es un derecho social de carácter prestacional y principalmente le corresponde al Estado garantizar su eficacia, tanto en el ámbito normativo (creación de la Ley), como en la aplicación de la misma (ejecución de la política pública). En tal sentido, esta Sala Constitucional ha desarrollado en decisiones anteriores una visión sobre los derechos prestacionales dentro de la definición del "Estado Social de Derecho y Justicia"; es así como en Sentencia N° 85 del 24 de enero de 2002 (Caso: *Asodeviprilara/Créditos Indexados*), señaló lo siguiente:

"la Sala debe puntualizar que la fórmula: Estado Social de Derecho tiene carácter jurídico, convirtiéndose en uno de los principios del actual orden constitucional, pero de ella (aislada) no se deducen pretensiones jurídicas inmediatas por parte de los ciudadanos, sino criterios interpretativos para quien aplica las normas constitucionales o las de rango inferior al Constitucional, así como pautas de orientación de la actividad de los poderes públicos.

Dada la corresponsabilidad social entre el Estado y los particulares es un deber de todos dentro de un Estado Social de Derecho, abogar por la armonía o paz social, sobre todo en materias de interés social, y este criterio debe privar al interpretarse los derechos sociales, entendidos éstos en extenso (no sólo los denominados así por la Constitución, sino también los económicos, los culturales y los ambientales).

Ahora bien, como ya lo apuntó la Sala, el Estado Social desarrolla Derechos Sociales, los cuales son derechos de prestación, que persiguen básicamente actos positivos a cumplirse. Este tipo de derechos otorga a los ciudadanos una directa o indirecta prestación por parte de quien los debe, en función de la participación de los beneficios de la vida en sociedad, o de la actuación del principio de igualdad.

La Sala repite, una vez más, que las normas que crean los derechos prestacionales no son de carácter programático, muchas tienen límites difusos o son indeterminadas, pero el Juez Constitucional para mantener la supremacía constitucional tiene el deber de aplicarlas y darles contenido mientras la legislación particular con relación a ellas se emite. (Resaltado del Fallo).

En un Estado responsable y agente del proceso productivo y de las decisiones de política económica, los derechos sociales se vinculan a normas que prescriben un fin o declaran un valor, sin especificar los medios para su consecución o las situaciones en que debe ser realizado, y así lo que para los poderes estatales o los obligados es una norma jurídica, para los ciudadanos se convierte en garantía de transformación de obligaciones jurídicas del Estado en derechos subjetivos del individuo. (Resaltado del Fallo).

Entre los derechos sociales los hay que implican una prestación determinada, dentro de una relación jurídica que crea vínculos concretos, como los contemplados –por ejemplo– en los artículos 89, 90 ó 91 constitucionales.

Hay otros que implican una prestación indeterminada hacia personas concretas o grupos individualizados, pero de posible cumplimiento por quien la debe, ya que lo que se exige es una mínima actividad en ese sentido. El artículo 99 constitucional sería un ejemplo de ellos.

Otros derechos prestacionales resultan con mayor indeterminación, tanto en lo debido como en quienes son sus titulares, y su cumplimiento depende de que surjan determinadas condiciones; sólo si ellas existen podrán cumplirse, como sería el caso del derecho consagrado en el artículo 82 constitucional.

Ahora bien, en muchos casos la Constitución establece como derechos de prestación a figuras de imposible cumplimiento (por lo indeterminado) sin un debido respaldo legal; en estos supuestos, mientras no surja el desarrollo legislativo, no se está ante verdaderos derechos, sino frente a políticas constitucionales que requieren de otros complementos para su aplicación. Este tipo de norma, al contrario de las anteriores, no genera derechos subjetivos y muchas de ellas lo que aportan son principios.

(...)

La explotación de actividades de trascendencia social, que realiza o permite el Estado, crea en quienes las practican un conjunto de deberes y obligaciones señalados en la ley, pero establecidos en atención a valores o intereses de la colectividad; es decir, en razón a la finalidad o utilidad social que cada categoría de bienes o actividades está llamada a cumplir. Por ello, los derechos subjetivos o los intereses individuales que tras estos subyacen, deben incluir la necesaria referencia a la función social, como parte integrante del derecho mismo. Los derechos del Estado o de los particulares en estas áreas deben unir: utilidad individual y función social sobre cada categoría de utilización y explotación de bienes o servicios de trascendencia social.

De allí que los derechos que nacen a favor del Estado o de los particulares que ocupen su puesto, o que actúan en áreas de interés social, no pueden ser absolutos, sino que están limitados sus beneficios en función de que no perjudiquen razonablemente a los débiles; sobre todo teniendo en cuenta que los particulares que allí obren, al revés del Estado, persiguen fines de lucro. Este es el status de los derechos de los particulares concesionarios o autorizados para obrar en áreas de interés social....

(...) El Estado Social, trata de armonizar intereses antagónicos de la sociedad, sin permitir actuaciones ilimitadas a las fuerzas sociales, en base al silencio de la ley o a ambigüedades de la misma, ya que ello conduciría a que los económicos y socialmente mas fuertes establezcan una hegemonía sobre los débiles, en la que las posiciones privadas de poder se convierten en una disminución excesiva de la libertad real de los débiles, en un subyugamiento que alienta perennemente una crisis social.

Ahora bien, este concepto de Estado Social de Derecho, no está limitado a los derechos sociales que la Constitución menciona expresamente como tales, ya que de ser así dicho Estado Social fracasaría, de allí que necesariamente se haya vinculado con los derechos económicos, culturales y ambientales. Estos últimos grupos de derechos buscan reducir las diferencias entre las diversas clases sociales, lo que se logra mediante una mejor distribución de lo producido, un mayor acceso a la cultura, un manejo lógico de los recursos naturales, y por ello el sector público puede intervenir en la actividad económica, reservarse rubros de esa actividad, permitiendo a los particulares actuar en ellas mediante concesiones, autorizaciones o permisos, manteniendo el Estado una amplia facultad de vigilancia, inspección y fiscalización de la actividad particular y sus actos, por lo que la propia Constitución restringe la libertad de empresa consagrada en el artículo 112. (...)

(...) Dentro de un Estado Social, es inadmisible que el Estado sea la fuente del desequilibrio que se trata de evitar".

De acuerdo al extracto de la decisión citada, considera este máximo tribunal que la Ley sancionada en el marco de los principios señalados en el proyecto, no puede imponer una situación más gravosa a la sociedad y particularmente a los débiles jurídicos que son objeto de amplia tutela por parte del Estado, generando mayores desequilibrios sociales que favorezcan las posiciones de dominio económico al margen de la formula del Estado Social de Derecho, dada la corresponsabilidad social entre el Estado y los particulares, que se concreta en lograr la armonía o paz social, que persiguen básicamente actos positivos a cumplirse por los órganos competentes conforme al principio de legalidad y la sentencia N° 269/16, en función de la participación de los beneficios de la vida en sociedad (origen de los recursos para financiar la prestación).

Al respecto, la Constitución vigente que se ha dado el Pueblo Venezolano, la cual reivindica de forma inédita los valores y principios fundamentales y en especial los derechos humanos, destacando entre ellos los derechos colectivos o derechos humanos sociales, establece lo siguiente:

*"**Artículo 26.-** Toda persona tiene derecho de acceso a los órganos de administración de justicia para hacer valer sus derechos e intereses, incluso los colectivos o difusos; a la tutela efectiva de los mismos y a obtener con prontitud la decisión correspondiente".*

*"**Artículo 80.-** El Estado garantizará a los ancianos y ancianas el pleno ejercicio de sus derechos y garantías. El Estado, con la participación solidaria de las familias y la sociedad, está obligado a respetar su dignidad humana, su autonomía y les garantizará atención integral y los beneficios de la seguridad social que eleven y aseguren su calidad de vida. Las pensiones y jubilaciones otorgadas mediante el sistema de seguridad social no podrán ser inferiores al salario mínimo urbano. A los ancianos y ancianas se les garantizará el derecho a un trabajo acorde con aquellos y aquellas que manifiesten su deseo y estén en capacidad para ello".*

*"**Artículo 86.-** Toda persona tiene derecho a la seguridad social como servicio público de carácter no lucrativo, que garantice la salud y asegure protección en contingencias de maternidad, paternidad, enfermedad, invalidez, enfermedades catastróficas, discapacidad, ne-*

cesidades especiales, riesgos laborales, pérdida de empleo, desempleo, vejez, viudedad, orfandad, vivienda, cargas derivadas de la vida familiar y cualquier otra circunstancia de previsión social. El Estado tiene la obligación de asegurar la efectividad de este derecho, creando un sistema de seguridad social universal, integral, de financiamiento solidario, unitario, eficiente y participativo, de contribuciones directas o indirectas. La ausencia de capacidad contributiva no será motivo para excluir a las personas de su protección. Los recursos financieros de la seguridad social no podrán ser destinados a otros fines. Las cotizaciones obligatorias que realicen los trabajadores y las trabajadoras para cubrir los servicios médicos y asistenciales y demás beneficios de la seguridad social podrán ser administrados sólo con fines sociales bajo la rectoría del Estado. Los remanentes netos del capital destinado a la salud, la educación y la seguridad social se acumularán a los fines de su distribución y contribución en esos servicios. El sistema de seguridad social será regulado por una ley orgánica especial".

Como puede apreciarse, la Constitución de la República Bolivariana de Venezuela consagra, entre otros tantos aspectos, la garantía del pleno ejercicio de todos los derechos que asiste a los adultos mayores.

También dispone que el Estado, con la participación solidaria de las familias y la sociedad, esté obligado a respetar su dignidad humana, su autonomía y les garantizará atención integral y los beneficios de la seguridad social que eleven y aseguren su calidad de vida.

En tal sentido, dispone de forma inédita que las pensiones y jubilaciones otorgadas mediante el sistema de seguridad social no podrán ser inferiores al salario mínimo urbano; y que *"los ancianos y ancianas se les garantizará el derecho a un trabajo acorde con aquellos y aquellas que manifiesten su deseo y estén en capacidad para ello".*

Asimismo, prevé el Texto Fundamental que toda persona tiene derecho a la seguridad social como servicio público de carácter no lucrativo, que garantice la salud y asegure protección en contingencias de maternidad, paternidad, enfermedad, invalidez, enfermedades catastróficas, discapacidad, necesidades especiales, riesgos laborales, pérdida de empleo, desempleo, vejez, viudedad, orfandad, vivienda, cargas derivadas de la vida familiar y cualquier otra circunstancia de previsión social.

Al respecto, dispone que el Estado tiene la obligación de asegurar la efectividad de este derecho, creando un sistema de seguridad social universal, integral, de financiamiento solidario, unitario, eficiente y participativo, de contribuciones directas o indirectas.

Inclusive, la Constitución de 1999 prevé que la ausencia de capacidad contributiva no será motivo para excluir a las personas de su protección; norma progresiva y cardinal que honra de manera ejemplar los valores de la igualdad, la dignidad, la solidaridad y la justicia, al estimar al ser humano como un valor en sí mismo.

Asimismo, la Ley Suprema de la República dispone que los recursos financieros de la seguridad social no podrán ser destinados a otros fines y que las cotizaciones obligatorias que realicen los trabajadores y las trabajadoras para cubrir los servicios médicos y asistenciales y demás beneficios de la seguridad social podrán ser administrados sólo con fines sociales bajo la rectoría del Estado.

Finalmente, prevé que los remanentes netos del capital destinado a la salud, la educación y la seguridad social se acumularán a los fines de su distribución y contribución en esos servicios; así como también que *"El sistema de seguridad social será regulado por una ley orgánica especial".*

D.   *Derechos Políticos*

a.   *Derecho de asociarse en partidos políticos. Requisitos. Carácter*

TSJ-SC (1)   **5-1-2016**

Magistrado Ponente: Juan José Mendoza Jover

Caso: Recurso de interpretación del artículo 67 de la Constitución en el marco de los artículos 10, 16 y 25 de la Ley de Partidos Políticos, Reuniones Públicas y Manifestaciones.

El artículo 67 de la Constitución de la República Bolivariana de Venezuela, categóricamente dispone:

Artículo 67.- Todos los ciudadanos y ciudadanas tienen el derecho de asociarse con fines políticos, mediante métodos democráticos de organización, funcionamiento y dirección. Sus organismos de dirección y sus candidatos o candidatas a cargos de elección popular serán seleccionados o seleccionadas en elecciones internas con la participación de sus integrantes. No se permitirá el financiamiento de las asociaciones con fines políticos con fondos provenientes del Estado.

El artículo antes citado regula varios aspectos en torno a la participación política de los venezolanos y venezolanas, a saber:

En su inicio, la disposición constitucional objeto de interpretación, consagra –expresamente– el derecho a agruparse y constituir un partido o movimiento político, a través del sistema democrático, que cumpla con los parámetros legales para su integración, organización, funcionamiento y dirección.

Cabe destacar que los partidos políticos juegan un papel fundamental en un Estado democrático y social de Derecho y de Justicia como el que propugna la Constitución en su artículo 2. En efecto, *"(l)a integración realizada por cada partido político se lleva a cabo a través de un proceso general de integración del pueblo en el Estado que se compone de los siguientes momentos, siguiendo al Profesor García Pelayo:*

*a) **En su base se encuentra el pueblo**, que es una realidad histórico social, incapaz por si mismo de tener presencia política y de tomar decisiones de orden político, pero titular de la soberanía.*

*b) **Los partidos constituyen el momento intermedio de dicho proceso integrador**, pues están compuestos de elementos políticamente activos de la sociedad.*

*c) **El momento superior de este proceso integrador es el Estado mismo,** en el cual el proceso de integración de la sociedad políticamente amorfa y dispersa se canaliza a través de los partidos".* (González Rivas, Juan José. *Derecho Constitucional, Manuales Jurídicos de Bolsillo,* J.M. Bosch Editor, p. 113).

En la Ley de Partidos Políticos, Reuniones Públicas y Manifestaciones, publicada en la Gaceta Oficial de la República de Venezuela bajo el número 27.725 del **30 de abril de 1965**, se señala en el artículo 2, que *"los partidos políticos son las agrupaciones de carácter permanente cuyos miembros convienen en asociarse para participar, por medios lícitos, en la vida política del país, de acuerdo con los programas y estatutos libremente acordados por ellos".* Disposición que se encuentra incluida en los mismos términos, en la Ley de Reforma Parcial de Partidos Políticos, Reuniones Públicas y Manifestaciones publicada en la Gaceta Oficial de la República Bolivariana de Venezuela bajo el número 6.013 del 23 de diciembre de 2010.

En la Ley Orgánica de Procesos Electorales, se define a las organizaciones con fines políticos, como *"aquellas agrupaciones de carácter permanente, lícitamente conformadas por ciudadanos y ciudadanas, cuya finalidad es participar en la dinámica política de la Nación, en cualquiera de sus ámbitos. De igual forma, pueden postular candidatos y candidatas en los diversos procesos electorales"* (artículo 48).

Ahora bien, en la Ley de Reforma Parcial de Partidos Políticos, Reuniones Públicas y Manifestaciones se establece que los partidos políticos garantizarán en sus estatutos, los métodos democráticos en orientación y acción política, mientras que el artículo 67 constitucional expresa que todos los ciudadanos y ciudadanas tienen el derecho de asociarse con fines políticos, mediante métodos democráticos de organización, funcionamiento y dirección. En este sentido, se desprende de la referida norma constitucional, la exigencia de que sus organismos de dirección sean seleccionados en elecciones internas con la participación de sus integrantes.

En torno a su carácter, de acuerdo con lo dispuesto en el artículo 9 de la Ley mencionada supra, *"(l)os partidos podrán ser nacionales o regionales"*, resaltando el artículo 10 que los partidos políticos regionales se constituirán mediante su inscripción en el registro que al efecto llevará el Consejo Nacional Electoral, y consagrando como recaudos que deben acompañar a dicha solicitud de inscripción, los siguientes:

1) Nómina de los integrantes del partido en número no inferior al cero coma cinco por ciento (0,5%) de la población inscrita en el registro electoral de la respectiva Entidad.

La nómina especificará sus nombres y apellidos, edad, domicilio y Cédula de Identidad.

2) Manifestación de voluntad de los integrantes del partido de pertenecer a él.

3) Tres ejemplares de su declaración de principios, de su acta constitutiva, de su programa de acción política y de sus estatutos.

Uno de los ejemplares se archivará en el expediente del Consejo Nacional Electoral, otro se enviará al Ministerio de Relaciones Interiores y el tercero será remitido a la Gobernación correspondiente.

4) Descripción y dibujo de los símbolos y emblemas del partido.

5) Indicación de los supremos organismos directivos del partido, personas que los integran y los cargos que dentro de ellos desempeñan.

Parágrafo Primero: Los integrantes del partido que aparezcan en la nómina a que se refieren en el ordinal 1 de este artículo, deberán estar domiciliados en la respectiva Entidad.

Parágrafo Segundo: Los directivos del partido autorizarán con su firma las actuaciones precedentes, de acuerdo con sus disposiciones estatutarias.

Parágrafo Tercero: La solicitud de inscripción podrá ser tramitada por los interesados directamente ante el Consejo Nacional Electoral o por intermedio de la Gobernación de la respectiva Entidad.

Y por su parte el artículo 16 de la misma Ley, establece que:

Artículo 16. Los Partidos políticos nacionales se constituirán mediante su inscripción en el registro que al efecto llevará al Consejo Nacional Electoral. La solicitud de inscripción debe ir acompañada de los siguientes recaudos:

1. Dos ejemplares de su acta constitutiva, de su declaración de principios, de su programa de acción política y de sus estatutos. Uno de estos ejemplares se archivará en el respectivo expediente del Consejo Nacional Electoral y el otro será remitido al Ministro o Ministra del Poder Popular con competencia en materia de Relaciones Interiores y Justicia.

2. Constancia auténtica de que el partido ha sido constituido en por lo menos doce de las Entidades Regionales, conforme a las normas de la presente Ley.

3. Descripción y dibujos de los símbolos y emblemas del partido.

4. Indicación de los organismos nacionales de dirección, las personas que los integran y los cargos que dentro de ellos desempeñan.

Parágrafo Único: Los directivos del partido autorizarán con su firma las actuaciones precedentes, de acuerdo con sus disposiciones estatutarias.

Sobre los partidos políticos, su naturaleza y constitución, se ha referido la Sala Electoral de este Tribunal Supremo de Justicia, en sentencia N° 38 del 28 de abril de 2000, en la cual señaló lo siguiente:

Los partidos políticos han de tener, entonces necesariamente un carácter democrático, la actividad del partido en todo momento debe garantizar, preservar y desarrollar los principios democráticos contenidos en la Constitución, desechando cualquier conducta o práctica que distorsione el carácter democrático exigido por ella, debiendo abstenerse de cualquier método que vulnere las formas establecidas para acceder, ejercer y participar en el sistema político venezolano. Tales principios deben estar garantizados en su seno, es decir, dichas organizaciones deben asegurar a sus afiliados la participación directa o representativa en el gobierno del partido.

Así pues, en atención al derecho consagrado en el artículo 67 de la constitución y con el objeto de respetar los principios democráticos y dar cumplimiento a lo dispuesto al referido artículo, en cuanto a que los 'organismos de dirección (...) serán seleccionados o seleccionadas en elecciones internas con la participación de sus integrantes', los partidos políticos pueden dictar la normativa pertinente que regule de esa forma de elección. El nuevo esquema impone a estos organismos, en el ejercicio de tal facultad, el recato y prudencia necesaria que garantice que la voluntad de sus respectivos colectivos se exprese en forma diáfana, evitando con ello la tentación de convertirse en instrumentos confiscatorios de la expresión o voluntad popular en consecuencia, los candidatos deben ser seleccionados de conformidad con el proceso eleccionario interno instaurado en el que participen sus integrantes (...).

(...) cabe destacar que el artículo 67 constitucional (...) no ha limitado a un esquema único eleccionario la escogencia de los candidatos que serán postulados por las asociaciones con fines políticos (...) sólo ha establecido que tales organizaciones incorporen en su normativa mecanismos de consulta democráticos que aseguren la participación de todos sus integrantes en dicha selección (...).

Sobre este mismo tema, esta Sala en sentencia N° 1003 del 11 de agosto 2000, sostuvo lo que, a continuación, se cita:

Los partidos políticos son asociaciones con fines políticos, es decir que se originan en la voluntad de aquellos que convienen 'en asociarse para participar, por medios lícitos, en la vida política del país, de acuerdo con programas y estatutos libremente acordados por ellos', tal como lo define la Ley de Partidos Políticos, Reuniones Públicas y Manifestaciones. La participación de los ciudadanos en la vida política de la República, es materia que interesa a todo el ordenamiento jurídico e impregna el orden constitucional. La constitución de un partido político está sujeta a limitaciones y requisitos establecidos por la misma Constitución de la República y por las leyes, y su cumplimiento o incumplimiento incidirá en el reconocimiento estatal de la existencia de cada partido, mediante su inscripción como tal en los registros establecidos al efecto, o su no inscripción o la cancelación de su inscripción.

Como quiera que los fines primordiales de los partidos políticos son su participación en la orientación de las políticas del Estado (...) todo lo concerniente a la elección de sus autoridades (...), aunque de libre creación por cada partido, debe ajustarse al precepto constitucional conforme al cual el derecho de asociación con fines políticos exige métodos democráticos de organización, funcionamiento y dirección, y exige que la selección de los integrantes de sus organismos de dirección, (...) se efectúen en elecciones internas con la participación de sus integrantes. (...)

Es así como la Ley de Partidos Políticos referida supra, establece una serie de requisitos y procedimientos para la inscripción de un partido político, controlados por el entonces Consejo Supremo Electoral, desde la solicitud de inscripción, y posteriormente, la Ley Orgánica del Sufragio y Participación Política, de aplicación preferente a la antes citada ley, creó en sustitución del Consejo Supremo Electoral, al Consejo Nacional Electoral hoy de rango constitucional al cual define como el órgano superior de la administración electoral, con jurisdicción en todo el territorio nacional y competencia administrativa para dirigir, organizar y supervisar los procesos electorales contemplados en dicha ley, con plena autonomía atribuyéndole, además, competencia para conocer de los recursos previstos en la misma pero con la limitación de que su participación en los procesos internos de los partidos y organizaciones políticas, de selección de sus directivos y representantes, está restringida a prestar apoyo técnico y logístico y a colaborar, cuando tales organizaciones así lo soliciten (…)

E.   *Régimen de los partidos políticos*

a.   *Naturaleza*

TSJ-SC (1)   **5-1-2016**

Magistrado Ponente: Juan José Mendoza Jover

Caso: Recurso de interpretación del artículo 67 de la Constitución en el marco de los artículos 10, 16 y 25 de la Ley de Partidos Políticos, Reuniones Públicas y Manifestaciones.

A tenor de lo establecido en el artículo 67 constitucional, todos los ciudadanos y ciudadanas tienen el derecho de asociarse con fines políticos, mediante métodos democráticos de organización, funcionamiento y dirección.

De allí que los partidos políticos sean agrupaciones de **carácter permanente**, cuyos miembros convienen en asociarse para participar, por medios lícitos, en la vida política del país (véase, artículo 2 de la Ley de Partidos, Reuniones Públicas y Manifestaciones).

Los partidos políticos se constituyen en razón de la convicción y de la ideología que los mueve, entendiendo por ésta "...*a la representación que un grupo se hace de la estructura interna de la sociedad y de su situación en la misma, representación en la que se anticipan los intereses de ese grupo, y que proporciona un criterio de acción*". (*Enciclopedia Jurídica Omeba*, Tomo XIV, Editorial Bibliográfica Argentina, Buenos Aires, p. 794).

Los partidos políticos que hacen vida en la democracia directa, no son más que la vocería de ese colectivo que los conforma; esa democracia definida como "*el sistema ideológico sustentado en la transferencia del poder real al pueblo.*

*Esto se traduce en que la comunidad, de manera organizada, elabore sus planes de desarrollo, administre sus recursos económicos, estimula la autogestión y establezca sus propias normas de convivencia socia*l" (*Democracia Directa. Hacia una plataforma unitaria,* Izarra William E., II Edición, Caracas, marzo 2006, p. 26).

Ahora bien, ese **carácter permanente** de un partido político requiere legitimidad, la cual se determina en dos aspectos fundamentales; el primero, referido a una regla *sine qua non* como lo es la manifestación de voluntad del ciudadano para integrar o pertenecer a un partido político (numeral 2 del artículo 10 de la Ley de Partidos Políticos, Reuniones Públicas y Manifestaciones); y el segundo, lo orienta (con igual importancia) la base poblacional, de acuerdo a la cual se exige un mínimo porcentual según la población inscrita en el Registro Electoral, para poder continuar participando, legal y legítimamente, en la forma en que se constituyó, esto es, como partido político; toda vez, que el crecimiento demográfico de un país incide directamente en el potencial del Registro Electoral, con las personas que han alcanzado su mayoría de edad y, por ende, han obtenido la condición de electores para el ejercicio político del voto.

b. *Identidad. Símbolos*

TSJ-SC (1)   **5-1-2016**

Magistrado Ponente: Juan José Mendoza Jover

Caso: Recurso de interpretación del artículo 67 de la Constitución en el marco de los artículos 10, 16 y 25 de la Ley de Partidos Políticos, Reuniones Públicas y Manifestaciones.

En **tercer lugar**, se plantea el recurrente: Un Partido Político Nacional que no presente su tarjeta electoral (símbolos y emblemas del partido) como oferta electoral en una elección nacional. *"¿Deberá renovar automáticamente su nómina de inscritos, conforme a lo establecido en el encabezado del artículo 25 de la LPPRPM?"*.

Para abordar la interrogante planteada y disipar las dudas que surgen en torno al punto específico de la renovación de nómina de un partido político cuando no presente en su oferta electoral la tarjeta con los símbolos y emblemas del partido en cuestión, debe esta Sala necesariamente referirse al tema de la identidad, pues si bien conforme a la Constitución tenemos derecho a la identidad nacional y a una identidad personal, también en atención a sus postulados debe tenerse derecho a la identidad del grupo al que se pertenece (sea éste de carácter social, cultural, deportivo, político, etc.).

La identidad tiene raíz histórica, porque surge de las actividades que realizamos, es producto de la construcción de un proceso social, pero como derecho constitucional (artículo 56) debe estar en sintonía con otros derechos fundamentales (como la dignidad humana, la integridad cultural, la vida, véase artículos 43, 46 y 55, entre otros).

En el marco electoral, la identidad a través de los nombres, logos, emblemas y símbolos de un partido u organización política, es la identidad gráfica, fonética y legal para su legítima participación en procesos de elección, y condición necesaria para su inscripción ante el órgano rector electoral, cuyo fin es permitir a los electores ubicar tanto al candidato como al partido político de su preferencia, y distinguirlo de otros que participan en la contienda electoral (véase, numeral 4 del artículo 10, y numeral 3 del artículo 16, ambos de la Ley de Partidos Políticos, Reuniones Públicas y Manifestaciones).

Este aspecto está –expresamente– regulado en el artículo 7 de la Ley de Partidos Políticos, Reuniones Públicas y Manifestaciones, que reza:

"Artículo 7. Los partidos políticos adoptaran una denominación distinta de la de otros partidos políticos debidamente registrados.

Dicha denominación no podrá incluir nombres de personas, ni de iglesias, ni ser contraria a la igualdad social y jurídica, ni expresiva de antagonismos hacia naciones extranjeras, ni en forma alguna parecerse o tener relación gráfica o fonética con los símbolos de la patria o con emblemas religiosos.

Los partidos políticos podrán cambiar su denominación de conformidad con las normas fijadas en este artículo y tomándose el acuerdo por la convención o asamblea que señalen sus estatutos como máximo organismo de decisión.

Deberá darse cuenta dentro de los diez (10) días siguientes a la determinación, al Consejo Nacional Electoral".

Para el cumplimiento de esta identidad deben seguirse las reglas que comúnmente en desarrollo de la Constitución y las leyes, dicta el organismo electoral rector, para poner claridad e igualdad entre los participantes de una contienda electoral (Especificaciones Técnicas para presentar los Símbolos y Colores de las Organizaciones con Fines Políticos, emanadas del Consejo Nacional Electoral).

[...]

Efectivamente, cada partido político no sólo debe renovar al inicio de cada período constitucional su nómina de miembros, por cuanto debe legitimar su organización ante la autoridad electoral nacional frente al país, sino que también debe informar al órgano rector electoral de cualquier cambio o variación en la identidad gráfica y fonética que acompañó a su inscripción, con la claridad suficiente para evitar similitud con la identidad de otro partido político legítimamente constituido, en aras de que la ciudadanía se identifique con ella y pueda distinguir la organización de su preferencia.

Dicho lo anterior, esta Sala observa que la interrogante planteada es de suma importancia para aclarar el desarrollo del proceso electoral, pues si para constituir e inscribir un partido político (nacional o regional) es requisito describir sus dibujos, símbolos y emblemas, no menos importante pero además esencial, es que en la contienda electoral los oferentes de propuestas (entiéndase partidos políticos) deben orientar a los electores con una identidad gráfica y fonética propia.

Es decir, si un partido político no presenta sus símbolos no tiene vida jurídica en el proceso electoral que esté planteado realizarse; pues esos símbolos son los que permiten que la multiplicidad de individuos que lo conforman se vean identificados en el grupo al que pertenecen sus ideas, en una sola identidad se reúne el espectro y gama dispersa de individuos que lo conforman, y los distinguen de los miembros de otro grupo político.

Como se revela el asunto de la identificación gráfica del partido, su simbología tiene real importancia en su presentación al público, lo cual debe estar controlado por el órgano rector electoral, ya que no puede haber similitud de nombres y de símbolos de los partidos políticos. Y en el caso, de acontecer lo planteado por el recurrente, esto es, de que un Partido Político Nacional no presente su tarjeta electoral (símbolos y emblemas del partido) como oferta electoral en una elección nacional, ese grupo político carecerá de identidad; y por ende, no puede legitimar su voto lista que es el voto referencial a que se refirió este fallo al disipar la interrogante número 1 del recurrente. En consecuencia, **el partido político deberá someterse a la renovación** ante el órgano rector electoral en la forma establecida en el encabezado del artículo 25 de la Ley de Partidos Políticos, Reuniones Públicas y Manifestaciones, en los términos expuestos en la motiva de este fallo, y las consecuencias que su omisión apareja están previstas en la citada Ley. Así se decide.

    c.   *Renovación. Carácter permanente*

TSJ-SC (1)   **5-1-2016**

Magistrado Ponente: Juan José Mendoza Jover

Caso: Recurso de interpretación del artículo 67 de la Constitución en el marco de los artículos 10, 16 y 25 de la Ley de Partidos Políticos, Reuniones Públicas y Manifestaciones.

Como corolario de lo anterior, esta Sala a título ilustrativo señala el siguiente ejemplo: la ley electoral data del año 1965 (Ley de Partidos Políticos, Reuniones Públicas y Manifestaciones), y en ella se establece una regla según la cual para inscribir un partido (sea regional o nacional) se requiere el cero coma cinco por ciento (0,5%) de la población electoral inscrita de la respectiva entidad federal. Si verificamos la data electoral del año 1965 y los partidos políticos que se constituyeron a partir de ese año, y lo comparamos con la data electoral del año 2015, para establecer la base poblacional del cero coma cinco por ciento (0,5%) inscrita en el Registro Electoral, nos encontramos que la diferencia es sustancial. De ahí, que para el carácter permanente de un partido político, una vez que se constituye, requiere de la verificación de estos dos aspectos fundamentales por parte del órgano electoral, a través de la figura legal de la renovación (que data del año 1965) o actualización de la nómina de cada partido en función del crecimiento del Registro Electoral y de la permanencia de sus integrantes en los mismos, en cada período constitucional.

Atendiendo al contenido expreso del encabezado del artículo 25 de la Ley de Partidos Políticos, Reuniones Públicas y Manifestaciones, al comienzo de cada período constitucional se debe producir una renovación por ley de los partidos, para atender a las reglas propias de la democracia, que requieren que éstos posean credibilidad, legitimidad y liderazgo. Esa renovación es la que permite al órgano rector, ejercer la revisión de la situación de las organizaciones políticas y su concordancia con la normativa vigente, y así poder legitimar –en los casos en que sea procedente– su permanencia en el Registro de Organizaciones con fines políticos, y por tanto, su participación en los procesos electorales.

Esta obligación a que se refiere el artículo 25 de la Ley en comento, del cero coma cinco por ciento (0,5%) no ha variado en la previsión legal, pero si en la realidad fáctica, pues al comparar la población electoral desde 1965 (fecha de promulgación de la Ley) con lo que sería el cero coma cinco por ciento (0,5%) del año 2015, la diferencia es notable. Y, esa es la explicación por la cual el legislador prevé que la autoridad electoral competente ordene a los partidos políticos, la renovación de la nómina de sus inscritos, cada vez que se produzca una elección de carácter nacional, porque esto repercute directamente en la legitimación de los partidos como organizaciones políticas de carácter permanente.

En el caso de las organizaciones con fines políticos nacionales deberán presentar para su constitución, según lo dispone, el artículo 16, numeral 2, de la Ley de Partidos Políticos, Reuniones Públicas y Manifestaciones, las nóminas en por lo menos doce (12) entidades federales. El número de adherentes contenido en las nóminas deberá ser mayor o igual al cero coma cinco por ciento (0,5%), de las electoras o electores inscritos en el Registro Electoral de la entidad a consignar, conforme al último Registro Electoral, aprobado por el Consejo Nacional Electoral, según el encabezado del artículo 25 *eiusdem*.

Esto tiene una justificación lógica, pues si para constituir e inscribir un partido u organización política se requiere como mínimo doce (12) estados, para renovarse deben al menos mantener su nómina de inscritos en al menos doce (12) estados, que no es más que el cincuenta por ciento (50%) de las entidades federales del país. Esta Sala trae a colación el caso de un país hermano como el Ecuador, donde la Ley Orgánica Electoral, Código de la Democracia, dada por Ley s/n, publicada en Registro Oficial Suplemento 578 de 27 de abril del 2009, impone en su artículo 319, lo siguiente:

> Artículo 319.- Los partidos políticos adicionalmente, deberán acompañar las actas de constitución de un número de directivas provinciales que corresponda, al menos, a la mitad de las provincias del país, debiendo incluir a dos de las tres con mayor población, según el último censo nacional realizado a la fecha de la solicitud.

Dicho lo anterior, esta Sala concluye que la renovación es una obligación legal y ética de los partidos políticos en general, y una responsabilidad del órgano competente su verificación, pues el Registro Electoral varía conforme al crecimiento poblacional en cada Estado, entiéndase electores inscritos, por lo que una vez producida una elección nacional y un cambio en el período constitucional, los protocolos electorales varían sustancialmente, bien sea por el crecimiento o decrecimiento de las nóminas de electores dentro de los partidos políticos.

De allí que habrá **renovación automática** cuando se produzca el supuesto de hecho del parágrafo único del artículo 25 bajo estudio, esto es, que el partido político haya obtenido el uno por ciento (1%) de los votos válidos emitidos, en una elección de carácter nacional, en por lo menos doce (12) de los Estados. Y en caso contrario, cuando no se obtenga ese porcentaje en ese número de entidades federales, el partido político deberá renovar la nómina de integrantes para su legitimidad, conforme lo señalado *supra*. Así se decide.

Esta renovación aplica también para los partidos regionales, la cual se producirá con motivo de las elecciones regionales (entiéndase elecciones de Gobernadores y Consejos Legislativos). Por lo que en el caso de que un partido regional decida ir en alianza con un partido nacional en elección nacional, su renovación deberá producirse luego en la elección regional. Así se decide.

    d.   *Renovación de la inscripción. Requisitos. Voto lista. Voto preferencial*

    TSJ-SC (1)   **5-1-2016**

    Magistrado Ponente: Juan José Mendoza Jover

    Caso: Recurso de interpretación del artículo 67 de la Constitución en el marco de los artículos 10, 16 y 25 de la Ley de Partidos Políticos, Reuniones Públicas y Manifestaciones.

Teniendo como norte, la relevancia constitucional, la conceptualización legal y jurisprudencial respecto a **los partidos políticos**, como organizaciones que en democracia, contribuyen a la participación política de los ciudadanos en los procesos electorales, sus características definidoras como manifestación del derecho a asociarse, el que su duración y permanencia deviene de su legitimación, lo cual los distingue de **las alianzas**, cuyo carácter es temporal, siendo una unificación de la representación ante los órganos electorales para todo lo relativo al acto electoral correspondiente, pero los partidos miembros de la alianza conservan su individualidad, autonomía, personería y registro; y visto que los partidos políticos influyen en la voluntad política (cargos de elección popular), corresponde a esta Sala determinar lo siguiente:

En **primer lugar**, el recurrente ha planteado como duda, la siguiente: *"En el uno por ciento (1%) de los votos emitidos establecido en el parágrafo único del artículo 25 de la Ley de Partidos Políticos, Reuniones Públicas y Manifestaciones ¿Cuál es el voto referencial, el Voto Nominal o el Voto Lista?"*.

Para ello, se observa que el artículo 25 de la mencionada Ley, prevé lo siguiente:

Los partidos políticos nacionales, renovarán en el curso del año que comience cada período constitucional su nómina de inscritos en el porcentaje del cero coma cinco por ciento (0,5%), en la forma señalada en la presente Ley para su constitución.

Parágrafo único: Los partidos que hubieren obtenido en las elecciones nacionales correspondiente el uno por ciento (1%) de los votos emitidos, solo tendrán que presentar una constancia de la votación que obtuvieron, debidamente certificada por el respectivo organismo electoral. Esta norma se aplicará, igualmente para los partidos regionales.

En atención a la señalada disposición, los partidos políticos –conformados por métodos democráticos y financiados de acuerdo a lo establecido en el artículo 67 constitucional, cuyos miembros han convenido en constituirse en una organización (artículo 2 de la señalada Ley)– que obtengan el uno por ciento de los votos válidos emitidos, los cuales están referidos específicamente al **voto lista**, sólo tienen que presentar la constancia certificada por el Consejo Nacional Electoral de la votación que lograron; y aquellos que, no obtuvieren el porcentaje del uno por ciento (1%) de los referidos votos emitidos, están en el deber de renovar ante el Consejo Nacional Electoral sus nóminas en el transcurso del primer año de cada período constitucional, a los fines de mantener su vigencia.

El voto referencial a tomar en cuenta a los efectos del Parágrafo único del artículo 25 de la ley nombrada, como se indicó debe ser el **voto lista**, lo cual encuentra su justificación en la creencia del elector en el partido, ya que su voto es sufragado para el partido político de su preferencia, y esos resultados se obtienen a través del voto universal, directo y secreto (artículo 63 constitucional).

[…]

Por ello, a la luz del artículo 67 constitucional cuya interpretación se ha solicitado, esta Sala estima que el voto referencial respecto al uno por ciento de los votos emitidos a que se refiere en concreto el Parágrafo único del artículo 25 de la Ley de Partidos Políticos, Reuniones Públicas y Manifestaciones, es el **voto lista**, por ser éste el que resulta de los candidatos postulados por determinado grupo u organización política, y ello no sólo propende a la lealtad dentro de las organizaciones políticas y a su equilibrio en la democracia interna sino a la pulcritud en el origen de los recursos para el financiamiento de las campañas que los mismos dispongan, porque se atiende al partido como grupo que presenta una lista de candidatos y no a una persona en particular. Siendo la democracia participativa, en criterio de esta Sala, el perfeccionamiento o complemento de la representativa, a través de la creación de los distintos medios eficaces de participación en lo político. Así se decide.

e.   *Militancia. Prohibición de la doble militancia*

TSJ-SC (1)   5-1-2016

Magistrado Ponente: Juan José Mendoza Jover

Caso: Recurso de interpretación del artículo 67 de la Constitución en el marco de los artículos 10, 16 y 25 de la Ley de Partidos Políticos, Reuniones Públicas y Manifestaciones.

En **cuarto lugar**, el recurrente pretende se disipe la pregunta: "*¿Un Partido Político debidamente legalizado en el Consejo Nacional Electoral (CNE) de acuerdo a lo establecido en la Ley, puede sumar su nómina de inscritos y manifestaciones de voluntades a otro Partido Político sin dejar de existir?*".

Para abordar la interrogante planteada, esta Sala debe referirse a un valor necesario para el sano ejercicio de la política, a saber **la ética política**, que impide que se produzca **la doble militancia**.

Hay una confianza del ciudadano (elector) depositada en el partido político en el cual milita, y para la cual otorgó inclusive hasta datos de su identidad personal que no pueden ser dispuestos más allá que para el fin al cual están destinados (artículo 10, numerales 1 y 2, y 16, numerales 2 y 4 de la Ley de Partidos Políticos, Reuniones Públicas y Manifestaciones, y 30 de la Ley Orgánica de Procesos Electorales).

Disponer de la identidad personal de un militante, simpatizante o integrante de un partido político, que suscribió una manifestación de voluntad exclusiva de pertenecer al mismo, constituye no solo una flagrante violación al derecho a la intimidad de ese ciudadano (artículos 28 y 60 de la Constitución), sino un abuso de confianza, de una transgresión ética a las reglas de funcionamiento democrático e institucional de un país, y a un verdadero fraude electoral. Esto se conoce como **la doble militancia**, que se puede convertir en una ilegal práctica de muchos partidos políticos, que se constituyen a la sombra de la legalidad, utilizando la identidad de militantes de otras organizaciones con fines políticos, sin la debida legitimación y cumplimiento de procedimiento alguno. No se puede pertenecer, legalmente, a dos partidos políticos a la vez, y su ocurrencia debilita la democracia, su transparencia y su integridad electoral.

La prohibición de la doble militancia no es más que la respuesta a la necesidad de fortalecer a los partidos políticos y a la promoción de la ética, respeto y disciplina en los mismos. Esta prohibición desde el punto de vista de los militantes como partidarios de una determinada organización, significa que no pueden aparecer en la nómina de dos partidos, pues ello indefectiblemente genera la afectación de nulidad por ilegitimidad de una de las dos organizaciones, al poner en duda no sólo el hecho de la debida autorización o manifestación de voluntad de esos electores, la cual es requisito *sine qua non* para su existencia, sino el que realmente cuente con el porcentaje requerido para la conservación del partido que impone el encabezado del artículo 25 de la Ley de Partidos Políticos, Reuniones Públicas y Manifestaciones.

La data de los electores inscritos de un partido político debe estar a la orden del órgano rector electoral para evitar que la identidad de esos ciudadanos sea vulnerada y manipulada por alguna organización política, con el fin de agregarse como nómina de otro partido político, pues ello supondría una violación a la manifestación de voluntad del ciudadano/a de pertenecer al partido político de su preferencia, y su uso inadecuado, doloso y sin la autorización del elector inscrito en el partido político constituye un verdadero fraude a la ley.

En la Ley de Partidos Políticos, Reuniones Públicas y Manifestaciones, publicada en Gaceta Oficial de la República Bolivariana de Venezuela N° 6.013 Extraordinario de fecha 23 de diciembre de 2010, encontramos que los artículos 16 y 17, disponen:

> Artículo 16. Los partidos políticos nacionales se constituirán mediante su inscripción en el registro que al efecto llevará el Consejo Nacional Electoral. La solicitud de inscripción debe ir acompañada de los siguientes recaudos:
>
> …Omissis…
>
> Constancia auténtica de que el partido ha sido constituido en por lo menos doce de las Entidades Regionales, conforme a las normas de la presente Ley (…).

> Artículo 17. A los efectos del artículo anterior, cuando se tratare de partidos regionales que hubieren acordado su fusión para constituir una organización nacional, así se expresará en la respectiva acta constitutiva, acompañándose constancia fehaciente del voluntario consentimiento expresado por cada una de las organizaciones regionales, de acuerdo con sus estatutos, para convertirse en partido nacional.

Como se desprende de tales disposiciones, en la República Bolivariana de Venezuela no puede militarse en dos partidos políticos al mismo tiempo, pues los intereses de uno y otro podrían coincidir en algunos aspectos, pero siempre habrá distinciones, que hacen antiético e inoperante, pertenecer a dos partidos políticos aun cuando tengan una línea de pensamiento similar en términos generales. Por lo que hay que distinguir las alianzas que tienen carácter temporal, de estos supuestos de doble militancia, así como de la fusión de partidos regionales, donde la unión apareja la desaparición de los mismos, para dar nacimiento al partido nacional constituido de esa suma de voluntades.

Ello es así, por cuanto los principios que informan a cada partido son propios de su constitución y creación, atendiendo al sector al cual prestarán mayor atención, según sus convicciones.

Esta prohibición a la doble militancia está regulada en otros países, en forma bastante similar, a saber:

En **Colombia**, por ejemplo, *"quienes aspiren al Congreso de la República 2014-2018, antes de inscribir sus candidaturas, deberán revisar si incurren en las situaciones que configuran la doble militancia para sus casos, conforme al artículo 107 de la Constitución Política, el artículo 2° de la Ley 1475 de 2011 y la sentencia C-490 de 2011 de la Corte Constitucional"*, a saber:

a) Si era miembro de alguna corporación pública de elección popular y la nueva aspiración la patrocinará una organización política distinta (incluidos grupos significativos de ciudadanos, según la Corte), debió renunciar al cargo al menos 12 meses antes del primer día de inscripciones, es decir, a más tardar el 9 de noviembre del año pasado[6].

b) Si participó en las consultas de un partido o movimiento político, no podrá inscribirse por uno distinto (o por un grupo significativo de ciudadanos, dice la Corte).

Además de lo anterior, los candidatos que vienen de corporaciones distintas al Congreso, deben tener en cuenta la inhabilidad por coincidencia de períodos[7], la cual, conforme a la jurisprudencia del Consejo de Estado, se supera con la renuncia al cargo y la aceptación de la misma, antes de la elección" (tomado de la página web: https://inhabilidadeselectorales colombia.wordpress.com/2013/10/15/estrenando-doble-militancia/).

En el caso de **Ecuador**, vale la pena destacar lo dispuesto sobre los afiliados a los partidos políticos en el artículo 320 de la Ley Orgánica Electoral y de Organización Política de la República de Ecuador, Código de la Democracia, dada por Ley s/n, publicada en Registro Oficial Suplemento 578 de 27 de abril del 2009, que dispone:

Artículo 320.- El registro de afiliados del partido político estará compuesto, por copias certificadas de las fichas de afiliación correspondientes al menos al uno punto cinco por ciento del registro electoral utilizado en la última elección pluripersonal de carácter nacional.

Cada ficha de afiliación será individualizada y contendrá la identidad, firma, declaración de adhesión a los principios ideológicos, al estatuto del partido y de no pertenecer a otra organización política.

El Consejo Nacional Electoral verificará la autenticidad de las fichas de afiliación.

Del total de afiliados y afiliadas únicamente el sesenta por ciento deberá provenir de las provincias de mayor población y el cuarenta por ciento, obligatoriamente provendrán de las provincias restantes.

En **Bolivia**, la Ley de Partidos Políticos en su artículo 65, consagra como infracción de los militantes de los partidos políticos, en el literal a) "La militancia simultánea en dos o más partidos políticos", y la sanciona el artículo 66 con inhabilitación por dos años; en **Perú** la Ley de Partidos Políticos, obliga en su artículo 18 a presentar una declaración jurada de no pertenecer a otro partido político; y en **Argentina**, la Ley Orgánica de los Partidos Políticos en su artículo 25, establece: *"...No puede haber doble afiliación. Es condición para la afiliación a un partido la renuncia previa expresa a toda otra afiliación anterior".*

En **España**, la Ley Orgánica 6 del 27 de junio de 2002, de Partidos Políticos, en su artículo 9, dispone lo siguiente:

Artículo 9. Actividad.

1. Los partidos políticos ejercerán libremente sus actividades. Deberán respetar en las mismas los valores constitucionales, expresados en los principios democráticos y en los derechos humanos. Desarrollarán las funciones que constitucionalmente se les atribuyen de forma democrática y con pleno respeto al pluralismo.

2. Un partido político será declarado ilegal cuando su actividad vulnere los principios democráticos, particularmente cuando con la misma persiga deteriorar o destruir el régimen de libertades o imposibilitar o eliminar el sistema democrático, mediante alguna de las siguientes conductas, realizadas de forma reiterada y grave:

a) Vulnerar sistemáticamente las libertades y derechos fundamentales, promoviendo, justificando o exculpando los atentados contra la vida o la integridad de las personas, o la exclusión o persecución de personas por razón de su ideología, religión o creencias, nacionalidad, raza, sexo u orientación sexual.

b) Fomentar, propiciar o legitimar la violencia como método para la consecución de objetivos políticos o para hacer desaparecer las condiciones precisas para el ejercicio de la democracia, del pluralismo y de las libertades políticas.

c) Complementar y apoyar políticamente la acción de organizaciones terroristas para la consecución de sus fines de subvertir el orden constitucional o alterar gravemente la paz pública, tratando de someter a un clima de terror a los poderes públicos, a determinadas personas o grupos de la sociedad o a la población en general, o contribuir a multiplicar los efectos de la violencia terrorista y del miedo y la intimidación generada por la misma.

3. Se entenderá que en un partido político concurren las circunstancias del apartado anterior cuando se produzca la repetición o acumulación de alguna de las conductas siguientes:

…(*Omissis*)…

d) Incluir regularmente en sus órganos directivos o en sus listas electorales personas condenadas por delitos de terrorismo que no hayan rechazado públicamente los fines y los medios terroristas, o **mantener un amplio número de sus afiliados doble militancia en organizaciones** o entidades vinculadas a un grupo terrorista o violento, salvo que hayan adoptado medidas disciplinarias contra éstos conducentes a su expulsión. (…).

Por su parte, en relación a este tema, el Código Electoral de **Panamá,** de 2013, dispone que:

Artículo 77. Todo ciudadano es libre de inscribirse en cualquier partido en formación o legalmente reconocido, así como de renunciar, de forma expresa o tácita, en cualquier momento, a su condición de miembro.

La renuncia será expresa cuando el ciudadano manifiesta que renuncia a su condición de miembro de un partido constituido o en formación, independientemente de si se inscribe o no en otro partido; y será tácita, en los casos en que el ciudadano se inscriba en otro partido político constituido o en formación, sin haber renunciado previamente al que estaba inscrito. En ambos casos, el ciudadano deberá presentarse ante un Registrador Electoral, con su cédula de identidad personal, y le suministrará, bajo gravedad de juramento, los detalles necesarios para la respectiva diligencia.

En los casos de renuncia expresa, el Registrador entregará una copia de la renuncia al ciudadano.

Las renuncias expresas se realizarán exclusivamente en las oficinas del Tribunal Electoral.

Artículo 78. Sin perjuicio del derecho de renuncia y del derecho de inscripción a que se refiere el artículo anterior, cuando se trate de partidos políticos en formación, el ciudadano sólo podrá inscribirse en un partido durante cada período anual de inscripción de miembros, salvo que el partido en el cual se inscriba desista de su solicitud.

Atendiendo a lo antes expuesto, esta Sala debe concluir que nuestro Texto constitucional y a la normativa vigente en materia electoral, en la República Bolivariana de Venezuela **está prohibida la doble militancia**, por lo que un Partido Político debidamente inscrito en el Consejo Nacional Electoral (CNE) de acuerdo a lo establecido en la Ley, no puede sumar su nómina de inscritos a la de otro Partido Político sin perder su existencia, y deberá correr con las consecuencias jurídicas establecidas en el artículo 32 de la Ley de Partidos Políticos, Reuniones Políticas y Manifestaciones, ello en resguardo a la legitimidad democrática, a la ética política y al respeto de los electores. Así se decide.

Por ello, a los fines de aplicar el criterio expuesto en este fallo, el cual tiene carácter vinculante conforme al artículo 335 de la Constitución, y garantiza el ejercicio del derecho establecido en el artículo 67 *eiusdem*, a través de la legitimación real y efectiva de los partidos políticos constituidos en la República Bolivariana de Venezuela, se ordena al Consejo Nacional Electoral para que, en el lapso de sesenta (60) días siguientes a la publicación del presente fallo, regule la verificación de la nómina de inscritos de cada partido político, para lo cual deberá adecuar las normas sobre renovación de los partidos e implementar mecanismos de seguridad (electrónica e informática) sobre la verificación de la manifestación de voluntad de los inscritos en los mismos, atendiendo a los requisitos señalados en el artículo 30 de la Ley Orgánica de Procesos Electorales. Así se decide.

III. ORDENAMIENTO ORGÁNICO

1. *Poder Legislativo*

   A. *Control Político parlamentario. Delimitación*

   TSJ-SC (9)   **1-3-2016**

   Magistrado Ponente: Arcadio de Jesús Delgado Rosales

   Caso: Gabriela Flores Ynserny, Daniel Augusto Flores Ynserny y Andrea Carolina Flores Ynserny.

   El Control político-parlamentario ejercido por el Poder Legislativo se extiende sobre el Poder Ejecutivo Nacional, pero no sobre el resto de los Poderes Públicos (Judicial, Ciudadano y Electoral) y tampoco sobre el poder público estadal ni el municipal. El control político proveniente del ámbito legislativo en lo regional y local, corresponde a los órganos deliberantes de los estados y municipios, en relación a las ramas ejecutivas en dichos entes. Este control se ejerce sobre La Fuerza Armada Nacional Bolivariana indirectamente, a través del control político ejercido sobre su Comandante en Jefe, quien es el Presidente de la República.

2.- CONTROL PARLAMENTARIO

Como puede apreciarse, y aquí lo reconoce este máximo tribunal de la República, el Poder Legislativo Nacional tiene funciones de control político, a través del cual puede encausar sus pretensiones, eso sí, siempre dentro del orden constitucional y jurídico en general, pues ello no sólo es garantía de estabilidad de la Nación y democracia, sino de respeto a los derechos fundamentales.

(…)

En efecto, como puede apreciarse, al delimitar de forma expresa las atribuciones de la Asamblea Nacional, la Constitución dispone que corresponde a ese órgano *"Ejercer funciones de control **sobre el Gobierno y la Administración Pública Nacional**, en los términos consagrados en esta Constitución y en la ley"* –Art. 187.3 Constitucional– (Resaltado añadido).

Así pues, siguiendo la tradición constitucional, el constituyente reconoció que el Poder Legislativo Nacional, además de desplegar su labor principal: la cual es legislar, también podrá ejercer funciones de control **sobre el Gobierno y la Administración Pública Nacional**, es decir, sobre el Poder Ejecutivo Nacional, en los términos consagrados en esta Constitución y en la ley, es decir, en el marco de los principios cardinales de autonomía y colaboración entre órganos del Poder Público, para alcanzar los fines del Estado (ver, p. ej, arts. 3 y 136 Constitucional); apreciación que resulta de una lógica ponderación entre las referidas normas constitucionales.

Ello así, la disposición competencial en cuestión limita el control de la Asamblea Nacional al Poder sobre el cual históricamente ha tenido competencia de control político, es decir, al Ejecutivo Nacional; al cual, a su vez, la Constitución le asigna funciones de control sobre aquella, incluso la medida excepcional prevista en el artículo 236.21, es decir, disolver la Asamblea Nacional, para evitar graves perturbaciones al ejercicio de las competencias constitucionales que a su vez corresponden al Gobierno y a la Administración Pública, en perjuicio del bien común de todos los ciudadanos y ciudadanas, y, en fin, para proteger el funcionamiento constitucional del Estado y la colectividad en general.

Sobre tal aspecto, la Exposición de Motivos de la Constitución expresa lo siguiente:

"Una acción de gobierno que no cuente con cierto aval del Legislativo conllevaría, en algún momento, a la posibilidad de que la Asamblea Nacional aprobara un voto de censura sobre el Vicepresidente con el cual quedaría automáticamente removido de su cargo. Pero, como equilibrio de este poder de control político de la Asamblea Nacional y para que la remoción constante de Vicepresidentes no se convierta en una práctica obstruccionista, la Constitución sabiamente consagra la facultad del Presidente de convocar a elecciones anticipadas de la Asamblea Nacional cuando ésta remueva por tercera vez un Vicepresidente dentro de un período presidencial de seis años. Esta facultad es de ejercicio discrecional por el Presidente.

Este doble control entre el Legislativo y el Ejecutivo constituye un sistema de equilibrio del poder que permite, además, las salidas institucionales a las crisis políticas o crisis de gobierno, incrementando el nivel de gobernabilidad de la democracia. Así se posibilita un rango de estabilidad político-institucional para la democracia y se evitan las salidas extrainstitucionales".

Con relación a algunas de esas normas, la Exposición de Motivos de la Constitución, señala lo siguiente:

Las atribuciones de la Asamblea Nacional son las propias de todo órgano legislativo en un sistema de gobierno semipresidencial o semiparlamentario, como el nuestro. Destacan la función legislativa, la función de control político sobre la Administración Pública Nacional y sobre el Gobierno, las autorizaciones y, en particular, los mecanismos de control del órgano legislativo sobre el Poder Ejecutivo a través del voto de censura al Vicepresidente y a los Ministros, cuyo procedimiento es especial y requiere de votación calificada. Otros mecanismos de control son las interpelaciones, las investigaciones, las preguntas, las autorizaciones y las aprobaciones. La Asamblea Nacional podrá declarar la responsabilidad política de los funcionarios públicos y solicitar al Poder Ciudadano que intente las acciones para hacerla efectiva. Los funcionarios públicos están obligados a asistir a las comisiones y a suministrar las informaciones y documentos que éstas requieran para el cumplimiento de sus funciones. Esta obligación incumbe también a los particulares, sin perjuicio de los derechos y garantías que la Constitución consagra. El valor probatorio de los resultados obtenidos en ejercicio de esta función será establecido de conformidad con la ley.

El voto de censura, dado por las tres quintas partes de los diputados, da lugar a la remoción del Vicepresidente o de los Ministros, según sea el caso. En el caso de la remoción del Vicepresidente, en tres oportunidades dentro de un mismo período constitucional, la Constitución faculta al Presidente de la República, como un mecanismo de equilibrio democrático, para disolver a la Asamblea Nacional y convocar a elecciones anticipadas dentro de los sesenta días siguientes a la disolución para elegir una nueva legislatura, todo lo cual se hará mediante Decreto aprobado en Consejo de Ministros. No podrá disolverse la Asamblea Nacional en el último año de su período constitucional.

En cuanto al control sobre los diputados, se busca el ejercicio efectivo y eficiente de la función parlamentaria, al tiempo que obliga a la vinculación con las entidades federales y el pueblo. El Estado requiere un desarrollo legislativo acorde con los cambios del país y un eficiente control sobre la Administración Pública y el Gobierno. De allí que el ejercicio de la función parlamentaria sea a dedicación exclusiva, salvo las excepciones establecidas. Los diputados están obligados a mantener vinculación permanente con sus electores, atendiendo sus opiniones y sugerencias, informándolos acerca de su gestión y la de la Asamblea; que rindan cuenta anualmente de la gestión y que estén sometidos al referendo revocatorio del mandato, con la consecuencia inmediata, en caso de producirse, de no poder ejercer cargos de elección popular dentro del período siguiente.

Sobre ese control político-parlamentario, esta Sala, en sentencia N° 2230, del 23 de septiembre de 2002, siguiendo una interpretación histórica, teleológica y armónica con los principios de autonomía del Poder Judicial, así como también con el resto de Poderes distintos del Ejecutivo Nacional (Gobierno y Administración Pública Nacional), refirió que el referido control político previsto en los artículos 187.3 y desarrollado en los artículos 222, 223 y 224 *eiusdem*, se circunscribe a este último, en el marco de la Constitución y la Ley, sin mencionar al Poder Judicial (y al resto de Poderes Públicos, para los cuales rige otro sistema y alcance de controles previstos en la Constitución, incluso respecto del propio Legislativo Nacional), salvo en lo que respecta al control <u>previo</u> e interorgánico para elegir magistrados y magistradas (verificación por parte de la Asamblea Nacional, junto a otros órganos del Poder Público, concretamente, junto al Poder Judicial y al Poder Ciudadano, durante el proceso respectivo, referido el cumplimiento o no de los requisitos de elegibilidad), así como también a la remoción interinstitucional de los mismos, en el marco de lo previsto en el artículo 265 Constitucional, único supuesto de control posterior, por parte de esa Asamblea, sobre aquellos funcionarios que ostentan el periodo constitucional más amplio de todos: doce -12- años (art. 264 Constitucional), siguiendo la tradición constitucional en ese sentido; soportada en la necesidad y en el imperativo de no someter a este árbitro del Estado y de la sociedad, a los cambios en la correlación de fuerzas a lo interno del Parlamento: Ente esencialmente político; para no incidir negativamente en la independencia e imparcialidad de aquel y, sobre todo, en el mantenimiento del Estado Constitucional de Derecho.

(…)

Como puede apreciarse, en atención a los principios de división, autonomía y equilibrio a lo interno del Poder Público, esta Sala ha reconocido que el control parlamentario se limita al Ejecutivo Nacional, dentro del marco Constitucional; y que las investigaciones parlamentarias referidas al Poder Judicial se circunscriben, en lo que respecta al Poder Judicial, por una parte, a la verificación de las condiciones para el nombramiento de los Magistrados (artículo 264 Constitucional), para lo cual la Asamblea Nacional podrá "***previamente** hacer las investigaciones que crea necesarias*" (control previo). Tal interpretación elemental encuentra pleno sustento en la historia constitucional, en la Ciencia Política y en el Derecho Comparado.

Como lo señala el autor Brewer-Carías, en el prólogo de la publicación del autor Juan Miguel Matheus, *"La Asamblea Nacional: cuatro perfiles para su reconstrucción constitucional"*:

La Asamblea Nacional, como órgano parlamentario unicameral, es uno de los órganos del Estado que resulta de un sistema de separación de poderes que, como sabemos, en Venezuela es de cinco poderes Legislativo, Ejecutivo, Judicial, Ciudadano y Electoral (art. 136). *Este sistema de separación de poderes, en principio, debería originar un esquema de pesos y contrapesos, de manera que cada.* **Poder efectivamente fuera independiente y autónomo en relación con los otros, como formalmente se expresa en la Constitución**, *particularmente en un sistema presidencial de gobierno, como el que existe en el país".*

...si bien se dispone que la remoción solo pueda decidirse cuando haya falta grave, la laxitud de su regulación hace que en definitiva sea la sola voluntad política de la mayoría parlamentaria la que se impone. En 2004, incluso, violándose abiertamente la Constitución, la Asamblea Nacional llegó a establecer en el caso de los magistrados del Tribunal Supremo de Justicia que estos podían ser removidos por el voto de la mayoría absoluta...

Todo ello es contrario al sistema de pesos y contrapesos, que basado en una efectiva autonomía e independencia entre los poderes, debería implicar fundamentalmente que la permanencia de los titulares de los Poderes Públicos no debe (sic) estar sujeta a la decisión de los otros poderes del Estado, salvo por los que respecta a las competencias del Tribunal Supremo de enjuiciar a los altos funcionarios del Estado. Es decir, salvo estos supuestos de enjuiciamiento, los funcionarios públicos designados como titulares de órganos del Poder Público, solo deberían cesar en sus funciones cuando se les revoque su mandato mediante referendo; por lo que los titulares de los Poderes Públicos no electos, deberían tener derecho a permanecer en sus cargos durante todo el periodo de tiempo de su mandato".

http://www.allanbrewercarias.com/Content/449725d9-f1cb-474b-8ab2-41efb849fea9/Content /II.5.59%20PROLOGO%20LIBRO%20JUAN%20M.MATHEUS.pdf

Así, el autor Hernán Salgado Pesantes, en su obra "Teoría y Práctica del Control Político. El Juicio Político en la Constitución Ecuatoriana", publicado en el *Anuario de Derecho Constitucional Latinoamericano de 2004*, por la Universidad Nacional Autónoma de México, señala lo siguiente:

La idea de ejercer control político sobre el Estado y particularmente sobre el Ejecutivo *tiene antecedentes antiguos. Quizás la concepción más antigua sea la de Montesquieu, quien al establecer, la necesidad de que los tres poderes fueran ejercidos por órganos distintos, señaló que cada uno tendría la facultad de impedir (empêcher) y de detener (arrter) al otro u otros poderes. "El poder-escribió- detiene al poder". Se trataba de una mutua limitación".* *–Resaltado añadido– (http://www.juridicas.unam.mx/publica/librev/rev/dconstla/cont/ 2004.1/ pr/pr19.pdf)*

A su vez, *"En septiembre de 2005, los Presidentes de asambleas legislativas que concurrieron a la sede de las Naciones Unidas desde todas las regiones del mundo declararon de forma inequívoca que, en una democracia, «el Parlamento es la institución central a través de la cual se expresa la voluntad del pueblo, se promulgan las leyes y a la cual rinde cuentas* el gobierno». (Beetham, David. *El parlamento y la democracia en el siglo veintiuno: una guía de buenas prácticas.* Unión Interparlamentaria, Ginebra, 2006. En http://www.ipu.org/ pdf/publications/democracy_sp.pdf).

(…)

Como se desprende de la jurisprudencia y doctrina citada, el control político-parlamentario previsto en los artículos 187.3, 222, 223 y 224 del Texto Fundamental, se extiende fundamentalmente sobre el Poder Ejecutivo Nacional, y no sobre el resto de los Poderes Públicos (Judicial, Ciudadano y Electoral), tampoco sobre el poder público estadal ni el municipal (con excepción de lo previsto en el artículo 187.9 *eiusdem*), pues el control político de esas dimensiones del Poder lo ejercerán los órganos que la Constitución dispone a tal efecto, tal como se interpreta de los artículos 159 y siguientes de la Constitución.

Así, luego del examen de varias normas relativas a los entes político territoriales, debe indicarse que el control político proveniente del ámbito legislativo en lo regional y local, corresponde a los órganos deliberantes de los estados y municipios, en relación a las ramas ejecutivas en dichos entes. Así, en cuanto al nivel estadal, el control equivalente al legislativo nacional lo ejercen de manera preferente los consejos legislativos, según los artículos 161 y 162 Constitucionales, y con relación al nivel municipal, corresponde a los concejos municipales, con arreglo al artículo 175 Constitucional, todo ello de conformidad con la distribución del Poder Público a la que se refiere el artículo 136 de la Constitución de la República Bolivariana de Venezuela; estructuración alineada con la forma de Estado federal descentralizado en los términos constitucionales que apunta el artículo 4 *eiusdem*, ameritando, según el caso, la debida armonización con el ordenamiento regional y local en lo que fuera conducente, según las normas y criterios jurisprudenciales aplicables.

A su vez, parte fundamental del sistema de controles y equilibrios a lo interno del Poder Público Nacional, puede apreciarse en los artículos 186 y siguientes del Texto Fundamental, respecto de todos los órganos del Poder Público; quedando evidenciado, en síntesis, que las fuentes del derecho han reconocido y esta Sala declara, que el control político-parlamentario previsto en los artículos 187.3, 222, 223 y 224 constitucionales se circunscribe en esencia al Ejecutivo Nacional, dentro del marco Constitucional; base sobre la cual deberán interpretarse las normas infra-constitucionales.

(...)

Así pues, dicho control, en primer término, está referido a la presentación de la memoria y cuenta en las condiciones que ordena el artículo 244 *eiusdem*. Por su parte, el artículo 245 Constitucional, como sistema de contrapeso, le da a los Ministros o Ministras derecho de palabra en la Asamblea Nacional y en sus comisiones; e, inclusive, dispone que podrán tomar parte en los debates de la Asamblea Nacional, sin derecho al voto, también dentro del marco constitucional y, por ende, dentro del marco de los postulados de utilidad, necesidad, racionalidad, proporcionalidad y colaboración a lo interno del Poder Público.

Seguidamente, el artículo 246 prevé la consecuencia del ejercicio del control parlamentario sobre Ministros y Ministras, cuando dispone que "*la aprobación de una moción de censura a un Ministro o Ministra por una votación no menor de las tres quintas partes de los o las integrantes presentes de la Asamblea Nacional, implica su remoción. El funcionario removido o funcionaria removida no podrá optar al cargo de Ministro o Ministra, de Vicepresidente Ejecutivo o Vicepresidenta Ejecutiva por el resto del período presidencial*". Evidentemente, tal actuación, al igual que las demás, debe ser compatible con el resto de reglas, valores y principios constitucionales.

Fuera de esos casos, respecto de los demás funcionarios del Poder Ejecutivo Nacional, distintos al Presidente o Presidenta de la República, Vicepresidente Ejecutivo o Vicepresidenta Ejecutiva, y Ministros y Ministras, el control político en este contexto, se concreta a través de los mecanismos previstos en los artículos 222 y 223 del Texto Fundamental, conforme a las demás reglas, valores y principios que subyacen al mismo, especialmente, el axioma de colaboración entre poderes, así como los de utilidad, necesidad y proporcionalidad, para que logre su cometido constitucional y, por ende, para impedir que ese control afecte el adecuado funcionamiento del Ejecutivo Nacional, y, en consecuencia, evitar que el mismo termine vulnerando los derechos fundamentales; para lo cual debe observarse la debida coordinación de la Asamblea Nacional con el Vicepresidente Ejecutivo o Vicepresidenta Ejecutiva, tal como lo impone el artículo 239.5 Constitucional, para encausar la pretensión de ejercicio del referido control (canalización de comunicaciones, elaboración de cronograma de comparecencias, etc.), respecto de cualquier funcionario del Gobierno y la Administración Pública Nacional, a los efectos de que, conforme a la referida previsión constitucional, la Vicepresidencia Ejecutiva de la República centralice y coordine todo lo relacionado con las comunicaciones que emita la Asamblea Nacional con el objeto de desplegar la atribución contenida en el artículo 187.3 Constitucional, desarrolladas en los artículos 222 al 224 *eiusdem*; además de la consideración de las circunstancias políticas, económicas y sociales en general que imperasen en la República para el momento en el que se coordina y ejerce el referido control, tal como ocurre en la actualidad, en la que principalmente el Ejecutivo Nacional, como en todo sistema presidencialista o semipresidencialista de gobierno (cuya característica elemental es que gran parte de las funciones cardinales del Estado recaen sobre el jefe del referido poder), está atendiendo de forma especial la situación de emergencia económica que existe en el país (ver sentencia de esta Sala N° 7 del 11 de febrero de 2016), circunstancia que amerita toda la colaboración posible entre los diversos órganos del Poder Público (ver artículo 136 Constitucional), para superar esa situación excepcional que se ha venido manteniendo y que tiene visos regionales y mundiales; circunstancia que también convoca al Poder Legislativo Nacional, el cual debe sopesar que especialmente en estas circunstancias, la insistencia de peticiones dirigidas hacia el Poder Ejecutivo Nacional e, inclusive, hacia el resto de poderes públicos, pudiera obstaculizar gravemente el funcionamiento del Estado, en detrimento de la garantía cabal de los derechos de las ciudadanas y ciudadanos, así como también de los derechos irrenunciables de la Nación (ver artículo 1 Constitucional).

Así pues, las convocatorias que efectúe el Poder Legislativo Nacional, en ejercicio de las labores de control parlamentario previstas en los artículos 222 y 223, con el objeto de ceñirse a la juridicidad y evitar entorpecer el normal funcionamiento de los Poderes Públicos, deben estar sustentadas en todo caso en el orden constitucional y jurídico en general; por lo que las mismas deben estar dirigidas justamente a los funcionarios y demás personas sometidas a ese control, indicar la calificación y base jurídica que la sustenta, el motivo y alcance preciso y racional de la misma (para garantizar a su vez un proceso con todas las garantías constitucionales), y en fin, orientarse por los principios de utilidad, necesidad, razonabilidad, proporcionalidad y colaboración entre poderes públicos (sin pretender subrogarse en el diseño e implementación de las políticas públicas inherentes al ámbito competencial del Poder Ejecutivo Nacional), permitiendo a los funcionarios que comparezcan, solicitar y contestar, de ser posible, por escrito, las inquietudes que formule la Asamblea Nacional o sus comisiones, e inclusive, también si así lo solicitaren, ser oídos en la plenaria de la Asamblea Nacional, en la oportunidad que ella disponga (parte de lo cual se reconoce, por ejemplo, en el referido artículo 245 Constitucional), para que el control en cuestión sea expresión de las mayorías y minorías a lo interno de ese órgano del Poder Público, las cuales han de representar a todas y todos los ciudadanos, y no únicamente a un solo sector; todo ello para dar legitimidad y validez a tales actuaciones; y, además, para cumplir con lo dispuesto en el artículo 224 de la Constitución, según el cual el ejercicio de la facultad de investigación de la Asamblea Nacional no afecta [y, por ende, no ha de afectar] las atribuciones de los demás poderes públicos, pues obviamente la Constitución no avala el abuso ni la desviación de poder, sino que, por el contrario, plantea un uso racional y equilibrado del Poder Público, compatible con la autonomía de cada órgano del mismo, con la debida comprensión de la cardinal reserva de informaciones que pudieran afectar la estabilidad y la seguridad de la República, y, en fin, compatible con los fines del Estado.

Asimismo, respecto a las especificidades y a la forma en que deben desarrollarse las comparecencias ante la Asamblea Nacional, por parte del Ejecutivo Nacional y a la relación coordinada que debe existir entre ambas ramas del Poder Público, el ciudadano Presidente o Presidenta de la República tiene y debe ejercer la atribución contemplada en el artículo 236.10 de la Constitución de la República Bolivariana de Venezuela, referida a *"Reglamentar total o parcialmente las leyes, sin alterar su espíritu, propósito y razón"*; de tal manera que el Poder Ejecutivo estaría legitimado para reglamentar ejecutivamente la Ley sobre el Régimen para la Comparecencia de Funcionarios y Funcionarias Públicos o los o las Particulares ante la Asamblea Nacional o sus Comisiones, con la finalidad de armonizar el normal desarrollo de las actuaciones enmarcadas en ese instrumento legal y demás ámbitos inherentes al mismo, siempre respetando su espíritu, propósito y razón.

En este contexto, debe indicarse que la Fuerza Armada Nacional Bolivariana, es pasible de control a través de su Comandante en Jefe y del control parlamentario mediante el control político que se ejerce sobre su Comandante en Jefe y autoridad jerárquica suprema: El Presidente o Presidenta de la República; el cual, como se advierte del artículo 237 Constitucional, dentro de los diez primeros días siguientes a la instalación de la Asamblea Nacional, en sesiones ordinarias, presentará cada año personalmente a esa Asamblea un mensaje en que dará cuenta de los aspectos políticos, económicos, sociales y administrativos de su gestión durante el año inmediatamente anterior (a ello se limita el control previsto el artículo 187.3 Constitucional –desarrollados en los artículos 222 y 223, en lo que respecta a dicha Fuerza). Por lo demás, la Fuerza Armada Nacional Bolivariana (*cuyo calificativo "Bolivariana" se cimienta en la propia denominación de la Constitución y de la República homónima –Constitución de la República Bolivariana de Venezuela–, y, por ende, en el ideario de Simón Bolívar, El Libertador, que irradia el Texto Fundamental desde su primer artículo–*) está sometida al control constitucional y legal (a través de la ley o leyes respectivas, dentro del marco fundamental), así como de los controles que emanan del Poder Ciudadano y del Poder Judicial; en ejecución del orden jurídico, pues tal como lo dispone el artículo 328 Constitucional, la misma, *"en el cumplimiento de sus funciones, está al servicio exclusivo de la Nación y en ningún caso al de persona o parcialidad política alguna"* y *"sus pilares fundamentales son la disciplina, la obediencia y la subordinación"*.

B.   *Asamblea Nacional. Potestad de otorgar amnistías. Límites constitucionales*

TSJ-SC (264)   **11-4-2016**

Ponencia Conjunta

Caso: Constitucionalidad de la Ley de Amnistía y Reconciliación Nacional, sancionada por la Asamblea Nacional el 29 de marzo de 2016.

En este sentido, aunque se sostiene que el control que realiza esta Sala no se basa en el cuestionamiento de los criterios de oportunidad y conveniencia, se reitera la idea de que no existen actos de los órganos que ejercen el Poder Público fuera del control jurisdiccional, y la actividad legislativa no es la excepción, ya que la misma no puede desarrollarse al margen del derecho.

Ciertamente, el órgano legislativo es indudablemente libre, en los extensos límites de la Constitución de la República Bolivariana de Venezuela, para optar entre todas las posibles alternativas por la vía que considere en cada caso más conveniente, así como de escoger las razones que mejor puedan justificar su elección; no obstante, tal desenvolvimiento debe producirse igualmente en el marco de las razones que concreta y racionalmente permita la norma que le sirva de fundamento jurídico (*v.gr.* la Constitución).

[...]

Los anteriores asertos resultan plenamente aplicables al ordenamiento constitucional, en tanto, que el legislador en el ejercicio de sus funciones deba actuar bajo el principio de racionalidad o de no arbitrariedad, comporta que toda medida adoptada debe responder o ser idónea a los fines y límites que el ordenamiento jurídico establece, lo cual, en el caso del otorgamiento de amnistías, encuentra –como se señaló *supra*– entre otras restricciones no sólo el cumplimiento del propio proceso de formación legislativa, sino además responde a distintas limitaciones de orden material vinculadas, por ejemplo, con el respeto a los derechos humanos (artículo 29 de la Constitución), el resguardo de la conformidad con el ordenamiento jurídico como expresión de la necesaria juridicidad de la actuación de Estado (*vid*. Sentencia número 570 del 2 de junio de 2014), el apego a las normas que desarrollan las distintas facultades legislativas y la debida correspondencia con la consecución de unos fines determinados, como son "*la construcción de una sociedad justa y amante de la paz, la promoción de la prosperidad y bienestar del pueblo y la garantía del cumplimiento de los principios, derechos y deberes consagrados en esta Constitución*" (artículo 3 constitucional).

Ello así, observa la Sala que en el marco de las competencias que corresponden a la Asamblea Nacional, si bien el numeral 5 del artículo 187 constitucional estableció una facultad general de "*decretar amnistías*", esta es una institución cuya implementación no fue desarrollada por la Carta Magna, más allá de las prohibiciones contenidas en los artículos 29 y 74 *eiusdem*, en cuanto a: i) la imposibilidad de acordarla frente a delitos de lesa humanidad, violaciones graves de los derechos humanos y crímenes de guerra, y; ii) la imposibilidad de someter la ley de amnistía a referendo abrogatorio, respectivamente.

[...]

En efecto, no se ha dictado tal norma que desarrolle y regule la amnistía a través de una ley, que delimite la facultad de decretar amnistías que le otorga el numeral 5 del artículo 187 de la Constitución de la República Bolivariana de Venezuela, y permita en el marco constitucional su debido ejercicio.

No obstante, la afirmación de que es posible una ley de amnistía dentro del marco constitucional, ejercida dentro de una competencia constitucionalmente atribuida a la Asamblea Nacional, no significa, sin más, la atribución de una facultad ilimitada al legislador sobre este punto (PÉREZ DEL VALLE, C. "Amnistía, Constitución y justicia material". *Revista Española de Derecho Constitucional*, año 21, N° 61, 2001, p. 194); por el contrario, la amnistía debe estar sujeta a ciertas limitaciones propias del orden jurídico constitucional en un Estado de Derecho de modo que su significación se oriente racionalmente al valor de Justicia (GEERDS, F. *Gnade, Recht und Kriminalpolitik*. JCB, Mohr, Tübingen, 1960, p. 24).

[...]

Así las cosas, la potestad consagrada por el constituyente de otorgar amnistías y que corresponde a la Asamblea Nacional, debe ajustarse –en primer término– a la Constitución, en su condición de *norma normarum*, así como a las demás normas del ordenamiento jurídico, en cumplimiento del principio de jerarquía normativa o de sujeción estricta al sistema de fuentes, puesto que el ejercicio de tal facultad, es organizado tanto en sus aspectos formales como materiales, y el acto legislativo posterior de amnistía concreta, es un acto de subsunción de los supuestos pretendidos en los supuestos normativos definidos por la Constitución.

En este sentido, la aprobación de una ley que otorga la amnistía material a un conjunto de ciudadanos por un conjunto de delitos, se podría traducir, en caso de desconocer los principios, derechos y garantías contenidas en el Texto Constitucional, en la práctica de una especie de potestad arbitraria por parte del referido órgano legislativo; cuando, por el contrario, la doctrina ha sostenido que las amnistías son medidas que impiden las actuaciones de la administración de justicia *"...respecto de ilícitos que ocurren en un <u>tiempo determinado</u>, con ocasión de <u>determinados hechos</u> y respecto de <u>ciertos delitos</u>, en ocasiones <u>con excepciones expresas respecto de algunas prohibiciones legales, constitucionales o internacionales...</u>"* (CHAPARRO, N. *Amnistía e indulto en Colombia 1965-2012*. Colombia, p. 6) aludiendo a los límites y parámetros temporales, espaciales, materiales y legales que deben orientar tal potestad (Destacado de este fallo).

Por ello, la posibilidad de un ejercicio arbitrario del poder que rechace cualquier tipo de control es contrario al Texto Constitucional, por traducirse en una imposición, que pretende exceptuarse de cualquier posible examen o fiscalización, a través de una autojustificación que busca prescindir de la Constitución y la ley y establecer los juicios subjetivos que le sirvieron de base como criterio suficiente de valoración y fundamentación.

Así, es ante esa posibilidad de ejercicio arbitrario del poder, que el Estado democrático y social de Derecho y de Justicia, ha previsto diversas herramientas dirigidas a que la actuación de los Poderes Públicos, se rija por un conjunto de competencias, formas, procedimientos y límites precisos establecidos en la Constitución y en las leyes, que regulan y enmarcan el despliegue de tales potestades para la consecución de los fines establecidos en los artículos 2 y 3 del Texto Constitucional.

En este sentido, si bien la Asamblea Nacional tiene atribuida la competencia de decretar amnistías, y sin perjuicio de que no se han definido a nivel constitucional o legal mayores límites expresos al alcance de esta institución, esto no significa que el parlamento pueda vulnerar los principios que inspiran la Constitución contenidos en los artículos 2 y 3, y que se constituyen en mandatos obligatorios, efectivizados a través del ejercicio de los derechos fundamentales, y del cumplimiento de las funciones de las autoridades estatales (Mortati, C. "Constituzione dello stato". En *Enciclopedia del Diritto*, volumen XI, Roma, 1962, p. 147).

De allí que, esa facultad legislativa de la Asamblea Nacional no es ilimitada, ya que la soberanía del poder constituido que ejerce, no puede vulnerar los principios y valores en que se funda la obra del poder constituyente (LANDA ARROYO, C. "Límites constitucionales de la ley de amnistía peruana", *Revista IIDH*, Doctrina, Perú, 1996, p. 101).

Ello es así, porque la amnistía –como toda actuación de los órganos del Estado– debe tener un sentido o una finalidad particular no ajena a la racionalidad, sino imbricados en ella, en el entendido de que esa facultad de otorgar amnistía no puede ser el resultado de la arbitrariedad en el ejercicio del poder, que pretenda, por ejemplo, beneficiar a una persona o grupo fuera de un contexto particular, ya que dicha institución tiene como presupuesto la existencia de un conflicto social subyacente, pudiendo originar desde persecuciones de orden político por parte del Estado, hasta exclusiones o discriminaciones de orden religioso, género o raza, o conflictos armados como una guerra civil.

De esta manera, en la consecución del Estado democrático y social de Derecho y de Justicia, cada uno de los órganos que ejercen el Poder Público deben tutelar los principios y valores amparados por la Constitución de la República Bolivariana de Venezuela, lo que propende a una concordancia en el ejercicio de sus competencias para evitar un declive o degeneración terminal del sistema de derechos y garantías que se consagran en la Constitución y, por lo tanto, del Estado.

Al respecto, la Sala reconoce que cada órgano que ejerce el Poder Público debe tener un fin superior que cumplir establecido por la Constitución, por lo cual, la Asamblea Nacional debe sancionar las leyes respetando tanto los derechos, garantías y competencias fundamentales allí reconocidos, con razonabilidad y justicia, lo cual constituye una función más allá de un trámite formal, sino fundamentalmente sustantivo, que se manifiesta a través de un proceso de realización y ejecución normativa con exclusión de abuso de derecho, reconocido incluso como principio general del derecho, y *"la desviación de poder"* (*vid*. Sentencia número 259 del 31 de marzo de 2016).

De esta manera, en un Estado democrático y social de Derecho y de Justicia, las instituciones de gracia o clemencia como la potestad de decretar amnistías, está reglada por el principio de legalidad y la limitación derivada de la defensa de los derechos humanos, que conduce a que la interpretación y/o control de las leyes que materialmente otorgan amnistía, versen tanto sobre límites constitucionales de contenido –adecuación a los valores y postulados constitucionales–, como de su correspondencia con el propio parámetro normativo que regula cada una de las funciones atribuidas constitucionalmente a la Asamblea Nacional de producción legislativa, dado que el ámbito regular de la amnistía es la corrección o control de un conflicto político de gran magnitud, en función al contexto y a la realidad social del tiempo en cuyo lapso las normas pretenden ser aplicadas y/o controlada.

En tal virtud, el que una decisión política tenga la capacidad de modificar un proceso penal o una pena establecida mediante sentencia firme, abre un amplio campo a la arbitrariedad y a la desigualdad en la aplicación de las leyes, motivo por el cual el ordenamiento jurídico debe establecer límites y cautelas para que la institución de la amnistía no resulte incoherente con los principios que informan un Estado democrático y social de derecho y de justicia. Lo contrario resultaría incompatible con los postulados constitucionales.

[…]

Así, la amnistía no puede ser el resultado de la arbitrariedad en el ejercicio del poder, que pretenda beneficiar a una persona o grupo fuera de un contexto particular, ya que tiene como presupuesto un conflicto social subyacente, lo que puede ir desde persecuciones de orden político por parte del Estado, exclusiones o discriminaciones de orden religioso, género o raza, a conflictos armados como una guerra civil.

[…]

En este sentido, si bien la Constitución confiere al Poder Legislativo la potestad de dictar leyes, y en particular de decretar amnistías, esto no faculta a la mayoría parlamentaria a violentar el espíritu constitucional de rechazo a la injusticia, que supone consagrar la impunidad para los violadores de derechos fundamentales.

[…]

Así, las amnistías al ser medidas absolutamente excepcionales que impiden el desarrollo normal del procedimiento penal que se ha seguido con las debidas garantías legales, desapareciendo la determinación de responsabilidad penal realizada por el órgano jurisdiccional de conformidad con la Constitución y las leyes, deben, por tal motivo, ser excepcionales en su concesión.

[…]

En efecto, el texto de la Constitución de la República Bolivariana de Venezuela, tiene presente ambos valores al establecer, por un lado, la justicia, la sanción a la impunidad, la preeminencia de los derechos humanos, la ética, la dignidad de la persona, y la condena de hechos punibles, y, por otro, la coexistencia de instituciones de gracia como las amnistías (en resguardo de valores como la convivencia social), que llevan a la necesidad de una ponderación que considere ambos valores, evitando que uno de ellos colapse respecto del otro.

No obstante lo anterior, al constituir en principio la amnistía una contradicción al interior del ordenamiento jurídico, por excluir del mismo conductas que tienen previstas consecuencias jurídicas de naturaleza punitiva, tiende a defraudar las expectativas sociales de sanción frente a la comisión u omisión de conductas consideradas lesivas a los bienes jurídicos esenciales para la convivencia humana, en una determinada sociedad y en un momento histórico concreto, obligando a que los fundamentos y fines de la amnistía se reorienten para adecuarse a los postulados constitucionales para permitir su permanencia en el ordenamiento jurídico.

En esta labor de aplicación e integración, ha sostenido la Sala que en caso de ausencia de ley, debe recurrirse al acopio de normas, interpretaciones y valoraciones que la inteligencia y la razón humana han entresacado de la experiencia de siglos; siglos durante los cuales, sin duda, se han dado retrocesos y fracasos, pero en los que también se han logrado avances y éxitos (*vid.*, Sentencia número 1.806/2008).

Es por ello que la Sala, a la luz de todos estos elementos, considera que a partir de un análisis de la situación planteada y ante la ausencia de una regulación expresa, consciente de su cometido, debe recurrir al propio ordenamiento constitucional y los valores que lo inspiran en busca de la solución correcta para el conflicto que le corresponde resolver; toda vez que la función judicial se degradaría si no se actuara de esta forma, poniéndose en contra del progreso y del desarrollo, y quedando deslegitimada ante los que confían en su buen juicio.

En tal virtud, el juez debe ser racional; debe actuar conforme a principios y reglas, pero al mismo tiempo debe ser razonable, esto es, ubicarse en un plano contextual más amplio, en el que tengan cabida consideraciones de orden valorativo que propenden al equilibrio social, tales como las de justicia, la preeminencia de los derechos humanos, la ética y la paz social (artículos 1 y 2 de la Constitución de la República Bolivariana de Venezuela).

Este equilibrio social parte de una complejidad estructural en atención a los intereses contrapuestos de las partes involucradas, en virtud de que el fundamento de las leyes de amnistía se basa, por una parte, en la pacificación y reconciliación nacional como una condición necesaria para garantizar la continuidad del sistema democrático, mientras que, por otro lado, se cimienta en la justicia (artículos 1, 2 y 3 constitucionales) que conlleva a admitir una confrontación de valores que debe ser analizado mediante un test de ponderación en el cual se analice no solo el respeto de los derechos humanos ante la certera comisión de hechos punibles y su calificación como políticos o no, sino en igual medida respecto de la consagración constitucional de un Estado democrático y social de Derecho y de Justicia, previsto en el artículo 2 del Texto Constitucional.

Ahora bien, frente al conflicto entre los referidos valores y principios constitucionales, tanto la propia Constitución como la experiencia legislativa y jurisprudencial han optado por tutelar la justicia y la preeminencia de los derechos humanos como valor preponderante.

En este sentido, el artículo 29 de la Constitución establece límites a los beneficios procesales que puedan conllevar a la impunidad de delitos de lesa humanidad y violaciones cometidas contra los derechos humanos, en los siguientes términos:

*"El Estado estará obligado a investigar y sancionar legalmente los delitos contra los derechos humanos cometidos por sus autoridades. Las acciones para sancionar los delitos de lesa humanidad, violaciones graves a los derechos humanos y los crímenes de guerra son imprescriptibles. Las violaciones de derechos humanos y los delitos de lesa humanidad serán investigados y juzgados por los tribunales ordinarios. **Dichos delitos quedan excluidos de los beneficios que puedan conllevar su impunidad, incluidos el indulto y la amnistía**"* (Destacado de este fallo).

La disposición transcrita es consecuencia de asumir el modelo de Estado democrático y social de Derecho y de Justicia, que a través de las normas constitucionales tanto formales como sustanciales, delimita el ejercicio del poder al consagrar el valor superior de *"preeminencia de los derechos humanos"* (artículo 2) así como *"la defensa y el desarrollo de la persona y el respeto a su dignidad"* (artículo 3) como un fin esencial del Estado, por lo que todo el ordenamiento jurídico y social deben estar orientados y subordinados a este fin y no al contrario.

[…]

En consecuencia, se aprecia que al ser medidas de carácter general que se conceden por parte de la Asamblea Nacional, las amnistías deben estar consagradas en leyes que deben seguir no sólo el proceso de formación legislativa, sino además responder se insiste, a limitaciones de orden material, vinculadas por ejemplo con el respeto de los derechos humanos (artículo 29 de la Constitución). Pero el que la amnistía sea dictada por el Poder Legislativo, somete igualmente su decisión para unos fines determinados, como son *"la construcción de una sociedad justa y amante de la paz, la promoción de la prosperidad y bienestar del pueblo y la garantía del cumplimiento de los principios, derechos y deberes consagrados en esta Constitución"* (artículo 3 constitucional), que constituyen verdaderos principios en orden a solucionar, se reitera dilemas constitucionales cuyo sustrato es evidentemente moral.

Por ello, los derechos fundamentales delimitan el margen de actuación del Poder Público, al constituirse en una dimensión sustancial del Estado como ámbito vedado a los órganos que lo ejercen, y por ende al legislador, de manera que no le es posible desconocerlos o afectar su contenido esencial.

Es así como, aún en el marco de la ponderación que se realice tratando de satisfacer fines constitucionalmente legítimos y de similar o mayor importancia que los bienes jurídicos penales cuya responsabilidad se pretende olvidar, la amnistía ha de cumplir con los principios de proporcionalidad y razonabilidad a los que debe someterse todo acto del poder público que incida en la vigencia de los derechos fundamentales, y, en esa medida, visto el propósito de la menor afectación posible al contenido de los derechos humanos, una ley de amnistía no podría consagrar el perdón de hechos encuadrados en delitos que expresen un manifiesto desprecio por la vida, la integridad y la dignidad de las personas, ya que ello supondría desconocer la vigencia de tales derechos, utilizando la amnistía para sustraer de la acción de la justicia a determinadas personas, y afectando el derecho de acceso a la justicia de los perjudicados por los actos amnistiados.

Tal actuar, implicaría la aceptación de un vaciamiento de los contenidos esenciales del Texto Constitucional, al legislarse en contra o fuera del marco de los valores, principios y garantías institucionales que contienen los derechos fundamentales (Haberle, P. *ob. cit.* 1997, p. 152); situación que es inadmisible en un Estado democrático y social de Derecho y de Justicia.

Así, la atribución que tiene la Asamblea Nacional de decretar amnistías, no significa que el parlamento pueda acordarla respecto a crímenes de lesa humanidad, crímenes de guerra y violaciones graves a los derechos humanos, por cuanto, la legitimidad de su actuación como órgano del poder público, reposa precisamente en la defensa de la persona humana y en el respeto a su dignidad, como fin esencial (artículo 3 constitucional).

[…]

Al respecto, observa la Sala que las leyes de amnistía, son la expresión de una acción omisiva del Estado que puede eventualmente llevar a desproteger el derecho a la vida –que funge además como un fin del Estado y de la sociedad, a través de la defensa de la persona humana y el respeto a su dignidad y otros derechos humanos fundamentales– al provocar impunidad para quienes cometen delitos contra los derechos humanos planteando una necesaria lectura moral de la norma.

En este sentido, la vida como derecho inalienable implica, no sólo que *"su titular no puede realizar sobre él ningún tipo de acto de disposición"* (Meyers, D. *Inalienable rights. A defense.* Columbia University Press, New York 1985, p. 4), sino además que el Estado y la sociedad están imposibilitados de disponer de la vida, de la protección del derecho a la vida, y, por tanto, del castigo judicial a quienes hayan vulnerado tal derecho (Landa Arroyo, C. *ob. cit.*, 1996, p. 104).

De allí que, aún cuando no se ha desarrollado la regulación exhaustiva de la facultad constitucional de otorgar amnistías, esta se halla comprometida en la tutela de los bienes jurídicos individuales y colectivos, que sirven de freno para que resuelva conflictos bajo la supuesta tutela de los intereses nacionales, sin considerar a los derechos fundamentales como límites esenciales a su atribución de conceder amnistías.

Por tanto, las nociones de dignidad de la persona humana y de derechos humanos, buscan proteger el contenido Constitucional, toda vez que la aprobación de una ley de amnistía, puede conculcar la dignidad de la persona humana, tanto de las víctimas como de sus familiares en los delitos contra los derechos humanos, afectando el orden constitucional y la ética ciudadana que rechaza la decisión de no investigar y castigar delitos graves contra los derechos humanos.

[''']

Conforme a lo expuesto, las amnistías puede instituirse entonces, como un medio jurídico para un proceso de reconciliación, normalización y equilibrada convivencia, erigiéndose en un «pacto de paz», que sea capaz de establecer un nuevo orden que pretende impedir que se reediten los hechos que se pretenden excluir del *ius puniendi* y someterlos al olvido; sin embargo, ello no habilita como se ha resaltado con base en los principios y valores constitucionales, la jurisprudencia y la doctrina, a una contribución de la impunidad ni a la legitimación de atropellos contra el Estado de Derecho.

Motivo por el cual, la estructura constitucional en cuanto a conjunto de derechos, garantías, competencias y atribuciones, pero especialmente de valores, principios y disposiciones fundamentales, debe constituirse en el marco de actuación que sirve de base para asentar el desarrollo legislativo, que no puede ser afectado con la dación de leyes –como la de amnistía– que pretendan corroer progresivamente esa estructura constitucional, a través de un ejercicio arbitrario que abusa del derecho.

De manera que, siendo que la Constitución ha elevado la preeminencia de los derechos humanos, la ética y el derecho a la justicia, al rango de normas constitucionales que impactan transversalmente todo el ordenamiento jurídico, el legislador se encuentra privado de introducir supuestos extraños a la institución de la amnistía prevista en sus facultades, que violen dichos derechos fundamentales en ejercicio arbitrario de tal poder. En tal sentido, advierte esta Sala que los derechos fundamentales como límites a la actuación del Poder Público, se constituyen también en límites a la potestad legislativa de otorgar amnistías. Así se declara.

[...]

Bajo tales parámetros conceptuales, no es posible sostener que se pueda atribuir una potestad arbitraria e irracional a ningún órgano que ejerza el Poder Público, la posibilidad de afirmar una "determinación soberana" ajena al ordenamiento jurídico constitucional, es igual a aseverar la inexistencia del Estado y la Constitución; no hay Estado, ni Constitución, ni ordenamiento si se dogmatiza o consiente un "derecho a la arbitrariedad", por ello la amnistía no puede constituir una institución que niegue o desconozca, fuera de todo parámetro de razonabilidad los elementos cardinales que caracterizan y definen el ordenamiento jurídico venezolano, como un sistema de normas que limitan el ejercicio del poder y que tienen como presupuesto antropológico el respeto de los derechos fundamentales consagrados en el Texto Fundamental.

Así, la amnistía, en sentido general y abstracto, podría constituir un verdadero contrasentido al sistema de garantías que resguarda derechos fundamentales y la obligatoriedad del sometimiento al ordenamiento jurídico, ya que ante la violación de prohibiciones sancionadas penalmente es posible que tales actos sean tolerados y resguardados por el propio ordenamiento jurídico; por ello, como se señaló *supra*, la posibilidad de que el ejercicio de tal potestad por parte de la Asamblea Nacional pueda darse sin violentar la concepción del Estado democrático y social de Derecho y de Justicia, sólo es posible si se ajusta a los límites formales y axiológicos consagrados en normas y principios de rango constitucional.

[...]

De ello resulta pues, que la amnistía tiene una importancia vital como institución en el ordenamiento jurídico; pero puede desempeñar funciones contradictorias en la sociedad en la que se aplica; por una parte, su correcto uso puede significar un medio para alcanzar valores supremos del ordenamiento jurídico venezolano, como la justicia y la paz social (artículos 2 y 3 de la Constitución). Por la otra, puede representar un hito que arruine la esfera pública, debilite la institucionalidad democrática y destruya el Estado de Derecho y de Justicia consagrado en la Constitución, no siendo un medio para lograr la paz social, sino una razón para imponer la violencia e impunidad en la sociedad, incluso a los fines de lograr un marco jurídico que habilite o propenda a una verdadera anomia, que permita la ejecución de planes de desestabilización o desconocimiento del Estado Democrático.

Como ya se refirió *supra* (I, 2), la aplicación de la amnistía como medio para solucionar un conflicto social preexistente en los términos expuestos, no constituye una afirmación producto de un análisis teórico aislado, sino por el contrario es coherente con la experiencia histórica de la República en la materia.

Ciertamente, cabe recordar, en relación con la institución de la amnistía, que desde el punto de vista constitucional su trato no ha sido unívoco en lo que respecta a las precisiones de la doctrina actual, pero sí puede evidenciarse, aun en sus inicios, el carácter reglado de tal potestad y su vínculo con fines determinados y en el marco de circunstancias sociales concretas y no como un medio para favorecer a sectores de la sociedad, ni mucho menos para propender a generar un marco "legal" de impunidad.

[...]

De esta manera, debe destacarse que la amnistía, contrariamente a lo señalado por la opinión pública, no es una suerte de impunidad para los transgresores de derechos humanos o sus cómplices sino un mecanismo constitucional que permite –bajo ciertas circunstancias (irrupción del sistema constitucional)– la consolidación de una paz social mediante el reconocimiento de una igualdad material entre los actores en conflicto que reconozca un sustrato material en cuanto a los hechos y al reconocimiento político de la contraparte.

[...]

2. *Poder Judicial. Régimen de los jueces. Suspensión de efectos del Código de ética del juez*

TSJ-SC (6)   **4-2-2016**

Magistrada Ponente: Carmen Zuleta de Merchán

Caso: Suspenden de oficio y cautelarmente los artículos 1 y 2 del Código de Ética del Juez Venezolano.

Visto que el Código de Ética del Juez Venezolano y Jueza Venezolana, publicado en la Gaceta Oficial de la República Bolivariana de Venezuela N° 39.236 del 6 de agosto de 2009, cuya reforma parcial fue publicada en la Gaceta Oficial N° 39.493 del 23 de agosto de 2010, fue derogado por el Código de Ética del Juez Venezolano y Jueza Venezolana, publicado en la Gaceta Oficial N° 6.207 Extraordinario, del 28 de diciembre de 2015; esta Sala Constitucional debe precisar lo siguiente:

En la oportunidad en que fue admitida la presente demanda de nulidad por inconstitucionalidad, esta Sala se declaró competente en los siguientes términos:

"[…] El cardinal 1 del artículo 336 de la Constitución de la República Bolivariana de Venezuela establece que es atribución de esta Sala Constitucional *'Declarar la nulidad total o parcial de las leyes nacionales y demás actos con rango de ley de la Asamblea Nacional, que colidan con esta Constitución.*

Por su parte, el cardinal 6 del artículo 5 de la Ley Orgánica del Tribunal Supremo de Justicia vigente para el momento en que fue interpuesta la demanda de nulidad fija como competencia exclusiva y excluyente de esta Sala Constitucional:

6. Declarar la nulidad total o parcial de las leyes nacionales y demás actos con rango de ley de la Asamblea Nacional, que colidan con la Constitución de la República Bolivariana de Venezuela, mediante el ejercicio del control concentrado de la constitucionalidad. La sentencia que declare la nulidad total o parcial deberá publicarse en la Gaceta Oficial de la República Bolivariana de Venezuela, determinando expresamente sus efectos en el tiempo.

Tal competencia fue ratificada en el cardinal 1 del artículo 25 de la reformada Ley Orgánica del Tribunal Supremo de Justicia, publicada en Gaceta Oficial N° 5.991 Extraordinario, del 29 del julio de 2010 (cuya última reimpresión fue publicada en la Gaceta Oficial N° 39.552, del 1 de octubre de 2010), al establecer dicha disposición lo siguiente:

1. Declarar la nulidad total o parcial de las leyes nacionales y demás actos con rango de ley de la Asamblea Nacional, que colidan con la Constitución de la República.

Sobre la base de las disposiciones señaladas *supra*, esta Sala Constitucional se declara competente para conocer y decidir la pretensión anulatoria interpuesta por la abogada Nancy Castro De Várvaro contra el Código de Ética del Juez Venezolano y la Jueza Venezolana, publicado en la Gaceta Oficial de la República Bolivariana de Venezuela N° 39.236 del 6 de agosto de 2009, cuya reforma parcial fue publicada en la Gaceta Oficial N° 39.493 del 23 de agosto de 2010. Así se declara".

Al respecto, la Sala reitera que si bien la acción de nulidad debe incoarse respecto de textos vigentes, es posible mantener el interés en la sentencia, si fuese derogada o reformada la ley que contiene la disposición impugnada. En tal sentido, esta Sala Constitucional mediante sentencia N° 796 del 2 de mayo de 2007, estableció lo siguiente:

"Como se observa, el Decreto impugnado fue derogado un año después de su entrada en vigencia. Ahora bien, conforme a la jurisprudencia de la Sala, la acción de nulidad debe incoarse respecto de textos vigentes. Sin embargo, la Sala ha sostenido que es posible mantener el interés en la sentencia, si fuese derogada o reformada la ley que contiene la disposición impugnada, en dos supuestos:

1) Cuando la norma ha sido reproducida en un nuevo texto, con lo que en realidad sigue vigente y lo que se produce es el traslado de la argumentación de la demanda a esa otra norma; y

2) Cuando la norma, pese a su desaparición, mantiene efectos que es necesario considerar, como ocurre en los casos de la llamada *ultra actividad*".

Visto entonces que en el caso *sub lite*, el contenido de las disposiciones impugnadas, así como la regulación del procedimiento disciplinario judicial fueron recogidas igualmente en el Código de Ética del Juez Venezolano y Jueza Venezolana, publicado en la Gaceta Oficial N° 6.207 Extraordinario, del 28 de diciembre de 2015; esta Sala Constitucional, con base en el precedente judicial parcialmente citado, declara su competencia para continuar conociendo de la demanda de nulidad por inconstitucionalidad conjuntamente con solicitud de medida cautelar innominada interpuesta por la abogada Nancy Castro de Várvaro, anteriormente identificada, actuando en nombre propio contra el Código de Ética del Juez Venezolano y Jueza Venezolana, publicado en la Gaceta Oficial de la República Bolivariana de Venezuela N° 39.236 del 6 de agosto de 2009, cuya reforma parcial fue publicada en la Gaceta Oficial N° 39.493 del 23 de agosto de 2010 (hoy derogado por el Código de Ética del Juez Venezolano y Jueza Venezolana, publicado en la Gaceta Oficial N° 6.207 Extraordinario, del 28 de diciembre de 2015). Así se decide.

II

Visto que en la sentencia N° 516 del 7 de mayo de 2013, como medida cautelar innominada se suspendieron de oficio –hasta tanto se dicte sentencia definitiva en la presente causa– los artículos 1, único aparte; 2 y 16, único aparte; del derogado Código de Ética del Juez Venezolano y Jueza Venezolana, así como el segundo párrafo del artículo 35 y los cardinales 2, 3, 5, 7 y 8 del artículo 37 (relativos a la competencia de la Oficina de Sustanciación para realizar la "*investigación preliminar*"), todos del Reglamento Orgánico y Funcional de la Jurisdicción Disciplinaria y Judicial, publicado en la Gaceta Oficial N° 39.750 del 5 de septiembre de 2011; así como el Manual de Normas y Procedimientos para la Oficina de Sustanciación, publicado en la Gaceta Oficial N° 39.797 del 10 de noviembre de 2011, y de la misma manera se declaró de oficio y cautelarmente, que la Inspectoría General de Tribunales es el único órgano competente, para iniciar de oficio o por denuncia las investigaciones contra los jueces o juezas, admitir la denuncia y practicar las diligencias conducentes al esclarecimiento de los hechos, esta Sala como custodio de los principios, derechos y normas previstos en la Constitución de la República Bolivariana de Venezuela y en su deber de adecuar, constitucionalmente, aquellas disposiciones legales cuya aplicación menoscabe tales derechos, debe precisar lo siguiente:

DE LA APLICACIÓN A LOS MAGISTRADOS Y MAGISTRADAS DEL TRIBUNAL SUPREMO DE JUSTICIA DEL CÓDIGO DE ÉTICA DEL JUEZ VENEZOLANO Y JUEZA VENEZOLANA, PUBLICADO EN LA GACETA OFICIAL N° 6.207 EXTRAORDINARIO, DEL 28 DE DICIEMBRE DE 2015.

El único aparte del artículo 1 del Código de Ética del Juez Venezolano y Jueza Venezolana, publicado en la Gaceta Oficial N° 39.493 del 23 de agosto de 2010, disponía textualmente lo siguiente:

"Las normas contempladas en el presente Código serán aplicables a los magistrados y magistradas del Tribunal Supremo de Justicia en cuanto no contradigan lo previsto en la Constitución de la República Bolivariana de Venezuela."

Por su parte, el nuevo Código de Ética del Juez Venezolano y Jueza Venezolana, publicado en la Gaceta Oficial N° 6.207 Extraordinario, del 28 de diciembre de 2015, dispone en el único aparte del artículo 1, lo que sigue:

"El presente Código igualmente rige la conducta de los Magistrados y Magistradas del Tribunal Supremo de Justicia y su control compete a los órganos señalados en el artículo 265 de la Constitución de la República".

Como puede observarse, ambas disposiciones normativas prevén que el Código de Ética en comento es aplicable a los Magistrados y Magistradas del Tribunal Supremo de Justicia; no obstante que el régimen disciplinario de los Magistrados y Magistradas del Tribunal Supremo de Justicia está previsto en el artículo 265 constitucional, que estipula que los mencionados altos funcionarios "...*podrán ser removidos o removidas por **la Asamblea Nacional** mediante una mayoría calificada de los dos terceras partes de sus integrantes, previa audiencia concedida al interesado o interesada, **en caso de faltas graves ya calificadas por el Poder Ciudadano**, en los términos que la ley establezca*" (resaltado añadido).

En la sentencia N° 516 del 7 de mayo de 2013, mediante la cual se suspendieron cautelarmente las normas en referencia, se dispuso lo siguiente:

"Ciertamente, las causales de remoción de los Magistrados y Magistradas del Tribunal Supremo de Justicia aparecen recogidas en los artículos 11 de la Ley Orgánica del Poder Ciudadano y 62 de la Ley Orgánica del Tribunal Supremo de Justicia; y, sin lugar, a dudas en ambos preceptos figura entre las causales de remoción, precisamente, las que estipule el Código de Ética del Juez Venezolano y Jueza Venezolana; no obstante, ello pareciera dar lugar apenas a una aplicación muy puntual de la estructura normativa de dicho Código a los Magistrados y Magistradas del Tribunal Supremo de Justicia, ya que el artículo 265 de la Constitución de la República Bolivariana de Venezuela reserva el régimen disciplinario de los Magistrados y Magistrados del Tribunal Supremo de Justicia a un proceso complejo en el que participan dos poderes públicos: el Poder Ciudadano y el Poder Legislativo, de tal suerte que la residualidad contenida en el único aparte del artículo 1 del Código de Ética del Juez Venezolano y Jueza Venezolana es de tal forma general que infunde sospecha de contradicción a la norma de competencia contenida en el artículo 265 constitucional, lo cual requiere la suspensión de su contenido para evitar que su ejercicio simultáneo cause perjuicios irreparables por una potencial invasión de competencias".

Ello así, siendo que ambas disposiciones mantienen la aplicabilidad del régimen disciplinario contenido en el nuevo Código de Ética en comento a los Magistrados y Magistradas del Tribunal Supremo de Justicia; esta Sala Constitucional, con fundamento en la sentencia N° 516 del 7 de mayo de 2013, ratifica la necesidad de suspender de oficio y cautelarmente, hasta tanto se dicte sentencia respecto del mérito de la presente demanda de nulidad, el único aparte del artículo 1 del Código de Ética del Juez Venezolano y Jueza Venezolana publicado en la Gaceta Oficial N° 6.207 Extraordinario, del 28 de diciembre de 2015. Así se decide.

DE LA EXTENSIÓN DEL RÉGIMEN JURÍDICO APLICABLE EN EL CÓDIGO DE ÉTICA DEL JUEZ VENEZOLANO Y JUEZA VENEZOLANA PUBLICADO EN LA GACETA OFICIAL N° 6.207 EXTRAORDINARIO, DEL 28 DE DICIEMBRE DE 2015, A LOS JUECES TEMPORALES, OCASIONALES, ACCIDENTALES Y PROVISORIOS.

El encabezado del artículo 2 del Código de Ética del Juez Venezolano y Jueza Venezolana, publicado en la Gaceta Oficial N° 39.493 del 23 de agosto de 2010, disponía textualmente lo siguiente:

"El presente Código se aplicará a todos los jueces y todas las juezas dentro del territorio de la República Bolivariana de Venezuela. <u>Se entenderá por juez o jueza todo aquel ciudadano o ciudadana que haya sido investido o investida conforme a la ley, para actuar en nombre de la República en ejercicio de la jurisdicción de manera permanente, temporal, ocasional, accidental o provisoria</u>" (Subrayado de este fallo).

Por su parte, el nuevo Código de Ética del Juez Venezolano y Jueza Venezolana, publicado en la Gaceta Oficial N° 6.207 Extraordinario, del 28 de diciembre de 2015, dispone en el encabezado del artículo 2, lo que sigue:

"El presente Código se aplicará a todos los jueces y juezas dentro del territorio de la República Bolivariana de Venezuela. Se entenderá por juez o jueza todo ciudadano o ciudadana que haya sido investido o investida conforme a la ley".

Como puede observarse, el encabezado del artículo 2 del vigente Código de Ética no hace mención a los jueces permanentes, temporales, ocasionales, accidentales o provisorios; empero, el encabezamiento del artículo 255 de la Constitución establece lo siguiente:

"El ingreso a la carrera judicial y el ascenso de los jueces o juezas se hará por concursos de oposición públicos que aseguren la idoneidad y excelencia de los o las participantes y serán seleccionados o seleccionadas por los jurados de los circuitos judiciales, en la forma y condiciones que establezca la ley. El nombramiento y juramento de los jueces o juezas corresponde al Tribunal Supremo de Justicia. La ley garantizará la participación ciudadana en el procedimiento de selección y designación de los jueces o juezas. Los jueces o juezas sólo podrán ser removidos o suspendidos de sus cargos mediante los procedimientos expresamente previstos en la ley".

De este modo, la Constitución contempla una garantía esencial en el Estado de Derecho, cual es la estabilidad de los jueces, a fin de mantener su independencia, asegurándoles su permanencia en los cargos, salvo que se compruebe la comisión de faltas previstas en el ordenamiento jurídico aplicable, que ameriten su respectiva sanción.

Asimismo, el encabezado del artículo 267 de la Constitución dispone:

"Corresponde al Tribunal Supremo de Justicia la dirección, el gobierno y la administración del Poder Judicial, la inspección y vigilancia de los tribunales de la República y de las Defensorías Públicas. Igualmente, le corresponde la elaboración y ejecución de su propio presupuesto y del presupuesto del Poder Judicial".

Por su parte, la Normativa sobre la Dirección, Gobierno y Administración del Poder Judicial, publicada en la Gaceta Oficial N° 37.014, del 15 de agosto de 2000, creó, la Comisión Judicial (artículo 2), como órgano del Tribunal Supremo de Justicia, para ejercer por delegación las funciones de control y supervisión de la Dirección Ejecutiva de la Magistratura, así como todas aquellas atribuciones enumeradas en ese texto normativo, entre las cuales se encuentra, la de nombrar a los jueces y juezas de la República Bolivariana de Venezuela, en el marco del ordenamiento jurídico vigente, a fin de garantizar la tutela judicial efectiva, prevista en el artículo 26 de la Constitución de la República Bolivariana de Venezuela, lo que justifica la designación de jueces y juezas no titulares para darle continuidad a la Administración de Justicia y el acceso a la justicia de los ciudadanos y ciudadanas.

Por tanto, los jueces y juezas, provisorios o que ingresen a la judicatura mediante un acto de naturaleza discrecional, evidentemente ocupan cargos judiciales; pero, dado que son designados discrecionalmente, no ostentan la condición de jueces de carrera, al no haber ingresado por concurso público en el que, tras diversas pruebas (escrita, práctica y oral), se les haya evaluado. Su designación la realiza la Comisión Judicial, por la delegación que hace la Sala Plena del Tribunal Supremo de Justicia, en razón de la necesidad de ocupar los cargos judiciales mientras culmina el mencionado proceso, distinto a los jueces y juezas de carrera que sí gozan de estabilidad (*Vid* sentencia N° 2414 del 20 de diciembre de 2007, caso. *Yolanda del Carmen Vivas Guerrero*).

Ahora bien, en la sentencia N° 516 del 7 de mayo de 2013, mediante la cual se suspendió cautelarmente el encabezado del artículo 2 en referencia, se dispuso al respecto lo siguiente:

> El precepto legal transcrito contempla el denominado ámbito subjetivo de la Ley, esto es, quiénes son los sujetos sometidos al régimen jurídico contemplado en el Código de Ética del Juez Venezolano y la Jueza Venezolana; a saber: los jueces y juezas permanentes, temporales, ocasionales, accidentales o provisorios.
>
> El enunciado legal así descrito y sin ninguna consideración adicional guarda consonancia con el orden constitucional; sin embargo, cuando se considera que el Código de Ética del Juez Venezolano y la Jueza Venezolana, además de fijar los referentes éticos con base en los cuales se ha de determinar la idoneidad y excelencia de un juez o una jueza para la función jurisdiccional, estatuye un régimen de inamovilidad propio de la carrera judicial; la extensión de este proceso disciplinario judicial a los jueces temporales, ocasionales, accidentales o provisorios para poder excluirlos de la función jurisdiccional, pese a que formalmente no han ingresado a la carrera judicial, pareciera colidir con el texto Constitucional.
>
> En efecto, señala el artículo 255 constitucional que el ingreso a la carrera judicial y el ascenso de los jueces o juezas se hará por concursos de oposición públicos que aseguren la idoneidad y excelencia de los y las participantes. Asimismo, continúa señalando este mismo artículo, los jueces o juezas sólo podrán ser removidos o removidas, suspendidos o suspendidas de sus cargos mediante los procedimientos expresamente previstos en la ley.
>
> De ese modo, cuando el artículo 255 constitucional refiere que "*los*" jueces o juezas sólo podrán ser removidos o suspendidos mediante los procedimientos previstos en la ley, alude a aquellos jueces que han ingresado a la carrera judicial por haber realizado y ganado el concurso de oposición público, como lo exige el encabezado del artículo; pues es dicho mecanismo el que hace presumir (de forma *iuris tantum*) la idoneidad y excelencia del juez o jueza; una presunción que es, efectivamente, desvirtuable mediante el proceso disciplinario judicial como parte de la validación constante y permanente de la idoneidad y excelencia; pero que se erige a su vez como una garantía de la inamovilidad propia de la carrera judicial.
>
> Siendo ello así, aun cuando efectivamente el Código de Ética del Juez Venezolano y la Jueza Venezolana le es efectivamente aplicable a todos los jueces -indistintamente de su condición- como parámetro ético de la función jurisdiccional; no obstante, el procedimiento para la sanción que dicho Código contempla pareciera, salvo mejor apreciación en la definitiva, no ser extensible a los Jueces y juezas temporales, ocasionales, accidentales o provisorios, ya que dicho proceso es una garantía de la inamovilidad ínsita a la carrera judicial; y se obtiene la condición de juez o jueza de carrera si se gana el concurso de oposición público.
>
> Por tanto, a fin de no contradecir el contenido normativo del artículo 255 de la Constitución de la República Bolivariana de Venezuela, se SUSPENDE cautelarmente, mientras dure el presente juicio, la referencia que hace el artículo 2 del Código de Ética del Juez Venezolano y la Jueza Venezolana a los jueces y juezas temporales, ocasionales, accidentales o provisorios y que permite la extensión, a esta categoría de jueces y juezas, del procedimiento disciplinario contemplado en los artículos 51 y siguientes del mencionado Código, por no tratarse de jueces o juezas que hayan ingresado a la carrera judicial, correspondiéndole a la Comisión Judicial la competencia para sancionarlos y excluirlos de la función jurisdiccional, visto que se trata de un órgano permanente, colegiado y delegado de la Sala Plena de este Tribunal Supremo de Justicia, al que compete coordinar las políticas, actividades y desempeño de la Dirección Ejecutiva de la Magistratura, la Escuela Nacional de la Magistratura y la Inspectoría General de Tribunal (*ex*: artículo 73 del Reglamento Interno del Tribunal Supremo de Justicia), así como someter a la consideración de la Sala Plena las políticas de reorganización del Poder Judicial y su normativa (artículo 79 *eiusdem*). Así se declara.

Por todo ello, a fin de evitar contradicciones entre las disposiciones contenidas en la Carta Magna y la jurisprudencia de esta Sala Constitucional, respecto del régimen disciplinario aplicable a los jueces y juezas titulares (de carrera) y no titulares (provisorios, temporales y accidentales), y también para mantener la aplicabilidad del Código de Ética del Juez Venezolano y Jueza Venezolana, sin alterar las competencias de la Comisión Judicial del Tribunal Supremo de Justicia, órgano encargado del control, disciplina y gobierno judicial, esta Sala Constitucional con fundamento en la sentencia N° 516 del 7 de mayo de 2013, ratifica la necesidad de suspender de oficio y cautelarmente, hasta tanto se dicte sentencia respecto del mérito de la presente demanda de nulidad, el encabezado del artículo 2 del Código de Ética del Juez Venezolano y Jueza Venezolana publicado en la Gaceta Oficial N° 6.207 Extraordinario, del 28 de diciembre de 2015. Así se decide.

DE LA OMISIÓN DE LA INSPECTORÍA GENERAL DE TRIBUNALES EN LA ESTRUCTURA DISCIPLINARIA Y EL ROL QUE HA DE DESEMPEÑAR EN EL PROCEDIMIENTO DISCIPLINARIO.

El Código de Ética del Juez Venezolano y Jueza Venezolana publicado en la Gaceta Oficial N° 39.493 del 23 de agosto de 2010, no hacía referencia alguna a la Inspectoría General de Tribunales. Al respecto, esta Sala en la sentencia N° 516 del 7 de mayo de 2013, dispuso lo siguiente:

"En el diseño procesal escogido por el legislador para estructurar la jurisdicción disciplinaria judicial, de cara a la investigación de los hechos y su sustanciación, este se decantó por el funcionamiento de una Oficina de Sustanciación "*…como órgano instructor del procedimiento disciplinario, la cual estará constituida por uno o más sustanciadores o sustanciadoras y un secretario o una secretaria, quienes iniciarán de oficio o por denuncia las investigaciones contra los jueces o juezas, y de considerarlo procedente lo remitirán al Tribunal Disciplinario Judicial*" (*ex:* artículo 52); y por la asignación al Tribunal Disciplinario Judicial de la competencia para admitir la denuncia (*ex:* artículo 55) y para practicar las diligencias conducentes al esclarecimiento de los hechos (*ex:* artículo 57); competencias que durante la concepción administrativa de la disciplina judicial correspondía al Inspector General de Tribunales.

Dicho diseño procesal contaría con una presunción de validez constitucional (desvirtuable *prima facie* a través del proceso de nulidad), al amparo del principio de libertad de configuración del legislador, si no fuese por el hecho de que el artículo 267 de la Constitución de la República Bolivariana de Venezuela dispone que '*Corresponde al Tribunal Supremo de Justicia la dirección, el gobierno y la administración del Poder Judicial, la inspección y vigilancia de los tribunales de la República y de las Defensorías Públicas*" (resaltado añadido); precepto constitucional con base en el cual se señaló, en el artículo 81 de la Ley Orgánica del Tribunal Supremo de Justicia –y hace énfasis esta Sala en el carácter orgánico de dicha Ley–, que "*La Inspectoría General de Tribunales tendrá como función esencial la inspección y vigilancia, por órgano de la Sala Plena, de los tribunales de la República de conformidad con la ley*'.

En efecto, se debe resaltar que el artículo 267 constitucional, como toda norma de competencia, posee una doble dimensión: la primera, que podría calificarse de positiva, indica a quién se le asigna la competencia de inspeccionar y vigilar; y la segunda, que bien puede denominarse negativa o restrictiva, excluye de ese ámbito de competencia a los no señalados en la norma. En ese orden de ideas, este rol de inspección y vigilancia fue entendido por la Asamblea Nacional Constituyente, en el Régimen de Transición del Poder Público (Gaceta Oficial N° 36.859 del 29 de diciembre de 1999), como la potestad de iniciar el procedimiento disciplinario con la apertura del expediente y la citación del juez (artículo 29); esto es, la instrucción del expediente y posterior acusación. Dicha concepción fue compartida y desarrollada por la Sala Plena de este Alto Tribunal, quien, el 12 de noviembre de 2008, mediante Resolución N° 2008-0058, dictó las normas concernientes a la organización y funcionamiento de la Inspectoría General de Tribunales, entre cuyas funciones destaca: recibir las denuncias que presenten los usuarios contra los jueces y juezas de la República (artículo 9.1), sustanciar los expedientes en fase disciplinaria hasta la presentación de la acusación (artículo 12.2) y sostener la acusación disciplinaria ante el órgano competente (artículo 12.5).

De ese modo, visto que tanto *la inspección* como *la vigilancia* transversalizan la validación constante de la idoneidad y excelencia para la función jurisdiccional de los jueces integrantes del Poder Judicial (*ex*: artículo 255 constitucional), por principio de coherencia del ordenamiento jurídico, el llamado a inspeccionar y vigilar a los Tribunales de la República debe contar con la posibilidad real de cuestionar e impulsar, ante la jurisdicción disciplinaria judicial, la sanción de los jueces considerados no idóneos para la función jurisdiccional.

Por tanto, considerando que el legislador orgánico estipuló que la función de inspección y vigilancia de los Tribunales de la República (la cual compete al Tribunal Supremo de Justicia) se canalizaría a través del Inspector General de Tribunales; el legislador ordinario, es decir, el Código de Ética del Juez Venezolano y la Jueza Venezolana, ha debido tener en cuenta esta estructura orgánica y darle cabida en su diseño procesal. Y más aún, en atención a la dimensión negativa de la asignación de competencia realizada por el artículo 267 constitucional al Tribunal Supremo de Justicia, el cuestionamiento de la idoneidad y excelencia de los jueces y el impulso de la sanción serían competencias exclusivas de la Inspectoría General de Tribunales.

Siendo ello así, de cara a lo dispuesto en los artículos 25, 137 y 138 constitucionales, resulta necesario garantizar la participación activa y exclusiva, sin perjuicio de los derechos procesales de los interesados –entre ellos los denunciantes–, del Inspector General de Tribunales en el proceso disciplinario judicial, a fin de procurar el correcto desempeño de las competencias que la propia Constitución de la República Bolivariana de Venezuela le asigna a este Alto Tribunal.

Por lo cual, como medida cautelar innominada hasta tanto se dicte sentencia definitiva en la presente causa, esta Sala Constitucional DECRETA, de oficio, que las competencias que el Código de Ética del Juez Venezolano y la Jueza Venezolana le asigna a la Oficina de Sustanciación y al Tribunal Disciplinario Judicial para iniciar de oficio o por denuncia las investigaciones contra los jueces o juezas, admitir la denuncia y practicar las diligencias conducentes al esclarecimiento de los hechos, serán propias del Inspector General de Tribunales, en los siguientes términos:

1. Las competencias que los artículos 52 y 55 del Código de Ética del Juez Venezolano y la Jueza Venezolana le atribuyen a la Oficina de Sustanciación se reputarán propias de la Inspectoría General de Tribunales; sin menoscabo de las competencias de dicha Oficina como órgano sustanciador pero del proceso judicial;

2. Las competencias que los artículos 55, 57 y 58 le atribuyen al Tribunal Disciplinario Judicial se entenderán propias del Inspector General de Tribunales, con excepción, en el caso del artículo 58, de la facultad para decretar el sobreseimiento, pues éste continúa reputándose como competencia propia del Tribunal Disciplinario Judicial sólo que operará a solicitud del Inspector General de Tribunales;

3. Si finalizada la investigación el Inspector General de Tribunales considera que debe impulsar la sanción del Juez presentará la solicitud ante el Tribunal Disciplinario Judicial, quien procederá con base en el artículo 62 y siguientes del Código de Ética del Juez Venezolano y la Jueza Venezolana;

4. Si durante la investigación el Inspector General de Tribunales considera conveniente la suspensión provisional del denunciado o denunciado del ejercicio del cargo de juez o jueza, así lo solicitará al Tribunal Disciplinario Judicial, quien procederá de acuerdo con el artículo 61 del Código de Ética del Juez Venezolano y la Jueza Venezolana; ello sin menoscabo de la potestad que le asiste a este Tribunal de decretar durante el juicio, aun de oficio, dicha cautela;

5. En el caso de la apelación a que se refiere el único aparte del artículo 55 en contra del auto de no admisión de la denuncia, esta se presentará ante el Tribunal Disciplinario Judicial;

6. A tenor de lo dispuesto en el artículo 83 y siguientes del Código de Ética del Juez y la Jueza Venezolana, el Inspector General de Tribunales podrá interponer recurso de apelación de la sentencia definitiva que dicte el Tribunal Disciplinario Judicial;

7. El Inspector General de Tribunal y la Comisión Judicial del Tribunal Supremo de Justicia se reputan incluidos dentro de los órganos destinatarios de las remisiones de las copias certificadas de las decisiones definitivamente firmes emanadas de la Jurisdicción Disciplinaria Judicial, a tenor de lo señalado en el artículo 89 *eiusdem*.

8. Los derechos del denunciante, en su carácter de interesado, se mantienen incólumes (*ex*: artículo 63); sin embargo, los derechos referidos a la participación en la audiencia y a la evacuación y promoción de pruebas penden de que el Inspector General de Tribunales haya estimado necesario impulsar la sanción del juez o jueza denunciado o denunciada.

9. Las competencias que los artículos 52 y 55 del Código de Ética del Juez Venezolano y la Jueza Venezolana le atribuyen a la Oficina de Sustanciación se reputarán propias de la Inspectoría General de Tribunales; sin menoscabo de las competencias de dicha Oficina como órgano sustanciador pero del proceso judicial;

10. Las competencias que los artículos 55, 57 y 58 le atribuyen al Tribunal Disciplinario Judicial se entenderán propias del Inspector General de Tribunales, con excepción, en el caso del artículo 58, de la facultad para decretar el sobreseimiento, pues éste continúa reputándose como competencia propia del Tribunal Disciplinario Judicial sólo que operará a solicitud del Inspector General de Tribunales;

11. Si finalizada la investigación el Inspector General de Tribunales considera que debe impulsar la sanción del Juez presentará la solicitud ante el Tribunal Disciplinario Judicial, quien procederá con base en el artículo 62 y siguientes del Código de Ética del Juez Venezolano y la Jueza Venezolana;

12. Si durante la investigación el Inspector General de Tribunales considera conveniente la suspensión provisional del denunciado o denunciado del ejercicio del cargo de juez o jueza, así lo solicitará al Tribunal Disciplinario Judicial, quien procederá de acuerdo con el artículo 61 del Código de Ética del Juez Venezolano y la Jueza Venezolana; ello sin menoscabo de la potestad que le asiste a este Tribunal de decretar durante el juicio, aun de oficio, dicha cautela;

13. En el caso de la apelación a que se refiere el único aparte del artículo 55 en contra del auto de no admisión de la denuncia, esta se presentará ante el Tribunal Disciplinario Judicial;

14. A tenor de lo dispuesto en el artículo 83 y siguientes del Código de Ética del Juez y la Jueza Venezolana, el Inspector General de Tribunales podrá interponer recurso de apelación de la sentencia definitiva que dicte el Tribunal Disciplinario Judicial;

15. El Inspector General de Tribunal y la Comisión Judicial del Tribunal Supremo de Justicia se reputan incluidos dentro de los órganos destinatarios de las remisiones de las copias certificadas de las decisiones definitivamente firmes emanadas de la Jurisdicción Disciplinaria Judicial, a tenor de lo señalado en el artículo 89 *eiusdem*.

16. Los derechos del denunciante, en su carácter de interesado, se mantienen incólumes (*ex*: artículo 63); sin embargo, los derechos referidos a la participación en la audiencia y a la evacuación y promoción de pruebas penden de que el Inspector General de Tribunales haya estimado necesario impulsar la sanción del juez o jueza denunciado o denunciada.

En tal sentido, el novísimo Código de Ética del Juez Venezolano y Jueza Venezolana, publicado en la Gaceta Oficial N° 6.207 Extraordinario, del 28 de diciembre de 2015, omitió igualmente hacer referencia a la Inspectoría General de Tribunales en tanto único órgano instructor disciplinario; de modo que a fin de preservar la competencia que le fue asignada al Tribunal Supremo de Justicia en el artículo 267 constitucional, la cual ejerce a través de la Inspectoría General de Tribunales, ratifica la medida cautelar innominada dictada en la sentencia N° 516 del 7 de mayo de 2013 y su aclaratoria (*Vid*. sentencia N° 1388/2013); y en tal sentido, hasta tanto se dicte sentencia definitiva en la presente causa, esta Sala Constitucional decreta, de oficio y cautelarmente, que las competencias instructoras y de investigación que el nuevo Código de Ética del Juez Venezolano y Jueza Venezolana, le asigna al Órgano Investigador Disciplinario –el cual no está operativo aún– para iniciar de oficio o por denuncia las investigaciones contra los jueces o juezas, admitir la denuncia y practicar las diligencias conducentes al esclarecimiento de los hechos, las continuará ejerciendo la Inspectoría General de Tribunales, en los siguientes términos:

1. Las competencias que los artículos 62, 63, 64, 66, 67, 68, 70 y 72 del nuevo Código de Ética del Juez Venezolano y Jueza Venezolana le atribuyen al Órgano Investigador Disciplinario se reputarán propias de la Inspectoría General de Tribunales; con excepción, en el caso del artículo 71, de la facultad para decretar el sobreseimiento, pues éste continúa reputándose como competencia propia del Tribunal Disciplinario Judicial, sólo que operará a solicitud de la Inspectoría General de Tribunales;

2. Si finalizada la investigación la Inspectoría General de Tribunales considera que debe impulsar la sanción del Juez presentará la solicitud ante el Tribunal Disciplinario Judicial, quien procederá con base en el artículo 74 y siguientes del nuevo Código de Ética del Juez Venezolano y Jueza Venezolana;

3. Si durante la investigación la Inspectoría General de Tribunales considera conveniente la suspensión provisional del denunciado o denunciada del ejercicio del cargo de juez o jueza, así lo solicitará al Tribunal Disciplinario Judicial, quien procederá de acuerdo con el artículo 73 del Código de Ética del Juez Venezolano y Jueza Venezolana; ello sin menoscabo de la potestad que le asiste a este Tribunal de decretar durante el juicio, aun de oficio, dicha cautela;

4. La Inspectoría General de Tribunales y la Comisión Judicial del Tribunal Supremo de Justicia se reputan incluidos dentro de los órganos destinatarios de las remisiones de las copias certificadas de las decisiones definitivamente firmes emanadas de la Jurisdicción Disciplinaria Judicial, a tenor de lo señalado en el artículo 89 *eiusdem*.

5. Los derechos del denunciante se entienden representados por la Inspectoría General de Tribunales, y su participación en la audiencia y a la evacuación y promoción de pruebas dependen de que la Inspectoría General de Tribunales haya estimado necesario impulsar la sanción del juez o jueza denunciado o denunciada;

6. Si finalizada la investigación, la Inspectoría General de Tribunales considera que debe impulsar la sanción del Juez presentará la solicitud para su juzgamiento ante el Tribunal Disciplinario Judicial, quien procederá con base en el artículo 62 y siguientes del Código de Ética del Juez Venezolano y Jueza Venezolana;

7. Si durante la investigación la Inspectoría General de Tribunales considera conveniente la suspensión provisional del denunciado o denunciado del ejercicio del cargo de juez o jueza, así lo solicitará al Tribunal Disciplinario Judicial, quien procederá de acuerdo con el artículo 61 del Código de Ética del Juez Venezolano y Jueza Venezolana; ello sin menoscabo de la potestad que le asiste a este Tribunal de decretar durante el juicio, aun de oficio, dicha cautela;

8. A tenor de lo dispuesto en el artículo 86 y siguientes del nuevo Código de Ética del Juez y Jueza Venezolana, la Inspectoría General de Tribunales podrá interponer recurso de apelación de la sentencia definitiva que dicte el Tribunal Disciplinario Judicial;

9. La Inspectoría General de Tribunales y la Comisión Judicial del Tribunal Supremo de Justicia se reputan incluidos dentro de los órganos destinatarios de las remisiones de las copias certificadas de las decisiones definitivamente firmes emanadas de la Jurisdicción Disciplinaria Judicial, a tenor de lo señalado en el artículo 91 *eiusdem*. Así se decide.

Asimismo, se mantiene suspendido el segundo párrafo del artículo 35 y los cardinales 2, 3, 5, 7 y 8 del artículo 37 (relativos a la competencia de la Oficina de Sustanciación para realizar la "investigación preliminar"), todos del Reglamento Orgánico y Funcional de la Jurisdicción Disciplinaria y Judicial, publicado en la Gaceta Oficial N° 39.750 del 5 de septiembre de 2011; y el Manual de Normas y Procedimientos para la Oficina de Sustanciación, publicado en la Gaceta Oficial N° 39.797 del 10 de noviembre de 2011.

Vista la declaratoria anterior, las denuncias que cursen ante la Inspectoría General de Tribunales, continuarán su curso para el esclarecimiento de los hechos según las competencias aquí asignadas, hasta que se dicte el acto conclusivo correspondiente dentro del lapso previsto en su artículo 67 del nuevo Código de Ética del Juez Venezolano y Jueza Venezolana, lapso éste que comenzará contarse desde que conste en el expediente respectivo la notificación de la jueza o juez investigado, y el proceso disciplinario continuará según lo previsto en dicho Código.

Por último, a los fines de la ejecución de la presente decisión para facilitar la tramitación de las causas que se encuentran en la Inspectoría General de Tribunales, se suspenden de oficio y cautelarmente, hasta tanto se dicte sentencia definitiva en el presente caso, las *Disposiciones Transitorias Segunda en su cardinales 1, 2, 3 y 4; Tercera, Cuarta y Quinta*, en lo que respecta a la designación del director o directora del órgano investigador disciplinario, previstas en el nuevo Código de Ética del Juez Venezolano y Jueza Venezolana, publicado en la Gaceta Oficial N° 6.207 Extraordinario, del 28 de diciembre de 2015. Así también se decide.

En virtud de la declaratoria anterior, queda modificada en los términos expuestos en el presente fallo la medida cautelar innominada dictada de oficio por esta Sala Constitucional y su aclaratoria, contenidas en las sentencias Números 516 del 7 de mayo de 2013 y 1388 del 17 de octubre de 2013, respectivamente.

3.   *Administración Público Nacional*

A.   *Administración Pública con autonomía funcional. Banco Central de Venezuela. Características. Evolución*

TSJ-SC (259)   **31-3-2016**

Magistrado Ponente: Calixto Antonio Ortega Ríos

Caso: Inconstitucional la Ley de Reforma Parcial del Decreto N° 2.179 con Rango, Valor y Fuerza de la Ley de Reforma Parcial de la Ley del Banco Central de Venezuela, sancionada por la Asamblea Nacional en sesión ordinaria del 03 de marzo de 2016.

El Banco Central de Venezuela es una persona jurídica de derecho público, de rango constitucional, que forma parte de la Administración con autonomía funcional. Está obligado a dirigir sus políticas en función del Plan Nacional de Desarrollo y coadyuvar con el Ejecutivo Nacional como organismo técnico en el diseño y ejecución de las políticas macroeconómicas, financieras y fiscales.

A raíz de las transformaciones políticas e institucionales posteriores a 1936, en Venezuela se inicia un proceso de modernización del Estado en función de incorporar la superestructura del pensamiento liberal que, desde los centros de poder mundial dictaban las nuevas economías emergentes surgidas de la Primera Guerra Mundial. Una de esas tendencias fue la separación de la función fiscal de la función monetaria, como potestades del Poder Ejecutivo Federal o Nacional, con el objetivo manifiesto de que la política monetaria no se diseñara en función de financiar el déficit fiscal.

En el caso de Latinoamérica, no puede dejarse de mencionar el influjo de las políticas liberales que fueron impuestas como receta, encargándose para ello al economista norteamericano Edwin Walter Kemmerer, quien promovió la fundación del Banco de la República de Colombia y la Controlaría General, que tenían como fondo la reforma del sistema monetario colombiano. Durante 1925 permaneció en Chile, donde ejerció las labores de asesor presidencial para Asuntos Económicos. En Ecuador estuvo al frente de la conocida Misión Kemmerer, que se encargó de redactar la Ley Orgánica del Banco Central del Ecuador el 12 de marzo de 1927, al igual que en Bolivia y Perú.

Como en el resto del mundo, en Venezuela primero surgió un Banco de Emisión al cual se le otorgó facultades de redescuento y ciertas potestades de control como una figura de derecho privado. El Banco Central de Venezuela fue creado el 8 de septiembre de 1939. A pesar de su nombre, aun estaba lejos de ser un Banco Central propiamente dicho. En el artículo 1° de su Ley de creación se estableció que éste *"es [era] una persona jurídica pública con la forma de compañía anónima"* y el artículo 2 *ejusdem* señala que tendrá como finalidad esencial *"crear y mantener condiciones monetarias, crediticias y cambiarias favorables a la estabilidad de la moneda, al equilibrio económico y al desarrollo ordenado de la economía, así como asegurar la continuidad de pagos internacionales del país"*.

La Sala Político Administrativa de la extinta Corte Suprema de Justicia dejó establecido que el Banco Central de Venezuela *"...constituye un establecimiento público asociativo que forma parte de la administración descentralizada..."*. (Ver sentencia del 19 de febrero de 1981, en *Revista de Derecho Público*, Editorial Jurídica Venezolana, N° 24, Octubre-diciembre 1985, p. 103).

En la década de los años cuarenta, la legislaciones de la gran mayoría de los países latinoamericanos, además de conservar la estructura privada de los Bancos de Emisión, les otorgaron a éstos facultades de dirigir y controlar el crédito y de regular la circulación monetaria con lo cual se convirtieron en verdaderos Bancos Centrales. En Venezuela, la Ley del Banco Central de Venezuela ha experimentado reformas a lo largo de la historia: en 1943, la fallida de 1948, las de 1960, 1974, 1983, 1984,1987, 1992, 2001, 2005, 2009, 2010, 2014 y la de 2015, que es la actualmente vigente. Todas las reformas respondieron a exigencias internas derivadas del acelerado cambio experimentado por la nación y a las nuevas orientaciones que la banca central adoptaba en las economías más desarrolladas, las cuales resultaban de la estructuración de un nuevo orden financiero internacional.

En la ley del 4 de diciembre de 1992, se incorporó el principio de la autonomía en la administración del Banco Central de Venezuela y se le dio el carácter de persona jurídica pública de naturaleza única. Asimismo, se eliminó el carácter corporativo que hasta la fecha mantenía la composición del Directorio, en su lugar, se estableció un cuerpo colegiado de siete miembros, un Presidente y seis directores, designados por el Presidente de la República por un período de seis años, que evita la coincidencia con los períodos constitucionales.

(…)

El 4 de septiembre de 2001, la Asamblea Nacional, en cumplimiento del mandato del Constituyente de 1999, sancionó la Ley del Banco Central de Venezuela, con lo cual quedó derogada la Ley del 4 de diciembre de 1992; posteriormente fue reformada en 2005, 2009, 2010, 2014 y 2015, y en este proyecto que fuera enviado para el control preventivo de la constitucionalidad que ostenta esta Sala.

Como se observa, si sobre algún aspecto de la institucionalidad surgida en el Siglo XX han habido diferencias y ha sido debatido por la doctrina nacional e internacional y ha hecho que la jurisprudencia anterior a la Constitución haya tenido contradicciones notables, al caracterizarlo con dos notas excluyentes, de ente público y a su vez, de carácter privado, por sus condiciones propias, ha sido el Banco Central de Venezuela. Dicha oscuridad fue resuelta por la Constitución de la República Bolivariana de Venezuela cuando se le da rango constitucional como "...*persona jurídica de derecho público con autonomía para la formulación y el ejercicio de las políticas de su competencia*". En ese sentido, es un órgano que pertenece a la Administración Pública Nacional con autonomía funcional, integrado a la estructura del Estado, que de manera autónoma, exclusiva y excluyente ejerce la competencia monetaria, con un régimen legal propio y con la finalidad de contribuir armónicamente a los fines del Estado en beneficio del Pueblo. Es un ente único y **la relación que se establece entre el Ejecutivo Nacional y el Banco Central de Venezuela, es una relación de coordinación y colaboración general y especial y no de subordinación**.

Ello se observa del artículo 320 de la Constitución cuando establece que "...*En el ejercicio de sus funciones el Banco Central de Venezuela no estará subordinado a directivas del Poder Ejecutivo y no podrá convalidar o financiar políticas fiscales deficitarias. La actuación coordinada del Poder Ejecutivo y del Banco Central de Venezuela se dará mediante un acuerdo anual de políticas, en el cual se deberán establecer los objetivos finales de crecimiento y sus repercusiones sociales...*".

No obstante, la autonomía que le consagra la Constitución, el Banco Central de Venezuela **está obligado a dirigir sus políticas en función del Plan Nacional de Desarrollo y coadyuvar con el Ejecutivo Nacional como organismo técnico en el diseño y ejecución de las políticas macroeconómicas, financieras y fiscales**. De manera que no se trata de un estanco aislado sino de un órgano especializado cuya autonomía debe interpretarse en virtud del cumplimiento de los objetivos del Estado desde el ejercicio de sus propias competencias.

(...)

Del criterio sentado por esta Sala, se puede colegir que el ejercicio de las competencias del Banco Central de Venezuela son tan esenciales –tanto las de regulación, ejecución y control– que de ello depende la propia subsistencia del Estado y la promoción del desarrollo integral de la comunidad, el mantenimiento de la paz y la tranquilidad social: por ello es indispensable que entre el Poder Ejecutivo y el Banco Central de Venezuela, se desarrolle un funcionamiento armónico, de coordinación y colaboración sin que exista conflictos de intereses.

En consecuencia, el Banco Central de Venezuela es un ente atípico, y como dice su Ley, una persona jurídica pública de naturaleza única, justificada por la necesidad de incrementar, fomentar y proteger la autonomía del Instituto, la cual ciertamente se vería mermada, ante la existencia de una adscripción y de un vínculo de tutela. Precisamente, la autonomía del Banco Central de Venezuela constituye un elemento fundamental para el cumplimiento de los fines que la ley le asigna, por lo que requiere de un ordenamiento y organización especiales, propio, diferente del común aplicable a las demás entidades públicas o privadas.

En conclusión, el Banco Central de Venezuela es una persona jurídica de derecho público, de rango constitucional, dotado de autonomía para el ejercicio de las políticas de su competencia, que no forma parte ni de la Administración Central ni de la Administración Descentralizada funcionalmente, sino que, atendiendo a las disposiciones de la Constitución de la República Bolivariana de Venezuela que lo regulan y que han sido desarrolladas por la Ley Especial que lo rige, forma parte de la llamada Administración con autonomía funcional. Ello se ha logrado en gran medida, tanto en el orden nacional como el internacional, gracias a los mecanismos que se han establecido para el nombramiento de sus autoridades, como se verá de seguidas.

La evolución histórico constitucional del Banco Central de Venezuela, evidencia que las competencias del mismo son una función básica a cargo del Estado que proviene del ejercicio de la soberanía que tiene toda Nación para diseñar y poner en circulación su propias especies monetarias, protección y fortaleza del Bolívar como única moneda de curso legal, así como la defensa del poder de compra para que el Pueblo pueda hacer efectiva satisfactoriamente sus operaciones de intercambio, a través de un organismo especializado con capacidad de regulación y ejecución.

(…)

Como se observa, de los ejemplos que arrojan el breve estudio de derecho comparado, la Sala constata que a nivel mundial corresponde fundamentalmente al Poder Ejecutivo el nombramiento de las autoridades de los Bancos Centrales y, que en mayor o menor medida, el Poder Legislativo participa de esa designación fundamentalmente controlando que los extremos, condiciones o requisitos legales establecidos en la legislación se cumplan a través de un acuerdo o ratificación de dichos nombramientos. Ello tiene una explicación histórica, como se demostró líneas arriba: la política monetaria es una potestad ejercida ante el surgimiento de los Bancos Centrales por los Poderes Ejecutivos y, de otro lado, una razón práctica, garantizar la continuidad en la política monetarias y evitar que ésta se vea influenciada por los ciclos políticos, lo cual asegura una planeación de más largo plazo y una mayor credibilidad para el público.

IV. ORDENAMIENTO ECONÓMICO

1. *Derecho a la libertad económica*

TSJ-SPA (190)   24-2-2016

Magistrado Ponente: Bárbara Gabriela César Siero

Caso: Servicio Nacional Integrado de Administración Aduanera y Tributaria (SENIAT).

Respecto a la violación del derecho a la libertad económica previsto en el artículo 112 de la Constitución de la República Bolivariana de Venezuela, es criterio de esta Alzada (*Vid.* entre otras, sentencias de esta Sala números 2900 de fecha 12 de mayo de 2005 y 1486 del 15 de octubre de 2009) que tal derecho constituye una manifestación específica de la libertad general de los ciudadanos y ciudadanas, proyectada en su ámbito o aspecto económico, y consiste en la posibilidad legítima de emprender y mantener en libertad la actividad empresarial, esto es, de entrar, permanecer y retirarse del mercado de su preferencia.

Asimismo, interesa destacar que los órganos del Poder Público están habilitados, dentro del ámbito de sus respectivas competencias, para regular el ejercicio de la libertad económica, con el fin primordial y último de alcanzar determinados propósitos de interés social. De esa manera, y así lo ha expresado este Máximo Tribunal en reiteradas oportunidades (*vid.* entre otras, sentencias de esta Sala números 286 del 5 de marzo de 2008 y 417 del 1° de abril de 2009), el reconocimiento del derecho en referencia debe concertarse con otras normas elementales que justifican la intervención del Estado en la economía, por cuanto la Constitución de nuestro país reconoce el carácter mixto de la economía venezolana, esto es, la existencia de un sistema socioeconómico intermedio entre la economía de libre mercado (en la que el Estado funge como simple programador de aquélla, dependiendo ésta de la oferta y la demanda de bienes y servicios) y la intervención activa del Estado en pro de salvaguardar los derechos económicos y sociales de la población.

En armonía con lo indicado, es prudente resaltar que no toda medida que incida en la libertad de empresa es, *per se*, contraria al derecho en referencia, salvo que persiga –por un mero voluntarismo– obstaculizar el ejercicio de tal derecho o dé lugar a rémoras que no guarden relación alguna con el fin constitucionalmente perseguido. (*Vid.* sentencia de esta Sala Político-Administrativa número 00286 del 5 de marzo de 2008, ratificada en decisión número 01514 de fecha 12 de diciembre de 2012).

*Sin embargo, bajo el concepto de garantía constitucional no pueden subsumirse contenidos completamente ajenos al elenco de libertades públicas constitucionalmente protegidas, como se pretende, ya que la garantía se encuentra estrechamente relacionada con el derecho. La garantía puede ser entendida como la recepción constitucional del derecho o como los mecanismos existentes para su protección. Tanto en uno como en otro sentido **la garantía es consustancial al derecho, por lo que no cabe emplear el concepto de garantía para ensanchar el ámbito tutelado por el amparo, incluyendo en el mismo toda potestad o competencia constitucionalmente garantizada. Ello conduciría a una desnaturalización del amparo, que perdería su especificidad y devendría en un medio de protección de toda la Constitución.***

En consecuencia, el amparo interpuesto debe ser declarado –in limine litis– improcedente, y así se decide.

2.   *Propiedad y Expropiación*

    A.   *Expropiación. Declaratoria de utilidad pública. Responsabilidad extracontractual. Resarcimiento de daños materiales generados al derecho de propiedad*

TSJ-SPA (54)   **27-1-2016**

Magistrado Ponente: Inocencio Antonio Figueroa Arizaleta

Caso: Francia Margarita Assaad Brito vs. Decisión de la Corte Segunda de lo Contencioso Administrativo del 1° de marzo de 2012 bajo el N° 2012-0369.

La sola existencia de la declaratoria de utilidad pública del inmueble, no puede entenderse generadora de la expropiación, pues representa un pronunciamiento que puede ser temporal o definitivo, dependiendo del análisis técnico que se haga de la idoneidad del bien para cumplir los fines generales o sociales a los que se pretende destinar, y de la posterior emisión del Decreto Expropiatorio, sin el cual no puede entenderse concluida la primera fase del procedimiento de expropiación.

La declaratoria de utilidad pública o social no genera una lesión por sí misma. El resarcimiento de los daños materiales generados al derecho de propiedad exige no solo demostrar la titularidad del derecho que se clama vulnerado, sino adicionalmente debe ser comprobado el efecto dañoso que generó el acto lesivo sobre el patrimonio del titular.

Previo al pronunciamiento de fondo, esta Sala observa que la representación judicial de la parte demandante basó su apelación, en la omisión de dar trámite al "*procedimiento de expropiación*" iniciado por el Municipio Santiago Mariño del Estado Aragua, sobre la parcela propiedad de su representada, –Francia Margarita Assaad Brito–, identificada con el N° 28 del Asentamiento Campesino "*Santa Rita*" o Paraparal, jurisdicción del hoy Municipio Francisco Linares Alcántara, del aludido Estado, la cual generó –a su decir– un daño patrimonial y moral a su mandante, el cual se materializó con la invasión del inmueble.

Asimismo señaló que la entidad Municipal demandada, no cumplió con el deber de detener la invasión que se estaba suscitando, sino que otorgó a los invasores un reconocimiento expreso al permitirles la inscripción de sus viviendas, sin exigir documentación alguna. Igualmente, construyó obras para la prestación de servicios públicos en el sector, lo que no deja duda respecto a la lesión del derecho de propiedad.

Ello así se observa que la representación judicial de la demandante cuestiona la decisión recurrida, en los siguientes aspectos: *i)* la violación del derecho a la propiedad que le asiste, por no haberse completado la fase inicial del procedimiento de expropiación; *ii)* que tampoco quedó probada la relación de causalidad entre el hecho lesivo y el daño causado, toda vez que la invasión fue anterior al Acuerdo y a la adquisición del derecho.

(…)

De ahí que el análisis a realizar se circunscribirá a verificar la veracidad o no de las conclusiones rebatidas, lo que se hace previo aclarar lo siguiente:

De la naturaleza de la acción intentada.

Hechas esas precisiones, este Alto Tribunal estima procedente aclarar que del contenido de la reforma de la demanda presentada el 24 de septiembre de 2009, se desprende que la acción interpuesta se circunscribe a solicitar la declaratoria de responsabilidad extracontractual del Municipio Francisco Linares Alcántara del Estado Aragua, y por ende el otorgamiento de la indemnización del daño material y daño moral, generado a la ciudadana Francia Margarita Assaad Brito, como consecuencia de la actuación del ente municipal relacionada con la no ejecución de "*…la expropiación de la parte Sur de la parcela N° 28 …*", propiedad de la precitada, y que fue invadida –según denuncia– con la anuencia del referido ente.

(…)

De las documentales *supra* transcritas evidencia esta Sala que en el caso concreto el Municipio Santiago Mariño del Estado Aragua, efectivamente inició en fecha 31 de octubre de 1995 el procedimiento expropiatorio, a través de la declaratoria de utilidad pública e interés social de la parcela identificada con el N° 28, del Asentamiento Campesino Santa Rita Paraparal, ubicado en la calle Socorro Padrón, Parroquia Santa Rita, jurisdicción del hoy Municipio Francisco Linares Alcántara del Estado Aragua, propiedad de la ciudadana Francia Margarita Assaad Brito, identificada en autos, cumpliendo con ello la previsión que se contenía en el entonces artículo 10 de la Ley de Expropiación por Causa de Utilidad Pública o Social (1947), reformada mediante Decreto N° 184, publicado en Gaceta Oficial de la República de Venezuela N° 25.642, de fecha 25 de abril de 1958, aplicable *ratione temporis* a la presente causa; procedimiento al cual dio continuidad el Municipio naciente Francisco Linares Alcántara del Estado Aragua, que a la fecha ejerce jurisdicción sobre las áreas afectadas por el Acuerdo.

Asimismo, asevera la hoy apelante, que aún cuando efectivamente el procedimiento expropiatorio fue iniciado, el mismo no ha culminado, así lo manifiesta entre otras, en la comunicación de fecha 19 de marzo de 2010, suscrita por ésta y dirigida al Fiscal 26 del Ministerio Público del Circuito Judicial Penal del Estado Aragua, a través de la que se deja constancia de la entrega de pruebas documentales de la invasión de la que fue objeto el predio de su propiedad, identificado como parcela N° 28 del Asentamiento Campesino Santa Rita; y en la comunicación de fecha 5 de febrero de 2010, suscrita por la ciudadana Francia Margarita Assaad Brito, y dirigida al Prefecto de Santa Rita, de la referida entidad regional, a través de la cual indica que la parcela N° 28 del Asentamiento Santa Rita, es de su propiedad y fue invadida, conformándose allí el Barrio Las Américas, situación que vive desde el año 1992.

De ahí, que la parte recurrente en apelación hubiere ejercido la acción principal de daños y perjuicios que se ventila en la presente causa, con fundamento –según consta en el escrito de reforma de la demanda– en el artículo 8 de la Ley de Expropiación por Causa de Utilidad Pública (2002), que establece textualmente lo siguiente: *"Todo propietario a quien se prive del goce de su propiedad, **sin llenar las formalidades de esta Ley**, podrá ejercer todas las acciones posesorias o petitorias que correspondan, a fin que se le mantenga en el uso, goce y disfrute de su propiedad, debiendo ser indemnizado de los daños y perjuicios que le ocasione el acto ilegal."* (Resaltado de la Sala).

En este orden de ideas, resulta claro que la pretensión de autos se circunscribió a obtener por parte del Poder Judicial un pronunciamiento que declarara la responsabilidad extracontractual del Municipio Francisco Linares Alcántara del Estado Aragua, generada por la omisión de continuar la sustanciación del procedimiento expropiatorio iniciado, lo que denuncia ha resultado lesivo al derecho a la propiedad que asiste a la actora. En otras palabras, advierte este Máximo Tribunal que la pretensión no es dar continuidad al aludido proceso expropiatorio sino obtener el resarcimiento de los efectos dañosos que la omisión denunciada ha generado sobre la esfera de sus derechos.

Partiendo de ello, se colige, que pretende la apelante se active el sistema de responsabilidad extracontractual del Estado, contenido en el artículo 140 de la vigente Constitución de la República Bolivariana de Venezuela, que establece la obligación de indemnizar todos aquellos daños causados a los particulares como consecuencia de su funcionamiento normal o anormal.

Así, a fin de precisar si la decisión del *A quo* se encuentra ajustada a derecho, conforme a la doctrina jurisprudencial emanada de este Alto Tribunal, se debe determinar en primer lugar: el daño, constituido por una afectación a los derechos subjetivos de la demandante y de resultar probado éste; deberá precisarse en segundo lugar: que la actuación u omisión sea imputable al demandado; acreditado lo cual deberá analizarse en tercer lugar, la existencia de una relación de causalidad entre tales elementos. Extremos esos que son concurrentes y en atención a los cuales, vistos los cuestionamientos presentados, se desarrollará la presente decisión.

Del daño material reclamado.

1.- *De la afectación a los derechos subjetivos de la ciudadana Francia Margarita Assaad Brito, como consecuencia de la denunciada omisión de dar trámite al procedimiento expropiatorio en que incurrió el Municipio Francisco Linares Alcántara.*

En paráfrasis de los argumentos expuestos en el recurso de apelación presentado, advierte esta Sala que el cuestionamiento traído a su conocimiento se funda en el hecho de que la invasión que se suscitó en la parcela N° 28 propiedad de la ciudadana Francia Margarita Assaad Brito, le privó del ejercicio legítimo de su derecho real, situación esa que afirma, fue auspiciada por el ente Municipal demandado, el cual omitió su deber de ejercer las acciones necesarias en resguardo del bien jurídico tutelado (propiedad), y que por el contrario entregó permisos para la edificación de viviendas y gestionó la instalación de servicios públicos a favor de los invasores en el sitio, sin ejecutar totalmente la expropiación.

Al respecto, la sentencia recurrida expuso que la sola existencia de la declaratoria de utilidad pública del inmueble, no puede entenderse generadora de la expropiación, pues en el caso concreto la parte apelante no logró demostrar que su derecho de propiedad haya sido afectado en virtud del Acuerdo dictado por el entonces Concejo Municipal del Municipio Santiago Mariño del Estado Aragua el 31 de octubre de 1995, toda vez que efectivamente la invasión que denuncia como hecho generador del daño, se produjo en el año 1992, es decir, antes de la adquisición por su parte del referido inmueble, lo que se suscitó en el año 1993, de ahí que concluyó que no consta en autos que exista una relación de causalidad entre el hecho denunciado como lesivo y el daño sufrido.

(…)

De lo expuesto se concluye, –tal como lo señala el *a quo* en su decisión– que no ostentaba la ciudadana Francia Margarita Assaad Brito, el derecho de propiedad sobre la tierra para el día 18 de julio de 1992, oportunidad en la que indicó la parte apelante se verificó la invasión del inmueble; sin embargo, juzga la Sala que aparece suficientemente probado que para entonces sí fungía ésta como poseedora y propietaria de las mejoras y bienhechurías edificadas sobre la parcela en comento, así lo reconoció el Instituto Agrario Nacional (I.A.N.), de forma expresa en sesión de directorio N° 5-74, que aparece reseñada en el documento de adquisición transcrito parcialmente, cuya existencia hace oponible el derecho de propiedad de ésta a terceros, en razón de haber sido debidamente protocolizado.

Ahora bien, advierte la Sala, que la sola declaratoria de utilidad pública o social de la parcela, aunque constituye una limitación al atributo disposición que caracteriza a la propiedad como derecho, no genera una lesión por sí misma, ya que con su emisión, se activa una restricción reconocida constitucionalmente al mencionado derecho; de ahí la obligación del particular de soportarla, previo cumplimiento del trámite legal contenido en la Ley de Expropiación por Causa de Utilidad Pública o Social, el cual aparece iniciado en el caso de autos.

En adición a lo expuesto, debe reiterarse, que esa declaratoria administrativa además representa un pronunciamiento que puede ser temporal o definitivo, dependiendo del análisis técnico que se haga de la idoneidad del bien para cumplir los fines generales o sociales a los que se pretende destinar, y de la posterior emisión del Decreto Expropiatorio, el cual competía al Ejecutivo Municipal y constituye el punto final de la primera fase del procedimiento de expropiación, sea este visto a la luz de la hoy derogada Ley de Expropiación por Causa de Utilidad Pública o Social (1958) o de la ley vigente. (Véase al respecto sentencia relacionada N° 00048 de fecha 15 de enero de 2008, proferida por esta Sala, en el caso: *Alcaldía Distrito Metropolitano de Caracas*).

(…)

Ahora bien, la naturaleza de la acción interpuesta –que pretende el resarcimiento de los daños materiales generados al derecho de propiedad de la ciudadana Francia Margarita Assaad Brito, como consecuencia de la no ejecución del Acuerdo publicado en Gaceta Municipal N° 20/95 del 2 de noviembre de 1995 y de los trámites subsiguientes– exige no solo que ésta demuestre la titularidad del derecho que reclama vulnerado, sino adicionalmente que compruebe suficientemente ante el juzgador, el efecto dañoso que sobre su patrimonio generó el acto lesivo.

En el caso concreto, aprecia esta Sala que la representación judicial de la parte actora, se limitó a señalar que el derecho de propiedad que ejerce la ciudadana Francia Margarita Assaad Brito, ya identificada, sobre la parcela N° 28 del Asentamiento Campesino Santa Rita Paraparal se vio menguado por la invasión de la que fue objeto la misma en el año 1992, y la omisión incurrida por el ente Municipal al no tramitar el procedimiento expropiatorio iniciado y regularizar a los invasores, sin embargo, no demostró en qué consistió esa lesión, a lo que sin dudas estaba obligada, pues así lo ha señalado este Alto Tribunal al afirmar: "(...) *el reclamante de los daños materiales debe probar las lesiones actuales y ciertas sufridas, señalando expresamente cuál fue la disminución de su patrimonio, no pudiendo el Juez presumir tales daños económicos.*" (Ver Sentencia de esta Sala N° 0622 de fecha 21 de mayo de 2008).

Ante ese escenario, se genera una imprecisión que hace discutible que se pueda concluir, como pretende la actora, que el referido acuerdo le haya causado efectos dañosos, máxime cuando aprecia este Alto Tribunal, que el eventual trámite del procedimiento expropiatorio no causaría efectos exclusivos sobre la esfera jurídica de Francia Margarita Assaad Brito, tal como pretende hacerlo ver en su escrito de reforma a la demanda.

V.   LA ACTIVIDAD ADMINISTRATIVA

1.   *Procedimiento Administrativo*

A.   *Derechos de los administrados. Derecho a la defensa. Derecho al debido proceso (Autorización de adquisición de divisas)*

TSJ-SPA (148)   **18-2-2016**

Magistrado Ponente: Eulalia Coromoto Guerrero Rivero

Caso: Packfilm de Venezuela, C.A. apela sentencia de fecha 07-03-2014, dictada por la Corte Segunda de lo Contencioso Administrativo, en la demanda de nulidad interpuesta contra la Providencia Administrativa N° CAD-PRE-CJ-095689 de fecha 31-05-2010, dictada por la Comisión de Administración de Divisas (CADIVI).

No se lesiona el derecho a la defensa y al debido proceso del particular en el caso en marras, pues la Administración encontró un impedimento legal para la renovación de la Autorización de Adquisición de Divisas, consistente en el vencimiento de las solicitudes pertinentes.

1.- Violación del derecho a la defensa y al debido proceso.

Denuncia la parte actora en primer lugar, que a su mandante le fue violado el derecho a la defensa y al debido proceso, pues los fundamentos expuestos en el acto administrativo mediante el cual se le da respuesta al recurso de reconsideración ejercido fueron totalmente diferentes a los notificados en el primer acto y sobre los cuales su representada presentó pruebas, por lo que no tuvo conocimiento cierto de las razones de hecho por las que la Comisión de Administración de Divisas (CADIVI) negó la renovación de las *"Autorizaciones de Adquisición de Divisas (AAD)"* identificadas anteriormente.

Al respecto debe señalar la Sala que los derechos a la defensa y al debido proceso, han sido considerados como garantías para el ciudadano encausado o el presunto infractor para hacer oír sus alegatos, así como el derecho de exigir al Estado el cumplimiento de un conjunto de actos o procedimientos destinados a permitirle conocer con precisión los hechos imputados y las disposiciones legales aplicables a los mismos, presentar oportunamente alegatos en su descargo y promover y evacuar las pruebas pertinentes para su mejor defensa.

Así, el artículo 49 de la Constitución de la República Bolivariana de Venezuela, prevé lo siguiente:

*"**Artículo 49**. El debido proceso se aplicará a todas las actuaciones judiciales y administrativas; en consecuencia:*

1. La defensa y la asistencia jurídica son derechos inviolables en todo estado y grado de la investigación y del proceso. Toda persona tiene derecho a ser notificada de los cargos por los cuales se le investiga; de acceder a las pruebas y de disponer del tiempo y de los medios adecuados para ejercer su defensa. Serán nulas las pruebas obtenidas mediante violación del debido proceso. Toda persona declarada culpable tiene derecho a recurrir del fallo, con las excepciones establecidas en esta Constitución y en la ley".

Como puede apreciarse, la norma antes transcrita consagra el derecho al debido proceso, el cual abarca el derecho a la defensa y entraña la necesidad en todo procedimiento administrativo o jurisdiccional, de cumplir diversas exigencias tendientes a mantener al particular en el ejercicio más amplio de los mecanismos y herramientas jurídicas a su alcance, con el fin de defenderse debidamente.

Las mencionadas exigencias comportan la necesidad de notificar al interesado del inicio de un procedimiento en su contra; garantizarle la oportunidad de acceso al expediente; permitirle hacerse parte para presentar alegatos en beneficio de sus intereses; estar asistido legalmente en el procedimiento; así como promover, controlar e impugnar elementos probatorios; ser oído (audiencia del interesado) y, finalmente, a obtener una decisión motivada.

Asimismo, el debido proceso comporta el derecho para el interesado a ser informado de los recursos pertinentes para el ejercicio de la defensa y a ofrecerle la oportunidad de ejercerlos debidamente. (Ver sentencias de esta Sala, entre otras, las Nros. 2.425 del 30 de octubre de 2001, 514 del 20 de mayo de 2004, 2.785 del 7 de diciembre de 2006 y 53 del 18 de enero de 2007).

En este orden de ideas observa la Sala, que el acto administrativo dictado en fecha 10 de febrero de 2010 por el que CADIVI negó la renovación de las *"Autorizaciones de Adquisición de Divisas (AAD)"* a la empresa recurrente (contra el cual ejerció el correspondiente recurso de reconsideración), tuvo como fundamento lo siguiente:

"(...) se presentaron inconsistencias entre los números de facturas comerciales reflejados en la información complementaria de las cuentas por pagar de los Estados Financieros al 31/12/2008 y los expresados en las Actas de Verificación, adicionalmente la información complementaria de los Estados Financieros no se encuentran certificados ni debidamente visadas, reflejando hasta tres (3) empresas por cuenta por pagar y en los Estados Financieros reflejan hasta dos proveedores, razón por la cual no se demuestra la deuda ante esta administración cambiaria".

En el segundo acto, esto es, el identificado con el N° CAD-PRE-CJ-095689 de fecha 31 de mayo de 2010, por el que se le da respuesta a la recurrente del recurso de reconsideración ejercido y en el cual la Administración, luego de analizar las referidas solicitudes y las documentales presentadas por la actora, decidió que *"(...) la Autorización de Adquisición de Divisas (AAD)* [señaladas en el encabezado del juicio] *fueron otorgadas en las fechas que (...) se detallan, encontrándose a la presente fecha todas completamente vencidas (...)"*, y que por tanto, *"no concurren hechos justificados que lleven a* [CADIVI] *a renovar las Autorizaciones de Adquisición de Divisas (AAD) (...)"*(agregado de esta Sala).

(…)

Siendo lo anterior así, estima la Sala que el hecho de que la Administración en la decisión del recurso de reconsideración tomara en cuenta circunstancias distintas a las señaladas en el acto primigenio para confirmar la negativa de renovación de las *"Autorizaciones de Adquisición de Divisas (AAD)"* correspondientes a las solicitudes antes indicadas, no significa que se le haya violado el derecho a la defensa y al debido proceso a la empresa recurrente, pues del acto administrativo impugnado se aprecia que la Administración, luego de analizar la normativa cambiaria, así como las respectivas solicitudes de *"Autorización de Adquisición de Divisas (AAD)"* y los recaudos consignados por la recurrente, encontró un impedimento legal para su renovación, como lo fue que dichas solicitudes se encontraban vencidas.

Adicionalmente considera la Sala que la recurrente, en la oportunidad de ejercer el recurso contencioso administrativo de nulidad, pudo haber alegado las defensas que estimare pertinentes y presentar las pruebas que desvirtuaran lo expuesto por la Administración en dicho acto, lo cual no realizó. En consecuencia, debe la Sala desestimar tal alegato y así se declara.

B.   *Carácter y principios. Principio de Legalidad*

TSJ-SPA (117)   **10-2-2016**

Magistrado Ponente: María Carolina Ameliach Villarroel

Caso: Iberia Líneas Aéreas de España, S.A. vs. Decisión Corte Segunda de lo Contencioso Administrativo.

Toda la actividad administrativa de los entes públicos debe estar sujeta al principio de legalidad. Ningún acto administrativo podrá violar lo establecido en otro de superior jerarquía; ni los de carácter particular vulnerar lo establecido en una disposición administrativa de carácter general, aun cuando fueren dictados por autoridad igual o superior a la que dictó la disposición general. Las opiniones jurídicas, siendo comunicados que no generan pronunciamiento vinculante para los administrados, no pueden revocar una Resolución Ministerial.

Ahora bien, es importante destacar, tal y como se verifica en el folio trescientos noventa y ocho (398) de la primera pieza del expediente judicial, que la Resolución N° SPPLC/031-2000, de fecha 20 de julio de 2000, dictada por la Superintendencia para la Promoción y Protección de la Libre Competencia (PROCOMPETENCIA), **determinó la existencia de la práctica anticompetitiva referida a la competencia desleal, fundamentada en el contenido de la Resolución Ministerial N° DTA-76-10, dictada por el extinto Ministerio de Comunicaciones, en fecha 29 de julio de 1976.**

En ese sentido, considera esta Sala necesario exponer el contenido de dicha Resolución, a los efectos de esclarecer su posición frente a la vigencia de la Resolución Ministerial *in comento*, señalando lo siguiente:

"(...) Por su parte, esta Superintendencia en respuesta a consulta presentada por AMERICAN AIRLINES INC y UNITED AIRLINES INC emitió opinión mediante oficios N° 01o66 y 0176 de fecha 15 de febrero de 2000 en la cual estimó que con la restitución de los derechos y garantías económicas en 1991, y tomando en cuenta el espíritu y propósito de la Ley para Promover y Proteger el Ejercicio de la Libre Competencia promulgada en ese mismo año, la Resolución N° DTA-76-10 de fecha 29 de julio de 1976 debe 'considerarse tácitamente derogada' debido a que la misma se encuentra reñida con los principios de libre competencia contemplados en dicha ley.

*Esta Superintendencia, observa que, **más allá de si la Resolución DTA-76-10 está efectiva-mente vigente o derogada (lo cual es tema que corresponderá resolver en última instancia a los tribunales competentes**, en ejercicio del control de la constitucionalidad de los actos administrativos de efectos generales), lo cierto es que se evidencia la divergencia de opinio-nes emanadas de ambos despachos en este punto.*

(...Omissis...)

Esta situación sin duda, ***generó una duda razonable sobre el alcance de las obligaciones contractuales entre las agencias de viajes afectadas por American Airlines y esta empresa, previstas en una resolución cuya validez era cuestionada (...)".*** (Resaltado de esta Sala).

Finaliza entonces la Superintendencia para la Promoción y Protección de la Libre Competencia (PROCOMPETENCIA), señalando en el folio trescientos noventa y nueve (399) de la primera pieza del expediente judicial, que "(...) *la existencia de una disputa o controversia circunscrita a la posibilidad de revisión y/o reducción de la comisión por parte de American Airlines conforme a las normas que disciplinan su relación contractual con las agencias de viajes, y la posición sostenida por parte de las agencias de viajes con respecto a la vigencia de la Resolución DTA-76-10 (...) permite suponer que **cuando menos era necesario esperar a la resolución de la disputa mediante el esclarecimiento del contexto contractual en el cual se desenvuelven las partes, lo cual supondría el pronunciamiento de los tribunales competentes** con respecto a la vigencia de la Resolución DTA-76-10 (...)".* (Resaltado de esta Sala).

De lo expuesto *ut supra,* se puede observar que, si bien la Superintendencia para la Promoción y Protección de la Libre Competencia (PROCOMPETENCIA), indicó la presencia de una *"duda razonable"* acerca de la vigencia o no de la Resolución Ministerial N° DTA-76-10 (*Vid.* folio 399 de la primera pieza del expediente judicial), ello no fue obstáculo para mantener la aplicación de la mencionada Resolución, a los fines de determinar la práctica anticompetitiva referida, en ese caso en concreto, al abuso de posición de dominio, sancionando a la empresa American Airlines, INC.

Partiendo del análisis precedente, debe esta Sala señalar el contenido de la comunicación N° 000166 de fecha 15 de febrero de 2000, dictada por la Superintendencia para la Promoción y Protección de la Libre Competencia (PROCOMPETENCIA), la cual riela a los folios trescientos veintinueve (329) al trescientos treinta y uno (331) de la primera pieza del expediente judicial, en la que señaló lo siguiente:

"(...) *al estar reñida la Resolución N° DTA-76-10 de fecha 29 de julio de 1976 con los principios de libre competencia; y de acuerdo a lo establecido en la disposición transitoria decimoctava de la Constitución de la República Bolivariana de Venezuela aprobada el 15 de diciembre de 1999 y publicada en Gaceta Oficial N° 36.860 del 30 de diciembre de 1999, las autoridades de la Administración Pública deben hacer valer, con carácter prioritario y excluyente, los principios que promueven y proteger la libre competencia, y abstenerse de aplicar cualquier disposición susceptible de generar efectos contrarios. Por tal motivo, la Resolución N° DTA-76-10 debe considerarse tácitamente derogada puesto que merma las condiciones de competencia existentes, y genera efectos contrarios a la libre competencia, de acuerdo a lo expuesto supra (...)".*

De la comunicación parcialmente citada *ut supra,* podemos determinar como la mencionada Superintendencia estableció en fecha 15 de febrero de 2000, su opinión frente a la Resolución Ministerial N° DTA-76-10. Considera esta Sala necesario acotar que **la opinión antes mencionada, se realizó por medio de un oficio dirigido a un representante de la sociedad mercantil American Airlines, INC.**

Ahora, si bien el dictamen fue elaborado por una autoridad competente y tiene eficacia interna, éste se convirtió en un acto viciado, que contraría el ordenamiento jurídico, ya que dicho acto no tiene la fuerza como para revocar una Resolución Ministerial, en virtud de haber sido creado bajo la figura de una opinión jurídica, a través de un comunicado que **no genera ningún pronunciamiento vinculante para los administrados**, ya que otorgarle tal carácter, implicaría afirmar que ésta tendría inherencia y control en la decisión que adoptare la Superintendencia para la Promoción y Protección de la Libre Competencia (PROCOMPE-TENCIA), frente a los casos en donde se aplicara la Resolución Ministerial N° DTA-76-10.

En abundancia a lo analizado anteriormente, se debe señalar el contenido del artículo 13 de la Ley Orgánica de Procedimientos Administrativos, el cual establece que ningún acto administrativo podrá violar lo establecido en otro de superior jerarquía; ni los de carácter particular vulnerar lo establecido en una disposición administrativa de carácter general, aún cuando fueren dictados por autoridad igual o superior a la que dictó la disposición general.

De igual manera, es importante para este Alto Tribunal establecer que **toda la actividad administrativa de los entes públicos debe estar sujeta al principio de legalidad.** En consecuencia, mal podría la empresa recurrente ampararse en el contenido de la comunicación emanada de la Superintendencia para la Promoción y Protección de la Libre Competencia (PROCOMPETENCIA), para justificar la rebaja de las comisiones que debió mantener con las agencias de viaje, ya que no existe acto administrativo alguno que revoque de manera efectiva la Resolución Ministerial N° DTA-76-10, por lo que mantiene su vigencia.

Aunado a las consideraciones realizadas respecto a la legalidad de la comunicación emanada de la Superintendencia para la Promoción y Protección de la Libre Competencia (PROCOMPETENCIA), debe esta Sala reforzar el análisis con el contenido de los folios seiscientos treinta (630) al seiscientos treinta y dos (632) de la segunda pieza del expediente judicial, en donde se observa copia simple del Oficio N° 0032, de fecha 27 de enero de 2011, emanado del Instituto Nacional de Aviación Civil (INAC), en donde deja constancia que "(...) *visto que hasta la presente fecha, la nulidad o derogatoria de la resolución DTA-76-10, de fecha 29 de julio de 1976, Publicada en la Gaceta Oficial N° 31.035, de 30 de julio de 1976, emanada del entonces Ministerio de Comunicaciones, Dirección de Aeronáutica Civil, Departamento de Transporte Aéreo, que fija en un 10% la comisión correspondiente a las Agencias de Viaje por ventas de Boletos Aéreos Internacionales, no se ha producido, este Instituto considera y ratifica dicho acto normativo en plena vigencia (...)*".

Asimismo, debe esta Alzada indicar nuevamente que la comunicación N° 000166 de fecha 15 de febrero de 2000 mediante la cual la Superintendencia para la Promoción y Protección de la Libre Competencia (PROCOMPETENCIA), hoy, Superintendencia Antimonopolio, emitió su opinión sobre la aplicabilidad de la Resolución Ministerial N° DTA-76-10 de fecha 29 de julio de 1976, y en ese sentido, enfatizar que **dicha comunicación es un documento interno de dicho órgano desconcentrado, el cual no genera ningún carácter vinculante, en virtud de ser una opinión jurídica dirigida a una empresa que ejerce su actividad económica dentro del territorio nacional,** por lo que no puede revocar el acto administrativo *in comento,* emanado del extinto Ministerio de Comunicaciones, de conformidad con el artículo 13 de la Ley Orgánica de Procedimientos Administrativos, previamente analizado previamente.

En ese sentido, la referida comunicación expuso únicamente la opinión que la Superintendencia para la Promoción y Protección de la Libre Competencia (PROCOMPETEN-CIA),ostentaba para el 15 de febrero de 2000, sin embargo, es necesario para este alto Tribunal, aclarar que **en ningún momento se derogó tácitamente la Resolución Ministerial N° DTA-76-10, por lo que ésta mantiene su vigencia.**

Igualmente, siendo que las Resoluciones emanadas de un órgano ministerial no pueden ser revocadas por actos administrativos inferiores, en consonancia con el principio de legalidad, mal podría esta Sala considerar que la Resolución Ministerial N° DTA-76-10 fue derogada por la comunicación N° 000166 de fecha 15 de febrero de 2000, emanada de la Superintendencia para la Promoción y Protección del Ejercicio de la Libre Competencia.

2.   *Actos Administrativos*

A.   *Efectos: Eficacia*

TSJ-SPA (109)   **10-2-2016**

Magistrado Ponente: Marco Antonio Medina Salas

Caso: Rachid Ricardo Hassani El Souki vs Unidad de Auditoría Interna del Consejo Legislativo del Estado Bolívar.

El lapso de caducidad de la acción no debe computarse cuando hay omisión en la notificación del interesado o una notificación defectuosa, en virtud de los principios *pro actione* y acceso a la justicia.

En este orden de ideas, resulta pertinente citar el contenido de los artículos 72, 73, 74, 75 y 76 de la Ley Orgánica de Procedimientos Administrativos, aplicables para el cumplimiento de las notificaciones de los actos emanados de los órganos de control fiscal, por remisión expresa del artículo 120 de la Ley Orgánica de la Contraloría General de la República y del Sistema Nacional de Control Fiscal, vigente para el momento cuando fue dictado el acto cuya nulidad se cuestiona, esto es, 23 de junio de 2005.

Los referidos artículos disponen lo que a continuación se transcribe:

*"**Artículo 72.** Los actos administrativos de carácter general o que interesen a un número indeterminado de personas, deberán ser publicados en la Gaceta Oficial que corresponda al organismo que tome la decisión.*

Se exceptúan aquellos actos administrativos referentes a asuntos internos de la administración.

También serán publicados en igual forma los actos administrativos de carácter particular cuando así lo exija la Ley".

*"**Artículo 73.** Se notificará a los interesados todo acto administrativo de carácter particular que afecte a sus derechos subjetivos o sus intereses legítimos, personales, y directos, debiendo contener la notificación el texto íntegro del acto, e indicar si fuere el caso, los recurso que proceden con expresión de los términos para ejercerlos y de los órganos o tribunales ante los cuales deban interponerse".*

*"**Artículo 74.** Las notificaciones que no llenen todas las menciones señaladas en el artículo anterior se considerarán defectuosas y no producirán ningún efecto".*

*"**Artículo 75.** La notificación se entregará en el domicilio o residencia del interesado o de su apoderado y se exigirá recibo firmado en el cual se dejará constancia de la fecha en que se realiza el acto y del contenido de la notificación, así como del nombre y Cédula de Identidad de la persona que la reciba".*

*"**Artículo 76.** Cuando resulte impracticable la notificación en la forma prescrita en el artículo anterior, se procederá a la publicación del acto en un diario de mayor circulación de la entidad territorial donde la autoridad que conoce del asunto tenga su sede y, en este caso, se entenderá notificado el interesado quince (15) días después de la publicación, circunstancia que se advertirá en forma expresa".*

Las normas antes transcritas, específicamente los artículos 73 y 74, consagran el principio general de la eficacia de los actos administrativos, según el cual la notificación es un requisito esencial para que los actos surtan plenos efectos jurídicos, pues una vez que esta se haya verificado comenzarán a correr los lapsos para su impugnación.

Así, de lo anterior se colige que los actos administrativos de efectos particulares deben ser notificados personalmente al interesado en su domicilio o residencia o la de su apoderado, con indicación del texto íntegro del acto y los recursos que procedan y los lapsos y órganos ante los cuales deben ejercerse; mientras que los actos administrativos de efectos generales deben ser publicados en la Gaceta Oficial respectiva.

Igualmente, de las disposiciones transcritas se desprende que en caso de ser impracticable la notificación personal, la notificación del interesado se realizará mediante la publicación del acto en un diario de mayor circulación de la entidad territorial donde se encuentre la autoridad administrativa que conozca el asunto, pero hay que insistir que en este último caso se permite la publicación de manera subsidiaria y solo cuando la notificación personal haya sido agotada sin resultados positivos.

En este orden de ideas, debe destacarse la importancia de que la notificación sea realizada conforme a las exigencias de la Ley y, que no sea defectuosa, pues ella ha sido elevada al marco de los derechos de acceso a la justicia y a la defensa, consagrados en los artículos 26 y 49 de la Constitución de la República Bolivariana de Venezuela, habida cuenta que la notificación determina el inicio de un lapso de caducidad para el ejercicio de los recursos y medios defensivos correspondientes, cuya consecuencia jurídica en caso de omisión o notificación defectuosa es la posibilidad del transcurso de ese lapso de caducidad a espaldas del administrado y la consecuente inadmisibilidad de los recursos interpuestos.

Este criterio ha sido reiterado por la Sala Constitucional en los siguientes términos:

"Al respecto, esta Sala Constitucional, en sentencia N° 937, del 13 de junio de 2011, caso: Arturo José Gomes Díaz, estableció lo siguiente:

'...los órganos jurisdiccionales, en atención al principio pro actione y el derecho al acceso a la justicia, no deben computar el lapso de caducidad de la acción, cuando se evidencie defecto en la notificación, en el entendido de que los requisitos procesales deben ser interpretados en el sentido más favorable a la admisión de las pretensiones procesales. (s S.C 1867/2006, 772/2007, 1166/2009 y 165/2010 entre otras).

En efecto, esta Sala en sentencia N° 1867, del 20 de octubre de 2006, (caso: Marianela Cristina Medina Añez) sostuvo lo siguiente:

'Ahora bien, para que la caducidad pueda computarse válidamente es imprescindible que el recurrente haya sido correctamente notificado del acto que afecta sus derechos o intereses pues, de lo contrario, no comienza a transcurrir ningún lapso. Ello por cuanto la consecuencia jurídica del transcurso del lapso de caducidad es sumamente grave: inadmisibilidad de la demanda. Por tanto, para que pueda aplicarse esa consecuencia en forma ajustada a derecho, es necesario que el destinatario del acto objeto de la demanda haya sido informado del recurso, tribunal competente y lapso para su interposición, que el ordenamiento jurídico le brinda en caso de que desee impugnar el acto.

(...)

La Sala constata que el acto que la solicitante de la revisión impugnó en primera instancia por ante el Juzgado Superior Sexto Contencioso Administrativo de la Región Capital (folio 26) no hizo mención expresa al recurso que procedía en su contra, así como tampoco del lapso para su interposición y el tribunal con competencia para el conocimiento de la demanda.

La consecuencia de tales omisiones en el acto de notificación, es la que establece el artículo 74 de la Ley Orgánica de Procedimientos Administrativos, cual es que la notificación es defectuosa y no produce ningún efecto, razón por la cual, en el caso de autos, el lapso de caducidad de la pretensión contenciosa funcionarial no comenzó su transcurso.

La decisión parcialmente transcrita evidencia que cuando se comprueba que el acto impugnado ha sido notificado de manera defectuosa, no debe computarse la caducidad del recurso, pues ello resulta lesivo de los derechos a la tutela judicial efectiva, acceso a la justicia, así como del principio pro actione.

En el presente caso, el acto administrativo impugnado fue notificado en los siguientes términos "notificación que se hace para su conocimiento y fines consiguientes", lo cual evidencia, que efectivamente, en la notificación del acto impugnado se obvió toda mención a la posibilidad que tiene la parte de atacar el acto y, del mismo modo, al tiempo hábil para la interposición de los recursos correspondientes, con lo cual, resulta patente lo defectuoso de la notificación.

Siendo ello así, considera la Sala que la sentencia objeto de revisión se apartó de lo dispuesto en los artículos 73 y 74 de la Ley Orgánica de Procedimientos Administrativos y cercenó el derecho constitucional a la tutela judicial efectiva del solicitante, en particular cuando declaró inadmisible el recurso contencioso administrativo incoado por considerar que había operado la caducidad de la acción, a pesar de los vicios de la notificación." (Vid. Sentencia N° 00696 del 4 de junio de 2015).

Conforme a la jurisprudencia parcialmente transcrita, el lapso de caducidad de la acción no debe computarse cuando hay omisión en la notificación del interesado o una notificación defectuosa, en virtud de los principios *pro actione* y acceso a la justicia, *"...ya que los requisitos procesales deben ser interpretados en el sentido más favorable a la admisión de las pretensiones procesales...".*

En el caso concreto, la omisión de la notificación personal por parte de la Unidad de Auditoría Interna del Consejo Legislativo del Estado Bolívar, generó al abogado Rachid Ricardo Hassani El Souki una situación de incertidumbre con relación al cómputo de los lapsos para ejercer los recursos pertinentes y más importante aún, de la motivación del acto que le impuso la responsabilidad administrativa.

Así, la prenombrada Unidad de Auditoría al dictar un acto administrativo de efectos particulares, debió ordenar la notificación personal del acto a los interesados; y solo en el supuesto de resultar imposible dicha notificación, debía publicar su decisión en un diario de mayor circulación del Estado Bolívar, tal como se señaló precedentemente, conforme a lo previsto en los artículos 73 y 74 de la Ley Orgánica de Procedimientos Administrativos.

De allí a juicio de esta Alzada la Corte Segunda de lo Contencioso Administrativo erró en sus consideraciones al estimar que el recurrente estaba notificado con la publicación del acto impugnado en la Gaceta Estadal, por las diligencias efectuadas en el expediente administrativo en el que solicitó copias certificadas del referido acto y por el conocimiento que tuvo del Oficio número AI-118-2005 de fecha 3 de agosto de 2005 emanado del Auditor Interno del Consejo Legislativo del Estado Bolívar.

Esa interpretación llevó a la aludida Corte, luego de tramitar el procedimiento judicial, a declarar equivocadamente la Inadmisibilidad de la acción por haber operado la caducidad, pues el lapso de seis (6) meses para interponer el recurso contencioso administrativo de nulidad nunca transcurrió debido a la falta de notificación personal del actor.

B.   *Presunción de legitimidad y veracidad*

TSJ-SPA (115)   **10-2-2016**

Magistrado Ponente: Marco Antonio Medina Salas

Caso: PDVSA Petróleo, S.A., vs. Gerencia Regional de Tributos Internos de Contribuyentes Especiales de la Región Capital del Servicio Nacional Integrado de Administración Aduanera y Tributaria (SENIAT).

La Sala Político Administrativa reitera su criterio relativo a la otorgación de pleno valor probatorio a lo previsto en los actos administrativos impugnados que no logran ser desvirtuados, a falta de instrumentos probatorios que permitan establecer lo contrario en ellos, en virtud de su presunción de veracidad.

No obstante lo anterior, corresponde a esta Alzada analizar si resulta procedente conocer en consulta de la sentencia N° 022/2012 dictada el 15 de marzo de 2012 dictada por el Tribunal Superior Cuarto de lo Contencioso Tributario de la Circunscripción Judicial del Área Metropolitana de Caracas, que declaró sin lugar el recurso contencioso tributario incoado por la contribuyente PDVSA Petróleo, S.A., ello en aplicación del artículo 86 del Decreto con Rango, Valor y Fuerza de Ley de Reforma Parcial del Decreto con Fuerza de Ley Orgánica de la Procuraduría General de la República de 2015, por cuanto dicho fallo resultó desfavorable a las pretensiones de la referida empresa, la cual goza de las prerrogativas procesales que posee la República (*Vid.*, sentencia de la Sala Constitucional N° 281 del 26 de febrero de 2007, caso: *PDVSA Petróleo S.A.*).

Así, circunscribiendo el análisis en consulta a los aspectos de orden público, constitucional y de interés general señalados por esta Sala Político-Administrativa en sus sentencias Nos. 00812 y 00813, ambas de fecha 22 de junio de 2011, casos: *C.A. Radio Caracas Televisión –RCTV–* y *Corporación Archivos Móviles Archimóvil, C.A.*, respectivamente); concatenados con la reconsideración del criterio consistente en los requisitos o condiciones exigidas para conocer en consulta obligatoria de las sentencias contrarias a las pretensiones del Estado, realizada en el fallo N° 01658 del 10 de diciembre de 2014, caso: *Plusmetal Construcciones de Acero C.A.*, donde se decidió la improcedencia del establecimiento de límites a la cuantía para someter a consulta las decisiones judiciales desfavorables a la República, vistos *"los intereses patrimoniales del Estado debatidos en los juicios contencioso-tributarios, que denotan un relevante interés público y utilidad social, por estar íntimamente relacionados con la recaudación de tributos y la obligación de los particulares de contribuir con las cargas públicas para la protección de la economía nacional y la elevación del nivel de vida de la población"*; a juicio de esta Máxima Instancia procede el conocimiento en consulta de la decisión contraria a las pretensiones de la empresa PDVSA Petróleo, S.A., a la cual le son aplicables todos los privilegios de la República conforme a la "(…) *doctrina vinculante de* [la] *Sala* [Constitucional], *sobre la aplicación de los privilegios de la República Bolivariana de Venezuela extensibles a PDVSA Petróleo S.A.* (…)" (*Vid.* sentencia de la Sala Constitucional N° 281 del 26 de febrero de 2007, caso: *PDVSA Petróleo S.A.*). Así se declara.

Visto lo anterior, pasa esta Sala a pronunciarse sobre la consulta de autos, y en ese sentido observa:

Luego de un análisis exhaustivo de las actas procesales, que el pronunciamiento del Tribunal *a quo* se basó en que la contribuyente no probó la procedencia de los créditos fiscales rechazados por la Administración Tributaria y presuntamente soportados por ella en la adquisición de bienes y recepción de servicios por su actividad de compras nacionales, importación y exportación, en materia de Impuesto al Valor Agregado. Por tanto, la decisión sujeta a consulta declaró sin lugar el recurso contencioso tributario ejercido.

Con ocasión de lo expresado, pudo constatar esta Alzada que la contribuyente pretendió recuperar unos créditos fiscales originados en materia de Impuesto al Valor Agregado causados durante los períodos impositivos de los meses de noviembre y diciembre de 2003, enero, febrero, marzo, abril, mayo, junio, julio, agosto, septiembre, octubre, noviembre y diciembre de 2004, de los cuales fueron rechazados *"noventa y un millones ochocientos ochenta y nueve mil novecientos cincuenta y siete bolívares con setenta y nueve céntimos (Bs. 91.889.957,79)"* (sic).

Derivado de lo anterior, observa esta Sala que en el caso de autos la carga de la prueba recaía sobre la empresa PDVSA Petróleo, S.A., quien a los fines de desvirtuar las objeciones fiscales contenidas en la Providencia Administrativa N° SNAT/INTI/GRTICERC/DR/AREPD/2009/026-528 de fecha 13 de marzo de 2009, debió aportar los elementos probatorios que permitieran demostrar la veracidad de sus alegatos expuestos en el recurso contencioso tributario; sin embargo, tal como lo indicó el Juzgado *a quo*, la mencionada recurrente no consignó prueba alguna que demostrase que carecía de facturas no certificadas por los proveedores, facturas duplicadas, facturas de un mismo proveedor relacionadas dos (2) veces o créditos fiscales soportados fuera de los períodos impositivos de noviembre 2003 a diciembre de 2004.

De lo expuesto, debe concluirse que a falta de instrumentos probatorios que permitan establecer lo contrario a lo previsto en el acto administrativo impugnado, lo pertinente es otorgarle pleno valor a éste, en virtud de su presunción de veracidad, tal como ha indicado reiteradamente la jurisprudencia de esta Alzada (*Vid.* entre otras, sentencias N° 00040 y 06388, de fechas 15 de enero de 2003 y 30 de noviembre de 2005, casos: *Consolidada de Ferrys, C.A. y Chrysler Motor de Venezuela, S.A.* respectivamente), en los siguientes términos:

> *"(...) Conforme a la norma antes transcrita [artículo 144 COT 1994] y siendo que la doctrina ha definido, a las actas de reparo fiscal como instrumentos administrativos, emitidas por funcionario público, y que son el resultado de una actividad de fiscalización e investigación, son documentos administrativos de trámite, que gozan de autenticidad, por su naturaleza, pues su formación o autoría se puede imputar a un determinado funcionario, previo el cumplimiento de las formalidades legales, acreditando tal acto como cierto y positivo; con fuerza probatoria plena, en los límites de la presunción de veracidad que las rodea, mientras no se pruebe lo contrario (...).*
>
> ***Así, el valor probatorio de las actas de reparo fiscal, por su autenticidad, gozan de plena fuerza probatoria, y por la presunción de veracidad que las rodea dan certeza respecto a las afirmaciones materiales sobre los hechos en ellas contenidos, hasta prueba en contrario (...)".*** (Agregado y Resaltado de esta Sala).

En consecuencia, al gozar la Providencia Administrativa antes señalada de presunción de legitimidad y veracidad mientras no se pruebe lo contrario y no constar en el expediente (como ya se ha mencionado) los instrumentos probatorios pertinentes para desvirtuar las afirmaciones fiscales, debe esta Alzada confirmar, lo decidido por el Tribunal de mérito respecto de las objeciones formuladas por la contribuyente contra la Providencia Administrativa N° SNAT/INTI/GRTICERC/DR/AREPD/2009/026-528 de fecha 13 de marzo de 2009. Así se decide.

Con base en lo antes señalado se declara sin lugar el recurso contencioso tributario incoado y por lo tanto, firme la Providencia Administrativa N° SNAT/INTI/GRTICERC/DR/AREPD/2009/026-528 de fecha 13 de marzo de 2009, emanada de la Gerencia Regional de Tributos Internos de Contribuyentes Especiales de la Región Capital del Servicio Nacional Integrado de Administración Aduanera y Tributaria (SENIAT).

C. *Vicios: Falso supuesto e inmotivación*

TSJ-SPA (148)   **18-2-2016**

Magistrado Ponente: Eulalia Coromoto Guerrero Rivero

Caso: Packfilm de Venezuela, C.A. vs Comisión de Administración de Divisas (CADIVI).

La existencia simultánea de los vicios de falso supuesto e inmotivación sólo será admisible cuando los argumentos respecto al vicio de inmotivación no se refieran a la omisión de las razones que fundamentan el acto, sino que deben estar dirigidos a dar una motivación contradictoria o ininteligible.

Alega el apoderado judicial de la empresa recurrente, que el acto impugnado se encuentra viciado de inmotivación, e incurre en falso supuesto de hecho y de derecho. Ahora bien, respecto a la posibilidad de denunciar simultáneamente el vicio de inmotivación y falso supuesto, la Sala ha afirmado que tal modalidad, en principio, podría implicar un contra sentido, salvo que se alegue que los motivos del acto son de tal forma contradictoria que equivalga a sostener su inexistencia.

Efectivamente, esta Máxima Instancia ha establecido en numerosas decisiones (*vid.*, entre otras, las sentencias Nros. 00474, 00598, 01701 y 00132 de fechas 23 de abril y 14 de mayo de 2008, 25 de noviembre de 2009 y 11 de febrero de 2010, respectivamente) lo siguiente:

> "*...esta Sala se ha referido a la contradicción que supone la denuncia simultánea de los vicios de inmotivación y falso supuesto por ser ambos conceptos excluyentes entre sí, 'por cuanto la inmotivación implica la omisión de los fundamentos de hecho y de derecho que dieron lugar al acto, y el falso supuesto alude a la inexistencia de los hechos, a la apreciación errada de las circunstancias presentes, o bien a la fundamentación en una norma que no resulta aplicable al caso concreto; **no pudiendo afirmarse en consecuencia que un mismo acto, por una parte, no tenga motivación, y por otra, tenga una motivación errada en cuanto a los hechos o el derecho**'. (...).*

> (*...Omissis...*)

> (...) *la inmotivación (tanto de los actos administrativos como de las sentencias) no sólo se produce cuando faltan de forma <u>absoluta</u> los fundamentos de éstos, sino que puede incluso verificarse en casos en los que habiéndose expresado las razones de lo dispuesto en el acto o decisión de que se trate, éstas, sin embargo, presentan determinadas características que inciden negativamente en el aspecto de la motivación, haciéndola incomprensible, confusa o discordante. **Por ende, la circunstancia de alegar paralelamente los vicios de inmotivación y falso supuesto se traduce en una contradicción o incompatibilidad cuando lo argüido respecto a la motivación del acto es la omisión de las razones que lo fundamentan**, pero no en aquellos supuestos en los que lo denunciado es una motivación contradictoria o ininteligible, pues en estos casos sí se indican los motivos de la decisión (aunque con los anotados rasgos), resultando posible entonces que a la vez se incurra en un error en la valoración de los hechos o el derecho expresados en ella*". (Resaltado de este fallo).

De acuerdo a la jurisprudencia transcrita, la posibilidad de la existencia simultánea de los vicios de falso supuesto e inmotivación es admisible o viable, siempre y cuando los argumentos respecto al último de los vicios antes mencionados no se refieran a la omisión de las razones que fundamentan el acto, sino que deben estar dirigidos a dar una motivación contradictoria o ininteligible; es decir, cuando el acto haya expresado las razones que lo fundamentan, pero en una forma que incide negativamente en su motivación haciéndola incomprensible, confusa o discordante.

Así, la circunstancia de alegar al mismo tiempo los vicios de inmotivación y falso supuesto se traduce en una contradicción o incompatibilidad, cuando lo argumentado respecto a la motivación del acto es la omisión de las razones que lo fundamentan, pero no en aquellos supuestos en los cuales se denuncia una motivación contradictoria o ininteligible, pues en estos casos sí se indican los motivos de la decisión (aunque con los anotados rasgos), resultando posible entonces que a la vez se incurra en un error en la valoración de los hechos o el derecho expresados en ella. (Ver sentencias de esta Sala N° 00696 del 18 de junio de 2008 y 01076 del 3 de noviembre 2010).

No obstante, debe precisarse que esta Sala a su vez ha considerado que cuando se invoquen paralelamente los vicios de inmotivación y falso supuesto, es posible analizar ambos vicios siempre que lo denunciado se refiera a una motivación contradictoria o ininteligible, no así a una inmotivación por ausencia absoluta de motivos; ello conforme al criterio sentado en el fallo N° 01930 de fecha 27 de julio de 2006, en el cual se estableció lo siguiente:

> *"(...) en numerosas decisiones esta Sala se ha referido a la contradicción que supone la denuncia simultánea de los vicios de inmotivación y falso supuesto por ser ambos conceptos excluyentes entre sí, 'por cuanto la inmotivación implica la omisión de los fundamentos de hecho y de derecho que dieron lugar al acto, y el falso supuesto alude a la inexistencia de los hechos, a la apreciación errada de las circunstancias presentes, o bien a la fundamentación en una norma que no resulta aplicable al caso concreto; no pudiendo afirmarse en consecuencia que un mismo acto, por una parte, no tenga motivación, y por otra, tenga una motivación errada en cuanto a los hechos o el derecho'. (...).*

> *(...omissis...)*

> *(...) la inmotivación (tanto de los actos administrativos como de las sentencias) no sólo se produce cuando faltan de forma <u>absoluta</u> los fundamentos de éstos, sino que puede incluso verificarse en casos en los que habiéndose expresado las razones de lo dispuesto en el acto o decisión de que se trate, éstas, sin embargo, presentan determinadas características que inciden negativamente en el aspecto de la motivación, haciéndola incomprensible, confusa o discordante. Por ende, la circunstancia de alegar paralelamente los vicios de inmotivación y falso supuesto se traduce en una contradicción o incompatibilidad cuando lo argüido respecto a la motivación del acto es la omisión de las razones que lo fundamentan, pero no en aquellos supuestos en los que lo denunciado es una motivación contradictoria o ininteligible, pues en estos casos sí se indican los motivos de la decisión (aunque con los anotados rasgos), resultando posible entonces que a la vez se incurra en un error en la valoración de los hechos o el derecho expresados en ella".*

VI. JURISDICCIÓN CONTENCIOSO-ADMINISTRATIVA

1. *Contencioso administrativo de anulación*

    A. *Motivos de inconstitucionalidad. Medidas cautelares: Suspensión de efectos del acto administrativo*

    TSJ-SC (269)   **21-4-2016**

    Magistrado-Ponente: Juan José Mendoza Jover

    Caso: Juan Carlos Caldera y otros: interpusieron demanda de nulidad por razones de inconstitucionalidad, conjuntamente con solicitud de medida cautelar, contra la Reforma Parcial del Reglamento Interior y de Debates de la Asamblea Nacional, publicado en la Gaceta Oficial de la República Bolivariana de Venezuela N° 6.014 Extraordinario del 23 de diciembre de 2010.

Vista la medida cautelar solicitada, se observa que la potestad cautelar de esta Sala se encuentra contemplada en el artículo 130 de la Ley Orgánica del Tribunal Supremo de Justicia, que establece:

Artículo 130. En cualquier estado y grado del proceso las partes podrán solicitar, y la Sala Constitucional podrá acordar, aun de oficio, las medidas cautelares que estime pertinentes. La Sala Constitucional contará con los más amplios poderes cautelares como garantía de la tutela judicial efectiva, para cuyo ejercicio tendrá en cuenta las circunstancias del caso y los intereses públicos en conflicto.

La norma transcrita viene a reafirmar la doctrina pacífica y reiterada de esta Sala, según la cual, la tutela cautelar constituye un elemento esencial del derecho a la tutela judicial efectiva y, por tanto, un supuesto fundamental del proceso que tiene por objeto, garantizar las resultas de un juicio o, en otras palabras, salvaguardar la situación jurídica de los justiciables, a fin de impedir que sufran una lesión irreparable o de difícil reparación mientras se tramita la causa (ver sentencia N° 2.370/2005, del 1 de agosto, caso: *Línea Santa Teresa C.A.*).

En atención a la disposición transcrita, se observa que las potestades cautelares de esta Sala no se encuentran sujetas al principio dispositivo y, por tanto, opera incluso de oficio. Además, responden a circunstancias de necesidad y urgencia, con lo cual, se encuentran excluidas del principio de tempestividad de los actos procesales y, ello, determina que son procedentes en cualquier estado y grado de la causa, siempre que se requieran para la salvaguarda de la situación controvertida.

Es importante acotar que las medidas cautelares se caracterizan, en primer lugar, por su instrumentalidad, esto es, que no constituyen un fin por sí mismas, sino que están preordenadas a la emanación de una ulterior decisión definitiva. En segundo lugar, son provisionales y, en consecuencia, fenecen cuando se produce la sentencia que pone fin al proceso principal, sin menoscabo de la posibilidad que tiene el juez de modificarlas o revocarlas por razones sobrevenidas, aun cuando no haya finalizado el proceso principal. En tercer lugar, se encuentra la idoneidad según la cual, deben servir para salvaguardar la efectividad de la tutela judicial invocada, pues si se conceden providencias que no garantizan los resultados del proceso, la tutela cautelar se verá frustrada en la medida en que no será idónea para la realización de ésta.

De este modo, el proveimiento cautelar, si bien representa una aproximación al *thema decidendum* del juicio principal, resulta esencialmente distinto en cuanto a la declaración de certeza de la decisión de fondo.

Como puede observarse, se trata de un análisis probable y no de una declaración de certeza y, por tanto, no implica un pronunciamiento anticipado sobre el mérito de la controversia, sino un análisis de verosimilitud, que podrá o no ser confirmado en la sentencia definitiva, cuando se reconozca con fuerza de cosa juzgada y sobre la base de todos los elementos de convicción. En otras palabras, se trata de una apreciación anticipada, pero somera del derecho controvertido, basada en la impresión *prima facie* de la pretensión.

Conforme a los rasgos enunciados y a la naturaleza garantista de las tutelas cautelares, el legislador patrio reconoció en la nueva ley que rige las funciones de este Máximo Tribunal, uno de los caracteres más novedosos y progresistas de estas medidas, a saber, su carácter innominado, el cual consiste, en que el poder de resguardo que tienen los jueces y, concretamente esta Sala, sobre las situaciones llevadas a juicio se extiende a cualquier medida positiva o negativa que sea necesaria para la protección efectiva de los justiciables.

De este modo, este Máximo Tribunal y en general, los tribunales, pueden adoptar cualquiera de las medidas cautelares expresamente recogidas en el ordenamiento jurídico, como ocurre con la suspensión de efectos, la prohibición de enajenar y gravar, etc., o dictar alguna providencia que sin estar expresamente mencionada en la ley, permita la protección a los intereses y derechos ventilados en juicio.

Ahora bien, concretamente en materia de solicitud de medida cautelar conjunta a la demanda de nulidad por inconstitucionalidad (ver Sentencia N° 1.181/2001, del 29 de junio, caso: *Ronald Blanco La Cruz*), esta Sala ha sido conteste en afirmar que la medida de inaplicación requerida supone una interrupción temporal de la eficacia del contenido normativo de la disposición impugnada y que, como tal, constituye una importante excepción legal al principio general, según el cual, con base en la presunta validez intrínseca a todo acto legal, éste tiene fuerza obligatoria y produce todos sus efectos desde el momento mismo de su publicación en la Gaceta Oficial, aplicándose únicamente como medida de protección cuando sea muy difícil reparar por sentencia definitiva los daños que resulten de la aplicación del contenido normativo del texto legal impugnado, por tanto, para que pueda ser acordada, tiene que existir una verdadera y real justificación, ya que su manejo desequilibrado causaría un quebrantamiento del principio de autoridad.

Asimismo, esta Sala considera que la suspensión de los efectos de la normativa impugnada constituye una importante excepción a la presunción de validez de los actos normativos, los cuales producen todos sus efectos desde el momento de su publicación en la Gaceta Oficial de la República, del Estado o del Municipio respectivo, aplicándose únicamente como medida excepcional cuando los argumentos acerca del derecho hagan presumir de manera fehaciente que el acto cuestionado adolece de las deficiencias o errores denunciados, o si los argumentos referidos a las consecuencias de la aplicación de las normas impugnadas presagian una muy difícil reparación de los posibles daños por la sentencia definitiva.

B.   *Medidas Cautelares*

TSJ-SPA (125)   **10-2-2016**

Magistrado Ponente: Inocencio Antonio Figueroa Arizaleta

Caso: Universidad Nacional Experimental del Táchira (UNET) vs. Resolución N° 031 de fecha 13.01.2015, dictada por el entonces Ministro de Vivienda y Hábitat, hoy Ministerio del Poder Popular para Hábitat y Vivienda.

La medida cautelar de suspensión de efectos de los actos administrativos, si bien no se encuentra prevista en la Ley Orgánica de la Jurisdicción Contencioso Administrativa, puede ser acordada debido a que es típica del contencioso administrativo. Se desarrolla su procedencia según el criterio de la Sala Político Administrativa.

Corresponde a este Alto Tribunal pronunciarse sobre la medida cautelar de suspensión de efectos solicitada en el marco de la demanda de nulidad interpuesta por el apoderado judicial de la Universidad Nacional Experimental del Táchira (UNET), contra la Resolución Nro. 031 de fecha 13 de enero de 2015, publicada en la Gaceta Oficial de la República Bolivariana de Venezuela N° 40.584 del 20 del mismo mes y año, emanada del Ministerio del Poder Popular para Ecosocialismo, Hábitat y Vivienda (hoy Ministerio del Poder Popular para Hábitat y Vivienda), mediante la cual, entre otros aspectos, se resolvió calificar de urgente la ejecución de la obra denominada *"RORAIMA"* y ordenar la *"Ocupación de Urgencia"* del bien inmueble antes descrito.

En este orden de consideraciones y respecto a las medidas cautelares resulta oportuna la cita de los artículos 103, 104 y 105 de la Ley Orgánica de la Jurisdicción Contencioso Administrativa, que establecen:

> *"**Artículo 103.** Este procedimiento regirá la tramitación de las medidas cautelares, incluyendo las solicitudes de amparo cautelar, salvo lo previsto en el artículo 69 relativo al procedimiento breve.*
>
> *Artículo 104. A petición de las partes, en cualquier estado y grado del procedimiento, **el tribunal podrá acordar las medidas cautelares que estime pertinentes para resguardar la apariencia del buen derecho invocado** y garantizar las resultas del juicio, ponderando los intereses públicos generales y colectivos concretizados y ciertas gravedades en juego, siempre que dichas medidas no prejuzguen sobre la decisión definitiva.*
>
> *El tribunal contará con los más amplios poderes cautelares para proteger a la Administración Pública, a los ciudadanos o ciudadanas, a los intereses públicos y para garantizar la tutela judicial efectiva y el restablecimiento de las situaciones jurídicas infringidas mientras dure el proceso.*
>
> *En causas de contenido patrimonial, el tribunal podrá exigir garantías suficientes al solicitante.*
>
> ***Artículo 105.** Recibida la solicitud de medida cautelar, se abrirá cuaderno separado para el pronunciamiento dentro de los cinco días de despacho siguientes.*
>
> *En los tribunales colegiados el juzgado de sustanciación remitirá inmediatamente el cuaderno separado. Recibido el cuaderno se designará ponente, de ser el caso, y se decidirá sobre la medida dentro de los cinco días de despacho siguientes.*
>
> *Al trámite de las medidas cautelares se dará prioridad".* (Negrillas de la Sala).

Ahora bien, la medida de suspensión de efectos –como la solicitada– no está prevista en la citada Ley ni en la Ley Orgánica del Tribunal Supremo de Justicia; sin embargo, ello no obsta para que sea acordada al ser una de las cautelares típicas del contencioso administrativo y tomando igualmente en cuenta lo previsto en el artículo 26 de la Constitución de la República Bolivariana de Venezuela, el cual prevé que *"Toda persona tiene derecho de acceso a los órganos de administración de justicia para hacer valer sus derechos e intereses, incluso los colectivos o difusos, a la tutela efectiva de los mismos y a obtener con prontitud la decisión correspondiente".* (*Vid.*, sentencia de esta Sala N° 936 del 17 de junio de 2014).

Así, la suspensión de efectos de los actos administrativos, constituye una medida cautelar a través de la cual –haciendo excepción al principio de ejecutoriedad del acto administrativo, consecuencia de la presunción de legalidad– se procura evitar lesiones irreparables o de difícil reparación al ejecutarse un acto que eventualmente resultare anulado, porque ello podría representar la vulneración de las garantías constitucionales referidas al acceso a la justicia y al debido proceso.

En estos casos, el Juez debe velar porque su decisión se fundamente no solo en un alegato de gravamen, sino en la argumentación y acreditación de hechos concretos de los cuales nazca la convicción de un posible perjuicio real.

De manera que la procedencia de la suspensión de efectos del acto administrativo impugnado, atiende a la verificación concurrente de los supuestos que la justifican, los cuales consisten en la presunción del derecho que se reclama y que se evidencie la necesidad de su decreto a los fines de evitar perjuicios irreparables o de difícil reparación, ponderando los intereses públicos generales y colectivos concretizados y eventuales gravedades en juego, siempre que no se prejuzgue sobre la decisión definitiva, tal como lo prevé el citado artículo 104 de la Ley Orgánica de la Jurisdicción Contencioso Administrativa.

C.   *Sentencia. Vicio de incongruencia negativa*

TSJ-SPA   **10-2-2016**

Magistrado Ponente: María Carolina Ameliach Villarroel

Caso: Iberia Líneas Aéreas de España, S.A., vs. Superintendencia para la Promoción y Protección de la Libre Competencia (PROCOMPETEN-CIA), hoy Superintendencia Antimonopolio.

La Sala Político Administrativa precisa su criterio sobre el vicio de incongruencia negativa.

Por último, alegó el vicio de incongruencia negativa, indicando que la sentencia apelada consideró que la Resolución estuvo motivada, cuando en realidad no se pronunció sobre los elementos de hecho y de derecho utilizados para determinar la multa.

Respecto al vicio alegado, esta Sala ha establecido que el mismo se materializa cuando el Juez con su decisión modifica la controversia judicial debatida, bien porque no se limitó a resolver sólo lo pretendido por las partes, o bien porque no resolvió sobre algunas de las pretensiones o defensas expresadas por los sujetos en el litigio. Precisamente, en el segundo de los supuestos antes mencionados, se estará en presencia de la **incongruencia negativa**, por cuanto el fallo omite el debido pronunciamiento sobre alguna de las pretensiones procesales de las partes en la controversia judicial. (*Vid.* sentencias Nros. 34 y 364, de fechas 13 de enero de 2011 y 9 de abril de 2013, respectivamente).

2.   *El Contencioso Administrativo contra la Abstención o negativa de la administración*

TSJ-SPA (6)   **20-1-2016**

Magistrado Ponente: Eulalia Coromoto Guerrero Rivero

Caso: MIRABAL & CIA. S.C.S. vs. Ministro del Poder Popular PARA Relaciones Interiores, Justicia y Paz.

La finalidad de la demanda por abstención es la de exigir a la Administración un pronunciamiento expreso con relación a solicitudes que les sean planteadas por los administrados, con el fin de salvaguardar la garantía constitucional de oportuna y adecuada respuesta. Las opiniones emitidas por las consultorías jurídicas no son vinculantes respecto a los particulares, por constituir simple recomendación para el órgano llamado a dar respuesta al administrado.

MOTIVACIONES PARA DECIDIR

Corresponde a la Sala emitir pronunciamiento en relación a la competencia para conocer la demanda por abstención ejercida por la firma Mirabal & CIA, S.C.S, contra el Ministro del Poder Popular para Relaciones Interiores, Justicia y Paz, y en tal sentido observa:

La parte accionante ejerció *"recurso por abstención"* en virtud de que la entonces ciudadana Ministra del Poder Popular para Relaciones Interiores, Justicia y Paz, no atendió su solicitud a los fines de obtener ante el ciudadano Registrador Subalterno del Primer Circuito de Registro del Municipio Sucre del Estado Bolivariano de Miranda, una certificación de gravámenes sin reflejar en ella la medida de prohibición de enajenar y gravar dictada sobre el inmueble cuya propiedad corresponde a su representada.

Asimismo, se advierte que la Corte Segunda de lo Contencioso Administrativo, en su sentencia afirma que el asunto está referido a un recurso de nulidad en virtud del silencio administrativo de la entonces Ministra del Poder Popular para Relaciones Interiores, Justicia y Paz, por no haber decidido dentro del lapso, el recurso jerárquico intentado en fecha 27 de junio de 2014, por lo que remite el expediente a esta Sala, de conformidad con el artículo 23.5 de la Ley Orgánica de la Jurisdicción Contencioso Administrativa.

En tal sentido, al observarse las contradicciones y visto que las aludidas pretensiones se excluyen mutuamente y que se tramitan por procedimientos distintos, debe la Sala realizar las siguientes consideraciones:

Ha sido criterio reiterado de esta Sala, que la finalidad de la demanda por abstención, es la de exigir a la Administración un pronunciamiento expreso con relación a las solicitudes que les sean planteadas por los administrados, con el firme propósito de dar cumplimiento a la garantía constitucional de oportuna y adecuada respuesta.

(…)

Las opiniones emitidas por las consultorías jurídicas no son vinculantes respecto a los particulares, por constituir simple recomendación para el órgano llamado a dar respuesta al administrado.

De lo expuesto, esta Sala ha establecido que las opiniones emitidas por las consultorías jurídicas no están dirigidas a surtir efectos respecto a los particulares, por constituir una simple recomendación para el órgano llamado a dar respuesta al administrado, y que en principio no son vinculantes para su destinatario a menos que la Consultoría Jurídica del Ministerio recurrido, órgano que emitió la opinión correspondiente, hubiese actuado por delegación de funciones de la autoridad competente. Por lo tanto, al no constar en autos delegación alguna, este Máximo Tribunal no puede considerar que se produjo una respuesta a la petición del accionante (ver sentencia de esta Sala N° 00134 del 02 de febrero de 2011).

En atención a ello, y considerando que el concepto de daño material reclamado, es el alusivo al daño emergente, tal como consta en el escrito de reforma presentado en fecha 29 de septiembre de 2009, el cual comprende únicamente el monto o valor necesario para restablecer el estado anterior de las cosas, resulta evidente la necesidad de precisar en los juicios de esta naturaleza la extensión y alcance de los daños demandados.

En armonía con lo expuesto, se estima que en el caso concreto existe una indeterminación con respecto a la lesión subjetiva causada a la ciudadana Francia Margarita Assaad Brito, en razón de que no pudo establecer el *a quo*, así como tampoco puede hacerlo esta Sala, cuál es la naturaleza y extensión del daño que se reclama.

3. *Contencioso Administrativo de los servicios públicos. Competencia Juzgados de Municipio*

TSJ-SC (38)   **1-3-2016**

Magistrado Ponente: Arcadio Delgado Rosales

Caso: Andrés Mejía Szilard vs. Empresa del Estado Hidrológica de la Región Capital (HIDROCAPITAL) C.A.

Corresponde a esta Sala determinar su competencia para el conocimiento de la presente demanda, planteada por el solicitante como una *"demanda de intereses colectivos y difusos"*.

El demandante alegó que es un hecho notorio y comunicacional la crisis en torno a la mala prestación del servicio de agua potable en el Área Metropolitana de Caracas, especialmente en los Municipios Chacao, Baruta y el Hatillo que afecta la calidad de vida, la salud y el entorno ambiental de sus habitantes.

Asimismo, alegó que denunció públicamente la incompetencia y la falta de respuesta por parte de la empresa del Estado Hidrológica de la Región Capital, C.A. (Hidrocapital) para atender la grave situación del suministro de agua potable, rotura de tuberías, reparación de averías y el severo daño al asfalto en las calles y avenidas de los referidos municipios.

Se observa que la pretensión del actor persigue la adopción, por parte de la empresa del Estado Hidrológica de la Región Capital C.A. (Hidrocapital), de medidas dirigidas a garantizar el servicio y suministro de agua potable, así como la reparación de tuberías, averías, el asfaltado de las calles y avenidas de los referidos municipios.

En tal sentido, la demanda así planteada, se relaciona con las fases legalmente reguladas de la actividad material de prestación de un servicio público –suministro de agua potable– que atañe a un colectivo determinado, cual es la población de los Municipios Chacao, Baruta y el Hatillo, y que incide en su calidad de vida.

En ese sentido, cabe precisar el contenido y alcance de los derechos e intereses colectivos o difusos, y las formas bajo las cuales se puede solicitar su protección, para establecer por el contenido de la pretensión si se está en presencia de un asunto que atañe a la jurisdicción constitucional o si, por el contrario, debe ser conocida y tramitada por la jurisdicción contencioso administrativa, bajo la forma de un reclamo por servicios públicos.

Así, esta Sala ha sostenido que no toda acción dirigida a procurar la satisfacción de los servicios públicos o de una actividad de interés general deba ser tramitada como una acción por intereses colectivos o difusos, ya que afirmar lo contrario, conllevaría a admitir la implícita derogatoria de las reglas de procedimiento de los juicios ordinarios en cuanto a su competencia y la derogatoria del artículo 259 de la Constitución de la República Bolivariana de Venezuela (*vid.* sentencias números 4993 del 15 de diciembre de 2005, caso: *"Compañía Anónima de Administración y Fomento Eléctrico"* y 34 del 5 de marzo de 2010, caso: *"Yuraima Rodríguez y otros".*

Igualmente, se advierte que la Ley Orgánica para la Prestación de los Servicios de Agua Potable y de Saneamiento (Gaceta Oficial N° 38.763 del 6 de septiembre de 2007), establece en su artículo 6 lo siguiente:

> *"**Artículo 6.** A los efectos de esta Ley se entiende por servicio público de agua potable la entrega de agua a los suscriptores o usuarios mediante la utilización de tuberías de agua apta para el consumo humano, incluyendo su conexión y medición, así como los procesos asociados de captación, conducción, almacenamiento y potabilización; y se entiende por servicio público de saneamiento, la recolección por tuberías de las aguas servidas de los domicilios, incluyendo su conexión, así como los procesos asociados de conducción, tratamiento y disposición final de dichas aguas servidas".*

Correlativamente, el artículo 35 del mismo instrumento jurídico sistematiza los procesos asociados a dicha actividad en los siguientes términos:

> *"**Artículo 35.** Los procesos asociados a la prestación de los servicios de agua potable y de saneamiento, a las cuales se refiere la presente Ley, son los siguientes:*
>
> *Producción: incluye la captación de agua, ya sea a partir de cursos superficiales, de embalses, de lagos o acuíferos, su subsiguiente potabilización y su conducción hasta las redes de distribución;*

Distribución de agua potable: incluye el suministro de agua potable a través de las redes de distribución, hasta su entrega a las conexiones de los usuarios finales;

Recolección de aguas servidas: incluye la recolección de las aguas servidas desde los puntos de conexión con los usuarios hasta los puntos de entrega para su tratamiento o disposición final;

Disposición de aguas servidas: incluye el tratamiento o depuración de las aguas residuales y su posterior conducción hasta los sitios de descarga".

Por tanto, no existe duda de que el suministro de agua potable y de saneamiento es un servicio público.

Así las cosas, esta Sala determina que la pretensión está constituida por una reclamación derivada de la prestación de un servicio público y, por ende, no se trata de una demanda por tutela de derechos e intereses colectivos o difusos.

Bajo esta óptica, el artículo 259 constitucional establece que corresponde a la jurisdicción contencioso administrativa conocer de los reclamos por la prestación de servicios públicos, razón por la que corresponde precisar cuál de los tribunales que la conforman es el competente para resolver el caso de autos; en este sentido, se advierte que la Ley Orgánica de la Jurisdicción Contencioso Administrativa en su artículo 26, cardinal 1, atribuyó la competencia para conocer de estas acciones expresamente a los Juzgados de Municipio de la Jurisdicción Contencioso Administrativa, y en su Disposición Transitoria Sexta, estableció que hasta tanto entren en funcionamiento los mismos, provisionalmente la competencia para resolver las demandas por prestación de servicios públicos será de los Juzgados de Municipio con competencia ordinaria.

En consecuencia, visto que los órganos de la Jurisdicción Contencioso Administrativa son competentes para conocer de "(...) los reclamos por la prestación de los servicios públicos y el restablecimiento de las situaciones jurídicas lesionadas por los prestadores de los mismos" (*vid.* artículo 9, cardinal 5 de la Ley Orgánica de la Jurisdicción Contencioso Administrativa), y de forma específica resultan competentes los Juzgados de Municipios conforme a lo establecido en el artículo 26.1 de la mencionada ley y, visto que la presente demanda se enmarca dentro del contencioso de los servicios públicos (*vid.* sentencias de esta Sala números 1007 del 28 de junio de 2011, caso: *"Roberto León Parilli y otros"*, 620 del 15 de mayo de 2012, caso: *"Juan Parra Duarte"* y 433 del 6 de mayo de 2013, caso: *"Edison Alexander Durán Lucena y otros"*, entre otras), esta Sala resulta incompetente para conocer de la presente demanda, por lo que declina su conocimiento en el Juzgado de Municipio de la Circunscripción Judicial del Área Metropolitana de Caracas, con competencia transitoria en materia contencioso administrativa, que resulte competente, previa distribución de la causa. Así se decide.

DECISIÓN

Por las razones que anteceden, este Tribunal Supremo de Justicia, en Sala Constitucional, administrando justicia en nombre de la República por autoridad de la ley, se declara **INCOMPETENTE** para conocer de la demanda de protección de derechos e intereses colectivos o difusos, interpuesta conjuntamente con medida cautelar por el ciudadano Juan Andrés Mejía Szilard, contra la empresa del Estado Hidrológica de la Región Capital C.A. (Hidrocapital). En consecuencia, se **DECLINA** la competencia en el Juzgado de Municipio de la Circunscripción Judicial del Área Metropolitana de Caracas, con competencia transitoria en materia contencioso administrativa, que resulte competente, previa distribución de la causa.

4. *Recurso Contencioso administrativo electoral y amparo cautelar*

TSJ-SE (1)   **11-1-2016**

Ponencia Conjunta

Caso: Nicia Marina Maldonado Maldonado

Pasa esta Sala a conocer las solicitudes de desacato realizadas el 7 de enero de 2016 por la apoderada judicial de la ciudadana Nicia Marina Maldonado Maldonado, así como por los ciudadanos Pedro Carreño, Francisco Torrealba, Victor Clark, Ramón Lobo y otros, Diputados y Diputadas a la Asamblea Nacional, respecto de la decisión dictada por esta Sala Electoral número 260 el 30 de diciembre de 2015.

En ese sentido, esta Sala aprecia que el 29 de diciembre de 2015 la prenombrada ciudadana, en su condición candidata a diputada de la Asamblea Nacional por el estado Amazonas, interpuso ante esta Sala recurso contencioso electoral conjuntamente con solicitud de amparo cautelar y subsidiariamente medida cautelar de suspensión de efectos contra "(…) *el acto de votación de las Elecciones Parlamentarias celebradas el pasado 6 de diciembre de 2015, en el circuito electoral del Estado Amazonas, para el período constitucional 2016-2021, efectuadas por el Consejo Nacional Electoral* (…)" (*sic*).

Asimismo, el 30 de diciembre de 2015, esta Sala dictó sentencia número 260 en la cual admitió el recurso interpuesto y declaró procedente el amparo cautelar solicitado, en los siguientes términos:

(…) **3. PROCEDENTE** la solicitud de amparo cautelar, en consecuencia, **ORDENA** de forma provisional e inmediata la suspensión de efectos de los actos de totalización, adjudicación y proclamación emanados de los órganos subordinados del Consejo Nacional Electoral respecto de los candidatos electos por voto uninominal, voto lista y representación indígena en el proceso electoral realizado el 6 de diciembre de 2015 en el estado Amazonas para elección de diputados y diputadas a la Asamblea Nacional.

La referida sentencia fue publicada en el portal web del Tribunal Supremo de Justicia, y notificada vía telefónica el 4 de enero de 2016 a la abogada Ligia Gorriño, apoderada judicial de la ciudadana Nicia Marina Maldonado Maldonado, parte recurrente; asimismo, en esa misma fecha se practicó la notificación a la Asamblea Nacional, al Consejo Nacional Electoral y a la Fiscal General de la República, las cuales fueron agregadas a los autos el 7 de enero de 2016.

De otra parte, debe establecerse que el contenido del amparo cautelar decretado en la sentencia número 260 del 30 de diciembre de 2015, constituyó un hecho notorio comunicacional a nivel nacional, como lo ha establecido la Sala Constitucional en la sentencia número 263 del 10 de abril del 2014:

(…) las notificaciones para hacer conocer a las partes o terceros interesados las decisiones de los órganos jurisdiccionales, para tener validez, deben ser realizadas de tal forma que se asegure su recepción por parte del destinatario; pues la notificación, está dirigida a asegurar que la determinación judicial objeto de la misma sea conocida efectivamente por el destinatario, ya que sólo el conocimiento real y efectivo de la comunicación asegura que no se provoque indefensión en la tramitación y resolución en toda clase de procesos; **por ello no produce indefensión por algún defecto en su forma, si lo hubiere, pues siempre que cumpla con su finalidad, que es hacer del conocimiento del destinatario de una decisión, la misma es válida.**

En ese sentido, es oportuno reiterar lo señalado por esta Sala entre otras, en sentencia N° 802 del 24 de abril de 2002, en la cual se sostuvo:

"…*la Sala considera que resultaría contrario a la celeridad de los juicios y a la economía procesal, realizar todos los trámites tendentes a practicar los actos de comunicación de las decisiones judiciales, cuando de las actas procesales pueda constatarse que los sujetos a quienes se notifica, ya está en conocimiento de lo que se pretende comunicar, con lo cual, debe considerarse que el acto logró el fin para el cual estaba destinado*". (Resaltado de esta Sala).

En consecuencia, esta Sala Electoral considera que los ciudadanos Nirma Guarulla, Julio Haron Ygarza y Romel Guzamana, se encontraban en conocimiento de la sentencia número 260 del 30 de diciembre de 2015 para la fecha de instalación de la Asamblea Nacional el 5 de enero de 2016. Así se establece.

Ahora bien, aprecia la Sala que los solicitantes alegan la ocurrencia en forma manifiesta del desacato al decreto de amparo cautelar contenido en dicha sentencia, el cual es un hecho "(…) *plenamente verificable a través de los distintos medios de comunicación social, los cuales reseñan dicha noticia* (…)".

Asimismo, que "(…) *es un hecho notorio y comunicacional que el día 5 de enero de 2016, se instaló mediante sesión ordinaria el período constitucional de la Asamblea Nacional con los nuevos Diputados y Diputadas electos legítimamente, dejándose constancia mediante la intervención del diputado Pedro Carreño que producto de la decisión mencionada, no se les otorgó la credencial respectiva a los candidatos a Diputados y Diputadas que fueron objeto del recurso contencioso electoral y sobre cuyos actos de* 'Totalización, Adjudicación y Proclamación' *pesa la medida de suspensión de dichos efectos legales y por lo tanto no podían ser juramentados como Diputados y Diputadas ante la nueva Junta Directiva para incorporarse y formar parte del cuerpo de legisladores* (…)" (destacado del original).

Esta Sala observa el criterio reiterado con relación al hecho notorio comunicacional establecido en la sentencia de la Sala Constitucional N° 98 del 15 de marzo de 2000, ratificada de forma pacífica y reiterada (*vid.*, sentencia número 280 del 28 de febrero de 2008 y número 210 del 16 de marzo de 2009) donde declaró que:

(…) el mundo actual, con el auge de la comunicación escrita mediante periódicos, o por vías audiovisuales, ha generado la presencia de otro hecho, cual es el hecho publicitado, el cual en principio no se puede afirmar si es cierto o no, pero que adquiere difusión pública uniforme por los medios de comunicación social, por lo que muy bien podría llamársele el hecho comunicacional y puede tenerse como una categoría entre los hechos notorios, ya que forma parte de la cultura de un grupo o círculo social en una época o momento determinado, después del cual pierde trascendencia y su recuerdo solo se guarda en bibliotecas o instituciones parecidas, pero que para la fecha del fallo formaba parte del saber mayoritario de un círculo o grupo social, o a el podía accederse.

Así, los medios de comunicación social escritos, radiales o audiovisuales, publicitan un hecho como cierto, como sucedido, y esa situación de certeza se consolida cuando el hecho no es desmentido a pesar que ocupa un espacio reiterado en los medios de comunicación social.

(…)

El hecho publicitado o comunicacional no es un hecho notorio en el sentido clásico, ya que puede no incorporarse como permanente a la cultura del grupo social, sin embargo su publicidad lo hace conocido como cierto en un momento dado por un gran sector del conglomerado, incluyendo al juez; y desde este ángulo se puede afirmar que forma parte durante épocas, de la cultura, así luego desaparezca, ya que su importancia o trascendencia era relativa, tenía importancia solo en un espacio y tiempo limitado y a veces breve.

(…)

El hecho comunicacional, fuente de este tipo particular de hecho notorio que se ha delineado, es tan utilizable por el juez como el hecho cuyo saber adquiere por su oficio en el ejercicio de sus funciones, y no privadamente como particular, lo que constituye la notoriedad judicial y que está referido a lo que sucede en el tribunal a su cargo, como existencia y manejo de la tablilla que anuncia el despacho; o lo relativo al calendario judicial, a los cuales se refiere el juzgador sin que consten en autos copias de los mismos; notoriedad judicial que incluye el conocimiento por el juez de la existencia de otros juicios que cursan en su tribunal, así como el de los fallos dictados en ellos.

¿Puede el juez fijar al hecho comunicacional, como un hecho probado, sin que conste en autos elementos que lo verifiquen? Si se interpreta estrictamente el artículo 12 del Código de Procedimiento Civil, el cual es un principio general, el juez sólo puede sentenciar en base a lo probado en autos, con excepción del hecho notorio.

(…)

Esta realidad lleva a esta Sala a considerar que el hecho comunicacional, como un tipo de notoriedad, puede ser fijado como cierto por el juez sin necesidad que conste en autos, ya que la publicidad que él ha recibido permite, tanto al juez como a los miembros de la sociedad, conocer su existencia, lo que significa que el sentenciador realmente no está haciendo uso de su saber privado; y pudiendo los miembros del colectivo, tener en un momento determinado, igual conocimiento de la existencia del hecho, por qué negar su uso procesal.

El hecho comunicacional puede ser acreditado por el juez o por las partes con los instrumentos contentivos de lo publicado, o por grabaciones o videos, por ejemplo, de las emisiones radiofónicas o de las audiovisuales, que demuestren la difusión del hecho, su uniformidad en los distintos medios y su consolidación; es decir, lo que constituye la noticia.

(…)

Asimismo, esta Sala Electoral, asumiendo el criterio expuesto en sentencia número 145 del 27 de octubre de 2010, ratificada en la decisión número 58 del 9 de julio de 2013, expresó lo siguiente:

(…) esta Sala Electoral estima pertinente realizar algunas consideraciones en torno a la figura del hecho notorio comunicacional (…) tal como lo ha hecho en anteriores oportunidades (Véanse entre otras, sentencias 69 del 6 de junio de 2001, 123 del 13 de agosto de 2004, 2 del 5 marzo de 2005, 86 del 14 de junio de 2005, 129 del 2 de agosto de 2007 y 10 del 28 de enero de 2009).

En ese orden de ideas, de conformidad con los criterios contenidos en la sentencia de la Sala Constitucional número 98 del 15 de marzo de 2000, algunos de los rasgos fundamentales del hecho notorio comunicacional permiten entender que "se trata de un efecto de la comunicación masiva, que en forma transitoria y puntual hace del conocimiento general un hecho que durante cierto espacio de tiempo, a veces breve, permite a los componentes de la sociedad referirse a él y comentar el suceso, o tomar conciencia de un mensaje, como sucede con la propaganda o publicidad masiva".

Asimismo, conforme a la referida decisión, **debe tratarse de hechos** y no de opiniones o testimonios, **de eventos reseñados por los medios como noticia** (…) (destacado del original).

TSJ-SE (1)   **11-1-2016**

Ponencia Conjunta

Caso: Nicia Marina Maldonado Maldonado

Previo a conocer las solicitudes de incumplimiento del fallo dictado por esta Sala el 30 de diciembre de 2015, que declaró procedente el amparo cautelar interpuesto conjuntamente con el recurso contencioso electoral por la ciudadana Nicia Marina Maldonado Maldonado, contra el proceso electoral realizado el 6 de diciembre de 2015 en el estado Amazonas para la elección de diputados y diputadas a la Asamblea Nacional, debe esta Sala hacer pronunciamiento con relación a la intervención de terceros solicitada el 7 de enero de 2016 por los ciudadanos Pedro Carreño, Francisco Torrealba, Víctor Clark, Ramón Lobo y otros, Diputados y Diputadas de la Asamblea Nacional, de conformidad con el artículo 370, ordinal 3° del Código de Procedimiento Civil.

El Código de Procedimiento Civil, aplicable supletoriamente de conformidad del artículo 98 de la Ley Orgánica del Tribunal Supremo de Justicia, en el artículo 370 y siguientes, regula el mecanismo del cual disponen los terceros para intervenir en juicio, toda vez que la ley que rige las funciones de este Máximo Tribunal y la Ley Orgánica de Procesos Electorales no prevén dicha intervención en el procedimiento contencioso electoral. En tal sentido, se observa que el ordinal 3° del artículo 370 del Código de Procedimiento Civil, establece la figura de la intervención adhesiva de la forma siguiente:

Los terceros podrán intervenir, o ser llamados a la causa pendiente entre otras personas, en los casos siguientes:

(...)

3° Cuando el tercero tenga un interés jurídico actual en sostener las razones de alguna de las partes y pretenda ayudarla a vencer en el proceso.

Por otra parte, el artículo 381 *ejusdem*, contempla la intervención litisconsorcial en los siguientes términos:

Cuando según las disposiciones del Código Civil, la sentencia firme del proceso principal haya de producir efectos en la relación jurídica del interviniente adhesivo con la parte contraria, el interviniente adhesivo será considerado litisconsorte de la parte principal, a tenor de lo dispuesto en el artículo 147.

Así mismo, esta Sala ha acogido en sentencias anteriores (16/10-03-2000, 130/14-11-2000, 53/15-04-2008, 103/18-06-2009 y 101/08-08-2013, entre otras) el criterio expuesto por la Sala Político Administrativa de la extinta Corte Suprema de Justicia, en sentencia de fecha 26 de septiembre de 1991 (caso *Rómulo Villavicencio*), en la cual expresó lo siguiente:

La condición para la procedencia de esta intervención es que el interés que el tercero debe tener, conforme a lo dispuesto en el artículo 379 del Código de Procedimiento Civil, es un interés jurídico actual, originado bien porque la decisión del proceso influya sobre el complejo de derechos y deberes del interviniente, mejorando o empeorando su situación jurídica o bien porque teme sufrir los reflejos o efectos indirectos de la cosa juzgada.

En el primero de los supuestos mencionados, estamos ante la denominada intervención adhesiva simple y en el segundo de los supuestos estamos ante la denominada intervención litisconsorcial o intervención adhesiva autónoma, según algún sector de la doctrina.

La intervención litisconsorcial ocurre cuando la sentencia firme del proceso principal haya de producir efectos en la relación jurídica del interviniente adhesivo con la parte contraria, considerándose a éste como litisconsorte de la parte principal, a tenor de lo dispuestos en el artículo 147 del Código de Procedimiento Civil. (*Vid.* Art. 381 *eiusdem*).

Por el contrario a lo que ocurre en la intervención litisconsorcial, en la intervención adhesiva simple el tercero no discute un derecho propio, y en consecuencia, no amplía la pretensión del proceso, su función es coadyuvante de una de las partes principales, y se refleja en el hecho de defender un interés ajeno en el conflicto, lo que lo convierte en parte accesoria o secundaria de la principal.

De esta manera el tercero puede intervenir en cualquier estado y grado de la causa del proceso, mediante diligencia o escrito, aun con ocasión de la interposición de algún recurso; asimismo, respecto a sus facultades, el interviniente adhesivo tiene que aceptar la causa en el estado en que se encuentre y está autorizado para hacer valer todos los medios de ataque o defensa admisibles en tal estado de la causa, siempre que sus actos y declaraciones no estén en oposición con los de la parte principal. (Artículos 378 y 379 *eiusdem*).

Ahora bien, tomando en cuenta tales lineamientos y los argumentos expuestos por los solicitantes, esta Sala observa que en la solicitud de intervención de los ciudadanos Pedro Carreño, Francisco Torrealba, Víctor Clark, Ramón Lobo y otros, señalan actuar en la presente causa en su condición de Diputados y Diputadas de la Asamblea Nacional de la República Bolivariana de Venezuela, integrantes del *"Bloque de la Patria"*, demostrando el interés que los vincula al objeto de la controversia y dado el grado de afectación de su esfera jurídica, se reconoce su cualidad e interés para intervenir como terceros en la presente causa. Así se decide.

5.   *Recurso contencioso tributario*

A.   *Sanciones*

TSJ-SPA (60)   27-1-2016

Magistrado Ponente: Marco Antonio Medina Salas

Caso: The Power Spinning, C.A. vs. Decisión dictada por el Tribunal Superior Octavo de lo Contencioso Tributario de la Circunscripción Judicial del Área Metropolitana de Caracas.

La Sala declara improcedente el alegato según el cual las sanciones de multa deben ser calculadas con base al valor de la unidad tributaria vigente para el momento cuando se detectaron los ilícitos tributarios, siendo lo correcto el valor de la unidad tributaria existente para el momento de su pago efectivo.

Visto lo anterior esta Alzada aprecia que el órgano exactor al verificar el ilícito tributario relacionado con la emisión de facturas cometido por la contribuyente durante los períodos fiscales investigados correspondientes a los meses de enero, febrero, marzo, abril, mayo, junio, julio, agosto, septiembre, octubre, noviembre y diciembre de 2005 y enero, febrero, marzo, abril, mayo y junio de 2007, impuso multas estimadas en la cantidad total de Dos Mil Setecientas Unidades Tributarias (2.700 U.T.), estableciendo dicho monto como la sanción correspondiente al ilícito más grave, aumentada con la mitad de las otras multas aplicadas por no llevar los Libros de Compras y Ventas del impuesto al valor agregado, llevar los Libros y Registros de contabilidad con atraso superior de un (1) mes y exhibir en un lugar visible de su oficina o establecimiento el certificado de inscripción en el Registro de Información Fiscal (RIF).

No obstante, al contrastar las reglas de la concurrencia de infracciones previstas en el artículo 81 *eiusdem* –según las cuales debe aplicarse la pena más grave aumentada con la mitad de las otras sanciones, aún en caso de tratarse de un ilícito de la misma índole– con la determinación de las sanciones de multa efectuada por la Administración Tributaria en el acto administrativo impugnado; esta Alzada observa –contrario a lo decidido por la Jueza de mérito– que lo procedente en el caso de autos es determinar el monto de Ciento Cincuenta Unidades Tributarias (150 U.T.) como la sanción más grave, con la subsiguiente atenuación de los restantes correctivos en su valor medio.

Con fundamento en las consideraciones precedentes, esta Sala Político-Administrativa estima procedente el alegato de la representación judicial de la contribuyente referido al vicio de falso supuesto de derecho por errónea interpretación del artículo 81 del Código Orgánico Tributario de 2001, vigente en razón del tiempo, incurrido por el fallo de instancia, para calcular las sanciones de multa impuestas a la recurrente, pues aún cuando esta Alzada advierte que el órgano exactor tomó en cuenta las reglas de la concurrencia de infracciones contenidas en ese artículo lo hizo en forma incorrecta.

(...)

Por otra parte, con fundamento en el criterio establecido en la sentencia núm. 01426, dictada por la Sala Político-Administrativa en fecha 12 de noviembre de 2008, caso: *The Walt Disney Company Venezuela, S.A.*, la representación de la contribuyente solicita a esta Sala Político Administrativa se determine que el cálculo de las sanciones de multa, sea realizado con el valor de la unidad tributaria vigente para el momento en el cual el órgano exactor constató las infracciones tributarias.

Sobre dicho particular, esta Sala que observa la Jueza remitente sostuvo respecto a la estimación de las sanciones impuestas a la recurrente, que la norma prevista en el Parágrafo Primero del artículo 94 *ibidem*, no vulnera el principio de irretroactividad de la Ley, por tanto, el valor de la unidad tributaria debe calcularse para la fecha en que se realice el pago de la sanción, tal como lo estableció la Administración Tributaria.

Respecto al punto controvertido, esta Alzada considera pertinente transcribir el contenido del aludido artículo 94 *eiusdem*, que establece lo siguiente:

"*Artículo 94. Las sanciones aplicables son:*

1. Prisión;

2. Multa;

3. Comiso y destrucción de los efectos materiales objeto del ilícito o utilizados para cometerlo;

4. Clausura temporal del establecimiento;

5. Inhabilitación para el ejercicio de oficios y profesiones y

6. Suspensión o revocación del registro y autorización de industrias y expendios de especies gravadas y fiscales.

***Parágrafo Primero: Cuando las multas establecidas en este Código estén expresadas en unidades tributarias (U.T.), se utilizará el valor de la unidad tributaria que estuviere vigente para el momento del pago*"**. (Resaltado de esta Máxima Instancia).

De la norma citada se colige que las sanciones de multas impuestas en unidades tributarias conforme al Código Orgánico Tributario de 2001, aplicable al caso de autos, deben calcularse de acuerdo al valor vigente para la fecha en la cual se efectúa el pago de la sanción. (*Vid.* entre otras, sentencias Núms. 00063 y 00952 de fechas 21 de enero de 2010 y 4 de agosto de 2015, casos: *Majestic Way C.A.* y *Distribuidora Micromed, C.A.*, respectivamente), tal como fue considerado por el Fisco Nacional en la Resolución identificada con el alfanumérico SNAT/INTI/GRTI/RCA/DJT/CRA/2013-000291 de fecha 15 de julio de 2013, emitida por la Gerencia Regional de Tributos Internos de la Región Capital del Servicio Nacional Integrado de Administración Aduanera y Tributaria (SENIAT).

   B.   *Sentencia. Vicio de falso supuesto de derecho*

   TSJ-SPA (60)   **27-1-2016**

   Magistrado Ponente: Marco Antonio Medina Salas

   Caso: The Power Spinning, C.A. vs. Decisión del Tribunal Superior Octavo de lo Contencioso Tributario de la Circunscripción Judicial del Área Metropolitana de Caracas.

La Sala Político-Administrativa estima procedente el alegato referido al vicio de falso supuesto de derecho por errónea interpretación del artículo 81 del Código Orgánico Tributario de 2001.

Denuncia la representación judicial de la sociedad mercantil accionante, que la Jueza de la causa incurrió en el vicio de falso supuesto de derecho por errónea interpretación del artículo 81 del Código Orgánico Tributario de 2001, vigente en razón del tiempo, al haber aplicado de forma incorrecta las reglas de la concurrencia de infracciones contenidas en el mencionado artículo, estimando erradamente que la Administración Tributaria actuó apegada a derecho cuando tomó como la sanción más grave la correspondiente al ilícito relacionado con la emisión de facturas, impuesta a tenor de lo estatuido en el artículo 101, numeral 3, Segundo Aparte, *eiusdem*, por la cantidad de Ciento Cincuenta Unidades Tributarias (150 U.T.) por cada período, para un total de Dos Mil Setecientas Unidades Tributarias (2.700 U.T.) y luego la aumentó con la mitad de las restantes penas pecuniarias; siendo lo correcto –en criterio de la recurrente– aplicar las aludidas reglas incluso en los casos como el de autos donde existen dos (2) o más infracciones de la misma índole.

En este sentido, la representación judicial de la contribuyente señala que la mayor sanción fue la impuesta en el mes de enero de 2005, la cual asciende a la cantidad de Ciento Cincuenta Unidades Tributarias (150 U.T.), aumentada con la mitad de la pena en los restantes períodos fiscales, vale decir, desde febrero hasta diciembre de 2005 y enero de 2006.

Por su parte, en el fallo de instancia la Sentenciadora manifiesta que el órgano exactor aplicó como sanción más grave la correspondiente al ilícito relacionado con la emisión de facturas, impuesta con fundamento en lo previsto en el artículo 101, numeral 3, Segundo Aparte, *eiusdem*, por la cantidad de Ciento Cincuenta Unidades Tributarias (150 U.T.) por cada período, para un total de Dos Mil Setecientas Unidades Tributarias (2.700 U.T.), aumentada con la mitad de las restantes penas pecuniarias, estimando correcta la apreciación de la Administración Tributaria.

Sobre el anterior razonamiento, esta Máxima Instancia debe traer a colación el artículo 81 del Código Orgánico Tributario de 2001, aplicable *ratione temporis*, cuyo tenor es el siguiente:

> "**Artículo 81:** *Cuando concurran dos o más ilícitos tributarios sancionados con penas pecuniarias, se aplicará la sanción más grave, aumentada con la mitad de las otras sanciones. De igual manera se procederá cuando haya concurrencia de un ilícito tributario sancionado con pena restrictiva de la libertad y de otro delito no tipificado en este Código.*
>
> *Si las sanciones son iguales, se aplicará cualquiera de ellas, aumentada con la mitad de los restantes.*
>
> *Cuando concurran dos o más ilícitos tributarios sancionados con pena pecuniaria, pena restrictiva de libertad, clausura de establecimiento, o cualquier otra sanción que por su heterogeneidad no sea acumulable, se aplicarán conjuntamente.*
>
> **Parágrafo Único:** *La concurrencia prevista en este artículo se aplicará aun cuando se trate de tributos distintos o de diferentes períodos, siempre que las sanciones se impongan en un mismo procedimiento".*

La norma citada establece la institución de la concurrencia o concurso de ilícitos tributarios, entendida como la comisión de **dos (2) o más infracciones de la misma o diferente índole**, verificadas en un mismo procedimiento fiscalizador. (*Vid.*, sentencia de esta Sala N° 00196 del 12 de febrero de 2014, caso: *Venecia Ship Service, C.A.*).

Al respecto, la Sala advierte que la Gerencia Regional de Tributos Internos de la Región Capital del Servicio Nacional Integrado de Administración Aduanera y Tributaria (SENIAT), mediante la *Resolución* identificada con los números y letras *SNAT/INTI/GRTI/RCA/ DJT/CRA/2013-000291* de fecha 15 de julio de 2013, declaró parcialmente con lugar el recurso jerárquico ejercido por la recurrente, por lo que fue confirmada parcialmente la Resolución de Imposición de Sanción N° 3785 dictada por la División de Fiscalización adscrita a la referida Gerencia el 13 de febrero de 2008, en los siguientes términos: i) se anuló la Planilla de Liquidación N° 011001227000232 de fecha 13 de febrero de 2008, por la cantidad de Quince Unidades Tributarias (15 U.T.); ii) se confirmó la sanción de multa por el monto de Dos Mil Setecientas Veinticinco Unidades Tributarias (2.725 U.T.); iii) se emitió la correlativa Planilla de Liquidación por la cifra de Diecisiete coma Cinco Unidades Tributarias (17,5 U.T.); cuya sumatoria alcanza la cantidad total de Dos Mil Setecientas Cuarenta y Dos coma Cinco Unidades Tributarias (2.742,5 U.T.).

TSJ-SPA (61)											**27-1-2016**

Magistrado Ponente: Marco Antonio Medina Salas

El reconocimiento es un procedimiento a través del cual la Administración Aduanera verifica el cumplimiento de las obligaciones dispuestas en el régimen aduanero y demás normativas legales a las que se encuentra sometida la introducción o la extracción de las mercancías declaradas por los interesados. Estos últimos podrán acompañar la actuación administrativa, pero su falta de comparecencia no afectará la validez del acto, ya que no retrasa ni impide el ejercicio de la potestad aduanera de la Administración.

Así, de los artículos 49 al 52 del Decreto con Rango, Valor y Fuerza de Ley Orgánica de Aduanas de 2008, como el artículo 172 del Reglamento de la Ley Orgánica de Aduanas de 1991, en los que se establecen particularidades del acto de reconocimiento, se lee lo que a continuación se transcribe:

*"Artículo 49.- **El reconocimiento es el procedimiento mediante el cual se verifica el cumplimiento de las obligaciones establecidas en el régimen aduanero y demás disposiciones legales** a las que se encuentra sometida la introducción o la extracción de mercancías declaradas por los interesados, conforme a la documentación exigida por esta Ley y su Reglamento para la aplicación de ese régimen."*

"Artículo 50.- Cuando fuere procedente, formarán parte del reconocimiento las actuaciones de verificación de la existencia y estado físico de los efectos, de la documentación respectiva, de identificación, examen, clasificación arancelaria, restricciones, registros u otros requisitos arancelarios, determinación del valor en aduana, certificados de origen, medida, peso y contaje de las mercancías, a que hubiere lugar.

Podrá realizarse el reconocimiento documental o físico de la totalidad de los documentos que se presenten ante la aduana."

*"Artículo 51.- **El reconocimiento se efectuará a los fines de su validez**, con asistencia del funcionario competente, quien tendrá el carácter de Fiscal Nacional de Hacienda.*

El procedimiento se desarrollará en condiciones que aseguren su imparcialidad, normalidad y exactitud, debiendo estar libre de apremios, perturbaciones y coacciones de cualquier naturaleza. El Ministerio de Hacienda podrá, cuando lo considere conveniente a los servicios aduaneros, a través de resolución, modificar el número de funcionarios necesarios para efectuar el reconocimiento."

*"Artículo 52.- Concluido el reconocimiento documental y/o físico, según sea el caso, se dejará constancia de las actuaciones cumplidas, de las objeciones de los interesados, si las hubiere, y de los resultados del procedimiento. **No será necesario levantamiento de acta de reconocimiento cuando no hubieren surgido objeciones en el procedimiento respectivo, bastando la firma y sello del funcionario competente. En caso de objeciones, el acta deberá ser suscrita por los comparecientes y uno de sus ejemplares se entregará al interesado al concluir el acto."***

*"Artículo 172.- **No podrá ordenarse la realización de nuevos reconocimientos solicitados por el consignatario, exportador o sus representantes legales, cuando éstos no hayan comparecido al acto.**"* (Destacado de la Sala).

De las normas antes citadas se desprende que el reconocimiento es un procedimiento en el que la Administración Aduanera verifica el cumplimiento de las obligaciones dispuestas en el régimen aduanero y demás normativas legales a las que se encuentra sometida la introducción o la extracción de las mercancías declaradas por los interesados o las interesadas. Estos últimos o estas últimas podrán acompañar la actuación administrativa, sin embargo, la falta de comparecencia del consignatario o consignataria o su representante legal no afectará la validez del acto, pero sí impedirá que sean ordenados nuevos reconocimientos a su solicitud.

Lo anterior trae como consecuencia un razonamiento lógico, cual es que la no presencia del consignatario o consignataria o su representante legal al acto de reconocimiento trae efectos si se quiere negativos sólo para el interesado o interesada, pero no retrasa o impide el ejercicio de la potestad aduanera de la Administración, ya que ésta puede realizar la verificación que corresponde con vista a los documentos presentados junto con la declaración y/o los bienes objeto de la operación aduanera de que se trate dónde quiera que se encuentren, así como tampoco vicia la actuación de la Gerencia de Aduana de que se trate.

Por lo anteriormente expuesto, la Sala desestima la existencia de los vicios de falso supuesto de hecho y falso supuesto de derecho, que supuestamente generaron la falta de aplicación del numeral 6 del artículo 121 del Decreto con Rango, Valor y Fuerza de Ley Orgánica de Aduanas de 2008 en el fallo apelado, al establecer que la conducta de la recurrente de no comparecer oportunamente al acto de reconocimiento retrasó el ejercicio de la potestad aduanera de la prenombrada Aduana Principal; en consecuencia, esta Sala declara Sin Lugar la apelación fiscal y Confirma la sentencia definitiva N° 033/2015 dictada por el Tribunal Superior Segundo de lo Contencioso Tributario de la Circunscripción Judicial del Área Metropolitana de Caracas el 25 de mayo de 2015; por tanto, resulta con lugar el recurso contencioso tributario incoado por la recurrente-consignataria y Nulo el acto administrativo impugnado. Así de declara.

VII.   LA JUSTICIA CONSTITUCIONAL

1. *Control judicial de los decretos de Estados de excepción. Por la sala Constitucional*

TSJ-SC (7)   **11-2-2016**

Ponencia Conjunta

Caso: Interpretación de los artículos 339 y 136 de la Constitución de la República Bolivariana de Venezuela, y los artículos 27 y 33 de la Ley Orgánica sobre Estados de Excepción.

Así pues, de las referidas normas se desprende que el control constitucional, inherente a esta máxima y última intérprete de la Constitución, constituye el control supremo de los actos del Poder Público, tal como lo evidencia la referida potestad de declarar la nulidad total o parcial de los actos en ejecución directa e inmediata de esta Constitución o dirimir las controversias constitucionales que se susciten entre cualesquiera de los órganos del Poder Público, incluyendo al Poder Ejecutivo y al Poder Legislativo.

En similar sentido, el autor Allan Brewer-Carías, en su trabajo "*Las Potestades Normativas del Presidente de la República: Los Actos Ejecutivos de Orden Normativo*", en cuanto al control de este Tribunal Supremo de Justicia, señaló:

> "*De acuerdo con el artículo 336.6 de la Constitución, compete a la Sala Constitucional 'revisar en todo caso, aún de oficio, la constitucionalidad de los decretos que declaren estados de excepción dictados por el Presidente de la República'. Se trata de un control de la constitucionalidad* **automático y obligatorio** *que la Sala, incluso, puede ejercer de oficio.*
>
> *La Ley Orgánica desarrolla el ejercicio de este control, estableciendo diferentes regulaciones que deben destacarse.*
>
> *a. La remisión del decreto a la Sala Constitucional*
>
> *Conforme al artículo 31 de la Ley Orgánica, el decreto que declare el estado de excepción, su prórroga o el aumento del número de garantías restringidas, deben ser remitidos por el Presidente de la República dentro de los 8 días continuos siguientes a aquél en que haya sido dictado, a la Sala Constitucional del Tribunal Supremo de Justicia, a los fines de que ésta se pronuncie sobre su constitucionalidad. En el mismo término, el Presidente de la Asamblea Nacional debe enviar a la Sala Constitucional, el Acuerdo mediante el cual se apruebe el estado de excepción.*
>
> *Si el Presidente de la República o el Presidente de la Asamblea Nacional, según el caso, no dieren cumplimiento al mandato establecido en el presente artículo en el lapso previsto, la Sala Constitucional del Tribunal Supremo de Justicia se pronunciará de oficio (art. 31). Por supuesto, estimamos que este no es el único supuesto en el cual la Sala Constitucional puede revisar de oficio el decreto,* **lo cual puede hacer desde que se dicte y se publique en la Gaceta Oficial, y no sólo al final del lapso indicado ni sólo si no se le remite oficialmente al decreto.**
>
> **Debe destacarse que con la previsión de este sistema de control de constitucionalidad automático y obligatorio, una vez que el mismo se efectúa por la Sala Constitucional y ésta, por ejemplo, declara la constitucionalidad del decreto, no podría entonces ejercerse una acción popular de inconstitucionalidad contra el decreto, pues contrariaría la cosa juzgada constitucional.**
>
> *Por otra parte, debe destacarse que el artículo 33 de la Ley Orgánica dispone que:*
>
> **Artículo 33. La Sala Constitucional del Tribunal Supremo de Justicia omitirá todo pronunciamiento, si la Asamblea Nacional o la Comisión Delegada desaprobaren el decreto de estado de excepción o denegare su prórroga, declarando extinguida la instancia.**
>
> **Esta norma, sin duda, también puede considerarse como inconstitucional pues establece una limitación al ejercicio de sus poderes de revisión por la Sala, no autorizada en la Constitución. La revisión, aún de oficio, del decreto de estado de excepción puede realizarse por la Sala Constitucional, independientemente de que la Asamblea Nacional haya negado su aprobación, máxime si el decreto, conforme a la Ley Orgánica al entrar en vigencia 'en forma inmediata' incluso antes de su publicación, ha surtido efectos**" (Brewer-Carías, Allan. "Las Potestades Normativas del Presidente de la República: Los Actos Ejecutivos de Orden Normativo" en *Tendencias Actuales del Derecho Constitucional*, t. I, UCAB, 2007, pp. 527-528)

Tal como concluye el referido autor, y con lo cual concuerda esta máxima instancia constitucional, revisar la constitucionalidad de los decretos que declaren estados de excepción dictados por el Presidente de la República, se trata de un control de la constitucionalidad automático y obligatorio que la Sala Constitucional debe ejercer incluso de oficio, lo cual puede hacer desde que se dicte y se publique en la Gaceta Oficial, y no sólo al final del lapso indicado ni sólo si no se le remite oficialmente al decreto. Por lo que afirma que el artículo 33 de la Ley Orgánica sobre Estados de Excepción, el cual señala que la Sala Constitucional del Tribunal Supremo de Justicia omitirá todo pronunciamiento si la Asamblea Nacional o la Comisión Delegada desaprobare el decreto de estado de excepción o denegare su prórroga, declarando extinguida la instancia, es, en efecto, inconstitucional, pues establece una limitación al ejercicio de sus poderes de revisión por la Sala, no autorizada en la Constitución y que quebranta la propia supremacía y protección última del Texto Fundamental.

Al respecto, debe señalarse que la Constitución dicta la organización fundamental de un Estado y de la República, razón por la que sin ella, ninguna de esas instituciones pudieran conformarse como tales, pues el respeto de los derechos y el cumplimiento de las normas que se encuentran dentro de la Constitución es lo que hace posible que una Nación pueda vivir con justicia, bienestar y paz; por ello la importancia de que estas normas sean cumplidas por todos: tanto por los gobernantes como por los gobernados. En fin, sin una Constitución y sin el cabal respeto a la misma, no existirían de los elementos necesarios para la pervivencia de la sociedad; de allí la importancia de la consideración permanente y garantía de los valores de la democracia constitucional, en su dimensión formal y, sobre todo, en su expresión sustancial, pues, como se sabe, la democracia ya no es únicamente el conjunto de reglas que determinan quién y cómo se decide, sino que es, asimismo, las reglas que definen qué es lo que se puede decidir y qué decisiones no pueden tomarse.

En cuanto a la emergencia y al control judicial, el autor Román Duque Corredor, en su obra *"Temario de Derecho Constitucional y de Derecho Público"*. Legis, 2008, p. 151-152, señala:

> *"La revisión judicial de las medidas de un estado de emergencia preserva la distribución de poderes y fundamentalmente la protección de los derechos y garantías individuales, es decir, la propia legitimidad de un gobierno democrático durante una situación de emergencia. No se trata de establecer 'un gobierno de los jueces', como lo argumentaba Edouard Lambert al criticar el control de la constitucionalidad porque es un freno al progreso de la legislación. Hoy en día el control de la constitucionalidad se extiende no sólo a las leyes formales sino también a los actos del Poder Ejecutivo que en ejecución directa de la Constitución la contradigan o afecten los derechos y garantías constitucionales. La intervención del Poder Judicial, pues, en estos casos extraordinarios, tiene por finalidad controlar el uso de los poderes de emergencia para que se mantengan dentro de los límites establecidos en la Constitución. En efecto, en un estado de emergencia el Poder Judicial cumple las siguientes funciones: 1) Tutelar que los derechos y las garantías constitucionales no se vean afectados más allá de la estricta necesidad del caso; y 2) velar porque los poderes de emergencia se ejerzan conforme con los requisitos formales y de distribución de competencias fijados en la Constitución, de manera que se garantice 'El principio de la no interrupción del funcionamiento de los poderes públicos'. Ello para evitar el exceso de los límites constitucionales del estado de emergencia".*

Igualmente, el referido autor, en esa misma publicación, en cuanto al legislador como intérprete de la Constitución y el papel de los tribunales constitucionales, resalta:

> *"El legislador como sujeto que aplica y obedece la Constitución tiene la necesidad de interpretarla. Pero en la práctica se da mayor importancia a la interpretación judicial que a la interpretación legislativa. En todo caso, en el esquema kelseniano se acepta que los actos mediante los cuales crean normas constituyen aplicación de normas preexistentes y que los actos que constituyen aplicación de normas precedentes son también creadores normas jurídicas.*

*Por lo que no es tan tajante la distinción entre la interpretación judicial y la interpretación legislativa, en lo que se refiere a la creación de normas jurídicas. Y, por otro lado, **si bien la última palabra en materia de interpretación constitucional la tiene el órgano que ejerce la jurisdicción constitucional concentrada, sin embargo, su función fundamental es determinar si el significado atribuido por el legislador a la norma está conforme con la Constitución. Es decir, revisar la interpretación legislativa de la Constitución**.* (…)

En efecto, lo cierto, por otro lado, es que si se trata de opciones políticas para las cuales la Constitución prevé una opción predeterminada, los tribunales constitucionales pueden controlar si se interpretó conforme a la Constitución tal opción. Al igual que en los casos en que si se admiten varias opciones políticas, si la escogida legalmente es una de las admisibles. En estos casos son interpretaciones jurídicas del poder legislativo de opciones políticas guiadas por normas jurídicas constitucionales. De manera que la opción política propiamente hablando sería aquella que no está constitucionalmente predeterminada. En este caso no sería una interpretación jurídica del poder legislativo sino una decisión política" (Duque Corredor, Román. *Temario de Derecho Constitucional y de Derecho Público*, Legis, Bogotá, 2008, p. 151-152").

Asimismo, el autor en cuestión, en relación a la Supremacía Constitucional, establece:

"*Desde un punto de vista jurídico este término significa que **la Constitución es la fuente primaria del ordenamiento jurídico**. Es decir, el origen de todo el ordenamiento jurídico del cual, según Kelsen se extrae la doctrina del sistema de la jerarquía piramidal de las normas o del Derecho por grados. Cómo fuente primigenia del ordenamiento jurídico, la Constitución es la forma jerárquicamente superior. Este significado material tiene las siguientes consecuencias:*

1) Todas las otras normas le están subordinadas y en su desarrollo han de conformarse con sus valores, principios y reglas.

2) La Constitución es la condición de la legitimidad de la actividad jurídica de los órganos del poder público. En efecto, quien ejerce el poder lo hace legítimamente si ha sido elegido o designado según la Constitución, pero también, si ejerce una competencia que está prevista directa o indirectamente en las reglas de la Constitución y si se practica conforme a sus valores y principios.

3) La normocracia es una consecuencia de ese carácter primigenio. En otras palabras, la justificación del poder depende de la misma Constitución, de modo que quien Gobierna es la Constitución; es decir, el gobierno se remplaza por el gobierno de la ley, encabezada por la Constitución.

4) La supremacía de la Constitución es el principio jurídico fundamental de la democracia constitucional, por el cual gobernantes y gobernados están sujetos a la Constitución para proteger la libertad y el ejercicio democrático del poder, en una sociedad guiada por unos valores superiores derivados de la dignidad de las personas.

(*Omissis*)

…En la Constitución venezolana de 1999 se consagra expresamente la supremacía constitucional (Art. 7°), y como consecuencia, se prevé el derecho-garantía Fiel de la obligación de cumplir con los principios constitucionales (artículos 3° y 131) y el principio de la aplicación directa de las normas Constitucionales en materia de derechos fundamentales (artículos 22, 27, 28 -y-29 ibídem), así como del control jurisdiccional difuso y concentrado de la constitucionalidad para garantizar su supremacía e integridad (artículos 334 y 336, ibídem)" (Duque Corredor, Román. *Temario de Derecho Constitucional y de Derecho Público*. Legis, Bogotá, 2008, p. 92. 93 y 95").

Ello así, lo ajustado al orden constitucional es desaplicar por control difuso de la Constitución, conforme a lo ordenado en el artículo 334 del Texto Fundamental, la disposición contenida en el artículo 33 de la Ley Orgánica sobre Estados de Excepción, tal como lo hizo esta Sala, por ejemplo, en sentencia N° 1881 del 8 de diciembre de 2011, en la cual, desaplicó, parcialmente y por control difuso de la Constitucionalidad, algunos artículos del Código Penal. Así se declara.

2.   *Demandas contra los actos parlamentarios sin forma de Ley. Competencia Sala Constitucional*

TSJ-SC (225)   **29-3-2016**

Magistrada Ponente: Gladys María Gutiérrez Alvarado

Caso: Robert Luis Rodríguez Noriega

La anulación de actos parlamentarios sin forma de ley corresponde a la Sala Constitucional –por disposición de su artículo 336.1–, cuando se trate de actos emanados de la Asamblea Nacional, siempre que sean en ejecución directa e inmediata de la Constitución.

Las demandas contra los actos parlamentarios sin forma de ley estaban atribuidas a la Sala Plena de la extinta Corte Suprema de Justicia, bajo la vigencia de la Constitución de 1961. Con la entrada en vigencia de la Constitución de 1999 y la sustitución de la Corte Suprema de Justicia por el Tribunal Supremo de Justicia, la anulación de actos parlamentarios sin forma de ley corresponde a la Sala Constitucional –por disposición de su artículo 336.1–, cuando se trate de actos emanados de la Asamblea Nacional, siempre que sean en ejecución directa e inmediata de la Constitución.

Ello así, es evidente que una vez en vigor la actual Constitución, que deroga toda norma previa que se oponga a sus postulados, las dudas acerca de la restricción establecida en la Ley Orgánica de la Corte Suprema de Justicia queda sin valor, pues será siempre la Sala Constitucional la que conocerá de recursos contra actos dictados en ejecución directa e inmediata del Texto Fundamental, sean o no normativos, y tengan o no forma de ley.

En tal sentido, cabe destacar que la Asamblea Nacional participa en los procesos complejos e interinstitucionales de designación y remoción de magistrados y magistradas de este Máximo Tribunal, conforme lo pautan los artículos 264 y 265 Constitucional; en lo que a ello respecta, allí culmina su rol en el equilibrio entre Poderes Públicos para viabilizar la función del Estado.

Así pues, la Asamblea Nacional no está legitimada para revisar, anular, revocar o de cualquier forma dejar sin efecto el proceso interinstitucional de designación de los magistrados y magistradas del Tribunal Supremo de Justicia, principales y suplentes, en el que también participan el Poder Ciudadano y el Poder Judicial (este último a través del comité de postulaciones judiciales que debe designar –art. 270 Constitucional–), pues además de no estar previsto en la Constitución y atentar contra el equilibrio entre Poderes, ello sería tanto como remover a los magistrados y magistradas sin tener la mayoría calificada de las dos terceras partes de sus integrantes, sin audiencia concedida al interesado o interesada, y en casos de –supuestas– faltas –graves– no calificadas por el Poder Ciudadano, al margen de la ley y de la Constitución. (*Vid.* Sentencia de la Sala Constitucional N° 9 del 1° de marzo de 2016).

3.   *Recurso de inconstitucionalidad de la omisión del Legislador y de los otros órganos del Poder Público*

A.   *Legitimación*

TSJ-SC (3)   **14-1-2016**

Ponencia Conjunta

De acuerdo con el criterio establecido en la sentencia N° 1.556 del 9 de julio de 2002, reiterado en los fallos N° 819 del 16 de julio de 2014 y N° 1865 del 26 de diciembre de 2014, la legitimación requerida para incoar esta solicitud es la misma que la exigida para la acción popular de inconstitucionalidad a la que se refiere el artículo 32 de la Ley Orgánica del Tribunal Supremo de Justicia.

De allí que la solicitud de inconstitucionalidad por omisión es un mecanismo procesal que constituye una categoría inserta en la acción popular de inconstitucionalidad, que sería el género. En consecuencia, todas las personas naturales y jurídicas detentan la legitimación suficiente para incoarla de acuerdo con la ley. Por tanto, en el presente caso, visto que la solicitud la efectuó la Procuraduría General de la República, quien asesora, defiende y representa judicial y extrajudicialmente los bienes, derechos e intereses de la República, solicitando a esta Sala supla la aludida omisión, lo cual de no realizarse pudiera generar una crisis institucional vista la relevancia para la continuidad democrática, la Sala evidencia la legitimación de la accionante para ejercerla. Así se decide.

B. *Competencia*

TSJ-SC (3)   **14-1-2016**

Ponencia Conjunta

Caso: Recurso de inconstitucionalidad por omisión legislativa de conformidad con lo previsto en el numeral 7 del artículo 336 de la Constitución de la República Bolivariana de Venezuela, en concordancia con el numeral 7 del artículo 25 de la Ley Orgánica del Tribunal Supremo de Justicia, como consecuencia de la nulidad absoluta de las actuaciones de la Asamblea Nacional declarada por la Sala Electoral de ese Tribunal Supremo de Justicia en sentencia N° 1 de fecha 11 de enero de 2016...".

Esta Sala Constitucional en su sentencia N° 1.556 del 9 de julio de 2002, precisó en cuanto al objeto de control de la acción de inconstitucionalidad por omisión, lo siguiente:

"El numeral 7 del artículo 336 de la Constitución vigente, consagra, por primera vez en el derecho venezolano, la institución de la declaratoria de inconstitucionalidad de la omisión en que incurra el Poder Legislativo cuando no ha dictado las normas o medidas indispensables para garantizar el cumplimiento de la Constitución.

En efecto, establece la norma citada que es atribución de la Sala Constitucional del Tribunal Supremo de Justicia '7. Declarar la inconstitucionalidad de las omisiones del poder legislativo municipal, estadal o nacional cuando haya dejado de dictar las normas o medidas indispensables para garantizar el cumplimiento de esta Constitución, o las haya dictado en forma incompleta; y establecer el plazo y, de ser necesario, los lineamientos de su corrección'.

Le atribuye directa e inequívocamente la norma constitucional antes transcrita, la competencia para el conocimiento de la acción de inconstitucionalidad por omisión, a la Sala Constitucional del Tribunal Supremo de Justicia, determinando ella, la inconstitucionalidad, no de un acto, sino de una conducta negativa, de la inercia o inactividad en que haya incurrido algún órgano del poder legislativo al no adecuar su conducta, en absoluto o parcialmente, al cumplimiento de una obligación suya de dictar una norma o una medida indispensable (lo que implica la eficacia limitada del precepto constitucional) para garantizar el cumplimiento de la Constitución. De acuerdo con la norma, el efecto de la declaratoria (y de la sentencia que la contenga) es el establecimiento de un plazo para corregir la inconstitucionalidad declarada. Podrá el juzgador, 'de ser necesario', establecer 'los lineamientos de su corrección'. No aparece limitada en la norma constitucional, la iniciativa para activar el control de constitucionalidad que significa la declaratoria de inconstitucionalidad a que nos referimos, tampoco aparece determinada la legitimación activa para la interposición de la acción, ni señala la norma el alcance de los lineamientos para la corrección de la omisión, los que parecen quedar al arbitrio de la Sala Constitucional, ajustados a derecho.

(...)

En el presente caso, los accionantes han interpuesto la acción de declaratoria de inconstitucionalidad de la omisión de órgano legislativo, contra la Asamblea Nacional, por la presunta omisión en que ella habría incurrido de dictar leyes de las determinadas en las disposiciones transitorias tercera y cuarta de la Constitución, dentro de los plazos allí señalados.

De conformidad con el numeral 7 del artículo 336 de la Constitución, corresponde a la Sala Constitucional del Tribunal Supremo de Justicia la atribución de declarar inconstitucional el supuesto de inactividad en que haya incurrido alguno de los órganos del poder legislativo, sea Municipal, Estadal o Nacional, en consecuencia esta Sala Constitucional del Tribunal Supremo de Justicia, asume el conocimiento de la presente causa, y así se declara".

Por su parte, en la sentencia N° 363 del 26 de abril de 2013, se ratificó la anterior decisión en los términos siguientes: *"...[el objeto de control de la acción de inconstitucionalidad por omisión] no recae en la inconstitucionalidad de un acto sino de la conducta negativa, de la inercia o inactividad en que haya incurrido algún órgano del poder legislativo al no adecuar su conducta, en absoluto o parcialmente, al cumplimiento de su obligación de dictar una norma o una medida indispensable (lo que implica la eficacia limitada del precepto constitucional) para garantizar el cumplimiento de la Constitución..."* (corchete añadido).

Al respecto, considera pertinente esta Sala señalar que le corresponde garantizar la supremacía y efectividad de las normas y principios constitucionales y cuando un mandato constitucional se incumple o se hace inefectivo la Sala, obrando conforme al propio texto de la Carta Fundamental, debe imponer la Constitución.

También se debe apuntar que la omisión consiste en el incumplimiento de un acto o conducta de una autoridad ordenado por la Constitución, sea el mismo total o parcial y que para que proceda basta que se constate la falta de cumplimiento de la actividad prevista.

Por tanto, la tutela que efectúa esta Sala no es sólo respecto de la inactividad legislativa en un sentido formal (sanción de leyes), sino también respecto del cumplimiento de cualquier otra obligación en ejecución directa e inmediata del Texto Fundamental (*vid.* Sentencia N° 363 del 26 de abril de 2013).

La competencia de esta Sala para resolver la solicitud por inconstitucionalidad de una omisión parlamentaria se encuentra establecida en el artículo 336, cardinal 7, de la Constitución de la República Bolivariana de Venezuela, el cual dispone:

"...Artículo 336. Son atribuciones de la Sala Constitucional del Tribunal Supremo de Justicia:

(...)

7. Declarar la inconstitucionalidad de las omisiones del poder legislativo municipal, estadal o nacional cuando haya dejado de dictar las normas o medidas indispensables para garantizar el cumplimiento de esta Constitución, o las haya dictado en forma incompleta; y establecer el plazo y, de ser necesario, los lineamientos de su corrección".

Por su parte, el artículo 25, cardinal 7, de la Ley Orgánica del Tribunal Supremo de Justicia pauta:

"Artículo 25. Son competencias de la Sala Constitucional del Tribunal Supremo de Justicia:

(...)

7. Declarar la inconstitucionalidad de las omisiones del Poder Legislativo Municipal, Estadal o Nacional, cuando haya dejado de dictar las normas o medidas indispensables para garantizar el cumplimiento con la Constitución de la República, o las haya dictado en forma incompleta, así como las omisiones de cualquiera de los órganos del Poder Público Nacional, Estadal o Municipal, y establecer el plazo y, si fuera necesario, los lineamientos o las medidas para su corrección".

En tal sentido, el objeto de la solicitud de autos es la declaratoria de la omisión inconstitucional de la Asamblea Nacional para recibir el mensaje anual del Presidente de la República Bolivariana de Venezuela (Poder Ejecutivo) previsto en el artículo 237 de la Constitución de la República Bolivariana de Venezuela, ya que el órgano parlamentario (Junta Directiva), de acuerdo a la sentencia N° 1 dictada por la Sala Electoral el 11 de enero de 2016, incurrió en desacato a la medida cautelar acordada por ese mismo órgano jurisdiccional en sentencia N° 260 dictada el 30 de diciembre de 2015; y, por lo tanto, está inhabilitada para ejercer sus atribuciones constitucionales de control político de gestión.

En consecuencia, congruente con las disposiciones de orden constitucional y legal antes citadas, esta Sala Constitucional resulta competente para conocer y resolver la mencionada solicitud de declaratoria de inconstitucionalidad por omisión objeto de estas actuaciones. Así se decide.

4.   *Resolución de controversias constitucionales entre órganos del poder público*

TSJ-SC (478)   **14-6-2016**

Ponencia Conjunta

Caso: Procurador General de la República (E) y otros

La representación de la Procuraduría General de la República presenta ante esta Sala *"ACCIÓN DE AMPARO CONSTITUCIONAL, de conformidad con lo dispuesto en el artículo 27 de la Constitución de la República Bolivariana de Venezuela en concordancia con lo dispuesto en los artículos 2, 3 y 5 de la Ley Orgánica Amparo sobre Derechos y Garantías Constitucionales, en contra de los ACTUACIONES, VÍAS DE HECHO Y AMENAZAS DE DAÑO INMINENTE EMANADAS DEL PRESIDENTE, DE LA JUNTA DIRECTIVA Y DE LA MAYORÍA DE DIPUTADOS QUE CIRCUNSTANCIALMENTE CONFORMAN LA ASAMBLEA NACIONAL (...) con la finalidad de consumar un golpe de Estado con pretendidos y negados visos de legitimidad, asumiendo graves daños colaterales a la población, que han venido siendo contrarrestados por el Ejecutivo Nacional."*

Ahora bien, aun cuando la demanda de autos es calificada de amparo constitucional, del contenido del escrito de autos se observa que el mismo no se sustenta de forma directa en la violación de derechos constitucionales, sino en la presunta vulneración de competencias y atribuciones constitucionales inherentes al Poder Ejecutivo Nacional ("usurpación de funciones"), por parte del Presidente, de la Junta Directiva y de la mayoría de diputados que integran la Asamblea Nacional, circunstancia que, más allá de las implicaciones que ello pudiera tener en la esfera de los derechos subjetivos, identifica la presente acción con una demanda de controversia constitucional, a la cual se reconduce la presente acción, conforme a la jurisprudencia reiterada de esta Sala (*vid. infra*).

En tal sentido, el artículo 336.9 de la Constitución de la República Bolivariana de Venezuela, dispone lo siguiente:

*"**Artículo 336.-***

Son atribuciones de la Sala Constitucional del Tribunal Supremo de Justicia:

(...)

9. Dirimir las controversias constitucionales que se susciten entre cualesquiera de los órganos del Poder Público".

Al respecto, en sentencia N° 226 del 18 de febrero de 2003, esta Sala estableció:

"La disposición recién transcrita, prevé una especialísima acción destinada a salvaguardar la normal prestación de la actividad pública que despliega cada uno de los órganos del Poder Público que, en un determinado momento, pudiera verse afectada cuando dos o más de ellos estiman atribuida a su favor una facultad, competencia o atribución constitucionalmente prescrita, dando lugar al ejercicio paralelo de la función disputada (conflicto positivo); o, por el contrario, cuando ninguno de estos entes reconoce ostentar la titularidad de esa facultad, competencia, o atribución constitucional, provocando la omisión de acometer una función encomendada a alguno de ellos por la Carta Magna (conflicto negativo).

De modo tal que existen dos elementos objetivos que permiten calificar un concreto conflicto como una controversia constitucional: (i) debe suscitarse entre órganos del Poder Público, entendiendo por éstos los distintos entes de consagración constitucional que conforman el Poder Municipal, el Poder Estadal y el Poder Nacional (que, a su vez, se encuentra integrado por los poderes Ejecutivo, Legislativo, Judicial, Ciudadano y Electoral) ex artículo 136 de la Constitución; y (ii) debe suscitarse con ocasión del ejercicio de facultades, competencias o atribuciones previstas por la Constitución, como máximo cuerpo normativo que diseña y ordena la estructura orgánica del Estado.

Cumplidos ambos extremos, no deben caber dudas en cuanto a que la competencia para resolver tales conflictos corresponde a esta Sala, como máximo garante del orden constitucional, pues la sola existencia de estos desórdenes en la prestación de los servicios públicos encomendados a los órganos en pugna, afecta «la esencia misma de la Constitución, a la cuidadosa distribución de poder y de correlativas competencias por ella operada», a decir del profesor español García de Enterría (La Constitución como norma y el Tribunal Constitucional, Ed. Civitas, Madrid, 1985, pp. 149 y 150)".

A su vez, el artículo 25.9 de la Ley Orgánica del Tribunal Supremo de Justicia también contempla, en los mismos términos del artículo 336.9, la competencia respecto de la naturaleza del escrito formulado.

Ello así, al pretenderse la reivindicación y protección de atribuciones constitucionales entre órganos del Poder Público, esta Sala asume la competencia para conocer de la demanda de autos. Así se declara.

DE LA ADMISIBILIDAD

Resuelto lo anterior, esta Sala debe examinar la admisibilidad de la acción de autos.

Al respecto, sobre la admisibilidad de la acción de resolución de controversias constitucionales que se susciten entre los órganos del Poder Público, esta Sala, en sentencia N° 3191/2002, del 11 de diciembre, señaló lo siguiente:

"Esta Sala pasa de seguidas a precisar los requisitos de admisibilidad de la acción de resolución de conflictos entre órganos del Poder Público, en atención al objeto y alcance de la misma. Así, será inadmisible la acción cuando se alguno de los siguientes supuestos:

1.- Cuando el accionante sea una persona distinta a un ente que ejerza potestades de Poder Público Constitucional.

2.- En caso de que el conocimiento de la acción competa a otro tribunal. Deja así esta Sala claramente establecido que la acción de conflicto constitucional no sustituye los recursos procesales existentes, de modo que resultará inadmisible si el recurrente persigue adelantar un pronunciamiento sobre un asunto planteado ante otro órgano jurisdiccional o pretende sustituir algún medio ordinario a través del cual el juez pueda solventar la controversia.

Salvo que, presentes los requisitos apuntados en el capítulo anterior, el asunto revista una gravedad tal que aconseje su solución por esta Sala; o el nivel en que se plantee la controversia exija un fallo sólo destinado a resolver el asunto constitucional planteado sin que tenga efectos en la demanda de instancia; o la situación, aun teniendo elementos resolubles en las demás jurisdicciones, involucre hechos o situaciones que la Sala Constitucional deba, por las especiales circunstancias, resolver. En fin, cuando el objetivo de mantener la paz social, el orden democrático o el principio de separación de poderes exija la intervención de la Sala. De no ser así, se dejaría sin contenido la atribución a que se contrae el citado artículo 336.9, pues, en abstracto, prácticamente cualquier controversia podría ser encauzada por una vía ordinaria.

3.- Cuando se acumulen acciones que se excluyan mutuamente o cuyos procedimientos sean incompatibles;

4.- Cuando no se acompañen los documentos indispensables para verificar si la acción es admisible;

5.- Si contiene conceptos ofensivos o irrespetuosos o es de tal modo ininteligible o contradictoria que resulte imposible su tramitación;

6.- Cuando sea manifiesta la falta de representación que se atribuya el actor.

7.- Cuando en sentencias de esta Sala, anteriores a su interposición, se haya resuelto el punto, y no sea necesario modificarlo. Este motivo de inadmisibilidad no opera en razón de la precedencia de una decisión respecto al mismo asunto planteado, sino a la persistencia en el ánimo de la Sala del criterio sustentado en la decisión previa".

Por su parte, el artículo 133 de la Ley Orgánica del Tribunal Supremo de Justicia, dispone lo siguiente:

"Artículo 133. Se declarará la inadmisión de la demanda:

1. Cuando se acumulen demandas o recursos que se excluyan mutuamente o cuyos procedimientos sean incompatibles.

2. Cuando no se acompañen los documentos indispensables para verificar si la demanda es admisible.

3. Cuando sea manifiesta la falta de legitimidad o representación que se atribuya el demandante o de quien actúe en su nombre, respectivamente.

4. Cuando haya cosa juzgada o litispendencia.

5. Cuando contenga conceptos ofensivos o irrespetuosos".

Examinadas las causales de inadmisibilidad previstas en la norma transcrita, esta Sala advierte, de su estudio preliminar, que la demanda de autos no se subsume, *prima facie*, en ninguna de las referidas causales y, en consecuencia, admite el presente recurso de nulidad interpuesto, sin perjuicio de la potestad que asiste a esta Sala de examinar el cumplimiento de los requisitos de admisibilidad y procedencia en cualquier estado y grado del proceso. Así se declara.

Como consecuencia de dicha admisión, y en virtud de lo establecido en el artículo 135 y siguientes de la Ley Orgánica del Tribunal Supremo de Justicia, se ordena citar mediante oficio a la Junta Directiva de la Asamblea Nacional, así como notificar a la Fiscal General de la República, al Defensor del Pueblo y al Procurador General de la República. A tales fines, remítase a los respectivos funcionarios, copia certificada de la demanda de nulidad por inconstitucionalidad y del presente auto de admisión.

Asimismo, se ordena el emplazamiento de los interesados mediante cartel.

Por último, remítase el expediente al Juzgado de Sustanciación para que realice las citaciones y notificaciones ordenadas en el presente fallo, y efectúe el emplazamiento de los interesados, conforme a lo dispuesto en la Ley que rige las funciones de este Alto Tribunal, y continúe el procedimiento. Así se decide.

6. *Recurso de Interpretación*

TSJ-SC (257)   **31-3-2016**

Magistrado Ponente: Luis Fernando Damiani Bustillos

Caso: Germán Williams Gil Fernández y Claribel Bassa De Gil. Recurso de Interpretación.

El 3 de diciembre de 2015, las abogadas Zulema Josefina García Velázquez y María Teresa Bonezzi Santos, inscritas en el Instituto de Previsión Social del Abogado bajo los números 26.081 y 46.339, respectivamente, actuando en su condición de apoderadas judiciales de los ciudadanos **GERMÁN WILLIAMS GIL FERNÁNDEZ** y **CLARIBEL BASSA DE GIL**, titulares de las cédulas de identidad números 5.840.269 y 10.443.611, respectivamente, solicitaron revisión constitucional de la sentencia dictada el 19 de septiembre de 2014, por el Juzgado Cuarto de Primera Instancia en lo Civil, Mercantil y del Tránsito de la Circunscripción Judicial del Estado Zulia, que declaró *"PRIMERO: CON LUGAR la pretensión de AMPARO CONSTITUCIONAL interpuesta por los ciudadanos KENNY ARENAS SERRANO, YESSICA QUINTERO ACEDO, WUENDY PUCHE JULIO, DEYLUZ MORILLO BELLOSO, JOSE BRITO PEROZO, MONICA BRICEÑO DÍAZ, actuando en su carácter de padres y representantes legales de los niños y niñas que cursan estudios en la institución educativa CENTRO DE EDUCACIÓN INICIAL DOLORES VARGAS DE URDANETA, asistidos por la abogada en ejercicio NADIA COLMENARES, conjuntamente con las ciudadanas ANA PUERTAS en representación del MINISTERIO DE EDUCACIÓN, la ciudadana JOSELIANA SÁNCHEZ GUILLÉN, actuando en representación de la COMPAÑÍA ANÓNIMA HIDROLÓGICA DEL LAGO DE MARACAIBO (HIDROLAGO), y la ciudadana JANETH GONZÁLEZ COLINA actuando como PROCURADORA*

En este orden de ideas, debe esta Sala Constitucional advertir que, según pacífica y reiterada jurisprudencia al respecto, se ha establecido que la potestad de revisión es ejercida por esta Sala de manera extraordinaria, excepcional, restringida y discrecional, si con ello se va a contribuir a la uniformidad en la interpretación de principios y normas constitucionales, puesto que tal solicitud no implica una instancia adicional de conocimiento de la causa (*vid.* Sentencia de esta Sala N° 44 del 2 de marzo de 2000, caso: *"Francia Josefina Rondón Astor"*).

De la narración de los hechos así como de los argumentos jurídicos expuestos por el solicitante se advierte una multiplicidad de denuncias, así como la sucesiva impugnación de una sentencia dictada por el Juzgado Superior Segundo en lo Civil, Mercantil y del Tránsito de la Circunscripción Judicial del Estado Zulia, con ocasión a una acción de amparo ejercido a su vez contra la sentencia que es objeto de revisión constitucional, el cual fue declarado inadmisible –según lo aducido por los solicitantes– por no haber sido ejercido el recurso de apelación respectivo.

En este orden de ideas, se aprecia preliminarmente que la sentencia objeto de revisión constitucional lo constituye una sentencia que fue dictada en el marco de una acción de amparo constitucional ejercida contra el fallo pronunciado por el Juzgado Octavo de los Municipios Maracaibo, Jesús Enrique Lossada y San Francisco de la Circunscripción Judicial del Estado Zulia el 12 de mayo de 2014, que declaró con lugar la acción de prescripción adquisitiva ejercida por los ciudadanos Germán Gil Fernández y Claribel Bassa de Gil contra la Asociación Venezolana de Mujeres de Maracaibo.

En atención a ello, la Sala aprecia que el Juzgado Cuarto de Primera Instancia en lo Civil, Mercantil y del Tránsito de la Circunscripción Judicial del Estado Zulia, declaró la procedencia de la acción de amparo constitucional, al constatar la violación de los derechos constitucional al debido proceso, a la tutela judicial efectiva, y dentro de éste, a la defensa de intereses de derecho público, representados por la Procuraduría General de la República, al no ser notificado en forma alguna de la existencia de un proceso cuya ejecución acarrearía actos de disposición sobre un inmueble donde se desarrollan dos (2) servicios públicos (suministro de agua potable y educación de niños, niñas y adolescentes), en virtud de que parte del terreno que fue adjudicado mediante la decisión de prescripción adquisitiva es propiedad de la Compañía Anónima Hidrológica del Lago de Maracaibo, C.A. (HIDROLAGO), y que resulta suficientemente claro que el Juez accionado tenía conocimiento sobre la existencia de una institución educativa sobre la parcela de terreno objeto del juicio principal.

Asimismo, la sentencia resaltó que el inmueble objeto del litigio fue adjudicado en donación por el Ejecutivo Regional a la parte demandada en el juicio primigenio, Asociación Venezolana de Mujeres de Maracaibo, sin embargo, dicha donación se realizó en forma condicionada, lo que no fue advertido por el juzgado accionado. En el mismo orden de ideas, el referido juzgado estimó que la sentencia accionada al declarar la prescripción adquisitiva incurrió en clara infracción de los artículos 691, 340 ordinal 6° y 341 del Código de Procedimiento Civil, al no haber advertido el incumplimiento de los requisitos establecidos en el artículo 341 *eiusdem*, en virtud de que los demandantes no presentaron ninguna documentación que acreditare la propiedad sobre el inmueble que se pretende usucapir.

Finalmente, destacó que la competencia para conocer de la demanda de prescripción adquisitiva le correspondía al Juzgado Superior en lo Contencioso Administrativo de la Circunscripción Judicial del Estado Zulia, al ser esta una acción de contenido patrimonial en contra de un ente público –C.A. Hidrológica del Lago de Maracaibo (Hidrolago)–, cuya personería jurídica representa derechos colectivos de la comunidad zuliana y donde la cuantía de los derechos conculcados supera las 30 mil unidades tributarias.

Expuesto lo anterior, se observa que la sentencia objeto de revisión se encuentra extensamente motivada sobre cada una de las violaciones constitucionales en las que se apoyó para declarar la procedencia de la acción de amparo, ya que tanto la competencia y la declaratoria de mero derecho se fundamentaron en los precedentes jurisprudenciales establecidos por esta Sala Constitucional en sus decisiones Nros. 7/2000 y 993/2013, así como en el artículo 4 de Ley Orgánica de Amparo sobre Derechos y Garantías Constitucionales, por lo que a diferencia de lo señalado por la parte solicitante, dicho Tribunal sí resultaba competente tanto como para conocer la causa, por ser el tribunal superior al que emitió la decisión accionada, como para la declaratoria de mero derecho de la misma, al estimar que ésta se encontraba dentro de los presupuestos fijados en la decisión de esta Sala N° 993/2013, referidos a la urgencia y a la protección inmediata de la situación jurídica infringida, dentro de la cual se cuestionaba la falta de intervención de la representación judicial del Estado Zulia, al estar involucrados en el terreno objeto del juicio de prescripción adquisitiva no sólo la prestación de dos servicios públicos como lo es la educación –al encontrarse dentro de los referidos terrenos una institución educativa [*Centro de Educación Inicial Dolores Vargas de Urdaneta*] y el servicio de agua, sino que parte de la propiedad adjudicada es propiedad de la C.A. Hidrológica del Lago de Maracaibo (Hidrolago), como lo expone la sentencia objeto de revisión constitucional.

Asimismo, advierte esta que Sala que lo pretendido a través de la revisión constitucional se restringe a enervar la valoración y apreciación que realizó el Juzgador, con la sola finalidad de que se dé una nueva revisión sobre el fondo del caso planteado, como si la revisión constitucional constituyese una tercera instancia para la resolución de las decisiones que no resolviesen la causa de la manera pedida por las partes, incluso aduciendo el criterio vinculante expuesto por esta Sala en el fallo N° 109/2013, caso: "*Unidad Educativa Colegio Arístides Bastidas*", el cual no se ajusta a los contenidos de autos; en primer lugar, porque la referida sentencia estableció un deber de notificación en aquellas causas donde existe un interés indirecto de los estudiantes como mecanismo de protección del derecho a la educación al establecerse con carácter vinculante que en todas aquellas acciones derivada de contratos de arrendamiento de inmuebles dedicados a la enseñanza, donde el efecto consecuencial del mismo se encuentre dirigido al desalojo del inmueble con el presunto menoscabo preliminar del derecho a la educación de los niños, niñas y adolescente, debe notificarse de la mencionada causa, en la oportunidad de la contestación de la demanda al Consejo Nacional de Derechos de Niños, Niñas y Adolescentes, para que proceda a la defensa de los derechos colectivos de estos ciudadanos, a los efectos de evitar el presunto menoscabo de sus derechos constitucionales sin un conocimiento directo de la relación jurídica controvertida.

En segundo lugar, a diferencia de lo señalado por los solicitantes tampoco se puede subsumir el mencionado criterio en función de que los fundamentos de la decisión impugnada no se limitaron única y exclusivamente a la protección del derecho a la educación sino en protección del derecho a la propiedad de la referida empresa estatal –Hidrolago–, al haber advertido que dentro del bien inmueble adjudicado en el juicio de prescripción adquisitiva existe una porción de terreno que pertenece a la referida empresa, bajo los siguientes términos:

> "*En este sentido, considera esta Sentenciadora que efectivamente en la sentencia definitiva se afectó ese bien estatal toda vez que, se observa de la Certificación de Gravámenes del inmueble objeto de litigio acompañada a la demanda (folio 32 de la causa original), que en la misma se indicó de manera expresa que 'Según documento protocolizado en esta oficina en fecha 14 de Septiembre de 1953, anotado bajo el N° 96, Tomo 2°, Protocolo 1°, (la parte demandada) venden parte de este terreno al Instituto Nacional de Obras Sanitarias;' y que producto de esa venta le quedó en propiedad a la ASOCIACIÓN VENEZOLANA DE MUJERES DE MARACAIBO una extensión de terreno de CINCO MIL QUINIENTOS VEINTIDÓS METROS CUADRADOS CON CUARENTA CENTÍMETROS CUADRADOS (5.522,45 (sic) mts^2), que es la extensión de terreno que se pretende usucapir; __sin embargo__, en la demanda se identificó el terreno en su totalidad, es decir sin excluir la parcela de terreno que fue vendida al mencionado instituto, y asimismo en la sentencia objeto de impugnación se atribuyó a los demandantes la propiedad sobre la totalidad del terreno, tal como se evidencia a continuación (...)*".:

En congruencia con lo expuesto, se observa que a diferencia de lo denunciado por la solicitante, el referido juzgado no sólo fundamento su decisión en la apreciación y valoración de las pruebas cursantes en el expediente, sino que basó su decisión en que, del análisis probatorio examinado, se constataron las violaciones constitucionales de los derechos constitucionales a la defensa, debido proceso, tutela judicial efectiva, a la salud, a la propiedad y a la educación; sin que de las referidas argumentaciones se denote alguna violación constitucional que haga procedente la revisión constitucional de autos, más aun cuando a diferencia de lo señalado por los solicitantes el referido procedimiento de prescripción adquisitiva al ser anulado se encuentra en trámite, de manera de garantizar los derechos constitucionales a la defensa y al debido proceso de todos los intervinientes del proceso judicial, los cuales no solo se encuentran constituidos por los hoy solicitantes y la Asociación Venezolana de Mujeres de Maracaibo, sino que dentro de éste existe un interés de los derechos de los niños y niñas que cursan estudios en la institución educativa Centro de Educación Inicial Dolores Vargas de Urdaneta, el Ministerio del Poder Popular para la Educación, la sociedad mercantil Hidrológica del Lago de Maracaibo, C.A. (Hidrolago) y la Procuraduría General del Estado Zulia, tal como lo establece la sentencia dictada por el Juzgado Cuarto de Primera Instancia en lo Civil, Mercantil y del Tránsito de la Circunscripción Judicial del Estado Zulia.

Aunado a lo anterior, la parte solicitante alegó que la decisión impugnada desconoció la sentencia dictada por el Juzgado Superior Segundo en lo Civil, Mercantil y del Tránsito de la referida circunscripción judicial del 10 de julio de 2013, que ratificó la competencia del Juzgado Octavo de Municipio para conocer del juicio de prescripción adquisitiva ejercido por los hoy solicitantes contra la Asociación Venezolana de Mujeres de Maracaibo.

En atención a ello, debe esta Sala citar la referida sentencia, la cual fue dictada en el marco de la regulación de competencia planteada por la representante de la asociación civil Asociación Venezolana de Mujeres de Maracaibo, sin que de la referida sentencia se advierta algún prejuzgamiento sobre parte de la titularidad de los terrenos correspondiente a la sociedad mercantil Hidrológica del Lago de Maracaibo, C.A.; como lo advirtió la sentencia impugnada, y disponiendo de manera categórica la sentencia que: *"SE CONFIRMA la aludida decisión de fecha 1 de marzo de 2013, proferida por el precitado Juzgado de Municipios, sólo en lo atinente a la ratificación de su competencia por la cuantía para el conocimiento de la causa y la consideración como improcedente de la solicitud de declaratoria de incompetencia realizada por la parte accionada, que es lo que constituyó el objeto de la presente regulación, considerándose en consecuencia afirmada su competencia para el conocimiento de la presente causa, por todo lo cual SE ORDENA la remisión del presente expediente al mencionado órgano jurisdiccional para que continúe conociendo de la misma"*.

De esta manera, mal podría esta Sala extender la aplicación de una sentencia que, en primer lugar, se limitó a ratificar la competencia de un Juzgado de Municipio en cuanto a la cuantía estimada en la demanda, como expresamente lo señala cuando expone *"solo en lo atinente a la ratificación de su competencia por la cuantía para el conocimiento de la causa"*, y en segundo lugar, cuando dicho tribunal –Juzgado Superior– no advirtió como así fue decidido por la sentencia dictada por el Juzgado Cuarto de Primera Instancia en lo Civil, Mercantil y del Tránsito de la Circunscripción Judicial, que una porción de los terrenos adjudicados en el juicio de prescripción adquisitiva le corresponde a la sociedad mercantil Hidrológica del Lago de Maracaibo, C.A., dado que la referida empresa no fue demandada en el proceso judicial sino solamente la asociación civil Asociación Venezolana de Mujeres de Maracaibo.

En tal sentido, se advierte que la presente revisión no se ajusta a los fines que persigue la potestad excepcional, dado que no es posible examinar en esta sede extraordinaria la valoración que efectuó el juzgador para dictar el dispositivo cuestionado, ni el alcance de las interpretaciones de normas legales que se hayan realizado en la referida sentencia, salvo que se detecte que contraríen en forma manifiesta o grotesca el contenido de una norma constitucional o la doctrina de alguna decisión vinculante de esta Sala Constitucional, en cuanto al sentido y alcance que ha de atribuirse a alguna disposición constitucional al ser desarrollada por la ley, no existiendo ninguno de tales supuestos en el presente caso.

En razón de ello, esta Sala juzga que la revisión planteada de la sentencia dictada el 19 de septiembre de 2014, por el Juzgado Cuarto de Primera Instancia en lo Civil, Mercantil y del Tránsito de la Circunscripción Judicial del Estado Zulia, debe ser declarada no ha lugar. Así se decide.

En consecuencia, se aprecia que si bien la revisión constitucional fue planteada contra la decisión dictada el 19 de septiembre de 2014, por el referido Juzgado Cuarto de Primera Instancia, la parte solicitante en su escrito de revisión alegó que la decisión dictada el 4 de octubre de 2015, por el Juzgado Superior Segundo en lo Civil, Mercantil y del Tránsito de la Circunscripción Judicial del Estado Zulia, que declaró inadmisible una acción de amparo constitucional contra la decisión de amparo objeto de revisión constitucional, vulneró su derecho constitucional a la tutela judicial efectiva; no obstante lo anterior, se observa que la referida sentencia no fue acompañada ni siquiera en copia simple, razón por la cual al no constar las copias certificadas de la referida decisión, debe esta Sala declarar inadmisible la revisión respecto al fallo dictado el 4 de octubre de 2015, por el Juzgado Superior Segundo en lo Civil, Mercantil y del Tránsito de la Circunscripción Judicial del Estado Zulia, de conformidad con lo previsto en el artículo 133.3 de la Ley Orgánica del Tribunal Supremo de Justicia. Así se decide.

7.   *Recurso de revisión constitucional*

TSJ-SC (178)   **14-3-2016**

Magistrado Ponente: Gladys María Gutiérrez Alvarado

Caso: Vivian Thais Arape Guararismo

Se reitera que la revisión constitucional no sustituye la apreciación soberana del juzgador, pues no constituye un recurso ejercido ante un órgano judicial superior, ni está dirigida a corregir eventuales errores de juzgamiento, sino a corregir los errores de interpretación de la Constitución en que puedan incurrir cualquiera de los órganos judiciales, o las inobservancias de criterios vinculantes de la Sala Constitucional.

En resumen, la Sala de Casación Social concluyó, previo análisis probatorio motivado y congruente, que la empleada –ahora solicitante– efectivamente incumplió las obligaciones que imponía la relación de trabajo cuando autorizó la reparación de vehículo y *"ordenó, supervisó y realizó la ejecución de obras de una vivienda"*, sin autorización de la Gerencia de Desarrollo Urbano, sin delegación financiera, e incumpliendo con las normas de remodelación de una vivienda alquilada asignada por la empresa PDVSA.

De lo anteriormente expuesto se colige que la decisión de la Sala de Casación Social sometida a revisión se encuentra ajustada a derecho y que lo pretendido por la solicitante, en definitiva, es un nuevo examen de las pruebas, en relación con las responsabilidades inherentes al cargo que ocupaba la ahora solicitante en la empresa tantas veces mencionada.

Ello así, es evidente para esta Sala Constitucional que la parte se valió de argumentaciones que están circunscritas a la sola defensa de sus derechos e intereses pues pretende, mediante este mecanismo objetivo de protección constitucional, que se interfiera en la autonomía e independencia de la que gozan los operadores de justicia en su función juzgadora, sin que hubiese precisado alguna violación grotesca de derechos constitucionales, o la subsunción de su denuncia en los supuestos que fueron establecidos para la procedencia de la solicitud de revisión.

En definitiva, se insiste, la requirente de revisión sólo pretende el cuestionamiento de un acto de juzgamiento que emitió la Sala de Casación Social, en armonía normativa y jurisprudencial, sin que hubiese producido vulneración alguna de derechos o principios constitucionales, o contrariado algún criterio que de forma vinculante hubiese establecido esta Sala Constitucional, pues dicha juzgadora actuó ajustado a derecho y dentro de los límites que fijan su competencia; razón por la cual, se ratifica que la revisión no constituye una tercera instancia ni una solicitud que pueda ser intentada bajo cualquier fundamentación de interés subjetivo, sino una potestad extraordinaria y excepcional de esta Sala, cuya finalidad no es la resolución de un caso concreto sino la uniformidad de los criterios constitucionales en resguardo de la garantía de la supremacía y efectividad de las normas y principios constitucionales (ver s. S.C. N° 44, del 02-03-2000, caso: *Francia Josefina Rondón Astor;* criterio ratificado, entre otras, en sentencias N° 325, de 30-03-2005, caso: *Alcido Pedro Ferreira y otros*; y, 1611, de 27-10-2011, caso: *Compañía Nacional Anónima de Seguros La Previsora*).

En atención a la doctrina de esta Sala Constitucional sobre el objeto de su potestad discrecional y extraordinaria de revisión, se aprecia que las denuncias que se formularon no constituyen fundamentación para su procedencia; por tanto, se reitera que la revisión constitucional no sustituye la apreciación soberana del juzgador, toda vez que no constituye un recurso ejercido ante un órgano judicial superior con la pretensión de que se analice nuevamente la controversia, ni está dirigida a corregir eventuales errores de juzgamiento de los jueces de la República, como fue lo pretendido en el caso concreto (*Cf.s.* SC N° 1790/05-10-2007), sino a corregir los errores de interpretación de la Constitución en que puedan incurrir cualquiera de los órganos judiciales, o las inobservancias de criterios vinculantes de la Sala Constitucional, dirigidos a preservar la integridad y primacía de la Norma Fundamental, conforme al artículo 335 *eiusdem*. Sobre el particular, se estableció que:

> "...*[E]sta Sala puede en cualquier caso desestimar la revisión, (...) cuando en su criterio, constate que la decisión que ha de revisarse, en nada contribuya a la uniformidad de la interpretación de normas y principios constitucionales...*". *(Vid. s. S.C. N° 93 del 6 de febrero de 2001, caso: "Corpoturismo").*

Como consecuencia de todo lo que fue expuesto y, en virtud de que esta Sala considera que la revisión que se pretendió no contribuiría con la uniformidad jurisprudencial, además de que dicho fallo no se subsume en ninguno de los supuestos de procedencia que, previa y reiteradamente ha fijado esta Sala, declara que no ha lugar a la solicitud de revisión de autos. Así se declara.

TSJ-SC (36)   **1-3-2016**

Magistrado Ponente: Arcadio de Jesús Delgado Rosales

Caso: Defensor del Pueblo

> **Los abogados de la Defensoría del Pueblo, a pesar de las facultades constitucionales de defensa y control que posee la Defensoría del Pueblo, carecen de legitimidad activa para solicitar la revisión constitucional de las sentencias sobre las que no poseen un interés legítimo, personal y directo.**

La parte solicitante señaló que el fallo cuya revisión pretende vulneró los derechos constitucionales a la defensa, al debido proceso y a la tutela judicial efectiva desde la perspectiva de la seguridad jurídica, por cuanto asimiló erradamente la notificación a la citación, las cuales son instituciones procesales totalmente diferentes, conforme a la doctrina y a la jurisprudencia, con lo que se relajó el orden público, y aplicó el procedimiento que el código adjetivo prevé para la primera en vez del que corresponde a la segunda de las mencionadas figuras procesales.

Establecido lo anterior, corresponde a esta Sala, en forma previa, entrar a considerar la legitimidad de la Defensoría del Pueblo para solicitar la revisión del fallo dictado el 6 de julio de 2015 por el Juzgado Superior Cuarto en lo Civil, Mercantil, Tránsito y Bancario de la Circunscripción Judicial del Área Metropolitana de Caracas, para lo cual observa lo siguiente:

El encabezado del artículo 280 de la Constitución, que dispone:

"Artículo 280. La Defensoría del Pueblo tiene a su cargo la promoción, defensa y vigilancia de los derechos y garantías establecidos en esta Constitución y los tratados internacionales sobre derechos humanos, además de los intereses legítimos, colectivos y difusos, de los ciudadanos".

La norma transcrita establece desde una perspectiva general las competencias del Defensor del Pueblo: promoción, defensa y vigilancia de los derechos constitucionales, de los tratados internacionales sobre derechos humanos, de los intereses legítimos, de los derechos colectivos y de los intereses difusos del ciudadano.

Igualmente, en forma concreta el artículo 281 de la Constitución prevé las competencias del Defensor del Pueblo, que a la letra dispone:

"Artículo 281. Son atribuciones del Defensor o Defensora del Pueblo:

1. Velar por el efectivo respeto y garantía de los derechos humanos consagrados en esta Constitución y en los tratados, convenios y acuerdos internacionales sobre derechos humanos ratificados por la República, investigando de oficio o a instancia de parte las denuncias que lleguen a su conocimiento.

2. Velar por el correcto funcionamiento de los servicios públicos, amparar y proteger los derechos e intereses legítimos, colectivos y difusos de las personas, contra las arbitrariedades, desviaciones de poder y errores cometidos en la prestación de los mismos, interponiendo cuando fuere procedente las acciones necesarias para exigir al Estado el resarcimiento a los administrados de los daños y perjuicios que les sean ocasionado con motivo del funcionamiento de los servicios públicos.

3. Interponer las acciones de inconstitucionalidad, amparo, habeas corpus, habeas data y las demás acciones o recursos necesarios para ejercer las atribuciones señaladas en los ordinales anteriores, cuando fuere procedente de conformidad con la ley.

4. Instar al Fiscal o Fiscala General de la República para que intente las acciones o recursos a que hubiere lugar contra los funcionarios públicos o funcionarias públicas, responsables de la violación o menoscabo de los derechos humanos.

5. Solicitar al Consejo Moral Republicano que adopte las medidas a que hubiere lugar respecto de los funcionarios públicos o funcionarias públicas responsables por la violación o menoscabo de los derechos humanos.

6. Solicitar ante el órgano competente la aplicación de los correctivos y las sanciones a que hubiere lugar por la violación de los derechos del público consumidor y usuario, de conformidad con la ley.

7. Presentar ante los órganos legislativos nacionales, estadales o municipales, proyectos de ley u otras iniciativas para la protección progresiva de los derechos humanos.

8. Velar por los derechos de los pueblos indígenas y ejercer las acciones necesarias para su garantía y efectiva protección.

9. Visitar e inspeccionar las dependencias y establecimientos de los órganos del Estado, a fin de prevenir o proteger los derechos humanos.

10. Formular ante los órganos correspondientes las recomendaciones y observaciones necesarias para la mejor protección de los derechos humanos, para lo cual desarrollará mecanismos de comunicación permanente con órganos públicos o privados, nacionales e internacionales, de protección y defensa de los derechos humanos.

11. Promover y ejecutar políticas para la difusión y efectiva protección de los derechos humanos.

12. Las demás que establezcan la Constitución y la ley".

De los preceptos constitucionales que preceden se concluye que la labor del Defensor del Pueblo se bifurca en dos aspectos: defensa y control de los derechos humanos en protección de los intereses colectivos y difusos o excepcionalmente de un particular cuando tenga repercusión sobre todo o un segmento de la población.

La función de defensa constituye lo que la doctrina ha considerado como propias del Defensor del Pueblo, y son las que se caracterizan por realizarse a través de la *sugerencia* o *persuasión*, contenida en los cardinales 4, 5, 6, 7, 8, 9 y 10 del artículo 281 de la Constitución.

La función de control constituye una labor activa, ya que va más allá de la sugerencia y persuasión, que implica la facultad del Defensor del Pueblo para interponer: 1) acciones de inconstitucionalidad; 2) amparo constitucional; 3) *hábeas corpus*; 4) *hábeas data* y 5) demás acciones necesarias, sólo en los supuestos a que se refieren las normas constitucionales. Estas acciones pueden ser de tutela de derechos personales (individuales) e impersonales (generales).

Conforme a la doctrina de esta Sala "(…) el Defensor del Pueblo sólo puede tutelar un derecho individual cuando el derecho lesionado sea un derecho humano. De manera que, para tal fin, puede interponer por sí mismo, a nombre de un sujeto presuntamente lesionado, cualquier acción que para la defensa de tal circunstancia estime pertinente realizar,… [s]e trata de una labor activa con iniciativa propia y parcializada del Defensor del Pueblo" (subrayado de este fallo) (*vid.* sentencia número 1938/2003 del 15 de julio, caso: Mireya Alcalá Romero).

Sin embargo, en materia de revisión, la doctrina jurisprudencial de esta Sala ha establecido que "*para la interposición de la solicitud de revisión constitucional es necesario que el solicitante posea interés directo y personal en el proceso que pretende iniciar, por haber sido demandante, demandado o tercero en el juicio que dé lugar al pronunciamiento que se impugna*" (*vid.* sentencias números 2815/2002 del 14 de noviembre, caso: *Oleg Alberto Oropeza*; 2904/2004 del 13 de diciembre, caso: *Luisa Carolina Torres Márquez y otros*; 1193/2009 del 30 de septiembre de 2009, caso: *Elliot Godoy Codrington*, entre otras).

Igualmente, este órgano jurisdiccional ha sido firme en señalar que la falta de cualidad o legitimación *ad causam* es uno de los requisitos para que el sentenciador pueda resolver si el demandante tiene el derecho a lo pretendido, y el demandado la obligación que se le trata de imputar, es decir para la consecución de la justicia, "(…) *por estar estrechamente vinculada a los derechos constitucionales de acción, a la tutela judicial efectiva y defensa, materia ésta de orden público que debe ser atendida y subsanada incluso de oficio por los jueces (…)*"; por tanto, la falta de legitimación trae como consecuencia que la sentencia sea inhibitoria (*vid.* sentencias números 1930/2003 del 14 de julio; 3592/2005 del 06 de diciembre; 357/20012 del 03 de marzo, caso: *Freddy Castillo Castellamos y otros*).

Desde esta óptica jurisprudencial, la legitimación para solicitar la revisión constitucional de una determinada sentencia corresponde a quien posea un interés legítimo, personal y directo en la causa que dio origen a la misma; y siendo considerada la falta de legitimación como una causal de inadmisibilidad de conformidad con lo dispuesto en el artículo 133.3 de la Ley Orgánica del Tribunal Supremo de Justicia, se concluye que los abogados de la Defensoría del Pueblo –a pesar de las facultades constitucionales– carecen de legitimidad activa para solicitar la revisión constitucional de la sentencia dictada el 6 de julio de 2015 por el Juzgado Superior Cuarto en lo Civil, Mercantil, Tránsito y Bancario de la Circunscripción Judicial del Área Metropolitana de Caracas; por tanto, su pretensión resulta inadmisible. Así se decide.

8.   *Acción de amparo constitucional*

TSJ-SPA (162)   **18-02-2016**

Magistrado Ponente: Marco Antonio Medina Salas

Caso: Fundación de la Universidad del Zulia Dr. Jesús Enrique Lossada (FUNDALUZ) vs. Resolución N° 150 del 29-10-2014, dictada por Ministerio del Poder Popular para Ecosocialismo, Hábitat y Vivienda, hoy Ministerio del Poder Popular para Hábitat y Vivienda.

La Sala Político Administrativa reitera el criterio de la Sala Constitucional, con relación al amparo cautelar en protección de la autonomía universitaria, el cual no podrá ser formulado de manera aislada sino que, necesariamente, debe guardar relación con la transgresión de derechos constitucionales propios de ese ente a los fines de obtener protección constitucional, tales como el derecho a la educación.

A los fines de fundamentar la demanda de nulidad, la representación judicial de la Fundación de la Universidad del Zulia Dr. Jesús Enrique Lossada (FUNDALUZ) alega que el Constituyente otorgó a la autonomía universitaria el carácter de derecho fundamental, cuando la ubicó dentro del Capítulo VI del Título II de la Constitución de la República Bolivariana de Venezuela, relativos a los Derechos Culturales y Educativos y, en general, a los Derechos Humanos y Garantías. Por otra parte, afirma que la autonomía universitaria es, a su vez, un principio constitucional conforme al cual las funciones otorgadas a las Universidades puedan ser desempeñadas con absoluta independencia de los demás órganos y entes que integran la estructura organizativa del Estado, sin subordinación alguna.

Ahora bien, conforme a lo establecido en el artículo 109 de la Constitución de la República Bolivariana de Venezuela es deber del Estado reconocer la autonomía universitaria como *"principio y jerarquía"* que permite a profesores, profesoras, estudiantes, egresados y egresadas de la comunidad, dedicarse a la búsqueda de conocimientos a través de la investigación científica, humanística y tecnológica para el beneficio espiritual y material de la Nación. Igualmente, la mencionada norma constitucional otorga a las universidades autónomas la facultad de dictar sus normas de gobierno y funcionamiento, así como de administrar de manera eficiente su patrimonio bajo el control y vigilancia que a tales efectos establezca la Ley.

En este mismo sentido, el aludido artículo 109 *eiusdem* encierra dentro del concepto de autonomía universitaria la planificación, organización, elaboración y actualización de los programas de investigación, docencia extensión; y la inviolabilidad del recinto universitario.

Respecto a la posibilidad de protección constitucional de la autonomía universitaria mediante el amparo constitucional (autónomo o cautelar) es oportuno hacer alusión al criterio de la Sala Constitucional del Máximo Tribunal, establecido en la sentencia número 1395 de fecha 21 de noviembre de 2000 –ratificado por sentencia de esa misma Sala número 444 del 5 de abril de 2011 y acogido por esta Sala Político Administrativa en fallo número 2785 del 7 de diciembre de 2006–, en la cual se dispuso lo siguiente:

"(...) el objeto del amparo es la tutela judicial reforzada de los derechos y garantías constitucionales, lo cual comprende los derechos enunciados por la Constitución, algunos de los cuales se encuentran fuera de su Título III (vid., por ejemplo, los artículos 143, 260 y 317 de la Constitución), así como los consagrados en tratados internacionales sobre derechos humanos ratificados por la República, y cualquier otro que sea inherente a la persona humana.

Lo dicho no implica restringir la noción de derechos o garantías constitucionales a los derechos de las personas naturales, pues también las personas jurídicas son titulares de derechos fundamentales. Incluso las personas jurídicas de Derecho Público pueden ostentar algunos de esos derechos.

Pero lo hasta ahora expuesto sí permite concluir que entes político-territoriales como los Estados o Municipios, sólo han de acudir al amparo para defender los derechos o libertades de los que puedan ser titulares, como el derecho al debido proceso, o el derecho a la igualdad, o a la irretroactividad de la ley. En cambio, no pueden accionar en amparo para tutelar la autonomía que la Constitución les reconoce o las potestades y competencias que aquélla comporta.

La autonomía de un ente público únicamente goza de la protección del amparo cuando la Constitución la reconoce como concreción de un derecho fundamental de trasfondo, como ocurre con la autonomía universitaria respecto del derecho a la educación (artículo 109 de la Constitución).

En el caso de autos, los accionantes no invocan un derecho constitucional de los Estados que hubiese sido vulnerado, sino la autonomía que la Constitución les asegura y, particularmente, 'la garantía de la autonomía financiera que se contempla en los artículos 159, 164, ordinal 3°, 167, ordinales 4° y 6°, de la Constitución' (cursivas de la Sala).

*Sin embargo, bajo el concepto de garantía constitucional no pueden subsumirse contenidos completamente ajenos al elenco de libertades públicas constitucionalmente protegidas, como se pretende, ya que la garantía se encuentra estrechamente relacionada con el derecho. La garantía puede ser entendida como la recepción constitucional del derecho o como los mecanismos existentes para su protección. Tanto en uno como en otro sentido **la garantía es consustancial al derecho, por lo que no cabe emplear el concepto de garantía para ensanchar el ámbito tutelado por el amparo, incluyendo en el mismo toda potestad o competencia constitucionalmente garantizada. Ello conduciría a una desnaturalización del amparo, que perdería su especificidad y devendría en un medio de protección de toda la Constitución.***

En consecuencia, el amparo interpuesto debe ser declarado –in limine litis– improcedente, y así se decide.

Sobre la base de lo establecido por la Sala Constitucional del Tribunal Supremo de Justicia en el fallo parcialmente transcrito, se desprende que la denuncia planteada por parte de la Fundación de la Universidad del Zulia Dr. Jesús Enrique Lossada (FUNDALUZ) acerca de la violación de la autonomía universitaria, no puede ser formulada de manera aislada sino que, necesariamente, debe guardar relación con la transgresión de derechos constitucionales propios de ese ente a los fines de obtener protección constitucional.

Bajo esta premisa, de la revisión de las actas del expediente (folios 1 al 24 vto.) se evidencia que al desarrollar su alegato de violación a la autonomía universitaria, la representación judicial de la parte demandante hace referencia a la transgresión de los derechos a administrar el patrimonio universitario y a la educación, así como el derecho a crear conocimientos fomentando la investigación, la educación, la docencia y la extensión, *"formando y creando año tras año nuevos profesionales en sus diversas facultades"*.

TSJ-SPA (162)   **18-02-2016**

Magistrado Ponente: Marco Antonio Medina Salas

Caso: Fundación de la Universidad del Zulia (FUNDALUZ) vs. Resolución N° 150 del 29-10-2014, dictada por el entonces Ministerio del Poder Popular para Ecosocialismo, Hábitat y Vivienda, hoy Ministerio del Poder Popular para Hábitat y Vivienda.

La Sala Político Administrativa indica que no es posible presumir en etapa cautelar la violación del derecho del ente accionante a administrar el patrimonio universitario, en el caso en marras, con especial atención a la naturaleza extraordinaria de las medidas contenidas en el acto administrativo impugnado, en el marco del Decreto con Rango, Valor y Fuerza de Ley Orgánica de Emergencia para Terrenos y Vivienda.

Según afirma la representación judicial de la Fundación de la Universidad del Zulia Dr. Jesús Enrique Lossada (FUNDALUZ) las áreas propiedad de su mandante afectadas por la Resolución número 150 del 29 de octubre de 2014, dictada por el Ministro del Poder Popular para Ecosocialismo, Hábitat y Vivienda, fueron declaradas de utilidad pública a los fines de otorgarle a la Universidad del Zulia la capacidad de expansión, desarrollo y crecimiento para el cumplimiento de su misión social; terrenos que, a su decir, no pueden ser desafectados sin ningún tipo de procedimiento previo.

Indica, que la "Ocupación de Urgencia" sobre el inmueble de su mandante sin autorización de la Universidad significaría la "*mutilación*" del recinto universitario, entendido como el espacio delimitado previamente para la realización de funciones docentes, de investigación, académicas, de extensión o administrativas de la institución; así como la limitación de su derecho a administrar los bienes de su patrimonio.

Al respecto, a los folios 29 al 34 del expediente la Sala observa la copia certificada de un documento inscrito ante la Oficina Subalterna del Primer Circuito de Registro del Municipio Maracaibo del Estado Zulia en fecha 1° de agosto de 1995, bajo el número 16, Tomo 13, Protocolo 1°, mediante el cual la Universidad del Zulia dio en donación a la Fundación de la Universidad del Zulia Dr. Jesús Enrique Lossada (FUNDALUZ) dos extensiones de terreno.

(…)

Del mencionado instrumento también se evidencia que la aludida donación fue sometida a una serie de condiciones, entre las que se encuentran las siguientes: 1) que la Fundación demandante destinara los terrenos donados a la promoción, desarrollo y construcción de zonas rentales dentro de los quince (15) años siguientes a la protocolización del documento, siendo que en caso contrario "*los lotes de terreno que no cumplan con su objetivo pasarán a ser nuevamente propiedad de la Universidad del Zulia*"; y 2) la obligación de presentar los proyectos a desarrollar en el sitio, para su aprobación por el Consejo Universitario de esa casa de estudio.

Sobre la base de lo expuesto, en esta etapa del proceso la Sala observa que en la fundamentación de la demanda de nulidad y de la petición cautelar de amparo, la representación judicial no hizo referencia a la existencia de alguna construcción en el terreno supuestamente afectado por el acto administrativo impugnado, ni al eventual uso actual del terreno, sea para los fines señalados en la mencionada donación, o relacionados con actividades académicas o administrativas de la Fundación accionante o de la Universidad del Zulia.

Por el contrario, de las fotografías consignadas en autos por la parte accionante, tomadas con motivo de la inspección judicial realizada a petición de la actora por el Juzgado Décimo de Municipio Ordinario y Ejecutor de Medidas de los Municipios Maracaibo, Jesús Enrique Lossada y San Francisco de la Circunscripción Judicial del Estado Zulia (folios 25 al 54) destaca la ausencia de edificaciones o instalaciones en el *LOTE "A"* de las áreas rentales de la Universidad del Zulia, objeto de la inspección.

En este orden de ideas, la Sala evidencia que el Ministro del Poder Popular para Ecosocialismo, Hábitat y Vivienda dictó el acto administrativo recurrido –Resolución número 151 del 29 de octubre de 2014– invocando, entre otros fundamentos de derecho, las disposiciones contenidas en el Decreto con Rango, Valor y Fuerza de Ley Orgánica de Emergencia para Terrenos y Vivienda, cuyo artículo 1° dispone como su objeto el establecimiento de un conjunto de *mecanismos extraordinarios* para hacer frente con éxito y rapidez a la crisis habitacional que afecta a la población venezolana.

Igualmente, en los "Considerandos" del referido acto la afectación de terrenos se justifica en la necesidad de ejecutar proyectos habitacionales de Desarrollo Endógeno, con la construcción de urbanizaciones obreras y viviendas de interés social acordes con las políticas y planes del Gobierno Bolivariano.

Respecto a este último particular, de la inspección judicial antes nombrada -practicada por el Juzgado Décimo de Municipio Ordinario y Ejecutor de Medidas de los Municipios Maracaibo, Jesús Enrique Lossada y San Francisco de la Circunscripción Judicial del Estado Zulia- se evidencia lo señalado por el ciudadano Carlos José Narváez Peralta, quien se identificó como "*Ingeniero gerente técnico de la obra*", respecto a que los trabajos en el terreno argüido por la parte actora "*se están realizando por cuenta de Misión Vivienda a solicitud del Comité de Vivienda de la Universidad del Zulia, para la construcción de viviendas para los trabajadores de* [esa casa de estudio]".

Adicionalmente, en las copias certificadas del antes mencionado contrato de donación de terrenos celebrado entre la Universidad del Zulia y la Fundación demandante, consta una nota marginal donde se indica que la accionante vendió "*a la Asociación Civil Obreros de L.U.Z. parte de este inmueble 2.37 Has. Del lote C*" (folios 29 al 34).

En razón de las consideraciones antes expuestas, visto que las decisiones contenidas en el acto administrativo impugnado se fundamentan en la adopción de medidas extraordinarias para garantizar el acceso a una vivienda digna a los ciudadanos y las ciudadanas en el marco de lo dispuesto en el Decreto con Rango, Valor y Fuerza de Ley Orgánica de Emergencia para Terrenos y Vivienda, y que las mismas, eventualmente, podrían estar dirigidas a trabajadores y trabajadoras de la referida casa de estudio, a juicio de la Sala no es posible presumir en esta etapa cautelar la violación del derecho del ente accionante a administrar el patrimonio universitario, así como el derecho a crear conocimientos fomentando la investigación, la educación, la docencia y la extensión. Así se decide.

Comentarios Jurisprudenciales

Comentario general.

LA ASAMBLEA NACIONAL SEGÚN EL TRIBUNAL SUPREMO DE JUSTICIA, LUEGO DE LAS ELECCIONES PARLAMENTARIAS DEL AÑO 2015

Gabriel Sira Santana
Abogado Summa Cum Laude
Universidad Central de Venezuela

Resumen: *La colaboración repasa las decisiones tomadas por la Sala Constitucional y la Sala Electoral del Tribunal Supremo de Justicia durante el primer semestre del año 2016 mediante las cuales, producto de los resultados de las elecciones parlamentarias del 06-12-2015, se ha desconocido a la Asamblea Nacional y los actos que de ella provienen.*

Abstract: *This paper reviews the decisions made by the Constitutional Chamber and the Electoral Chamber of the Supreme Court during the first half of 2016 by which, as a result of the parliamentary elections on 12-06-2015, the National Assembly and its acts has been unknown.*

Palabras claves: *Asamblea Nacional, Sala Constitucional, Sala Electoral.*

Key words: *National Assembly, Constitutional Chamber, Electoral Chamber.*

El 06-12-2015 la oposición venezolana, por primera vez desde la consagración de la Asamblea Nacional (en lo sucesivo, AN) en la Constitución de 1999[1] (en lo sucesivo, CRBV), logró alzarse con la mayoría parlamentaria absoluta –consistente en el 50% más uno de los diputados– y calificada, tanto por las tres quintas como por las dos terceras partes[2].

En virtud de esta mayoría, la oposición, a partir del martes 05-01-2016[3], contaría con el poder[4] suficiente para –entre otros– sancionar leyes ordinarias y orgánicas, decretar amnistías, aprobar los estados de excepción y sus prórrogas, aprobar enmiendas a la Constitución, y

---

[1]   Publicada en Gaceta Oficial N° 36.860 del 30-12-1999. Reimpresa en N° 5.453 Extraordinario del 24-03-2000. Enmendada en N° 5.908 Extraordinario del 19-02-2009.

[2]   CNE (2015, 6 de diciembre). *Divulgación elecciones parlamentarias.* Disponible en http://goo.gl/RjEmaj [consultado: 30-06-2016].

[3]   Conforme al encabezado del artículo 219 de la CRBV, "[e]l primer período de las sesiones ordinarias de la Asamblea Nacional comenzará, sin convocatoria previa, el cinco de enero de cada año o el día posterior más inmediato posible y durará hasta el quince de agosto".

[4]   Entendido como el "[t]ener expedita la facultad o potencia de hacer algo", según la primera acepción del Diccionario de la Real Academia Española.

dar votos de censura a Ministros[5]. Todo ello, claro está, atendiendo a los principios democráticos y de respeto a las minorías a fin de evitar la llamada *tiranía de la mayoría*[6].

Sin embargo, este poder se ha visto diezmado por un conjunto de decisiones de la Sala Constitucional y la Sala Electoral del Tribunal Supremo de Justicia (en lo sucesivo, SC/TSJ y SE/TSJ respectivamente) por medio de las cuales se ha emprendido una reducción sistemática de las atribuciones de la AN que, en la mayoría de los casos, se ha fundamentado en una viciada interpretación del principio de colaboración que rige el ejercicio del Poder Público según el único aparte del artículo 136 constitucional[7].

Motivado a lo anterior, se considera propicia la ocasión para dar a conocer de forma esquemática cuáles han sido estos fallos, así como los principales argumentos proferidos por las Salas y las decisiones que se adoptaron en cada uno de ellos.

Por motivos de espacio, lejos de presentar un análisis exhaustivo de los mismos, nuestra finalidad será brindar una visión general –*the pic picture*, si se quiere– de cómo se ha materializado este conflicto que no consideramos una *guerra de poderes*, como se ha catalogado en los medios, sino, más bien, una afrenta del TSJ al ordenamiento jurídico nacional al pretender este modificar la letra, alcance y contenido de las disposiciones constitucionales y legales que, para mayor ironía, dice garantizar.

I.   LA DESIGNACIÓN DE LOS MAGISTRADOS DEL TSJ

El despojo de las competencias a la nueva AN empezó, incluso, con anterioridad a que diera inició su primer período de sesiones.

Así, el 22-12-2015[8] –el penúltimo día antes de que empezaran las vacaciones judiciales que durarían hasta el 6 de enero, día posterior al que la AN se instauraría– la SC/TSJ admitió y decidió una solicitud de interpretación del artículo 220 de la CRBV[9] presentada por Diosdado Cabello, Presidente de la Asamblea para ese entonces.

Tal solicitud se basó en el hecho que, visto que el 15 de diciembre había terminado el segundo período de sesiones de la AN conforme al único aparte del artículo 219 de la CRBV, se quería evitar "cualquier tipo de confusiones" respecto a las atribuciones que la Asamblea podía ejercer en las sesiones extraordinarias previstas en el artículo a interpretar, "dada la particularidad del presente caso"[10].

---

[5]   Véanse sobre las competencias de la AN los artículos 73, 150, 154, 157, 187, 193, 203, 234, 240, 265, 279, 296, 338, 339, 341, 343 y 348 de la CRBV.

[6]   Véase al respecto Alexis De Tocqueville. *La democracia en América*, Trotta, Madrid, 2010.

[7]   Indica el aparte que "[c]ada una de las ramas del Poder Público tiene sus funciones propias, pero los órganos a los que incumbe su ejercicio colaborarán entre sí en la realización de los fines del Estado".

[8]   Fallo N° 1758 del 22-12-2015. Disponible en http://goo.gl/BeqbQ0 [consultado: 30-06-2016].

[9]   El artículo indica que: "[l]a Asamblea Nacional se reunirá en sesiones extraordinarias para tratar las materias expresadas en la convocatoria y las que les fueren conexas. También podrá considerar las que fueren declaradas de urgencia por la mayoría de sus integrantes".

[10] Nótese que esta no es la primera vez que una Asamblea saliente tomó, en sesión extraordinaria, una decisión de dudosa legalidad: el 17-12-2010, previendo que para el período 2011-2016 el oficialismo no contaría con una mayoría de tres quintos, la AN procedió a dictar en sesión extraordinaria la Ley que autoriza al Presidente de la República para dictar Decretos con Rango, Valor y

La respuesta de la SC/TSJ no fue otra sino afirmar que "la Asamblea Nacional no se encuentra impedida Constitucionalmente para convocar sesiones extraordinarias una vez finalizado el segundo periodo decisiones [*sic*] ordinarias del último año de su respectivo ciclo constitucional", y que "el alcance de las materias que pudieran ser tratadas (…) está determinado por todas las expresadas en la convocatoria y las que fueren declaradas de urgencia por la mayoría de sus integrantes, así como también las que les fueren conexas, dentro del ámbito de todas las atribuciones que el orden constitucional y jurídico en general le asigna".

Amparados bajo esta decisión, la AN saliente convocó a dos sesiones extraordinarias el día 23 de diciembre (una a las 9 am y otra a la 1 pm[11]) –en adición a las dos que se habían celebrado el día 22 del mismo mes a las 4 y 8 pm[12]– que concluyeron, entre otros, con la designación de 13 magistrados principales y 21 suplentes del TSJ[13].

Si bien un análisis a profundidad de esta situación rebasaría el objeto de esta colaboración[14], no cabe duda que el actuar de la SC/TSJ ya daba atisbos de lo que serían los meses por venir.

II. LA DESINCORPORACIÓN DE LOS DIPUTADOS DEL ESTADO AMAZONAS

La SC/TSJ no sería la única que atentaría contra la nueva Asamblea, pues la SE/TSJ, el 30-12-2015, admitió siete recursos contencioso electorales contra las elecciones del 6D en seis circuitos electorales específicos y el estado Amazonas en pleno. Ello, a pesar de que esta Sala no daba despacho desde el 11 de diciembre y se encontraría en receso navideño a partir del 23 de ese mes, día en el cual anunció que "[s]e informa al público en general que esta Sala Electoral dará despacho los días lunes 28, martes 29 y miércoles 30 de diciembre de 2015"[15].

En los primeros seis casos[16] el recurso fue interpuesto el 28-12-2015 –es decir, tan solo dos días antes de ser admitido[17]– junto a solicitudes de suspensión de efectos que fueron

---

Fuerza de Ley en las materias que se delegan, publicada en Gaceta Oficial N° 6.009 Extraordinario del 17-12-2010, que tuvo una duración de 18 meses. Véase sobre los decretos leyes dictados con ocasión de esta habilitante Antonio Silva Aranguren y Gabriel Sira: "Decretos-Leyes dictados por el Presidente de la República, con base en Ley Habilitante, en el período 2010-2012". *Revista de Derecho Público* N° 130, Editorial Jurídica Venezolana, Caracas 2012, pp. 24-50.

11 Asamblea Nacional (2015, 22 de enero). *Asamblea Nacional convoca sesión extraordinaria.* Disponible en http://goo.gl/tBbzUv [consultado: 30-06-2016].

12 Asamblea Nacional (2015, 21 de enero). *Asamblea Nacional convoca a sesión extraordinaria para este martes.* Disponible en http://goo.gl/eFJviS [consultado: 30-06-2016].

13 El acuerdo respectivo fue publicado en Gaceta Oficial N° 40.816 del 23-12-2015 y se corrigió mediante acuerdo publicado en la N° 40.818 del 29-12-2015.

14 Para una mejor comprensión del tema y sus implicaciones léase el comunicado del 30-12-2015 signado por el Grupo de Profesores de Derecho Público Venezolano, disponible en http://goo.gl/6r8CNs [consultado: 30-06-2016].

15 La nota por secretaría puede leerse en la página oficial del TSJ: http://goo.gl/MOqqqk [consultado: 30-06-2016].

16 Fallos N° 254 al 259 del 30-12-2015 referidos a la circunscripción electoral 1 de Amazonas, 2 de Yaracuy, la región indígena sur y las circunscripciones electorales 2, 3 y 4 de Aragua, respectivamente. Disponibles en http://goo.gl/HEXNb2, http://goo.gl/CTp5lF, http://goo.gl/qFApGp, http://goo.gl/lJr5Fv, http://goo.gl/ywG1B9 y http://goo.gl/a8wgs6, respectivamente [consultado: 30-06-2016].

declaradas improcedentes por la Sala ya que estas eran "simples alegatos genéricos sin una argumentación fáctico-jurídica consistente", que "no se acompañó de prueba", que el solicitante "no especificó en qué consistirían esos daños inminentes o cómo esa situación afectaría sus derechos, o dejaría ilusorio o ineficaz un eventual fallo favorable a su pretensión", o que "los alegatos (…) son elementos constitutivos del escrito recursivo, lo que mal podría hacerse un pronunciamiento anticipado a la definitiva, de allí que de acordarse la medida en base a los argumentos expuestos, se le estaría dando a la misma un efecto constitutivo y norestablecedor [*sic*]".

Por su parte, el recurso contra las elecciones en Amazonas fue interpuesto el 29-12-2015 junto a una solicitud de amparo cautelar, en adición a la suspensión de efectos. Este amparo fue declarado procedente y la Sala ordenó "de forma provisional e inmediata la suspensión de efectos de los actos de totalización, adjudicación y proclamación emanados de los órganos subordinados del Consejo Nacional Electoral respecto de los candidatos electos (…) en el estado Amazonas"[18].

Orden que, al ser *desobedecida* por la AN[19], dio lugar a una nueva decisión de la SE/TSJ en la cual se declaró **"PROCEDENTE EL DESACATO"** y se ordenó "dejar sin efecto la referida juramentación y en consecuencia proceda con **LA DESINCORPORACIÓN** inmediata" de los diputados de Amazonas, siendo **"NULOS ABSOLUTAMENTE** los actos de la Asamblea Nacional que se hayan dictado o se dictaren, mientras se mantenga la incorporación de los ciudadanos sujetos de la decisión N° 260 del 30 de diciembre de 2015 y del presente fallo"[20] (destacado del original).

Como indicamos al inicio, no es nuestra intención hacer un análisis de estos fallos. Sin embargo, creemos oportuno el espacio para efectuar tres precisiones al respecto[21]:

1. La decisión se basó en el "hecho notorio comunicacional" de una grabación difundida por diferentes medios de comunicación –en su mayoría pertenecientes al Sistema Bolivariano de Comunicación e Información– en la que se oye a una supuesta secretaria de la Gobernación del estado Amazonas discutir sobre la compra de votos, pero, lo cierto del caso, es que ello se trata de una prueba ilícita que atenta contra el artículo 48 de la CRBV[22] y que de modo alguno demuestra que ocurrió un fraude; por lo que la Sala habría de haber llegado a la misma conclusión que en las cautelares negadas en los casos anteriores ya que la solicitud "no se acompañó de prueba".

---

17 Como curiosidad podemos señalar que el pasado 13 de abril la SE/TSJ admitió un recurso contencioso electoral interpuesto el 05-08-2015. Es decir, que tardó ocho meses para tal admisión contra menos de dos días en los casos de los diputados a la AN.

18 Fallo N° 260 del 30-12-2015. Disponible en http://goo.gl/uhvGOu [consultado: 30-06-2016].

19 El Nacional (2016, 7 de enero). *AN juramentó a diputados de Amazonas y revisará irregularidades de magistrados*. Disponible en http://goo.gl/tVtLhL [consultado: 30-06-2016].

20 Fallo N° 1 del 11-01-2016. Disponible en http://goo.gl/FYWFzd [consultado: 30-06-2016].

21 Para mayor profundidad véase Allan Brewer-Carías: *El irresponsable intento de "golpe judicial" electoral, y la necesaria revocación inmediata de la inconstitucional "designación" de los magistrados de la Sala Electoral efectuada por la Asamblea moribunda*. Disponible en http://goo.gl/go AcHN [consultado: 30-06-2016].

22 La letra del artículo señala que "[s]e garantiza el secreto e inviolabilidad de las comunicaciones privadas en todas sus formas. No podrán ser interferidas sino por orden de un tribunal competente, con el cumplimiento de las disposiciones legales y preservándose el secreto de lo privado que no guarde relación con el correspondiente proceso".

2.   Al dispositivo del fallo ordenar la suspensión de efectos de unos actos que ya se materialización –como lo son la totalización, adjudicación y proclamación[23]– el mismo era inejecutable y atentaba contra la naturaleza preventiva de tal suspensión.

Por este motivo, tampoco era posible que existiese desacato pues, simplemente, la decisión no se compaginaba con el ordenamiento jurídico vigente a pesar de que la Sala indicase que la Asamblea "debe seguir no solo las pautas que la propia Constitución prevé, sino también acatar las disposiciones y decisiones que el resto de los poderes del Estado dicten o sancionen en función de sus propias atribuciones constitucionales y legales"[24].

3.   La SE/TSJ afirmó que de no desincorporarse los diputados de Amazonas, estos estarían incurriendo en usurpación de autoridad y, por ende, declaró que "resultan inexistentes" las decisiones –pasadas, presentes y futuras– que dictase la AN. Para arribar a tal decisión, la Sala citó el artículo 138 de la CRBV según el cual "[t]oda autoridad usurpada es ineficaz y sus actos son nulos".

Nos preguntamos: con base en este argumento, ¿no resultaría inexiste esta decisión de la SE/TSJ considerando que según la CRBV, corresponde a la SC/TSJ el "[d]eclarar la nulidad total o parcial de las leyes nacionales y demás actos con rango de ley de la AN, que colidan con esta Constitución"? ¿no estaría la SE/TSJ usurpando una autoridad al reprender, a su vez, la supuesta usurpación de la AN, no solo al asumir una atribución de la SC/TSJ sino también de la Asamblea por ser a esta última a quien corresponde "calificar a sus integrantes" según el numeral 20 del artículo 187 de la CRBV?

Finalmente, en cuanto a estos recursos, podemos señalar que en febrero de 2016 la SE/TSJ declaró inadmisibles las recusaciones presentadas por la oposición en contra de los magistrados Indira Maira Alfonzo Izaguirre[25] y Christian Tyrone Zerpa[26] dado que, en criterio de la Sala, como ambos habían presentado declaración jurada de renuncia a cualquier militancia política partidista o de grupo electores antes de su postulación como miembro del TSJ, no procedía la recusación[27].

Todo este actuar por parte de la SE/TSJ contó con el aval posterior de la SC/TSJ pues, al conocer de una solicitud de declaratoria de omisión inconstitucional por parte de la AN presentada por la Procuraduría General de la República el 12-01-2016[28], la misma señaló que

---

[23]   Conforme a la Ley Orgánica de Procesos Electorales, publicada en Gaceta Oficial N° 5.928 Extraordinario del 12-08-2009, estos actos ocurren de forma consecutiva una vez se llevó a cabo el acto de votación.

[24]   Curiosamente, del actuar del "resto de los poderes del Estado" parece desprenderse que tal deber no es recíproco, visto que ellos pueden desconocer abiertamente "las disposiciones y decisiones" del Poder Legislativo, "en función de sus propias atribuciones constitucionales y legales".

[25]   Fallos N° AVP001 al AVP006 del 15-02-2016. Disponibles en http://goo.gl/ZfQhzj, http://goo.gl /F24Lk2, http://goo.gl/G2eh7v, http://goo.gl/cFQ2PE, http://goo.gl/2BgWXm y http://goo.gl/Os2 VrE, respectivamente [consultado: 30-06-2016].

[26]   Fallos N° AP001 al AP006 del 22-02-2016. Disponibles en http://goo.gl/kcHIeE, http://goo.gl/ WMXVtV, http://goo.gl/I71egW, http://goo.gl/a13LjP, http://goo.gl/fhlJPw y http://goo.gl/zia1k8, respectivamente [consultado: 30-06-2016].

[27]   Nótese que el magistrado Christian Tyrone Zerpa fue diputado por el partido de gobierno hasta el 23-12-2015 (siete días antes del fallo de admisión de los recursos), fecha en la que fue designado magistrado de esta Sala.

[28]   En criterio de la Procuraduría, hasta tanto la AN no cumpliera con la desincorporación ordenada por la SE/TSJ, ella no podía dictar actos válidos y, en consecuencia, el Presidente de la República no podía rendirle cuentas dado que "estaría validando actos que han sido declarados como absolutamente nulos por el Poder Judicial".

la omisión "que incapacita al Poder Legislativo para ejercer sus atribuciones constitucionales de control político de gestión" cesó cuando la Asamblea Nacional había desincorporado a los diputados de Amazonas.

En tal sentido, ya no había impedimento para que el Presidente de la República pudiese "dar cuenta ante el Poder Legislativo de los aspectos políticos, económicos, sociales y administrativos de su gestión durante el año 2015, tal como lo ordena el artículo 237 del Texto Fundamental"[29].

III. EL CONTROL POLÍTICO SOBRE EL DECRETO DE ESTADO DE EMERGENCIA ECONÓMICA (Y LOS ESTADOS DE EXCEPCIÓN EN GENERAL)

Producto de la decisión de la SC/TSJ comentada en el acápite anterior, el 15-01-2016 el Presidente de la República acudió a la AN para presentar su memoria y cuenta[30] y, adicionalmente, entregar a la directiva el decreto mediante el cual se declaró la emergencia económica en el territorio nacional[31].

En la sesión, donde se encontraba presente la Presidenta del TSJ –Gladys Gutiérrez–, el Presidente de la AN, Henry Ramos Allup, señaló que "hay dos interpretaciones. Hay una (…) restrictiva según la cual hay que hacer una sesión en 48 horas y despachar el asunto en 48 horas, otros dicen que son 8 días, ¿8 días?" preguntó a los diputados del oficialismo que manifestaron su aprobación para concluir diciendo "anuente. Contamos entonces (…) con 8 días para discutir el decreto a fondo (…) ha quedado constancia pues que la anuencia es que todos pensamos que son 8 días que es lo mejor para discutir más"[32].

El 20-01-2016 la SC/TSJ, en ejercicio del control jurídico previsto en el artículo 339 de la CRBV[33], declaró la constitucionalidad del decreto ya que, en su criterio, este era "proporcional, pertinente, útil y necesario para el ejercicio y desarrollo integral del derecho constitu-

---

29   Fallo N° 3 del 14-01-2016. Disponible en http://goo.gl/Hv61Ne [consultado: 30-06-2016].

30   El Nacional (2016, 15 de enero). *Lo que debes saber sobre la Memoria y Cuenta 2015 de Nicolás Maduro*. Disponible en http://goo.gl/v1zkrV [consultado: 30-06-2016].

31   Publicado en Gaceta Oficial N° 6.214 Extraordinario del 14-01-2016. Según su artículo 1, la finalidad de este decreto era "que el Ejecutivo disponga de la atribución para adoptar las medidas oportunas que permitan atender eficazmente la situación excepcional, extraordinaria y coyuntural por la cual atraviesa la economía venezolana y que permita asegurar a la población el disfrute pleno de sus derechos y el libre acceso a bienes y servicios fundamentales e igualmente, mitigar los efectos de la inflación inducida, de la especulación, del valor ficticio de la divisa, el sabotaje a los sistemas de distribución de bienes y servicios, así como también contrarrestar las consecuencias de la guerra de los precios petroleros, que ha logrado germinar al calor de la volátil situación geopolítica internacional actual, generando una grave crisis económica".

32   La declaración se encuentra disponible en https://goo.gl/Ryzs5L, desde el minuto 12:37 [consultado: 30-06-2016].

33   Indica la norma que "[e]l Decreto que declare el estado de excepción, en el cual se regulará el ejercicio del derecho cuya garantía se restringe, será presentado, dentro de los ocho días siguientes de haberse dictado, a la Asamblea Nacional, o a la Comisión Delegada, para su consideración y aprobación, y a la Sala Constitucional del Tribunal Supremo de Justicia, para que se pronuncie sobre su constitucionalidad (…)".

cional a la protección social por parte del Estado, ineludibles para la construcción de una sociedad justa y amante de la paz, y para la promoción de la prosperidad y bienestar del pueblo"[34].

No obstante, dado que el 22-01-2016 la AN procedió a improbar el decreto[35] en ejercicio del control político previsto en el artículo 339 ya citado –por lo que habrían de cesar sus efectos– diversos *representantes* de consejos comunales y comunas presentaron el 03-02-2016, ante la SC/TSJ, una solicitud para que esta "se pronuncie en sentencia interpretativa sobre el alcance, particulares y consecuencias del artículo 339 en concatenación con el artículo 136 de la Constitución de la República Bolivariana de Venezuela, además de los artículos 27 y 34 [*rectius*: 33] de la Ley Orgánica sobre los [*sic*] Estados de Excepción". Solicitud que dio pie para que una semana después la Sala declarase que "[e]l control político de la Asamblea Nacional sobre los decretos que declaran estados de excepción no afecta la legitimidad, validez, vigencia y eficacia jurídica de los mismos"[36], y, en consecuencia, a pesar de lo decidido por la AN, el decreto dictado por el Presidente de la República seguiría vigente.

Aunado a lo anterior, la SC/TSJ determinó que la AN únicamente podía revocar la prórroga del decreto –estando tal atribución sometida al control posterior de la Sala por ser un acto en ejecución directa de la CRBV–, que el plazo para decidir era de 48 horas y no 8 días –salvo que se acordarse una prórroga– y que era inconstitucional el artículo 33 de la Ley Orgánica sobre Estados de Excepción[37], motivo por el cual acordó su desaplicación por control difuso y ordenó abrir un expediente para conocer de oficio la nulidad.

Estas decisiones se basaron en tres argumentos bastante precarios de la SC/TSJ por medio de los cuales se pretendió vaciar de contenido los vocablos "consideración y aprobación" empleados por el Constituyente:

1. Ni la Constitución de 1961[38] ni la CRBV "se refieren de forma expresa a su eventual desaprobación" por parte del Poder Legislativo, debido a que tal aprobación o desaprobación "lo afecta desde la perspectiva del control político y, por ende, lo condiciona políticamente, pero no desde la perspectiva jurídico-constitucional".

2. Al control de la AN no causar responsabilidad disciplinaria y el de la SC/TSJ sí, ha de entenderse que "el propio legislador reconoció las limitaciones propias del control político" y, en consecuencia, el control jurídico es el único que "resulta insoslayable por su contenido, naturaleza y alcance".

---

34   Fallo N° 4 del 20-01-2016. Disponible en http://goo.gl/B81o3T [consultado: 30-06-2016]. Es oportuno destacar que, al igual que como ocurrió con los decretos del estado de excepción en la frontera, la Sala no hizo un verdadero análisis sobre la constitucionalidad del decreto sino que se limitó a transcribir su contenido y la base legal invocada, así como citar algunas noticias que hacían referencia a la situación económica nacional y que justificaban la medida. Véase sobre los decretos en la frontera Antonio Silva Aranguren: "El Tribunal Supremo de Justicia y los decretos de estado de excepción de 2015: ningún control y numerosos excesos". *Revista de Derecho Público*. N° 143-144. Caracas. Editorial Jurídica Venezolana, 2015, pp. 109-118.

35   Asamblea Nacional (2016, 22 de enero). *AN desaprueba decreto 2184 sobre emergencia económica*. Disponible en http://goo.gl/QZJisv [consultado: 30-06-2016].

36   Fallo N° 7 del 11-02-2016. Disponible en http://goo.gl/RSfkwu [consultado: 30-06-2016].

37   Publicada en *Gaceta Oficial* N° 37.261 del 15-08-2001.

38   Publicada en *Gaceta Oficial* N° 662 Extraordinario del 23-01-1961. Primera enmienda en N° 1.585 Extraordinario del 11-05-1973. Segunda enmienda en N° 3.251 Extraordinario del 12-09-1983. Reimpresa en N° 3.357 Extraordinario del 02-03-1984.

3. El control político es "relativo" y "está sometido al control constitucional, que además de ser un control jurídico y rígido, es absoluto y vinculante", por lo cual ha de imperar la voluntad de quien ejerza este último.

En nuestro criterio, no hay lugar a dudas que el control político es vinculante por las implicaciones que los estados de excepción pueden tener sobre los derechos y garantías de los particulares, aunado al hecho que el Presidente de la República, mientras dura el mismo, asume funciones propias del Poder Legislativo[39].

Sin embargo, por medio del fallo reseñado, la SC/TSJ no solo convirtió a este acuerdo de la AN en un pronunciamiento sin efecto jurídico alguno que nada controla –similar a los que tantas veces se ven en la Gaceta Oficial respaldando o rechazando hechos del acontecer nacional e internacional– sino que fue incluso más allá y desaplicó la norma según la cual "[l]a Sala Constitucional del Tribunal Supremo de Justicia omitirá todo pronunciamiento, si la Asamblea Nacional o la Comisión Delegada desaprobare el decreto de estado de excepción o denegare su prórroga, declarando extinguida la instancia" ya que, según ella, ese supuesto contrariaba a la CRBV[40].

---

[39]   Véase al respecto, Daniel Zovatto Garetto: *Los estados de excepción y los derechos humanos en América Latina.* Editorial Jurídica Venezolana e Instituto Interamericano de Derechos Humanos, Caracas-San José 1990; Gabriel Sira Santana: "La restricción de garantías y el estado de excepción en la frontera colombo-venezolana". *Revista de Derecho Público* N° 143-144. Editorial Jurídica Venezolana, Caracas 2015, pp. 51-77; y Allan Brewer-Carías: *La ruina de la democracia.* Editorial Jurídica Venezolana, Caracas, 2015, p. 395. Para este último, "[s]i la esencia de la garantía constitucional es la reserva legal para su limitación y reglamentación; restringida la garantía constitucional, ello implica la reducción del monopolio del legislador para regular o limitar los derechos, y la consecuente ampliación de los poderes del Ejecutivo Nacional para regular y limitar, por vía de Decreto, dichas garantías constitucionales".

[40]   Este artículo (el 33 de la Ley Orgánica sobre Estados de Excepción) recoge lo previsto en la exposición de motivos del texto constitucional según la cual "se prevé la intervención de los tres Poderes clásicos en la declaración de los estados de excepción: en virtud de la urgencia que los caracteriza, se faculta al Presidente de la República, en Consejo de Ministros, para dictar el Decreto respectivo, pero se prescribe su remisión a la Asamblea Nacional, la cual, como instancia deliberante y representativa por excelencia de la soberanía popular, puede revocarlo si estima que las circunstancias invocadas no justifican la declaración de un estado de excepción o si considera que las medidas previstas para hacerle frente son excesivas. Si la Asamblea Nacional se encuentra en receso al dictarse el decreto correspondiente, éste debe ser remitido a la Comisión Delegada, la cual ejercerá las facultades respectivas" y que "[a] lo anterior se suma un control judicial automático atribuido a la Sala Constitucional del Tribunal Supremo de Justicia, la cual habrá de pronunciarse sobre la constitucionalidad o no del estado de excepción y de lo establecido en el decreto que lo declaró, a menos que la Asamblea Nacional, o la Comisión Delegada, haya revocado previamente ese decreto". Resulta oportuno recordar que en el pasado la SC/TSJ ha indicado que tal exposición "constituye un documento independiente al Texto Constitucional propiamente dicho y, no siendo parte integrante de la Constitución, no posee carácter normativo", por lo que su contenido puede ser consultado "sólo a título referencial e ilustrativo para el análisis de la norma constitucional", puesto que "constituye simplemente una expresión de la intención subjetiva del Constituyente, y tiene el único fin de complementar al lector de la norma constitucional en la comprensión de la misma". Véase fallo N° 93/2001 disponible en http://goo.gl/FQXtcJ [consultado: 30-06-2016]. Nótese que la SC/TSJ en este caso obvió cualquier mención a la exposición de motivos, pero en los casos siguientes contra la Asamblea Nacional buena parte de su motivación consistió en citar lo en ella expuesto.

En cualquier caso, el decreto mantuvo su vigencia y el 17-03-2016 dio lugar a un nuevo fallo de la SC/TSJ en el que se declaró la constitucionalidad de su prórroga[41], pues persistían las circunstancias que motivaron su declaratoria original.

En esta oportunidad la SC/TSJ ignoró por completo el acuerdo de la AN que desaprobó la solicitud de prórroga[42], pero trajo a colación otro acuerdo publicado por esta última en Gaceta Oficial, donde declaraba la "crisis humanitaria e inexistencia de seguridad alimentaria de la población venezolana"[43], como justificativo de la constitucionalidad de la medida.

Así la Sala zanjó el asunto no sin antes recordar que "de conformidad con lo dispuesto en los artículos 334 y 335 de la Constitución, le corresponde garantizar la supremacía y efectividad de las normas y principios fundamentales, en su condición de máxima y última intérprete de la Constitución. En consecuencia, sus decisiones sobre dichas normas y principios son estrictamente vinculantes en función de asegurar la protección y efectiva vigencia de la Carta Fundamental".

Basta leer el contenido de la CRBV y de los fallos comentados –así como del fallo que luego declaró la constitucionalidad del decreto N° 2.323, mediante el cual se dictó el estado de excepción y de la emergencia económica dadas las circunstancias extraordinarias de orden social, económico, político, natural y ecológicas que afectan gravemente la economía nacional"[44]– para constatar que no existe tal *conformidad*.

---

[41] Fallo N° 184 del 17-03-2016. Disponible en http://goo.gl/Ct607E [consultado: 30-06-2016].

[42] Asamblea Nacional (2016, 17 de marzo). *AN negó prórroga de decreto de emergencia económica.* Disponible en http://goo.gl/dSk0Oo [consultado: 30-06-2016].

[43] Publicado en Gaceta Oficial N° 40.866 del 10-03-2016. Este es uno de los pocos actos que ha sido publicado en Gaceta Oficial desde que se instauró la nueva AN, a pesar de que en su página web (http://www.asambleanacional.gob.ve) puede apreciarse la aprobación de diversos actos que habrían de ser publicados conforme al ordenamiento jurídico vigente. No obstante, la falta de publicación comentada no ha impedido que la SC/TSJ decida contra la AN pues, mediante fallo N° 478 del 14-06-2016, la primera suspendió "los efectos jurídicos" de dos acuerdos similares a este dictados por la AN en los que se exhortaba "al cumplimiento de la Constitución, y sobre la responsabilidad del Poder Ejecutivo Nacional, del Tribunal Supremo de Justicia y del Consejo Nacional Electoral para la preservación de la paz y ante el cambio democrático en Venezuela" y respaldaba "el interés de la comunidad internacional acerca de G-7, OEA, UNASUR, MERCOSUR y Vaticano en la crisis venezolana", visto que en ambos actos "se observan indicios de los cuales pudiera desprenderse que el órgano legislativo ha asumido atribuciones que constitucionalmente son propias del Poder Ejecutivo". Ello, a pesar de lo común que eran estos acuerdos cuando la mayoría de la AN era de tendencia oficialista y que nunca suscitaron el menor interés para la SC/TSJ.

[44] Fallo N° 411 del 19-05-2016. Disponible en https://goo.gl/dgihLH [consultado: 30-06-2016]. En este caso, el razonamiento empleado por la Sala fue similar al del primer estado de excepción nacional y su prórroga, concluyendo que el decreto "cumple los extremos de utilidad, proporcionalidad, tempestividad, adecuación, estricta necesidad para solventar la situación presentada y de completa sujeción a los requisitos constitucionales, dirigiéndose a adoptar las medidas oportunas que permitan atender eficazmente la situación excepcional, extraordinaria y coyuntural que afectan la vida económica de la Nación, tanto de índole climático, económico y político, afectando el orden constitucional, la paz social, la seguridad de la Nación, las Instituciones Públicas, y a los ciudadanos y ciudadanas, por lo cual se circunscribe a una de las diversas clasificaciones contempladas en el artículo 338 de la Constitución de la República Bolivariana de Venezuela".

IV. LA REDUCCIÓN DEL CONTROL PARLAMENTARIO Y LA IMPOSIBILIDAD DE LA ASAMBLEA NACIONAL DE REVISAR SUS PROPIOS ACTOS

Como señalamos al inicio, la función de la AN va más allá de sancionar leyes. Así, una de sus atribuciones más relevantes es ejercer el control parlamentario enunciado en el numeral 3 del artículo 187[45] y desarrollado en los artículos 222 a 224 del texto constitucional[46].

Esta competencia empezó a ser ejercida por la nueva AN a los pocos días de haberse instaurado, pero las autoridades nacionales optaron por no comparecer[47] y, el 17-02-2016, fue presentada ante la SC/TSJ por parte de "ciudadanos interesados en el adecuado funcionamiento de los poderes públicos" una solicitud de interpretación constitucional en relación con los artículos 136, 222, 223 y 265 de la CRBV.

Esta solicitud fue admitida y resuelta por la Sala dos semanas después[48] estableciendo que el control parlamentario solo podía ejercerse sobre funcionarios del Poder Ejecutivo Nacional –y no el resto de Poder Público vertical y horizontal, ni sobre las Fuerzas Armadas–, siempre que se observase una "debida coordinación" con el Vicepresidente Ejecutivo para que no se "afecte el adecuado funcionamiento del Ejecutivo Nacional" ni se "termine vulnerando los derechos fundamentales", y debiendo la AN atender a una serie de requisitos o normas creadas por la Sala que no se desprenden de ninguna disposición constitucional, legal ni reglamentaria.

---

[45]   Según él, "[c]orresponde a la Asamblea Nacional: (…) 3. Ejercer funciones de control sobre el Gobierno y la Administración Pública Nacional, en los términos consagrados en esta Constitución y en la ley. Los elementos comprobatorios obtenidos en el ejercicio de esta función, tendrán valor probatorio, en las condiciones que la ley establezca".

[46]   Los artículos indicados son del siguiente tenor:

Artículo 222. La Asamblea Nacional podrá ejercer su función de control mediante los siguientes mecanismos: las interpelaciones, las investigaciones, las preguntas, las autorizaciones y las aprobaciones parlamentarias previstas en esta Constitución y en la ley y mediante cualquier otro mecanismo que establezcan las leyes y su Reglamento. En ejercicio del control parlamentario, podrán declarar la responsabilidad política de los funcionarios públicos o funcionarias públicas y solicitar al Poder Ciudadano que intente las acciones a que haya lugar para hacer efectiva tal responsabilidad.

Artículo 223. La Asamblea o sus Comisiones podrán realizar las investigaciones que juzguen convenientes en las materias de su competencia, de conformidad con el Reglamento.

Todos los funcionarios públicos o funcionarias públicas están obligados u obligadas, bajo las sanciones que establezcan las leyes, a comparecer ante dichas Comisiones y a suministrarles las informaciones y documentos que requieran para el cumplimiento de sus funciones.

Esta obligación comprende también a los y las particulares; a quienes se les respetarán los derechos y garantías que esta Constitución reconoce.

Artículo 224. El ejercicio de la facultad de investigación no afecta las atribuciones de los demás poderes públicos. Los jueces o juezas estarán obligados u obligadas a evacuar las pruebas para las cuales reciban comisión de la Asamblea Nacional o de sus Comisiones.

[47]   Véase, por ejemplo, Asamblea Nacional (2016, 3 de febrero). *Comisión de política exterior convoca nuevamente a autoridades del BCV y CENCOEX* y Asamblea Nacional (2016, 3 de febrero). *Márquez: ministro Arreaza viola la Constitución y la ley al negarse a comparecer ante la AN.* Disponibles en http://goo.gl/NpA1Yk y http://goo.gl/gKXRC2, respectivamente [consultado: 30-06-2016].

[48]   Fallo N° 9 del 01-03-2016. Disponible en http://goo.gl/WfWLtA [consultado: 30-06-2016].

Motivado a lo anterior, la SC/TSJ procedió a desaplicar por control difuso –a la vez que ordenó abrir expedientes para conocer de oficio su nulidad– los artículos 3, 11, 12 y 21 al 26 de la Ley sobre el Régimen para la Comparecencia de Funcionarios y Funcionarias Públicos y los o las particulares ante la Asamblea Nacional o sus Comisiones[49] y el 113 de Reglamento Interior y de Debates de la Asamblea Nacional[50].

Pero como si ello no fuera suficiente, la Sala aprovechó la ocasión para retomar un asunto del que conoció en diciembre del año pasado y con el que dimos inicio a esta colaboración: la designación de los magistrados del TSJ.

Así, y ante las iniciativas emprendidas por la AN para revisar tales nombramientos[51], la Sala procedió a afirmar que la intervención de la Asamblea respecto a la designación y remoción de los magistrados se encontraba limitada a lo previsto en los artículos 264 y 265 de la CRBV[52], por lo que tal revisión constituiría "un fraude hacia el orden fundamental", visto que "la Asamblea Nacional no está legitimada para revisar, anular, revocar o de cualquier forma dejar sin efecto el proceso interinstitucional de designación de los magistrados y magistradas del Tribunal Supremo de Justicia".

Concluyendo la Sala con que, en caso que el acto estuviese verdaderamente viciado, le correspondería a ella –valga recordar, conformada por los magistrados cuyo nombramiento se pretende anular– pronunciarse sobre la nulidad del acuerdo de nombramiento por ser un acto dictado en ejecución directa e inmediata de la CRBV[53].

En relación con la afirmación anterior es propicio mencionar que el 13-01-2016 fue presentada ante la SC/TSJ una demanda de nulidad por inconstitucionalidad contra el acuerdo parlamentario que nombró a los magistrados.

---

[49] Publicada en *Gaceta Oficial* N° 37.252 del 02-08-2001. Los artículos se refieren a la comparecencia de sujetos ajenos al Poder Ejecutivo Nacional y al régimen sancionatorio en caso de incomparecencia ya que en él "no hace referencia expresa al debido proceso a seguir y la autoridad que impondrá las sanciones", lo que "evidencia inconsistencias que probablemente inciden negativamente en su constitucionalidad".

[50] Publicado en *Gaceta Oficial* N° 6.014 Extraordinario del 23-12-2010. El artículo prevé que la interpelación procede en relación a funcionarios "del Poder Nacional, Estadal o Municipal, o de un particular".

[51] El Nacional (2016, 11 de enero). *Comisión que investigará a magistrados del TSJ presentará resultados en seis semanas*. Disponible en http://goo.gl/vjqLhN [consultado: 30-06-2016].

[52] El primero en cuanto a que la AN "hará la selección definitiva" de los magistrados y el segundo a que ellos "podrán ser removidos o removidas por la Asamblea Nacional mediante una mayoría calificada de las dos terceras partes de sus integrantes, previa audiencia concedida al interesado o interesada, en caso de faltas graves ya calificadas por el Poder Ciudadano".

[53] Véase sobre este fallo, Allan Brewer-Carías: *El ataque de la Sala Constitucional contra la Asamblea Nacional y su necesaria e ineludible [sic] reacción. De cómo la Sala Constitucional del Tribunal Supremo pretendió privar a la Asamblea Nacional de sus poderes constitucionales para controlar sus propios actos, y reducir inconstitucionalmente sus potestades de control político sobre el gobierno y la administración pública; y la reacción de la Asamblea Nacional contra a la sentencia N° 9 de 1-3-2016*. Disponible en http://goo.gl/Qf1ar8 [consultado: 30-06-2016].

No obstante, esta fue declarada inadmisible por falta de documentos indispensables ya que el demandante se limitó presentar "varias expresiones comunicacionales publicadas vía internet" y ello por sí solo no permitía advertir lo alegado[54].

V. EL SOMETIMIENTO ABSOLUTO DE LA ACTIVIDAD LEGISLATIVA A LOS DESIGNIOS DEL PODER EJECUTIVO Y EL PODER JUDICIAL

La primera ley sancionada por la nueva AN fue la Ley de Reforma Parcial del Decreto con Rango, Valor y Fuerza de Ley de Reforma Parcial de la Ley del Banco Central de Venezuela, el 03-03-2016.

Conforme al artículo 214 de la CRBV, el Presidente de la República contaría con diez días para promulgarla pudiendo solicitarle antes a la AN que modificase alguna de sus disposiciones –o levantase su sanción– o a la SC/TSJ que se pronunciase sobre su constitucionalidad. Y esto último es lo que el mandatario ha hecho con todas las leyes sancionadas a la fecha, siendo la ley comentada la primera *víctima*.

Así, el 17-03-2016 el Presidente de la República solicitó tal pronunciamiento pues tenía "dudas razonables" sobre la constitucionalidad de la norma, determinando la Sala que la ley era inconstitucional y, por ende, "preserva la vigencia del Decreto con Rango, Valor y Fuerza de Ley de Reforma del Decreto con Rango, Valor y Fuerza de Ley del Banco Central de Venezuela"[55].

Sin pretender extendernos sobre el tema[56], podemos destacar que la Sala consideró que "la modificación planteada supone la participación del Órgano Legislativo Nacional en el proceso de designación del Presidente del Banco Central de Venezuela, a efectos de ejercer control político sobre la misma, a través de la figura de la ratificación, situación que, como ya se señaló, resulta contraria a lo previsto en el cardinal octavo de la Disposición Transitoria Cuarta de la Constitución"[57], estando la ley "incursa en el vicio de desviación de poder".

Pero lo cierto del caso es que esta ley lo único que hizo fue *reincorporar* a su texto aquellas disposiciones que el Presidente de la República había suprimido en diciembre de

---

54   Fallo N° 225 del 29-03-2016. Llama la atención el argumento de la Sala considerando que ella, para declarar la constitucionalidad de los estados de excepción, se ha basado meramente en "expresiones comunicacionales publicadas vía internet". En relación con el nombramiento de los magistrados la Sala también se pronunció en el fallo N° 336 del 02-05-2016 por medio del cual declaró inadmisible una demanda de protección de intereses colectivos y difusos por contener "conceptos ofensivos o irrespetuosos". En ambos casos los demandantes fueron sancionados con multas de 50 Unidades Tributarias. Disponibles en http://goo.gl/rzEJas y http://goo.gl/ERycNk, respectivamente [consultado: 30-06-2016].

55   Fallo N° 259 del 31-03-2016. Disponible en http://goo.gl/PxNK9H [consultado: 30-06-2016].

56   Véase al respecto Allan Brewer-Carías: *La sentencia de muerte Poder Legislativo en Venezuela. El cinismo de la Sala Constitucional y la inconstitucional pretensión de controlar la actividad política de la Asamblea Nacional al reformar la Ley del Banco Central de Venezuela*. Disponible en http://goo.gl/2saE0y [consultado: 30-06-2016].

57   La disposición indica es que la ley del Banco Central de Venezuela habrá de determinar "la forma de elección (…) para la designación de su Presidente o Presidenta y Directores o Directoras", debiendo establecer "que al Poder Ejecutivo corresponderá, la designación del Presidente o Presidenta del Banco Central de Venezuela y, al menos, de la mitad de sus Directores o Directoras" y "los términos de participación del poder legislativo nacional en la designación y ratificación de estas autoridades".

2015[58], en ejercicio de la ley habilitante, una vez se dio a conocer la nueva conformación de la AN. Es decir, que si las normas que recogían estos artículos eran inconstitucionales, valdría la pena preguntarnos por qué la SC/TSJ no había procedido con anterioridad a declararlas como tales y, solo lo hizo, una vez la mayoría parlamentaria no era favorable al partido oficialista.

La respuesta, más allá de las consideraciones políticas que se puedan hacer, es sencilla: no existía tal inconstitucionalidad pues la propia CRBV determina que la ley establecerá "los términos de participación" de la AN para la designación y ratificación del Presidente y Directores del Banco Central de Venezuela. Es decir, que nada impedía que la AN incorporase "la figura de la ratificación" como erradamente planteó la Sala.

Pronunciamientos similares al anterior se produjeron en otras cuatro ocasiones respecto a la Ley de Amnistía y Reconciliación Nacional, la Ley de Bono para Alimentos y Medicinas a Pensionados y Jubilados, la Ley de Reforma Parcial de la Ley Orgánica del Tribunal Supremo de Justicia, la Ley de Otorgamiento de Títulos de Propiedad a Beneficiarios de la Gran Misión Vivienda Venezuela y Otros Programas Habitacionales del Sector Público, y la Ley Especial para Atender la Crisis Nacional de Salud[59].

En ellos, si bien se declaró la inconstitucionalidad de la ley por motivos diversos –a excepción de la Ley de Bono para Alimentos y Medicinas a Pensionados y Jubilados que solo se anuló su disposición final única– hay una idea que resulta común: la AN, como Poder Legislativo, se encuentra atada a la voluntad política del Poder Ejecutivo, que adquiere *valor jurídico* a través de la actuación del Poder Judicial. De este modo, la SC/TSJ ha señalado lo siguiente:

1. La atribución de la AN para decretar amnistías se encuentra sujeta no solo a un control jurídico por parte de la Sala –en el sentido de determinar si se dicta sobre delitos que no sean de lesa humanidad o violaciones graves a los derechos humanos, pues de lo contrario la medida sería inconstitucional a tenor de lo previsto en el único aparte del artículo 29 de la CRBV– sino, también, a una valoración política donde se tome en consideración su oportunidad y conveniencia a fin de determinar que la medida no es arbitraria.

Manifestaciones de tal valoración ocurren cuando la Sala afirma que no se cumplen los presupuestos teóricos de la amnistía –ya que esta no tiende a "la justicia y la paz social" por no haber "verdaderos momentos de ruptura y la necesidad de instaurar una comunidad política"–, que la amnistía no puede versar sobre delitos comunes o ilícitos administrativos sino solo cuestiones políticas –a pesar de que el artículo 1 de esta ley indica que ella operaría en relación a "hechos realizados en ejercicio de libertades ciudadanas y con fines políticos" y la única limitación en la materia es la prevista en el artículo 29 de la CRBV, ya señalado– y que la AN "no actúa en representación del interés general de la sociedad", por lo que corresponde a la Sala garantizar ese interés como parte de su "discurso garantista que nos une como Estado y que logra cohesionar las diversas posiciones políticas en el marco del Estado de Derecho"[60].

---

58 El decreto ley fue publicado en *Gaceta Oficial* N° 6.211 del 30-12-2015, un día antes del cese de los efectos de la Ley que autoriza al Presidente de la República para dictar Decretos con Rango, Valor y Fuerza de Ley en las materias que se delegan para la Garantía Reforzada de los Derechos de Soberanía y Protección del Pueblo Venezolano y el Orden Constitucional de la República, publicada en *Gaceta Oficial* N° 6.178 del 15-03-2015.

59 Sancionadas el 29-03-2016, 30-03-2016, 07-04-2016, 13-04-2016 y 03-05-2016, respectivamente.

60 Fallo N° 264 del 11-04-2016. Disponible en http://goo.gl/uJb18k [consultado: 30-06-2016]. El argumento es sumamente preocupante pues podría ser invocado por la SC/TSJ como precedente a

2. La entrada en vigencia de las leyes que sancione la AN no está supeditada solo a que estas sean constitucionales según la SC/TSJ, sino a que el Poder Ejecutivo determine su "viabilidad económica" dado que, según el artículo 314 de la CRBV, "[n]o se hará ningún tipo de gasto que no haya sido previsto en la ley de presupuesto"[61].

3. El TSJ tiene "la atribución exclusiva y excluyente (…) para la iniciativa legislativa en materia de organización y procedimientos judiciales" según el numeral 4 del artículo 204 de la CRBV –a pesar de que él prevé es una competencia concurrente[62]– y es inconstitucional *agregar* un "procedimiento no previsto por el Constituyente de 1999"[63].

4. Es imperativo que la AN deje constancia de los procedimientos de consulta pública que lleve a cabo y que tome en cuenta el impacto económico de sus leyes a tenor de las acotaciones que realice el Ejecutivo Nacional.

Asimismo, las leyes que desarrollen derechos constitucionales deben prever que los *de libertad* –como sería la propiedad– no atenten contra los *de prestación* –vivienda– y, en consecuencia, el legislador habrá de limitar los primeros para que no se "desnaturalice" la "función social" de los segundos. Todo ello, visto el rol garantista y protector –agregaríamos, paternalista– del Estado frente a una sociedad donde el mercado distribuye bienes "sin ninguna valoración ética en favor de los que tienen mayores capacidades económicas para dominarlo"[64].

5. A pesar de que la CRBV prevé que "[l]a declaración del estado de excepción no interrumpe el funcionamiento de los órganos del Poder Público" (único aparte del artículo 339), la AN no puede legislar sobre aquellas materias sobre las que verse tal declaratoria por ser ese "ámbito competencial" una "función reservada" del Presidente de la República, que "no

---

fin de establecer que, como en su criterio la AN no responde al interés general en los términos que lo defina la Sala, entonces sus actuaciones carecen de valor y han de considerarse nulas.

[61] Fallo N° 327 del 28-04-2016. Disponible en http://goo.gl/VIGfEc [consultado: 30-06-2016]. En nuestro criterio, la Sala obvió que ese mismo artículo señala que "podrán decretarse créditos adicionales al presupuesto para gastos necesarios no previstos o cuyas partidas resulten insuficientes, siempre que el tesoro nacional cuente con recursos para atender la respectiva erogación"; por lo que habría de declararse la constitucionalidad absoluta de la ley y luego atenderse el tema presupuestario, sin que la norma quedase atada a una aprobación previa del Ejecutivo Nacional. Ello aunado a que el artículo 211 de la CRBV solo indica que el Ejecutivo habrá de ser consultado –entendiendo por ello el "[e]xaminar, tratar un asunto con una o varias personas" o "[p]edir parecer, dictamen o consejo a alguien" (primera y tercera acepción del Diccionario de la Real Academia Española, respectivamente)– y no que este autorizará o confirmará la ley.

[62] Lo contrario llevaría a asumir un cercenamiento de la función principal y natural de la AN, como lo es el legislar, en adición al desconocimiento del numeral 1 del artículo 187 de la CRBV según el cual le corresponde a la Asamblea "[l]egislar en las materias de la competencia nacional y sobre el funcionamiento de las distintas ramas del Poder Nacional", en concordancia con el numeral 32 del artículo 156 que establece dentro de estas materias la "organización y funcionamiento de los órganos del Poder Público Nacional y demás órganos e instituciones nacionales del Estado". Sostener, como lo hace la Sala, que la AN se encuentra incapacitada para ejercer esta competencia si el TSJ no le presenta un proyecto de ley, llevaría al ilógico de pensar que le estaría vedado a la Asamblea legislar también sobre la organización del Poder Ciudadano y la materia electoral, pues en ambos casos se prevé que el Poder Ciudadano y el Poder Electoral tienen iniciativa legislativa. Llama la atención que esta sea la interpretación que se busca favorecer al constatarse como otras manifestaciones del Poder Público han "recordado" a la AN que ella no tiene iniciativa para legislar en ciertos temas. Véase, por ejemplo, El Nacional (2016, 4 de abril). *CNE asegura tener iniciativa legislativa exclusiva en referendos*. Disponible en http://goo.gl/nSQxb5 [consultado: 30-06-2016].

[63] Fallo N° 341 del 05-05-2016. Disponible en http://goo.gl/knmvF6 [consultado: 30-06-2016].

[64] Fallo N° 343 del 06-05-2016. Disponible en http://goo.gl/xk9Ttv [consultado: 30-06-2016].

admite concurrencia y excluye temporalmente la capacidad normativa de otros órganos (...) pues ello pudiera generar contradicciones para la garantía de los derechos fundamentales y el orden constitucional".

Asimismo, la AN no puede establecer mecanismos de control parlamentario diferentes a las rendiciones de cuentas previstas en los artículos 237 y 244 de la CRBV (del Presidente de la República y ministros, respectivamente) ni legislar en materia de relaciones internacionales[65].

VI. EL DESCONOCIMIENTO DE LA ATRIBUCIÓN DE LA ASAMBLEA NACIONAL PARA AUTORREGULARSE Y LA INCLUSIÓN DE NUEVOS REQUISITOS PARA LA FORMACIÓN LEGISLATIVA

El 21-04-2016[66] la SC/TSJ admitió una demanda de nulidad por inconstitucionalidad interpuesta contra la reforma parcial del Reglamento Interior y de Debates de la Asamblea Nacional[67].

Esta demanda, que se acompañó a su vez de una solicitud cautelar, fue presentada el 09-03-2011 (hace más de cinco años) por algunos diputados opositores y, a pesar de estos haber pedido cerca de veinte veces que se admitiera, no fue sino hasta que hubo un cambio en la composición política de la AN que la Sala consideró necesario proceder a su admisión y, adicionalmente, acordar la suspensión de efectos[68] de los artículos 25, 57, 64 numerales 5, 6 y 8, 73 y el último aparte del 105 del Reglamento de Interior y Debates de la Asamblea Nacional, negando solo tal suspensión respecto a los artículos 1, numerales 3 y 6 del 27, el primer aparte del 48, el último aparte del 56 y el numeral 4 del 64[69].

Ahora bien, aun asumiendo que existían razones suficientes para que fuese procedente esta cautelar –entendiendo por estas el *fumus boni iuris* y el *periculum in mora*– y, por ende, que ella no fuese contraria a derecho, llama la atención que la Sala, al realizar tal declaratoria, remitió a "los términos expresados en la motiva del fallo" la suspensión –términos que, en realidad, implementaron un nuevo conjunto de normas para el funcionamiento de AN– y, como si ello fuera poco, se pronunció sobre aspectos que ni siquiera habían sido mencionados por los demandantes al acordar que "el informe sobre el impacto e incidencia presupuestaria (...) que debe acompañar a todo proyecto de ley, a que se refiere el numeral 3 del artículo 103 del Reglamento Interior y de Debates de la Asamblea Nacional" debe "consultarse con carácter obligatorio por la Asamblea Nacional –a través de su Directiva– al Ejecutivo Nacional –por vía del Vicepresidente Ejecutivo– a los fines de determinar su viabilidad económica, aun los sancionados para la fecha de publicación del presente fallo, en aras de preservar los principios de eficiencia, solvencia, transparencia, responsabilidad y equilibrio fiscal del

---

65   Fallo N° 460 del 09-06-2016. Disponible en https://goo.gl/eQrBRQ [consultado: 30-06-2016].

66   Fallo N° 269 del 21-04-2016. Disponible en http://goo.gl/iLywEH [consultado: 30-06-2016].

67   Publicado en Gaceta Oficial N° 6.014 Extraordinario del 23-12-2010.

68   Cuestión bastante infrecuente en nuestro Poder Judicial. Véase Antonio Canova, *et al.: El TSJ al servicio de la Revolución*, Editorial Galipán, Caracas 2014.

69   Referidos a la sede de la Asamblea Nacional; la atribución del Presidente de la Asamblea Nacional de decidir sesionar en sitios diferentes, dirigir el debate y llamar al orden; el valor del informe de gestión de las comisiones permanentes; la transmisión de las sesiones exclusivamente por ANTV; y la conformación de la cuenta, respectivamente.

régimen fiscal de la República"[70]. Ello en clara contradicción no solo con el régimen de formación de leyes que establece la CRBV sino, también, del principio de irretroactividad recogido en el artículo 24 *ejusdem*.

Adicionalmente, según este fallo, la AN debe consultar todos sus proyectos legislativos con el llamado Poder Popular durante veinte días –pudiendo este último solicitar que se extienda el lapso de consulta[71]–, realizar la convocatoria previa a las sesiones con al menos 48 horas de anticipación, mantener el orden del día incólume ya que este no puede ser modificado ni diferido, y permitir que los diputados que la integran expresen sus puntos de vista y opiniones sin límites de tiempo atendiendo a "la complejidad o importancia del tema en debate"[72].

En este sentido, la SC/TSJ estableció un conjunto de reglas que habrán de regir los debates de la AN –en desconocimiento del numeral 19 del artículo 187 de la CRBV según el cual es atribución de esta última "[d]ictar su reglamento y aplicar las sanciones que en él se establezcan"– y la formación de leyes, de cuya regulación constitucional no se arriba a las conclusiones que plasmó la Sala en su decisión de abril[73] y que fueron ratificadas en el mes de junio cuando, luego de negar la homologación del desistimiento formulado por los diputados opositores que en su momento presentaron la demanda de nulidad, requirió a la AN que "remita la documentación donde se evidencie el cumplimiento de las medidas cautelares decretadas en el fallo N° 269 del 21 de abril de 2016, en el proceso de formación de las leyes, en un todo acorde con la Constitución"[74].

---

[70] La Sala llegó a indicar que "es indiscutible que sin la aprobación del órgano público competente en materia de planificación, presupuesto y tesorería nacional, no puede estimarse cumplida la exigencia a que se refiere el numeral 3 del artículo 103 del citado Reglamento" y que, antes de poder promulgar una ley, "el Presidente de la República Bolivariana de Venezuela deberá (…) realizar la efectiva verificación del cumplimiento de la viabilidad a que se refiere el artículo 208 de la Constitución, sin lo cual no podrá dictarse el 'Cúmplase' que establece el artículo 215 *eiusdem*" (destacado del original). Vale señalar que cuando la CRBV se refiere a la viabilidad de una ley en ningún momento le da al término la connotación que dice la Sala.

[71] Llama la atención que la demanda admitida solicita la nulidad de este artículo por reducir la participación ciudadana a las fórmulas del Poder Popular, pero la SC/TSJ no solo consideró que ello era correcto, sino que se extralimitó de tal modo que llegó a regular por cuánto tiempo habría de ejercerse tal consulta, siendo ello una competencia exclusiva de la AN por ser una normativa interna (*interna corporis*).

[72] Ello como medidas *supletorias* dictadas por la Sala, en claro ejercicio de facultades normativas que no le son propias, una vez acordó la suspensión de efectos de los artículos comentados del Reglamento de Interior y Debates de la Asamblea Nacional.

[73] Para una mejor comprensión del tema y sus implicaciones léase el comunicado del 28-04-2016 signado por el Grupo de Profesores de Derecho Público Venezolano, disponible en http://goo.gl/Y1yjlC [consultado: 30-06-2016] y Allan Brewer-Carías: *El fin del Poder Legislativo: la regulación por el Juez Constitucional del régimen interior y de debates de la Asamblea Nacional, y la sujeción de la función legislativa de la Asamblea a la aprobación previa por parte del Poder Ejecutivo.* Disponible en http://goo.gl/lGa57v [consultado: 30-06-2016].

[74] Fallo N° 473 del 14-06-2016. Disponible en https://goo.gl/P0wqtJ [consultado: 30-06-2016].

VII. LA ENMIENDA CONSTITUCIONAL

Por último, hemos de referirnos al fallo de abril de este año de la SC/TSJ[75] por medio del cual decidió la solicitud de interpretación del artículo 340 de la CRBV efectuada por un particular, en relación con el proyecto de enmienda constitucional estudiado por la AN[76].

Así, luego de la Sala destacar que el asunto "resulta de especial interés para cualquier miembro del electorado, no sólo como actores fundamentales del proceso comicial, sino, en general, como titulares del derecho al sufragio activo y pasivo" –por lo que era admisible la solicitud– e indicar que "la modificación del periodo constitucional para los órganos de los Poderes Públicos es perfectamente viable a través del mecanismo de la enmienda", decidió que "en cuanto a la vigencia en el tiempo de una enmienda, esta no puede tener efectos retro-activos o ser de aplicación inmediata; admitir tal supuesto constituiría un quebrantamiento incuestionable al ejercicio de la soberanía previsto en el artículo 5 de la Carta Magna, ya que estaría desconociendo la voluntad del pueblo".

De este modo, la Sala se pronunció sobre un *proyecto de* enmienda cuando en reiteradas ocasiones había sostenido que "el control de la constitucionalidad del acto normativo del Poder Constituyente derivado, cualquiera que sea la naturaleza y consecuencias jurídicas del mismo, es posterior al acto definitivo y no previo"[77], limitando así la actividad del Poder Legislativo incluso antes de su materialización.

COMENTARIO FINAL

En esta colaboración hemos visto como la SC/TSJ y la SE/TSJ han dedicado 38 fallos al *estudio* de diversos temas, producto de la conformación política de la AN para el período 2016-2021.

Todos estos fallos, sin excepción, de una u otra forma, han atentado contra el marco constitucional vigente en el país y han pretendido substraer a la AN las competencias que le fueron acordadas por el Constituyente en 1999; si bien no directamente, a través de la crea-ción de trabas, impedimentos, requisitos y normativas de abierta inconstitucionalidad cuya única intención es doblegar este Poder a los intereses del Poder Ejecutivo que, dadas las actuaciones del Poder Judicial a través de decisiones que dicen garantizar la supremacía y efectividad de las normas y principios constitucionales –cuando en realidad propugnan lo contrario–, entre otros, se encuentra facultado para dictar y ejecutar decretos de estado de excepción que no cuenten con el aval de la AN, es quien determina cómo y cuándo la AN puede ejercer su control parlamentario sobre él, y establece si las leyes que emanen de la AN pueden entrar o no en vigencia atendiendo a si él considera que dicha norma es o no viable económicamente.

Si sumamos a lo anterior el hecho que la AN ha sido despojada de una porción de su iniciativa legislativa por parte del Poder Judicial y que este último ha determinado, a su vez, que la primera no tiene competencia para revisar sus actos y calificar a sus miembros, así

---

[75] Fallo N° 274 del 21-04-2016. Disponible en http://goo.gl/BybK0q [consultado: 30-06-2016].

[76] Asamblea Nacional (2016, 20 de abril). Aprobada en primera discusión Enmienda Constitucional que reduce el período presidencial de 6 a 4 años. Disponible en http://goo.gl/tB3hZf [consultado: 30-06-2016].

[77] Fallo N° 2189 del 22-11-2007, reiterado en N° 477 del 29-04-2009. Disponibles en http://goo.gl/ qXjnc8 y http://goo.gl/6zEYYL, respectivamente [consultado: 30-06-2016].

como que por control de constitucionalidad este último ha de evaluar las condiciones de oportunidad y conveniencia de leyes como la de amnistía a fin de determinar si existe una correspondencia entre el actuar de la AN y el interés general, aunado a que para el ejercicio de sus funciones ahora el cuerpo legislador habrá de atender a las pautas que *provisoriamente* dictó la SC/TSJ, queda claro que el listado de artículos constitucionales contentivos de atribuciones de la AN que destacamos en uno de las primeras notas al pie de esta colaboración se ha visto reducido de modo tal que podemos afirmar –como suele oírse en las clases de Derecho Público en las universidades del país– que "la Constitución vigente en Venezuela no es el texto que fue publicado en la Gaceta Oficial en marzo del 2000, sino lo que la SC/TSJ dice que es". Incluso si, como hemos visto, ello contradice abiertamente la letra del Constituyente.

De esta forma, cuando un Poder Constituido se cree –y actúa– como si fuese el Poder Constituyente, sin ninguna clase de límites ni cotas más allá de los que él dice imponerse a sí mismo –lo que no ocurre si quiera en caso del verdadero Constituyente–, no queda más que recordar lo que preceptuó este último, quizá pensando que algo así pudiese llegar a ocurrir:

Artículo 333: Esta Constitución no perderá su vigencia si dejare de observarse por acto de fuerza o porque fuere derogada por cualquier otro medio distinto al previsto en ella.

En tal eventualidad, todo ciudadano investido o ciudadana investida o no de autoridad, tendrá el deber de colaborar en el restablecimiento de su efectiva vigencia.

Primero: *Comentarios sobre las sentencias de la Sala Electoral Nº 260 de 30 de diciembre de 2015 (Caso: Nicia Marina Maldonado Maldonado vs. Elecciones Estado Amazonas), y Nº 1 de 11 de enero de 2016, y la sentencia de la Sala Constitucional Nº 3 de 14 de enero de 2016.*

EL DESCONOCIMIENTO JUDICIAL DE LA ELECCIÓN POPULAR DE DIPUTADOS

Allan R. Brewer-Carías

Director de la Revista

Resumen: *Este artículo estudia las diversas sentencias de la Sala Electoral y de la Sala Constitucional del Tribunal Supremo de Justicia, mediante las cuales se suspendió cautelarmente la proclamación de diputados del Estado Amazonas, impidiéndose su incorporación en la Asamblea Nacional*

Palabras Clave: *Asamblea Nacional. Diputados. Control de Constitucionalidad.*

Abstract: *This article analyses the series of decisions issued by the Electoral Chamber and the Constitutional Chamber of the Supreme Tribunal, through which it was suspended the proclamation of the elected representatives of the Amazonas State, preventing them to be incorporated in the Assembly.*

Key words: *National Assembly. Representatives. Judicial Review*

I. "GOLPE JUDICIAL" PÍRRICO DADO CONTRA LA MAYORÍA CALIFICADA DE LA OPOSICIÓN EN LA NUEVA ASAMBLEA NACIONAL

1. El intento de golpe judicial electoral

La Sala Constitucional del Tribunal Supremo, mediante sentencia de la Sala Constitucional Nº 1.758 de 22 de diciembre de 2015[1] al "interpretar" sobre la convocatoria a sesiones extraordinarias de la Asamblea Nacional después del 15 de diciembre de 2015, "decretó" de antemano, como se lo había solicitado el Presidente de la Asamblea que terminaba su período constitucional el 4 de enero de 2016, la posibilidad inconstitucional de que el mismo se extendiera, sugiriendo que podía hasta ser más allá de esa fecha, hasta "el día inmediatamente anterior al que se instale la nueva Asamblea Nacional."

Ello, incluso, dejó abierto un margen de maniobra para tratar de impedir que la nueva Asamblea Nacional se llegase a instalar, por la petición que formularon miembros del partido de gobierno el día 28 de diciembre de 2015, ante la Sala Electoral del Tribunal Supremo de

---

[1] Véase en http://historico.tsj.gob.ve/decisiones/scon/diciembre/184220-1758-221215-2015-2015-1415.HTML.

Justicia, impugnando las elecciones parlamentarios en siete circuitos electorales en los cuales los candidatos a diputados de la oposición habían ganado por estrecho margen (Circunscripción 01 del estado Amazonas, la Circunscripción 02 en el estado Yaracuy, para la representación indígena de la región Sur y para la Circunscripción 02, 03 y 04 del estado Aragua),[2] y el día 29 de diciembre de 2015, al impugnarse la totalidad de la elección de diputados en el Estado Amazonas.[3]

Para materializar las aviesas intenciones del gobierno, la Sala Electoral del Tribunal Supremo integrada en su totalidad por magistrados miembros del partido oficial (alguno, incluso recién nombrado, luego de ser candidato perdedor de dicho partido en las elecciones del 6 de diciembre)[4] que había entrado en vacaciones judiciales luego de las elecciones parlamentarias, resolvió como por arte de magia suspender "sus vacaciones para recibir los recursos del Partido Socialista Unido de Venezuela," y proceder a dar despacho "los días 28, 29 y 30 de diciembre;" todo ello a los efectos de admitir las acciones interpuestas y proceder a decidir sobre los amparos cautelares y medida de suspensión de efectos formulados contra los actos de votación de las elecciones de diputados en los circuitos impugnados

Como consecuencia de las impugnaciones mencionadas, la Sala Electoral según se anunció en la página web del Tribunal Supremo de Justicia, el 30 de diciembre de 2015 en horas de la tarde, procedió a dictar las sentencias N° 254 (Caso: *Pedro Luis Cabello Hermoso, Elecciones diputados en la Circunscripción Electoral N° 1 Estado Amazonas*), N° 255 (Caso: *Néstor Francisco León Heredia, Elecciones Diputados en la Circunscripción Electoral N° 2, Estado Yaracuy*), N° 256 (Caso: *Esteban Argélio Pérez Ramos, Elecciones Diputados, por la representación indígena a la Asamblea Nacional Región Sur*); N° 257 (Caso: *Sumiré Sakura del Carmen Ferrara Molina y Pedro Luis Blanco Gutiérrez, Elecciones de Diputados Circunscripción Electoral N° 2, Estado Aragua*); N° 258 (Caso: *Rosa Del Valle León Bravo, Elecciones de Diputados, Circunscripción Electoral N° 3, Estado Aragua*); N° 259 (Caso: *Elvis Eduardo Hídrobo Amoroso e Hipólito Antonio Abreu Páez, Elecciones de Diputados, Circunscripción Electoral N° 4, Estado Aragua*); y N° 260 (Caso: *Nícia Marina Maldonado, contra el acto de votación de las elecciones parlamentarias del estado Amazonas*) mediante las cuales admitió los recursos interpuestos.

En los siete primeros casos, siempre según los anuncios, la Sala Electoral declaró improcedente la solicitud de medida cautelar de suspensión de efectos; pero en cambio, en el último de los recursos, el relativo a las elecciones en el Estado Amazonas, en relación con la solicitud de amparo cautelar, la Sala Electoral mediante la mencionada sentencia N° 260 de 30 de diciembre de 2015 (Caso: *Nicia Marina Maldonado Maldonado vs. Elecciones Estado Amazonas*)[5] la declaró procedente (declarando a la vez inoficioso el pronunciamiento respecto de la solicitud de suspensión de efectos), ordenando en consecuencia, "de forma provisional e inmediata la suspensión de efectos de los actos de totalización, adjudicación y procla-

---

2   Véase en http://www.notiminuto.com/noticia/psuv-introdujo-nuevos-recursos-ante-el-tsj-por-resultado-del-6d/#

3   Véase en http://www.lapatilla.com/site/2015/12/30/nueva-impugnacion-se-suma-a-recursos-del-psuv-contra-resultados-del-6d/260 (Caso *Estado Amazonas*).

4   En la Sala Electoral se designó como magistrado al ex diputado por el Partido Socialista Unido de Venezuela, Christian Zerpa. Véase en http://versionfinal.com.ve/politica-dinero/calixto-ortega-y-christian-zerpa-entre-magistrados-principales-del-tsj/.

5   Véase en http://historico.tsj.gob.ve/decisiones/selec/diciembre/184227-260-301215-2015-2015-000146.HTML.

mación" dictados por los órganos electorales respecto de todos los diputados electos en el Estado[6] que fueron cuatro, tres por la oposición democrática y uno por el oficialismo.

Las sentencias fueron totalmente clandestinas, no sólo porque su texto no se conoció sino hacia mediodía del día 4 de enero de 2016, sino porque ni siquiera las demandas se pudieron conocer por los interesados representantes de la Mesa de la Unidad Democrática.[7] Ésos, en efecto, acudieron incluso ante la Sala Electoral pero no fueron atendidos por los Magistrados,[8] lo que permitía dudar del hecho mismo de que los mismos hubiesen retornado de sus vacaciones para impartir la "justicia vacacional" que se anunció.

En todo caso, como consecuencia de estas impugnaciones, el Secretario General de la Mesa de la Unidad Democrática se dirigió al Secretario General de la Organización de Estados Americanos, mediante comunicación del mismo día 30 de diciembre de 2015, denunciando la maniobra, y advirtiéndole que el camino pacífico que se había seguido con el triunfo electoral, a pesar de todas las ventajas del oficialismo, estaba en peligro, colocándose "al país entero al filo del desastre" ante lo que calificó como un "golpe de Estado judicial," agregando que:

"Desafiando la voluntad del pueblo expresada en las urnas, y utilizando un poder judicial colonizado por el partido de gobierno, el oficialismo hoy pretende desconocer los resultados electorales que ellos mismos reiteradamente llamaron a respetar. Incumpliendo lapsos, violentando instancias, poniendo a decidir a magistrados que son al mismo tiempo juez y parte, el oficialismo pretende impugnar un grupo de diputados, alterando así la composición que el Soberano decidió que tuviera el nuevo Parlamento."[9]

En todo caso, la reacción inicial ante el anunció que aparecía en la página web del Tribunal Supremo sobre que se había suspendido la proclamación de los diputados ya proclamados en el Estado Amazonas, fue su total improcedencia e inejecutabilidad porque los efectos

---

6   Véase en http://historico.tsj.gob.ve/decisiones/selec/diciembre/184227-260-301215-2015-2015-000146.HTML. Véase sobre esta sentencia N° 260 los comentarios en Allan R. Brewer-Carías, "El "golpe judicial" pírrico, o de cómo la oposición seguirá controlando la mayoría calificada de la Asamblea Nacional, 31 de diciembre de 2015, véase en http://www.allanbrewercarias.com /Content/449725d9-f1cb-474b-8ab2-41efb849fea3/Content/Brewer.%20EL%20%E2%80%9CGOL PE %20JUDICIAL%E2%80%9D%20P%C3%8DRRICO.%2031-12-2015, pdf.

7   La sentencia salió sin que los representantes de la Mesa de la Unidad Democrática siquiera hubiesen sido recibidos por los magistrados de la Sala Electoral, los cuales incluso fueron recusados antes de dictar sentencia; recusación que fue ignorada en la misma. Véase en "MUD recusó a magistrados de la Sala Electoral en el caso de impugnaciones," en Beatriz Arias Contreras, *El Nuevo País. Zeta*, 30 de diciembre de 2015, en http://enpaiszeta.com/11669-2/. Con razón podía hasta dudarse no sólo sobre si las sentencias en realidad existían, sino sobre si efectivamente los magistrados volvieron de sus vacaciones.

8   El diputado Ismael García indicó que tras horas de espera ningún magistrado del Tribunal Supremo de Justicia atendió a los representantes de la MUD que se acercaron para pedir copia de los recursos suspensión de efectos contra el acto de votación de las elecciones parlamentarias en circuitos de Aragua, Amazonas, Yaracuy y la representación indígena de la región sur. "Nos retiramos del TSJ sin ser atendidos por ningún magistrado de la Sala electoral y sin conocer el expediente. ¿Cuál Justicia?", manifestó el parlamentario a través de su cuenta en Twitter. Yalezsa Zavala / Véase en "Magistrados de la Sala Electoral del TSJ no atendieron a representantes de la MUD. En Noticiero Digital.com, 30 dic. 2015, en http://www.noticierodi-gital.com/2015/12/magistrados-de-la-sala-electoral-del-tsj-no-atendieron-a-representantes-de-la-mud/

9   Véase en https://www.yahoo.com/news/venezuela-opposition-warns-judicial-coup-maduro-18535 1061.html

ya cumplidos de unos actos no pueden "suspenderse," porque en definitiva, como con razón se dijo, en realidad ya no habría "efectos que suspender."[10] Sin embargo, lo cierto fue que judicialmente la decisión lo que pretendió crear fue un vacío en la representación democrática, así fuera "provisional," respecto de cuatro diputados, similar al que se produciría cuando se decreta la nulidad de la elección. Por ello, la Mesa de la Unidad Democrática, frente a este atropello, se pronunció expresando lo siguiente:

> "*Un TSJ vacacional no puede* mutilar *la representación nacional elegida por el pueblo soberano*. Una Sala Electoral con la mayoría de sus miembros titulares de viaje [ausentes], incorporando a otros de reciente y aún más dudosa legitimidad en su designación, no está en capacidad de vulnerar, modificar o cercenar al Poder Legislativo escogido mediante el voto popular. La insólita decisión del TSJ que deja sin representación parlamentaria a todo el Estado Amazonas es una declaración de rebeldía de la burocracia derrotada frente a la legítima decisión del pueblo. Es esa burocracia derrotada la que se ha colocado al margen de la Ley, de la Constitución y del mismo sentido común. Aquí no estamos en presencia de un enfrentamiento entre el Poder Judicial y el Poder Legislativo. Aquí lo que está en abierto conflicto es el Poder del Pueblo que con sus votos decidió que quiere cambio, y el declinante poder de una burocracia que antes no tenía pueblo y ahora tampoco tiene legitimidad.
>
> *La Mesa de la Unidad Democrática ratifica al pueblo venezolano que no permitiremos que su voluntad y su voto sea irrespetado*. Todos los diputados de la Unidad Democrática han sido electos por el Soberano, mientras que alguno de los magistrados que perpetró esta agresión a la voluntad del pueblo se eligió a sí mismo. Esto da una idea de la inmensa crisis de ilegitimidad que atraviesa el régimen. Reiteramos que con la fuerza de la Constitución, con la fuerza de la Ley y la fuerza del pueblo, los 112 diputados de la Unidad Democrática tomarán posesión el próximo 5 de Enero."[11]

En todo caso, lo importante frente a la decisión de la Sala Electoral, considerando que no era más que otro signo de la crisis terminal del régimen que había que enfrentar en todos los terrenos democráticos, porque no se podía cercenar la voluntad popular expresada por el pueblo en las elecciones, y dejar a un Estado de la República sin representación en la Asamblea; era determinar cuáles eran efectivamente los efectos jurídicos de la decidida "*suspensión de efectos de los actos de totalización, adjudicación y proclamación* en el Estado Amazonas," que no eran definitivamente los que buscó la "burocracia derrotada," para usar la expresión de la MUD.

Lo decidido por la Sala Electoral, en realidad, en cuanto a sus efectos jurídicos, en la práctica equivalía a una especie de "revocación provisional" del mandato popular de los diputados, que dejaba "provisionalmente" sin representación en la Asamblea a todo el Estado Amazonas. Independientemente de que ello era inadmisible pues era contrario el principio

---

[10]　Por ello José Ignacio Hernández agregó que: "la Sala Electoral no puede, en virtud de una medida cautelar, modificar los efectos jurídicos de esa proclamación y "suspender" el mandato popular de representación ya perfeccionado, pues los efectos de la proclamación ya se cumplieron." Véase "Luego de los 4 diputados suspendidos por el TSJ: ¿Qué va a pasar?," en *Prodavinci*, 30 de diciembre de 2015, en http://proda-vinci.com/blogs/luego-de-los-4-diputados-suspendidos-por-el-tsj-que-va-a-pasar-por-jose-ignacio-hernandez/

[11]　Véase en http://www.lapatilla.com/site/2015/12/30/mud-rechaza-sentencia-del-tsj-la-burocracia-derrotada-se-declara-en-rebeldia-ante-decision-del-pueblo-comunicado/. Igualmente véase el Comunicado en "MUD: Los 112 diputados tomarán posesión el 5 de enero," en *El Nacional*, 31 de diciembre de 2105, en http://www.el-nacional.com/politica/MUD-diputados-tomaran-posesion-enero_0_7667233 44.html

democrático, se trataba de una medida que producía un efecto similar –aun cuando "provisional"– al de la anulación de la elección que pudiera decidir la Sala Electoral. En esos casos de anulación, mientras se produce una nueva elección y se restablece la totalidad del número de representantes previstos legalmente, el cuerpo representativo de que se trate tiene que funcionar con los que lo integran efectivamente como consecuencia de la elección; siendo en relación con esa integración como tenían en este caso que calcularse las mayorías requeridas para su funcionamiento.

Y así, si se analiza la integración de la Asamblea Nacional luego de la sentencia de la Sala Electoral del 30 de diciembre de 2015, lo cierto es que con la misma se mutiló "provisionalmente" la representación popular en la misma, al "suspenderse" la proclamación de cuatro diputados; pero con la misma, en realidad no se afectó en forma alguna la mayoría calificada que tenían los partidos agrupados en la MUD en la Asamblea.

Es decir, lo que perseguían los impugnadores con las demandas, y lo que quizás persiguió la sentencia de la Sala Electoral, de afectar la mayoría calificada que ganó la oposición democrática en la Asamblea no lo lograron. Por ello hablamos de "golpe judicial pírrico."

En efecto, según el resultado de las elecciones del 6 de diciembre, de los 167 diputados electos, la MUD sacó 112 y el gobierno 55 diputados. Esa integración fue la que fue afectada por la sentencia, de manera que como consecuencia de la misma, si era acatada después de la instalación de la Asamblea Nacional el 5 de enero de 2016, el número total de diputados como consecuencia de la "suspensión provisional" de la representación del Estado Amazonas decretada judicialmente sería de 163 diputados y no de 167, que fueron los originalmente electos.

Y sobre esa cifra que es la totalidad de los diputados electos, excluyendo los electos en el Estado Amazonas, cuya proclamación fue suspendida, es que entonces debía calcularse la mayoría calificada, resultando entonces que la oposición democrática, con 109 diputados en relación a los 54 del gobierno, continuaba controlando la mayoría calificada de la Asamblea que el pueblo le dio.

2. *La consecuencia del irresponsable intento de "golpe judicial" electoral, y la necesaria revocación inmediata de la inconstitucional "designación" de los magistrados de la Sala Electoral efectuada por la Asamblea moribunda*

Lo que ocurrió con el intento fallido de "golpe judicial" electoral que pretendió afectar la instalación de la Asamblea Nacional el 5 de enero de 2016, con el "anuncio" publicado el miércoles 30 de diciembre de 2015 en la página web del Tribunal Supremo de Justicia, sobre la supuesta sentencia emitida por la Sala Electoral N° 260 (Caso: *Nicia Marina Maldonado vs. el acto de votación de las elecciones parlamentarias del Estado Amazonas*), como antes expresamos, no fue más que un signo más, evidente, de que la primera tarea que tenía por delante la nueva Asamblea Nacional, era el restablecimiento de la institucionalidad democrática del país[12] mediante la necesaria "elección" popular de los

---

12 Véase Allan R. Brewer-Carías, "El primer paso para la reconstrucción de la democracia: El restablecimiento de la legitimidad democrática de todos los poderes públicos. Sobre porqué la nueva Asamblea Nacional debe proceder a revocar los írritos actos de nombramiento de los titulares del Poder Ciudadano (Fiscal General, Contralor General, Defensor del Pueblo), del Poder Judicial (magistrados del Tribunal Supremo y del Poder Electoral (rectores del Consejo Nacional Electoral), y proceder, elegir como Cuerpo Electoral de segundo grado" New York, 10 de diciembre 2015.

titulares de los Poderes Públicos, por la propia Asamblea actuando como Cuerpo Elector de segundo grado con el voto de la mayoría calificada que exige la Constitución.

Y ello lo debió haber comenzado a realizar la Asamblea, en forma ineludible y urgente, con la previa revocación de la inconstitucional "designación" efectuada por la anterior Asamblea ya feneciente de dichos Magistrados del Tribunal Supremo de Justicia, tanto en diciembre de 2014 y diciembre de 2015.[13]

Ese intento de golpe judicial anunciado en forma por demás irresponsable por la Sala Electoral el 30 de diciembre de 2015, por supuesto no fue más que una muestra adicional de la permanente e inconstitucional intervención y "depuración" del Poder Judicial venezolano conducida a mansalva desde el gobierno durante los quince años precedentes, comenzando por el Tribunal Supremo, que es lo que ha originado la irregular situación de politización del mismo.

No debe extrañar, por tanto, que por ello, los magistrados de la Sala Electoral del Tribunal Supremo, todos, o eran militantes abiertos del partido oficialista de gobierno o en todo caso, estaban sometidos totalmente al control político del mismo, en una forma como nunca antes se había visto, habiendo perdido totalmente todo vestigio de independencia, autonomía e imparcialidad.[14] Por eso, con razón, el *Grupo de Profesores de Derecho Público*, al considerar que con la sentencia de la Sala Electoral, se configuró "plenamente el intento de *Golpe Judicial* contra la voluntad popular expresada el pasado 6 de diciembre" expresó:

"su más categórico rechazo a dicho fallo por constituir el mismo una evidente, grosera e inmoral manipulación de la justicia, que evidencia que, en la actualidad, el Poder Judicial en Venezuela es un simple operador político dispuesto a cumplir los designios de la facción a la que le sirve."[15]

En http://www.allanbrewercarias.com/Content/449725d9-f1cb-474b-8ab2-41efb849fea3/Content/Brwer%20PRIMER%20PASO%20%20RECONSTRUCCI%C3%93N%20DE%20LA%20DEMOCCIA.%20ELECCI%C3%93N%20DE%20LOS%20TITULARES%20DE%20LOS%20PODERES%20P%C3%9ABLICOS.%20dic%202015.pdf

[13] Véase Allan R. Brewer-Carías, "El golpe de Estado dado en diciembre de 2014 en Venezuela con la inconstitucional designación de las altas autoridades del Poder Público," en *El Cronista del Estado Social y Democrático de Derecho,* N° 52, Madrid 2015, pp. 18-33.

[14] Véase Allan R. Brewer-Carías, "Sobre la ausencia de independencia y autonomía judicial en Venezuela, a los doce años de vigencia de la constitución de 1999 (O sobre la interminable transitoriedad que en fraude continuado a la voluntad popular y a las normas de la Constitución, ha impedido la vigencia de la garantía de la estabilidad de los jueces y el funcionamiento efectivo de una "jurisdicción disciplinaria judicial"), en *Independencia Judicial*, Colección Estado de Derecho, Tomo I, Academia de Ciencias Políticas y Sociales, Acceso a la Justicia org., Fundación de Estudios de Derecho Administrativo (Funeda), Universidad Metropolitana (Unimet), Caracas 2012, pp. 9-103.

[15] Agregaron los Profesores que las circunstancias en que fue dictada la sentencia N° 260, "muestran que no hubo transparencia, ni imparcialidad ni independencia, ni igualdad de trato, ni debido proceso, ni respeto al derecho a la defensa en la actuación de la Sala Electoral, violando así entre otros, el artículo 26 de la Constitución que prevé el acceso a la justicia, el artículo 49 constitucional que establece el debido proceso, el artículo 21 de la Constitución que prevé el derecho a la igualdad de trato ante la ley y el artículo 256 que prohíbe que los magistrados y jueces lleven a cabo activismo político." Véase "Comunicado del Grupo de Profesores de Derecho Público de las Universidades venezolanas ante la sentencia de la Sala Electoral que pretendió desconocer la voluntad del pueblo del Estado Amazonas," 5 de enero de 2016.

Ello es lo que la nueva Asamblea Nacional, por sobre todo, no podía tolerar. En la situación en la que estaba y está integrado el Tribunal Supremo y sus Salas, no es posible para nadie esperar justicia, siendo más bien lo que se puede esperar, la emisión servil de ordenes políticas con forma de sentencias, como precisamente sucedió con el irresponsable "anuncio" del miércoles 30 de diciembre de 2015 mediante la cual se pretendió afectar arteramente los resultados de la elección parlamentaria del 6 de diciembre de 2015. Y ello, nada menos, que mediante la material "eliminación," es decir, "borrando" así fuera "provisionalmente" a todos los diputados electos y proclamados en el Estado Amazonas, buscando con ello, en alguna forma, pretender afectar las circunstancias mismas de la instalación de la nueva Asamblea Nacional que estaba prevista para el 5 de enero de 2016, lo que no se logró.

En todo caso, lo más grave de la irresponsabilidad judicial de los insensatos jueces a los que se atribuyó el desaguisado, fue que en este caso, la supuesta sentencia "dictada," como indicamos, permaneció totalmente clandestina durante cinco días, pues después de anunciada en horas de la tarde del 30 de diciembre de 2015, solo fue el lunes 4 de enero de 2016 en horas del mediodía, es decir, en el día de la víspera de la instalación de la nueva Asamblea Nacional que se quería afectar; cuando el país, es decir, todos los venezolanos, y en especial los ciudadanos del Estado Amazonas, se enteraron sobre cuál había sido el texto mismo de la demanda intentada que habría originado la "sentencia" clandestina, y pudieron entonces saber qué era lo que se había denunciado y demandado, que ameritaba tan grave decisión, adoptada en el texto de la insensata sentencia, que así fue cómo se conoció.

Es decir, como antes comentamos, al inicio del día 4 de enero de 2015, en Venezuela nadie sabía a ciencia cierta si los magistrados que supuestamente habrían "firmado" la decisión, habían regresado efectivamente ese día de las vacaciones de las cuales disfrutaban,[16] y si efectivamente acudieron físicamente a la sede del Tribunal Supremo a conocer de un expediente de una demanda intentada el día anterior, a discutir el caso y a elaborar la decisión, a pesar de que habían sido recusados;[17] o si solo fueron unos "fantasmas" los que actuaron. En todo caso, es obvio que la sentencia anunciada no existía, pues de lo contrario hubiese sido publicada, y si algo de ello existía, quizás los que la anunciaron pasaron todo el fin de semana, incluidos los días feriados de fin y comienzo de Año, para maquillarla.

En todo caso, era para corregir esa "justicia" que la nueva Asamblea tenía el mandato popular necesario para actuar; pues no era posible admitir que unos irresponsables magistra-

---

[16] Como lo reseño la prensa el mismo 30 de diciembre de 2015: "El diputado Ismael García indicó que tras horas de espera ningún magistrado del Tribunal Supremo de Justicia atendió a los representantes de la MUD que se acercaron para pedir copia de los recursos suspensión de efectos contra el acto de votación de las elecciones parlamentarias en circuitos de Aragua, Amazonas, Yaracuy y la representación indígena de la región sur. / "Nos retiramos del TSJ sin ser atendidos por ningún magistrado de la Sala electoral y sin conocer el expediente. ¿Cuál Justicia?", manifestó el parlamentario a través de su cuenta en Twitter." Véase en Yalezsa Zavala, "Magistrados de la Sala Electoral del TSJ no atendieron a representantes de la MUD. En *Noticiero Digital.com*, 30 dic 2015, en http://www.noticierodigital.com/2015/12/magistrados-de-la-sala-electoral-del-tsj-no-atendieron-a-representantes-de-la-mud/.

[17] El anuncio sobre la sentencia salió, en efecto, sin que los representantes de la Mesa de la Unidad Democrática que acudieron antes ante la Sala Electoral hubiesen sido siquiera recibidos por los magistrados de la misma, los cuales incluso fueron recusados antes de que supuestamente dictaran la sentencia; recusación que fue ilegalmente ignorada. Véase en "MUD recusó a magistrados de la Sala Electoral en el caso de impugnaciones," en Beatriz Arias Contreras, *El Nuevo País. Zeta*, 30 de diciembre de 2015, en http://enpaiszeta.com/11669-2/

dos, o "alguien" actuando en nombre de ellos, el 30 de diciembre de 2015, en un asunto tan grave como cuestionar una elección popular de representantes del pueblo, se hubiera limitado a poner un anuncio en la página web del Tribunal Supremo indicando que Nicia Marina Maldonado habría intentado un *recurso contencioso electoral conjuntamente con amparo cautelar y medida de suspensión de efectos contra el acto de votación de las elecciones parlamentarias del pasado 06 de diciembre de 2015 del estado Amazonas,"* pero sin indicar de qué recurso se trataba, y sin que nadie pudiera haber conocido el texto de la demanda, que permaneció siendo clandestina.

Nada se supo, por tanto, si de lo que se trataba era de una acción de nulidad de las elecciones en todo el Estado, de nulidad de votaciones puntuales en alguna mesa electoral, o de otras irregularidades electorales; siendo lo más cuestionable de todo, el hecho de que a renglón seguido del anuncio ambiguo sobre la demanda, en la misma página web del Tribunal se hubiese anunciado, pura y simplemente, que se había dictado la sentencia N° 260, mediante la cual, la supuesta y clandestina Sala Electoral había ordenado:

> "de forma provisional e inmediata la suspensión de efectos de los actos de totalización, adjudicación y proclamación emanados de los órganos subordinados del Consejo Nacional Electoral respecto de los candidatos electos por voto uninominal, voto lista y representación indígena en el proceso electoral realizado el 6 de diciembre de 2015 en el estado Amazonas para elección de diputados y diputadas a la Asamblea Nacional."

O sea, los venezolanos, y en particular los votantes en el Estado Amazonas, de ese texto críptico del anuncio en la página web del Tribunal Supremo que originó la información sobre la "suspensión" de los efectos de los actos electorales para la elección de diputados en el Estado Amazona,[18] aún sin que nadie conociera el texto de la sentencia, si es que existía, tuvieron que deducir que la Sala Electoral lo que había hecho en la práctica, para lo cual carecía de competencia, era "suspender la proclamación" de los cuatro (4) diputados electos en el Estado Amazonas, que ya habían sido proclamados y gozaban incluso de inmunidad parlamentaria (art. 200). En realidad, lo que la decisión significó, así fuera "provisionalmente, fue que el pueblo del Estado Amazonas había quedado sin representación popular, lo que de por sí era contrario al principio democrático, pues el pueblo del Estado había efectivamente votado y elegido dichos diputados, los cuales además, como se dijo, habían sido proclamados por las autoridades electorales.

Por ello, con razón, luego del anuncio en la página web del Tribunal Supremo de la decisión, personas incluso afectas al régimen denunciaron la actuación de la "Sala Electoral en vacaciones integrada por unos magistrados recién nombrados en forma ilegal" como el gran "escándalo judicial de 2015," impulsada por "el ala más corrupta del alto gobierno" con una decisión "pre-elaborada."[19] Todo ello, como también se denunció, fue el resultado de haber tomado "por asalto descaradamente el Tribunal Supremo de Justicia con argumentos leguleyos, con militantes del Partido Socialista Unido de Venezuela [...], y con estas fichas descaradamente ilegítimas, decidir de inmediato impugnaciones a los resultados del 6 de diciembre."[20]

---

18   Véase por ejemplo la reseña de William Neuman y Patricia Torres, "Venezuelan Court Blocks 4 Lawmakers," en *The New York Times*, 31 de diciembre de 2015, p. A9.

19   Véase Edgar Perdomo Arzola "TSJ: ¿Hamponato judicial electoral?, *Aporrea*, 31 de diciembre de 2015, en http://www.aporrea.org/actua-lidad/a220231.html.

20   Véase José Alfredo Guerrero Sosa, "¡Nubarrones de guerra! ¡General en jefe Vladimir Padrino tiene la palabra!, en *Aporrea*, 1 de enero de 2016, en http://www.aporrea.org/actualidad/a220315.html.

Fue por todo ello, además, que la Mesa de la Unidad Democrática calificó a las impugnaciones formuladas que originaron la supuesta sentencia anunciada, como un "golpe judicial" contra la democracia venezolana, considerando que con ello lo que se buscaba era poner en peligro la mayoría calificada que había logrado la oposición democrática en la Asamblea Nacional, como consecuencia de la elección de 6 de diciembre de 2015, indicando que:

"Desafiando la voluntad del pueblo expresada en las urnas, y utilizando un poder judicial colonizado por el partido de gobierno, el oficialismo hoy pretende desconocer los resultados electorales que ellos mismos reiteradamente llamaron a respetar. Incumpliendo lapsos, violentando instancias, poniendo a decidir a magistrados que son al mismo tiempo juez y parte, el oficialismo pretende impugnar un grupo de diputados, alterando así la composición que El Soberano decidió que tuviera el nuevo Parlamento."[21]

En sentido similar se pronunció el *Grupo de Profesores de Derecho Público*, al constatar que lo que tenemos en Venezuela es:

"tenemos una Sala Electoral con jueces nombrados violando la Constitución, y que hasta hace poco eran activistas del partido de gobierno, una Sala que viola sus propios criterios sobre vacaciones judiciales, una Sala que no permite el acceso a los expedientes, una Sala que no decide sobre las recusaciones que se le interponen, que anuncia sus decisiones con días de anticipación pero no las publica, sino sólo un día antes de la juramentación de los diputados. Todo esto resulta en una evidente muestra de todos y cada uno de los problemas de los que adolece el poder judicial venezolano.

Lo expuesto, por su crudeza, dada la grosera manera en que se están tomando las decisiones judiciales, pone en evidencia, por una parte, que el poder judicial debe ser conformado de acuerdo con las pautas constitucionales, y mientras esto no suceda, la justicia en nuestro país, no pasará de una ilusión."[22]

Hemos ya señalado, en todo caso, que el "golpe judicial" electoral que se pretendió dar tan burdamente, en esencia, no fue más que un golpe pírrico,[23] pues a pesar de que con el mismo lo que se quería era arrebatarle a la oposición democrática, para el momento de la instalación de la Asamblea Nacional el 5 de enero de 2016, la mayoría calificada que logró en las elecciones de 112 diputados de un total de 167, frente a 55 del gobierno; si la sentencia llegaba a ser acatada, la oposición quedaba con 109 diputados de un total de 163, frente a 54 del gobierno, lo que implicaba que la oposición democrática seguiría teniendo la misma mayoría calificada de la Asamblea.[24]

---

[21] Véase "La MUD denuncia "golpe judicial" ante la ONU, OEA, Unasur y la Unión Europea," en *Noticiero Digital.com*, 312 de diciembre de 2015, en http://www.noticierodigital.com/2015/12/la-mud-denuncia-golpe-judicial-ante-la-oea-unasur-y-la-union-europea/

[22] Véase "Comunicado del Grupo de Profesores de Derecho Público de las Universidades Venezolanas ante la sentencia de la Sala Electoral que pretendió desconocer la voluntad del pueblo del Estado Amazonas," 5 de enero de 2016.

[23] Del diccionario: "Se aplica a la victoria o al triunfo que ocasiona un grave daño al vencedor y casi equivale a una derrota."

[24] Véase Allan R. Brewer-Carías, *El "golpe judicial" pírrico, o de cómo la oposición seguirá controlando la mayoría calificada de la Asamblea Nacional,"* New York, 31 de diciembre de 2015, en http://www.allanbre-wercarias.com/Content/449725d9-f1cb-474b-8ab2-41efb849fea3/Content/ Brewer.%20EL%20%E2%80%9CGOLPE%20JUDICIAL%E2%80%9D%20P%C3% 8DRRICO. %2031-12-2015.pdf. Véase además, "Lectura Obligada" Golpe Judicial: ¿Perdió la MUD la mayoría calificada?, por José Ignacio Hernández" 2 de enero de 2016, en https://d3k4qfi1qkst3y.

La maniobra política, por ello, en realidad no afectó en forma alguna el acto de instalación de la Asamblea, pero lo que si puso en evidencia fue lo que expresamos desde el inicio en el sentido de que la primera decisión política que debía adoptar la nueva Asamblea Nacional en representación del mandato de cambio democrático que le confirió el pueblo el 6 de diciembre, era le revocación de las inconstitucionales designaciones de magistrados y su subsecuente elección por la Asamblea nueva, en segundo grado, mediante el voto de la mayoría calificada de los diputados que la componen.

Ello debió hacerlo la Asamblea, además, por la tremenda irresponsabilidad en la cual incurrieron los magistrados de la Sala Electoral al supuestamente haber tomado una decisión tan grave y trascendental como "suspender" algo ya ejecutado y por tanto que era "insuspendible," como es una proclamación de una elección ya consumada,[25] y hacerlo mediante una sentencia clandestina, que solo reflejó ignorancia en derecho, que puso en evidencia que nunca debieron haber sido designados para tan alto cargo.

De todo lo anterior quedó claro que por ningún respecto la Asamblea Nacional debía posponer dicha decisión tendiente a comenzar a restablecer el principio de separación de poderes en el país, abriendo la posibilidad de controlar el ejercicio del poder, sin lo cual simplemente no hay democracia. De lo contrario corría el riesgo de que el "hamponato judicial,"[26] bloquease sus actuaciones y detuviera la necesaria reconstrucción del régimen democrático, que fue lo que el pueblo le impuso como mandato en la elección del 6 de diciembre, y fue lo que ocurrió en los primeros meses de 2016.

La decisión que debió haber tomado la Asamblea Nacional al instalarse no iba a originar confrontación de poderes alguna, pues la confrontación ya se había iniciado con las decisiones de la Asamblea Nacional feneciente nombrando en forma inconstitucional a los magistrados, pretendiendo arrebatarle sus poderes a la nueva Asamblea; y con el irresponsable anuncio de estos, sobre la supuesta sentencia con la cual se quería afectar la instalación de la nueva Asamblea. La nueva Asamblea no debió ignorar esto; y al contrario tenía la obligación de ejercer sus poderes constitucionales y cumplir el mandato popular que resultó de su elección, ante un Tribunal Supremo inconstitucionalmente designado, que pretendía desconocer la voluntad popular. Y efectivamente comenzó a hacerlo designando una Comisión para estudiar la revocación de las inconstitucionales designaciones de magistrados, la cual como se verá más adelante, fue anulada por la Sala Constitucional; al igual que ocurrió con el Acuerdo de la Asamblea de revocar las designaciones adoptado en julio de 2016, el cual también fue anulado por la Sala Constitucional, como se comenta igualmente más adelante.

---

cloudfront.net/lectura-obligada-golpe-judicial-perdio-la-mud-la-mayoria-calificada-por-jose-ignacio-hernandez/

[25]   Por ello, José Ignacio Hernández con razón insistió en señalar que "esa sentencia de suspensión es inejecutable." La "suspensión de efectos" es una medida cautelar que pretende impedir el cumplimiento de las consecuencias derivadas de un acto, pero si esas consecuencias son inmediatas, no es posible ya suspender sus efectos. Una vez proclamados los diputados no existe tal cosa como una "desproclamación." Sería tan absurdo como, por ejemplo, pretender suspender un acto de graduación ya realizado." Véase en "¿Qué puede pasar el #5E, día de la instalación de la Asamblea Nacional?, en *Prodavinci*, 2 de enero de 2016, en http://prodavinci.com/blogs/que-puede-pasar-el-5e-dia-de-la-instalacion-de-la-asamblea-nacional-por-jose-ignacio-hernandez/?utm_source=feedburner &utm_medium= email&utm_campaign=Feed:+Prodavinci+(Prodavinci).

[26]   Véase Edgar Perdomo Arzola "TSJ: ¿Hamponato judicial electoral?, *Aporrea*, 31 de diciembre de 2015, en http://www.aporrea.org/actualidad/a220231.html

3. *La inconstitucional, delictiva e inejecutable sentencia de la Sala Electoral "suspendiendo" la elección de los diputados del Estado Amazonas*

En todo caso, como se dijo, el texto de la esperada y clandestina sentencia N° 260 del 30 de diciembre de 2015 de la Sala Electoral del Tribunal Supremo, publicada a mediodía del 4 de enero de 2016,[27] dictada con ocasión de la demanda intentada por Nicia Marina Maldonado Maldonado el día 29 de diciembre de 2015 contra el acto de votación de las elecciones de diputados efectuadas en el Estado Amazonas el día 6 de diciembre de 2015; confirmó la tremenda irresponsabilidad e ignorancia de quienes la redactaron, lo que abonaba aún más la tesis de que la nueva Asamblea Nacional no podía dejar de revocar las inconstitucionales designaciones de los magistrados que integran dicha Sala.[28]

Por el texto de la sentencia, en efecto, cinco días después de haber sido "dictada," los venezolanos pudieron constatar no solo la magnitud de la ilegalidad cometida por los irresponsables "jueces" que integran la Sala Electoral al dictar la sentencia, sino a través de la misma, conocer, primero, el texto de la demanda que la motivó, intentada por una "candidata a Diputada de la Asamblea Nacional por el estado Amazonas, postulada por el Partido Socialista Unido de Venezuela (PSUV) y otras organizaciones," quien por supuesto no había salido electa; y segundo, el objeto de la misma intentada contra "el acto de votación" de dichas elecciones parlamentarias, siendo la solicitud formulada que:

"se anule la elección de los cargos a diputados a la Asamblea Nacional por el Estado Amazonas, que implica: i) el acto de votación; ii) el acto final de escrutinio; iii) el acto de totalización; y iv) el acto de proclamación de los ganadores de los curules correspondientes."

Es decir, la sentencia se dictó con ocasión de una demanda de nulidad de las elecciones parlamentarias efectuadas en el Estado Amazonas el 6 de diciembre pasado, la cual, de declararse con lugar, conforme al artículos 170 de la misma Ley Orgánica sobre los Procesos Electorales, implicaría que el Consejo Nacional Electoral tendría que convocar "un nuevo proceso electoral" en el Estado. Pero como ello seguramente no interesaba al Partido de gobierno, la demanda, en realidad hay que deducir que fue intentada, no para que se anulase la elección, sino para obtener una medida cautelar vacacional, que suspendiese *sine die* la proclamación de los diputados.

Precisamente por la consecuencia que tendría legalmente una declaratoria de la nulidad, el artículo 215 de la Ley Orgánica sobre Procesos Electorales es tan preciso en establecer las causas de nulidad de una elección, que solo pueden ser:

"1. Cuando se realice sin previa convocatoria del Consejo Nacional Electoral.

---

27   Véase en http://www.tsj.gob.ve/en/decisiones#3. Véase además, Allan R. Brewer-Carías, "La inconstitucional y delictiva sentencia de la Sala Electoral pretendiendo "suspender" las elecciones de diputados el Estado Amazonas es inejecutable," 4 de enero de 2016, en http://www.allanbrewercarias.com/Content/449725d9-f1cb-474b-8ab2-41efb849fea3/Content/LA%20INCONSTITUCI ONAL,%20DELICTIVA%20E%20INEJECUTABLE%20SENTENCIA%20DE%20LA%20SA LA %20ELECTORAL%20%204-1-2016.pdf.

28   Véase Allan R. Brewer-Carías, "El irresponsable intento de "golpe judicial" electoral, y la necesaria revocación inmediata de la inconstitucional "designación" de los magistrados de la Sala Electoral efectuada por la asamblea moribunda," 4 de enero de 2016, en: http://www.allanbrewercarias. com/Content/449725d9-f1cb-474b-8ab2-41efb849fea3/Content/LA%20IRRESPONSABILIDAD% 20EN%20EL%20GOLPE%20JUDICIAL%20ELECTORAL%20Y%20LA%20REVOCACI %C3% 93N%20DE%20LOS%20JUECES%2004-01-2016.pdf

2. Cuando hubiere mediado fraude, cohecho, soborno o violencia, en la formación del Registro Electoral, en las votaciones o en los escrutinios y dichos vicios afecten el resultado de la elección de que se trate.

3. Cuando el Consejo Nacional Electoral o el órgano judicial electoral correspondiente determine que en la elección realizada no se ha preservado o se hace imposible determinar la voluntad general de los electores y las electoras."

Según lo reseñó la sentencia, parecería que la demanda se basó en el segundo ordinal del artículo 215, aun cuando curiosamente dicho artículo ni siquiera se citó a lo largo de la sentencia, al informarse que la demanda se intentó:

"contra el acto de votación de las elecciones Parlamentarias celebradas el pasado 6 de diciembre de 2015, por estar viciado de NULIDAD ABSOLUTA, al ser producto de la manipulación de la votación libre y secreta de los electores del Estado Amazonas y que en su conjunto constituyen un fraude estructural y masivo que afecta al sistema electoral venezolano (…)" (sic) (resaltado del original)."

Es decir, en este caso, se trataría de un alegato basado en lo que quizás sea el más grave de los vicios que puedan achacarse a una elección, que es el "fraude" electoral "estructural y masivo," lo que sin duda para que cualquier demanda pudiera prosperar, requeriría no sólo de la precisión sobre en qué consistió la conducta del engaño o aprovechamiento del error de alguien por parte del autor del fraude para obtener un provecho en beneficio propio o de un tercero, capaz de haber afectado "el resultado de la elección," sino por sobre todo, requeriría de una prueba sólida y fehaciente de dicho fraude.

El recurso de nulidad, tal como se reseñó en la sentencia, estuvo basado únicamente en el supuesto hecho de que una alta funcionaria de la Gobernación del Estado Amazonas (Secretaria de la Gobernación), habría pagado "diversas cantidades de dinero a los electores para votar por candidatos opositores," quien además, habría condicionado "la entrega de beneficios económicos a cambio de un voto favorable para los candidatos opositores," agregándose que dicha funcionaria habría dirigido "acciones destinadas a manipular el voto asistido de los ciudadanos adultos mayores o aquellos que por alguna condición física o cualquier otro impedimento le dificultaba ejercer su derecho al sufragio (…)." En síntesis, se afirmó en el recurso, según la sentencia, que:

"la secretaria de la Gobernación del mencionado Estado, Victoria Franchi Caballero" ofrecía entre Dos Mil Bolívares (Bs. 2.000,00) y Cinco Mil Bolívares (Bs. 5.000,00), a los habitantes de Amazonas para que votaran por la mesa de la Unidad Democrática (MUD) o ayudaran a desviar el voto de las personas que por razones físicas u otro impedimento realizaran su votación de forma asistida."

De ello, concluyó la demandante, según la reseña de la demanda que se hizo en la sentencia, que "los ciudadanos y ciudadanas que ejercieron su derecho al sufragio durante este proceso electoral en el Estado Amazonas, no lo hicieron de manera libre y voluntaria, sino bajo la presión y coaccionados por acciones de la tolda opositora que la Ley especial denomina como 'fraude, cohecho, soborno o violencia' lo cual afectó los resultados del proceso electoral parlamentario."

La única prueba que la recurrente presentó del supuesto "fraude estructural y masivo" ante la Sala Electoral, según lo reseñó la sentencia, fue el texto de una grabación en la cual se podría escuchar una conversación que habría sostenido la mencionada Secretaria de la Gobernación del Estado Amazonas, "con otra persona anónima," en la cual se habrían hecho las afirmaciones antes destacadas; grabación que "en fecha 16 de diciembre de 2015, fue difundida por los medios de comunicación social."

Una demanda o recurso con ese sólo fundamento genérico, basado en una supuesta conversación privada sostenida por un funcionario público con una "persona anónima," que constaría de una grabación ilegal, por supuesto no resiste el menor análisis ni consideración, y lo que debió haber hecho la Sala Electoral al recibirla, lejos de admitirla, era declarar el recurso como inadmisible, pues como resulta de la reseña que se hace en la sentencia, no solo la recurrente no acompaño prueba alguna de la certeza de la supuesta conversación, ni de que la misma realmente hubiera tenido lugar, sino que tampoco acompañó prueba alguna de que, por ejemplo, algún votante hubiera efectivamente recibido algún dinero para votar el 6 de diciembre de 2015 a favor de algún candidato, de manera que el "fraude estructural y masivo" se hubiese producido en el Estado.

De lo anterior resulta, por tanto, como lo reseñó la Sala Electoral, que en el expediente no hay prueba alguna de que en las elecciones parlamentarias del Estado Amazonas hubiese ocurrido algún fraude estructural y masivo, y lo único que se alegó fue que en una conversación privada entre dos personas, se habló de pagos a electores para que fueran a votar, pero sin identificarse ni siquiera uno en todo el Estado. Ello, se insiste, bastaba para declarar inadmisible la demanda; pero no, la Sala Electoral prefirió dictar "justicia [cautelar] a la carta"[29] como se le habría ordenado.

Por ello, como lo dijo el Secretario General de la Organización de Estados Americanos en carta que le dirigió a quien ejerce la Presidencia de la República en Venezuela en fecha 12 de enero de 2016, la Sala Electoral atendió "aparentemente, tan solo a la urgencia de la necesidad política que la medida cautelar pretende satisfacer," destacando al referirse a esta sentencia de la Sala Electoral, entre otros aspectos, que era absolutamente improcedente "la aplicación de una medida cautelar invalidando un acto electoral y los efectos jurídicos de la proclamación del Consejo Nacional Electoral," agregando que:

"Los derechos a salvaguardar son los de los electores, que en este caso son dejados de lado por una grabación anónima, aun cuando ya se había producido su proclamación y reconocimiento por parte del CNE. Considerar que una grabación anónima tenga más fuerza que las conclusiones del llamado antes del 6 de diciembre "el sistema electoral más perfecto del mundo" es intolerable e insostenible jurídicamente.

Pero además la debida investigación de si esa grabación constituye también evidencia de espionaje electoral a la oposición, elemento hoy esencial para también poder juzgar sobre la verdad material del caso y saber con certeza respecto a las acusaciones realizadas, algo que obviamente debe ser el centro de los esfuerzos de todos: conocer la verdad.

Esa verdad requiere algo más que un procedimiento como el realizado, la medida cautelar tomada es resultado de un proceso probatorio extraordinariamente frágil, sin sustanciación.

Así en un par de días se dejaron sin efecto los resultados de proclamación del CNE."[30]

Por ello, lo más grave de la insensatez cometida por la Sala Electoral, al admitir la demanda, fue que tanto a la recurrente como a la propia Sala Electoral se les olvidó –o ignoraban de su existencia– que el artículo 49.1 de la Constitución declara "nulas las pruebas obtenidas mediante violación del debido proceso," lo que significa que ningún proceso en Venezuela puede fundarse sobre pruebas ilícitas, que son aquellas obtenidas en violación de los derechos fundamentales.

---

[29]   Véase Laura Louza, La "justicia a la carta" de la sala Electoral. *Sobre la suspensión de los diputados del estado Amazonas, 5 de enero de 2016,* en http://www.accesoalajusticia.org/noticias/detalle.php?notid=13501#.VowQnfnhBdg

[30]   Véase en http://www.oas.org/documents/spa/press/CARTA.A.PRESIDENTE.MADURO.12-01-16.pdf

En Venezuela, la Constitución protege el derecho de las personas a la "confidencialidad" (art. 6), y garantiza en el artículo 48 "el secreto e inviolabilidad de las comunicaciones privadas en todas sus formas" prohibiendo que puedan ser "interferidas sino por orden de un tribunal competente, con el cumplimiento de las disposiciones legales y preservándose el secreto de lo privado que no guarde relación con el correspondiente proceso."[31]

Ello, además, está regulado con detalle en la Ley sobre protección a la privacidad de las comunicaciones,[32] que la sentencia también ignoró, que fue dictada en 1991, precisamente con el objeto de "proteger la privacidad, confidencialidad, inviolabilidad y secreto de las comunicaciones que se produzcan entre dos o más personas," en la cual se tipifica como delito castigado con prisión de tres a cinco años, a quien "arbitraria, clandestina o fraudulentamente grabe o se imponga de una comunicación entre otras personas" (art 2). La Ley, además, dispone que en dicha pena también incurre, "quien revele, en todo o en parte, mediante cualquier medio de información, el contenido de las comunicaciones" (art. 2), e incluso, castiga con prisión de seis a treinta meses, a quien "perturbe la tranquilidad de otra persona mediante el uso de información obtenida por procedimientos condenados por esta Ley y creare estados de angustia, incertidumbre, temor o terror" (art. 5).

En consecuencia, el sólo hecho de que una persona hubiera acudido ante la Sala Electoral con una demanda basada en una grabación ilegal de una conversación privada entre dos personas, para alegar un "fraude electoral estructural y masivo," bastaba no solo para declarar la inadmisibilidad de la demanda, sino para requerir el enjuiciamiento de la recurrente ante el Ministerio Público, por pretender fundamentar una demanda en un hecho delictivo. Al no hacerlo y admitir la demanda y aceptar como único medio de prueba de la misma una grabación ilegal, los señores jueces de la Sala Electoral, a su vez, incurrieron en delito al ser cómplices del delito cometido.

La sentencia N° 260, por tanto, está viciada de inconstitucionalidad e ilegalidad, siendo el contenido de la misma en sí mismo un acto delictivo, que ameritaba que quienes la firmaron fueran enjuiciados, aun cuando en dicha sentencia no se hubiera resuelto el fondo de asunto planteado, que fue la declaratoria de nulidad de las elecciones en el Estado Amazonas, sino solo una medida cautelar, pues ésta estaba basada en una prueba ilegal.

En efecto, la sentencia, como acto delictivo, se limitó a considerar y decidir, sin que los jueces recibieran por supuesto los antecedentes administrativos y el informe sobre los aspectos de hecho y de derecho relacionados con el recurso que la Sala Electoral solicitó al Consejo Nacional Electoral, sobre la específica solicitud formulada por la recurrente, de que la Sala dictase una medida cautelar consistente en el:

"amparo temporal de los derechos constitucionales previstos en los artículos 62 y 63 de la Constitución de la República Bolivariana de Venezuela, violentados por las toldas opositoras, como medio definitivo para establecer la situación jurídica, ya que se está vulnerando de manera flagrante, grosera, directa e inmediata los derechos constitucionales de los electores y electoras del Estado Amazonas, siendo que de esta forma se mantengan en la misma situación fáctica que tenían antes de la violación, hasta tanto sea decidido el presente recurso."

---

31   Véase en el mismo sentido, lo indicado por José Ignacio Hernández, "¿Qué dijo la Sala Electoral para "suspender" a los diputados de Amazonas?," en *Prodavinci*, 4 de enero de 2016, en http://prodavinci.com/blogs/que-dijo-la-sala-electoral-para-suspender-a-los-diputados-de-amazonas-por-jose-i-hernandez/

32   Véase en *Gaceta Oficial* N° 34.863 de 16 de diciembre de 1991.

Por supuesto, para poder considerar la medida cautelar solicitada, la Sala Electoral, como lo expresó en su sentencia, ineludiblemente no solo tuvo que apreciar en el caso "la presunción del derecho reclamado (*fumus boni iuris*)," y que la medida fuera "necesaria a fin de evitar perjuicios irreparables o de difícil reparación por la sentencia definitiva (*periculum in mora*)," sino "los elementos probatorios que acrediten la existencia de presunción los requisitos anteriores," es decir, la Sala tuvo que haber valorado la viciada prueba aportada, es decir, la grabación ilegal de una supuesta conversación privada entre dos personas.

Pero lejos de considerar esa circunstancia de ilegalidad, al contrario, la Sala Electoral la valoró totalmente, e incluso, como el único fundamento de lo alegado por la recurrente de considerar, irresponsablemente, que:

"(…) los diputados electos en el circuito electoral del Estado Amazonas carecen de legitimidad, siendo que además no representan la voluntad del pueblo del Estado Amazonas, por lo tanto al asumir los cargos el próximo 05 de enero de 2016 los candidatos elegidos por dicho Estado en la Asamblea Nacional, podría existir el riesgo que los mismos tomen decisiones sin tener la representatividad del pueblo amazonense."

Esa valoración de la prueba ilegal para acordar la medida preventiva, por otro lado, la hizo la Sala solo atendiendo al argumento de la recurrente de que como la grabación ilegal de la conversación privada había sido divulgada en los medios –lo que en sí mismo era un delito– entonces se trataba de un supuesto "*hecho notorio comunicacional*" respecto del cual según la sentencia, "*la parte que lo alega está exenta de cumplir con la carga de su demostración.*"

Tan simple y burdo como lo que queda dicho, que no es otra cosa que decir que si se obtiene una grabación ilegal de una conversación, sin siquiera saberse si la misma es cierta, y no es un montaje, sin embargo si se la divulga en los medios de comunicación –cometiéndose un delito–, ello entonces convierte el delito y el contenido de lo supuestamente dicho en un "hecho notorio comunicacional," que tiene que tomarse por cierto, sin que nada tenga que probarse. Mayor aberración jurídica es ciertamente imposible de concebir.

Y eso fue lo que resolvió la irresponsable Sala Electoral, apelando a una cuestionable decisión de la Sala Constitucional (sentencia N° 98 del 15 de marzo del 2000),[33] que lejos de avalar lo decidido por la Sala Electoral, impedía adoptar la decisión, pues dicha sentencia en lo que insistió fue que lo que podía dar origen a un "hecho notorio comunicacional" era un "hecho" suceso o acaecimiento publicitado, y no un "testimonio" de una conversación sobre hechos que es lo que contenía la grabación ilegal.

Por ejemplo, de acuerdo con la sentencia de la Sala Constitucional citada, un "hecho público comunicacional" serían los ataques terroristas del 13 de noviembre de 2015 ocurridos en Paris, que no requerirían de prueba, pues como lo dice la sentencia de la Sala Electoral constan de "grabaciones o videos, por ejemplo, de las emisiones radiofónicas o de las audiovisuales, que demuestren la *difusión del hecho*, su uniformidad en los distintos medios y su

---

[33]   Véase Allan R. Brewer-Carías, "Sobre el llamado 'hecho comunicacional' como fundamento de una acusación penal", en *Temas de Derecho Penal Económico, Homenaje a Alberto Arteaga Sánchez* (Compiladora Carmen Luisa Borges Vegas), Fondo Editorial AVDT, Obras colectivas OC N° 2, Caracas 2007, pp. 787-816; y "Consideraciones sobre el "hecho comunicacional" como especie del "Hecho Notorio" en la doctrina de la Sala Constitucional del Tribunal Supremo" en *Revista de Derecho Público*, N° 101, enero-marzo 2005, Editorial Jurídica Venezolana, Caracas 2005, pp. 225-232.

consolidación; es decir, lo que constituye la noticia." Esos "hechos" son distintos a los "testimonios" que pudieron darse sobre esos hechos, contentivos en declaraciones publicitadas, que nunca podrían ser el tal "hecho notorio comunicacional."

En los mismos términos, como lo resolvió la propia Sala Electoral en la sentencia N° 145 del 27 de octubre de 2010, ratificada en la N° 58 del 9 de julio de 2013, que se cita en la misma sentencia que comentamos, lo publicitado *debe tratarse de hechos y no de opiniones o testimonios, de eventos reseñados por los medios como noticia (…)* (destacado del original)."

Sin embargo, en el caso decidido por la Sala Electoral, en la grabación de una conversación privada que supuestamente sería la prueba de un fraude, en realidad no hay ningún "hecho" publicitado –salvo la grabación ilegal en sí misma– que se configure como hecho notorio comunicacional, sino que lo que hay solo sería un "testimonio" de alguna persona sobre hechos. Por ello, si la sentencia hubiese sido dictada para enjuiciar a los responsables del delito de divulgación de conversaciones privadas, el "hecho" de la grabación en cuestión difundida en los medios habría sido prueba suficiente del delito; pero en este caso, no se estaba juzgando el "hecho" de que se divulgó una grabación ilegal, sino un supuesto hecho que era un "fraude" que supuestamente solo constaba de "testimonios" expresados en una conversación.

La propia Sala Electoral confesó en su sentencia que solo apreció:

"la uniformidad en diversos medios impresos y digitales de comunicación social del día 16 de diciembre de 2015, de *un hecho noticioso consistente en la difusión de grabación del audio de una conversación* entre la ciudadana Victoria Franchi Caballero, Secretaria de la Gobernación del estado Amazonas, y persona no identificada (anónima) en la cual se refiere la práctica de compra de votos y pago de prebendas a electores para votar por la denominada Mesa de la Unidad Democrática (MUD) o ayudar a desviar la voluntad de las personas que requerían asistencia para el acto de votación."

Es decir, el hecho noticioso para la Sala Electoral fue solo la difusión de la grabación ilegal, no el contenido de la misma, que no era más que un testimonio, y que por supuesto nunca podría ser un "hecho notorio comunicacional." Es decir, si la grabación constituía una prueba de algo, solo era de la comisión de un delito, pero no de alguna violación electoral.

Por ello, aplicar la tesis del "hecho notorio comunicacional" para eximir a la recurrente de la carga de probar un hecho tan grave como es un "fraude estructural y masivo" en una elección popular, no sólo violó la garantía del debido proceso,[34] sino que fue una aberración jurídica imperdonable, y lo menos que ameritaría es retrotraer a estos magistrados a que comenzaran a estudiar derecho, que por lo visto nunca hicieron. Y no bastaba para justificar el error de derecho cometido, argumentar que alguien hubiese solicitado el inicio de alguna investigación por el contenido de la grabación, o de que la persona que habría supuestamente

---

[34]   Como lo observó el Secretario General de la OEA Luis Almagro, en su comunicación de 30 de mayo de 2016 con el Informe sobre la situación en Venezuela en relación con el cumplimiento de la Carta Democrática Interamericana, al referirse a dicha sentencia: "basar en esto la suspensión de los efectos de los actos de totalización, adjudicación y proclamación emanados del Consejo Nacional Electoral, sin escuchar previamente a dicho Consejo, violó de manera flagrante las garantías del debido proceso," p. 50. En igual sentido, indicó: "basar en esto la suspensión de los efectos de los actos de totalización, adjudicación y proclamación emanados del Consejo Nacional Electoral, sin escuchar previamente a dicho Consejo, y los descargos de los diputados electos en cuestión, viola las garantías del debido proceso" p. 53. Véase en oas.org/documents/spa/press/OSG-243. es.pdf.

dado un testimonio hubiese sido aprehendida. Ello solo demostró el hecho de que se produjo un delito que fue la divulgación de una grabación ilegal, que la Sala Electoral estaba en la obligación de procurar que se sancionara.

La fundamentación de la declaración de procedencia de la medida de amparo cautelar que se había solicitado, por tanto, basada solo en la divulgación de una grabación ilegal, fue contraria a la Constitución, a la ley y a la propia jurisprudencia de la Sala, al igual que fue contrario a derecho lo decidido en la sentencia al ordenar, como se anunció en la página web de la Sala en 30 de diciembre de 2015:

> "de forma provisional e inmediata la suspensión de efectos de los actos de totalización, adjudicación y proclamación emanados de los órganos subordinados del Consejo Nacional Electoral respecto de los candidatos electos por voto uninominal, voto lista y representación indígena en el proceso electoral realizado el 6 de diciembre de 2015 en el estado Amazonas para elección de diputados y diputadas a la Asamblea Nacional, hasta que se dicte sentencia definitiva en la presente causa."

Es asombroso constatar, cómo una Sala del Tribunal Supremo, al suspender los efectos ya cumplidos y por tanto "no suspendibles" de unos actos como los impugnados, y así privar de representación popular a todo un Estado del país en la Asamblea Nacional no hizo el más mínimo esfuerzo por valorar y ponderar en forma alguna los intereses en juego, que eran, por una parte el interés particular de la recurrente, quien no había sido electa, y por el otro, el interés colectivo de toda la población del Estado Amazonas en tener representación en la Asamblea Nacional, lo que de por sí vició la decisión en su motivación que estaba ausente.

Además, en todo caso, la "suspensión" de efectos en este caso, como se dijo, era imposible, pues como bien se ha dicho,[35] la suspensión de efectos de determinados actos solo se puede pronunciar cuando los dichos efectos no se han producido o están cumpliéndose. Por ejemplo, en una demanda contencioso administrativa de nulidad contra un permiso de construcción, se puede dictar la suspensión de efectos del acto recurrido siempre que la edificación permisada no hubiese comenzado, o si estuviese en curso la edificación, paralizando en consecuencia la obra. Pero si la obra se terminó y la edificación está completa, no habría nada que suspender. La suspensión de efectos en esos casos es simplemente imposible.

Ello mismo ocurrió en este caso: la elección de los diputados del Estado Amazonas ya se había efectuado hacía un mes, en diciembre de 2015, y todos los actos "de totalización, adjudicación y proclamación" de esa elección se habían efectuado totalmente, habiendo comenzando los proclamados a gozar de la inmunidad que le garantizaba las Constitución (art. 200).[36] No era jurídicamente posible entonces en ese caso "suspender" los efectos de un acto que ya se cumplieron. La sentencia, por tanto, era simplemente inejecutable.[37]

---

35   Véase José Ignacio Hernández, "¿Qué puede pasar el #5E, día de la instalación de la Asamblea Nacional?, en *Prodavinci*, 2 de enero de 2016, en http://prodavinci.com/blogs/que-puede-pasar-el-5e-dia-de-la-instalacion-de-la-asamblea-nacional-por-jose-ignacio-hernandez/?utm_source=feed burner&utm_medium= email&utm_campaign=Feed:+Prodavinci+(Prodavinci).

36   Como lo resumió con precisión el profesor Alberto Arteaga: "Un tribunal, por más supremo que sea, no puede desconocer la voluntad del pueblo que ha elegido a sus representantes y le ha otorgado, con la proclamación, la investidura parlamentaria, con la coraza de protección de la inmunidad, que lo sustrae, precisamente, de cualquier acción temeraria o aventurada de desconocimiento de su condición y que pueda intentarse desde el Gobierno o por cualquier otro francotirador, destinada a provocar una decisión que, por vía provisional o cautelar, pretende dejar sin efecto la expresión de la voluntad soberana. / Una vez proclamado un diputado, goza de inmunidad, prerroga-

Es decir, en resumen, la sentencia de la Sala Electoral del Tribunal Supremo de Justicia N° 260, tan esperada durante los días de fin y comienzo de año 2015-2016, no fue más que un bodrio inconstitucional, de contenido delictivo, e inejecutable que no podía ser acatada; un signo más de la fase terminal de un régimen que no respeta la soberanía popular.

4. *El rechazo de la oposición a la medida cautelar de suspensión de efectos de la proclamación de los diputados electos y proclamados en el Estado Amazonas*

Contra la decisión cautelar contendida en la sentencia N° 260 del 30 de diciembre de 2015, el 13 de enero de 2016, tres de los cuatro diputados afectados por la misma, y además, un grupo de ciudadanos electores del Estado, formularon oposición solicitando su revocatoria. Igualmente lo hicieron, el 18 de enero de 2016, los miembros de la Junta Directiva de la Asamblea Nacional en tal carácter y en representación de la Asamblea Nacional, solicitando "la intervención en este proceso de la Junta Directiva de la Asamblea Nacional y de la misma Asamblea Nacional, por nosotros representada."

Dichas oposiciones fueron resueltas por la Sala Electoral mediante sentencia N° 126 del 11 de agosto de 2016,[38] declarándola sin lugar, para lo cual lo primero que hizo la Sala fue negarle a la Junta Directiva de la Asamblea Nacional la posibilidad misma de poder alegar y argumentar en el proceso de amparo, a pesar de sentar el principio de que"

"en el procedimiento contencioso electoral pueden intervenir como terceros adhesivos quienes detenten un interés jurídico (legítimo o simple) y pretendan coadyuvar a vencer en el proceso a alguna de las partes, sin sustituirse –en principio, en la condición de ésta–. No obstante, la situación jurídica del tercero respecto al caso concreto puede conllevar a calificarlo como "tercero verdadera parte".

A pesar de ello, la Sala Electoral, luego de admitir en el proceso "como tercero verdadera parte" a los diputados opositores afectados, y como "terceros adhesivos" a los ciudadanos electores que suscribieron la oposición, le negó en efecto a los diputados miembros de la Junta Directiva de la Asamblea Nacional, y a la propia Asamblea representada por los mismos, la posibilidad de participación en el proceso.

---

tiva funcional y no personal que no permite que sea coartado en el ejercicio de sus funciones y, por tanto, no puede ser impedida la formalidad de la juramentación y posterior asunción de todas sus obligaciones y derechos. / A tal punto es trascendente esta inmunidad, que lo coloca a salvo de decisiones del máximo tribunal que, inclusive, en el caso en que el Tribunal Supremo de Justicia declare, en un antejuicio, por la presunta comisión de un delito, que hay mérito para el enjuiciamiento penal de un diputado, no se puede proceder ni llevar a cabo el juicio si la Asamblea no lo autoriza o allana la inmunidad, decisión de naturaleza política en salvaguarda de la representación popular que podría resultar afectada. / Corresponde a la Asamblea y no al Tribunal Supremo de Justicia la calificación de sus miembros y, eventualmente, su separación, pero no puede admitirse que por una maniobra leguleyesca o componenda procesal, mediante una decisión evidentemente sin fundamento, se pretenda afectar el funcionamiento del poder más importante en un Estado de Derecho." En Alberto Arteaga, "¿Diputados "desproclamados?", *El Nacional*, 5 de enero de 2016, en http://www.el-nacional.com/opinion/Diputados-desproclamados_0_769123191.html#.VouyuE4cqOI .gmail.

[37] En igual sentido, véase José Ignacio Hernández, "¿Qué dijo la Sala Electoral para "suspender" a los diputados de Amazonas?," en *Prodavinci*, 4 de enero de 2016, en http://prodavinci.com /blogs/que-dijo-la-sala-electoral-para-suspender-a-los-diputados-de-amazonas-por-jose-i-hernandez/.

[38] Véase en http://historico.tsj.gob.ve/decisiones/selec/agosto/190168-126-11816-2016-2016-X-000003. HTML

Para justificar su condición de terceros intervinientes en el proceso, los diputados miembros de la Junta Directiva de la Asamblea y a la Asamblea misma, habían invocado el artículo 27 .1 del Reglamento Interior y Debates que atribuye al Presidente de la Asamblea Nacional el ejercicio de la representación de la misma. La Sala no consideró dicha representación suficiente, argumentando que "se encuentra vinculada con la dirección de la actividad parlamentaria que comprende la organización y ejecución de las sesiones o debates para tratar los asuntos objeto de conocimiento, discusión y aprobación del Pleno de la Asamblea Nacional," y no para la intervención en el proceso contencioso electoral.

La Sala estimó que la representación debía "resultar del acuerdo previo de los diputados miembros de la Asamblea Nacional, a los fines de hacer valer en juicio el interés legítimo sobre la validez del proceso electoral impugnado," concluyendo que "la representación en juicio de la República, por órgano de la Asamblea Nacional, no puede subsumirse en el artículo 27.1 del Reglamento Interior y de Debates," razón por la cual no admitió la oposición formulada el 18 de enero de 2016 los miembros de la Junta Directiva de la Asamblea Nacional.

La Asamblea Nacional, en efecto, es un órgano del Poder Público, y los miembros de su Directiva son sus titulares, y tratándose de una medida cautelar de amparo, y por tanto, un procedimiento regido por los principios de la Ley Orgánica de Amparo sobre Derechos y Garantías Constitucionales, no hay duda que dicho órgano y los miembros de su Junta Directiva por supuesto que pueden tener el carácter de terceros interesados en un proceso en el cual se cuestionaba precisamente el carácter de miembro de la Asamblea de unos diputados. La decisión de la Sala Electoral, por tanto, violó el derecho de dicho órgano y de sus representantes, e participar y alegar en un proceso en el cual indudablemente tenía interés, vulnerándose así el derecho al debido proceso de los intervinientes.

Ahora bien, entre los alegatos formulados en la oposición a la medida cautelar, los oponentes argumentaron que lo decidido implicaba suspender a "inmunidad parlamentaria" que los intervinientes alegaron tenían desde que fueron proclamados por el Órgano Electoral, argumentando que la misma "solo podría ser objeto de suspensión por decisión de la propia Asamblea Nacional" no pudiendo ser "suspendida" por una decisión judicial.

Frente a ello, sin embargo, la Sala argumentó que lo que se había impugnado era "el proceso electoral de las elecciones parlamentarias celebradas el 6 de diciembre de 2015, en el circuito electoral del Estado Amazonas para el período constitucional 2016-2021," considerando entonces que todos los actos "que integran las fases del proceso electoral subsiguientes al acto de votación" eran susceptibles de control por la jurisdicción contencioso electoral ejercida por la Sala, y por tanto, también todos ellos podían ser "objeto de suspensión cautelar."

Sobre el cuestionamiento formulado sobre la improcedente "suspensión" de la inmunidad parlamentaria, la Sala se limitó a considerar que ello no constituía el objeto de la decisión cautelar que ordenó la inejecución temporal del acto de proclamación, argumentando simplemente que no era competencia de la "Sala Electoral determinar el alcance o interpretación del artículo 200 de la Constitución," y determinar "en consecuencia, si los oponentes gozan o no del mencionado privilegio." La Sala, sin embargo, al desestimar el alegato sin mayor argumentación, se pronunció sobre el tema solo citando la sentencia N° 612 de la Sala Constitucional del 15 de julio de 2016, en la cual supuestamente el Tribunal Supremo se había pronunciado "sobre los límites de la inmunidad parlamentaria" solo citando un párrafo de la sentencia N° 7 del 5 de abril de 2011 de la Sala Plena del Tribunal Supremo de Justicia, en la cual a su vez, se citó otro párrafo de la sentencia N° 59 de 26 de octubre de 2010 (publicada el 9 de noviembre de 2010) de la misma Sala Plena en la cual se indicó que:

"hay prerrogativa en tanto se ejerza la función" y "cuando no se desempeña el cargo no se goza de la prerrogativa procesal", porque lo que priva es una concepción de la inmunidad como garantía del buen funcionamiento de la Asamblea Nacional."

De las sentencia citadas, en efecto se puede "deducir" el argumento formulado en su momento por la Sala Plena respecto de los diputados electos en diciembre de 2010, en el sentido de que el día en el cual los mismos comenzaron "a gozar de la prerrogativa de la inmunidad parlamentaria es el día 5 de enero de 2011, o el más inmediato posible" (artículo 219, Constitución), a lo que agregó lo expresado en otra sentencia también citada por la Sala Electoral, N° 58 de la misma Sala Plena de 9 de noviembre de 2010, referida a la inmunidad que protege a los parlamentarios "en el ejercicio de su función parlamentaria" y con ocasión del "ejercicio de sus funciones." Solo con estas referencias a referencias de sentencias citadas, la Sala Plena, sin motivación alguna en el texto, simplemente desestimó el alegato de oposición formulado sobre el tema de la violación de la inmunidad de los diputados una vez proclamados.

Otro alegato de oposición que se formuló fue el de "la inejecutabilidad e improcedencia" de la medida cautelar decretada, considerando los intervinientes, con razón, que la misma carecía "de eficacia y ejecución, en virtud que los efectos de los actos de totalización, adjudicación y proclamación [...] *ya habían sido ejecutados y agotados* en su totalidad," considerando además que el acto de proclamación había sido "de cumplimiento instantáneo." Sobre ello, la Sala Electoral, lejos de considerar que el acto de proclamación es un acto de cumplimiento instantáneo que produce efectos de inmediato, los cuales se agotan con su emisión, citando unas sentencias anteriores N° 3 del 29 de enero de 2007 y N° 24 del 16 de febrero de 2012, indicó al contrario que:

"la ejecución del acto de proclamación de los candidatos electos (hoy oponentes) no se consumó de forma automática o inmediata, sino que estaba condicionada al cumplimiento de actos posteriores a su emisión, tales como la juramentación y la posesión efectiva del cargo, los cuales no se habían producido en la oportunidad de dictarse la sentencia N° 260 de fecha 30 de diciembre de 2015 que ordenó la suspensión de efectos de los actos de totalización, adjudicación y proclamación."

Por ello, ratificó que la decisión cautelar que había dictado "ordenó suspender los efectos de los actos de totalización, adjudicación y proclamación dictados en el proceso electoral realizado el 6 de diciembre de 2015" con lo cual se había originado "la inejecución temporal de las consecuencias jurídicas y materiales que de ellos se derivan," notificándose a la Asamblea Nacional "a los fines de abstenerse de realizar actos que impliquen la eficacia o ejecución de los mencionados actos."

Por último, sobre el argumento formulados por los oponentes de que el único alegato que sustentó la demanda principal de nulidad de las votaciones de Diputados en el Estado Amazonas con la cual se formuló la petición de amparo cautelar, había sido un fraude electoral basado en la mencionada "grabación ilegal," que no podía constituir prueba lícita alguna a los fines de evidenciar la apariencia o indicio grave de violación de derechos constitucionales ni configurar presunción alguna de buen derecho para otorgar la medida cautelar. Frente a ello, sin embargo, la Sala solo se limitó a señalar que la exigencia procesal del *fumus boni iuris* "no implica pronunciamiento adelantado sobre el fondo del asunto objeto del recurso principal, pues luego de la sustanciación del proceso el juez decidirá conforme a los hechos alegados por las partes y con vista a las pruebas del expediente."

La Sala solo dijo, que la solicitud cautelar se había fundamentado en "la presunción de buen derecho" que supuestamente derivaba de la violación de la "libertad del elector en la expresión de sus preferencias políticas y la veracidad o fidelidad del escrutinio, ello a cambio de beneficios económicos por un voto a favor de los candidatos de oposición;" todo lo cual, a juicio de la Sala solo fue apreciado "preliminarmente con base en la constatación de un hecho noticioso señalado por la recurrente y conocido de forma notoria por esta Sala, en virtud de su difusión pública y uniforme en medios de comunicación."

Y nada más, de manera que fue con base en ello solo, que la Sala había ordenado "suspender la ejecución provisional de los actos de totalización, adjudicación y proclamación de los candidatos electos a los fines de la protección cautelar de los derechos fundamentales de naturaleza política de los electores del Estado Amazonas;" declarando al final, sin lugar la oposición a la dicha medida cautelar.

II.   LA SALA ELECTORAL VS. LA VOLUNTAD POPULAR: LA PROHIBICIÓN DEL FUNCIONAMIENTO Y ACTUACIÓN DEL PARLAMENTO POR ORDEN JUDICIAL DE LA SALA ELECTORAL DEL TRIBUNAL SUPREMO DE JUSTICIA

La decisión de la Sala Electoral del Tribunal Supremo de Justicia, contenida en la sentencia N° 260 de 30 de la diciembre de 2015 (Caso: *Nicia Marina Maldonado Maldonado vs. Elecciones Estado Amazonas*),[39] suspendiendo la proclamación efectuada por el Consejo Nacional Electoral de la elección de los diputados electos 6 de diciembre de 2015 en el Estado Amazonas, fue un evidente desconocimiento de la voluntad popular expresada en dicho Estado Amazonas, privándolo de representación en la Asamblea. Lo resuelto, además, fue un evidente error judicial, inexcusable, pues a pesar de que se pretenda lo contrario, jurídicamente no es posible suspender los efectos de actos ya cumplidos, razón por la cual la decisión podía considerarse como inejecutable,[40] pues no podía ser cumplida, y no era susceptible de ser acatada por nadie.

El error de la sentencia de la Sala Electoral, además, se agravó, porque la misma desconoció que conforme a la Constitución solo la propia Asamblea Nacional tiene la potestad privativa de calificar a sus integrantes (art. 187.20), y que los diputados desde su proclamación gozan de inmunidad parlamentaria (art. 200), pudiendo solo perder su investidura mediante revocación popular de su mandato (arts. 72, 198).

La sentencia, dictada por una de las Salas del Tribunal Supremo, en todo caso, abrió las puertas para el inicio de un conflicto institucional que afectó el funcionamiento de la nueva Asamblea Nacional. Esta, en efecto, se instaló el día 5 de enero de 2016, con la juramentación de 163 de los 167 diputados electos, sin que participaran en dicha instalación los diputados electos por el Estado Amazonas. Por ello, ante una denuncia de desacato de la sentencia 260 de 30 de diciembre de 2015, la Sala Electoral del Tribunal Supremo en sentencia N° 1 de 11 de enero de 2016,[41] expresó que dicho acto de instalación de la Asamblea se había verificado "en acatamiento de la sentencia número 260 del 30 de diciembre de 2015 dictada por esta Sala Electoral."

---

39   Véase en http://historico.tsj.gob.ve/decisiones/selec/diciembre/184227-260-301215-2015-2015-000 146.HTML.

40   En igual sentido, véase José Ignacio Hernández, "¿Qué dijo la Sala Electoral para "suspender" a los diputados de Amazonas?," en *Prodavinci*, 4 de enero de 2016, en http://prodavinci.com /blogs/que-dijo-la-sala-electoral-para-suspender-a-los-diputados-de-amazonas-por-jose-i-hernandez/

41   Véase en http://historico.tsj.gob.ve/decisiones/selec/enero/184253-1-11116-2016-X-2016-000 001. HTML.

Ahora bien, una vez instalada la Asamblea Nacional como representación de la soberanía popular, su directiva, integrada por los diputados Henry Ramos Allup, Enrique Márquez y José Simón Calzadilla, procedieron al día siguiente, 6 de enero de 2016, a juramentar como Diputados a los ciudadanos Nirma Guarulla, Julio Haron Ygarza y Romel Guzamana quienes habían sido electos en el Estado Amazonas, en virtud de que los mismos habían sido debidamente proclamados por las autoridades electorales, hecho que se consideró no constituía desacato a lo resuelto por el Tribunal Supremo. Como lo expresó el diputado Henry Ramos Allup, Presidente de la Asamblea Nacional, según se reseñó sobre ello en la sentencia N° 1 de 11 de enero de 2016:

"No se puede considerar en desacato a quienes califican a sus propios miembros. Para ejercer nuestros derechos constitucionales no pasamos por el tamiz de ningún otro poder. Los dos únicos órganos elegidos por sufragio son el presidente y la Asamblea Nacional."[42]

Por su parte, el diputado Enrique Márquez, Primer Vicepresidente de la Asamblea Nacional, igualmente declaró:

"No la podemos acatar, estaríamos entrando en desacato de la voluntad popular y la Constitución, algo que no vamos a hacer. Una vez proclamados nadie puede detener su juramentación."[43]

Sin embargo, esa no fue la apreciación de la candidata a diputado que no había resultado electa el 6 de diciembre de 2016 y quién había impugnado la elección de los diputados en el Estado Amazonas ante la Sala Electoral de Tribunal Supremo y quien acudió además para peticionar –a lo que se unieron unos diputados a la Asamblea Nacional miembros del partido de gobierno que actuaron como coadyuvantes interesados–, que la sentencia N° 260 de 30 de diciembre de 2016 fuera "acatada," solicitándole a la Sala que se pronunciase "en forma inmediata sobre la inconstitucionalidad de la juramentación írrita efectuada en el hemiciclo legislativo el día 6 de enero de 2016."

Por su parte los terceros interesados fueron más allá en sus peticiones, alegando ante la Sala Electoral, que la Junta Directiva de la Asamblea Nacional al no haber "acatado la antes referida decisión de la Sala Electoral," había violado:

"los principios de jurisdicción, división de los Poderes Públicos y supremacía constitucional, previstos en los artículos 253, 136, 138, 139 y 7 de la Constitución de la República Bolivariana de Venezuela, la cual, por tratarse de un evidente abuso y desviación de poder, expresado a través de una pretendida usurpación de poder, determina la nulidad absoluta de tal actuación antijurídica y, por ende, su ineficacia plena, así como la nulidad de las actuaciones subsiguientes en las que intervengan los juramentados al margen del derecho."

Adicionalmente, los terceros intervinientes alegaron que los actos de la Asamblea Nacional, luego de la incorporación "de los diputados cuya proclamación fue suspendida, resultan nulos e ineficaces, y desde luego afectan el funcionamiento adecuado, normal y pacífico de la Asamblea Nacional, de la cual formamos parte," concluyendo con la petición que formularon ante la Sala Electoral, que se pronunciase "sobre la inconstitucionalidad e ilegitimidad" de la juramentación de los diputados por el Estado Amazonas ante la Junta Directiva de la Asamblea Nacional, considerando "que la misma carece de todo efecto jurídico y nula e ineficaz, y por ello debe ser considerada inexistente."

---

42   Según nota de prensa publicada en el portal web del diario *El Nacional*, 7 de enero de 2016, en http://www.el-nacional.com/politica/Ramos-Allup-Asamblea-Nacional-tamiz_0_770923076.html

43   Según nota en *Globovisión*, 8 de enero de 2016, en http://globovision.com/article/marquez-decision-del-tsj-sobre-diputados-de-amazonas-es-inacatable.

De todo ello, concluyeron los peticionantes, todos diputados miembros del partido de gobierno, solicitando, entre otras cosas, que:

"2. Declare la nulidad, por razones de inconstitucionalidad e ilegalidad de la juramentación de los ciudadanos Nirma Guarulla, Julio Ygarza y Romel Guzamana, efectuada el día 6 de enero de 2016, por la junta directiva de la Asamblea Nacional.

3. Ordene a la junta directiva de la Asamblea Nacional que se abstenga de considerar válida la participación como integrantes del Órgano Legislativo Nacional, de los prenombrados ciudadanos, cuyo acto de proclamación fue suspendido por virtud de la sentencia N° 260 de fecha 30 de diciembre de 2015 de la Sala Electoral del Tribunal Supremo de Justicia, dado que los mismo no ostenta la cualidad de diputados proclamados (…)

4. Declare la nulidad de cualquier decisión tomada por la Asamblea Nacional.

5. Ordene a los órganos administrativos de la Asamblea Nacional se abstenga de incorporar a la nómina de pago a los ciudadanos incluidos en el amparo, so pena de incurrir en el desacato correspondiente. Tanto en el ámbito legislativo como de control político que se apruebe en el parlamento nacional mientras dichos ciudadanos no sean desincorporados.

6. Los ciudadanos Nirma Guarulla, Julio Ygarza y Romel Guzamana no cumplen con los extremos legales para ostentar a la condición de parlamentarios por lo tanto no gozan de la '*Inmunidad Parlamentaria*' en ese sentido su presentación ante el parlamento para juramentarse constituye flagrantemente el desacato a la sentencia N° 260 de fecha 30 de diciembre de la Sala Electoral del Tribunal Supremo de Justicia (…).

7. Que se ordene al Ejecutivo Nacional, la prohibición de publicar en *Gaceta Oficial* cualquier acto tanto legislativo como de control político que apruebe la Asamblea nacional mientras estos ciudadanos estén incorporados como diputados (*sic*) (destacado del original)."

En criterio de la Sala Electoral, las solicitudes tenían por objeto que la misma conociera de un desacato de su sentencia N° 260 el 30 de diciembre de 2015, considerando, para decidir, todos los hechos denunciados como "hechos notorios comunicacionales" los cuales en criterio de la Sala no requerían de actividad probatoria alguna, y que evidenciaban a juicio de la Sala, que había habido un:

"incumplimiento del mandato constitucional cautelar ordenado en la sentencia número 260 del 30 de diciembre de 2015, referido a la juramentación de los ciudadanos Nirma Guarulla, Julio Haron Ygarza y Romel Guzamana en los cargos de diputados a la Asamblea Nacional por el estado Amazonas los dos primeros, y por la Región Sur el último de los nombrados."

Esta sola "motivación" de la sentencia, por supuesto, la hacía nula de nulidad absoluta, pues en la sentencia N° 260 de 30 de diciembre de 2016, en ninguna página, párrafo o frase hay pronunciamiento alguno en relación con la "juramentación" de los mencionados diputados. Nada se dice en la sentencia sobre ello, no hay mandato constitucional alguno que haya ordenado nada referido a la juramentación de los mencionados diputados. Es más, en la sentencia ni siquiera se usa en ninguna línea, párrafo o página las palabras *"juramentación"* o *"juramento."*

La sentencia, por ello, por motivación falsa, estaba viciada de nulidad absoluta.

Con base en esa falsa motivación, sin embargo, la Sala en la sentencia N° 1 pasó a argumentar que la Asamblea Nacional debía "acatar las disposiciones y decisiones que el resto de los poderes del Estado dicten o sancionen en función de sus propias atribuciones constitucionales y legales," pues en caso contrario, "surgiría el riesgo de la '*anomia*' constitucional y la inestabilidad para el Estado y su gobierno;" y considerando que existían "suficientes elementos de convicción para decidir la solicitud de desacato como si se tratara de un asunto de mero derecho," constató que "la Junta Directiva de la Asamblea Nacional integrada por los

Diputados Henry Ramos Allup, Enrique Márquez y José Simón Calzadilla, *al proceder con la juramentación* como Diputados de los ciudadanos Nirma Guarulla, Julio Haron Ygarza y Romel Guzamana, *incurrió en desacato* de la sentencia número 260, del 30 de diciembre de 2015;" y que igualmente "los ciudadanos Nirma Guarulla, Julio Haron Ygarza y Romel Guzamana, con su *participación en el acto de juramentación*, igualmente incurrieron en desacato de la mencionada sentencia" concluyendo con la ratificación de lo que había decidido en la sentencia N° 260 de 30 de diciembre de 2015, "a los fines de su inmediato cumplimiento."

De todo lo anterior, la Sala Electoral concluyó su razonamiento expresando que:

> "*con la referida juramentación* como diputados del órgano legislativo nacional, los ciudadanos Nirma Guarulla, Julio Haron Ygarza y Romel Guzamana incurren en el supuesto establecido en el artículo 138 de la Constitución de la República Bolivariana de Venezuela, al usurpar el ejercicio del referido cargo legislativo en desacato de la sentencia número 260 citada, norma constitucional que preceptúa que toda autoridad usurpada es ineficaz y sus actos son nulos, se encuentran viciados de nulidad absoluta y por tanto resultan inexistentes aquellas decisiones dictadas por la Asamblea Nacional a partir de la incorporación de los mencionados ciudadanos. Así se decide."

O sea de un solo plumazo la Sala Electoral echó por el suelo todos los principios más elementales sobre el concepto de *usurpación de autoridad* como vicio de los actos estatales establecidos en Venezuela desde tiempos del inicio de la República, y que preceptúan, como lo recordó la Sala Político Administrativa del mismo Tribunal Supremo, unos meses atrás, en sentencia N° 494 de 6 de mayo de 2015 (Caso*: Wiliem Asskoul Saab vs. Comisión Judicial del Tribunal Supremo de Justicia*) que "la usurpación de autoridad ocurre cuando un acto es dictado por quien carece en absoluto de investidura pública."[44]

De acuerdo con ello, y esto es elemental, usurpación de autoridad en este caso solo hubiera podido ocurrir si la Junta Directiva de la Asamblea hubiese juramentado como diputado a una persona que no hubiese sido electa o que no hubiese siquiera participado en el proceso electoral, es decir, sin investidura alguna. Ese hubiese sido el único caso de alguien juramentado que careciese en absoluto de investidura; pero ese vicio nunca podría darse respecto de diputados efectivamente electos, y proclamados por las autoridades electorales competentes, y que constitucionalmente desde ese momento gozaban de inmunidad.

Partiendo entonces del falso supuesto de que en la sentencia N° 260 de 30 de diciembre de 2015 se hubiese resuelto algo sobre la "juramentación" de los diputados electos por el Estado Amazonas, y del nuevo error en que incurrió la Sala al pretender calificar su juramentación como un acto viciado de "usurpación de autoridad," la Sala concluyó declarando que "los ciudadanos Nirma Guarulla, Julio Haron Ygarza y Romel Guzamana efectivamente *incurrieron en desacato* de la medida cautelar de amparo decretada por esta Sala, y subvirtieron la autoridad y el correcto funcionamiento de la Administración de Justicia," ordenando entonces "a la Junta Directiva de la Asamblea Nacional, *la desincorporación inmediata"* de los mismos, ordenando incluso la forma de proceder por la Asamblea para ello, indicando que "deberá verificarse y dejar constancia de ello en Sesión Ordinaria de dicho órgano legislativo nacional." Y finalmente, la Sala Electoral, nada menos que declaró:

> "*nulos absolutamente* los actos de la Asamblea Nacional que se hayan *dictado o se dictaren*, mientras se mantenga la incorporación de los ciudadanos sujetos de la decisión N° 260 del 30 de diciembre de 2015 y del presente fallo."

---

44   Véase en *Revista de Derecho Público*, N° 142, Editorial Jurídica Venezolana, Caracas 2015, pp. 162 y ss.

En definitiva, como lo observó el Secretario General de la Organización de Estados Americanos Luis Almagro, en carta enviada el 12 de enero de 2016 a quien ejerce la Presidencia de la República, Nicolás Maduro:

"Los resultados de las elecciones legislativas en el Estado de Amazonas fueron cuestionados a través de un recurso contencioso electoral presentado por el PSUV ante la Sala Electoral del TSJ que ordenó la suspensión de los efectos de los actos de totalización, adjudicación y proclamación emanados de los órganos subordinados del CNE.

Esta determinación contradice la voluntad de la ciudadanía manifestada en la elección del pasado 6 de diciembre y anula la proclamación ya realizada por el CNE.

La Asamblea Nacional, un día después de instalada, decidió juramentar a los tres diputados del Estado de Amazonas.

A raíz de este acto, ayer 11 de enero el TSJ declaró en desacato a la junta directiva de la Asamblea Nacional y ordenó la inmediata separación de los tres diputados.

Extralimitándose en sus funciones, declaró que los actos de esta Asamblea Nacional serán nulos mientras estén en funciones los tres diputados de Amazonas."[45]

Mayor conflicto entre los poderes públicos en Venezuela era difícil de imaginar, pues con la sentencia N° 1 de 11 de enero de 2016 de la Sala Electoral del Tribunal Supremo, con falsa motivación y errada en derecho, sin embargo simplemente se buscó paralizar al órgano legislativo.

No hay otra forma de entender esta sentencia, por supuesto, que no sea entendiendo que en Venezuela no existía un sistema de gobierno basado en el principio de la separación de poderes, que ante todo exige que el órgano judicial sea realmente independiente y autónomo.

En contraste con estos hechos, al mismo tiempo de emisión de la sentencia N° 1 del 11 de enero de 2016, el día 13 de enero de 2016, aparecía publicado en la edición del *The Wall Street Journal*, una nota reseñando el discurso anual del Presidente Barack Obama sobre *The State of the Union* que había pronunciado el día anterior, en la cual se destacaba el hecho de que en el podio en el Congreso estaba el Presidente Obama, de pie, y el senador Paul Ryan, sentado, todo lo cual –decía el reportaje– estaba "diseñado para mostrar que las ramas del gobierno de los Estados Unidos funcionan juntas incluso cuando las mismas están controladas por diferentes partidos políticos."[46]

Y ello es así, como sucede en todos los sistemas democráticos montados sobre el principio de la separación de poderes, donde el gobierno funciona aun cuando las ramas legislativa y ejecutiva estén controladas por partidos diferentes, pero con un elemento adicional que no se mencionó en la reseña periodística –porque en los Estados Unidos ello está sobreentendido–, que es que fundamentalmente existe otra rama del poder público, que es el poder judicial, que necesariamente es autónomo e independiente, y está fuera del control de los partidos políticos.

---

[45]   Véase en http://www.oas.org/documents/spa/press/CARTA.A.PRESIDENTE.MADURO. 12-01-16. pdf

[46]   Véase Siobhan Hughes, "Obama, Ryan Size Each Other Up," al expresar que la ubicación estaba "designated to show that the branches of the U.S. government function together even when they are controlled by different political parties," en *The Wall Street Journal*, January, January 13, 2016, p. A4.

Si el poder judicial no fuera la balanza entre los dos primeros, y estuviera controlado por alguna de las dos ramas, ningún gobierno podría funcionar adecuadamente como una democracia. Es decir, como el mismo día se destacó en el Editorial del edición del *The New York Times*, titulado "*Poland Deviates From Democracy,*" lo contrario era lo que estaba ocurriendo en Polonia, donde el primer ministro se había "movido rápidamente en su agenda conservadora, incluyendo llenar la alta corte de jueces maleables e imponiendo mayor control del gobierno sobre los medios de comunicación gubernamentales."[47]

Es decir, en cualquier país, el funcionamiento de un sistema democrático, depende de la existencia de autonomía e independencia de la Corte Suprema. Los Poderes Legislativo y Ejecutivo pueden estar controlados por los parridos políticos, y ello es lo que normalmente ocurre en una democracia; pero el poder judicial no puede estar controlado por los partidos, y menos por alguno de los que controlan a los dos otros poderes, porque de lo contrario, simplemente no existiría un sistema democrático. Y esa era precisamente la situación que existía en Venezuela después de la elección parlamentaria del 6 de diciembre de 2016 que le había dado la mayoría parlamentaria a los partidos de oposición, con las decisiones adoptadas por la Asamblea Nacional saliente, llenando las Salas del Tribunal Supremo con miembros del partido que controla el Poder Ejecutivo. Pasando en esa forma a que el Tribunal Supremo estuviese totalmente controlado por el Poder Ejecutivo y por el partido de gobierno.

Una Corte o Tribunal Supremo en el mundo contemporáneo, como ya lo advirtió Alexis de Tocqueville desde el inicio del constitucionalismo moderno hace casi dos siglos, refiriéndose precisamente a la Corte Suprema de los Estados Unidos, no sólo es depositaria de "un inmenso poder político"[48] sino que es "el más importante poder político de los Estados Unidos,"[49] al punto de considerar que "no había cuestión política en los Estados Unidos que tarde o temprano no se convirtiera en una cuestión judicial."[50] Por ello, para de Tocqueville, en los poderes de la Corte Suprema "continuamente descansa la paz, la prosperidad y la propia existencia de la Unión," agregando que sin los jueces autónomos e independientes de la Corte Suprema:

> "la Constitución sería letra muerta; es ante ellos que apela el Ejecutivo cuando resiste las invasiones del órgano legislativo; el legislador para defenderse contra los actos del Ejecutivo; la Unión para hacer que los Estados le obedezcan; los Estados para rechazar las exageradas pretensiones de la Unión; el interés público contra el interés privado; el espíritu de conservación contra la inestabilidad democrática."[51]

En consecuencia, todo el mecanismo de balance y contrapesos del sistema de separación de poderes, que por lo demás tuvo su primera aplicación constitucional práctica en los Estados Unidos, puede decirse que descansa en la Corte Suprema y en el poder de los jueces para poder ejercer el control de constitucionalidad de la legislación; lo que por supuesto se puede decir, de todas las Cortes Supremas y Tribunales Constitucionales.

---

[47]   Véase el Editorial "Poland Deviates From Democracy," donde se indica que el primer ministro de Polonia "has moved rapidly on its conservative agenda, including packing the highest court with maleable judges and imposing greater government control over the state owned media," en The New York Times, 13 January 2016, p. A20.

[48]   Véase Alexis De Tocqueville, *Democracy in America* (Ed. by J.P. Mayer and M. Lerner), The Fontana Library, London, 1968, p. 122, 124.

[49]   *Ibid.*, p. 120.

[50]   *Ibid.*, p. 184.

[51]   *Ibid.*, p. 185.

Por esos poderes, por tanto, para que funcione un sistema de separación de poderes, y consecuentemente un régimen democrático, incluso cuando los poderes legislativo y ejecutivo estén controlados por partidos diferentes, la elección de los jueces que deben integrar esos altos tribunales es vital para el funcionamiento del sistema democrático, pues por esencia se trata de órganos que en sí mismos no están sujetos a control alguno, de manera que cualquier distorsión o abuso por parte de los mismos queda exento de revisión; como ha sido precisamente el caso de la sentencia N° 1 de 11 de enero de 2016 dictada por la Sala Constitucional del Tribunal supremo venezolano.

De allí que George Jellinek dijo con razón que la única garantía respecto de los tribunales supremos o cortes constitucionales como guardianes de la Constitución, en definitiva descansa en la "conciencia moral,"[52] y Alexis de Tocqueville, más precisamente, en su observación sobre el sistema constitucional norteamericano dijo, que:

"los jueces federales no sólo deben ser buenos ciudadanos y hombres con la información e integridad indispensable en todo magistrado, sino que deben ser hombres de Estado, sabios para distinguir los signos de los tiempos, que no tengan miedo para sobrepasar con coraje los obstáculos que puedan, y que sepan separase de la corriente cuando amenace con doblegarlos.

El Presidente, quien ejerce poderes limitados, puede errar sin causar graves daños al Estado. El Congreso puede decidir en forma inapropiada sin destruir la unión, porque el cuerpo electoral en el cual el Congreso se origina, puede obligarlo a retractarse en sus decisiones cambiando sus miembros. Pero si la Corte Suprema en algún momento está integrada por hombres imprudentes o malos, la Unión puede ser sumida en la anarquía o la guerra civil."[53]

En el mismo sentido, Alexander Hamilton, en la discusión sobre el texto de la Constitución norteamericana antes de su sanción, luego de advertir sobre "la autoridad de la propuesta Corte Suprema de los Estados Unidos," y particularmente de sus:

"poderes para interpretar las leyes conforme al espíritu de la Constitución, lo que habilita a la Corte a moldearlas en cualquier forma que pueda considerar apropiada, especialmente porque sus decisiones no serán en forma alguna sometidas a revisión o corrección por parte del órgano legislativo,"

concluyó afirmando que:

"Las legislaturas de varios Estados, pueden en cualquier momento rectificar mediante ley las objetables decisiones de sus respectivas cortes. Pero los errores y usurpaciones de la Corte Suprema de los Estados Unidos serán incontrolables e irremediables."[54]

---

[52]   Véase George Jellinek, *Ein Verfassungsgerichtshof fur Österreich*, Alfred Holder, Vienna 1885, citado por Francisco Fernández Segado, "Algunas reflexiones generales en torno a los efectos de las sentencias de inconstitucionalidad y a la relatividad de ciertas fórmulas estereotipadas vinculadas a ellas," en *Anuario Iberoamericano de Justicia Constitucional*, Centro de Estudios Políticos y Constitucionales, N° 12, 2008, Madrid 2008, p. 196.

[53]   Véase Alexis de Tocqueville, *Democracy in America*, ch. 8, "The Federal Constitution," traduc. Henry Reeve, revisada y corregida, 1899, http://xroads.virginia.edu/HYPER/ DETOC/1_ch08.htm Véase también, Jorge Carpizo, *El Tribunal Constitucional y sus límites*, Grijley, Lima 2009, pp. 46-48.

[54]   Véase Alexander Hamilton, N° 81 de *The Federalist*, "The Judiciary Continued, and the Distribution of the Judiciary Authority"; Clinton Rossiter (Ed.), *The Federalist Papers*, Penguin Books, New York 2003, pp. 480.

Esto es lo que hay que tener en mente cuando a las Cortes Supremas se las llega a integrar con personas inmorales, imprudentes o malas, o con miembros de partidos políticos, que pasan a estar controladas por alguno de los que controla a alguno de los otros poderes del Estado, pasando a convertirse incluso, a veces, en legisladores o peor aún, en constituyentes, sin estar sujetos a responsabilidad alguna, trastocándose, en la penumbra de los límites entre interpretación y jurisdicción normativa, "de guardianes de la Constitución en soberanos,"[55] usurpando la propia voluntad popular.

En definitiva, como lo expresó el Secretario General de la Organización de Estados Americanos en carta del 12 de enero de 2016, dirigida a quien ejerce la presidencia de la República.

"Los jueces y el poder judicial deben ser libres y actuar sin influencias o control de los poderes ejecutivo y/o legislativo.

Cuando se eligen integrantes de la judicatura que arrastran en sus espaldas militancia política, incluso participación política en cargos electivos, se vulnera la esencia del funcionamiento de separación de poderes y nos lleva a presuponer que las decisiones que se toman tienen no solamente un contenido jurídico sino político."[56]

Agregó el Secretario General de la OEA, que todo ello , y especialmente, "la utilización del poder público para silenciar y acosar a la oposición, la violación de los frenos y contrapesos propios de la separación e independencia de los poderes, el nombramiento oportunista de miembros del poder judicial, la injerencia en distintos poderes del Estado," constituye lo que la doctrina conoce como *erosión de la democracia*, que contraviene no solo los pilares fundamentales de la Organización de Estados Americanos, sino los "principios establecidos claramente en su tratado fundacional y en la Carta Democrática Interamericana."[57]

Y no otra cosa fue lo que ocurrió con la integración de la Sala Electoral del Tribunal Supremo por la Asamblea Nacional saliente y feneciente en diciembre de 2015, con magistrados todos integrantes del partido de gobierno. Como lo observó el Secretario General de la Organización de Estados Americanos, Luis Almagro en la carta enviada a Nicolás Maduro el 12 de enero de 2016:

"Lamentablemente su Gobierno decidió integrar las instituciones en función de la política partidaria, para el CNE, para el TSJ y para cada organismo de control. Esto nos hace presuponer que las decisiones que se tomen tienen no solamente un contenido jurídico sino además otro de carácter político. La trayectoria política de los funcionarios es incompatible con la imparcialidad y objetividad para juzgar que requiere el ejercicio de la justicia. El Estado de Derecho pierde credibilidad con un sistema judicial percibido como parcial.

---

[55]   Véase Francisco Fernández Segado, "Algunas reflexiones generales en torno a los efectos de las sentencias de inconstitucionalidad y a la relatividad de ciertas fórmulas estereotipadas vinculadas a ellas," *Anuario Iberoamericano de Justicia Constitucional*, Centro de Estudios Políticos y Constitucionales, N° 12, 2008, Madrid 2008, p. 161.

[56]   Véase en http://www.oas.org/documents/spa/press/CARTA.A.PRESIDENTE.MADURO. 12-01-16. pdf.

[57]   *Idem.*

Cuando un poder, se confiere a si mismo condiciones para controlar, incidir, decidir, anular o manipular las competencias o facultades del Estado, la situación más allá de ser preocupante, pone en riesgo el equilibro de los poderes del Estado."[58]

En consecuencia, al controlar la oposición la nueva Asamblea Nacional, no había sino que esperar para constatar cómo los magistrados sumisos y maleables al servicio del Ejecutivo y del partido de gobierno, nombrados en sesiones extraordinarias en diciembre de 2015, comenzarían a decidir conforme a las peticiones del partido de gobierno, como ocurrió con la sentencia N° 1 de la Sala Electoral, mediante la cual con motivación falsa y errada, el Tribunal Supremo irrumpió contra la voluntad popular, desconociéndola; privó a un Estado de la Republica de representación en la Asamblea Nacional; la paralizó totalmente al declarar nulos todos sus actos pasados y futuros que pudieran haber sido o fueran dictados con los diputados cuestionados; obligando a la Asamblea a "desincorporar" a los diputados que habían sido juramentados, dejando sin efecto la juramentación por un supuesto desacato de la sentencia N° 260 de 30 de diciembre de 2016, cuando en la misma no aparece siquiera la palabra "juramentación," ni orden alguna respecto a alguna "juramentación," razón por la cual ninguna "juramentación" podía considerarse que podría desacatar la sentencia. En fin, como lo observó acertadamente el Secretario General de la Organización de Estados Americanos, "La Sala Electoral en su aplicación jurídica hizo retroceder dramáticamente el derecho al siglo XIX."[59]

En esta forma, a pesar de que la Sala Electoral, como parte que es del Tribunal Supremo, en el orden interno no tiene quien la controle, al menos se evidenció que si hay un instrumento en el ámbito internacional americano que establece las bases para controlar sus actuaciones, que es la Carta Democrática Interamericana de 2001, como lo expresó quien tiene a su cargo velar porque la misma se respete, que es el Secretario General de la Organización de Estados Americanos.

Y efectivamente, éste, en la referida extraordinaria carta de fecha 12 de enero de 2016 dirigida al Presidente de la República, Nicolás Maduro, le expresó todo lo que solo un Secretario General de dicha Organización Internacional le podía decir cumpliendo con la obligación que le impone dicha Carta Democrática Interamericana, particularmente cuando "se producen situaciones que pueden afectar el normal desarrollo del proceso político institucional democrático," y en particular, con la obligación de "velar por el buen cumplimiento" de lo dispuesto en los artículos 2 a 7 de dicha Carta.

A tal efecto, el Sr. Almagro le indicó al Jefe de Estado venezolano entre muchas consideraciones, las siguientes:

"Todo aquello que signifique impedir a un solo diputado a asumir su banca es un *golpe directo a la voluntad del pueblo*. Es un concepto esencial de democracia que el único soberano legítimo es el pueblo y, por lo tanto, interpretar y/o distorsionar lo que este ha expresado en las urnas, afecta directamente la voluntad popular [...]

La democracia, entre otras cosas, es un ejercicio de traspaso de poder de determinados dirigentes políticos a otros, por lo cual aceptar y respetar los resultados de elecciones libres, transparentes y justas es fundamental.

---

[58] Véase en http://www.oas.org/documents/spa/press/CARTA.A.PRESIDENTE.MADURO. 12-01-16. pdf

[59] *Idem*

La acción de alterar la representación política luego de un pronunciamiento tan claro del cuerpo electoral se constituye en un atentado, cuando las garantías de justicia parecen esfumarse. [...]

La Sala se apartó del objeto último del Derecho electoral: preservar la voluntad de los electores. Esa voluntad pretende así ser vulnerada cuando la Sala Electoral intenta desconocer los efectos jurídicos ya consumados de la proclamación."[60]

La sentencia de la Sala Electoral del Tribunal Supremo, en todo caso, por la parálisis inconstitucional que en la práctica provocó en el país al materialmente impedir que la Asamblea Nacional pudiera funcionar, condujo a que la misma, como órgano político, con el objeto de desbloquear la parálisis institucional impuesta, terminara aceptando la decisión de los diputados electos por el Estado Amazonas que se habían juramentado de dejar sin efecto la juramentación que habían hecho. Ello ocurrió el 13 de enero de 2016 al realizarse una sesión ordinaria de la Asamblea, en la cual se dejó sin efecto la juramentación de los tres diputados del Estado Amazonas.

El Gobierno había forzado dicha decisión, por la amenaza que había sido expresada en el sentido de que el Presidente de la República no acudiría ante la Asamblea a presentar su Mensaje anual que se había fijado conforme a la Constitución para el 15 de enero de 2106, para lo cual, como ha solido hacer en el pasado, acudió ante la Sala Constitucional para que como "consultor jurídico" o "abogado" sumiso y servil, le dijera lo que quería oír, y así terminar de paralizar al Poder Legislativo.

III. LA SALA CONSTITUCIONAL AL SERVICIO DEL EJECUTIVO CONTRA LA ASAMBLEA NACIONAL: EL CASO DE LA DECISIÓN DE UN BIZARRO RECURSO DE INCONSTITUCIONALIDAD CONTRA UNA SUPUESTA Y FUTURA OMISIÓN LEGISLATIVA

En efecto, entre el elenco de decisiones de la Sala Constitucional en su "nuevo" rol de asesor del Poder Ejecutivo, se destaca la sentencia N° 3 del 14 de enero de 2016,[61] emitida con ocasión de las secuelas que resultaron de la anteriormente analizada decisión de la Sala Electoral del mismo Tribunal Supremo de Justicia, dictada mediante sentencia N° 260 (Caso: *Nicia Marina Maldonado, contra el acto de votación de las elecciones parlamentarias del estado Amazonas*) de 30 de diciembre de 2015, a través de la cual la Sala Electoral, al admitir el recurso, ordenó "de forma provisional e inmediata la suspensión de efectos de los actos de totalización, adjudicación y proclamación" de los órganos electorales respecto de todos los cuatro diputados que habían sido electos en el Estado Amazonas;[62] en las elecciones del 6 de diciembre de 2015.

---

[60]   Véase en http://www.oas.org/documents/spa/press/CARTA.A.PRESIDENTE.MADURO. 12-01-16. pdf

[61]   Véase en http://historico.tsj.gob.ve/decisiones/scon/enero/184316-03-14116-2016-16-0003.HTML

[62]   Véase en http://www.tsj.gob.ve/en/decisiones#3. Sobre ello, véase José Ignacio Hernández quien afirmó que "la Sala Electoral no puede, en virtud de una medida cautelar, modificar los efectos jurídicos de esa proclamación y "suspender" el mandato popular de representación ya perfeccionado, pues los efectos de la proclamación ya se cumplieron." Véase en "Luego de los 4 diputados suspendidos por el TSJ: ¿Qué va a pasar?," en Prodavinci, 30 de diciembre de 2015, en http: //prodavinci.com/blogs/luego-de-los-4-diputa-dos-suspendidos-por-el-tsj-que-va-a-pasar-por-jose-ig nacio-hernandez/

Como se ha dicho, dicha proclamación no podía ser "suspendida" ni siquiera provisionalmente, pues ya había ocurrido, y sus efectos se habían agotado. Sólo se pueden suspender, incluso provisionalmente, los efectos de los actos cuando aún no ha ocurrido, para que no ocurran; o los efectos que están en curso de ocurrir, para evitar que ocurran; pero no se pueden suspender los que ya ocurrieron. Así, se puede suspender el embarazo de una mujer antes de que ocurra o durante la gestación, pero una vez nacido el niño, ni el embarazo ni el nacimiento pueden ser "suspendidos."

Por tanto, la sentencia N° 260 de 30 de la diciembre de 2015 simplemente, por errada –errada de un error judicial inexcusable– era inejecutable,[63] o sea, no podía ser cumplida, y por tanto no era susceptible de ser acatada por nadie.[64] En realidad, la misma equivalía a una sentencia de nulidad de la elección lo que solo podía ser dictada en la sentencia final del juicio y nunca como "medida cautelar," y en todo caso respetando la garantía del debido proceso y en particular el derecho a ser oído de los diputados involucrados.[65]

Como señalamos, sin embargo, en virtud de que a pesar de dicha decisión N° 260 de 30 de diciembre de 2015, la Junta Directiva de la nueva Asamblea después de instalarse procedió a juramentar a los diputados mencionados que ya habían sido proclamados por las autoridades electorales, y gozaban de inmunidad, con ocasión de una denuncia de "desacato" de dicha sentencia formulada por miembros del partido de gobierno, la Sala Electoral del Tribunal Supremo dictó la antes mencionada nueva sentencia N° 1 de 11 de enero de 2016,[66] en la cual, en definitiva, resolvió que la Junta Directiva de la Asamblea había incurrido en desacato de su anterior sentencia (N° 260, del 30 de diciembre de 2015), e igualmente los diputados "suspendidos" con su *participación en el acto de juramentación*, igualmente habían incurrido en desacato de la mencionada sentencia. La Sala Electoral, además, como se ha dicho, decidió que la juramentación de dichos diputados estaba viciada de nulidad absoluta por "usurpación de autoridad," ordenando *"la desincorporación inmediata"* de los mencionados diputados, y declarando *"nulos absolutamente* los actos de la Asamblea Nacional" que se hubiesen dictado o se dictaren *en el futuro*, mientras dichos diputados estuviesen incorporados.

Ahora bien, en esa situación de conflicto de poderes, y en vista de que días después (15 de enero) el Presidente estaba obligado a acudir ante la Asamblea Nacional a presentar su Mensaje Anual, con el propósito de justificar su no comparecencia ante la misma, el día 12 de enero de 2016, es decir, al día siguiente de haberse dictado la sentencia N° 1 de la Sala

---

[63]   En igual sentido, véase José Ignacio Hernández, "¿Qué dijo la Sala Electoral para "suspender" a los diputados de Amazonas?," en *Prodavinci*, 4 de enero de 2016, en http://prodavinci.com /blogs/que-dijo-la-sala-electoral-para-suspender-a-los-diputados-de-amazonas-por-jose-i-hernandez/

[64]   Véase Allan R. Brewer-Carías, "La inconstitucional, delictiva e inejecu-tables sentencia de la Sala Electoral pretendiendo "suspender" las elecciones de diputados el Estado Amazonas,' 4 de enero de 2016, en http://www.allan-brewercarias.com/Content/449725d9-f1cb-474b-8ab2-41efb849fea3 /Content/LA%20INCONSTITUCIONAL,%20DELICTIVA%20E%20INEJECUTABLE%20SEN TENCIA%20DE%20LA%20SALA%20ELECTORAL%20%204-1-2016.pdf

[65]   Como lo observó el Secretario General de la OEA Luis Almagro, en su comunicación de 30 de mayo de 2016 con el Informe sobre la situación en Venezuela en relación con el cumplimiento de la Carta Democrática Interamericana: "en derecho no se puede anular ningún acto mediante una medida cautelar, y tampoco actos a futuro. Estos se puede hacer luego de un juicio en el que se respete el debido proceso y en el que las partes presenten sus pruebas," p. 53. Véase en oas.org/documents/spa/press/OSG-243.es.pdf.

[66]   Véase en http://historico.tsj.gob.ve/decisiones/selec/enero/184253-1-11116-2016-X-2016-000001. HTML

Electoral mediante la cual la misma había paralizado hacia futuro el funcionamiento de la Asamblea Nacional; la Procuraduría General de la República en representación y por órdenes del Ejecutivo Nacional, acudió ante la Sala Constitucional del Tribunal Supremo, interponiendo un extraño *recurso de inconstitucionalidad por omisión legislativa* [...] como consecuencia de la nulidad absoluta de las actuaciones de la Asamblea Nacional declarada por la Sala Electoral de ese Tribunal Supremo de Justicia en sentencia N° 1 de fecha 11 de enero de 2016," alegando que el Ejecutivo Nacional supuestamente se encontraba "imposibilitado" para cumplir con el mandato constitucional de presentar su Mensaje Anual.

Se trató entonces, de un recurso de inconstitucionalidad por omisión, *pero no de una omisión que ya había ocurrido*, sino de una que supuestamente podía eventualmente ocurrir en el futuro, es decir, de una futura posible omisión, que era la supuesta imposibilidad de la Asamblea para recibir, en el futuro, el mensaje anual del Presidente, alegando que:

"la Asamblea Nacional no está en condiciones de dictar actos válidos, hasta tanto no desincorpore a los ciudadanos Julio Haron Ygarza, Nirma Guarulla y Romel Guzamana, pues se encuentra en desacato de un mandamiento de amparo cautelar, lo que la imposibilita para sesionar, convocar y recibir al Primer Mandatario del Ejecutivo Nacional para que haga presencia a los fines del cumplimiento de lo previsto en el artículo 237 constitucional (...)."

El Procurador, como asesor jurídico del Poder Ejecutivo, que en definitiva es quien asesora, defiende y representa judicial y extrajudicialmente los bienes, derechos e intereses de la República, le consultó así a la Sala Constitucional, a la vez como si fuera otro "asesor jurídico" del Ejecutivo, "su parecer" sobre si el Presidente de la República cumplía con la obligación constitucional de comparecer ante el órgano legislativo nacional, con ello "estaría validando actos que han sido declarados como absolutamente nulos por el Poder Judicial (...);" indicándole entonces a la Sala Constitucional que sin embargo, el Presidente sí estaba dispuesto a "presentar el referido mensaje ante el Poder Judicial, Electoral y Ciudadano y ante el Pueblo Soberano, representado por los Consejos Presidenciales del Gobierno Popular y el Parlamento Comunal (...);" lo que por supuesto era evidentemente contrario a la Constitución, pues en ningún caso la Sala Constitucional podía atender siquiera al planteamiento, por ser abiertamente inconstitucional.

Sin embargo, la Sala Constitucional procedió a estudiar la "consulta," dictando para evacuarla la sentencia N° 3 del 14 de enero de 2016,[67] precisando que "el objeto de la solicitud" no era precisamente declarar la inconstitucionalidad de una omisión ya ocurrida, sino de una que podía ocurrir en el futuro, en el sentido de:

"la declaratoria de la omisión inconstitucional de la Asamblea Nacional para recibir el mensaje anual del Presidente de la República Bolivariana de Venezuela (Poder Ejecutivo) previsto en el artículo 237 de la Constitución de la República Bolivariana de Venezuela, ya que el órgano parlamentario (Junta Directiva), de acuerdo a la sentencia N° 1 dictada por la Sala Electoral el 11 de enero de 2016, incurrió en desacato a la medida cautelar acordada por ese mismo órgano jurisdiccional en sentencia N° 260 dictada el 30 de diciembre de 2015; y, por lo tanto, está inhabilitada para ejercer sus atribuciones constitucionales de control político de gestión."

En otras palabras, que como la Asamblea Nacional, al haber juramentado tres diputados electos en el Estado Amazonas habría incurrido en desacato de lo ordenado en la sentencia N° 1 de la Sala Electoral del 11 de enero de 2016, mediante la cual, ésta, materialmente había prohibido al Parlamento poder funcionar, y como ello implicaba entonces, hacia el futuro,

---

67   Véase en http://historico.tsj.gob.ve/decisiones/scon/enero/184316-03-14116-2016-16-0003.HTML

que el Presidente supuestamente no podía presentar ante la Asamblea su Mensaje, entonces se le pedía a la Sala Constitucional que decidiese sobre ese futura posible omisión de la Asamblea de sesionar para recibir el mensaje Anual del Presidente, solicitándole entonces que fuera la Sala Constitucional la que "supliera la aludida omisión" futura.

Aparte de que el recurso de inconstitucionalidad por omisión regulado en la Constitución (art. 336.7) solo se refiere a omisiones ya ocurridas del poder legislativo "cuando haya dejado de dictar" una medida, sin embargo, con base en lo alegado sobre omisiones futuras, la Sala Constitucional procedió a decidir, como suele hacer en casos similares, violando "discrecionalmente" los principios del debido proceso al no oír los intereses contrapuestos, particularmente de la Asamblea Nacional y sus diputados, considerando el asunto como de mero derecho, "sin necesidad de abrir procedimiento alguno," por estimar que la causa "no requería la comprobación de asuntos fácticos."

Sin embargo, después de afirmar –y decidir, porque así lo dio por sentado– que la situación planteaba en la solicitud "incapacitaba al Poder Legislativo para ejercer sus atribuciones constitucionales de control político de gestión," la Sala en definitiva no se pronunció sobre lo solicitado, es decir, la posible y "futura omisión legislativa," al constatar como "hecho notorio comunicacional" que el día en que estaba dictando la sentencia, es decir, el mismo día 13 de enero de 2016:

> "la Junta Directiva de la Asamblea Nacional *acató la orden impartida por la Sala Electoral del Tribunal Supremo de Justicia* a través de las sentencias N° 260/2015 y 1/2016, procediendo en consecuencia, a realizar una sesión ordinaria en la cual dejó sin efecto la sesión celebrada el día 6 de enero de 2016, desincorporando a los ciudadanos Nirma Guarulla, Julio Haron Ygarza y Romel Guzamana como candidatos electos por voto uninominal, voto lista y representación indígena en el proceso electoral realizado el 6 de diciembre de 2015 en el estado Amazonas para elección de diputados y diputadas a la Asamblea Nacional. Igualmente, de manera expresa se decidió *dejar sin efecto la juramentación de los mismos, así como también bien "las decisiones tomadas desde la instalación del Parlamento."*

En consecuencia, dijo la Sala Constitucional, que como "la omisión inconstitucional de la Asamblea Nacional cesó al haber cumplido con la orden impartida por Sala Electoral del Tribunal Supremo de Justicia," a pesar de que en realidad, como se trataba de una solicitud respecto de una omisión "futura," que no había ocurrido y que por tanto no podía haber cesado, sino que lo que podía haber ocurrido era que no se produciría; la Sala Constitucional estimó "que no existe actualmente impedimento alguno para que el Presidente de la República Bolivariana de Venezuela (Poder Ejecutivo) proceda a dar cuenta ante el Poder Legislativo de los aspectos políticos, económicos, sociales y administrativos de su gestión durante el año 2015, tal como lo ordena el artículo 237 del Texto Fundamental," concluyendo con la decisión que:

> "*Cesó* la omisión inconstitucional por parte de la Asamblea Nacional, para que el Presidente de la República dé cuenta de los aspectos políticos, económicos, sociales y administrativos de su gestión durante el año 2015."

Decisión que, como se dijo, era totalmente incongruente porque no se puede afirmar ni en lógica ni en derecho que algo que aún no había ocurrido haya cesado. Tan simple como eso, una omisión futura, no puede decirse que haya cesado, y la Constitución no permite recursos por omisión que puedan intentarse contra la Asamblea, por supuestas omisiones en las que pueda incurrir en el futuro.

En todo caso, como consecuencia de haber cesado la supuesta futura omisión inconstitucional en la que supuestamente podía incurrir a futuro la Asamblea Nacional, al haberse dejado sin efecto las juramentaciones de los diputados por el Estado Amazonas, el Presidente de la República efectivamente acudió ante la Asamblea Nacional a presentar su Memoria anual.

Otro asunto fue que en lugar de presentar dicha Memoria, en realidad lo que hizo fue presentar ante la Asamblea Nacional el texto de un "decreto de Estado de Emergencia Económica," para enfrentar una supuesta "guerra económica" contra el país, que solo su gobierno y su antecesor habían declarado contra el pueblo de Venezuela, hasta sumirlo en la miseria.

LA JUSTICIA ELECTORAL ERIGIDA EN OBSTÁCULO PARA LA PAZ EN VENEZUELA: EL CASO DE LA SUSPENSIÓN CAUTELAR DE LA PROCLAMACIÓN DE LOS DIPUTADOS DEL ESTADO AMAZONAS COMO INSTRUMENTO PARA OBSTACULIZAR LA CONSTITUCIÓN DEL PARLAMENTO E IMPEDIR LA REPRESENTACIÓN POLÍTICA

*Miguel Ángel Torrealba Sánchez**
Abogado

Un juez parcial, primero atenta contra el derecho, porque lo desconoce, lo deforma, lo ensucia de tal manera que los principios que el derecho tutela llegan a convertirse en anti-tutela, en una especie de antítesis de la justicia...

Juan Ángel Salinas Garza[1]

Resumen: *Se analiza la sentencia de la Sala Electoral del Tribunal Supremo de Justicia que suspendió la proclamación de los Diputados de la Asamblea Nacional por el Estado Amazonas.*

Abstract: *The judgment of the Electoral Chamber of the Supreme Court suspended the proclamation of Deputies of the National Assembly by the Amazonas State is analyzed.*

Palabras clave: *Derecho al sufragio –Jurisdicción Contencioso Electoral –Diputados – Paz –Democracia.*

Key words: *Right of suffrage –Jurisdiction Contentious –Electoral –Deputies –Peace –Democracy.*

I. PRELIMINAR. PRINCIPIO DEMOCRÁTICO, SISTEMA ELECTORAL Y PAZ

Es prácticamente un axioma en el ámbito de las disciplinas sociales la ineludible vinculación entre la existencia y funcionamiento de un adecuado sistema electoral que refleje de

---

*   Universidad Central de Venezuela. Facultad de Ciencias Jurídicas y Políticas. Escuela de Derecho. Abogado *Magna Cum Laude*. Especialista en Derecho Administrativo. Profesor Ordinario (Agregado) de Derecho Administrativo. Ha sido Profesor de la Especialización en Derecho Procesal del Centro de Estudios de Postgrado de esa Facultad. Universidad Monteávila. Director Adjunto del Centro de Estudios de Regulación Económica (CERECO). Universidad Católica "Andrés Bello". Dirección de Estudios de Postgrado. Profesor en la Especialización en Derecho Administrativo. Universidad Carlos III de Madrid, España. Máster en Política Territorial y Urbanística.

[1]   *Las consecuencias de la violación al debido proceso.* En: Manuel Salvador Acuña Cepeda, Luis Gerardo Rodríguez Lozano, Juan Ángel Salinas Garza y Arnulfo Sánchez García (Coords.): *El Debido Proceso*, Tomo I, Una visión filosófica, Tirant Lo Blanch, Ciudad de México, 2016, p. 23.

forma fiel la expresión de los electores en la integración de los cargos públicos de representación popular, con el mantenimiento de un sistema democrático que garantice la consolidación de una verdadera paz social y política, es decir, aquella que no se basa en la represión y el miedo sino en el debate, el diálogo y el consenso en puntos comunes mínimos entre los diversos sectores políticos, sociales, económicos y de toda índole que conviven dentro de una comunidad. Basta repasar varias de las finalidades fundamentales que se asignan a los procesos electorales, entre ellas la de formar gobiernos representativos y dar cauce institucional a la solución de crisis políticas, para dar cuenta de ello[2].

Por consiguiente, la acertada inclusión en el programa del sub-tema concerniente a la relación entre principio democrático, sistema electoral y paz, nos permitirá exponer –agradeciendo antes la amable oportunidad que nos han brindado los organizadores de participar en este prestigioso evento académico– algunas reflexiones sobre la actual situación venezolana. Situación en la que, paradójicamente, la institucionalidad estatal, comenzando por la Justicia Electoral y siguiendo por el resto del Poder Judicial y la Administración Electoral – esta última grandilocuentemente calificada como <<Poder Electoral>>[3]– es la primera que con sus actuaciones y omisiones, lejos de contribuir con el mantenimiento de las premisas axiomáticas antes señaladas, se dedica a subvertir el orden constitucional y legal con el fin de favorecer a como dé lugar a la parcialidad política que ha venido ocupando la rama ejecutiva del Poder Público Nacional en los últimos 17 años.

Y en ese continuo proceder incurre la Justicia Electoral y el resto de las instituciones mencionadas, aparentemente sin importarle que con ello se atenta contra su esencia y fines constitucionales, y por vía de consecuencia, se generan cada día más las condiciones para que la ya de por sí más que precaria paz política y social que existe en Venezuela, sea suplantada por una situación de violencia generalizada de consecuencias impredecibles[4].

En esta oportunidad pretendemos exponer brevemente un ejemplo emblemático de lo antes señalado, atinente a la decisión de amparo constitucional cautelar dictada por la Sala Electoral del Tribunal Supremo de Justicia venezolano en el mes de diciembre del año 2016,

[2]   En ese sentido, se señalan como funciones del ejercicio del sufragio: 1) Producir representación política; 2) Generar pacíficamente gobiernos representativos; 3) Imponer una limitación temporal del Poder; 4) Darle legitimidad democrática al Estado (Aragón, Manuel: *Derecho de sufragio: Principio y función*. En: Nohlen, D., Zovatto, D., Orozco, J. y J. Thomson (Comps.): Tratado de Derecho Electoral Comparado de América Latina. Instituto Interamericano de Derechos Humanos-Universidad de Heidelberg-International Idea- Tribunal Electoral del Poder Judicial de la Federación-Instituto Federal Electoral-Fondo de Cultura Económica. Segunda edición. México, D.F. 2007, pp. 173-177.

[3]   Sobre la base de un falso seguimiento al supuesto modelo constitucional consagrado en el ideario de El Libertador Simón Bolívar. Sobre el punto, véase Torrealba Sánchez, Miguel Ángel: *El ámbito de competencias de la jurisdicción contencioso-electoral en la Constitución de 1999. Análisis de la jurisprudencia de la Sala Electoral*. Tribunal Supremo de Justicia. Colección Nuevos Autores, N° 4. Caracas, 2003, pp. 47-64, así como la bibliografía allí citada.

[4]   Episodios de violencia y de alteraciones de la paz pública se viven todos los días en las diversas poblaciones venezolanas, producto de la crisis económica y social y de la carestía general. Y en el caso de protestas motivadas a lo político, también acaecen desde hace varios años, como las que se dieron luego de las elecciones presidenciales de abril de 2013, durante el primer semestre de 2014, o más recientemente, las que cada semana se generan en los alrededores de la sede del Parlamento venezolano una vez que la mayoría de este fue ganada por la colación opositora.

distinguida con el N° 260[5], mediante la cual se acordó la suspensión de los actos de totalización, adjudicación y proclamación de los Diputados de la Asamblea Nacional electos por el Estado Amazonas. Providencia cautelar que –contrariamente a la esencia de ese instituto procesal– se mantiene hasta la actualidad, y que ha traído como efecto la imposibilidad de la cabal instalación y funcionamiento del Parlamento Nacional con todos sus integrantes, con el consiguiente desconocimiento de la voluntad soberana del cuerpo electoral[6].

Ahora bien, para exponer ello de manera comprensible se requiere situar el asunto en su contexto dogmático y forense, pero también en su entorno político, con sus correspondientes antecedentes, pues de otra forma no se alcanzan a entender las graves implicaciones que significa la existencia de esa medida cautelar judicial, que viene a sumarse a las múltiples vulneraciones que a la Constitución y al resto del ordenamiento jurídico vienen realizando las instituciones del Poder Público Nacional, con el agravante de que en tal conducta hay que incluir en primer término al Poder Judicial, encabezado por el Tribunal Supremo de Justicia.

De muchas de ellas ha dado cumplida cuenta la doctrina[7], por lo que en esta ocasión nos limitaremos a reseñar: I. Los antecedentes de la medida cautelar en cuestión en cuanto a la situación de la Justicia Electoral venezolana; II. La medida cautelar de amparo constitucional que acordó la suspensión de proclamación en referencia, analizando la decisión judicial en su contexto forense; III. Las posteriores actuaciones de la Justicia Electoral en el proceso principal en el cual se dictó la providencia cautelar, destinadas a crear un desorden procesal que impida la emisión de la sentencia definitiva y a mantener *sine die* la suspensión cautelar acordada; y IV. Las graves consecuencias para la institucionalidad, para el sistema electoral, para la representación política y la democracia, y en última instancia, para la paz política y social, que ha generado el mantenimiento indefinido de la referida suspensión.

Comencemos pues, por los antecedentes cronológicos.

I.   LOS ANTECEDENTES

1.   *La progresiva postración de la Justicia Electoral en Venezuela*

Contrastando con su consagración en forma autónoma y separada de la jurisdicción contencioso-administrativa en el texto constitucional vigente, la Justicia Electoral en Venezuela ha venido perdiendo importancia cuantitativa y cualitativa en los últimos tres lustros, sobre

---

[5]   Disponible en el portal oficial electrónico del Tribunal Supremo de Justicia venezolano: http://historico.tsj.gob.ve/decisiones/selec/diciembre/184227-260-301215-2015-2015-000146.HTML.

[6]   Cabe agregar que el mantenimiento de la providencia cautelar tampoco puede justificarse sobre la base de un inadecuado diseño procesal, por cuanto como se verá, hace ya mucho tiempo que transcurrieron los lapsos para que culminara el proceso contencioso-electoral –que debe estar presidido por la celeridad en su realización– que aquí se comentará, como se verá más adelante. Tampoco cabe invocar una excesiva carga de trabajo de la Sala Electoral (de hecho tanto la doctrina como el ámbito forense coinciden en señalar la escasa justificación de la existencia de ese órgano judicial dado el exiguo número de causas que recibe y de sentencias que dicta cada año en comparación con las otras Salas del Tribunal Supremo de Justicia), o que el asunto a dilucidar sea de una complejidad inusual, como también se expondrá de seguidas.

[7]   Véanse entre otros: Allan R. Brewer-Carías: *Crónica sobre la "in" Justicia Constitucional. La Sala Constitucional y el autoritarismo en Venezuela*. Colección Instituto de Derecho Público N° 2. Universidad Central de Venezuela. Editorial Jurídica Venezolana. Caracas, 2007; Asdrúbal Aguiar: *Historia inconstitucional de Venezuela (1999-2012)*. Colección estudios políticos N° 6. Editorial Jurídica Venezolana. Caracas, 2012.

todo partir del año 2003, en forma proporcional al protagonismo judicial indebidamente asumido por la Sala Constitucional del Tribunal Supremo de Justicia, primero a partir de las sentencias de esta última, y luego por obra del Derecho Positivo, más allá de la cuestionable constitucionalidad de las regulaciones legales de 2004 y 2010[8].

Este fenómeno de vaciamiento de las competencias naturales de la Justicia Electoral, inversamente proporcional al aumento de competencias de la Sala Constitucional –que no es exclusivo de esta materia pero sí especialmente marcado–, ha sido consecuencia, primero, del criterio político del Ejecutivo y del Legislativo Nacional de restarle importancia a una Sala Electoral, habida cuenta de que coyunturalmente en el pasado sus decisiones amenazaron con resultar incómodas al partido de gobierno[9], entonces mayoritario en el Parlamento. Y posteriormente, de la decisión –también política– de acrecentar las competencias de la Sala Constitucional, convirtiéndola en la máxima autoridad no solo en cuanto a jerarquía administrativa, sino también en cuanto a potestad jurisdiccional.

Prueba de ello es que en Venezuela el instituto de la cosa juzgada prácticamente no existe, toda vez que por obra de una torcida interpretación de la potestad de revisión consagrada constitucionalmente para casos puntuales[10], y de la potestad de avocamiento consagra-

---

[8]   Ley Orgánica del Tribunal Supremo de Justicia de 2004 (*G.O.* 37.942 del 20 de mayo de 2004), reformada en 2010 (*G.O.* Extraordinario 5.991 del 29 de julio de 2010) y <<reimpresa>> por <<errores materiales>> (*G.O.* 39.522 del 1° de octubre de 2010). Sobre el punto pueden verse, entre los trabajos más recientes: Torrealba Sánchez, Miguel Ángel: *Réquiem por la Justicia Electoral Venezolana.* En: Matilla Correa, A., Rodríguez Lozano, L.G. y T. GARZA Hernández (Coords.): *Estudios Jurídico-administrativos en Homenaje a Germán Cisneros Farías.* Facultad de Derecho y Criminología de la Universidad Autónoma de Nuevo León, Monterrey, México, 2014, pp. 1.283-1.313; Silva Aranguren, Antonio y Miguel Ángel Torrealba Sánchez: *La progresiva asunción por la Sala Constitucional del Tribunal Supremo de Justicia de las competencias de la jurisdicción contencioso-electoral.* En: AA.VV: 20 años de FUNEDA y otros temas de Derecho Administrativo. Volumen II. Fundación de Derecho Administrativo, Caracas, 2015, pp. 11-51, así como la bibliografía citada en ambos trabajos.

[9]   Véanse en ese sentido –entre otros– los diversos trabajos presentados en la obra colectiva: *La Guerra de las Salas del Tribunal Supremo de Justicia frente al Referéndum Revocatorio.* Editorial Aequitas, C.A. Caracas, 2004; Carlos Ayala Corao: *El Referendo Revocatorio. Una herramienta ciudadana para la Democracia.* Colección Minerva. Los Libros de El Nacional. Editorial CEC, S.A. Caracas, 2004, pp. 85-96. Véase también, más recientemente: Víctor R. Hernández-Mendible, *El proceso administrativo electoral.* En: Ley Orgánica del Tribunal Supremo de Justicia. Colección Textos legislativos N° 48. Editorial Jurídica Venezolana. Caracas, 2010, pp. 177-184; Ricardo Antela, *La revocatoria del mandato (Régimen Jurídico del Referéndum Revocatorio en Venezuela).* Cuadernos de la Cátedra Allan R. Brewer-Carías de Derecho Administrativo Universidad Católica "Andrés Bello" N° 24. Editorial Jurídica Venezolana. Universidad Metropolitana, Caracas, 2011, pp. 91-111; Allan R. Brewer-Carías: *Sobre el avocamiento de procesos judiciales por parte de la Sala Constitucional. Una excepcional institución procesal concebida para la protección del "orden público constitucional", convertida en un instrumento político violatorio de los derechos al juez natural, a la doble instancia y al orden procesal.* Cuadernos de la Cátedra Fundacional de Teoría General de la Prueba, León Henrique Cottín. Universidad Católica Andrés Bello. N° 1. Editorial Jurídica Venezolana. Caracas, 2013, pp. 50-126.

[10]   Véase, entre otros: Allan R. Brewer-Carías: *La metamorfosis jurisprudencial y legal del recurso extraordinario de revisión constitucional de sentencias en Venezuela.* En: Velandia Canosa, E.A. (Dir.) *Derecho Procesal Constitucional.* Tomo III. Volumen III. VC Editores Ltda. y Asociación Colombiana de Derecho Procesal Constitucional. Bogotá 2012, pp. 269-304. Disponible en línea: http://www.allanbrewercarias.com/Content/449725d9-f1cb-474b-8ab2-41efb849fea8/Content/II, % 204,%20721,%20Brewer.%20LA%20METAMORFOSIS%20DEL%20RECURSO%20DE%20REV

da como instituto procesal excepcional[11], la Sala Constitucional del máximo órgano judicial puede revisar a su libre criterio y en cualquier momento, todas las sentencias dictadas por los Tribunales de la República, erigiéndose no en una tercera instancia, sino en un súper poder revisor en lo jurisdiccional, probablemente sin parangón en el Constitucionalismo moderno.

El resultado ha sido el que la Sala Electoral del Tribunal Supremo de Justicia, cúspide de una inexistente jurisdicción contencioso-electoral entendida como conjunto orgánico de tribunales, ha pasado a operar en la práctica de una forma <<subsidiaria>> –si se admite el uso del término– de la Sala Constitucional. Es decir, solo si esta última estima que la controversia electoral no es relevante, pues entonces es que la Sala Electoral asume sus competencias jurisdiccionales, siempre sometida, claro está, a que la última palabra la tiene la Sala Constitucional, de estimarlo conveniente y procedente esta última[12].

Pero si ya de por sí lo antes expuesto revela la escasa importancia en cuanto a su potestad jurisdiccional *real*, la distancia entre los cometidos constitucionales de la Justicia Electoral y su funcionamiento práctico se revelan aún más patentemente, al considerarse cómo, con prácticamente una solo excepción en sus 16 años de funcionamiento, esa Sala del Tribunal Supremo de Justicia nunca ha estado integrada por Magistrados realmente especialistas en el área o siquiera en asuntos afines con la materia electoral[13], obviando los requisitos constitucionales y legales correspondientes, más allá de que esta afirmación es parcialmente predicable de otras Salas también, como la misma Sala Constitucional, lo que se ha venido agravando con el transcurso de los años[14].

Al contrario, la tendencia, ha sido la de integrar a la cúspide de la Justicia Electoral por activistas políticos del partido de gobierno o notoriamente afines a este[15], huelga decir que

---

ISI%C3%93N%20CONSTITUCIONAL%20Tercer%20Congreso%20DPC%20Cali,%20mayo%202 012).pdf

[11] Sobre el punto puede consultarse, entre otros: Brewer-Carías, *Sobre el avocamiento...*, *in totum;* PEÑA SOLÍS, José: *El "avocamiento judicial" como instrumento de abuso de poder en Venezuela. A propósito de la sentencia dictada por la Sala Constitucional del Tribunal Supremo de Justicia el 31 de marzo de 2004.* En: AA.VV.: La Guerra de las Salas..., pp. 59-109

[12] En relación con esa patológica situación, pueden verse los casos de las demandas contencioso-electorales planteadas ante la Sala Electoral del Tribunal Supremo de Justicia contra los resultados de la elección presidencial de 2013, que fueron declaradas inadmisibles por la Sala Constitucional, reseñados por Silva Aranguren y Torrealba Sánchez, *op. cit.*, pp. 22-49.

[13] La excepción la constituyó José Peña Solís, con trayectoria *real* y académica, así como obra escrita en materia electoral (y en Derecho Público en general), y que desempeñó su cargo de enero a diciembre de 2000, lapso de <<estreno>> de la Constitución de 1999 y durante el cual el Poder Ejecutivo aún no controlaba férreamente a la institucionalidad judicial. En el otro extremo se tiene por ejemplo el caso de, quien apenas designada en su cargo en el año 2010 y ejerciendo la Presidencia de la Sala, decidió comenzar a cursar *simultáneamente* una especialización en materia electoral en la Universidad Central de Venezuela. Para constatar la situación actual, remitimos al resumen curricular de los Magistrados de la Sala Electoral (curiosamente para julio de 2016 aún no está disponible el de una recientemente incorporada) disponible en: http://www.tsj.gob.ve/-/sala-electoral.

[14] Un panorama reciente del asunto puede verse en: Acceso a la Justicia: *Informe sobre el cumplimiento de los requisitos por parte de los Magistrados del Tribunal Supremo de Justicia, julio 2016.* En: http://www.accesoalajusticia.org/wp/wp-content/uploads/2016/07/Perfil-de-magistrados -del-TSJ-julio-2016.pdf.

[15] Incluso por Diputados del partido de gobierno que no fueron reelectos en la Asamblea Nacional en los comicios inmediatamente previos a su designación como Magistrados. Precursor de esta

desconocedores de las ramas jurídicas dentro del área competencial de la Sala Electoral (y en algunos casos de todas las ramas jurídicas). Esto se agravó especialmente a partir de 2010, y luego se profundizó en 2015. Veamos ese último caso con algo más de detalle.

2. *La apresurada designación de activistas políticos como Magistrados del TSJ casi en la víspera de Navidad (23 de diciembre de 2015) por una Asamblea Nacional saliente o <<en funciones>>*

Como último punto en los antecedentes, cabe señalar que el partido de gobierno, constatada la pérdida de la mayoría de Diputados en la Asamblea Nacional en las elecciones de diciembre de 2015, optó –una vez más– por hacer uso de su mayoría parlamentaria saliente o <<en funciones>>[16], para designar, en un procedimiento que vicia de nulidad absoluta a tales actuaciones[17], a varios Magistrados del Tribunal Supremo de Justicia, simultáneamente al lograr la <<jubilación anticipada>> de un grupo de los Magistrados designados en el año 2004, y cuyo período debió haber culminado en el 2016. Por supuesto que el reemplazo, al igual que ya lo fue en el 2010, fue básicamente por activistas políticos ajenos a la judicatura (lo que en el caso venezolano tampoco hubiera resultado una especial garantía de autonomía dada la inexistencia de carrera judicial), a la docencia universitaria y a los medios académicos[18].

---

práctica fue Luis Velásquez Alvaray, quien se desempeñó primero como Diputado de la Asamblea Nacional, promovió la sanción de la Ley Orgánica del Tribunal Supremo de Justicia como medio de modificar la integración del Tribunal y lograr un total control político de este, para inmediatamente pasar a ser Magistrado de la Sala Constitucional. Actualmente prófugo de la Jurisdicción Penal venezolana por presuntos delitos de corrupción durante su gestión como Magistrado. Algo semejante –en cuanto a su designación– ha acaecido en el caso de los Rectores del Consejo Nacional Electoral, como es el caso de Socorro Elizabeth Hernández Hernández, quien había ocupado diversos altos cargos en el Ejecutivo Nacional, incluyendo Ministra, antes de ser designada Rectora, y de Tania D´Amelio Cardiet, quien había sido Diputada en la Asamblea Nacional por el partido de gobierno, todo ello a pesar de que los artículos 294 y 296 constitucionales consagran, respectivamente, la despartidización como principio de actuación de los órganos electorales y la no vinculación de los Rectores con partidos políticos.

[16] En el sentido que le da a esta expresión el artículo 101 de la Constitución Española, como la actividad Parlamentaria realizada en el tiempo que transcurre desde la culminación de la elección legislativa hasta la instalación del nuevo Parlamento. Ya la doctrina ha puesto en tela de juicio la validez de tal proceder a la luz de la Constitución (*Cfr.* Allan R. Brewer-Carías: *El Juez Constitucional y la perversión del Estado de Derecho. La "dictadura judicial" y la destrucción de la democracia en Venezuela.* Texto del libro en proceso de edición (Versión sujeta a corrección). 5 de junio de 2016, pp. 57-58.

[17] Véase entre otros: *Ibídem*, pp. 58-62; Grupo de Profesores de Derecho Público (documento en línea: http://www.el-nacional.com/politica/Profesores-Derecho-Publico-nombramiento-TSJ_0_ 76 6123520.html.

[18] De allí que se ha señalado refiriéndose a la Sala Electoral como: <<*...integrada en su totalidad por magistrados miembros del partido oficial (alguno, incluso recién nombrado, luego de ser candidato perdedor en las elecciones del 6 de diciembre)...>>* Brewer-Carías, *El Juez...*, p. 74, para más adelante agregar: <<*...los magistrados de la Sala Electoral del Tribunal Supremo, todos, o eran militantes abiertos del partido oficialista o de gobierno o en todo caso, estaban sometidos totalmente al control político del mismo, en una forma como nunca antes se había visto, habiendo perdido totalmente todo vestigio de independencia, autonomía e imparcialidad>>.* (*Ibídem*, p. 80).

En el caso de la Sala Electoral del Tribunal Supremo de Justicia, al igual que en el año 2010, un Diputado del partido de gobierno pasó a convertirse inmediatamente en Magistrado[19].

Resultado de todas esas estrategias destinadas a mantener y reforzar el control político del Tribunal Supremo de Justicia, es que la Sala Electoral está actualmente integrada por dos Ex-Diputados del partido de gobierno (en ambos casos, los Diputados participaron en las sesiones de designación, es decir, se autonombraron Magistrados renunciando a su militancia político partidista horas antes de asumir sus nuevos cargos[20]), y el resto de sus tres miembros principales son notoriamente afines a la misma tendencia política –e incluso algunos vienen de desempeñar cargos políticos en el gobierno nacional– en abierta contravención a las normas constitucionales aplicables.

La inexistencia de criterios de selección sobre la base de los parámetros que exige la Constitución y reemplazo de estos por imperativos estrictamente partidistas, se suman entonces a la ya precaria situación de la Sala Electoral descrita en los anteriores epígrafes, así como evidencia que no cabía esperar que la misma fuera mínimamente apta para desempeñar satisfactoriamente sus potestades jurisdiccionales[21]. Y muestra de ello fue lo que sucedió –apresuradamente– apenas a pocos días de las últimas designaciones de Magistrados del Tribunal Supremo de Justicia, como pasa a describirse de seguidas.

II. LA SUSPENSIÓN CAUTELAR DE LA PROCLAMACIÓN DE LOS DIPUTADOS ELECTOS POR EL ESTADO AMAZONAS

1. *Introito: Vacaciones judiciales decembrinas y tutela cautelar*

Conseguir –en vísperas de año nuevo– siquiera la recepción de un escrito ante un Juzgado o Tribunal, no debe ser tarea fácil en casi ninguna parte. Mucho menos si el respectivo ordenamiento jurídico –como el venezolano– establece vacaciones judiciales decembrinas, y menos si la propia Sala Constitucional y el Tribunal Supremo de Justicia tanto formal como informalmente han consagrado –e incluso ampliado– tal práctica.

Ahora bien, obtener un pronunciamiento cautelar de un Tribunal, y específicamente de la Sala Electoral, así como <<materializarlo>> justamente en esa fecha (aunque formalmente se haya dictado el día 30 de diciembre, que termina haciéndose público solo el dispositivo de la sentencia el 31), luce casi imposible.

Pero fue lo que acaeció en el caso de la interposición de varias demandas contencioso-electorales contra el proceso electoral cuyo acto de votación tuvo lugar el 6 de diciembre de

---

[19] Christian Tyrone Zerpa, Diputado (del partido de gobierno) de la Asamblea Nacional por el Estado Trujillo (2010-2015), designado Magistrado en diciembre de 2015. Previamente, Malaquías Gil Rodríguez, Diputado (también del partido de gobierno) de la Asamblea Nacional por el Estado Trujillo (2000-2010), designado Magistrado en diciembre de 2010. Ambos datos disponibles incluso en sus resúmenes curriculares cargados en el portal electrónico del Tribunal Supremo de Justicia Venezolano (http://www.tsj.gob.ve/-/christian-tyrone-zerpa, http://www.tsj.gob.ve/-/malaquias-gil-rodriguez).

[20] Véase la anterior nota al pie.

[21] De forma especialmente gráfica, señala Brewer-Carías, El Juez..., pp. 80-81: <<*En la situación en la que estaba y está integrado el Tribunal Supremo y sus Salas, no es posible para nadie esperar justicia, siendo más bien lo que se puede esperar, la emisión servil de órdenes políticas con forma de sentencias...*>>.

2015, y que culminó con la victoria de la coalición de partidos de oposición en cuanto a número de Diputados en el Parlamento Nacional, dejando al partido oficialista en minoría luego de 17 años de hegemonía, más o menos marcada, según cada período legislativo.

Y es que resulta por lo menos curioso señalar **que por primera vez luego de quince años de vacaciones decembrinas ininterrumpidas**, la Sala Electoral, después de fijar y notificar formalmente su acostumbrado asueto navideño entre los días 11 de diciembre de 2015 a 4 de enero de 2016, mediante aviso oficial, y de no dar Despacho a partir del día 11 de diciembre[22], sobrevenidamente –y de forma contraria a lo previsto en la legislación procesal–[23] decidió suspender tales vacaciones y dar Despacho (es decir, dar atención al público, recibir escritos y realizar actos judiciales) los días 28, 29 y 30 del mismo mes de diciembre de 2015[24].

Coincidencialmente, el 28 de diciembre se presentaron varias demandas, y una adicional el día siguiente, esto es, el 29, que fue justamente en la que se acordó la providencia preventiva. *Un día después*, es decir, el último día de la sobrevenida interrupción de esas vacaciones, se obtenía el pronunciamiento cautelar (en realidad solo el anuncio de su dispositivo) que será analizado más adelante[25].

---

[22]   Y no solo eso, sino que mediante aviso oficial, la Sala Electoral informó el 22 de diciembre, en comunicado publicado en el portal oficial del Tribunal Supremo de Justicia, que hasta esa fecha no había recibido ninguna impugnación. El texto del comunicado ya no está disponible en ese portal, pero puede leerse en la nota de prensa del 22 de diciembre publicada en el diario <<El Correo del Orinoco>>, que forma parte de los medios de comunicación social estatales o públicos (en realidad gubernamentales o partidistas), regidos por el Ministerio correspondiente (cuyo nombre y emblema aparece en la publicación): *"El Tribunal Supremo de Justicia informa a la opinión pública que la Sala Electoral no ha recibido ninguna acción judicial esta semana con el objeto de impugnar los resultados de las elecciones parlamentarias realizadas el pasado 6 de diciembre en el territorio venezolano. La presente aclaratoria obedece a declaraciones ofrecidas por voceros políticos y a falsas informaciones que de forma irresponsable han puesto a circular algunas ciudadanas y ciudadanos en las redes sociales, que en nada contribuyen con el clima de paz y tranquilidad que reina en el país. Para finalizar, el Máximo Juzgado agregó que la Sala Electoral esta semana no ha dado despacho, ni se han recibido amparos que sería la excepción al mismo, con lo cual también se desmienten informaciones infundadas y malsanas en ese sentido>>* (negrillas añadidas). http://www.correodelorinoco.gob.ve/nacionales/sala-electoral-no-ha-recibido-ninguna-impugnacion - sobre-elecciones-parlamentarias-6d/ (Consulta junio 2016).

[23]   Por ello uno de los argumentos planteados por la representación judicial de la coalición opositora, en su cuestionamiento a las actuaciones decembrinas de la Sala Electoral, es que resultan contrarias al artículo 201 del Código de Procedimiento Civil (que establece vacaciones judiciales del 24 de diciembre al 6 de enero) y al criterio jurisprudencial de la Sala Constitucional, en su decisión 1.264 del 11 de junio de 2002.

[24]   Tal aviso se publicó el 23 de diciembre en el enlace denominado "Cuentas" del portal oficial del Tribunal Supremo de Justicia (http://www.tsj.gob.ve/es/web/tsj/cuentas). Consulta junio 2016.

[25]   Con razón se señaló respecto a las intempestivas actuaciones de la Sala Electoral, lo siguiente: *<<Para materializar las aviesas intenciones del gobierno, la Sala Electoral del Tribunal Supremo integrada en su totalidad por magistrados miembros del Partido oficial (alguno incluso recién nombrado pero candidato perdedor de dicho partido en las elecciones del 6 de diciembre), que había entrado en vacaciones judiciales luego de las elecciones parlamentarias, resolvió como por arte de magia suspender "sus vacaciones para recibir los recursos del Partido Socialista Unido de Venezuela," y proceder a dar despacho "los días 28, 29 y 30 de diciembre;" todo ello a los efectos de admitir las acciones interpuestas y proceder a decidir sobre los amparos cautelares y medida de suspensión de efectos formulados contra los actos de votación de las elecciones de di-*

Nada cabe agregar al peculiar proceder de la Sala Electoral en vísperas de fin de año, peculiaridad que coincidió –curiosamente– con los intereses del partido de gobierno que acababa de perder su mayoría parlamentaria, y del cual –también por coincidencia– habían sido militantes y Diputados hasta la víspera de sus nombramientos en el Tribunal Supremo de Justicia, dos de sus <<Magistrados>>[26].

2. *Las recusaciones no resueltas oportunamente. Violación al Debido Proceso Constitucional (la garantía del Juez natural) por ausencia de imparcialidad*

Adicionalmente, cabe señalar que en la causa en la que se acordó la tutela cautelar que será comentada más adelante, así como en todas las demás presentadas ese 28 de diciembre de 2015, la representación judicial de la Coalición opositora procedió a recusar a todos los Magistrados de la Sala Electoral, basados en su falta de imparcialidad por su condición de activistas y militantes políticos –o en el mejor de los casos abiertos simpatizantes y ex funcionarios públicos– del partido de gobierno. Ello lo hizo el día 30 de diciembre durante las primeras horas de la tarde, pero la sentencia de la medida cautelar se señaló como formalmente publicada (agregada en el expediente) ese mismo día en la mañana, aunque durante todo ese día 30, *los recusantes ni fueron recibidos por los Magistrados* a fin de presentar sus escritos de recusación, como exige la legislación venezolana, *ni tuvieron acceso a las actas judiciales para verificar la existencia de una sentencia que, aunque formalmente aparece publicada a las 10:35 am del 30 de diciembre*, realmente se divulgó su existencia en la tarde de ese día en cuanto a que se anunció en el portal oficial electrónico, *y lo que es más grave, su texto como tal solo pudo obtenerse el 4 de enero de 2016*, al tenerse acceso por el portal electrónico del Tribunal[27].

---

putados en los circuitos impugnados>> (Allan R. Brewer-Carías: *El "golpe judicial" pírrico, o de cómo la oposición seguirá controlando la mayoría calificada de la Asamblea Nacional* (Inédito para cuando se escriben estas líneas) Nueva York, E.U.A., 2015, p. 5; Brewer-Carías, *El Juez...,* pp. 74-75). Todos estos hechos fueron denunciados en la causa como configuradores de un fraude procesal, sin que hasta el momento la Sala Electoral se haya pronunciado, a pesar de su gravedad, máxime si se trata de una denuncia de la conducta procesal de los jueces del más alto tribunal de la República.

[26] Durante la elaboración de este trabajo, la Sala Electoral dictó una sentencia interlocutoria en la que teóricamente tendría que haber dado respuesta a los planteamientos de las partes que denunciaron el fraude procesal acaecido sobre la base de los acontecimientos narrados en este epígrafe. Como se verá en el epígrafe III.5, la decisión obvia pronunciarse sobre tal delación.

[27] Como se ha señalado: <<Sobre las 6:15 de la tarde del 30 de diciembre, la Sala Electoral dictó siete sentencias, en los siete recursos presentados a la fecha. De esa manera, la Sala admitió los seis recursos contencioso electorales interpuestos el día 28, y negó la medida cautelar de suspensión de efectos de las elecciones en cada uno de ellos. Aun cuando en esos casos se iniciará un juicio –que deberá decidir si la elección es nula– los ocho diputados electos en esas elecciones continuarán en el ejercicio de sus funciones. Sin embargo, en el séptimo recurso, la Sala Electoral decidió admitir ese recurso y acordar con lugar la medida cautelar de amparo presentada>> así como: << En la tarde del día 30 de diciembre, *medios de comunicación informaron* que la MUD recusó a los magistrados de la Sala Electoral, por carecer de imparcialidad. Ninguna de esas recusaciones fueron resueltas por la Sala Electoral al emitir las siete sentencias comentadas, al menos, según se refleja de sus registros públicos. Ello constituye un grave vicio que afecta la validez de la sentencia>> (José Ignacio Hernández, Luego de los 4 diputados suspendidos por el TSJ: ¿Qué va a pasar? Documento en línea: Prodavinci, 30 de diciembre de 2015, en http://prodavinci.com/blogs/luego-de-los-4-diputados-suspendidos-por-el-tsj-que-va-a-pasar-por-jose-ignacio-hernandez/. En similar sentido se ha destacado: <<De la sentencia, la cual todavía para a las 3.00 pm del 31 de diciembre continuaba siendo clandestina –al igual que la demanda misma–, lo único que se sabía es la infor-

En otros términos, aunque el Derecho positivo venezolano es categórico al ordenar que, una vez presentada la recusación de un funcionario judicial, este debe abstenerse de actuar en el proceso hasta tanto se dilucide la procedencia o no de su recusación (es decir, hasta tanto se decida si el juez es apto para serlo porque es imparcial en el caso concreto, ni más ni menos), la Sala Electoral no procedió a tramitar inmediatamente la recusación hasta después de dictar la sentencia acordando la medida cautelar solicitada, empleando para ello la maniobra de no permitir el acceso al expediente del juicio en tanto no agregara (en realidad hasta tanto no redactara el fallo y consiguiera las firmas de los Magistrados[28]) la sentencia publicada.

Es difícil encontrar una muestra más evidente de un Tribunal puesto a disposición de una parte (del partido de gobierno), decidido a maniobrar con lapsos judiciales y a vulnerar las garantías procesales básicas para favorecerla, incluso violando manifiestamente la garantía del debido proceso en cuanto a contar con un juez imparcial, es decir a un verdadero juez natural, conforme a lo que dispone el artículo 49.1 de la Constitución venezolana[29].

---

mación que aparecía en la página web del Tribunal Supremo de Justicia>> (Brewer-Carías, El "golpe judicial"…, p. 1), o bien que: <<Las sentencias fueron totalmente clandestinas, no sólo porque su texto no se conoció sino hasta el mediodía del día 4 de enero de 2016, sino porque ni siquiera las demandas se pudieron conocer por los interesados…>> (Brewer-Carías, El Juez…., pp. 75 y 81-82). Esos mismos hechos han sido formalmente denunciados en los escritos presentados en el proceso judicial, sin que hasta cuando se escriben estas páginas hayan tenido respuesta por parte de la Sala Electoral.

[28]   Y es que, como señala Ibídem, p. 82: <<…es obvio que la sentencia anunciada no existía, pues hubiese sido publicada, y si algo de ella existía, quizás los que la anunciaron pasaron todo el fin de semana, incluidos los días feriados de fin y comienzo de Año, para maquillarla>>.

[29]   A ello hay que agregar que en la misma causa, de forma por demás presta, la Sala Electoral dictó sentencia el 11 de enero de 2016, mediante la cual ratifica el contenido de la previa decisión 260 del 30 de diciembre de 2005, declarando << su inmediato cumplimiento>> y <<procedente el desacato>>, por parte de los integrantes de la Junta Directiva de la Asamblea Nacional y por los Diputados electos por el Estado Amazonas. En esa misma sentencia se ordena la <<desincorporación inmediata>> de tales Diputados de dicho órgano legislativo nacional y se dispone que serán <<nulos absolutamente los actos de la Asamblea Nacional que se hayan dictado o se dictaren, mientras se mantenga la incorporación de los ciudadanos sujetos de la decisión N° 260 del 30 de diciembre de 2015>>. Sobre este fallo podrían hacerse múltiples comentarios a sus vicios jurídicos, pero lo importante es que revela cómo la Sala Electoral no dudó en dictar una sentencia <<complementaria>>, como medida de amenaza y presión para que los Diputados electos y proclamados por el Estado Amazonas, cesaran en sus funciones, no importándole si para ello tenía que incurrir en extra petita, extender los efectos de una decisión a quienes no han sido parte en el juicio en la cual se dictó y pronunciarse sobre asuntos que no estaban siendo debatidos ni respecto a los que tenía competencia para resolver. En todo caso, sobre el particular pueden verse las consideraciones de Brewer-Carías, El Juez…, pp. 98-112. Esa última decisión de la Sala Electoral fue <<completada>> por la sentencia 3 de la Sala Constitucional del 14 de enero de 2016, a través de un <<recurso de inconstitucionalidad por omisión>>, mediante la cual la Sala Constitucional, al constatar que la Asamblea Nacional había dado cumplimiento a la decisión de la Sala Electoral, declaró que la omisión inconstitucional de la Asamblea Nacional había cesado, por lo que <<…no existe actualmente impedimento alguno para que el Presidente de la República Bolivariana de Venezuela (Poder Ejecutivo) proceda a dar cuenta ante el Poder Legislativo de los aspectos políticos, económicos, sociales y administrativos de su gestión durante el año 2015…>>, es decir, una no tan velada amenaza al Parlamento respecto a que si se instalaba con todos sus Diputados (incluyendo los del Estado Amazonas), avalaría judicialmente el incumplimiento del Poder Ejecutivo de sus deberes constitucionales ante el Legislativo (Sobre ese fallo véase: Ibídem, pp. 114-117).

Visto el contexto forense en que se dictó la medida cautelar, corresponde ahora analizar el texto de la decisión en referencia.

3.   *El pretendido fundamento fáctico de la suspensión cautelar: Una grabación constitutiva de delito difundida por un activista político (que fue Presidente del Consejo Nacional Electoral) que nada prueba en su contenido y nada puede probar por su manifiesta ilegalidad*

En el escrito libelar, los demandantes (cuya legitimación está siendo discutida en el proceso pero que a los efectos de estas páginas no es un aspecto que resulte de especial relevancia) solicitaron se decretara <<*la nulidad absoluta*>> del proceso electoral de los Diputados de la Asamblea Nacional correspondiente al <<*Circuito Electoral del Estado Amazonas*>>, argumentando como único fundamento fáctico de la pretensión de nulidad y de la medida provisional solicitada (y decretada por la Sala Electoral), la existencia una grabación, que sirvió para una declaración política de supuesta <<*compra de votos*>> difundida antes en los medios de comunicación oficiales por el Alcalde del Municipio Libertador del Distrito Capital[30], en la que según la parte actora <<*...se puede escuchar a la secretaria de la Gobernación del Estado Amazonas, Victoria Franchi, discutir con otra persona anónima, cómo pagaba diversas cantidades de dinero a los electores para votar por candidatos opositores...*>>[31].

Es decir, la única prueba aportada por los actores, es una grabación no solo ilícita sino además constitutiva de delito (a tenor de la legislación venezolana así como de cualquier otra en un Estado de Derecho), por haber registrado sin consentimiento ni conocimiento de los interlocutores y sin autorización judicial previa impartida al órgano de investigación competente, una conversación en la que supuestamente una funcionaria pública del Ejecutivo del Estado Amazonas, le habría expresado a una persona cuya identidad se desconoce (según se admite expresamente en el libelo de demanda), cómo paga a <<los electores>> para votar por determinados candidatos.

---

[30]   Jorge Rodríguez Gómez, Alcalde del Municipio Libertador del Distrito Capital desde 2008, dirigente político del partido de Gobierno, y que previamente fue Rector y luego Rector Vicepresidente y Rector-Presidente del Consejo Nacional Electoral entre los años 2004-2006, designado por la Sala Constitucional mediante decisión 2.341 del 25 de agosto de 2003 (pronunciándose sobre una demanda de inconstitucionalidad por omisión legislativa). Luego Vice-Presidente del Poder Ejecutivo Nacional (2007-2008), y que desde el año 2008 hasta el presente asume –entre otras– la función de Jefe del Comando de Campaña del partido oficialista en los diversos procesos electorales (lo que dice mucho de su objetividad e imparcialidad cuando se desempeñó en el Consejo Nacional Electoral). El video de la denuncia que fue difundido por los medios de comunicación social puede verse en: http://www.elmundo.com.ve/noticias/actualidad/noticias/jorge-rodriguez-denuncia-compra-de-votos-en-amazon.aspx (consulta junio 2016). El audio de la presunta grabación fue difundido a su vez por los medios públicos o estatales (más bien oficialistas y gubernamentales), recogido posteriormente, entre otros portales, por noticias 24 (http://www.noticias24. com/venezuela/noticia/305895/en-video-estas-son-las-pruebas-presentadas-sobre-delitos-electorales-cometidos-por-la-oposicion/) consulta junio 2016.

[31]   Agrega la parte actora luego sus apreciaciones personales: <<*...además la referida ciudadana se expresa de los electores con calificativos vejatorios y queda absolutamente claro cómo dirige acciones destinadas a manipular el voto asistido de los ciudadanos adultos mayores o aquéllos que por alguna condición física o cualquier otro impedimento le dificultaba ejercer su derecho al sufragio*>>.

Se trata pues, de un grabación a la que se alude (ni siquiera su soporte físico o electrónico fue consignado en el expediente), que es entonces, constitutiva de delito[32], como lo es también su divulgación[33], y además de eso, es una prueba nula por expresa disposición constitucional, dada su manifiesta violación a la garantía del Debido Proceso[34]. No obstante, de esa pretendida <<prueba>> los demandantes derivaron su alegato de fraude electoral, puesto que todas la demás afirmaciones fácticas carecen de sustento alguno[35], siquiera pretendido, puesto que se limitan a invocar genéricamente a la referida grabación.

Ante semejante conducta procesal, la única respuesta jurídica del órgano judicial, sobre la base de lo dispuesto en los artículos 180 y 181 de la Ley Orgánica del Tribunal Supremo de Justicia[36], era declarar inadmisible la demanda por estar fundamentada en la referencia a un supuesta prueba nula, ilícita y delictiva[37], y en todo caso, remitir copia de las actas al

---

[32]   Artículo 2 de la Ley sobre protección a la privacidad de las comunicaciones (*G.O.* 34.863 del 16 de diciembre de 1991): *El que arbitraria, clandestina o fraudulentamente grabe o se imponga de una comunicación entre otras personas, la interrumpa o impida, será castigado con prisión de tres (3) a cinco (5) años. En la misma pena incurrirá, salvo que el hecho constituya delito más grave, quien revele, en todo o en parte, mediante cualquier medio de información, el contenido de las comunicaciones indicadas en la primera parte de este artículo.* Sobre este precepto puede verse el análisis de: Alberto Arteaga Sánchez, *La interceptación, interrupción, impedimento o revelación de comunicaciones privadas o ajenas. Estudio doctrinario del artículo 2° de la Ley sobre Protección a la Privacidad de las Comunicaciones.* Revista de la Facultad de Ciencias Jurídicas y Políticas número 97. Universidad Central de Venezuela. Caracas, 1995, pp. 50-60. Disponible en: http://www.ulpiano.org.ve/revistas/bases/artic/texto/RDUCV/97/rucv_1995_97_49-60.pdf. Consulta julio 2016.

[33]   En la actualidad venezolana, las grabaciones de video o de sonido ilícitas y constitutivas de delito son común e impunemente difundidas por los medios de comunicación audiovisuales social oficialistas (que debieran ser públicos o estatales), sin ninguna consecuencia jurídica para el divulgador, el responsable del programa televisivo o radial ni los directivos del medio respectivo, salvo quizá un ascenso o promoción laboral, o bien las felicitaciones públicas de los altos personeros del Gobierno.

[34]   Artículo 49.1 constitucional: <<*El debido proceso se aplicará a todas las actuaciones judiciales y administrativas; en consecuencia: 1. La defensa y la asistencia jurídica son derechos inviolables en todo estado y grado de la investigación y del proceso. Toda persona tiene derecho a ser notificada de los cargos por los cuales se le investiga; de acceder a las pruebas y de disponer del tiempo y de los medios adecuados para ejercer su defensa. Serán nulas las pruebas obtenidas mediante violación del debido proceso. Toda persona declarada culpable tiene derecho a recurrir del fallo, con las excepciones establecidas en esta Constitución y en la ley*>> (negrillas añadidas). En similar sentido: Brewer-Carías, *El Juez...*, p. 91.

[35]   Supuesto <<reclutamiento>> forzoso de electores con recursos provenientes del Ejecutivo estadal e intervención en el llamado <<voto asistido>> (acompañamiento a los adultos mayores y personas con discapacidad). Todo ello amparándose en que una grabación ilícita, constitutiva de delito y procesalmente nula para demostrar algo distinto a la conducta delictiva de sus autores y divulgadores, sería un <<hecho notorio comunicacional>>.

[36]   *Artículo 180. Requisitos de la demanda.* En el escrito correspondiente se indicará con precisión la identificación de las partes y contendrá una narración circunstanciada de los hechos que dieron lugar a la infracción que se alegue y de los vicios en los que haya incurrido el supuesto o supuesta agraviante. *Artículo 181. Causas de inadmisión.* El incumplimiento de los extremos antes señalados provocará la inadmisión de la demanda, salvo que se trate de omisiones no sustanciales que no impidan la comprensión de las pretensiones interpuestas.

[37]   En este supuesto tan extremo sí tenía sentido declarar la inadmisibilidad de la demanda, sobre la base de las disposiciones legales, pues es evidente que ningún propósito útil tiene darle trámite a

respectivo Colegio de Abogados para que determinara la responsabilidad profesional y ética de los profesionales del Derecho intervinientes en tan deleznable proceder, así como al Ministerio Público, a los fines de establecer las responsabilidades penales a que hubiera lugar[38].

Pero sucedió todo lo contrario a lo que debió pasar. Veámoslo de seguidas.

4. *El pretendido fundamento jurídico de la suspensión cautelar: La calificación de <<hecho notorio comunicacional>> de una grabación constitutiva de delito (prueba constitucionalmente nula) y la ilógica presunción de violación a derechos constitucionales por efecto de una inmotivada valoración judicial. Sus consecuencias*

La medida cautelar, bajo la modalidad de amparo constitucional fue acordada –formalmente dos días después de su presentación, aunque la sentencia no fue de acceso público sino el 4 de enero del año siguiente, no se olvide– con esta pretendida argumentación:

"De acuerdo a la anterior doctrina jurisprudencial en relación con la apreciación por el juez de un hecho notorio comunicacional alegado por alguna de las partes, observa la Sala la uniformidad en diversos medios impresos y digitales de comunicación social del día 16 de diciembre de 2015, de un hecho noticioso consistente en la difusión de grabación del audio de una conversación entre la ciudadana Victoria Franchi Caballero, Secretaria de la Gobernación del estado Amazonas, y persona no identificada (anónima) en la cual se refiere la práctica de compra de votos y pago de prebendas a electores para votar por la denominada Mesa de la Unidad Democrática (MUD) o ayudar a desviar la voluntad de las personas que requerían asistencia para el acto de votación, por lo cual el ciudadano Jorge Rodríguez, en su condición de integrante de la Dirección Nacional de la organización política Partido Socialista Unido de Venezuela solicitó al Ministerio Público el inicio de la investigación correspondiente.

De igual modo, esta Sala aprecia como hecho notorio comunicacional la aprehensión de la referida funcionaria estadal en virtud de los hechos denunciados, tal como reseñó la página web de la Asamblea Nacional el 16 de diciembre de 2015 (*vid.* www.asambleanacional. gob.ve).

---

una causa en la cual la procedencia de la pretensión se fundamenta en un medio probatorio absolutamente nulo *a priori*, por lo que no se produce indefensión alguna. En cambio, la Sala Constitucional declaró inadmisibles múltiples demandas interpuestas contra los resultados del proceso electoral presidencial de 2013 en el que fue proclamado como Presidente Nicolás Maduro Moros, pronunciándose anticipadamente sobre asuntos de fondo y exigiendo demostración circunstanciada de los hechos afirmados en las pretensiones en la etapa de admisión de la demanda (*Cfr.* Silva Aranguren y Torrealba Sánchez, *Op. cit.*, pp. 30-45). No obstante, en esta ocasión en que la pretensión se interpuso para cuestionar un resultado favorable a la coalición opositora, la Sala Electoral admitió la demanda sin mayor razonamiento.

[38]   En similar sentido, señala Brewer-Carías, El Juez..., pp. 89-90: <<*Una demanda o recurso con ese sólo fundamento genérico, basada en una supuesta conversación privada sostenida por un funcionario público con una "persona anónima", que constaría de una grabación ilegal, por supuesto no resiste el menor análisis ni consideración, y lo que debió haber hecho la Sala Electoral al recibirla, lejos de admitirla, era declarar el recurso como inadmisible, pues (...) la recurrente no acompañó prueba alguna de la certeza de la supuesta conversación, ni que la misma realmente hubiera tenido lugar, sino que tampoco acompañó prueba alguna de que, por ejemplo, algún votante hubiera efectivamente recibido algún dinero...*>>. Agrega el mismo autor que los Magistrados de la Sala Electoral, al haber admitido la demanda y aceptar como único medio de prueba una grabación ilegal, se convirtieron en cómplices del delito cometido (*Ibídem*, p. 92).

Conforme a lo expuesto, considera la Sala que la difusión pública y uniforme del señalado hecho notorio comunicacional evidencia preliminarmente la presunción grave de buen derecho o *fumus boni iuris* de presunta violación de los derechos constitucionales al sufragio y la participación política de los electores del estado Amazonas en el proceso electoral realizado el 6 de diciembre de 2015 en dicha entidad territorial para elección de diputados y diputadas a la Asamblea Nacional, razón por la cual, de acuerdo al principio de instrumentación del proceso para la realización de la justicia previsto en el artículo 257 de la Constitución de la República Bolivariana de Venezuela, aunado a que el Estado venezolano es de derecho y de justicia, como lo expresa el artículo 2 *ejusdem*, esta Sala declara procedente la solicitud de amparo cautelar. Así se decide."

La Sala Electoral señala entonces, que una grabación ilícita, delictiva, y además expresamente calificada como nula por el artículo 49.1 constitucional, por haber sido obtenida en violación al debido proceso, se convierte en un hecho notorio comunicacional al haber sido difundida por medios de comunicación social impresos y digitales.

En realidad, *el hecho notorio comunicacional es que la grabación, insólitamente, fue difundida públicamente con absoluta impunidad por parte, primero, del ya referido Alcalde, y luego, por los medios de comunicación social.* Lo que no son, ni pueden ser hechos notorios comunicacionales, son los hechos alegados por la parte actora y que presuntamente le dan fundamento a su pretensión, por cuanto:

1. Se trata de una grabación que no produce efecto probatorio alguno, como ya se señaló, excepto el de generar responsabilidad penal (entre otras) en quienes la registraron y también en quienes la divulgaron[39].

2. Esa grabación no fue acompañada a los autos, por lo que incluso aceptando lo inaceptable, es decir, que potencialmente tuviera efecto probatorio, al no consignarse en autos y no haber sido sometida al control y contradicción de las partes, no puede tenerse como auténtica[40].

3. En todo caso, se trataría de una supuesta conversación entre dos personas sin identificar. El que una ciudadana haya sido <<aprehendida>> en virtud de los hechos denunciados por el Alcalde, no prueba que ella haya sido efectivamente una de las intervinientes en la grabación, e incluso si lo fuera, ya se señaló que sus efectos probatorios son nulos y sin ningún efecto. También consagra la Constitución venezolana, y el resto del ordenamiento jurídico venezolano, comenzando por la normativa internacional de Derechos Humanos que también es aplicable a Venezuela –con sus limitaciones–, la presunción de inocencia, por lo que no tiene ningún basamento la premisa de la Sala Electoral en cuanto a presumir que una determinada ciudadana participó efectivamente en la conversación que fue ilegalmente grabada y difundida, sobre la base del inicio de una investigación penal.

4. Aún en el supuesto –negado– de que estuviera demostrado que una de las intervinientes en esa grabación fue la ciudadana <<aprehendida>>, lo único que podría concluirse es que ella afirmó haber cometido una serie de actos que pudieran comprometer su respon-

---

[39]   Como destaca Brewer-Carías, *El Juez...*, p. 95: Si la grabación prueba algo, es la comisión de un delito (su difusión), no una irregularidad electoral.

[40]   Señala al respecto Brewer-Carías, *El Juez...*, 93, cuestionando el pretendido razonamiento judicial: <<*...decir que si se obtiene una grabación ilegal de una conversación, sin siquiera saberse si la misma es cierta, y no es un montaje, sin embargo si se la divulga en los medios de comunicación –cometiéndose un delito–, ello entonces convierte el delito y el contenido de los supuestamente dicho en un "hecho notorio comunicacional", que tiene que tomarse por cierto, sin que nada tenga que probarse. Mayor aberración jurídica es ciertamente imposible de concebir*>>.

sabilidad, cosa muy distinta de demostrar que efectivamente fueron consumados[41]. De nuevo opera aquí la presunción de inocencia como manifestación de la garantía del Debido Proceso.

5. Pero es que incluso, obviando todo lo anterior, lo cierto es que la Sala Electoral, sin ningún tipo de razonamiento o argumentación lógica, deriva de sus falsas premisas la presunción de violación a los derechos constitucionales de *todos* los electores del Estado Amazonas. Se trata de un pretendido razonamiento que en realidad esconde una falacia de atinencia o causa falsa.

Basta para evidenciarlo entender que, incluso partiendo de la premisa no demostrada ni demostrable, de que efectivamente la ciudadana referida hubiera realizado todo lo que supuestamente habría dicho que realizó en la grabación referida, *nada de ello probaría aún que se produjo la violación de los derechos al sufragio y a la participación política de todos los electores del Estado Amazonas*[42], y mucho menos, que pueda presumirse –ni siquiera en sede cautelar– el acaecimiento un fraude electoral en *toda* la entidad que haya comprometido la fidelidad de los resultados electorales, por la sencilla razón de que *habría que demostrar que esas conductas produjeron –con las debidas referencias a las circunstancias de modo, tiempo y lugar– como efecto, una operación fraudulenta mediante el actual se alteraron los resultados generales de la elección en todo el Estado Amazonas*, lo cual, dicho sea de paso, incluso hasta en hipótesis luce casi imposible, si se trata de imputar tales acciones fraudulentas a una sola persona[43].

En realidad, exponer esas obviedades solo demuestran el grado de incoherencia argumentativa y de violación no solo a las reglas del Derecho, sino a las del sentido común, que preside la providencia cautelar acordada.

Siendo así, entonces la pregunta obligada es cuál fue la verdadera motivación (que no es jurídica) que hizo que se decretara tal medida cautelar, sin ningún tipo de sustento fáctico o jurídico, sin ningún apoyo argumentativo, y contrariando las más elementales reglas de la lógica. A este asunto dedicamos el siguiente epígrafe.

5. *La verdadera finalidad de la suspensión cautelar. Impedir la cabal instalación del Parlamento con todos sus integrantes para así afectar su adecuado desenvolvimiento conforme a las exigencias constitucionales*

La respuesta no es otra que la sentencia en cuestión no fue dictada con el objeto de proteger la violación o amenaza de violación de los derechos al sufragio de los electores del Estado Amazonas, sino precisamente persiguiendo todo lo contrario. Y ello porque, ante las

---

[41]   Y es que como señala Brewer-Carías, *El Juez...*, p. 94, es muy distinto un <<testimonio>> o declaración grabados ilegalmente (delictivamente en este caso), que un hecho, para que este pueda convertirse en <<hecho notorio comunicacional>>.

[42]   La falta de ponderación del verdadero interés general afectado por la medida cautelar, ha sido puesta de manifiesto por Brewer-Carías, *El Juez...*, p. 96.

[43]   En similar sentido, ha señalado Brewer-Carías, *El Juez...*, p. 88, respecto al alegato de fraude: <<...*se trataría de un alegato basado en lo que quizá sea el más grave de los vicios que puedan achacarse a una elección, que es el "fraude" electoral "estructural y masivo", lo que sin duda para que cualquier demanda pueda prosperar, requeriría no sólo de la precisión sobre en qué consistió la conducta del engaño o aprovechamiento del error de alguien por parte del autor del fraude para obtener un provecho en beneficio propio o de un tercero, capaz de haber afectado "el resultado de la elección", sino por sobre todo, requeriría de* **una prueba sólida y fehaciente** *de ello del dicho fraude*>> (negrillas añadidas).

desviaciones a que ha estado sometido el sistema electoral venezolano, privilegiando irrestrictamente el criterio mayoritario –aunque la exigencia constitucional sea la de la necesaria armonización de este con el de la representación proporcional[44]– el resultado electoral en el Estado Amazonas dio como vencedora casi irrestricta a la colación opositora, que obtuvo tres de las cuatro curules de Diputados al Parlamento Nacional que estaban en competencia en esa entidad federal.

Para impedir entonces la consumación de ese triunfo comicial, la Sala Electoral no dudó en dictar –casi inmediatamente a la presentación de una demanda en una sobrevenida e inusual suspensión del período vacacional judicial– una medida cautelar que, lejos de perseguir la protección de los derechos de los electores del Estado Amazonas y salvaguardar la legalidad de las votaciones, produjo como resultado el que todos los representantes de esa entidad político-territorial resultaran apartados de los cargos obtenidos mediante la expresión de la voluntad soberana del cuerpo electoral[45].

El efecto fue entonces, paradójicamente, que *valiéndose de la genérica invocación de la necesidad de proteger los derechos políticos de los ciudadanos, el órgano judicial privó de representación política a una entidad federal entera (y por tanto al cuerpo electoral de esa entidad),* sin ningún fundamento jurídico ni lógico para ello.

Pero es que además, y esto es especialmente relevante, la medida cautelar acordada por la Sala Electoral no fue un hecho aislado, producto de un error judicial, por más ostensible que este resulte, sino que obedece a una estrategia de impedir que la coalición opositora tuviera el número de Diputados necesarios para alcanzar las mayorías calificadas exigidas constitucionalmente, de dos tercios (2/3), para que una opción política pueda realizar una serie de actuaciones de especial relevancia político-constitucional, tales como: iniciativa para convocar referendos aprobatorios de leyes y tratados (artículo 73); acordar la separación temporal de los Diputados (artículo 187.20); crear o suprimir Comisiones Permanentes (artículo 193); autorizar al Ejecutivo Nacional para crear, modificar o suspender servicios públicos en caso de urgencia comprobada (artículo 196.6); admitir proyectos de Leyes orgánicas (artículo 203, primer aparte); remover a los Magistrados del Tribunal Supremo de Justicia (artículo 265); designar a los integrantes del Poder Ciudadano (artículo 279); designar a los integrantes del Poder Electoral (artículo 296, segundo aparte); aprobar proyectos de reforma constitucional (artículo 343.5); así como convocar a una Asamblea Nacional Constituyente (artículo 348).

---

[44]   Véanse entre otros los trabajos de: Dieter Nohlen, y Nicolás Nohlen: "El sistema electoral alemán y el tribunal constitucional federal *(La igualdad electoral en debate con una mirada a Venezuela)". Revista de Derecho Público* N° 109. Editorial Jurídica Venezolana, Caracas, 2007. pp. 16-19; Manuel Rachadell: "Consagración, auge y declinación del principio de representación proporcional en el Derecho Electoral Venezolano". *Revista de Ciencias Políticas y Sociales* POLITEIA. Instituto de Estudios Políticos, Facultad de Ciencias Jurídicas y Políticas, Universidad Central de Venezuela, Caracas, 2007, pp. 225-268 (disponible también en línea: http://www2.scielo.org.ve/pdf/poli/ v30n39/art09.pdf); y "El Sistema Electoral en la Ley Orgánica de Procesos Electorales". En: *Ley Orgánica de Procesos Electorales.* Colección Textos Legislativos N° 49, Editorial Jurídica Venezolana y Centro de Estudios de Derecho Público de la Universidad Monteávila, Caracas, 2010, pp. 15-22. Más recientemente: José Molina Vega Enrique: "Proporcionalidad y personalización en el sistema electoral venezolano: alternativas". En: B. Alarcón Deza, y J.M. Casal, (Coords.): *Proyecto Integridad Electoral Venezuela: Las reformas impostergables.* Universidad Católica Andrés Bello, Caracas, 2014, pp. 45-80.

[45]   De lo que resulta que el pueblo del estado Amazonas quede sin representación popular en el Parlamento, en contravención al principio democrático (*Cfr.* Brewer-Carías, *El Juez...,* p. 83).

Y es que con el resultado electoral obtenido, esa mayoría había sido alcanzada por los partidos adversos al gobierno de turno (de turno desde hace 17 años), a saber, 112 de los 167 Diputados, mientras que al restarle tres de los Diputados de Amazonas, no la alcanzaba, de seguir considerándose que la totalidad de los Diputados eran esos 167[46].

Se trata de un razonamiento bastante cuestionable si se considera que si hay cuatro Diputados que no pueden ejercer sus funciones constitucionales por una orden judicial cautelar, es lógico que entonces se considere que la totalidad de los Diputados no puede ser de 167 (pues ese número de Diputados es un imposible jurídico por obra de una sentencia judicial), sino más bien de 163[47].

En todo caso, es clara entonces la intención del Tribunal Supremo de Justicia, de favorecer a como diera lugar al partido del gobierno de turno –una vez más– para lograr mediante maniobras judiciales, lo que no pudo conseguir este último de la voluntad de los electores. A saber, minimizar en lo posible los efectos de un resultado electoral que le fue notablemente adverso[48].

---

[46]   De allí que se haya señalado que la decisión lo que pretendió fue crear un vacío provisional en la representación democrática, similar al de la anulación de una elección (Brewer-Carías, *El Juez...*, pp. 76-78).

[47]   Esa interpretación –que es la única posible como lo indica la lógica y el argumento *ad absurdum*– fue la planteada por la doctrina, al concluir que: <<*Y así, si vamos a la integración de la Asamblea Nacional luego de la sentencia de la Sala Electoral del 30 de diciembre de 2015, lo cierto es que con la misma se mutiló "provisionalmente" la representación popular en la Asamblea Nacional, al "suspenderse" la proclamación de cuatro diputados; pero no se afectó en forma alguna la mayoría calificada que tiene la MUD en la Asamblea. Es decir, lo que perseguían los impugnadores con las demandas, y lo que quizás persiguió la sentencia de la Sala Electoral, de afectar la mayoría calificada que ganó la oposición democrática en la Asamblea no lo lograron. Por ello hablamos de "golpe judicial pírrico." En efecto, según el resultado de las elecciones del 6 de diciembre, de los 167 diputados electos, la MUD sacó 112 y el gobierno 55 diputados. Esa integración es la que ha sido afectada por la sentencia, de manera que la como consecuencia de la misma, si llegase ser acatada, a los efectos de la instalación de la Asamblea Nacional el 5 de enero de 2016, el número total de diputados como consecuencia de la "suspensión provisional" de la representación del Estado Amazonas decretada judicialmente será de 163 diputados y no de 167, que fueron los originalmente electos. Y sobre esa cifra que es la totalidad de los diputados electos, excluyendo los electos en el Estado Amazonas, cuya proclamación fue suspendida, es que entonces debe calcularse la mayoría calificada, resultando entonces que la oposición democrática, con 109 diputados en relación a los 54 del gobierno, continuará controlando la mayoría calificada de la Asamblea que el pueblo le dio*>> (Brewer-Carías, *El "golpe judicial"...*, p. 8). En similar sentido: Brewer-Carías, *El Juez...*, pp. 78-79, 85.

[48]   De allí que en su oportunidad se señaló: <<*Frente a esta suspensión de efectos de unos actos cuyos efectos ya se habían cumplido, por lo que con razón se ha dicho que en realidad ya no habría "efectos que suspender," lo cierto fue que judicialmente se creó un vacío en la representación democrática, así sea "provisional," respecto de cuatro diputados, similar al que se produciría si se decreta la nulidad de la elección (...) Lo decidido por la Sala Electoral, en realidad, en cuanto a sus efectos jurídicos, en la práctica equivale a una especie de "revocación" "provisional" del mandato popular de los diputados, que deja "provisionalmente" sin representación en la Asamblea a todo el Estado Amazonas. Independientemente de que ello sea inadmisible pues contraría el principio democrático, se trata de una medida que produce un efecto similar –aun cuando "provisional"– al de la anulación de la elección que pudiera decidir la Sala Electoral. En esos casos de anulación, mientras se produce una nueva elección y se restablece la totalidad del número de representantes previstos legalmente, el cuerpo representativo de que se trate tiene que funcionar con los que lo integran efectivamente como consecuencia de la elección; siendo en rela-*

Pero si persistieran aún dudas de que fue esta última y no otra la finalidad de la medida cautelar dictada por la Sala Electoral, lo que se describe en el siguiente epígrafe despejará cualquier reserva al respecto.

III. LAS IRREGULARIDADES ACAECIDAS EN EL PROCESO CONTENCIOSO-ELECTORAL EN EL QUE SE DECRETÓ LA SUSPENSIÓN CAUTELAR, DESTI-NADAS A CREAR UN DESORDEN PROCESAL QUE IMPIDA DICTAR LA SENTENCIA DEFINITIVA Y MANTENGA INDEFINIDAMENTE LA MEDIDA CAU-TELAR

1. *La mora procesal en pronunciarse sobre la oposición a la medida cautelar de suspensión de la proclamación*

Una vez dictada la medida cautelar en el contexto procesal y político ya descrito en los epígrafes previos, los representantes judiciales de los Diputados afectados, así como de la coalición opositora, e incluso del Parlamento, inmediatamente presentaron los correspondientes escritos de oposición frente a tal providencia interlocutoria, exponiendo los vicios de la misma previamente descritos, así como otra serie de alegatos que por razones de brevedad no se detallarán[49].

Pues bien, aunque las oposiciones debieron haber sido resueltas dentro de lapsos muy breves, con un máximo de once (11) días de Despacho[50] o hábiles de la Sala Electoral, lo cierto es que a la fecha en que se escriben estas páginas han pasado *más de siete (7) meses,* y no se ha emitido respuesta sobre ellas, a pesar de las múltiples solicitudes de los opositores pidiendo resolución a la correspondiente incidencia. En contraste, cabe recordar que la medida cautelar fue acordada en *apenas horas* luego de recibido el libelo de demanda y la petición de tutela cautelar. Es dable pensar entonces que el órgano judicial entiende el principio de igualdad constitucional al estilo Orwelliano de *Rebelión en la Granja,* en cuanto a que si bien todos los justiciables son iguales, hay algunos que son más iguales que otros.

---

ción con esa integración como tienen que calcularse las mayorías requeridas para su funcionamiento>> (Brewer-Carías, El "golpe judicial"…, pp. 6-7)

[49]   Atinentes a la inadmisibilidad de la demanda por no cumplir con los requisitos legales correspondientes en cuanto a la necesaria concreción de los hechos y del derecho alegado así como de la configuración de los vicios electorales y de su incidencia en los resultados, máxime si se alega fraude en las votaciones como causal de nulidad electoral; inconstitucionalidad, ilegalidad e inidoneidad de la grabación que sustenta la pretensión planteada; falta de correlación argumentativa y lógica entre los supuestos hechos denunciados con el alegato de fraude electoral como fundamento de la pretensión; la inejecutabilidad de un mandamiento cautelar que ordena la suspensión de la proclamación de los Diputados electos siendo que esta ya se había producido; desconocimiento del carácter personalísimo y restablecedor de la medida de amparo constitucional; falta de mínima precisión y especificidad del petitorio cautelar; incumplimiento de los requisitos necesarios para acordar cualquier medida cautelar; ausencia de ponderación de los intereses generales en juego; fraude procesal y fraude constitucional acaecido en el juicio en el cual se decretó la medida de amparo constitucional cautelar, entre otros. Sobre el punto se volverá en el epígrafe III.5.

[50]   Artículo 187 de la Ley Orgánica del Tribunal Supremo de Justicia.

2. *La falta de envío del informe sobre la controversia por parte de la Administración Electoral. El incumplimiento injustificado del deber legal y de la carga procesal de defender el <<mejor sistema electoral del mundo>>*

Pero es que también en la causa principal (cabe recordar que la medida cautelar de amparo constitucional fue dictada dentro de ella y le es accesoria, destinada –en teoría– a proteger violaciones o amenazas de violación a derechos o garantías constitucionales hasta tanto se dicte la sentencia definitiva que restablezca definitivamente –de ser el caso– la situación jurídico-electoral infringida), se han producido notorias irregularidades que comprometen el normal desenvolvimiento del proceso. La más grave es probablemente, el hecho de que la Administración Electoral incumplió con su deber procesal de presentar el informe sobre los aspectos de hecho y de derecho de la causa[51], únicamente en el proceso en el que se acordó la medida cautelar ya referida, pero en cambio, sí los remitió para los otros casos interpuestos el mismo día y en los que se negaron las medidas cautelares solicitadas.

La importancia del cumplimiento de este deber es doble: Por un lado, el informe presentado por la Administración Electoral hace las veces de contestación de la demanda[52]. De allí que era la oportunidad procesal mediante el cual la Administración Electoral debía responder sobre los alegatos expuestos por la parte demandante y también acerca de la medida cautelar acordada. Tenía pues, el Consejo Nacional Electoral, que señalar si se habían presentado vicios durante el acto de votación que hubieran puesto en duda los resultados electorales en el Estado Amazonas, como consecuencia de las supuestas acciones de terceros referidas en la grabación señalada (no aportada) por la parte demandante, como única prueba en su libelo de demanda.

Pues bien, como es evidente que la única respuesta posible de la Administración Electoral era la de negar la existencia de tales vicios, puesto que nada más podía señalar ante un alegato no solamente ilícito, delictivo e improcedente, sino también genérico e inconducente

---

[51] Establece el artículo 184 de la Ley Orgánica del Tribunal Supremo de Justicia: <u>Antecedentes administrativos e Informe del demandado.</u> El mismo día o el día de despacho siguiente a la presentación de la demanda o de la recepción del escrito, según el caso, se dará cuenta y se formará expediente. La Sala Electoral remitirá copia de la demanda al ente u órgano demandado *y le solicitará los antecedentes administrativos, de ser el caso, así como la remisión de un informe sobre los aspectos de hecho y de derecho relacionados con la demanda, los cuales deberán ser remitidos en el plazo máximo de tres días hábiles (cursivas añadidas).*

[52] En un proceso en el que todavía persiste hasta cierto punto el paradigma revisor y objetivo que presidió al contencioso-administrativo (y el contencioso-electoral es –en principio aunque en el caso venezolano tiene sus particularidades que no es necesario detallar en esta oportunidad– una especialización o derivación de este) iberoamericano, y por supuesto al venezolano, y que incluso no ha desaparecido del todo en vigente ley que regula al contencioso-administrativo en este país. Véanse al respecto, entre otros: Alfredo De Stefano Pérez, *Estudio sobre el régimen legal y la evolución jurisprudencial del recurso contencioso-electoral.* En: Carrillo Artiles, C.L. (Coord.): *Libro Homenaje al Profesor Alfredo Arismendi A.* Instituto de Derecho Público. UCV. Ediciones Paredes. Caracas, 2008, pp. 239-250; Daniela Urosa Maggi: "La Jurisdicción Contencioso-Electoral". En: AA.VV.: *Derecho Contencioso Administrativo. Libro Homenaje al Profesor Luis Enrique Farías Mata.* Instituto de Estudios Jurídicos del Estado Lara, 2006, pp. 372-376; Daniela Urosa Maggi: *Tendencias de la jurisdicción contencioso-electoral (2000-2006).* En: V. Hernández-Mendible, (Coord.): *Derecho Administrativo Iberoamericano. 100 autores en homenaje al postgrado de Derecho Administrativo de la Universidad Católica "Andrés Bello".* Tomo 2. Ediciones Paredes. Caracas, 2007, pp. 1.428-1.431. Más recientemente: Hernández-Mendible, *El proceso...*, pp. 168-170.

en cuanto a ser capaz de describir y demostrar el acaecimiento de los elementos fácticos requeridos para configurar un fraude electoral, en el <<mejor sistema electoral del mundo>>[53], y por vía de consecuencia, negar también cualquier sustento fáctico y jurídico a la medida cautelar acordada, el Consejo Nacional Electoral simplemente optó por incumplir sus deberes procesales, sin que la Sala Electoral haya tomado las medidas requeridas ante tan inexcusable omisión[54].

Ello es tan evidente, que incluso la actual Presidente del Consejo Nacional Electoral, ha pretendido justificar tal conducta omisiva señalando que ya la Administración Electoral se pronunció en la oportunidad de proclamar a los Diputados y que ¡no tiene nada que agregar![55], soslayando la claridad de los preceptos legales que categóricamente imponen a la Administración Electoral, en su carácter de parte demandada en los procesos electorales en los que se cuestiona la validez de procesos comiciales organizados por esta, el deber procesal de acudir al juicio y defender sus actuaciones, comenzando por presentar los antecedentes administrativos y el informe sobre los aspectos de hecho y de derecho relacionados con el caso.

Pero es que además, ese deber puede considerarse una carga en el sentido procesal, toda vez que, conforme al criterio jurisprudencial de los tribunales contencioso-administrativos, la falta de envío de los antecedentes administrativos (y agregamos, de los antecedentes de hecho y de derecho en el proceso electoral), le han sido atribuidas consecuencias adversas y gravosas en lo procesal en cuanto al cumplimiento de las cargas probatorias que corresponden a cada parte.

De tal suerte, que el envío de esos antecedentes de hecho y de derecho y del expediente administrativo, al contrario de lo que parece entender (o hacer creer) la actual Presidente del Consejo Nacional Electoral, no es algo opcional o facultativo, que queda al criterio del funcionario administrativo, sino un deber y a la vez una carga procesal, obligatoria y cuyo incumplimiento puede generar las responsabilidades a que haya lugar.

---

[53]   Aparentemente el origen de la frase, en relación con Venezuela, proviene de una declaración del ex presidente estadounidense Jimmy Carter de la década pasada. La misma venía siendo lógicamente reiterada por los funcionarios electorales venezolanos, incluyendo el ex Rector del Consejo Nacional y actual Alcalde del Municipio Libertador del Distrito Capital, quien divulgó la delictiva grabación a que ya se hizo referencia.

[54]   Tal omisión no se limita al ámbito *intra*-proceso, sino que puede configurar un hecho generador de responsabilidades administrativa, patrimonial, penal e incluso política, para los autores de la inactividad, comenzando por los Rectores del Consejo Nacional Electoral.

[55]   En entrevista televisiva en la que se le preguntó por la situación de los Diputados del Estado Amazonas, luego de acordada la medida cautelar, señaló la actual Presidente del Consejo Nacional Electoral:<<*Nosotros no tenemos ninguna impugnación en el Consejo Nacional Electoral. Esos son los tiempos del Tribunal Supremo en Sala Electoral (...) esa impugnación no fue al Consejo. No depende del Consejo Nacional Electoral*>>. Ante la pregunta atinente a si no tenían que decir alguna palabra al respecto, respondió: <<*No, es un proceso que está en curso. Lo que nosotros tenemos que hacer lo decimos en el Tribunal Supremo de Justicia*>>. Ante la interrogante de cómo quedan los derechos de los ciudadanos que votaron por esos Diputados, respondió: <<*Como siempre, se está esperando que los lapsos se cumplan, que el Tribunal responda, de acuerdo a lo que considere (...) esas son las opciones de otro poder público*>>. http://www.el-nacional.com/sociedad/respondio-Tibisay-Lucena-diputados-Amazonas_3_826147407.html (consulta julio 2016). Lo que no explicó la Rectora y Presidente es por qué el Consejo Nacional Electoral no ha presentado su informe en ese proceso, incumpliendo sus deberes constitucionales y legales.

Adicionalmente, esta irregularidad genera importantes consecuencias en las subsiguientes fases del proceso electoral, como se expone a continuación.

3. *La tramitación del proceso sin dar respuesta a la solicitud de reposición de la causa basada en el incumplimiento de requisitos esenciales a esta*

La falta de envío de los antecedentes administrativos y del informe sobre los aspectos de hecho y de derecho implica además, que la Sala Electoral ha dado curso a la siguientes etapas procesales sin que se hubiera cumplido la finalidad esencial de la actuación de la Administración Electoral, que no es otra que evidenciar su posición, así como sus alegatos jurídicos y fácticos respecto a los términos de la pretensión planteada por los demandantes.

No obstante ello, y a pesar de los escritos presentados por la representación judicial de la coalición opositora y de los Diputados cuya incorporación a sus funciones tuvo que suspenderse en razón de la medida cautelar, solicitando formalmente se declare la reposición o retroacción de la causa al estado de que la Administración Electoral presente su informe sobre los aspectos de hecho y de derecho (solicitud que debiera haberse resuelto con especial prioridad dados sus potenciales efectos en cuanto a comprometer la validez de las etapas subsecuentes) la Sala Electoral no solo no se ha pronunciado sobre la reposición cuya declaración se solicitó[56], sino que ha seguido la tramitación de las siguientes etapas del juicio. De tal manera que los terceros tuvieron que apersonarse y presentar alegatos y pruebas prácticamente <<a ciegas>>, en razón de desconocer cuál es la posición procesal del demandado, a saber, el Consejo Nacional Electoral, en relación con el objeto de la controversia.

Y no solo eso, sino que la representación judicial de la coalición opositora y de los Diputados del Parlamento Nacional electos (pero no ejerciendo sus funciones) por el Estado Amazonas, debieron presentar sus informes o conclusiones, sin que hasta el momento se conozca la posición de la parte demandada en el proceso, y a quien principalmente le debía corresponder dar respuesta a los alegatos (manifiestamente infundados como ya se evidenció) planteados por la parte demandante en su escrito libelar.

4. *La mora procesal en dictar sentencia definitiva en contraste con el esfuerzo judicial en mantener la situación derivada de la medida cautelar, al extremo de convertir al Juez en parte*

Por último, a más de siete meses de dictarse la medida cautelar, y a pesar de haberse tramitado el proceso contencioso-electoral, no se ha dictado la sentencia definitiva, ni la sentencia interlocutoria que resuelve la incidencia abierta con motivo de la oposición a la medida cautelar de amparo acordada en el juicio[57]. Tampoco se ha pronunciado el órgano judicial respecto a la solicitud de reposición de la causa al estado en que la Administración Electoral presente su informe respecto a la pretensión planteada en la causa.

De tal forma que la tramitación del proceso, a pesar de presentar una serie de irregularidades, ni siquiera quedó justificada o al menos aminorada con posterioridad con la emisión oportuna de la sentencia definitiva, en la que en todo caso habrían de resolverse los puntos planteados en las fases o incidencias procesales previas.

Resultado de ello, ha sido el de un proceso viciado desde su inicio, con una medida cautelar dictada intempestivamente, sin fundamentación fáctica ni jurídica, sin motivación ni

---

[56]   Lo hizo durante la finalización de este trabajo, asunto que será tratado en el epígrafe III.5.

[57]   Véase la anterior nota al pie.

argumentación alguna. Posteriormente, un proceso en el cual la parte demandada no se ha apersonado a presentar sus alegatos de defensa, a pesar de que por tratarse de un órgano público no solo tenía la carga sino también el deber procesal de hacerlo, y sin embargo el juicio ha continuado su curso, con la carga –y las desventaja procesal– para los directamente afectados por la medida cautelar (los Diputados separados de su cargo y la coalición opositora) de presentar alegatos y pruebas sin conocer cuál es la posición jurídico-procesal del Consejo Nacional Electoral.

De tal suerte que se está en presencia de un proceso que se ha revelado indefinido en cuanto a su conclusión, por cuanto transcurridos todos los lapsos correspondientes, aún no han dictado ni las sentencias interlocutorias ni tampoco la definitiva, con lo que se mantiene también indefinida (lo que ya de por sí es contradictorio) la vigencia de una medida cautelar acordada sin cumplirse ninguno de los requisitos exigidos para ello, y que ha adelantado los efectos de una sentencia definitiva que en apariencia no se vislumbra.

Y ello es tan evidente, que cuando se estaba culminando la elaboración de estas páginas se han presentado otros episodios que han puesto aún más en evidencia –si ello es posible– a la Sala Electoral, como instrumento del Ejecutivo Nacional, al punto de prácticamente convertir a la primera en Juez y parte.

En efecto, a fines del mes de Julio, los Diputados de la coalición opositora del estado Amazonas (es decir, tres de los cuatro electos) cuya proclamación fue <<suspendida>> judicialmente, se incorporan y juramentaron en sus cargos ante la Asamblea Nacional, en una polémica sesión rechazada por la bancada oficialista. Incluso en esa sesión parlamentaria uno de los Diputados del partido de gobierno pidió la privación de libertad de los Diputados reincorporados[58].

Pues bien, un primer efecto de tal hecho fue que, casi simultáneamente al mismo, el 31 de julio de 2016 el Consejo Nacional Electoral publicaba un <<aviso oficial>> en cuyo texto informó que <<...*este Poder Electoral no ha emitido ningún acto administrativo relativo a la mencionada elección*>> [se refiere a la de Diputados del estado Amazonas] con posterioridad a la emisión de la sentencia de la Sala Electoral objeto de estos comentarios. La aclaración no pedida es sin duda otra azarosa <<coincidencia>> a que acostumbran los diversos <<Poderes>> del ámbito nacional en la Venezuela actual, como lo es también su difusión por el Ejecutivo Nacional, con un encabezamiento engañoso y tendencioso: <<*CNE ratifica suspensión de "totalización, adjudicación y proclamación" de candidatos a Diputados de Amazonas*>>, a través de, entre otros, el portal oficial electrónico del Ministerio de Propaganda[59].

La segunda consecuencia fue más insólita aún. A saber, una nota de prensa publicada por el Tribunal Supremo de Justicia en su portal oficial electrónico, en la cual se explicaba

---

[58]   Según una nota de prensa de Maru Morales P., publicada en el Diario El Nacional con fecha 29 de julio de 2016: <<Al culminar la sesión ordinaria de ayer, a la 1:50 pm, una comisión uniformada del Sebin [Servicio Bolivariano de Inteligencia Nacional] aguardaba en la esquina de Capitolio, en las inmediaciones del Palacio Federal. *A media tarde se conoció, de manera extraoficial, que la Sala Electoral del TSJ se reunió de urgencia para tratar el caso Amazonas*. El expediente, abierto en diciembre de 2015, no ha sido resuelto y la sala se ha limitado a librar notificaciones y a pedir información a Fiscalía>> *(texto entre corchetes y cursivas añadidos)*

[59]   http://minci.gob.ve/2016/07/cne-ratifica-suspension-de-totalizacion-adjudicacion-y-proclamacion-de -candidatos-de-amazonas/.

que la tardanza en la resolución del caso de la elección de los Diputados la Asamblea Nacional por el estado Amazonas, se debe a las constantes actuaciones de las partes y de los terceros interesados, que el proceso judicial se encuentra en etapa de <<recolección de pruebas>>, para finalizar señalando que <<...*el TSJ ha asegurado el cumplimiento de las garantías constitucionales de acceso a la jurisdicción, tutela judicial efectiva y debido proceso a todos los intervinientes en la causa judicial en referencia. El máximo tribunal garantiza el respeto la Constitución y a las sentencias emanadas del Poder Judicial, así como la firmeza en la aplicación de todo lo previsto en el ordenamiento jurídico para mantener la institucionalidad y preservar el Estado de Derecho y de Justicia como elementos fundamentales para la convivencia social y bienestar de pueblo venezolano*>>[60].

Mayor ejemplo de una explicación impertinente por no haber sido pedida es difícil encontrar, sobre todo tratándose de una declaración de un Tribunal, órgano que expresa su actuación a través de sentencias judiciales, que son las que justifican su existencia y funcionamiento (sobre todo cuando se dictan dentro de los lapsos legales), y no mediante comunicados de prensa como respuesta a declaraciones o actuaciones de otros órganos del Poder Público. Y mayor falsedad tampoco, porque, como ya se señaló previamente, la tardanza procesal en resolver, por ejemplo, la oposición a la medida cautelar, o la solicitud de reposición de la causa motivada a la falta de presentación por parte del Consejo Nacional Electoral del informe sobre los aspectos de hecho y de derecho, es imputable única y exclusivamente al

---

[60] http://www.tsj.gob.ve/-/tsj-ha-respetado-a-cabalidad-lapsos-legales-en-impugnacion-de-elecciones -en-amazonas. El texto completo es el siguiente: Actuantes en el expediente que apoyan a la parte demandada solicitaron reponer la causa. A pesar de las constantes actuaciones de las partes y terceros interesados, en especial, quienes resultaron favorecidos con ese proceso electoral, se han ido realizado todos los actos procesales como lo pauta la Ley. Actualmente se encuentra pendiente una solicitud de reposición de la causa, al estado de librar una nueva comisión, requerida recientemente, el 25 de julio de 2016, por un tercero interesado en el proceso, Fidel Caballero representado por Rosnell Carrasco, en apoyo a los diputados cuya proclamación está temporalmente suspendida, dirigida a recabar unas pruebas testimoniales. Como se recordará el 29 de diciembre de 2015, la ciudadana Nicia Maldonado interpuso recurso contencioso electoral con amparo cautelar, contra los comicios parlamentarios celebrados en Amazonas, con motivo de la ocurrencia de hechos contrarios a la ley, públicamente conocidos, que podrían dar lugar a la configuración de fraude electoral en detrimento de la voluntad libre y soberana de los electores de esa entidad. La acción judicial fue admitida por la Sala Electoral el 30 de diciembre de 2015, ordenando de forma provisional la suspensión de efectos de los actos de totalización, adjudicación y proclamación de los diputados electos en Amazonas, en razón de existir considerable fundamento para ello. Esa sentencia fue desacatada por la mayoría de los integrantes de la Asamblea Nacional al incorporar a los tres (3) diputados del estado Amazonas, razón por la cual, en sentencia del 11 enero de 2016, la referida Sala declaró el desacato y la inmediata desincorporación de los mismos del órgano legislativo nacional; sentencia esta que sí fue acatada debidamente, en reconocimiento del error jurídico en el que incurrió la Asamblea Nacional. En este momento el proceso se encuentra en la etapa de recolección de pruebas, cuya realización es fundamental para continuar el proceso y dictar sentencia. En esta etapa se han presentado situaciones que han impedido culminarla por ahora, aun cuando del expediente se evidencia que el Poder Judicial ha desplegado todas las acciones necesarias para seguir impulsando éste y los demás procesos que le corresponden. Así pues, el TSJ ha asegurado el cumplimiento de las garantías constitucionales de acceso a la jurisdicción, tutela judicial efectiva y debido proceso a todos los intervinientes en la causa judicial en referencia. El máximo tribunal garantiza el respeto la Constitución y a las sentencias emanadas del Poder Judicial, así como la firmeza en la aplicación de todo lo previsto en el ordenamiento jurídico para mantener la institucionalidad y preservar el Estado de Derecho y de Justicia como elementos fundamentales para la convivencia social y bienestar de pueblo venezolano.

Tribunal. Cabe recordar que la primera fue interpuesta hace *más de siete meses*, por lo que debería haber sido decidida hace mucho tiempo, con independencia del devenir posterior del *íter* procesal.

Pero fue el tercer efecto de la juramentación de los Diputados de la coalición opositora, en representación del estado Amazonas, el que luce más sorprendente. Y no es otro que la sentencia dictada el día primero de agosto de 2016 bajo el número 101 por la Sala Electoral. En ella, el órgano judicial:

Primero: Da respuesta a una solicitud presentada por la parte actora (del partido de gobierno) el *28 de julio*, conjuntamente a otra petición planteada por Diputados del mismo partido de gobierno, el día siguiente es decir, emite sentencia *tres (3) días después de la primera solicitud y dos (2) días a partir de la segunda*. Mientras que no decidió ninguno de los pedimentos de las partes que representan a la coalición opositora, en más de *siete (7) meses*.

Segundo: Afirma en la parte narrativa de la decisión que la sentencia 260 del 30 de diciembre de 2015: <<...fue publicada en el portal web del Tribunal Supremo de Justicia, y notificada vía telefónica el 4 de enero de 2016 a la apoderada judicial de la ciudadana Nicia Marina Maldonado Maldonado, parte recurrente y; en esa misma fecha, se practicó la notificación a la Asamblea Nacional, al Consejo Nacional Electoral y a la ciudadana Fiscal General de la República, de las cuales, fueron agregadas sus correspondientes constancias a los autos el 7 de enero de 2016...>> (negrillas añadidas).

Es decir, el propio órgano judicial confiesa que la sentencia de la medida cautelar –supuestamente dictada el 30 de diciembre de 2015– fue publicada en el portal electrónico el 4 de enero de 2016, sin justificar la tardanza acaecida entre la aprobación de la sentencia y su publicación en ese medio (recuérdese que la decisión se dictó sin votos salvados o concurrentes). Si se aprobó entonces el texto de la decisión el 30 de diciembre, y se publicó formalmente –es decir, se agregó a los autos– (aunque al expediente no tuvieron acceso los representantes judiciales de la coalición opositora hasta el 4 de enero del año siguiente) ese mismo día 30, ¿por qué se publicó en el portal electrónico 5 días después? Téngase en cuenta que la recusación de *todos* los Magistrados se planteó en horas de la tarde justamente de ese día 30 (aunque los recusantes tampoco tuvieron oportunidad de confrontar a los recusados, como lo exige el artículo 92 del Código de Procedimiento Civil, aplicable por expreso reenvío del artículo 54 de la Ley Orgánica del Tribunal Supremo de Justicia). Ante una secuencia de actuaciones de la Justicia Vacacional tan peculiar, lucen obligadas estas y otras preguntas.

Pero es mucho más peculiar que la Sala Electoral afirme que notificó vía telefónica a la apoderada judicial de la parte demandante (activista política y candidata a Diputada por el partido de gobierno). ¿Sobre la base de qué norma legal semejante deferencia? Y por qué entre tanto, y por contraste, a la contraparte no se le da siquiera acceso al expediente? Parece que hay que recordar la tradicional norma del Código de Procedimiento Civil, dictada en desarrollo del principio de igualdad constitucional, atinente a que los jueces mantendrán a las partes en sus derechos y facultades comunes <<...*sin preferencias ni desigualdades...*>> (Artículo 15).

Tercero: Afirma que el contenido de la sentencia de la Sala Electoral objeto de estos comentarios <<...*constituyó un hecho comunicacional a nivel nacional...*>>, con lo cual entonces no se entiende la justificación del régimen de las notificaciones previsto en el ordenamiento jurídico, ni mucho menos la adicional <<*notificación telefónica*>> que de forma tan deferente para con una de las partes, decidió practicar ese mismo órgano judicial.

Cuarto: Reitera la nulidad absoluta (ya previamente declarada en su decisión número 1 del 11 de enero de 2016) de los actos dictados por la Asamblea Nacional de incorporación de los Diputados objeto de la medida cautelar de suspensión, incluyendo la sesión del 28 de julio de 2016, por la cual <<*...la Junta Directiva de la Asamblea Nacional procedió a la juramentación de los ciudadanos Julio Ygarza, Nirma Guarulla y Romel Guzamana en el cargo de Diputados del órgano legislativo nacional, por lo que dicho acto carece de validez, existencia y no produce efecto jurídico alguno, así como aquellos actos o actuaciones que dictare la Asamblea Nacional con la juramentación de los prenombrados ciudadanos...*>>.

Quinto: Señala que <<*...el curso de la causa principal ha transcurrido en cumplimiento de las garantías constitucionales de tutela judicial efectiva, acceso a la justicia, derecho a la defensa y debido proceso, en razón de la continua actuación de las partes y de terceros interesados, tanto en las fases ordinarias del proceso como en diversas incidencias suscitadas con ocasión de sus requerimientos o solicitudes*>>. Se trata, una vez más, de una explicación o justificación innecesaria y a todas luces impertinente en el texto de una sentencia, salvo si se considera el hecho peculiar de que de todas las actuaciones realizadas por las partes en esa causa, las únicas a las que se les ha dado respuesta –y en cuestión de horas– *es a las peticiones de la parte demandante y militante del partido de gobierno* –o de sus terceros coadyuvantes–, mientras que *a ninguna de las planteadas por la representación judicial de los Diputados o de la coalición opositora se le ha dado respuesta*, incluso las presentadas hace más de siete meses (queda comprendida la que cuestiona la procedencia de la sentencia cuyo cumplimiento forzoso se sigue ordenando aunque sin pronunciarse sobre los recursos interpuestos frente a ella)[61]. Sin duda, una curiosa interpretación de los derechos constitucionales procesales de las partes, entendidos como de una parte, muy orwelliana, como ya se señaló.

Y Sexto: Además de declarar <<*...la invalidez, inexistencia e ineficacia jurídica...*>> (vaya primero el denuedo en el énfasis y la reiteración antes que el adecuado uso de los términos jurídicos, si se considera que la declaración de inexistencia hace innecesario pronunciarse sobre una posible invalidez o ineficacia) de la juramentación de los Diputados de la Asamblea Nacional sobre los que recayó la medida cautelar, la Sala Electoral señala expresamente que: <<*...en caso de mantenerse el desacato de las referidas decisiones, se reservan todas aquellas acciones o procedimientos judiciales a que haya lugar...*>>.

Se trata de una críptica –por decir lo menos– oración. Cabría preguntarse no solo *qué* acciones o procedimientos judiciales se reservan, sino *quién* o *quiénes* se los reservan. Y es que la expresión es común en el uso forense, e implica que una parte en un negocio, relación jurídica o procedimiento administrativo o judicial, *se reserva para el futuro el potencial ejercicio de algún derecho o facultad*, como puede ser por ejemplo ejercer el derecho constitucional de acción, para una eventualidad futura en la cual se vea en tal necesidad o interés. Siendo así, pareciera necesario que la Sala Electoral hubiera aclarado cuál derecho o facultad le asiste, y en el ámbito de cuál relación jurídica, para reservarse ejercer acciones o procedimientos judiciales frente a la Asamblea Nacional.

Entre tanto, pareciera que lo único que puede entenderse es que los firmantes de la decisión no se han dado cuenta de que un Juez debe ser un tercero imparcial, y que en el ejercicio de la función jurisdiccional no le corresponde *reservarse* nada –mucho menos a modo de velada amenaza– frente a la conducta procesal de una parte, sino limitarse a aplicar el ordenamiento jurídico. Por supuesto, tan elemental exigencia luce desproporcionada y hasta inaplicable para el caso de los Magistrados de la Sala Electoral, visto lo expuesto en estas páginas.

---

[61]   Salvo lo que se mencionará en el siguiente epígrafe.

5. *La tardía resolución de la oposición a la medida cautelar que se dicta –coincidencialmente– con la incorporación de los Diputados a sus funciones. Falacias e inmotivación*

Al momento de culminar la elaboración de este trabajo, la Sala Electoral dictó sentencia interlocutoria pronunciándose sobre la oposición a la medida cautelar que se analizó, por supuesto desestimando el recurso[62]. La decisión se dicta luego de la curiosa nota de prensa y de las sentencias referidas en el epígrafe anterior, y unos pocos días después de que los Diputados cuya proclamación fue suspendida se incorporasen al Parlamento, en una sesión bastante polémica como ya se refirió también. Requirió entonces el órgano judicial de siete (7) meses para emitir su primer pronunciamiento sobre una de las peticiones de la parte demandada, es decir, de la coalición opositora, mientras que en la misma causa lo ha hecho en cuestión de horas o de días cuando se trata de la parte actora, es decir, del partido de Gobierno.

Veamos a continuación, de forma resumida y limitándonos a los puntos tratados para no extender en demasía estas páginas, el contenido de la sentencia en referencia:

Sobre el alegato de fraude procesal que se habría configurado con los episodios acaecidos en el proceso en diciembre del año pasado ya narrados[63], la sentencia expresa, luego de invocar genéricamente las normas constitucionales que regulan el ejercicio de la función jurisdiccional y los derechos constitucionales procesales así como después de citar extractos de decisiones de la Sala Constitucional:

"Conforme a lo expuesto, el proceso judicial se encuentra regido por las normas constitucionales que garantizan la consecución del valor justicia, incluyendo la garantía previa de acceso a la jurisdicción, sin la cual no sería posible la instrumentación del proceso y la satisfacción de la tutela judicial efectiva.

De ese modo, las aseveraciones realizadas por los oponentes solo evidencian su inconformidad con lo decidido cautelarmente por esta Sala, y carecen de sustento fáctico y jurídico para la pretendida configuración de violación constitucional al debido proceso, las cuales se rechazan por infundadas e impertinentes, y así se decide."

Como puede verse, no señala el órgano judicial (porque no puede hacerlo) cuál es ese modo al que alude en el último párrafo transcrito, que evidencia que los hechos concretos denunciados por los demandantes –y que pondrían en alerta incluso al litigante menos suspicaz frente a la impartición de una <<Justicia Vacacional>>–, carecerían de sustento fáctico y jurídico y solo evidenciarían inconformidad con la decisión.

Ese premisa entonces que justificaría desestimar el argumento planteado respecto al fraude procesal, premisa que no existe en el texto de la decisión (y cuya falta pretende la Sala Electoral camuflar con señalamientos genéricos a normas constitucionales o invocaciones a otras decisiones con el fin de distraer al lector), muestra que se llega a una conclusión sin antecedentes, en un desafortunado intento de malabarismo en el razonamiento –desviando la atención de lo que debería ser el hilo argumental– que intenta suplir una *motivación inexistente*. Y es que la falacia de petición de principios nunca puede reemplazar a los razonamientos, ni la respuesta voluntarista a la exigencia de la motivación de la sentencias. La prestidigitación barata hay que dejarla a los magos callejeros, pues queda muy mal en la argumentación jurídica.

---

[62]   Sentencia 126 del 11 de agosto de 2016.

[63]   Véase *ut infra* epígrafe II.1.

Y frente al alegato que ha ocupado la mayor parte de estas páginas (y de buena parte de los escritos de oposición), es decir, la falta de cumplimiento de las mínimas exigencias legales para acordar la tutela cautelar –e incluso para que se admitiera la demanda– al basarse la pretensión en un medio probatorio nulo por expresa consagración constitucional, y que incluso aceptando que tuviera algún efecto tampoco nada probaría –mucho menos un masivo fraude electoral– salvo la posible comisión de varios delitos por parte de quienes registraron una conversación privada sin orden judicial y por quienes la divulgaron, la Sala Electoral, luego de citar el texto de la decisión previa que acordó la medida de amparo constitucional cautelar, se limita a expresar:

> "De la cita que antecede se desprende que la solicitud cautelar fundamentó la presunción de buen derecho en la violación de "(…) *la libertad del elector en la expresión de sus preferencias políticas y la veracidad o fidelidad del escrutinio, ello a cambio de beneficios económicos por un voto a favor de los candidatos de oposición* (…)", lo cual apreció la Sala preliminarmente con base en la constatación de un hecho noticioso señalado por la recurrente y conocido de forma notoria por esta Sala, en virtud de su difusión pública y uniforme en medios de comunicación, de acuerdo a la doctrina establecida por este Máximo Tribunal de la República.
>
> Ello así, el fallo cuestionado constató la existencia del *fumus boni iuris* al estimar presuntamente vulnerado el derecho constitucional al sufragio y a la participación política de los electores del estado Amazonas, y en consecuencia, declaró procedente la tutela constitucional solicitada de manera transitoria, hasta que se dicte decisión definitiva."

Luego de parafrasear entonces la previa decisión, nada se señala en lo que concierne a los alegatos de los opositores. Ni de la nulidad por mandato constitucional del medio probatorio invocado (que no acompañado con la demanda), ni de su manifiesta falta de idoneidad para demostrar algo más allá del potencial carácter delictual de su registro y divulgación, y mucho menos de un supuesto fraude electoral –con hechos concretos que lo demuestren– en todo el Estado Amazonas que pondría en tela de juicio los resultados electorales. La Sala Electoral se limita a repetir las mismas vacuas generalidades expresadas en el texto de la decisión cuestionada (véase *ut infra* el epígrafe II.4), sin analizar mínimamente los argumentos sostenidos por quienes objetaron la medida cautelar[64]. La carencia absoluta de motivación es aquí también patente, e incluso haría preguntarse para qué se necesitaron siete (7) meses con el fin de emitir un fallo en el que la argumentación no es que es pobre o limitada sino sencillamente inexistente, si no fuera porque está bastante claro que la tardanza poco tuvo que ver con la intención de impartir Justicia analizando los argumentos de cada parte[65].

---

[64] La incongruencia es ostensible, y vicia de nulidad el fallo (artículo 244 del Código de Procedimiento Civil) por la violación al Debido Proceso al no tomarse en consideración los alegatos fácticos y jurídicos planteados, exigidos por el principio de exhaustividad de la sentencia. De allí que no se obtuvo una decisión fundada en derecho <<*...con arreglo a la pretensión deducida y a las excepciones o defensas opuestas*>> como exige el artículo 243.5 *eiusdem*. Sobre el punto véase recientemente, desde un enfoque conceptual, entre otros: Arnulfo Sánchez García, y Cristiana Mariana Lizaola Pinales, *La sentencia: ratio del debido proceso ante la materialización de la tutela jurisdiccional efectiva*. En: Manuel Salvador Acuña Cepeda, Luis Gerardo Rodríguez Lozano, Juan Ángel Salinas Garza y Arnulfo Sánchez García (Coords.): *El Debido Proceso*, Tomo I, Una visión filosófica, Tirant Lo Blanch, Ciudad de México, 2016, pp. 123-125.

[65] Otro ejemplo de la manipulación de las etapas procesales, se constata ante el hecho de que el mismo día en que se desestima la oposición a la medida cautelar, mediante la sentencia 127 la Sala Electoral ordena la reposición de la causa principal, que fue requerida el 25 de julio de 2016 por un tercero, al estado de evacuar nuevamente unos testimonios. Es de hacer notar que el lapso probatorio había vencido hace más de tres meses como se constata del auto del Juzgado de Sustancia-

II. EPÍLOGO. EL USO DE LA JUSTICIA ELECTORAL COMO INSTRUMENTO PARCIALIZADO PARA OBSTACULIZAR LA CONSTITUCIÓN DEL PARLAMENTO E IMPEDIR EL EJERCICIO DE LA REPRESENTACIÓN POLÍTICA, Y SUS NEFASTAS CONSECUENCIAS SOBRE EL PRINCIPIO DEMOCRÁTICO Y LA PAZ POLÍTICA Y SOCIAL

Retomando las consideraciones generales con las que se iniciaron estas páginas, la paz política y social requiere, entre muchas otras cosas, legitimidad de origen y legitimidad de ejercicio en el uso del Poder. De la segunda no nos hemos ocupado en esta ocasión, pero en cuanto a la primera, implica la existencia de una representación democrática en los niveles de gobierno, comenzando por el Parlamento.

En el caso venezolano, más allá de las serias objeciones que pueden formulársele al sistema electoral vigente, que dista mucho de ser <<el más perfecto del mundo>>, por cuanto de forma harto cuestionable desarrolla los lineamientos constitucionales, lo cierto es que cuando el mismo comenzó a arrojar resultados desfavorables que han puesto en tela de juicio de manera general la legitimidad de origen del actual Gobierno Nacional en Venezuela, al reflejar la voluntad mayoritaria del electorado a favor de otra tendencia política, uno de los mecanismos de los que se ha valido el poder ha sido el uso de la Justicia Electoral, para desconocer tal situación con un precario ropaje de legalidad[66].

En la hipótesis tratada en estas páginas, la medida cautelar, que de manera indefinida mantiene la Sala Electoral, contrariando los principios y las normas procesales pertinentes, ha implicado el que cuatro Diputados del Parlamento Nacional han tenido que separarse de sus cargos, y que como consecuencia de ello, sea susceptible de ponerse en tela de juicio el que la coalición opositora tenga el número de Diputados requerido para alcanzar alguna de las mayorías calificadas exigidas por la Carta Fundamental en ciertos casos[67].

---

ción del 3 de mayo de 2016, mediante el cual se había diferido el acto de informes. Entre tanto, la solicitud de reposición del proceso al estado en que el Consejo Nacional Electoral presente su escrito de informes sobre los aspectos de hecho y de derecho, sigue sin decidirse, aunque tanto cronológica como lógicamente, esa última solicitud debió haber sido resuelta previamente por cuanto sus efectos pueden determinar la validez de todos los actos subsecuentes.

[66] Otro ha sido el de nombrar autoridades con competencias <<paralelas>> a las del funcionario electo, constituyendo entonces una institucionalidad también paralela, vaciando de contenido las atribuciones del órgano cuyo titular fue escogido directamente por la expresión de la voluntad popular, y sobre todo, despojando a este último de los recursos presupuestarios de que hasta entonces se disponía. El caso de la Alcaldía del Distrito Metropolitano de Caracas, que al ser ganada por un dirigente de la oposición al partido de gobierno originó la creación sobrevenida de un <<Distrito Capital>> con un <<Jefe de Gobierno>> designado por el Ejecutivo Nacional (Véanse al respecto los diversos trabajos contenidos en: AA.VV.: *Leyes sobre Distrito Capital y del Área Metropolitana de Caracas*. Colección textos legislativos N° 45, Editorial Jurídica Venezolana, Caracas, 2009), es un ejemplo emblemático que ha sido seguido de otros. Por supuesto, este proceder tan manifiestamente antijurídico solo puede producirse por la ausencia real de controles jurisdiccionales de constitucionalidad y legalidad sobre el Poder Público, sobre todo si se trata del Ejecutivo Nacional.

[67] No es novedoso el proceder del Tribunal Supremo de Justicia en cuanto a su manifiesta tendencia, no solo a favorecer al Ejecutivo Nacional, sino a convertirse en un instrumento judicial para que el primero logre sus fines, dando ropaje de juridicidad a actuaciones políticas. Véase al respecto, entre otros: Brewer-Carías, *Crónica...*, 2007, *in totum*, y del mismo autor: *Práctica y distorsión de la justicia constitucional en Venezuela (2008-2012)*. Colección Justicia N° 3. Acceso a la Justicia. Academia de Ciencias Políticas y Sociales-Universidad Metropolitana-Editorial Jurídica Venezolana, Caracas, 2012.

La consecuencia ha sido entonces que múltiples funciones de Parlamento se ven susceptibles de sufrir bloqueo por obra de esta sentencia[68], y que además, una entidad federal de la República no tiene representación en el órgano legislativo nacional (y más grave aún, los electores de esa entidad, con independencia que se hayan expresado en favor de una opción política u otra), sobre la base de una providencia cautelar que, como quedó evidenciado, no resiste el mínimo análisis en cuanto a su procedencia, incluyendo por supuesto su necesidad. Y la mejor prueba de ello es que a más de siete meses de decretada, tanto la incidencia en que se dictó como el proceso principal, siguen sin resolverse, en violación de normas constitucionales y legales.

De tal suerte que la Justicia Electoral venezolana, en lugar de cumplir sus cometidos constitucionales, que no son otros que dar tutela judicial efectiva, protegiendo los derechos e intereses de la ciudadanía en el ámbito político, así como velar porque la expresión de la voluntad del cuerpo electoral sea respetada bajo los lineamientos constitucionales, se ha dedicado a obstaculizar el que las elecciones cumplan sus finalidades. Entre otras, la de formar gobiernos (u oposición al gobierno de turno, con posibilidades ulteriores de reemplazarlo en virtud de la alternancia democrática), y la de resolver las crisis de legitimidad política mediante los cauces democráticos.

Si se cierran esos cauces, como está acaeciendo en la actualidad venezolana, si las instituciones reniegan de su finalidad y son empleadas con el fin de favorecer a como dé lugar a una opción política, desconociendo la voluntad del electorado, es decir, el Poder Soberano, entonces también se pone en peligro la paz política y social[69]. Y ello, porque al desconocerse las reglas básicas de la Democracia, la ciudadanía pierde entonces la fe en que mediante el respeto a estas se logren los cambios políticos y sociales deseados y requeridos. Y lo que es peor aún, a la larga, indeseablemente terminan surgiendo otras sendas distintas a las institucionales, como necesarias válvulas de escape a las crisis institucionales, políticas y sociales.

Y es que cuando ni el Estado de Derecho ni la Democracia son respetados, y en su lugar una facción o grupo ejerciendo coyunturalmente el poder político se decide a manipular las instituciones y a desconocer la voluntad del Pueblo con el fin de perpetuarse en el Poder, entonces es imposible prever cuándo o cómo, surgirán del mismo seno de la sociedad tendencias destinadas a resolver por otros medios los conflictos que no ha podido –o no han querido– solucionarse democráticamente. La historia está llena de esos ejemplos, a pesar de que los integrantes del máximo Tribunal venezolano les den la espalda, pretendiendo no solo incumplir sus compromisos constitucionales, sino obviar sus responsabilidades ante la sociedad y ante el juicio de la posteridad.

---

[68] Aunque en realidad son casi todas, por cuanto la Sala Constitucional se ha encargado de vaciar de contenido no solo las funciones legislativas, al anular en tiempo récord todas las leyes dictadas por la Asamblea Nacional a partir del inicio de este período legislativo (siendo que entre tanto no se ha pronunciado e incluso ni siquiera ha admitido demandas de inconstitucionalidad de leyes dictadas en los períodos legislativos previos en los que el Parlamento estaba integrado mayoritariamente por Diputados del partido del actual gobierno), sino también las de control de la Asamblea Nacional. Véase al respecto: Brewer-Carías, *El juez...*, *in totum*.

[69] Recientemente se están repitiendo situaciones de alteración de la paz pública en las cercanías de la sede principal del Consejo Nacional Electoral, como ocurrieron por ejemplo en el caso del referendo revocatorio de 2004, esta vez también como resultado de las múltiples omisiones y retardos de la Administración Electoral en la tramitación del procedimiento para que tenga lugar –ahora en 2016– el referendo revocatorio presidencial.

Segundo: *Comentarios sobre las sentencias de la Sala Constitucional N° 4 de 20 de enero de 2016, N° 7 de 11 de febrero de 2016 (Caso: Recurso de interpretación sobre las normas constitucionales reguladoras de los estados de excepción), N° 9 del 1° de marzo de 2016 y N° 184 de 17 de marzo de 2016.*

EL DESCONOCIMIENTO JUDICIAL DE LOS PODERES DE CONTROL POLÍTICO DE LA ASAMBLEA NACIONAL

Allan R. Brewer-Carías
Director de la Revista

Resumen: *Este estudio analiza las sentencias dictadas por la Sala Constitucional del Tribunal Supremo de Justicia, durante el primer semestre de 2016, mediante las cuales fue cercenando progresivamente los poderes de la Asamblea Nacional de ejercer el control político que le corresponde constitucionalmente sobre el Gobierno y la Administración.*

Abstract: *This Paper analyzes the successive rulings of the Constitutional Chamber of the Supreme Tribunal of Justice issued during the First Semester of 2016, through which it progressively sundered the constitutional powers of the National Assembly to politically control the functioning of the Government and of the Public Administration*

Palabras Clave: *Asamblea Nacional. Gobierno. Administración Pública, Control político.*

Key words: *National Assembly. Government. Public Administration. Political control.*

I

I. EL CONTROL POLÍTICO POR LA ASAMBLEA NACIONAL DE LOS DECRETOS DE ESTADO DE EXCEPCIÓN Y SU DESCONOCIMIENTO JUDICIAL

1. *El incongruente y tardío reconocimiento ejecutivo de la emergencia económica*

El día 15 de enero de 2016, al presentar su Mensaje anual ante la Asamblea Nacional, quien ejerce la Presidencia de la República, Nicolás Maduro, consignó, junto con el mismo, el texto del Decreto N° 2.184 de fecha 14 de enero de 2016,[1] mediante el cual había declarado el estado de emergencia económica en todo el territorio nacional durante un lapso de 60 días, motivado, según se lee en los Considerandos, no en las consecuencias desastrosas de las políticas económicas erradas que ha venido desarrollando el Estado, destruyendo tanto la

---

[1] Véase en *Gaceta Oficial* N° 6.214 Extra. de 14 de enero de 2016.

producción y economía nacional como la calidad de vida de la población, sino en supuestos factores externos al gobierno e incluso al país, entre los cuales estaban:

(i) que sectores nacionales e internacionales habrían iniciado acciones tendientes a "desestabilizar la economía del país;"

(ii) que en el "marco de la guerra económica" iniciada contra el país, se ha dificultado el acceso a bienes y servicios esenciales;

(iii) que "ante la ofensiva económica y la disminución del ingreso petrolero," se requiere adoptar medidas urgentes para garantizar la sostenibilidad de la economía, Y

(iv) que dichas medidas son de "gran magnitud e impacto en la economía nacional."

La crisis económica del país, que definitivamente no se debe a factores externos al Estado, pues es producto de su error e ineficiencia, por supuesto, no se resolvía con decretos, y menos con decretos como el dictado el 14 de enero de 2016, sino con un cambio en la política económica del gobierno que al menos (i) restableciera la producción nacional, en un marco de libertad económica, restituyendo empresas y factores de producción confiscados y expropiados a sus dueños, (ii) desmantelase el enorme aparato burocrático estatal que ha gerenciado la economía nacional, con los más altos índices de ineficiencia de la historia del sector público; y (iii) desregulase la economía, permitiendo al sector privado desarrollar las iniciativas necesarias en materia de producción y empleo, con acceso a divisas en un marco real de valor de la moneda.

Pero no. En lugar de atacar el problema económico, el decreto de emergencia económica de enero de 2016, no fue más que el reconocimiento del fracaso del gobierno en materia económica, pero sin proponer solución alguna para resolver la crisis, y más bien con propuestas para agravarla, pero que en ningún caso requerían de un decreto de emergencia para ser dictado conforme a los artículos 337 y siguientes de la Constitución, pues todo lo que en el decreto se enunció con vaguedad lo podía realizar el Gobierno con el arsenal de leyes, decretos leyes y regulaciones diversas que se habían dictado en los últimos tres lustros. Ninguna nueva regulación era necesaria para enfrentar la crisis económica, la cual solo podría ser atacada por el propio gobierno desarrollando una política económica distinta a la que la originó.

El decreto de emergencia económica, en efecto, fue dictado por el Presidente de la República en uso de la atribución que le confería el artículo 236.7 de la Constitución para, en Consejo de Ministros "declarar los estados de excepción y decretar la restricción de garantías en los casos previstos en esta Constitución." Dichos estados de excepción se regulan en los artículos 337 y siguientes de la misma Constitución, donde se precisa que se pueden dictar cuando se trata de emergencia económica, en casos de *"circunstancias económicas extraordinarias que afecten gravemente la vida económica de la Nación," (art. 337), en el marco general de circunstancias "que afecten gravemente la seguridad de la Nación*, de las instituciones y de los ciudadanos, *a cuyo respecto resultan insuficientes las facultades de las cuales se disponen para hacer frente a tales hechos"* (art. 337).

En tal caso de emergencia económica, como en todos los otros, la Constitución autoriza al Presidente de la República para restringir temporalmente las garantías económicas consagradas en esta Constitución (art. 337), en cuyo caso está obligado en el texto mismo del decreto a "regular el ejercicio del derecho cuya garantía se restringe" (art. 339).

Ahora bien, del contenido del Decreto Nº 2.184 de fecha 14 de enero de 2016, lo que se evidencia es que el mismo, en realidad, no fue un decreto de "emergencia económica" en los términos antes mencionados, porque todo lo que en el mismo se anunció y enunció pudo haberse ejecutado por el gobierno, el cual disponía de todas las leyes, decretos leyes y regulaciones imaginables, con facultades suficientes para hacer frente a los hechos que supuestamente habrían originado la crisis económica en el país. Es decir, si algo no podía afirmarse seriamente era que en el Estado centralista, socialista, totalitario y militarista que se desarrolló en los últimos lustros, supuestamente resultaban "insuficientes las facultades de las cuales se disponen para hacer frente a tales hechos." Esta fue la primera gran mentira del decreto de estado de emergencia económica, como fue la también mentira contenida en los diversos decretos de emergencia económica dictados en los Estados fronterizos durante 2015,[2] que no condujeron a nada ni resolvieron la crisis económica, sino impusieron un cierre de la frontera para los ciudadanos de a pie, violándoseles impunemente sus derechos y garantías constitucionales, tanto a los colombianos como a los venezolanos.

Fue en el marco de esa gran mentira que encajó, por ejemplo, el enunciado del artículo 1 del Decreto N° 2184 de enero de 2016, al afirmar que el estado de emergencia económica decretado, era para:

(i) "que el Ejecutivo disponga de la atribución para adoptar las medidas oportunas que permitan atender eficazmente la situación excepcional, extraordinaria y coyuntural por la cual atraviesa la economía venezolana," de manera que: "permita asegurar a la población el disfrute pleno de sus derechos y el libre acceso a bienes y servicios fundamentales e igualmente, mitigar los efectos de la inflación inducida, de la especulación, del valor ficticio de la divisa, el sabotaje a los sistemas de distribución de bienes y servicios," y

(ii) "también contrarrestar las consecuencias de la guerra de los precios petroleros, que ha logrado germinar al calor de la volátil situación geopolítica internacional actual, generando una grave crisis económica."

Por supuesto, en cuanto a las segundas medidas, no era necesario ser economista ni especialista en comercio internacional para apreciar que con un decreto de estado de emergencia, ni con las decisiones que conforme al mismo podían adoptarse en el marco del Estado venezolano, se podía contrarrestar en forma alguna la baja de los "precios petroleros," cuya fijación depende exclusivamente del mercado internacional, que no controla nadie en particular, sino solo el mercado.

Y en cuanto a las primeras medidas, todas, absolutamente todas se podían enfrentar con un cambio de política económica, con todos los instrumentos de los cuales disponía el Estado para efectuar dicho cambio, de manera de por ejemplo aumentar la producción nacional, bajar la dependencia de importaciones, y sincerar el valor de la moneda, sin lo cual no podría haber decreto alguno capaz de asegurarle a la población su derecho de acceso a bienes y servicios fundamentales; ni poder mitigar los efectos de la "inflación inducida; de la especulación, del valor ficticio de la divisa, el sabotaje a los sistemas de distribución de bienes y servicios," todo lo cual había sido inducido por el propio gobierno y se debía a la errada política económica del Estado que se adoptó en el país.

Para reorientar la política económica, por supuesto, nadie podría argumentar que "resultan insuficientes las facultades de las cuales se disponen [en el seno del gobierno] para hacer frente a tales hechos" (art. 337). Y todo ello, se confirmó con los enunciados contenidos en el artículo 2 del Decreto, donde solo se "anunciaron" las medidas que se supuestamente se iban

---

2   Véase Allan R. Brewer-Carías, "La masacre de la Constitución y la aniquilación de las garantías de los derechos fundamentales. Sobre la anómala, inefectiva e irregular decisión del Ejecutivo Nacional de decretar un Estado de Excepción en la frontera con Colombia en agosto de 2015, y la abstención del Juez Constitucional de controlar sus vicios de inconstitucionalidad," 29 de agosto de 2015, en *www.allanbrewer-carias.com*.

a tomar –es decir, no se tomó ninguna–, lo que confirmó que constitucionalmente no era un decreto de estado de emergencia económica, sino un anuncio de medidas que bien podía haber formulado el Presidente ante la Asamblea Nacional, en su mensaje anual, que era donde correspondía.

Pero no. Se optó por decretar un estado de emergencia o de excepción, solo anunciándose "medidas" a ser adoptadas en el futuro, pero sin indicarse nada sobre el cambio de rumbo de la política económica que había originado las "circunstancias excepcionales," sino más bien, reafirmando la misma línea errada de intervencionismo estatal.

Ello se constata simplemente con analizar cuáles fueron las "medidas que considere convenientes" adoptar el Ejecutivo, y que se anunciaron en el artículo 2º del Decreto "como consecuencia de la declaratoria del estado de emergencia económica," que debían estar todas "orientadas a proteger y garantizar los derechos y el buen vivir de las familias, de los niños, niñas y adolescentes y de los adultos mayores":

1. En primer lugar "disponer los recursos provenientes de las economías presupuestarias del ejercicio económico financiero 2015," con determinadas finalidades, para lo cual bastaba hacer uso de las atribuciones previstas en Ley Orgánica de Administración Financiera del Sector Público.

2. En segundo lugar, asignar recursos extraordinarios a proyectos previstos o no en la Ley de Presupuesto a los órganos y entes de la Administración Pública, para determinados sectores de actividad y Misiones, para lo cual bastaba hacer uso de las atribuciones previstas en Ley Orgánica de Administración Financiera del Sector Público.

3. Diseñar e implementar medidas especiales, de aplicación inmediata, para la reducción de la evasión y la elusión fiscal, para lo cual bastaba aplicar las atribuciones de fiscalización y control establecidas en el Código Orgánico Tributario y en las normas que regulan el SENIAT.

4. Dispensar de las modalidades y requisitos propios del régimen de contrataciones públicas para agilizarlas, para lo cual bastaba aplicar las normas de excepción que son abundantísimas, previstas en la Ley de Contrataciones Públicas.

5. Dispensar de los trámites, procedimientos y requisitos para la importación y nacionalización de mercancías, cumpliendo con los requerimientos fitosanitarios pertinentes, para lo cual bastaba aplicar la Ley Orgánica de Aduanas y la Ley de Simplificación de Trámites Administrativos.

6. Implementar medidas especiales para agilizar el tránsito de mercancías por puertos y aeropuertos de todo el país, para lo cual también bastaba aplicar la Ley Orgánica de Aduanas y la Ley de Simplificación de Trámites Administrativos.

7. Dispensar de los trámites cambiarios establecidos por CENCOEX y por el Banco Central de Venezuela, a órganos y entes del sector público o privado, para garantizar la importación, para lo cual bastaba aplicar la Ley de Ilícitos Cambiarios y reformular los Convenios Cambiarios entre el Banco Central de Venezuela y el Ejecutivo Nacional.

8.a. Requerir a empresas del sector público incrementar sus niveles de producción, para lo cual bastaba aplicar la Ley Orgánica de la Administración Pública, dando las instrucciones pertinentes a través de los diversos órganos de adscripción;

8.b. Requerir de las empresas del sector privado incrementar sus niveles de producción, para lo cual no valía decreto ni "orden" ejecutiva alguna, sino estímulo y fomento como política de Estado.

9.a Adoptar las medidas necesarias para asegurar el acceso oportuno de la población a bienes de primera necesidad, para lo cual bastaba estimular la producción nacional por el sector privado y permitirle el acceso a las divisas para importar, en un marco de sinceración del valor de la moneda, que solo un cambio de política económica podía provocar, sin necesidad de decreto alguno de emergencia.

9.b. Poder requerir "de las personas naturales y jurídicas propietarias o poseedoras, los medios de transporte, canales de distribución, centros de acopio, beneficiadoras, mataderos y demás establecimientos, bienes muebles y mercancías que resulten necesarios para garantizar el abastecimiento oportuno de alimentos a las venezolanas y los venezolanos, así como de otros bienes de primera necesidad," para lo cual no era necesario decreto alguno de emergencia, pudiendo aplicarse las muy inconvenientes medidas ya establecidas en todas las leyes limitativas de la libertad económica dictadas en los últimos años, entre las cuales estaba la Ley de Precios Justos. En todo caso, si se trataba de un requerimiento forzoso, en el decreto se tenía que haber regulado –no sólo anunciado– la limitación o restricción concreta de la libertad económico o del derecho de propiedad, lo que no ocurrió.

10. Adoptar las medidas necesarias para estimular la inversión extranjera "en beneficio del desarrollo del aparato productivo nacional, así como las exportaciones de rubros no tradicionales, como mecanismo para la generación de nuevas fuentes de empleo, divisas e ingresos," para lo cual bastaba aplicar por ejemplo, la Ley de Inversión Extranjera dictada en sustitución de la Ley de Promoción y Protección de la Inversión, así como la Ley de Promoción de la Inversión mediante Concesiones.

11. Desarrollar, fortalecer y proteger el Sistema de Misiones y Grandes Misiones Socialistas, para lo cual bastaba aplicar la Ley Orgánica de Misiones y Grandes Misiones.

Es decir, para dictar e implementar las medidas anunciadas, el Ejecutivo no carecía de las facultades necesarias para atender su implementación. Le bastaba aplicar las leyes dictadas, casi todas incluso reformadas recientemente, lo que evidenciaba que el decreto de emergencia económica, no fue tal, sino un simple anuncio de medidas que pudo el Ejecutivo dictar aplicando las leyes.

De resto, el Decreto, en el *artículo 3* simplemente "anunció" que con base en los mismos artículos 337 y siguientes de la Constitución podía dictar en el futuro otras medidas de excepción, para lo cual no era necesario anuncio alguno, pues son facultades constitucionales, pero que por supuesto requerían del mismo control político y jurídico establecido para los decretos de estados de excepción; en el *artículo 4* repitió lo que ya estaba en las leyes que regulan a la Administración Pública en materia de la necesaria coordinación entre órganos y entes públicos para implementar decisiones; en el *artículo 5*, se repitió lo que la Constitución establece sobre la obligación de los órganos de los Poderes Públicos de colaborar en el cumplimiento del decreto, con el incomprensible agregado de la "Fuerza Armada Nacional Bolivariana," como si fuese algo distinto que existiese fuera del Poder Público; y en el *artículo 6*, se convocó a la participación activa del pueblo en la "la consecución de los más altos objetivos de consolidación de la patria productiva y económicamente independiente," enumerándose órganos regulados legalmente como formando parte del llamado "Poder Popular," pero con el agregado, esta vez de uno que no existía como el denominado "Parlamento Comunal."

Y nada más, salvo repetir en el *artículo 7* lo que dice la Constitución sobre la remisión del decreto "a la Asamblea Nacional, a los fines de su consideración y aprobación, dentro de los ocho (8) días siguientes a su publicación" lo que ocurrió el 14 de enero de 2016, a los efectos del control político del decreto; y en el artículo 8 lo que también dice la Constitución sobre la remisión del decreto a "la Sala Constitucional del Tribunal Supremo de Justicia, a los fines de que se pronuncie sobre su constitucionalidad, dentro de los ocho (8) días siguientes a su publicación en la Gaceta Oficial."

2.   *Algunos principios sobre el control político de los decretos de estados de excepción*

El artículo 339 de la Constitución, en efecto, dispone que el decreto que declare el estado de excepción:

"será presentado, *dentro de los ocho días siguientes de haberse dictado*, a la Asamblea Nacional o a la Comisión Delegada, para su consideración y aprobación, y a la Sala Constitucional del Tribunal Supremo de Justicia, para que se pronuncie sobre su constitucionalidad."

Se establece así, un doble régimen general de control parlamentario y judicial sobre los decretos de excepción, el cual se desarrolla en la Ley Orgánica de los Estados de Excepción,[3] estableciendo normas particulares en relación con el control por parte de la Asamblea Nacional, por parte de la Sala Constitucional del Tribunal Supremo y por parte de los jueces de amparo.[4] Además, respecto del control político, la norma prevé que el Decreto puede ser "revocado por [...] la Asamblea Nacional o por su Comisión Delegada," antes del término señalado para su duración, "al cesar las causas que lo motivaron."

En cuanto al control inicial de orden político debe notarse que la Constitución exige que el decreto se remita a la Asamblea, "*dentro de los ocho días siguientes de haberse dictado,*" fecha que no necesariamente es el da la publicación, que podría ocurrir posteriormente. Sin embargo, las leyes y actos normativos del Estado solo entran en vigencia a la fecha de su publicación, no de su emisión, lo que se aplica como regla también a los Decretos de estados de excepción a los cuales la Ley Orgánica les otorga el rango de decreto ley.

Los ocho días para la remisión del decreto a la Asamblea Nacional por el Presidente de la República, conforme lo precisó el artículo 31 de la Ley Orgánica de los Estados de Excepción, se cuentan como "*días continuos siguientes a aquel en que haya sido dictado,*" teniendo la remisión a la Asamblea por objeto "su consideración y aprobación," lo que corresponde hacer a la Asamblea incluso si el Presidente de la República no diere cumplimiento al mandato establecido durante el lapso mencionado, en cuyo caso, conforme a la Ley Orgánica, la Asamblea Nacional debe pronunciarse de oficio (art. 26).

La Constitución le atribuyó en esta forma al órgano parlamentario la potestad de control político sobre los decretos de estado de excepción, asignándole el poder de aprobarlos, y por supuesto de improbarlos.

---

3   *G.O.* N° 37.261 del 15 de agosto de 2001.

4   Véase sobre ello lo que hemos expuesto en Allan R. Brewer-Carías, *La Constitución de 1999: Estado Democrático y Social de Derecho*, Colección Tratado de Derecho Constitucional, Tomo VII, Fundación de Derecho Público, Editorial Jurídica Venezolana, Caracas 2014; y en "El régimen constitucional de los estados de excepción" en Víctor Bazan (Coordinador), *Derecho Público Contemporáneo. Libro en Reconocimiento al Dr. Germán Bidart Campos*, Ediar, Buenos Aires, 2003, pp. 1137-1149.

Cuando la Constitución dispone que el decreto se remita a la Asamblea "para su consideración y aprobación," es por supuesto para su consideración, y como derivado de ello, para su aprobación o improbación. De lo contrario no sería control alguno, sino una simple rúbrica.

En todo caso, la decisión de la Asamblea de aprobar o improbar el Decreto, conforme a la Ley Orgánica, debe adoptarse por la mayoría absoluta de los diputados presentes en sesión especial que se debe realizar sin previa convocatoria, dentro de las 48 horas de haberse hecho público el decreto (art. 27), es decir, de su publicación en *Gaceta Oficial*. Sin embargo, en forma evidentemente incongruente con este término legal perentorio que no se ajusta al constitucional de ocho días, la Ley Orgánica dispone que si por caso fortuito o causa de fuerza mayor la Asamblea Nacional no se pronunciare dentro de los ocho días "continuos siguientes" a la recepción del decreto, éste se debe entender aprobado. Se establece así, la figura del silencio parlamentario positivo con efectos aprobatorios tácitos, pero dando por sentado que la Asamblea debe pronunciarse aprobando o no el decreto en el término de ocho días, pasado el cual la Ley presume su tácita aprobación.

Por tanto, está fuera de toda duda que el decreto de estado de excepción puede ser rechazado por la Asamblea, negándole su aprobación; de eso se trata el control político; en cuyo caso el decreto cesa de tener vigencia ni puede producir efectos jurídicos. No tiene fundamento alguno, por tanto, lo afirmado sin argumentación por la Sala Constitucional en sentencia N° 7 dictada el 11 de febrero de 2016 con ocasión de resolver un recurso de interpretación de las normas relativas a los estados de excepción,[5] que se comenta más adelante, en el sentido de que el "control político de la Asamblea Nacional sobre los decretos que declaran estados de excepción no afecta la legitimidad, validez, vigencia y eficacia jurídica de los mismos." Si no lo afecta, de nada valdría entonces establecer el control político, el cual no se limita a la sola posibilidad que tiene la Asamblea de revocar la prórroga del decreto de estado de excepción, antes del término establecido, al cesar las causas que lo motivaron.

Este control político sobre los decretos de los estados de excepción, por supuesto, es completamente distinto al control jurídico constitucional automático y obligatorio que sobre los mismos ejerce la Sala Constitucional del Tribunal Supremo de Justicia, a la cual la Constitución le asignó competencia expresa para "revisar en todo caso, aún de oficio, la constitucionalidad de los decretos que declaren estados de excepción dictados por el Presidente de la República" (artículo 336,6), a cuyo efecto, como lo dice su artículo 339 y el artículo 31 de la Ley Orgánica, el Presidente de la República también debe remitir el decreto *dentro de los ocho días continuos siguientes de haberse dictado*, a "la Sala Constitucional del Tribunal Supremo de Justicia para que se pronuncie sobre su constitucionalidad." En el mismo término, el Presidente de la Asamblea Nacional debe enviar a la Sala Constitucional, el Acuerdo mediante el cual se apruebe o rechace el estado de excepción.

En todo caso, si el Presidente de la República o el Presidente de la Asamblea Nacional, según el caso, no dieren cumplimiento al mandato establecido en la norma en el lapso previsto, la Sala Constitucional del Tribunal Supremo de Justicia se debe pronunciar de oficio (art. 31). El efecto jurídico de la decisión de la Sala Constitucional que declare la constitucionalidad del decreto, es que con posterioridad no podría intentarse una acción de inconstitucionalidad contra el mismo.

---

[5]   Véase en http://historico.tsj.gob.ve/decisiones/scon/febrero/184885-07-11216-2016-16-0117.HTML

Se trata, por tanto de dos controles con dos efectos jurídicos distintos que deben efectuarse dentro del mismo lapso de ocho días, sin que haya orden alguno en el cual se pueden
adoptar las decisiones, pudiendo ser cualquiera de ellas antes que la otra. Sin embargo, si la
Asamblea Nacional o la Comisión, dentro del término mencionado, decidiere antes que la
Sala Constitucional desaprobando el decreto de estado de excepción, la Sala Constitucional
del Tribunal Supremo de Justicia debe omitir todo pronunciamiento, declarando extinguida la
instancia (art. 33, Ley Orgánica);[6] de lo que resulta que el control político tiene primacía
sobre el control jurídico.

El objeto del control jurídico por parte de la Sala Constitucional, como lo expresamos
hace años, es "para revisar la constitucionalidad de los decretos de excepción, es decir, que
en su emisión se hubieran cumplido los requisitos establecidos en la Constitución (constitucionalidad formal) y en la Ley Orgánica; y segundo, que el decreto no viole la normativa
constitucional ni la establecida en la Ley Orgánica,"[7] como por ejemplo, que si en el decreto
se restringe una garantía constitucional se dé cumplimiento a la exigencia de que el decreto
debe "regular el ejercicio del derecho cuya garantía se restringe" (art. 339); es decir, que tiene
que tener en sí mismo contenido normativo en relación con las restricciones al ejercicio del
derecho constitucional respectivo.[8] Ello, por ejemplo, no existió en el decreto N° 2.184 de 14
de enero de 2016.

3.   *El control político ejercido por la Asamblea Nacional en relación con el decreto
      de emergencia económica de enero de 2016*

El Decreto N° 2184 de 14 de enero de 2016 antes comentado, en efecto, mediante el
cual se decretó la emergencia económica en el país, fue presentado personalmente por el
Presidente de la República a la Asamblea con ocasión de su comparecencia para presentar su
Mensaje anual, dentro del término fijado en la Constitución, es decir, el día 15 de enero de
2016, que fue el día siguiente de su emisión. La decisión de control político que debía adoptar la Asamblea Nacional en el sentido de aprobar o improbar el decreto, e independientemente del control jurídico que correspondía ser ejercido por la Sala Constitucional, tenía que
producirse entonces necesariamente dentro de los ocho días continuos siguientes a la emisión

---

6   Hemos considerado que esta norma legal es inconstitucional pues establece una limitación al
     ejercicio de sus poderes de revisión por la Sala, no autorizada en la Constitución, que puede efec-
     tuarse de oficio independientemente de que la Asamblea Nacional haya negado su aprobación.
     Véase, Allan R. Brewer-Carías, *Derecho Constitucional Venezolano. Constitución de 1999*, Edito-
     rial Jurídica Venezolana, Caracas 2016, Tomo I, pp. Igualmente en el trabajo: "El régimen consti-
     tucional de los estados de excepción" en Víctor Bazán (Coordinador), *Derecho Público Contem-
     poráneo. Libro en Reconocimiento al Dr. Germán Bidart Campos*, Ediar, Buenos Aires, 2003, pp.
     1137-1149. La Sala Constitucional en su sentencia cita esta opinión mía, recogida en el trabajo:
     "Las Potestades Normativas del Presidente de la República: los Actos Ejecutivos de Orden Nor-
     mativo" en *Tendencias Actuales del Derecho Constitucional, Homenaje a: Jesús María Casal
     Montbrun* (Coordinadores: Jesús María Casal - Alfredo Arismendi A. - Carlos Luis Carrillo), To-
     mo I, Caracas 2007, pp. 527-528. La Sala citó éste último trabajo, concordando con mi opinión de
     que la Sala al "revisar la constitucionalidad de los decretos que declaren estados de excepción dic-
     tados por el Presidente de la República, se trata de un control de la constitucionalidad automático y
     obligatorio que la Sala Constitucional debe ejercer incluso de oficio, lo cual puede hacer desde que
     se dicte y se publique en la Gaceta Oficial, y no sólo al final del lapso indicado ni sólo si no se le
     remite oficialmente al decreto." La sentencia, con base en ello, de paso declaró por control difuso
     la inaplicabilidad de dicha norma y ordenó abrir juicio de nulidad contra la misma.

7   *Idem.*

8   *Idem.*

del decreto (que fue el 14 de enero), es decir, entre el 15 de enero y el 22 de enero de 2016 de manera que si en ese lapso no se producía la decisión expresa de la Asamblea, entonces conforme a la Ley debía considerarse que había sido aprobado tácitamente.

Y efectivamente, en sesión de la Asamblea Nacional del día 22 de enero de 2016 se discutió y aprobó un Acuerdo "con base en el Informe presentado por la Comisión Especial designada para examinar el Decreto N° 2184, del 14 de enero de 2016," en el cual, como lo afirmó la Sala Constitucional en la misma sentencia N° 7 de 11 de febrero de 2016, antes citada, el órgano de representación popular "desaprobó políticamente dicho Decreto." Dicho Acuerdo se tituló como:

> "Acuerdo mediante el cual se *desaprueba* el Decreto N° 2184, del 14 de enero de 2016, publicado en la *Gaceta Oficial* N° 6.214 Extraordinario del 14 de enero de 2016, en el que se declaró el Estado de Emergencia Económica en todo el Territorio Nacional."

Conforme al artículo 30 de la Ley Orgánica, dicho Acuerdo parlamentario "entró en vigencia inmediatamente," es decir, el mismo día 22 de enero de 2016, previendo dicha norma que debía ser publicado en la *Gaceta Oficial* y "difundido en el más breve plazo, por todos los medios de comunicación social, al día siguiente en que haya sido dictado, si fuere posible" (art. 30).

Ello significó, en derecho, que el Decreto N° 2184 de 14 de enero de 2016 mediante el cual el Presidente de la República había dictado un estado de excepción que como vimos de su contenido, en realidad no era tal, en todo caso había cesado de producir efectos jurídicos, a pesar incluso de que hubiese sido controlado jurídicamente por la Sala Constitucional y lo hubiese declarado conforme a la Constitución, lo que efectivamente la Sala Constitucional realizó mediante sentencia N° 4 del 20 de enero de 2016, en la cual al decir de la propia Sala "declaró el carácter constitucional del referido Decreto Presidencial, y, por ende, garantizando la legitimación, validez, vigencia y eficacia jurídica del mismo, dentro del marco constitucional."

La Sala, en efecto en dicha sentencia resolvió:

> "la constitucionalidad del Decreto sub examine, el cual fue dictado en cumplimiento de todos los parámetros que prevé la Constitución de la República Bolivariana de Venezuela y la Ley Orgánica sobre Estados de Excepción y demás normativas aplicables."

Sin embargo, la Sala no se quedó en el ejercicio de su control jurídico sino que en forma evidentemente inconstitucional, pasó a ejercer sobre el mimo un "control político" usurpando las funciones de la Asamblea Nacional, al declarar en el mismo párrafo que reconocía:

> "su pertinencia, proporcionalidad y adecuación, el cual viene a apuntalar con sólido basamento jurídico y con elevada significación popular, la salvaguarda del pueblo y su desarrollo armónico ante factores inéditos y extraordinarios adversos en nuestro país, de conformidad con la Constitución de la República Bolivariana de Venezuela; sin perjuicio del control posterior que pueda efectuar esta Sala de conformidad con sus atribuciones constitucionales."

4. *El desconocimiento por la Sala Constitucional de la potestad de control político por parte de la Asamblea de los decretos de estado de excepción*

Con posterioridad a la desaprobación del Decreto presidencial de emergencia económica por parte de la Asamblea Nacional, en fecha 3 de febrero de 2016, un grupo de ciudadanos que se identificaron como miembros de Consejos Comunales y de Comunas, acudieron ante la Sala Constitucional, para intentar un "recurso de interpretación de naturaleza constitucional," sobre el artículo 339 de la Constitución, y los artículos 27 y 33 de la Ley Orgánica sobre los Estados de Excepción, a cuyo efecto plantearon, entre otras, "*las siguientes dudas*" que en síntesis se refieren al ejercicio sobre las potestades de control político por parte de la Asamblea Nacional:

(i) que las normas mencionadas nada establecieron sobre "las consecuencias para el Decreto que declara el estado de excepción" de la desaprobación por parte de la Asamblea Nacional;

(ii) que una vez que el Decreto ha sido "declarado conforme a la Constitución" por la Sala Constitucional, "¿entonces en qué consiste la no aprobación de la Asamblea Nacional?"

(iii) que si la decisión del Presidente en una situación de emergencia, el decreto que se dicte puede quedar sujeta a "la potestad evaluativa ya discrecional de la Asamblea Nacional, aun cuando se ha declarado su constitucionalidad?;"

(iv) que si al establecerse la potestad de la Asamblea de revocar el decreto de estado de excepción, no debe considerarse que "es ese el control revocatorio?";

(v) que otorgada facultad de revocar el decreto a la Asamblea, no quiere decir esto que ese "es el control parlamentario político" no pudiendo la aprobación "tener ningún efecto modificatorio o suspensivo, sino más bien *prima facie* mantener intangible el Decreto, pese a su apreciación política?" y

(vi) que si el Presidente de la República, no es "el único Juez de Mérito de su acto de gobierno o Decreto?"

Todas esas "dudas" se plantearon para solicitar a la Sala finalmente que se pronunciase "sobre la vigencia del decreto 2.184 publicado en la *Gaceta Oficial* N° 6.214 Extraordinario de fecha 14 de enero de 2016."

Es decir, ni más ni menos, lo que se solicitó fue mediante un recurso de interpretación constitucional, cuya decisión fue adoptada en violación flagrante a la garantía del debido proceso y al derecho a la defensa, que la Sala se pronunciase sobre la vigencia del Acuerdo de la Asamblea Nacional, que ya había desaprobado el decreto de estado de excepción.

Y ello lo hizo la Sala mediante la indicada sentencia N° 7 del 11 de febrero de 2016,[9] en la cual básicamente lo que argumentó fue sobre el control judicial que ella debe hacer sobre los decretos de estados de excepción, que no era el tema planteado ni sobre el cual se le pedía decisión; de manera que luego de copiar citas de autores a diestra y siniestra, considerando que lo planteado era de mero derecho, procedió a decidir sin trámite alguno, reconociendo primeramente que si bien en la Constitución no se indica expresamente que la Asamblea Nacional al ejercer el control político sobre los decretos de estados de excepción, puede improbarlos,

"por lógica jurídica, la referencia expresa a la aprobación, en la Constitución de 1999, apareja la posibilidad contraria, es decir, la de la desaprobación, tal como lo ha reconocido esta Sala."

Y de allí pasó la Sala a deducir una consecuencia también lógica, y que es que "la aprobación o desaprobación del decreto de estado de excepción, por parte de la Asamblea Nacional, lo afecta desde la perspectiva del control político y, por ende, lo condiciona políticamente, pero no desde la perspectiva jurídico-constitucional," lo que sin duda corresponde a la Sala Constitucional, sin que aquél control político invalide este, aun cuando si se produce con anterioridad, éste ya no procede.

Pero a pesar de estas premisas lógicas, de seguida la Sala Constitucional pasó a concluir, contradiciéndolas, usurpando la función del Poder Legislativo y contradiciendo la Constitución, que a ella le correspondía en exclusiva decidir sobre "legitimidad, validez y

---

[9]   Véase en http://historico.tsj.gob.ve/decisiones/scon/febrero/184885-07-11216-2016-16-0117.HTML.

vigencia jurídico-constitucional," lo cual a su juicio "no le corresponde efectuar al Poder Legislativo Nacional," limitando el control político de este solo a poder "revocar" los decretos de excepción al cesar las causas que lo motivaron. Para ello, más adelante, en su sentencia, después de citar a Locke y a Montesquieu, la Sala agregó en su razonamiento limitativo sobre el control político que corresponde a la Asamblea, que

> "el Texto Constitucional vigente sólo se refiriere al sometimiento del decreto que declara estado de excepción a la Asamblea Nacional para su consideración y aprobación, y sólo alude, en el contexto de la prórroga de ese estado, a la posibilidad de revocatoria *por el Ejecutivo Nacional o por la Asamblea Nacional o por su Comisión Delegada, antes del término señalado, al cesar las causas que lo motivaron.*"

Argumentando de paso y adicionalmente que, incluso, dicha revocación podría ser sometida a control de constitucionalidad ante la Sala Constitucional, reafirmando que a ella corresponde "el control supremo de los actos del Poder Público" para concluir, en definitiva que el control político por parte de la Asamblea Nacional es "un control relativo," que supuestamente está sometido al control constitucional. En cambio el control que ejerce la Sala Constitucional,

> "además de ser un control jurídico y rígido, es absoluto y vinculante, al incidir en la vigencia, validez, legitimidad y efectividad de los actos jurídicos, incluyendo los decretos mediante los cuales se establecen estados de excepción."

Y después de estos "razonamientos" con los cuales supuestamente la Sala habría dado respuesta "a las inquietudes interpretativas presentadas," sin más, terminó afirmando que:

> "el control político de la Asamblea Nacional sobre los decretos que declaran estados de excepción no afecta la legitimidad, validez, vigencia y eficacia jurídica de los mismos; y el Texto Fundamental prevé de forma expresa que la Asamblea Nacional puede revocar la prórroga del decreto de estado de excepción, antes del término señalado, al cesar las causas que lo motivaron."

O sea, la Sala simplemente desconoció la Constitución y el sentido del control político que tiene la Asamblea Nacional para poder aprobar o improbar el decreto de excepción, reduciendo dicho control político de la Asamblea pura simplemente, a solo poder revocar posteriormente el decreto de estado de excepción, pero incluso precisando que en dicho caso, podía ser objeto de control de la constitucionalidad por parte de la misma Sala; y de allí, a pesar de la ausencia de motivación jurídica, concluyó la Sala que el Decreto N° 2.184 de 14 de enero de 2016, que declaró el estado de emergencia económica en todo el territorio nacional:

> "entró en vigencia desde que fue dictado y su legitimidad, validez, vigencia y eficacia jurídico-constitucional *se mantiene irrevocablemente incólume*, conforme a lo previsto en el Texto Fundamental."

Para terminar, la Sala Constitucional se refirió a los lapsos para decidir sobre el control político por parte de la Asamblea Nacional, y a pesar de que la decisión de improbar el decreto de emergencia económica lo adoptó la Asamblea mediante Acuerdo el día 22 de enero de 2016, es decir, dentro del lapso constitucional de 8 días continuos a partir del 14 de enero, incurrió en la insensatez de decir que como el artículo 27 hace referencia a una sesión especial que debe realizarse sin previa convocatoria dentro de las cuarenta y ocho horas de "haberse hecho público el decreto," y la Asamblea no decidió sino dentro del lapso constitucional de ocho días, entonces, además, la misma:

"vulneró la legalidad procesal, la seguridad jurídica y el debido proceso consagrado en el artículo 49 Constitucional, pilares fundamentales del Estado Constitucional de Derecho (*vid.* arts. 2, 7, 137, 334, 335 y 336 del Texto Fundamental), viciando de nulidad por inconstitucionalidad el proceso que culminó con el *constitucionalmente írrito* Acuerdo dictado por la máxima representación del Poder Legislativo Nacional, el 22 de enero de 2016."

Con ello, dijo la Sala, contra toda lógica, que la Asamblea Nacional habría omitido "una forma jurídica esencial contemplada en la ley," y desconociendo que efectivamente había decidido dentro del lapso constitucional, afirmó sin base alguna que se habría producido el "silencio positivo" lo cual era falso, pues solo está previsto cuando no se toma la decisión en el lapso de ocho días, concluyendo entonces con la afirmación de que "la Asamblea Nacional no cumplió oportunamente y, en fin, dentro de los límites constitucionales y legales, con el control político del referido decreto."

Agregó además la Sala que como la misma había realizado el control jurídico dentro del mismo lapso de ocho días continuos siguientes a aquel en que se dictó el Decreto:

"no existe objetivamente, además, controversia constitucional entre órganos del Poder Público que resolver con relación a esa situación fáctica, a pesar de la *írrita decisión* negativa de la Asamblea Nacional pronunciada el día 22 de enero de 2016, *que debe entenderse como inexistente y sin ningún efecto jurídico-constitucional."*

Y todo ello, porque a juicio de la Sala:

"el Poder Ejecutivo ejerció su competencia de dictar el decreto de emergencia económica, el Poder Legislativo no cumplió con su obligación de considerarlo en sesión especial dentro de las 48 horas después de haberse hecho público el decreto y la Sala Constitucional ejerció su atribución de declarar la constitucionalidad del mismo de manera oportuna, mediante sentencia N° 4 del 20 de enero de 2016."

Así, la Sala Constitucional, con ocasión de decidir un recurso de interpretación constitucional, terminó declarando "irrito," es decir, sin validez ni fuerza obligatoria, o en palabras de la propia Sala *"inexistente y sin ningún efecto jurídico-constitucional"* el Acuerdo de la Asamblea Nacional improbando el Decreto de Emergencia Económica, y todo ello, en un proceso en el cual no podía "anular" un acto de la Asamblea Nacional, sin seguir el procedimiento de los juicios de nulidad, por lo que, usando las propias palabras de la Sala Constitucional en la sentencia: "vulneró la legalidad procesal, la seguridad jurídica y el debido proceso consagrado en el artículo 49 Constitucional, pilares fundamentales del Estado Constitucional de Derecho (*vid.* arts. 2, 7, 137, 334, 335 y 336 del Texto Fundamental)," viciando de nulidad por inconstitucionalidad el proceso que culminó con la *"constitucionalmente írrita"* sentencia de fecha 11 de enero de 2016.

Pero como la Sala Constitucional no tiene quien la controle, pudo cometer esta y las otras inconstitucionalidades que analizamos en este libro, impunemente.

Debe destacarse, finalmente, que la Sala Constitucional en ejercicio del control difuso de constitucionalidad, también resolvió en su sentencia, desaplicar el artículo 33 de la Ley Orgánica de Estados de Excepción que establece:

Artículo 33. La Sala Constitucional del Tribunal Supremo de Justicia omitirá todo pronunciamiento, si la Asamblea Nacional o la Comisión Delegada desaprobare el decreto de estado de excepción o denegare su prórroga, declarando extinguida la instancia.

Para ello, la Sala se basó en una opinión del profesor Ramón José Duque Corredor y en otra opinión de quien esto escribe, que cita, en la cual consideré que esta norma podía considerarse inconstitucional:

"pues establece una limitación al ejercicio de sus poderes de revisión por la Sala, no autorizada en la Constitución. La revisión, aún de oficio, del decreto de estado de excepción puede realizarse por la Sala Constitucional, independientemente de que la Asamblea Nacional haya negado su aprobación, máxime si el decreto, conforme a la Ley Orgánica al entrar en vigencia 'en forma inmediata' incluso antes de su publicación, ha surtido efectos."[10]

Con base en ello, para decidir que "lo ajustado al orden constitucional es desaplicar por control difuso de la Constitución" dicha norma del artículo 33 de la Ley Orgánica, la Sala Constitucional indicó que:

"Tal como concluye el referido autor, y con lo cual concuerda esta máxima instancia constitucional, revisar la constitucionalidad de los decretos que declaren estados de excepción dictados por el Presidente de la República, se trata de un control de la constitucionalidad automático y obligatorio que la Sala Constitucional debe ejercer incluso de oficio, lo cual puede hacer desde que se dicte y se publique en la *Gaceta Oficial*, y no sólo al final del lapso indicado ni sólo si no se le remite oficialmente al decreto.

Por lo que afirma que el artículo 33 de la Ley Orgánica sobre Estados de Excepción, el cual señala que la Sala Constitucional del Tribunal Supremo de Justicia omitirá todo pronunciamiento si la Asamblea Nacional o la Comisión Delegada desaprobare el decreto de estado de excepción o denegare su prórroga, declarando extinguida la instancia, es, en efecto, inconstitucional, pues establece una limitación al ejercicio de sus poderes de revisión por la Sala, no autorizada en la Constitución y que quebranta la propia supremacía y protección última del Texto Fundamental."

Podía la Sala, sin duda, ejercer dicho control difuso de constitucionalidad sobre la primacía que la Ley otorgó al control político sobre el control jurídico, pero lo que no podía era restringir, violando la Constitución, el control político que correspondía a la Asamblea Nacional, y menos supuestamente basándose en una opinión de quien suscribe.

5.   *La declaración de constitucionalidad de la prórroga del Decreto de Emergencia Económica, y su obligatoriedad para el Poder Público (incluyendo la Asamblea Nacional) decretada por la Sala Constitucional*

El mencionado Decreto estado de emergencia económica en todo el territorio nacional N° 2.184 de 14 enero de 2016, fue prorrogado por 60 días más, mediante el Decreto N° 2.270 del 11 de marzo de 2016,[11] y conforme a las mismas normas constitucionales antes mencionadas, fue sometido a la Sala Constitucional del Tribunal Supremo de Justicia para decidir sobre su constitucionalidad.

La Sala Constitucional mediante sentencia N° 184 de 17 de marzo de 2016,[12] procedió a declarar la constitucionalidad del decreto de prórroga, agregando que ello "motiva el respaldo orgánico de este cuerpo sentenciador de máximo nivel de la Jurisdicción Constitucional, hacia las medidas contenidas en el Decreto objeto de examen de constitucionalidad;" terminando con la declaración general de que dicho Decreto "deberá ser acatado y ejecutado por todo el Poder Público," lo que incluía por supuesto a la Asamblea Nacional, desconociendo así su competencia constitucional para efectuar el control político del decreto y poder improbarlo; y reafirmando para que no quedase duda, que "en su condición de máxima y última

---

[10]   Véase Allan R. Brewer-Carías, "Las Potestades Normativas del Presidente de la República: Los Actos Ejecutivos de Orden Normativo" en *Tendencias Actuales del Derecho Constitucional*. Tomo I, Universidad católica Andrés Bello, Caracas, 2007, pp. 527-528.

[11]   Véase *Gaceta Oficial* N° 6219 Extra de 11 de marzo de 2016.

[12]   Véase en http://historico.tsj.gob.ve/decisiones/scon/marzo/186437-184-17316-2016-16-0038.html.

intérprete de la Constitución [...] sus decisiones sobre dichas normas y principios son estrictamente vinculantes en función de asegurar la protección y efectiva vigencia de la Carta Fundamental."

Con la sentencia, en definitiva, la Sala Constitucional vació totalmente a la Asamblea Nacional de su potestad de ejercer el control político sobre los estados de excepción, violando abierta y arteramente la Constitución.

II. LOS ATAQUES DE LA SALA CONSTITUCIONAL CONTRA LA ASAMBLEA NACIONAL CERCENÁNDOLE SUS PODERES DE CONTROL POLÍTICO SOBRE EL GOBIERNO Y DE LA ADMINISTRACIÓN PÚBLICA

1. *El intento fallido de la Asamblea de ejercer el control político sobre el gobierno y administración para estudiar el decreto de emergencia económica*

Durante los días siguientes al de la comparecencia del Presidente de la República ante la Asamblea Nacional para presentar su Mensaje anual (15 de enero de 2016), y con ocasión de la consignación ante la misma del Decreto de Estado de Emergencia Económica, la Asamblea Nacional, como le corresponde constitucionalmente, requirió la comparecencia de los Ministros del área económica ante sus Comisiones, precisamente a los efectos de considerar el decreto de estado de emergencia económica que se había dictado a los efectos de su aprobación o improbación.

La respuesta del gobierno fue ignorar los requerimientos de la Asamblea, por lo cual, el 21 de enero de 2016, que era el día anterior al vencimiento del lapso para que la Asamblea emitiese su Acuerdo aprobando o improbando el mencionado decreto, el Presidente de la Asamblea resumió la situación de desacato del Poder Ejecutivo, expresando según reseñaron los medios que:

"Es muy grave que se nieguen los ministros y el gobierno a esta comparecencia pública, que es constitucional y legal. Esto es muy grave, es un desacato. Debe ser que las informaciones que tienen que dar al país son muy graves y malas, pero no pueden negar la realidad de Venezuela", afirmó.

Ramos Allup indicó que el vicepresidente de la República, Aristóbulo Istúriz, fue quien le informó que los ministros no asistirían. El gobierno solicitaba que la comparecencia fuera a puerta cerrada. "Querían que se hiciera sin la presencia de los medios y nos negamos rotundamente a semejante petición. La AN es un espacio abierto para la presencia de todos los medios, nacionales e internacionales", dijo.

El presidente de la AN aclaró que no se trataba de un "reality show," como lo dijo Héctor Rodríguez: "Se trata de responder a preguntas escritas, de una manera muy seria y formal. Lamentamos muchísimo que se haya privado al país en directo, por parte de los propios ministros, de cuál es la realidad del país."

La Asamblea Nacional tiene hasta mañana a las 12:00 de la noche para aprobar o no el Decreto de Emergencia Económica, presentado por el presidente Nicolás Maduro.

Ante la falta de tiempo para convocar a una nueva comparecencia, Ramos Allup informó que la comisión tomará una decisión con la información que disponga.

"Nos reuniremos con la comisión, lo discutiremos en plenaria y tomaremos una decisión," dijo."[13]

El tema del evidente desacato de los Ministros ante los requerimientos de la Asamblea, sin embargo, fue decidido por la Sala Constitucional del Tribunal Supremo de Justicia, pero insólitamente, no garantizando lo que expresa la Constitución, sino en contra de ella, limitando y reglamentando inconstitucionalmente las potestades de control político de la Asamblea Nacional sobre el gobierno y la Administración Pública.

En efecto, la Sala Constitucional del Tribunal Supremo, mediante sentencia N° 9 del 1° de marzo de 2016 dictada con ocasión de un "*Recurso de interpretación*" *abstracta de los artículos 136, 222, 223 y 265 la Constitución* intentado por un grupo de ciudadanos,[14] en violación de las más elementales y universales principios que rigen la administración de justicia, procedió a cercenar y restringir las potestades de control político de la Asamblea Nacional, sobre el Gobierno y la Administración Pública, materialmente liberando a los Ministros de su obligación de comparecer ante la Asamblea cuando se les requiera para investigaciones, preguntas e interpelaciones; y adicionalmente como se verá más adelante, negándole a la Asamblea su potestad de auto control sobre sus propios actos parlamentarios.

Y ello lo hizo, en primer lugar, utilizando de nuevo una forma procesal viciada para ejercer el control de constitucionalidad de los actos estatales como es el llamado "recurso de interpretación" abstracta de la Constitución, con el que ha terminado declarando nulos unos actos actuales y "futuros" de la Asamblea Nacional.

En segundo lugar, la decisión la dictó la Sala Constitucional, en contra de la Asamblea Nacional, sin siquiera haber oído previamente a la misma a través de sus representantes, violando el derecho al debido proceso y a la defensa, que son de carácter absoluto, en términos de la propia Sala.

En tercer lugar, al conocer del recurso y dictar sentencia, la Sala Constitucional actuó en el caso en violación del más elemental principio de justicia natural, actuando como juez y parte, pues precisamente a lo que se refirió el recurso era a la potestad de la Asamblea de revocar el inconstitucional nombramiento de algunos de los Magistrados que precisamente debían firmar la sentencia.

En cuarto lugar, al dictar normas sobre el funcionamiento de la Asamblea y el ejercicio de sus poderes de control sobre el Gobierno y la Administración Pública, lo que sólo puede hacer la propia Asamblea Nacional, usurpando así la función normativa de la Asamblea que solo puede materializarse en el reglamento interior y de debates, y de paso, declarar como inconstitucionales algunas previsiones del Reglamento Interior y de Debates de la Asamblea

---

[13] Véase en https://www.facebook.com/permalink.php?id=374440365912-712&story_fbid=999122 600111149.

[14] Véase en http://historico.tsj.gob.ve/decisiones/scon/marzo/185627-09-1316-2016-16-0153.HTML
Véase los comentarios en Allan R. Brewer-Carías, "El ataque de la Sala Constitucional contra la Asamblea Nacional y su necesaria e ineludible reacción. De cómo la Sala Constitucional del Tribunal Supremo pretendió privar a la Asamblea Nacional de sus poderes constitucionales para controlar sus propios actos, y reducir inconstitucionalmente sus potestades de control político sobre el gobierno y la administración pública; y la reacción de la Asamblea Nacional contra a la sentencia N° 9 de 1-3-2016," en http://www.allanbrewercarias.com/Content/449725d9-f1cb-474b-8ab2-41 efb849fea3/Content/Brewer.%20El%20ataque%20Sala%20Constitucional%20v.%20Asamblea%20 Nacional.%20SentNo.%209%201-3-2016).pdf.

y de la Ley sobre el Régimen para la Comparecencia de Funcionarios Públicos ante la Asamblea Nacional o sus Comisiones, todo con el objeto de encasillar y restringir las potestades de control político de la Asamblea sobre el Gobierno y la Administración Pública; y de cercenarle a la Asamblea la potestad de controlar y revisar sus propios actos cuando estén viciados de nulidad absoluta, y revocarlos en consecuencia.

2. *El viciado uso del llamado recurso de interpretación constitucional para ejercer el control de constitucionalidad, violando además, la garantía del debido proceso*

Desde que la Sala Constitucional inventó al margen de la Constitución el llamado "recurso de interpretación" abstracta de la Constitución mediante la sentencia N° 1077 del 22 de septiembre de 2000 (caso: *Servio Tulio León*), el cual puede ser intentado por cualquier persona, incluso el Estado mismo a través de la Procuraduría General de la República, para buscar un pronunciamiento abstracto, es decir, sin referencia a caso concreto alguno y sin debate ni confrontación de opiniones de los que puedan estar interesados en la "interpretación," hemos criticado la institución, como un diabólico instrumento mediante el cual la Sala Constitucional bajo la excusa de la interpretación,[15] administra justicia "a la carta," según lo que les apetezca a los propios Magistrados de la Sala o lo que le provoque al propio Gobierno, usando para ello a veces peticiones prefabricadas formuladas por cualquier persona "amiga" siempre dispuesta a presentar un escrito ya elaborado para "litigar" sin litigar, o del propio representante del Estado.

Y eso es lo que ha ocurrido en este caso en el cual tres abogados, presumiblemente hermanos por llevar los mismos apellidos, actuando según la Sala "en su condición de integrantes del sistema de justicia, como ciudadanos interesados en el adecuado funcionamiento de los poderes públicos," sólo argumentando que tenían "dudas" de lo que pudieran decir los artículos 136, 222, 223 y 265 de la Constitución. El recurso de interpretación lo intentaron el 17 de febrero, y ya el 23 de febrero la Sala había designado Ponente, desarrollándose entonces un "proceso constitucional clandestino" como "de mero derecho," del cual solo estuvieron enterados los recurrentes y el Ponente, y nadie más. El "proceso" tuvo por objeto nada más y nada menos que cercenarle a la Asamblea Nacional, es decir, a los representantes de un pueblo que se rebeló políticamente el 6 de diciembre de 2015 dándole a la oposición la mayoría calificada de la Asamblea, sus poderes parlamentarios de control sobre el Gobierno y la Administración Pública, y además, sobre sus propios actos.

Aun cuando en la "demanda," los demandantes también solicitaron interpretación sobre el alcance de las potestades de control político de la Asamblea Nacional en relación con los otros Poderes Públicos. A pesar de que el control político de la Administración Pública que la Asamblea tiene constitucionalmente asignado comprende no sólo la que se encuentra en el

---

[15] Véase Allan R. Brewer-Carías, "*Quis Custodiet Ipsos Custodes*: De la interpretación constitucional a la inconstitucionalidad de la interpretación," en *Revista de Derecho Público*, N° 105, Editorial Jurídica Venezolana, Caracas 2006, pp. 7-27. Véase además sobre ello, e trabajo "La ilegítima mutación de la Constitución por el juez constitucional: la inconstitucional ampliación y modificación de su propia competencia en materia de control de constitucionalidad," en *Libro Homenaje a Josefina Calcaño de Temeltas,* Fundación de Estudios de Derecho Administrativo (FUNEDA), Caracas 2009, pp. 319-362; Luis Alfonso Herrera Orellana, "El "recurso" de interpretación de la Constitución. Reflexiones críticas desde la argumentación jurídica y la teoría del discurso" en *Revista de derecho público*, N° 113, Editorial Jurídica Venezolana, Caracas, 2008, pp. 7-30.

ámbito del Poder Ejecutivo sino también en el de los otros Poderes del Estado,[16] en estas notas limitaremos nuestros comentarios, al aspecto medular del debate que nunca se dio, que es el relativo al control parlamentario de la Asamblea en relación con el Gobierno y la Administración Pública que conforman el Poder Ejecutivo Nacional, y sus propios actos.

Entre las normas cuya "interpretación" se solicitó fueron las que regulan las potestades de control político de la Asamblea Nacional, que los solicitantes identificaron en los siguientes artículos constitucionales:

Artículo 222. La Asamblea Nacional podrá ejercer su función de control mediante los siguientes mecanismos: las interpelaciones, las investigaciones, las preguntas, las autorizaciones y las aprobaciones parlamentarias previstas en esta Constitución y en la ley, y mediante cualquier otro mecanismo que establezcan las leyes y su reglamento. En ejercicio del control parlamentario, podrán declarar la responsabilidad política de los funcionarios públicos o funcionarias públicas y solicitar al Poder Ciudadano que intente las acciones a que haya lugar para hacer efectiva tal responsabilidad.

Artículo 223. La Asamblea o sus Comisiones podrán realizar las investigaciones que juzguen convenientes en las materias de su competencia, de conformidad con el reglamento.

Todos los funcionarios públicos o funcionarias públicas están obligados u obligadas, bajo las sanciones que establezcan las leyes, a comparecer ante dichas Comisiones y a suministrarles las informaciones y documentos que requieran para el cumplimiento de sus funciones.

Esta obligación comprende también a los y las particulares; a quienes se les respetarán los derechos y garantías que esta Constitución reconoce.

Las normas, por supuesto, nada tienen de ambiguo u oscuro, que pudiera ameritar "interpretación" alguna. Sin embargo, los "demandantes," respecto de la comparecencia de los Ministros ante la Asamblea Nacional para interpelaciones, investigaciones y preguntas conforme al artículo 222 y 223, argumentaron que como los mismos deben presentar anualmente una "memoria razonada y suficiente sobre la gestión del despacho en el año inmediatamente anterior" (art. 244), la citación a comparecer ante la Asamblea les planteaba una supuesta *"duda razonable"* respecto a si, con ello:

"la Asamblea Nacional se estaría adelantando en solicitar la comparecencia de estos funcionarios, cuando la misma Constitución, en su artículo 244, establece el lapso para que dichas autoridades rindan la memoria razonada y suficiente sobre la gestión de su despacho del año inmediatamente anterior.

El otro aspecto relevante reposa en la incertidumbre que surge con relación a si, puede la Asamblea Nacional, con fundamento en las funciones de control y vigilancia establecidas en la Carta Fundamental, exigir la comparecencia de tales funcionarios para discutir el futuro económico del país y diseñar las políticas públicas y líneas de acción administrativa a ser desarrolladas por el Poder Ejecutivo, funciones estas últimas que el Texto Constitucional, en sus artículos 226, 238, 239 y 242, le otorga, de manera exclusiva y excluyente, al Poder Ejecutivo cuando le asigna competencia para dirigir la acción de gobierno."

Agregaron los demandantes en relación con los artículos 222 y 223 de la Constitución que además:

---

[16]   Véase sobre el ámbito de la Administración Pública en la Constitución y en la Ley Orgánica de Administración Pública, lo expuesto en Allan R. Brewer-Carías, Introducción General al régimen jurídico de la Administración Pública" en Allan R. Brewer Carías et al, *Ley Orgánica de la Administración Pública*, 4ª edición, Editorial Jurídica Venezolana, Caracas 2009, pp. 14-17.

"surgen grandes incertidumbres respecto a si, puede la Asamblea, dentro de su función de control y vigilancia, convocar a los altos funcionarios a fin de "diagnosticar y diseñar políticas públicas" [...] cuando pareciera que el mecanismo constitucional que ejerce la Asamblea va dirigido a interpelar e investigar a los funcionarios públicos para la determinación de sus responsabilidades políticas por actuaciones concretas en su gestión administrativa."

Y todo ello considerando, supuestamente, que "las investigaciones desarrolladas por el Poder Legislativo, deben propender a la revisión de actuaciones materiales desarrolladas por el Ejecutivo y la determinación de responsabilidades, políticas, administrativas, patrimoniales," y supuestamente nada más.

Los "demandantes" exigieron de la Sala en esta materia una "decisión urgente" a los efectos de establecer y determinar "de manera clara y precisa, el contenido y alcance de la función de control y vigilancia ejercida por el Poder Legislativo sobre el Poder Ejecutivo Nacional."

A pesar de que la "demanda" de interpretación constitucional claramente incidía sobre los poderes constitucionales de la Asamblea Nacional, la cual, además, es la representación popular en la organización del Estado, como se dijo, la Sala Constitucional se dio el lujo de dictar sentencia violando abiertamente la garantía del debido proceso y el derecho a la defensa de la Asamblea, garantizado en el artículo 49 de la Constitución, contrariando su propia doctrina, que la considera como una "garantía suprema dentro de un Estado de Derecho;"[17] que exige que "cualquiera sea la vía escogida para la defensa de los derechos o intereses legítimos, las leyes procesales deben garantizar la existencia de un procedimiento que asegure el derecho de defensa de la parte y la posibilidad de una tutela judicial efectiva,"[18] al punto de que ni siquiera puede ser desconocido por el legislador.[19]

Ello hace dicha sentencia nula, por inconstitucional. No es posible concebir que en un "proceso constitucional" se "juzgue" sobre las potestades de control político que corresponden constitucionalmente a la Asamblea Nacional, y se anulen actos dictados por la misma, incluso actos "futuros," sin que siquiera se haya citado a sus representantes a argumentar ante la Sala, y a defender sus decisiones.

Así como la propia Sala dijo en su sentencia que el Poder Legislativo Nacional "está sometido a la Constitución," también la Sala Constitucional a pesar de ser la máxime intérprete de la Constitución, está sometido a ella y no puede violarla impunemente, y si bien no hay mecanismo para controlarla, ello no excluye que el pueblo no tenga el derecho de desconocer sus decisiones como ilegítimas, conforme al artículo 350 de la propia Constitución.

---

[17]   Véase sentencia N° 123 de la Sala Constitucional (Caso: *Sergio J. Meléndez*) de 17 de marzo de 2000, en *Revista de Derecho Público*, N° 81, (enero-marzo), Editorial Jurídica Venezolana, Caracas 2000, p. 143.

[18]   Véase sentencia N° 97 de 15 de marzo de 2000 (Caso: *Agropecuaria Los Tres Rebeldes*), en *Revista de Derecho Público*, N° 81, (enero-marzo), Editorial Jurídica Venezolana, Caracas 2000, p. 148.

[19]   Véase sentencia N° 321 de 22 de febrero de 2002 (Caso: *Papeles Nacionales Flamingo, C.A. vs. Dirección de Hacienda del Municipio Guacara del Estado Carabobo*) en *Revista de Derecho Público*, N° 89-92 (enero-diciembre), Editorial Jurídica Venezolana, Caracas 2002.

3. *La potestad parlamentaria para controlar políticamente al gobierno y a la Administración Pública y su regulación restrictiva por la Sala Constitucional*

La sentencia de la Sala Constitucional N° 184 de 17 de marzo de 2016, en primer lugar, incidió directamente en el control político que conforme a los artículos 222 y 223 de la Constitución, le corresponde ejercer a la *Asamblea Nacional sobre el Gobierno y la Administración Pública Nacional y*, por tanto, sobre los funcionarios públicos de los mismos. El Gobierno conforme a la Constitución, abarca a los niveles superiores del Poder Ejecutivo; y la Administración Pública, conforme a la propia Constitución, abarca a todos los órganos del Estado que ejerzan la función administrativa y desarrollen funciones administrativas, cualquiera que sea la rama del Poder Público en la cual se encuentran. Por ello fue absolutamente errada la afirmación de la Sala Constitucional, en el sentido de que la Administración Pública solo está reducida al Poder Ejecutivo Nacional, cuando la Administración Pública del Poder Ciudadano, del Poder Electoral y del Poder Judicial (Dirección Ejecutiva de la Magistratura) son parte de la Administración Pública.[20]

Aparte de este grave error, en relación con el control parlamentario sobre los órganos del Poder Ejecutivo, la Sala destacó que una expresión principal de dicho control político-parlamentario en lo que se refiere al Jefe del Ejecutivo Nacional (artículo 226), es cuando se le exige en el artículo 237 presentar cada año personalmente a la Asamblea Nacional un mensaje en el que debe dar cuenta de los aspectos políticos, económicos, sociales y administrativos de su gestión durante el año inmediatamente anterior; ámbito al cual, según la Sala Constitucional, "se ajusta ese control en lo que respecta al Jefe del Estado y del Ejecutivo Nacional." Agregó la Sala Constitucional, que respecto del Vicepresidente Ejecutivo (artículo 238) "ese control se expresa en la moción de censura al mismo, dentro del marco Constitucional" (artículo 240); y respecto de los Ministros, el control parlamentario encuentra expresión esencial en el artículo 244, cuando dispone que los mismos "presentarán ante la Asamblea Nacional, dentro de los primeros sesenta días de cada año, una memoria razonada y suficiente sobre la gestión del despacho en el año inmediatamente anterior, de conformidad con la ley;" disponiendo además, el artículo 246 que los Ministros pueden ser objeto de una moción de censura por parte de la Asamblea.

En esto, lo que hizo la Sala Constitucional fue simplemente glosar los artículos pertinentes de la Constitución, lo que en cambio no hizo al analizar los artículos 222 y 223 respecto del control político parlamentario en relación con los demás funcionarios del Poder Ejecutivo Nacional, "distintos al Presidente de la República, Vicepresidente Ejecutivo, y Ministros," cuya interpretación fue la que se le había requerido. Procedió, así, sin ninguna fundamentación constitucional, a "legislar" en materia de control político parlamentario, supuestamente "para dar legitimidad y validez" a las actuaciones de la Asamblea, usurpando por supuesto su propia potestad normativa para ello, imponiéndole a la misma, como si fuera "legislador" por encima de la Asamblea, las siguientes normas o reglas de actuación, todas inconstitucionales por estar viciadas de usurpación de funciones normativas que solo corresponden a la Asamblea ejercer al dictar su reglamento interior y de debates:

---

[20]   Véase sobre el ámbito de la Administración Pública en la Constitución y en la Ley Orgánica de Administración Pública, lo expuesto en Allan R. Brewer-Carías, Introducción General al régimen jurídico de la Administración Pública" en Allan R. Brewer Carías et al, *Ley Orgánica de la Administración Pública*, 4ª edición, Editorial Jurídica Venezolana, Caracas 2009, pp. 14-17.

Primera regla, que el control político que ejerza la Asamblea, lo debe ejercer:

"conforme a las demás reglas, valores y principios que subyacen al mismo, especialmente, el axioma de colaboración entre poderes, así como los de utilidad, necesidad y proporcionalidad, para que logre su cometido constitucional."

Segunda regla, que el control no debe afectar "el adecuado funcionamiento del Ejecutivo Nacional," y, en consecuencia, debe evitarse "que el mismo termine vulnerando los derechos fundamentales."

Tercera regla: que para realizar el control parlamentario,

"debe observarse la debida coordinación de la Asamblea Nacional con el Vicepresidente Ejecutivo o Vicepresidenta Ejecutiva, tal como lo impone el artículo 239.5 Constitucional, para encausar la pretensión de ejercicio del referido control (canalización de comunicaciones, elaboración de cronograma de comparecencias, etc.), respecto de cualquier funcionario del Gobierno y la Administración Pública Nacional."

Cuarta regla, que dicha coordinación es a los efectos de que:

"la Vicepresidencia Ejecutiva de la República centralice y coordine todo lo relacionado con las comunicaciones que emita la Asamblea Nacional con el objeto de desplegar la atribución contenida en el artículo 187.3 Constitucional, desarrolladas en los artículos 222 al 224 eiusdem."

Quinta regla, que la Asamblea Nacional al ejercer sus funciones de control, debe sopesar que:

"la insistencia de peticiones dirigidas hacia el Poder Ejecutivo Nacional e, inclusive, hacia el resto de poderes públicos, pudiera obstaculizar gravemente el funcionamiento del Estado, en detrimento de la garantía cabal de los derechos de las ciudadanas y ciudadanos, así como también de los derechos irrenunciables de la Nación."

Sexta regla, que a tal efecto:

"las convocatorias que efectúe el Poder Legislativo Nacional, en ejercicio de las labores de control parlamentario previstas en los artículos 222 y 223, con el objeto de ceñirse a la juridicidad y evitar entorpecer el normal funcionamiento de los Poderes Públicos, deben estar sustentadas en todo caso en el orden constitucional y jurídico en general."

Séptima regla, que a tales efectos, las referidas convocatorias "deben estar dirigidas justamente a los funcionarios y demás personas sometidas a ese control," indicando:

(i)   "La calificación y base jurídica que la sustenta;"

(ii)   "el motivo y alcance preciso y racional de la misma;"

(iii)   "orientarse por los principios de utilidad, necesidad, razonabilidad, proporcionalidad y colaboración entre poderes públicos;" y

(iv)   "sin pretender subrogarse en el diseño e implementación de las políticas públicas inherentes al ámbito competencial del Poder Ejecutivo Nacional."

Octava regla: que en el control político parlamentario sobre los funcionarios, debe realizarse:

"permitiendo a los funcionarios que comparezcan, solicitar y contestar, de ser posible, por escrito, las inquietudes que formule la Asamblea Nacional o sus comisiones."

Novena regla, que en esos casos, inclusive, debe garantizarse a los funcionarios:

"si así lo solicitaren, ser oídos en la plenaria de la Asamblea Nacional, en la oportunidad que ella disponga, para que el control en cuestión sea expresión de las mayorías y minorías a lo interno de ese órgano del Poder Público, las cuales han de representar a todas y todos los ciudadanos, y no únicamente a un solo sector."

Décima regla: *que conforme al artículo 224 de la Constitución:*

"el ejercicio de la facultad de investigación de la Asamblea Nacional no afecta [y, por ende, no ha de afectar] las atribuciones de los demás poderes públicos, pues obviamente la Constitución no avala el abuso ni la desviación de poder, sino que, por el contrario, plantea un uso racional y equilibrado del Poder Público, compatible con la autonomía de cada órgano del mismo, con la debida comprensión de la cardinal reserva de informaciones que pudieran afectar la estabilidad y la seguridad de la República, y, en fin, compatible con los fines del Estado."

Décima primera regla: *que respecto de la Fuerza Armada Nacional Bolivariana, el único control político parlamentario posible respecto de la misma es "a través de su Comandante en Jefe y del control parlamentario mediante el control político que se ejerce sobre su Comandante en Jefe y autoridad jerárquica suprema" que es el Presidente de la República, solamente cuando presenta su mensaje anual ante la Asamblea para dar cuenta de los aspectos políticos, económicos, sociales y administrativos de su gestión durante el año inmediatamente anterior, a lo cual, dispuso la Sala, que "se limita el control previsto en el artículo 187.3 Constitucional –desarrollados en los artículos 222 y 223–, en lo que respecta a dicha Fuerza."*

Por último, además, respecto de "las especificidades y a la forma en que deben desarrollarse las comparecencias ante la Asamblea Nacional, por parte del Ejecutivo Nacional y a la relación coordinada que debe existir entre ambas ramas del Poder Público," la Sala ordenó al Presidente de la República (al expresar que "tiene y debe") proceder a reglamentar la Ley sobre el Régimen para la Comparecencia de Funcionarios Públicos o los Particulares ante la Asamblea Nacional o sus Comisiones:

"con la finalidad de armonizar el normal desarrollo de las actuaciones enmarcadas en ese instrumento legal y demás ámbitos inherentes al mismo, siempre respetando su espíritu, propósito y razón."

Es decir, que incluso, el propio Poder Ejecutivo está obligado por la Sala Constitucional a limitar aún más las funciones de la Asamblea, al reglamentar dicha Ley.

Todo esto, por supuesto fue y es absolutamente inconstitucional, pues la Sala Constitucional no solo no es legislador, sino que no puede restringir ni regular las funciones de la Asamblea Nacional, que ejerce la representación popular; ni puede excluir de control político parlamentario sobre la Fuerza Armada Nacional, que es parte de la Administración Pública Nacional, y menos cuando a la misma se han asignado áreas de importancia de la actividad administrativa como han sido, por ejemplo, recientemente, los servicios de la industria petrolera y gas, con la creación de la Compañía Anónima Militar de Industrias Mineras, Petrolíferas y de Gas (CAMIMPEG), cuyas actividades ni siquiera tienen que ver con la administración de los asuntos militares.

La secuela de todo ello, sin embargo, fue para la Sala Constitucional considerar y declarar, de oficio, mediante control difuso de constitucionalidad, la inconstitucionalidad de diversas normas del Reglamento Interior y de Debates de la Asamblea Nacional, y de la Ley sobre el Régimen para la Comparecencia de Funcionarios Públicos y los particulares ante la Asamblea Nacional, procediendo a abrir también de oficio, sendos procesos de nulidad por inconstitucionalidad de dichas normas.

Tercero: *Comentarios sobre las sentencias de la Sala Constitucional Nº 9 de la Sala Constitucional del 1º de marzo de 2016 y Nº 225 de 29 de marzo de 2016.*

EL DESCONOCIMIENTO JUDICIAL DE LA POTESTAD DE LA ASAMBLEA NACIONAL PARA REVISAR Y REVOCAR SUS PROPIOS ACTOS CUANDO SEAN INCONSTITUCIONALES: EL CASO DE LA REVOCACIÓN DE LOS ACTOS DE DESIGNACIÓN DE LOS MAGISTRADOS DEL TRIBUNAL SUPREMO

Allan R. Brewer-Carías

Director de la Revista

Resumen: *Este artículo analiza las diversas sentencias dictadas por la Sala Constitucional del Tribunal Supremo de Justicia, impidiéndole a la Asamblea Nacional revisar y revocar sus propios actos que considere nulos e inconstitucionales, particularmente en relación con el acto de "elección" de los magistrados del Tribunal Supremo de diciembre de 2015.*

Abstract: *This article analyses the various decisions of the Constitutional Chamber of the Supreme Tribunal, preventing the National Assembly to review and revoke its own decisions when considering them void and unconstitutional, particularly regarding the "election" of the Justices of the Supreme Tribunal of December 2015.*

Palabras Clave: *Asamblea Nacional. Tribunal Supremo de Justicia. Magistrados.*

Key words: *National Assembly. Supreme Tribunal. Justices. Justices.*

Los demandantes en el caso antes comentado de la decisión del "*Recurso de interpretación*" abstracta de los artículos 136, 222, 223 y 265 la Constitución relativos a la aprobación o improbación de los decretos de estado de excepción por parte de la Asamblea Nacional, que fue emitida por la Sala Constitucional mediante la sentencia Nº 9 de la Sala Constitucional del 1º de marzo de 2016,[1] le indicaron a la Sala, entre sus "dudas" o "incertidumbres" sobre

---

[1] Véase en http://historico.tsj.gob.ve/decisiones/scon/marzo/185627-09-1316-2016-16-0153.HTML Véase los comentarios en Allan R. Brewer-Carías, en "El ataque de la Sala Constitucional contra la Asamblea Nacional y su necesaria e ineludible reacción. De cómo la Sala Constitucional del Tribunal Supremo pretendió privar a la Asamblea Nacional de sus poderes constitucionales para controlar sus propios actos, y reducir inconstitucionalmente sus potestades de control político sobre el gobierno y la administración pública; y la reacción de la Asamblea Nacional contra a la sentencia Nº 9 de 1-3-2016," en http://www.allanbrewercarias.com/Content/449725d9-f1cb-474b-8ab2-41efb849fea3/Content/Brewer.%20El%20ataque%20Sala%20Constitucional%20v.%20Asamblea%20Nacional.%20SentNo.%209%201-3-2016).pdf

los poderes de la Asamblea de controlar sus propios actos, en particular los de designación de los magistrados del Tribunal Supremo de Justicia en las sesiones extraordinarias de la anterior Asamblea, efectuadas en diciembre de 2015 violándose la Constitución, que:

> "la creación de una Comisión Especial encargada de revisar el nombramiento de Magistrados, Principales y Suplentes del Tribunal Supremo de Justicia y la posibilidad de "investigaciones" plantean también incertidumbre respecto a si estas convocatorias aplican igualmente al Poder Judicial en el marco o fuera de la Comisión Especial que podría burlar el contenido del artículo 265 de la Constitución y el procedimiento investigativo que de él se deriva concatenado con la audiencia previa a que se hace referencia en la misma.

Insistimos, la creación de la citada Comisión Especial y la posibilidad cierta de órdenes de comparecencia contra los funcionarios del Poder Judicial, tal como se viene haciendo contra el Ejecutivo Nacional fuera del marco del artículo 265 Constitucional estaría conspirando contra el normal funcionamiento de la administración de justicia y el normal desarrollo de tan esencial función garantista de la paz social [...].

Con base en ello, además de la viciada interpretación restrictiva de los poderes de control político de la Asamblea nacional en relación con el Gobierno y la Administración Pública, la Sala en la misma sentencia N° 9 de la Sala Constitucional del 1° de marzo de 2016, desconociendo la garantía del debido proceso, al decidir sobre la interpretación de la potestad de la Asamblea de revisar el acto de "nombramiento" de los Magistrados del Tribunal de diciembre de 2015, incurrió además en violación del más elemental principio de la administración de justicia, que es la imparcialidad, que exige que el juez, en un Estado de derecho, no puede ser, a la vez, juez y parte.

Y eso es lo que ocurrió en ese caso en el cual lo que estuvo en el centro del "debate a la sombra" que debió haberse verificado entre los propios Magistrados de Sala Constitucional que debieron haber realizado entre sí, fue decidir, ellos mismos, como "jueces" en su propia causa, sin la participación de la Asamblea Nacional, sobre si la misma podía o no revisar el "nombramiento" de algunos de ellos mismos efectuados inconstitucionalmente por la anterior Asamblea al terminar su periodo constitucional en diciembre de 2015. Es decir, decidieron ellos mismos como jueces, en una causa en la cual ellos mismos tenían interés y en definitiva eran parte.[2]

Las Sala Constitucional, en efecto, en la sentencia N° 9 del 1° de marzo de 2016 destacó con razón, que en las normas de los artículos 222, 223 y 224 de la Constitución donde se regula la potestad de control parlamentario de carácter político sobre el Gobierno y la Administración Pública, no se menciona control alguno sobre el Poder Judicial, pero procedió a agregar algo que es completamente falso, y es que habría un:

---

[2] En la página web del Tribunal Supremo de Justicia, al final de la sentencia aparecen los nombres de los magistrados de la Sala: *Gladys M. Gutiérrez Alvarado, Arcadio de Jesús Delgado Rosales, Carmen Zuleta de Merchán, Juan José Mendoza Jover, Calixto Ortega Ríos, Luis Fernando Damiani Bustillos, Lourdes Benicia Suárez Anderson,* entre los cuales los tres últimos fueron electos en diciembre de 2015; elección que fue objeto del *Informe de la Comisión Especial* cuyo funcionamiento motivó la sentencia. En la publicación oficial de la sentencia, sin embargo, se agregó, al final, una nota en la cual se indica que "No firman la presente sentencia los magistrados Doctores Calixto Ortega Ríos, Luis Fernando Damiani Bustillos y Lourdes Benicia Suárez Anderson, quienes no asistieron por motivos justificados." Sin embargo, nada se indicó sobre que esos magistrados se hubieran inhibido como correspondía por el conflicto de intereses, ni sobre si se hubiesen convocado a suplentes, por lo que hay que presumir que participaron en los debates y simplemente no firmaron por "motivos justificados." Véase el texto en http://historico.tsj.gob.ve/decisiones/scon/marzo/185627-09-1316-2016-16-0153.HTML.

"control previo e interorgánico para elegir Magistrados y Magistradas (verificación por parte de la Asamblea Nacional, junto a otros órganos del Poder Público, concretamente, junto al Poder Judicial y al Poder Ciudadano, durante el proceso respectivo, referido el cumplimiento o no de los requisitos de elegibilidad), así como también a la remoción interinstitucional de los mismos, en el marco de lo previsto en el artículo 265 Constitucional, único supuesto de control posterior, por parte de esa Asamblea, sobre aquellos funcionarios que ostentan el período constitucional más amplio de todos: doce –12– años (art. 264 Constitucional)."

La potestad de la Asamblea Nacional para elegir, como Cuerpo Elector de segundo grado, a los Magistrados del Tribunal Supremo de Justicia conforme a lo dispuesto en el artículo 264 de la Constitución, no es ningún "control previo o interorgánico" respecto del "Poder Judicial," como erradamente lo calificó la Sala. Ello no tiene fundamento ni sentido alguno.

La Asamblea Nacional, al hacer tal elección popular indirecta, no "controla" al Poder Judicial; simplemente elige a los magistrados del Tribunal Supremo en representación del pueblo,[3] en forma indirecta. La Asamblea Nacional, al realizar la elección popular indirecta de los Magistrados, por tanto, no realiza como erradamente lo califica la Sala Constitucional, ninguna "investigación parlamentaria referidas al Poder Judicial," y las "investigaciones" que realice sobre las personas postuladas o nominadas a los cargos, no son investigaciones "previas" algunas respecto del Poder Judicial.

Igualmente, la remoción de los Magistrados del Tribunal Supremo por la Asamblea Nacional conforme al artículo 265 de la Constitución, no es en sí misma un supuesto "control posterior" de la Asamblea sobre el Poder Judicial, y poco importa el período del mandato de los mismos. Se trata, en realidad, pura y simplemente, de una potestad que la Constitución asigna a quien la misma Constitución confiere la potestad política de elegir, en segundo grado y en representación del pueblo, a los magistrados, de también poder removerlos en caso de falta grave en el ejercicio de sus funciones.

Una vez electo un Magistrado del Tribunal Supremo de Justicia por la Asamblea Nacional, sin duda, el mismo tiene derecho a ejercer su cargo y a permanecer en el mismo por el período para el cual fue electo, tal y como quien esto escribe lo expresó hace unos años en un trabajo que citó la sentencia, sin estar:

"sujeta a la decisión de los otros poderes del Estado, salvo por los que respecta a las competencias del Tribunal Supremo de enjuiciar a los altos funcionarios del Estado. Es decir, salvo estos supuestos de enjuiciamiento, los funcionarios públicos designados como titulares de órganos del Poder Público, solo deberían cesar en sus funciones cuando se les revoque su mandato mediante referendo; por lo que los titulares de los Poderes Públicos no electos, deberían tener derecho a permanecer en sus cargos durante todo el periodo de tiempo de su mandato."[4]

Sin embargo, ello no impide que si un funcionario cualquiera, que haya sido electo para un cargo electivo, en primer o segundo grado, se elige violándose normas constitucionales,

---

3   Véase Allan R. Brewer-Carías, "El golpe de Estado dado en diciembre de 2014, con la inconstitucional designación de las altas autoridades del Poder Público," en *Revista de Derecho Público*, N° 140 (Cuarto Trimestre 2014), Editorial Jurídica Venezolana, Caracas 2014, pp. 495-518.

4   Véase en el Prólogo: "Sobre la Asamblea Nacional y la deformación de la institución parlamentaria," al libro de Juan Miguel Matheus, *La Asamblea Nacional: cuatro perfiles para su reconstrucción constitucional*, Editorial Jurídica Venezolana, Caracas 2013; en http://www.allanbrewercarias.com/Content/449725d9-f1cb-474b-8ab2-41efb849fea9/Content/II.5.59%20PROLOGO%20LIBRO%20JUAN%20M.MATHEUS.pdf).

dicha elección no pueda ser revocada.[5] Tal sería el caso, por ejemplo, de la elección que pudiera llegar a efectuarse de una persona como Presidente de la República en violación del artículo 227 que exige como condición ineludible que tiene que ser "venezolano por nacimiento y no poseer otra nacionalidad." En ese caso, si se llegase a elegir como Presidente de la República a una persona que no sea venezolana por nacimiento, o que siéndola tuviese otra nacionalidad para cuando fue electo, esa persona no podría en ningún caso pretender tener derecho "adquirido" a permanecer ejerciendo un cargo que constitucionalmente no puede ejercer.

Igualmente sucedería con los casos de elección popular indirecta: si una persona es electa por la Asamblea Nacional como Magistrado del Tribunal Supremo de Justicia, no reuniendo el electo las condiciones ineludibles que prevé el artículo 263 de la Constitución, ni efectuándose dicha elección como lo pauta el artículo 264 de la misma Constitución, en esos casos esa elección debe ser revocada. Tal sería el caso, por ejemplo, de la elección de un Magistrado del Tribunal Supremo que no sea "venezolano por nacimiento" o que siéndolo, tuviese otra nacionalidad para cuando fue electo, o que haya sido electo incumpliéndose las condiciones constitucionales para la elección. En esos casos, la persona electa no podría tampoco, en ningún caso, pretender tener derecho "adquirido" a permanecer ejerciendo un cargo que constitucionalmente no puede ejercer.

En esos casos, el órgano del Estado que efectuó la proclamación o la elección no sólo tiene la potestad, sino la obligación de revocar el acto de proclamación o elección, no pudiendo alegar el electo en forma inconstitucional algún "derecho adquirido" a permanecer en un cargo que constitucionalmente no puede ejercer.

Sin embargo, la Sala Constitucional en la sentencia N° 9 de 1 de marzo de 2016, consideró en forma inconstitucional y en contra de los más elementales principios del derecho público, que la Asamblea Nacional no tiene poder alguno para controlar sobre sus propios actos y que no puede revocarlos cuando ellos sean inconstitucionales.

En efecto, la Sala Constitucional, al conocer del recurso de interpretación que se le presentó sobre los poderes de la Asamblea Nacional, entró a analizar el hecho de la designación por parte de la misma, a los dos días de haberse instalado, el 7 de enero de 2016, de una *Comisión Especial designada para evaluar el nombramiento de Magistrados,* "en particular de los 13 titulares y 21 suplentes que fueron designados por la Asamblea Nacional el 23 de diciembre de 2015," como lo dice uno de los documentos de la Asamblea, sobre "la forma como se realizó el proceso de postulaciones, preselección y designación final de los magistrados, calificado como inconstitucional e ilegal, por no haberse cumplido con todos los requisitos de este acto legislativo, establecidos en la Constitución y la Ley del Tribunal Supremo de Justicia," en el cual además se da cuenta de diversas opiniones entre ellas, del sector académico, planteando ante dicha Comisión que "el proceso de designación de los magistrados debe ser revocado por los graves vicios encontrados en el mismo."

---

[5]   El Contralor General de la República, quien es uno de los funcionarios "designados" por la antigua Asamblea Nacional sin respetarse las normas constitucionales que regulan la elección popular indirecta de los titulares de los Poderes Judicial, Ciudadano y Electoral, y quien parece que no existiera por la abstención manifiesta que ha demostrado en el ejercicio de sus funciones de control, recientemente apareció argumentando, pero por supuesto, sin fundamento legal alguno, que "no es competencia de la AN" destituir o anular el acto mediante el cual se designe a un magistrado al TSJ." y que "la designación de magistrados en diciembre de 2015 está "total y absolutamente apegada al principio de legalidad y de supremacía constitucional del artículo 7 de la Carta Magna". En La patilla.com, 7 de marzo de 2016, en http://www.lapatilla.com/site/2016/03/07/contralor-general-dice-que-an-si-tiene-competencia-para-remover-magistrados-del-tsj-video/.

Para hacer su análisis, la Sala Constitucional, aparte de incurrir en el error de reducir las investigaciones parlamentarias que puede realizar la Asamblea, exclusivamente a los casos destinados a determinar la responsabilidad de funcionarios públicos, al analizar el proceso de elección de los Magistrados del Tribunal Supremo de Justicia, que calificó solo como un proceso de "selección," ignorando la naturaleza de la intervención del órgano parlamentario en el caso, como Cuerpo Elector de segundo grado que lo que hace es una elección popular indirecta; indicó erradamente que en la materia, esa elección es:

"el último y definitivo acto –parlamentario– en esta materia, luego del examen de las postulaciones por parte del Comité de Postulaciones Judiciales, el control del Poder Popular y la primera preselección que lleva a cabo el Poder Ciudadano (artículo 264 Constitucional)."

Aparte de que el Poder Popular no es una figura constitucional, ni su intervención está prevista en el proceso de elección de los Magistrados, la consecuencia que sacó la Sala de su afirmación fue que la remoción de cualquier Magistrado solo podría hacerse:

"por la Asamblea Nacional mediante una mayoría calificada de las dos terceras partes de sus integrantes, previa audiencia concedida al interesado o interesada, en casos de faltas graves ya calificadas por el Poder Ciudadano, en los términos que la ley establezca" (artículo 265 Constitucional)."

Pasó entonces la Sala Constitucional en su sentencia, a analizar el proceso de remoción de Magistrados regulado en la Ley Orgánica del Tribunal Supremo de Justicia, considerando, con razón, que la decisión pertinente que puede adoptarse en la materia por la Asamblea Nacional, "ni antes ni ahora" puede calificarse como "un acto administrativo," siendo más bien, "un acto parlamentario sin forma de ley," dictado "en ejecución directa e inmediata de la Constitución."

Pero ello, solo para entrar en una deliberada confusión, al querer calificar el objeto de la *Comisión Especial designada para evaluar el nombramiento de Magistrados,* como si su propósito hubiese sido proceder a "remover" los Magistrados conforme a lo previsto en el artículo 265 de la Constitución, cuando ello no era cierto. Por eso la errada conclusión a la que arribó la Sala, de entrada, afirmando erróneamente que la Comisión Especial, por consiguiente, supuestamente tenía un:

"objetivo claramente inconstitucional y/o ilegal, al pretender revisar designaciones de altos funcionarios de otro Poder, al margen del control que le asigna la Constitución a la Asamblea Nacional y del régimen previsto para su remoción o destitución, ella y cualquier decisión o recomendación que aquélla o cualquier comisión realice es absolutamente nula y, en consecuencia, inexistente, así como cualquier decisión en la materia por parte de la Asamblea Nacional, todo ello con base en los artículos 7, 137, 138 y 139 de la Carta Magna."

La Sala Constitucional, con estas afirmaciones quiso reducir la actuación de la Asamblea Nacional con posterioridad a la elección de los Magistrados al Tribunal Supremo, a la sola posibilidad de remoción de los mismos conforme a las previsiones constitucionales, ignorando sin embargo que la Asamblea Nacional como Cuerpo Elector, también tiene la potestad de revocar los actos parlamentarios de elección si se comprueba que al haberse adoptado se violaron las normas constitucionales establecidas para tal elección.

Por ello, dijo la Sala en su sentencia, que con la elección de los Magistrados por la Asamblea, supuestamente "culmina su rol en el equilibrio entre Poderes Públicos para viabilizar la función del Estado agregando en una forma distorsionante, sobre la posibilidad de todo órgano del Estado de controlar sus propias decisiones y revocarlas cuando están viciadas de nulidad absoluta por inconstitucionales," agregando que:

"Crear una atribución distinta, como sería la revisión *ad infinitum* y nueva "decisión" sobre "decisiones" asumidas en los procesos anteriores de selección y designación de magistrados y magistradas, incluida la creación de una comisión o cualquier otro artificio para tal efecto, sería evidentemente inconstitucional, por atentar contra la autonomía del Poder Judicial y la supremacía constitucional, constituyendo un fraude hacia el orden fundamental que, siguiendo las más elementales pautas morales, no subordina la composición del Máximo Tribunal de la República al cambio en la correlación de las fuerzas político-partidistas a lo interno del Legislativo Nacional."

Desconoció así la Sala Constitucional, en un solo párrafo, la potestad de los órganos del Estado de controlar sus propios actos; que cuando la Asamblea revisa el acto de nombramiento de un Magistrado lo que está es controlando las propias actuaciones de la Asamblea Nacional, y no del Poder Judicial; y que es perfectamente legítimo que un cuerpo de representantes del pueblo, como resultado de una elección, pueda tener una correlación de fuerzas políticas distinta y decida actuar en consecuencia revisando los actos de la anterior legislatura, si los mismos fueron dictados en violación de la Constitución. Ello ni es un fraude a la Constitución ni viola ninguna pauta moral, y nada tiene que ver la duración de los diversos períodos de los órganos del Estado; y el que haya una Comisión parlamentaria que investigue las inconstitucionalidades realizadas durante el proceso de la elección de Magistrados, en forma alguna puede calificarse como "desviación jurídica y ética" ni como "desviación de poder" alguna.

La conclusión de todas estas erradas y desviadas afirmaciones de la Sala, fue proceder, sin más, a declarar, mediante la sentencia N° 9 de 1 de marzo de 2016:

"la nulidad absoluta e irrevocable de los actos mediante los cuales la Asamblea Nacional pretende impulsar la revisión de procesos constitucionalmente precluidos de selección de magistrados y magistradas y, por ende, de las actuaciones mediante las cuales creó la comisión especial designada para evaluar tales nombramientos, así como de todas las actuaciones derivadas de ellas, las cuales son, jurídica y constitucionalmente, inexistentes."

Agregando que "no es inadvertido para esta Sala que una de las probables consecuencias de crear la referida 'Comisión Especial de la Asamblea Nacional para revisar el nombramiento de los Magistrados Principales y Suplentes designados en diciembre de 2015', sería la de pretender dejar sin efecto la designación de los Magistrados para los cuales fue creada la mencionada Comisión, en ejercicio de un manifiesto fraude constitucional a la luz del contenido del artículo 265 del Texto Fundamental," pero sin decir, la Sala, que entre los Magistrados cuya irregular designación estaba estudiando la Comisión de la Asamblea, estaban unos que eran los que estaban dictando la sentencia. Fueron jueces y parte en el proceso, sin que nadie en la Asamblea Nacional pudiese expresar siquiera una opinión adversa a lo que pretendían los demandantes, en evidente colusión con los magistrados sentenciadores, violando la garantía constitucional al debido proceso.

Desconoció, así, la Sala Constitucional, la competencia que tiene la Asamblea Nacional para revocar sus propias decisiones, como incluso se establece en el artículo 90 de su Reglamento Interior y de Debates, al disponer que "Las decisiones revocatorias de un acto de la Asamblea Nacional, en todo o en parte, requerirán del voto de la mayoría absoluta de los presentes," lo que de acuerdo con la norma, no sólo procede en caso de vicios de nulidad absoluta, como es la violación de formalidades esenciales, pudiendo procederse también a la revocación en casos de "error o por carencia de alguna formalidad no esencial" con el voto de la mayoría de los presentes.

La Sala Constitucional, en su razonamiento, sin embargo, mezcló deliberada y erradamente esta potestad de revocación de los actos de la Asamblea, con la revocación de los actos administrativos conforme al artículo 82 de la Ley Orgánica de Procedimientos Administrativos, ignorando que esa norma no se aplica cuando se trata de revocación de actos parlamentarios sin forma de ley, dictados en ejecución directa e inmediata de la Constitución, como es el caso de elección popular de segundo grado de Magistrados del Tribunal Supremo; y menos se puede argumentar en un Estado de derecho, que si la elección de un Magistrado por la Asamblea Nacional se hubiese realizado violando la Constitución, dicho Magistrado así inconstitucionalmente electo, tendría un inexistente "derecho adquirido" a permanecer inconstitucionalmente en un cargo para el cual no podía ser electo.

En fin, desconociendo la Constitución, confundiendo la posibilidad de legítima revocación por la Asamblea de su propio acto de elección de un Magistrado del Tribunal Supremo dictado en contra de la Constitución, con la "remoción" de Magistrados, la Sala Constitucional concluyó afirmando que:

"la Asamblea Nacional no está legitimada para revisar, anular, revocar o de cualquier forma dejar sin efecto el proceso interinstitucional de designación de los magistrados y magistradas del Tribunal Supremo de Justicia, principales y suplentes, en el que también participan el Poder Ciudadano y el Poder Judicial (este último a través del comité de postulaciones judiciales que debe designar –art. 270 Constitucional–), pues además de no estar previsto en la Constitución y atentar contra el equilibrio entre Poderes, ello sería tanto como remover a los magistrados y magistradas sin tener la mayoría calificada de las dos terceras partes de sus integrantes, sin audiencia concedida al interesado o interesada, y en casos de –supuestas– faltas –graves– no calificadas por el Poder Ciudadano, al margen de la ley y de la Constitución (ver art. 265 Constitucional)."

Así, la Sala Constitucional simplemente, le cercenó a la Asamblea Nacional su potestad de revisar la constitucionalidad de sus propios actos y de revocarlos cuando determine que están viciados por violación a la Constitución.

Ello lo ratificó posteriormente la propia Sala Constitucional con otra sentencia, la N° 225 de 29 de marzo de 2016[6] dictada con motivo de un recurso de nulidad parcial intentado por un abogado, el 13 de enero de 2016, contra el Acuerdo de la Asamblea de 23 de diciembre de 2015, de designación de diversos Magistrados del Tribunal Supremo, alegando cuestiones relativas a falta de condición moral y la honorabilidad, así como de competencia para el ejercicio de dichas funciones en violación de la normativa constitucional que rige tales designaciones.

La Sala Constitucional, con motivo de declarar inadmisible el recurso intentado, por supuesta falta de fundamentación y de paso sancionar con multa al recurrente por haber "irrespetado" a los Magistrados del Tribunal Supremo, ratificó lo que ya había resuelto en la sentencia N° 9 de 1 de marzo de 2016 en el sentido de cercenarle a la Asamblea Nacional su potestad de auto tutela sobre sus propios actos, cuando estén viciados de nulidad, en particular, revocar las designaciones de los Magistrados del Tribunal Supremo hechos en violación de la Constitución.

La Sala, en efecto, en esa sentencia N° 255 de marzo de 2016, desvirtuó la función de la Asamblea Nacional como Cuerpo elector de segundo grado en la elección de los Magistrados del Tribunal Supremo, considerando que la misma solo participaba "en los procesos complejos e interinstitucionales de designación y remoción de magistrados y magistradas de este Máximo Tribunal, conforme lo pautan los artículos 264 y 265 Constitucional," y que "en lo

---

6   Véase en http://historico.tsj.gob.ve/decisiones/scon/marzo/186523-225-29316-2016-16-0042.HTML.

que a ello respecta, allí culmina su rol en el equilibrio entre Poderes Públicos para viabilizar la función del Estado." Todo ello, para concluir indicando de nuevo, sin fundamentación constitucional alguna, lo expresado en la anterior sentencia N° 9 de 1 de marzo de 2016, sobre que "la Asamblea Nacional no está legitimada para revisar, anular, revocar o de cualquier forma dejar sin efecto el proceso interinstitucional de designación de los magistrados" del Tribunal Supremo de Justicia.

Cuarto: *Comentarios sobre las sentencias de la Sala Constitucional N° 259 de 31 de marzo de 2016, N° 264 de 11 de abril de 2016, N° 269 de 21 de abril de 2016, N° 341 de 5 de mayo de 2016, N° 343 de 6 mayo 2016, y N° 460 de 16 de junio de 2016.*

EL DESCONOCIMIENTO JUDICIAL DEL PODER DE LA ASAMBLEA NACIONAL PARA LEGISLAR

Allan R. Brewer-Carías
Director de la Revista

Resumen: *Este artículo tiene por objeto comentar críticamente las sentencias de la Sala Constitucional del Tribunal Supremo de Justicia, mediante las cuales le ha quitado a la Asamblea Nacional su potestad de legislar, mediante la declaración de inconstitucional de todas las leyes sancionadas en el primer semestre de 2016.*

Abstract: *This Paper analyses with a critical approach the rulings of the Constitutional Chamber of the Supreme Tribunal through which it has eliminated the power of the National Assembly to legislate, by declaring unconstitutional all the statutes sanctioned during the First Semester of 2016.*

Palabras Clave: *Asamblea Nacional. Legislación. Control de Constitucionalidad.*

Key words: *National Assembly. Legislation. Judicial review.*

Desde que se instaló la Asamblea Nacional en Venezuela el 5 de enero de 2016, la misma no pudo cumplir su función de legislador. Todas, absolutamente todas las leyes que ha sancionado han sido declaradas inconstitucionales por la Sala Constitucional del Tribunal Supremo al ejercer el control previo de constitucionalidad que regula el artículo 214 de la Constitución a solicitud del Presidente de la República, antes de promulgarlas. Como lo observó el Secretario General de la Organización de Estados Americanos, Luis Almagro en el *Informe* que con fecha 30 de mayo dirigió al Consejo Permanente de la Organización conforme al artículo 20 de la Carta Democrática Interamericana, "a pesar de que la oposición en Venezuela cuenta con una amplia mayoría en la Asamblea Nacional, las leyes que ésta aprueban encuentran trabas bajo el fundamento de que son 'inconstitucionales.'"[1]

Ello sucedió con las siguientes leyes: Ley de reforma parcial de la Ley del Banco Central de Venezuela, Ley de Amnistía y Reconciliación Nacional, Ley de Bono para Alimentación y Medicinas a Pensionados y Jubilados, Ley de Otorgamiento de Títulos de Propiedad a Beneficiarios de la Gran Misión Vivienda Venezuela y otros Programas Habitacionales del Sector Público, y Ley Especial para Atender la Crisis Nacional de Salud; que fueron conside-

---

[1] Véase la comunicación del Secretario General de la OEA de 30 de mayo de 2016 con el *Informe sobre la situación en Venezuela en relación con el cumplimiento de la Carta Democrática Interamericana*, p. 54. Disponible en oas.org/documents/spa/press/OSG-243.es.pdf.

radas todas como sancionadas sin seguirse la "reglamentación" hecha judicialmente del régimen interior y de debates de la propia Asamblea nacional "impuesto por la Sala a la Asamblea.

I.   LA SENTENCIA DE MUERTE DEL PODER LEGISLATIVO EN VENEZUELA Y EL CONTROL POLÍTICO DE LA LEGISLACIÓN POR PARTE DEL JUEZ CONSTITUCIONAL: EL CASO DE LA REFORMA DE LA LEY DEN BANCO CENTRAL DE VENEZUELA

La Sala Constitucional del Tribunal Supremo de Justicia, mediante sentencia N° 259 de 31 de marzo de 2016,[2] declaró inconstitucional la Ley de Reforma Parcial de la Ley del Banco Central de Venezuela sancionada por la Asamblea Nacional el 3 de marzo de 2016, con la cual definitivamente procedió a dictar la sentencia de muerte de la Asamblea Nacional, como Poder Legislativo.

Después de esta sentencia y de las que siguieron puede decirse que nunca más bajo el régimen actual, la Asamblea podrá ejercer libremente, como representante del pueblo, su función política de legislar, pues habrá siempre un órgano que se considera supra constitucional que es el que se ha arrogado la potestad de juzgar la política que aplique el órgano político del Estado por excelencia, que es el parlamento.

El tema es de primera importancia institucional en Venezuela, pues puso en una encrucijada al órgano legislativo, que siendo el único con legitimidad democrática renovada en diciembre de 2015, ha estado en situación de perderla si no impone la voluntad popular que representa, conforme a la Constitución, sobre los demás órganos del Estado.

La Ley del Banco Central de Venezuela, en efecto, dictada inicialmente en 2001, luego de varias reformas, la última de 2010, fue objeto de una precipitada reforma el 30 de diciembre de 2015 (como ocurrió con otras muchas leyes), efectuada mediante decreto ley por el Ejecutivo Nacional, luego de que por el voto popular del 6 de diciembre de 2015 cambió la orientación política de la Asamblea Nacional, la cual pasó a estar controlada por la oposición.

Con tal motivo, en las otras instancias del Estado Totalitario que quedaban controladas por el gobierno, como antes destacamos, se desplegó un inusitada labor legislativa, habiéndose dictado entre el 28 y el 29 de diciembre de 2015, varias decenas de leyes por la Asamblea Nacional y otro tanto de decretos leyes por el Presidente de la República, con base en una delegación legislativa que había sido aprobada mediante Ley habilitante para la defensa de la soberanía nacional en 6 de julio de 2015,[3] y cuyo término de vigencia era el 31 de diciembre. En ese desenfrenado proceso legislativo, la gran mayoría de dichas leyes en realidad fueron reformas de leyes que ya estaban en vigencia; y tuvieron por objeto, en vista del cambio político operado en la composición de la Asamblea Nacional, en varios casos el cercenarle las atribuciones que ésta última tenía asignadas mediante leyes. Es decir, como la Asamblea Nacional a partir de enero de 2016 comenzaba a estar controlada por la oposición, el Poder Ejecutivo estimó que había que quitarle todas las competencias que pudieran significar algún control por parte de la misma en relación con el gobierno.

---

[2]   Véase en http://historico.tsj.gob.ve/decisiones/scon/marzo/186656-259-31316-2016-2016-0279. HTML Véanse los comentarios en Allan R. Brewer-Carías, "La sentencia de muerte de la Asamblea Nacional. El caso de la nulidad de la Ley de reforma del BCV. Marzo 2016," en http://www.allanbre-wercarias.com/Content/449725d9-f1cb-474b-8ab2-41efb849fea3/Content/Brewer.%20La%20sentencia%20de%20muerte%20AN.%20Sentencia%20SC%20Ley%20BCV.pdf.

[3]   Véase en *Gaceta Oficial* N° 40.701 del 13 de julio de 2015.

Y así fue que entre las leyes reformadas el 30 de diciembre de 2015, en ese caso mediante decreto ley (N° 2.179)[4] dictado por el Presidente de la República, estuvo la mencionada Ley del Banco Central de Venezuela, que había sido inicialmente sancionada en 2001 y cuya última reforma se había producido en 2010,[5] que era la que había venido rigiendo dicha institución durante los cinco años precedentes, en particular, en lo que se refiere a las relaciones entre el banco Central y los Poderes Ejecutivo y Legislativo, en un todo conforme a lo que se dispuso en la Constitución de 1999.

1. *El régimen de la participación de la Asamblea Nacional en el funcionamiento del Banco Central de Venezuela conforme a la Constitución a la legislación sancionada desde 2001*

En efecto, en la Constitución de 1999 se incluyó en la Disposición Transitoria Cuarta, un numeral 8, en el cual se asignó a la Asamblea Nacional la competencia, relativa a la sanción de "*La ley a la cual se ajustará el Banco Central de Venezuela*" estableciéndose que:

"Dicha ley fijará, entre otros aspectos, el alcance de las funciones y forma de organización del instituto; el funcionamiento, período, *forma de elección, remoción, régimen de incompatibilidades y requisitos para la designación de su Presidente o Presidenta y Directores o Directoras*; las reglas contables para la constitución de sus reservas y el destino de sus utilidades; la auditoría externa anual de las cuentas y balances, a cargo de firmas especializadas, seleccionadas por el Ejecutivo Nacional; y el control posterior por parte de la Contraloría General de la República en lo que se refiere a la legalidad, sinceridad, oportunidad, eficacia y eficiencia de la gestión administrativa del Banco Central de Venezuela.

La ley establecerá que el Presidente o Presidenta y demás integrantes del Directorio del Banco Central de Venezuela representarán exclusivamente el interés de la Nación, *a cuyo efecto fijará un procedimiento público de evaluación de los méritos y credenciales de las personas postuladas a dichos cargos.*

La ley establecerá que al Poder Ejecutivo corresponderá *la designación del Presidente o Presidenta del Banco Central de Venezuela y, al menos, de la mitad de sus Directores o Directoras; y establecerá los términos de participación del Poder Legislativo Nacional en la designación y ratificación de estas autoridades.*"

En esta norma constitucional, en consecuencia, el Constituyente dejó exclusivamente en manos del Legislador el establecimiento del régimen legal del Banco Central de Venezuela, en lo que se refiere a sus relaciones con el Poder Ejecutivo y el Poder Legislativo, particularmente para la designación de sus altos funcionarios, así:

1. Establecer *la forma de elección, de remoción, el régimen de incompatibilidades y los requisitos para la designación* de su Presidente y Directores del Banco Central de Venezuela.

2. Establecer el *procedimiento público de evaluación de los méritos y credenciales de las personas postuladas* a los cargos de Presidente y Directores del Banco Central de Venezuela.

3. Establecer que al *Poder Ejecutivo le corresponderá designar al Presidente* del Banco Central de Venezuela.

4. Establecer que al *Poder Ejecutivo le corresponderá designar al menos, la mitad de sus Directores* del Banco Central de Venezuela.

---

4   Véase en *Gaceta Oficial* N° 6.211 Extra. de 30 de diciembre de 2015.

5   Véase en *Gaceta Oficial* N° 39.419 de 7 de mayo de 2010.

5. Establecer *los términos de participación del Poder Legislativo Nacional en la designación y ratificación* de estas autoridades

Estas previsiones constitucionales fueron concebidas para asegurar, mediante la regulación de la participación de la Asamblea Nacional en relación con la designación de los altos funcionaros del Banco, la autonomía e independencia del Banco Central de manera de garantizar, como lo dispone el artículo 320, que el mismo "no estará subordinado a directivas del Poder Ejecutivo y no podrá convalidar o financiar políticas fiscales deficitarias;" y ello, asegurando el equilibrio necesario entre el Poder Legislativo y el Poder Ejecutivo.

Con base en estas previsiones, la Asamblea Nacional legisló sobre la materia desde 2001, con reformas posteriores de 2005 y 2009, siendo la última antes de 2015, la de mayo de 2010, que es la que estaba vigente para diciembre de 2015, asegurando siempre el régimen de la "participación" de la Asamblea Nacional en la designación y remoción del Presidente y miembros del Directorio del Banco Central, con las siguientes regulaciones:

1. En el artículo 9 se dispuso la participación de la Asamblea Nacional en la designación del Presidente del Banco Central por el Presidente de la República, al disponerse que dicho nombramiento debía ser *"ratificado por el voto de la mayoría de los miembros de la Asamblea Nacional."* Se agregó además que *si la Asamblea Nacional rechazase* "sucesivamente a dos candidatos propuestos por el Presidente de la República," éste entonces debía designar al Presidente del Banco, designación *que la Asamblea Nacional debía ratificar."*

2. En el artículo 14 se estableció que en los casos de nueva designación del Presidente del Banco Central por falta absoluta, el Presidente de la República debía someter *"a la consideración de la Asamblea Nacional la nueva designación en los términos previstos en esta Ley."*

3. En el artículo 15 se dispuso que el Presidente de la República debía someter *"a la consideración de la Asamblea Nacional* la respectiva designación para el cargo de Presidente del Banco, *para lo cual se procederá* con arreglo a lo dispuesto en el artículo 9."

4. En el artículo 16 se ratificó la disposición que establecía desde 2001 que correspondía al Presidente de la República designar a cuatro de los seis directores del Directorio del Banco y que correspondía *"a la Asamblea Nacional la designación de dos Directores, mediante el voto de la mayoría de sus miembros."* La norma agregaba que para el caso de *los Directores designados por la Asamblea Nacional,* el procedimiento debía contemplar "un registro de por lo menos el triple de los cargos vacantes que deban cubrirse."

5. En el artículo 17 se estableció que la *Asamblea Nacional* debía conformar "un comité de evaluación de méritos y credenciales, encargado de verificar y evaluar las credenciales y los requisitos de idoneidad de los candidatos al directorio." Dicho Comité *debía* "estar integrado por dos representantes electos por la *Asamblea Nacional,* dos representantes designados por el *Ejecutivo Nacional,* y un representante *escogido por la Academia Nacional de Ciencias Económicas."*

6. En el artículo 26 se dispuso que en el caso de que se formule una solicitud de remoción de los miembros del Directorio del Banco, la misma debía ser enviada al Directorio, el cual, debía remitir "las actuaciones *a la Asamblea Nacional* para su correspondiente decisión, agregando que *"La remoción debía adoptarse con el voto de las dos terceras partes de los integrantes presentes de la Asamblea Nacional."*

7. En el artículo 27 se dispuso que en los casos de "incumplimiento sin causa justificada del objetivo y las metas del Banco" ello daría "lugar a la remoción del Directorio, mediante *decisión adoptada por la Asamblea Nacional* con el voto de las dos terceras partes de sus integrantes, presentes."

2. *La precipitada reforma de la Ley del Banco Central mediante decreto ley de 30 de diciembre de 2015 para restarle competencias a la Asamblea Nacional, y su restablecimiento mediante reforma sancionada por la nueva Asamblea nacional en marzo de 2016*

Lo anteriormente indicado era el régimen que existía para diciembre de 2015, el cual luego de verificada la elección parlamentaria del 6 de diciembre de 2015 pasando la oposición al gobierno a controlar la mayoría de la Asamblea Nacional, fue reformado por el Presidente de la República mediante Decreto Ley N° 2.179 de 30 de diciembre de 2015,[6] para lo cual no tenía competencia alguna conforme a la Ley habilitante de marzo de 2015, antes comentada; reforma mediante la cual, pura y simplemente procedió a eliminar todo el régimen de la participación de la Asamblea Nacional en la designación de los altos funcionarios del Banco Central, conforme a la legislación vigente desde 2001, regulando en sustitución lo siguiente:

1. En el artículo 9, se eliminó toda participación de la Asamblea Nacional en el proceso de designación del Presidente del Banco Central por el Presidente de la República, que consistía en su potestad de ratificar la designación, y se dispuso pura y simplemente que el Presidente de la República designa al Presidente del Banco Central de Venezuela, sin que la Asamblea Nacional tenga participación alguna en la designación.

2. En el artículo 14 se eliminó toda participación de la Asamblea en los casos de nueva designación del Presidente del Banco Central en los casos de falta absoluta, quedando el procedimiento totalmente en manos del Presidente de la República.

3. En el artículo 15 se eliminó la disposición que exigía al Presidente de la República someter a la consideración de la Asamblea Nacional la designación para el cargo de Presidente del Banco.

4. En el artículo 16 se eliminó la atribución de la Asamblea Nacional de designar dos de los seis Directores del Banco Central de Venezuela, atribuyéndose al Presidente de la República la potestad exclusiva de designar todos los Directores del Directorio del Banco.

5. En el artículo 17 se eliminó la previsión de que un representante del comité de evaluaciones de méritos y credenciales para la designación de los Directores del Banco fuera un representante escogido por la Academia Nacional de Ciencias Económicas, quedando en consecuencia integrado con mayoría designada por el Poder Ejecutivo.

6. En el artículo 26 se eliminó la participación de la Asamblea Nacional para decidir sobre la remoción de los miembros del Directorio del Banco, quedando el procedimiento exclusivamente en manos del Presidente de la República.

7. En el artículo 27 se eliminó la competencia asignada a la Asamblea Nacional, para decidir sobre la remoción del Directorio del Banco Central en los casos de incumplimiento sin causa justificada del objetivo y las metas del Banco, asignándose ello exclusivamente al Presidente de la República.

La reforma, por supuesto, tuvo una clara motivación política, derivada del control que con las elecciones del 6 de diciembre asumió la oposición respecto de la Asamblea Nacional, y un claro objetivo político, que fue quitarle, por ello, a la Asamblea Nacional toda participa-

---

[6]   Véase en *Gaceta Oficial* N° 6.211 Extraordinario del 30 de diciembre de 2015.

ción en el proceso de designación y remoción de los miembros del Directorio del Banco Central de Venezuela. Y así fue.

En consecuencia, en virtud de que conforme al artículo 218 de la Constitución, las leyes se derogan por otras leyes, la Asamblea Nacional, una vez instalada el 5 de enero de 2015, procedió a discutir la Ley de reforma de la Ley del Banco Central de Venezuela, sancionada el 3 de marzo de 2016, *con el único y exclusivo propósito político, por supuesto, de restablecer sus atribuciones que le habían sido cercenadas por el Ejecutivo Nacional en diciembre de 2015, y que estaban en la legislación anterior a 2015*, conforme lo autoriza la Constitución.

La Asamblea Nacional, como órgano de representación popular, es el órgano político por excelencia dentro de la organización del Estado, teniendo, por tanto, la reforma de la Ley del Banco Central que sancionó, sin duda, una clara e inevitable motivación política, que fue la de restablecer las competencias constitucionales asignadas a la Asamblea en relación con el Banco Central de Venezuela las cuales habían sido desarrolladas mediante Ley desde 2001, y que le habían sido cercenadas por el Ejecutivo Nacional mediante el decreto ley de 30 de diciembre de 2015.

Dicha decisión ejecutiva, sin duda, también fue dictada con manifiesta motivación política, aun cuando en ese caso desconociendo la Constitución, al perder el gobierno las elecciones parlamentarias de diciembre de 2015. Y así, al pasar la Asamblea Nacional a estar conformada políticamente por mayoría de diputados de la oposición, buscar impedir que la misma pudiera participar en el proceso de designaciones de las autoridades del Banco Central para, en cambio, asegurar la actuación exclusiva del Ejecutivo en esos procesos, sin control político, y con ello, la subordinación del Banco al Ejecutivo Nacional que es lo que precisamente buscó evitar la Constitución, al asegurar la participación de la Asamblea en esos procesos.

3.   *La solicitud de "control de constitucionalidad" de la ley por haber sido dictada con motivación política o sea, por "desviación de poder"*

La Ley de reforma de la Ley del Banco Central de Venezuela de 3 de marzo de 2016, fue enviada al Poder Ejecutivo para su ejecútese y promulgación, con base en lo establecido en el artículo 214 de la Constitución, que regula el control preventivo de la constitucionalidad de las leyes antes de su promulgación, que permite al Presidente de la República remitir la Ley sancionada a la Sala Constitucional del Tribunal Supremo para solicitarle un pronunciamiento si considera que la misma o algunos de sus artículos son inconstitucionales.

Y así fue que el Presidente de la República el día 17 de marzo de 2016 remitió a la Sala Constitucional el asunto, y la Sala Constitucional mediante sentencia N° 259 de 31 de marzo de 2016,[7] declaró inconstitucional la mencionada Ley de Reforma Parcial que sancionó la Asamblea Nacional en fecha 3 de marzo de 2016, declarando además, que "se preserva la vigencia del Decreto Ley de Reforma de la Ley del Banco Central de Venezuela," dictado por el propio Presidente el 30 de diciembre de 2015, que le había cercenado sus funciones a la Asamblea Nacional en relación con el Banco Central.

Tal como se reseña en la propia sentencia, la solicitud del Presidente de la República, básicamente lo que denunció fue que "el móvil político no puede ser *per se* un motivo para dictar una ley," y que "imponer desde el Poder Legislativo un dominio no contenido en el mandato de sus electores es, a todas luces, un fraude a la Constitución," agregando que "no

---

[7]   Véase en http://historico.tsj.gob.ve/decisiones/scon/marzo/186656-259-31316-2016-2016-0279. HTML.

cabe duda que la motivación de la reforma propuesta por la bancada opositora de la Asamblea Nacional es netamente política," motivada por "el cambio de orientación política de la Asamblea Nacional," buscando "dar control a la Asamblea Nacional en la designación de los miembros del Directorio del Banco Central de Venezuela." (BCV).

En fin, argumentó el solicitante que "no cabe duda [de] que los motivos del proyecto presentado son políticos y tienen que ver con la toma de poder de la Asamblea Nacional sobre todos los espacios de la vida económica."

El Presidente además argumentó, justificando la reforma que había hecho en diciembre de 2015 mediante decreto ley, que con ella supuestamente buscó mantener "la proporción exigida en la Constitución respecto de la participación de la Asamblea Nacional en la designación de las autoridades del Banco Central de Venezuela, corriendo (*sic*) el criterio establecido con anterioridad según el cual se cedió a la Asamblea Nacional la atribución para la designación de dos (02) miembros del Directorio," lo que estimó "excedía, a todas luces, la exigencia constitucional de dar participación al Poder Legislativo Nacional en la designación y ratificación de dicho Directorio." Para ello argumentó el Presidente ante la Sala, que la Constitución no confería a la Asamblea Nacional poder para "designar a una parte del Directorio, sino sólo que debe 'participar' en ello," y con ello, supuestamente contribuir "a la disminución de su autonomía [del Banco Central], al pretender la Asamblea Nacional incorporar nuevamente un esquema que demostró ser inoperante."

El Presidente, sin embargo, no indicó nada sobre inconstitucionalidad de la ley o de alguno de sus preceptos, sino en general lo que solicitó de la Sala Constitucional, a la cual calificó como "Tribunal Constitucional," fue que "evaluara los síntomas del distanciamiento de la actividad parlamentaria respecto a (*sic*) los preceptos finalistas de la Constitución, para evitar el peligro [de] que el Parlamento abuse del espacio que ella misma ha reservado o habilitado al Legislador como órgano central del proceso político," buscando que ejerciera un control de "desviación de poder" respecto de la actividad legislativa del parlamento, "que implica para su configuración que el acto haya sido dictado con un fin distinto al previsto por el Constituyente," en este caso, supuestamente:

"desviando hacia el cumplimiento de ofertas electorales efectuadas en la campaña de la bancada opositora en diciembre de 2015, según las cuales la 'nueva' Asamblea Nacional vendría a 'gobernar'. Preocupa en gran manera al suscrito el afán del cuerpo legislativo nacional por crear ante la opinión pública la sensación de asumir por completo el ejercicio del Poder Público Nacional, pretendiendo generar la idea de un Poder Legislativo superior y condicionante fatal del ejercicio de las competencias del resto de los Poderes."

Para analizar la constitucionalidad de la Ley de reforma de la Ley Orgánica del Banco Central de Venezuela de 3 de marzo de 2016, la Sala en síntesis se refirió a las denuncias formuladas por el Presidente, que fueron, *primero*, la de que el Órgano Legislativo Nacional había actuado "con desviación de poder," supuestamente porque "la finalidad de la reforma es la de asegurar el control del Banco Central de Venezuela por parte del grupo parlamentario de la Asamblea Nacional que actualmente ostenta la mayoría de los diputados que la integran;" *segundo*, que "conferirle a la Asamblea Nacional atribución para designar las autoridades del Banco Central de Venezuela, excede la exigencia establecida" en la Constitución que solo habla de "participar" en la designación; *tercero*, que la reforma "menoscaba la autonomía del Banco Central de Venezuela, al pretender limitar sus funciones e impedir el logro de los objetivos de la política macroeconómica diseñada por el Gobierno Nacional;" y *cuarto*, que la reforma "quebranta el principio de separación de poderes."

4. *El control distorsionado de constitucionalidad de la Ley*

Luego de analizar la historia de las regulaciones sobre el Banco Central de Venezuela, y las normas que aseguran su autonomía en la Constitución y su no subordinación al Poder Ejecutivo Nacional, la Sala Constitucional planteó una premisa falsa e inconstitucional para su análisis y es que supuestamente por:

"la autonomía que le consagra la Constitución, el Banco Central de *Venezuela está obligado a dirigir sus políticas en función del Plan Nacional de Desarrollo y coadyuvar con el Ejecutivo Nacional como organismo técnico en el diseño y ejecución de las políticas macroeconómicas, financieras y fiscales*" (destacado en el original).

Y ello es falso, pues en la Constitución no hay norma alguna que prevea que hay un Plan Nacional que sea obligatorio para el Banco Central de Venezuela, ni que el mismo sea un "organismo técnico" que tiene que "coadyuvar al Ejecutivo Nacional" en el "diseño y ejecución de las políticas macroeconómicas, financieras y fiscales."

A la Sala Constitucional en realidad como que se le olvidó leer la norma de la Constitución que le asigna al Banco Central el ejercicio exclusivo y obligatorio de "las competencias monetarias del Poder Nacional," siendo su "objetivo fundamental lograr la estabilidad de precios y preservar el valor interno y externo de la unidad monetaria;" (art. 318); siendo el Banco Central el que debe ejercer "sus funciones en coordinación con la política económica general, para alcanzar los objetivos superiores del Estado y la Nación," (art. 318), teniendo entre sus funciones "las de formular y ejecutar la política monetaria, participar en el diseño y ejecutar la política cambiaria, regular la moneda, el crédito y las tasas de interés, administrar las reservas internacionales," (art. 318), debiendo en todo caso "rendir cuenta de las actuaciones, metas y resultados de sus políticas ante la Asamblea Nacional" (art. 319).

Para ello, como se decidió en la sentencia N° 1.115 de 16 de noviembre de 2010 de la misma Sala Constitucional que se cita en la sentencia, "la opción del constituyente de dar rango constitucional a la autonomía del Banco Central, es el resultado necesario de las funciones atribuidas a los bancos centrales y de la experiencia histórica a nivel mundial al respecto, donde la eficiencia en el logro de los objetivos es inversamente proporcional a la posibilidad del Poder Ejecutivo de imponer sus políticas económicas de forma unilateral." Ello, por supuesto, no impide como lo indicó la Sala en la sentencia, que "entre el Poder Ejecutivo y el Banco Central de Venezuela, se desarrolle un funcionamiento armónico, de coordinación y colaboración sin que exista conflictos de intereses."

Nada más indicó la sentencia sobre el Banco, y después de analizar el régimen legal de los bancos centrales en muchos países, a lo que arribó fue a la conclusión de que "a nivel mundial corresponde fundamentalmente al Poder Ejecutivo el nombramiento de las autoridades de los Bancos Centrales y, que en mayor o menor medida, el Poder Legislativo participa de esa designación fundamentalmente controlando que los extremos, condiciones o requisitos legales establecidos en la legislación se cumplan a través de un acuerdo o ratificación de dichos nombramientos;" pero que "los integrantes de los directorios de los Bancos Centrales sean designados por los Ejecutivos Nacionales."

Luego del análisis de "derecho comparado" la Sala Constitucional pasó a considerar el proceso de elección popular indirecta de las altas autoridades de los Poderes Judicial, Electoral y Ciudadano, considerando que en esos casos, "la participación de la Asamblea Nacional no tiene carácter absoluto e incluso puede ser sustituida por la voluntad del popular;" de lo que concluyó la Sala, sin saberse cómo y porqué, y en contra del texto expreso de la Constitución, que "es incoherente con el Texto Constitucional que la Asamblea Nacional pueda nombrar miembros del directorio del Banco Central de Venezuela sin el concurso de otro Poder Público."

No captó la Sala Constitucional que el proceso de elección popular en segundo grado de los titulares de los Poderes Judicial, Electoral y Ciudadano, por la Asamblea Nacional como Cuerpo elector, fue dispuesto para garantizar la legitimidad democrática de dicha elección popular, y que nada tiene que ver con la designación de miembros del directorio del Banco Central; no teniendo fundamento constitucional alguno solo considerar "aceptable la participación de la Asamblea Nacional en el proceso de nombramientos [de los directores del Banco] (por ejemplo, a través de la integración del Comité de Evaluación de Credenciales de los Postulados)."

De todo lo anterior, la Sala concluyó pura y simplemente, desconociendo lo que establece la Constitución y lo que estuvo regulado durante quince años, que "la Asamblea Nacional ostenta la función contralora política del Banco Central de Venezuela," pero ahora considerando que con "la posibilidad de nombramiento de los miembros del directorio implicaría una intromisión en la administración activa del Banco y un conflicto de interés que no garantiza tales principios."

Por ello, al analizar el contenido de la reforma, la Sala apreció que la modificación de la ley:

"se centró en el otorgamiento a la Asamblea Nacional de competencias para ratificar la designación del Presidente o Presidenta del Ente Emisor realizada por el Presidente de la República (Artículos 9, 14 y 15), así como conferirle facultad para la designación de dos Directores (Artículo 16). Incluir dentro de la funciones del Presidente del Banco Central comparecer ante la Asamblea Nacional para rendir cuentas de su gestión (Artículo 10). Otorgarle al Parlamento Nacional competencia para conformar el Comité de Evaluación de Méritos y Credenciales que verificará la idoneidad de los aspirantes a integrar el Directorio del Banco Central (Artículo 17). Atribuirle a la Asamblea Nacional competencia para remover a cualquiera de los miembros del Directorio del Instituto Emisor, con el voto favorable de las dos terceras partes de sus integrantes presentes (Artículos 26 y 27). Permitirle a la Asamblea Nacional o a sus Comisiones el acceso a información y documentos calificados como secretos o confidenciales por el Banco Central, así como, solicitar la comparecencia del Presidente del Banco (Artículos 42 y 92)."

Partiendo del principio de que si bien "el legislador goza de una amplia libertad de configuración normativa para desarrollar los preceptos constitucionales a través de las diversas leyes según los procedimientos y parámetros exigidos," la Sala sin embargo precisó que si "la Asamblea Nacional decide legislar sobre determinada materia, debe hacerlo de conformidad con los mandatos que la Constitución impone, ya que el Poder Legislativo, como el resto de los poderes públicos, se encuentra sujeto al Texto Fundamental;" y con base en ello pasó a determinar si la Ley de Reforma de la Ley del Banco Central de Venezuela, sancionada por la Asamblea Nacional en sesión ordinaria del 3 de marzo de 2016, resultaba "acorde con la normativa constitucional," entendiendo que la Constitución "con respecto a la designación del Presidente y los directores del Banco Central de Venezuela, […] señala de manera clara que su designación corresponderá al Poder Ejecutivo (del Presidente o Presidenta y la mitad, al menos, de sus directores o Directoras) y que la Asamblea Nacional podrá participar en su designación y ratificación."

Y para ello recurrió la Sala a distinguir el término "designación," que consideró se refiere a "instituir a las personas que ejercerán los cargos mencionados," del término "participar" que entendió que se refiere a quien solo "colabora, coopera, ayuda, contribuye o interviene," deformando lo que indica el Diccionario de la Lengua Española de la Real Academia Española, que cita, donde participar es: *"Tomar uno parte en una cosa"* Y "ser parte de," es eso, al contrario, "ser parte de," y no "colaborar con," o "ayudar a" o "contribuir con" o "intervenir en," *que es otra cosa.* Y por eso, la errada interpretación constitucional que realizó la Sala, en el sentido de que:

"La participación de la Asamblea Nacional en la designación y ratificación del Presidente y demás integrantes del Directorio del Banco Central de Venezuela no puede ser entendida como el ejercicio de una competencia compartida con el Poder Ejecutivo, ni que dicha participación implique una subrogación en el ejercicio de dichas competencias."

De ello, concluyó la Sala sin mayor argumentación, que los artículos 9, 14 y 15 de la Ley que establecen que el Órgano Legislativo Nacional debe ratificar la designación del Presidente del Banco Central realizada por el Jefe del Ejecutivo Nacional, así como designar a dos de sus directores, "contravienen lo establecido en el cardinal octavo de la Disposición Transitoria Cuarta del Texto Fundamental."

5.   *El control de la función legislativa por "desviación de poder" o el fin de la función de legislar con motivación política*

Pero no se quedó allí la Sala, en pura cuestión de constitucionalidad, aún cuando con base y enfoque errado, sino que pasó a considerar el planteamiento del Presidente de la República, de que al sancionar la reforma:

"la Asamblea Nacional actuó con desviación de poder, por cuanto la finalidad de la reforma es asegurar el control del Banco Central de Venezuela por parte del grupo parlamentario de la Asamblea Nacional que actualmente ostenta la mayoría de los diputados que la integran, más allá de las competencias que le confiere el Texto Constitucional, con el propósito de atentar en contra de las acciones de protección al Pueblo que el Ejecutivo Nacional adelanta en defensa del ataque económico que se perpetra en contra del País."

Para analizar este alegato, la Sala Constitucional, con todo el cinismo imaginable, procedió a hacer un "análisis comparativo" entre la reforma efectuada por el decreto ley del Presidente del República el 31 de diciembre de 2015 y la reforma efectuada por la Asamblea Nacional el 3 de marzo de 2016, pero sin decir, que con la reforma de 2016 lo que la Asamblea Nacional hizo fue simplemente volver al articulado de la Ley que estuvo vigente entre 2001 y 2015 (incluido en la última reforma anterior de 2010), y que el Poder Ejecutivo arbitrariamente cambió solamente para restarle poder a la Asamblea Nacional.

Esa regulación fue la que estableció la participación de la Asamblea Nacional en el proceso de designación del Presidente del Banco Central de Venezuela, a través de la figura de la ratificación, así como la posibilidad para la Asamblea Nacional de designar dos miembros del Directorio del Banco, de removerlos, y conformar el comité que evaluará los méritos y credenciales de los candidatos al Directorio; todo lo cual siempre estuvo vigente y nunca se consideró "contraria a lo previsto" en la Constitución.

Esas competencias fueron las que eliminó el Presidente de la República en su reforma mediante decreto ley de diciembre de 2015 al perder su gobierno el control de la Asamblea, y las que a su vez la nueva Asamblea restableció en la Ley sometida a la Sala Constitucional. Esas regulaciones fueron las que precisamente ahora, la Sala Constitucional consideró "contrarían a lo previsto" en la Constitución.

Adicionalmente la Sala destacó que la Asamblea había agregado un "nuevo numeral para establecer como función del Presidente del Banco, comparecer para rendir cuentas de su gestión ante la Asamblea Nacional cuando así sea requerido," disposición que recoge lo que dice el artículo 319 de la Constitución (el Banco "rendirá cuenta de las actuaciones, metas y resultados de sus políticas ante la Asamblea Nacional"), pero que la Sala, como si sus sentencias prevalecieran sobre la Constitución, es este caso dijo "que contraviene el criterio establecido por esta Sala Constitucional en sentencia N° 9 del 1 de marzo de 2016, mediante la cual se desaplicó por control difuso de la constitucionalidad, determinados artículos de la Ley Sobre el Régimen de Comparecencia de Funcionarios y Funcionarias Públicos o los y las particulares, ante la Asamblea Nacional y sus Comisiones, así como del Reglamento Interior y de Debates de la Asamblea Nacional, relacionados con la asistencia de los funcionarios ajenos al Ejecutivo Nacional."

Y luego de constatar cuáles fueron las reformas, que no fueron otras que adoptar los mismos principios y normas que estuvieron vigentes hasta 2015, la Sala simplemente concluyó juzgando al legislador por "desviación de poder," (la ley "está incursa en el vicio de desviación de poder") afirmando que:

"del contenido de las normas reformadas, resulta evidente que el propósito de la Ley de Reforma Parcial del Decreto N° 2.179 con Rango, Valor y Fuerza de Ley de Reforma Parcial de la Ley del Banco Central de Venezuela, es la de asegurar, por parte de la mayoría parlamentaria de la Asamblea Nacional, el control político del Instituto Emisor, lo cual riñe con los fines constitucionalmente previstos en los artículos 318 y 319 del Texto Fundamental."

Y para rematar el cinismo, y pretender justificar aún más el juicio por "desviación de poder" del Legislador, la Sala agregó que "los actos legislativos que pueden interferir con las acciones del Ejecutivo Nacional durante la vigencia de un Estado de Emergencia Económica válidamente declarado, pueden hacer nugatorias intencionalmente las funciones del Ejecutivo Nacional, evidenciándose una desviación de poder, en los términos que se justifican en el presente fallo."

La Sala, concluyó su sentencia, declarando que "por razones de seguridad jurídica," le confería "pleno valor a las decisiones tomadas por el Directorio del Banco Central de Venezuela, *con anterioridad a la entrada en vigencia del Decreto N° 2.179 con Rango, Valor y Fuerza de Ley de Reforma Parcial de la Ley del Banco Central de Venezuela publicada en la Gaceta Oficial de la República Bolivariana de Venezuela N° 6.211 Extraordinario del 30 de diciembre de 2015*, el cual preserva su vigencia;" declaración incomprensible, pues nadie había impugnado algún acto jurídico del Directorio del Banco Central, y mucho menos dictado antes del 30 de diciembre de 2015; y el caso se refería solo a la constitucionalidad de una reforma de la Ley de marzo de 2016, que nunca entro en vigencia pues fue sometida a la revisión de la Sala antes de su promulgación.

Por supuesto, la Sala Constitucional, para dictar esta sentencia, ni siquiera se paseó por la idea de determinar en qué consistía el vicio de desviación de poder en el derecho venezolano, que solo afecta un acto cuando al dictarlo el órgano que lo dictó busca un fin distinto al establecido en la Constitución y la ley. El clásico ejemplo del policía, que teniendo el poder de arrestar personas por breves horas en casos de determinadas faltas al orden público, lo utiliza para privar de libertad a un enemigo, sin que medie falta alguna. En estos casos, lo más importante y complejo es la determinación de la intención de desviar el poder establecido en la ley, lo que exige una labor importante de prueba.

En este caso, nada de eso ocurrió, ni podía haber ocurrido. La función básica de la Asamblea Nacional es legislar sobre las materias de la competencia nacional, que es fundamentalmente una función política, de política de Estado, que ejerce dictando normas de carácter general; y esa función política solo puede tener una motivación política y perseguir fines políticos, que son los que la representación popular, conforme a la orientación de la mayoría de diputados, establezca.

Un Tribunal Constitucional, por tanto, nunca puede juzgar a un órgano legislativo por haber sancionado una legislación con motivación política, y porque al hacerlo persiga fines políticos, pues eso es lo que hace y tiene que hacer una Asamblea Nacional, representando a la voluntad popular. Si un Tribunal Constitucional, como la Sala Constitucional en este caso, ejerce control constitucional sobre la función política de un órgano legislativo, lo que está haciendo, además de apartarse de la Constitución porque no tiene competencia para ello, es sustituirse a la representación del pueblo, y decidir usurpando su voluntad, cuál debe ser la política de Estado a seguir.

Y esto es lo que ocurrió con la sentencia de la Sala Constitucional del Tribunal Supremo de Justicia, N° 259 de 31 de marzo de 2016,[8] que declaró inconstitucional la Ley de Reforma Parcial de la Ley del Banco Central de Venezuela, mediante la cual, ya definitivamente, lo que se dictó fue la sentencia de muerte de la Asamblea Nacional, como Poder Legislativo. Nunca más, mientras la sala Constitucional esté en manos de los magistrados que la manejan, y dependa del Poder Ejecutivo, la Asamblea podrá ejercer su función política de legislar, pues habrá siempre un órgano que se considera supra constitucional que es el que ahora dice qué y cómo es que se puede legislar.

Dicha sentencia, a pesar de todo lo engañoso de su argumento que no resiste análisis constitucional alguno ya que la Constitución faculta expresamente a la Asamblea Nacional para establecer su régimen de participación en la designación y remoción del Presidente y de los Directores del Banco Central de Venezuela, como antes se ha indicado y resulta de su propio texto, lo que ha hecho en definitiva es juzgar a la Asamblea, porque precisamente ejerció el Poder de legislar, tomando sus integrantes diputados electos una decisión política que fue la de restablecer la potestad de la Asamblea de participar en ese proceso, tal y como estaba regulada desde 2001 y que se le cercenó arbitrariamente en la reforma de la ley efectuada por Decreto ley (ejecutivo) el 30 de diciembre de 2016.

Es decir, lo que la Sala juzgó fue la función política de legislar, y consideró que al dictar una ley, la Asamblea Nacional incurrió en "desviación de poder," porque persiguió un fin político, con lo cual ya nunca más podrá libremente legislar, aplicando una política pública.

II. LA EJECUCIÓN DE LA SENTENCIA DE MUERTE DICTADA CONTRA LA ASAMBLEA: LA INCONSTITUCIONALIDAD DE LA LEY DE AMNISTÍA DECLARADA POR LA SALA CONSTITUCIONAL

Después de la anterior decisión, la Sala Constitucional del Tribunal Supremo de Justicia, mediante sentencia N° 264 de 11 de abril de 2016,[9] declaró la inconstitucionalidad de la totalidad de otra Ley, la Ley de Amnistía y Reconciliación Nacional que había sancionado la Asamblea Nacional el día 29 de marzo de 2016; en este caso también conociendo del asunto a solicitud del Presidente de la República formulada como control previo de constitucionalidad, conforme al artículo 214 de la Constitución.

---

8   Véase en http://historico.tsj.gob.ve/decisiones/scon/marzo/186656-259-31316-2016-2016-0279.HTML.

9   Véase en http://historico.tsj.gob.ve/decisiones/scon/abril/187018-264-11416-2016-16-0343. HTML. Véase los comentarios en Allan R/ Brewer-Carías, "La anulación de la Ley de Amnistía por la Sala Constitucional. O la ejecución de la sentencia de muerte dictada contra la Asamblea Nacional," 26 abril 2016. en http://www.allanbrewercarias.com/Content/449725d9-f1cb-474b-8ab2-41efb849 fea3/Content/BREWER.%20Anulaci%C3%B3n%20Ley%20de%20Amnist%C3%ADa%20%20201 6.pdf.

En este caso, la Sala, simplemente cercenó todos los poderes de la Asamblea, invadiendo "ilegítimamente, la atribución privativa de la Asamblea Nacional para decretar amnistías."[10]

Esta sentencia equivale, ni más ni menos, que a la "ejecución" del cuerpo legislativo, en cumplimiento de la sentencia de muerte que anteriormente le fue dictada por la misma Sala Constitucional.[11]

Es decir, con esta sentencia, el Juez Constitucional puso fin a la posibilidad del ejercicio de uno de los privilegios más exclusivos y tradicionales de cualquier órgano legislativo, que en Venezuela ejerció legítima y constitucionalmente la Asamblea Nacional, y que hizo, además, en ejecución de la oferta política que llevó a la oposición política al gobierno, a controlar a la Asamblea Nacional al obtener la contundente mayoría parlamentaria que resultó de la votación efectuada el 6 de diciembre de 2015. Esa elección fue, sin duda, como lo hemos expresado reiteradamente, una manifestación de rebelión popular contra el autoritarismo,[12] la cual la *Mesa de la Unidad Democrática* interpretó el 10 de diciembre de 2015, publicando una *Oferta Legislativa para el Cambio*, como compromiso de base de todos los diputados electos, en el cual se incluyó lo imperioso que era "procurar la liberación de los presos políticos con la finalidad de crear condiciones de paz y entendimiento nacional," para lo cual se propuso dictar una "Ley de Amnistía General"[13] cuyo objeto era:

"conferir Amnistía general y plena a favor de todos aquellos ciudadanos bajo investigación criminal, administrativa, disciplinaria o policial, y a procedimientos administrativos o penales con ocasión de protestas políticas y posiciones disidentes. Esta Amnistía supondría también la finalización de las inhabilitaciones políticas y los procedimientos relativos al allanamiento de la inmunidad parlamentaria."[14]

---

[10]   Véase en José Ignacio Hernández, "Sala constitucional del TSJ: el nuevo Superpoder vs. la Ley de amnistía," 12 abril de 2016, en http://parares-catarelporvenir.blogspot.com/2016/04/blog-de-jose-ignacio-hernandezi-sala.html.

[11]   Véase Allan R. Brewer-Carías, "La sentencia de muerte Poder Legislativo en Venezuela. El cinismo de la Sala Constitucional y la inconstitucional pretensión de controlar la actividad política de la Asamblea Nacional al reformar la Ley del Banco Central de Venezuela. 5 de abril 2016," en http://www.allanbrewercarias.com/Content/449725d9-f1cb-474b-8ab2-41efb849fea3/Content/Brewer.%20La%20sentencia%20de%20muerte%20AN.%20Sentencia%20SC%20Ley%20BCV.pdf.

[12]   Véase Allan R. Brewer-Carías, "El primer paso para la reconstrucción de la democracia: el restablecimiento de la legitimidad democrática de todos los Poderes Públicos. Sobre porqué la nueva Asamblea Nacional debe proceder a revocar los írritos actos de nombramiento de los titulares del Poder Ciudadano (Fiscal General, Contralor General, Defensor del Pueblo), del Poder Judicial (magistrados del Tribunal Supremo y del Poder Electoral (rectores del Consejo Nacional Electoral), y proceder a elegir como Cuerpo Electoral de segundo grado, a los titulares de dichos órganos de acuerdo con la Constitución," New York, 10 de diciembre 2015, en http://www.allanbrewercarias.com/Content/449725d9-f1cb-474b-8ab2-41efb849fea3/Content/Brewer.%20PRIMER%20PASO%20%20RECONSTRUCCI%C3%93N%20DE%20LA%20DEMOCRACIA.%20ELECCI%C3%93N%20DE%20LOS%20TITULARES%20DE%20LOS%20PODERES%20P%C3%9ABLICOS.%20dic%202015.pdf.

[13]   Véase Allan R. Brewer-carías, "Sobre el decreto de amnistía anunciado por la Mesa de la Unidad Democrática para ser dictado por la nueva Asamblea Nacional," 12 de Diciembre 2015, En http://www.allanbrewerca-rias.Com/Content/449725d9-F1cb-474b-8ab2-41efb849fea3/Content / A.%20Brewer.%20SOBRE%20EL%20DECRETO%20DE%20LA%20AMNIST%C3%8DA%20PRPUETO%20PARA%20SER%20DICTADO%20POR%20LA%20NUEVA%20ASAMBLEA%20NACIONAL%20dic%20%202015.Pdf.

[14]   Véase en http://unidadvenezuela.org/2015/10/oferta-legislativa-para-el-cambio/

1. *Sobre el decreto de amnistía como privilegio legislativo*

Efectivamente, en la Constitución se atribuye a la Asamblea Nacional la potestad de decretar amnistías (art. 187.5); al igual que se asigna al Presidente la prerrogativa de conceder indultos (art. 236.19).

En ambos casos, se trata de competencias del Poder Legislativo y del Poder Ejecutivo, que se ejercen en ejecución directa de las respectivas normas constitucionales, sin que su ejercicio se pueda condicionar en forma alguna más allá de lo dispuesto en la Constitución. Por tanto, tratándose en ambos casos de prerrogativas exclusivas o atribución privativa de esos órganos del Estado, su ejercicio no puede verse interferido por ningún otro órgano del Estado, y las únicas limitaciones constitucionales que se establecen respecto del ejercicio de ambas prerrogativas y beneficios, es que ni la amnistía ni el indulto se pueden decretar ni conceder respecto de delitos de lesa humanidad, violaciones graves de los derechos humanos y los crímenes de guerra (art. 29), que es, por lo demás, lo único que podría ser sometido a control de constitucionalidad ante la Sala Constitucional del Tribunal Supremo de Justicia, cuando sea procedente.

Ningún otro aspecto de los actos que decreten amnistía o indulto puede ser controlado por el Juez Constitucional, excepto si con los mismos se dictan por otra autoridad o se viola alguna garantía constitucional como la de la igualad y no discriminación.

Este privilegio de la Asamblea Nacional de decretar amnistías, de carácter eminentemente político, implica en materia penal decretar la despenalización de determinados hechos, es decir, la remisión, el olvido o la abolición de los delitos derivados de los mismos, y de sus penas. Es decir mediante el decreto de amnistía ni se crean ni se derogan tipos delictivos, en el sentido el que con dicho decreto no se modifican ni se reforman leyes, ni se cambian los tipos delictivos que están en el Código Penal o en otras leyes. Una vez decretada la amnistía, los mismos siguen incólumes y vigentes. Por ello, la amnistía en sí misma, no es una materia que sea reservada a la "ley"; es, sí, una materia reservada al Parlamento como órgano de representación popular.

Por ello la amnistía solo despenaliza determinados hechos en beneficio de las personas que pudieron haberlos cometido, sin que ello implique derogación o reforma de leyes. Por eso no puede ni siquiera decirse que la amnistía excluya a determinados hechos como delictivos. Los hechos amnistiados siguen siendo delictivos y lo único que excluye la amnistía es la pena, es decir, despenaliza los hechos. Por eso se trata de un perdón general y nada más, mediante el cual el Estado renuncia a la persecución penal y al castigo por determinados hechos, quedando borrado el respectivo delito con todas sus huellas.

La amnistía, en consecuencia, se refiere a hechos considerados como punibles y no a personas individualizadas, de manera que si el hecho queda despenalizado y por tanto borrado o extinguido como hecho punible, la amnistía opera para todas las personas que pudieran haber sido investigados, imputados, acusados o condenados por los mismos. Por ello, por su naturaleza, un decreto de amnistía no puede hacer excepción de personas. Como lo dispone el artículo 104 del Código Penal: "La amnistía extingue la acción penal y hace cesar la ejecución de la condena y todas las consecuencias penales de la misma".

Por tanto, decretada una amnistía, todos los órganos del Estado (Poder Judicial, Poder Ejecutivo, Poder Ciudadano, Poder Electoral) están obligados a acatar la decisión legislativa y a dictar los actos que fueren necesarios para asegurar la ejecución del decreto de amnistía, de manera que el derecho o beneficio que otorga pueda ejercerse por las personas que se beneficien de la misma. Ellas no pueden quedar sujetas a juicio o apreciación de ninguna otra autoridad, y mucho menos de parte del Poder Ejecutivo, cuando en particular haya sido el artífice, por ejemplo, de una persecución política; o del Ministerio Público, cuando haya sido el brazo ejecutor de la misma como acusador en los procesos que se busca extinguir.

Fue un disparate constitucional, por tanto, que quien ejercía la Presidencia de la República, ante la iniciativa anunciada por la Mesa de la Unidad Democrática, y después de la abrumadora derrota que sufrió el gobierno y su partido en las elecciones del 6 de diciembre de 2015, hubiera declarado el 9 de diciembre de 2015 que: "No aceptaré ninguna ley de amnistía. Me podrán enviar mil leyes pero los asesinos de este pueblo tienen que pagar."[15]

Y más disparate constitucional e institucional fue la manifestación pública del Ministro de la Defensa en contra de la sanción de la Ley de Amnistía, llegando a afirmar que la misma "atenta contra la paz de la República, la democracia, la institucionalidad y contra la disciplina de la Fuerza Armada Nacional Bolivariana (FAN)," agregando que con la Ley "se legaliza la violación de los Derechos Humanos, favorece a los actores de delitos comunes, porque evidentemente hace una confesión de los delitos cometidos, es la relatoría de una confesión de partes, es una ley que busca el auto perdón."[16]

Como bien lo advirtió María Amparo Grau: al comentar este acto de "rebelión militar" contra la Asamblea Nacional:

"No le corresponde a ningún Ministro del Ejecutivo, y mucho menos a un miembro de la Fuerza Armada Nacional, pronunciarse sobre la legitimidad y conveniencia de las leyes, pues carece de toda competencia para ello y subvierte el orden constitucional cuando las cuestiona. Su obligación es cumplirlas, nunca desconocerlas y menos aún, fuera de todo cauce legal, atacarlas.

Es de reconocer que tal ataque en este caso conlleva otro gravísimo aspecto, no sólo el de la rebelión de un funcionario ante la ley, sino la de un militar [...].

Ante este plan de rebelión militar respecto de una la Ley, signado por el desconocimiento de lo que significa el Estado de Derecho, la separación de los poderes, las competencias y funciones del Estado y la independencia del juez; cualquier pronunciamiento de la Sala Constitucional podría considerarse, cuando menos, suspicaz."[17]

2.	*Sobre la forma del decreto legislativo de amnistía y la ilegítima mutación de la Constitución por la Sala Constitucional*

La reacción del Presidente de la República contra el proyecto de amnistía, en todo caso, fue un disparate legal al desconocer la prerrogativa parlamentaria; la cual por lo demás, al ejercerse por la Asamblea conforme a la Constitución, no necesariamente debe revestir la forma de una "ley," para cuya sanción se siga el procedimiento de formación de las leyes

---

[15]	Véase "Maduro anuncia que vetará la Ley de Amnistía que prepara la oposición," *El Mundo*, 9 de diciembre de 2015, en http://www.bbc.com/mundo/noticias/2015/12/151208_venezuela_maduro_ley_amnistia_az Véase la critica a este anuncio presidencial formulada por Alberto Arteaga, en la entrevista "Arteaga: Maduro está irrespetando al Poder Legislativo al adelantarse a Ley de Amnistía, en *El Cooperante*, 11 diciembre 2015, en http://elcooperante.com/nicolas-maduro-esta-irrespetando-al-poder-legislativo-al-adelantarse-a-ley-de-amnistia/

[16]	Véase la reseña de lo declarado por el Ministro en: "Padrino López: Ley de Amnistía atenta contra el Estado de derecho," en *El Universal*, Caracas 6 de abril de 2016, en http://www.eluniversal.com/noticias/politica/padrino-lopez-ley-amnistia-atenta-contra-estado-derecho_248405.

[17]	Véase María Amparo Grau, "La rebelión militar contra la fuerza de la ley," en *El Nacional*, Caracas 13 de abril de 2016.

establecido en la Constitución (arts. 202 ss.), que tenga que remitirse para su ejecútese al Presidente de la República, y éste pueda objetarlo. Siendo la decisión de decretar amnistías un privilegio de la Asamblea Nacional, a ésta le corresponde, única y exclusivamente, determinar en cada caso, cuándo, cómo, con cuál extensión y en qué forma va a decretarla.

Por ello, lo primero que hay que tener en cuenta es lo antes dicho de que no necesariamente el decreto legislativo de amnistía debe tener la forma de una "ley."[18] La Constitución al enumerar las atribuciones de la Asamblea Nacional lo que indica es que la misma tiene competencia para "decretar amnistías," (art. 187.5), sin exigir, como lo hace en otras normas, que el acto parlamentario tenga que ser necesariamente emitido con forma de "ley," como por ejemplo ocurre, en el mismo artículo 187, en materia de tratados o convenios internacionales que solo deben ser aprobados por ley (art. 187.18).

Esto significa que es potestad exclusiva de la Asamblea Nacional escoger la forma que ha de revestir el acto parlamentario contentivo del decreto de amnistía, que puede ser mediante ley o mediante un acto parlamentario sin forma de ley, que bien puede tener la denominación constitucional de "decreto" legislativo de amnistía. Por supuesto, si la Asamblea en el mismo decreto de amnistía, procede por ejemplo, a reformar alguna ley, o a derogar alguna disposición legal, tendría que darle la forma de ley pues las leyes solo se derogan por otras leyes (art. 218, Constitución).

Y en tal caso, si la Asamblea optase por emitir el decreto de amnistía mediante la forma de ley, la misma, por ser una decisión esencialmente privativa de orden político de la Asamblea, no podría considerarse como una ley ordinaria pues, por ejemplo, la misma no podría ser objeto de abrogación popular mediante referendo abrogatorio (art. 74, Constitución).

La Asamblea, por tanto, podía optar por emitir un decreto de amnistía mediante un acto parlamentario sin forma de ley, como lo autoriza la Constitución, en cuyo caso no estaba obligada a enviarle el texto al Poder Ejecutivo en forma alguna, y menos para su "ejecútese" o promulgación, que solo procede respecto de las leyes (art. 213). En ese caso, si la Asamblea Nacional optaba por emitir el decreto de amnistía como un acto parlamentario sin forma de ley, hubiera sido la propia Asamblea la que debía ordenar la publicación de su propio acto como sucede con todos los acuerdos que dicta, y la misma no podía ser objetada en forma alguna por los otros poderes del Estado, incluido el Presidente de la República.[19] En ese caso, el Presidente de la República no tenía competencia ni atribución constitucional alguna para aceptar o negar la decisión política privativa que podía adoptar la Asamblea Nacional como representante del pueblo en materia de amnistía.

---

[18]   Ello ha sido así, además, en el constitucionalismo histórico. Salvo la Constitución de 1961 que es la única que exigió que la amnistía se decretase mediante una "ley especial" (art. 139), ninguna otra Constitución estableció esa limitante, habiendo sido siempre una prerrogativa política del Congreso sin indicación en las Constituciones de la necesidad de tener forma de ley. Además, en algunas Constituciones de corte autoritario, incluso se reguló dicha facultad de decretar amnistías como una prerrogativa del propio Poder Ejecutivo (Constituciones de 1904, 1909, 1914, 1953). Véase Román José Duque Corredor, "Fuente de derecho de la amnistía," *Nota para el Foro Penal Venezolano*, 13 de diciembre de 2015.

[19]   Por ello, en ese caso, el Poder Ejecutivo no tenía base constitucional alguna para lanzar la bravucona amenaza de que "no aceptará ninguna ley de amnistía," como la que expresó el Sr. Maduro en diciembre de 2015. Véase "Maduro anuncia que vetará la Ley de Amnistía que prepara la oposición," *El Mundo*, 9 de diciembre de 2015, en http://www.bbc.com/mundo/noticias/2015/12/151208_venezuela_maduro_ley_amnistia_az.

Pero por supuesto, como se dijo, la Asamblea Nacional también podía decretar la amnistía actuando para ello como cuerpo legislador y utilizando la forma de "ley" (arts. 202, 212), como en efecto ocurrió con la sanción de la Ley de Amnistía y Reconciliación Nacional por la Asamblea Nacional el día 29 de marzo de 2016, la cual a pesar de que ello implicaba que la "ley" tenía que ser remitida para su promulgación al Poder Ejecutivo, la misma, consideramos que "como Ley de carácter político, no podría ser vetada por el Presidente de la República."[20]

Y para el caso de que el Presidente decidiera cuestionar la ley de amnistía por motivos de constitucionalidad con base en la previsión del artículo 214 de la Constitución, tratándose como lo es de una decisión de carácter político, el mismo solo podía ejercer su facultad de objetar la ley por razones de inconstitucionalidad ante la Sala Constitucional del Tribunal Supremo, únicamente basado en consideraciones respecto de los únicos límites impuestos en la Constitución al decreto de amnistía, que es que con la misma no se puede despenalizar los hechos punibles correspondientes a delitos de lesa humanidad, a violaciones graves a los derechos humanos y a crímenes de guerra; únicos aspectos que la Sala podía controlar.

Sin embargo, en el caso de la Ley de Amnistía y Reconciliación Nacional que fue sancionado la Asamblea Nacional el día 29 de marzo de 2016, por una parte, la Sala Constitucional de una vez resolvió sobre la forma jurídica del decreto de amnistía, mutando la Constitución, imponiendo inconstitucionalmente la forma única de "ley" para el decreto de amnistía, limitando la potestad de la Asamblea para ejercer su prerrogativa constitucional sin limitación ni constreñimiento por parte de los otros Poderes Públicos. Sin mayor argumentación, en efecto, contrariamente a lo antes comentado, la Sala Constitucional advirtió en su sentencia, –aun cuando de paso–, que "las amnistías en Venezuela [...] son leyes que deben seguir el proceso de formación legislativa," agregando en otra parte que:

"al ser medidas de carácter general que se conceden por parte de la Asamblea Nacional, las amnistías *deben estar consagradas en leyes* que deben seguir [...] el proceso de formación legislativa."

Con ello, en definitiva, la Sala sentenció que donde la Constitución dice como competencia de la Asamblea Nacional "decretar amnistías" (art 187.5), a partir de la sentencia de la Sala Constitucional, ahora dice "decretar amnistías *mediante ley*" o "decretar *leyes de amnistía*," lo que no es más que una mutación ilegítima de la Constitución.

Pero por otra parte, la Sala Constitucional, lejos de controlar los únicos aspectos que podían ser constitucionalmente controlables respecto del ejercicio de la potestad de decretar una amnistía por la Asamblea Nacional, que se refieren a las limitaciones a la prerrogativa parlamentaria en el sentido de que no puede nunca referirse a delitos de lesa humanidad, a violaciones graves a los derechos humanos y a crímenes de guerra; la Sala Constitucional pasó a controlar aspectos no controlables, cercenando definitivamente la potestad de la Asamblea de actuar, con motivación política, como órgano político que es por excelencia, y así declarar la totalidad del articulado de la Ley como inconstitucional.

---

[20]   Véase Allan R. Brewer-Carías, "Sobre el decreto de amnistía anunciado por la Mesa de la Unidad Democrática para ser dictado por la nueva Asamblea Nacional," 12 de diciembre 2015, en http://www.allanbrewercarias.com/Content/449725d9-f1cb-474b-8ab2-41efb849fea3/Content/a.% 20Brewer.%20SOBRE%20EL%20DECRETO%20DE%20LA%20AMNIST%C3%8DA%20PRP UESTO%20PARA%20SER%20DICTADO%20POR%20LA%20NUEVA%20ASAMBLEA%20 NACIONAL%20dic%20%202015.pdf.

3. *El desconocimiento de la potestad legislativa de decretar amnistía y la extralimitación del Juez Constitucional*

En efecto, la Sala Constitucional comenzó su sentencia precisando su propia competencia para controlar el ejercicio por la Asamblea Nacional de su potestad de decretar amnistía, incurriendo de entrada en una inconstitucionalidad al considerar que dicho control podía extenderse más allá de los antes mencionados límites constitucionales.

Para ello, la Sala Constitucional si bien admitió que "la naturaleza de la amnistía como 'derecho de gracia,' en sus manifestaciones más generales está signada por motivaciones netamente políticas" que se refieren a la *"oportunidad y conveniencia* [...] de la legislación,"* (N° 1002 del 26 de mayo de 2004, caso: *Federación Médica Venezolana),*" lo que precisamente conforma el ámbito de la actuación parlamentaria excluido de control de constitucionalidad; la Sala, sin embargo, redujo ese ámbito al considerar que si bien el órgano legislativo puede "escoger las razones que mejor puedan justificar su elección; no obstante, tal desenvolvimiento debe producirse igualmente en el marco de las razones que concreta y racionalmente permita la norma que le sirva de fundamento jurídico (*v.gr.* la Constitución)," erigiéndose la Sala en el juez para evaluar tales razones, sin tener competencia para ello. Como lo expresó Laura Louza, la decisión de la Sala Constitucional:

> "viola la Constitución, por desconocer que la amnistía es una decisión política de exclusiva competencia del Poder Legislativo destinada a contribuir a la paz, y que solo puede estar sujeta al control de ese tribunal por razones jurídicas. En consecuencia la Sala Constitucional solo es competente para determinar si el texto de la propuesta legal cumple con las reglas de la Constitución o no, sin que ese control pueda extenderse a la oportunidad o conveniencia del proyecto."[21]

Al contrario, según la Sala, "el legislador en el ejercicio de sus funciones debe actuar bajo el principio de racionalidad o de no arbitrariedad," debiendo toda medida que adopte:

> "responder o ser idónea a los fines y límites que el ordenamiento jurídico establece, lo cual, en el caso del otorgamiento de amnistías, encuentra –como se señaló supra– entre otras restricciones no sólo el cumplimiento del propio proceso de formación legislativa, sino además responde a distintas limitaciones de orden material vinculadas, por ejemplo, con el respeto a los derechos humanos (artículo 29 de la Constitución), el resguardo de la conformidad con el ordenamiento jurídico como expresión de la necesaria juridicidad de la actuación de Estado (*vid.* Sentencia número 570 del 2 de junio de 2014), el apego a las normas que desarrollan las distintas facultades legislativas y la debida correspondencia con la consecución de unos fines determinados, como son "la construcción de una sociedad justa y amante de la paz, la promoción de la prosperidad y bienestar del pueblo y la garantía del cumplimiento de los principios, derechos y deberes consagrados en esta Constitución" (artículo 3 constitucional)."

Esos principios ciertamente están en la Constitución, y por supuesto deben seguirse por todos los órganos del Estado, incluso la propia Sala Constitucional; pero en materia de amnistía, como lo reconoció la Sala, el Constituyente solo los desarrolló en los términos de las prohibiciones contenidas en los artículos 29 y 74 de la Constitución que prevén la imposibilidad de acordar amnistía respecto de hechos punibles vinculados a delitos de lesa humanidad, violaciones graves de los derechos humanos y crímenes de guerra, y de la

---

[21]   Véase Laura Louza, "El TSJ le quita al país la paz de la Ley de Amnistía. Un Estado de Derecho sin paz ni justicia no es un Estado de Derecho," 16 abril 2016, en http://el-informe.com/16/04/2016/opinion/el-tsj-le-quita-al-pais-la-paz-de-la-ley-de-amnistia/.

previsión constitucional que impide someter una ley de amnistía a referendo abrogatorio, precisamente por su carácter de privilegio de la Asamblea.

Sin embargo, después de reconocer dichos únicos límites constitucionales que se aplican a la amnistía, en forma por demás incomprensible, la Sala agregó que:

> "la legislación nacional ha omitido el desarrollo de la institución de la amnistía –a diferencia de lo que ocurre en derecho comparado respecto de las instituciones de gracia–, en cuanto al establecimiento de los parámetros que deben servir de base para su acuerdo y que la excluyan del marco de la completa discrecionalidad y arbitrariedad, por ejemplo, relacionados con la naturaleza de la amnistía, los tipos penales que pueden ser objeto de la misma (*v. gr.* delitos políticos), la expresión de quienes pueden ser destinatarios de la ley y quienes quedan excluidos de la posibilidad de beneficiarse de la amnistía (*v.gr.* bien por rebeldía y la no estadía a derecho, o la reincidencia en la comisión de los mismos delitos, o por pertenecer al órgano concedente, etc.), la participación en el proceso de amnistía de los órganos del Sistema de Justicia que se consideren pertinentes, la determinación de los límites temporales que le aplican a los casos a ser incluidos, el procedimiento relativo a la solicitud que debe plantear quien se considere beneficiado ante el respectivo órgano jurisdiccional penal, y los recursos que se podrán interponer contra la decisión dictada por el tribunal de la causa, entre otros aspectos de orden sustantivo y adjetivo cuyo cumplimiento deba ser requerido –aunado al procedimiento de formación de las leyes– y que sirva de base o marco de medición de la actuación del Poder Legislativo, en cuanto a su apego al ordenamiento constitucional y legal."

Al afirmar todo esto, sin duda, la Sala Constitucional se olvidó de que todo ello es competencia, precisamente, de la propia Asamblea Nacional, y únicamente de ella, que es la que dicta la legislación nacional, siendo la propia Asamblea Nacional la llamada a determinar todos esos aspectos, de ser aplicables, en cada decreto específico de amnistía. La Sala Constitucional, al argumentar así, pareció pensar que esa "legislación nacional reguladora de la amnistía" tendría que haber sido dictada por "otro órgano" distinto de la Asamblea Nacional, para que ésta, al ejercer la potestad, se sometiera a tales regulaciones, lo cual es un absurdo; llegando incluso a afirmar que:

> "no se ha dictado tal norma que desarrolle y regule la amnistía a través de una ley, que delimite la facultad de decretar amnistías que le otorga el numeral 5 del artículo 187 de la Constitución de la República Bolivariana de Venezuela, y permita en el marco constitucional su debido ejercicio."

En tal sentido cabría preguntarle: ¿Y quién dicta la ley, si no es la misma Asamblea Nacional? Es decir, la Sala Constitucional, con lo afirmado, lo que pretendió fue el absurdo de que la Asamblea Nacional, para decretar amnistías, debió haber dictado previamente una legislación para auto-regularse y reglamentarse a sí misma cómo y cuándo decretar una amnistía, que en cambio tiene el privilegio de dictar con las solas limitaciones constitucionales. La afirmación de la Sala, por tanto, es totalmente incongruente, pues se le olvidó que es la propia Asamblea Nacional, con base en lo dispuesto en la Constitución, la llamada a regular esas materias –de ello ser aplicable– al dictar cada decreto de amnistía. Por tanto, no tiene sentido alguno la afirmación que parece hacer la Sala de que supuestamente, antes de decretar una amnistía, la Asamblea Nacional tendría que dictar una ley auto-limitativa –¿"orgánica" quizás?– regulando en general su propia potestad para decretar la amnistía, lo que no tiene sentido constitucional alguno.

Esta insinuación solo puede explicarse como manifestación de un ejercicio que realizó la Sala Constitucional en su sentencia, para decir, que en virtud de que al no haberse dictado la ley auto-reguladora, entonces existiría un supuesto "vacío" legislativo por no haber la propia Asamblea regulado la forma de ejercer su propia prerrogativa de decretar amnistías; por lo cual entonces, la propia Sala, supuestamente sería el órgano llamado a llenar el "vacío" normativo mediante el ejercicio de un proceso de "integración del derecho." Ello no fue más que una manipulación jurídica, con intenciones aviesas, pues en el caso de la amnistía, no existía ni existe vacío normativo alguno, ni habría que realizar ningún ejercicio de integrar el derecho como lo hizo la Sala para limitar las potestades de la Asamblea Nacional, más allá de lo prescrito en la Constitución.

Ni más ni menos, lo que la Sala Constitucional buscó fue establecer una "legislación" que el Constituyente no ordenó, y que la Asamblea Nacional no tiene porqué dictar, para desde el Poder Judicial limitar el poder de la Asamblea Nacional. Tan absurdo como eso.

Para materializar el absurdo, la Sala comenzó con varios lugares comunes plagados de citas de autores extranjeros, como señalar que la potestad de la Asamblea para decretar amnistías, "no significa, sin más, la atribución de una facultad ilimitada al legislador," debiendo al contrario, la amnistía, "estar sujeta a ciertas limitaciones propias del orden jurídico constitucional" pues de lo contrario se podría traducir "en la práctica de una especie de potestad arbitraria por parte del referido órgano legislativo," o "de ejercicio arbitrario del poder."

En fin, que la "facultad de otorgar amnistía no puede ser el resultado de la arbitrariedad en el ejercicio del poder." Ello es así, como también lo es la potestad de control de constitucionalidad atribuida a la Sala Constitucional que tampoco es ilimitada, y que tampoco puede ser arbitrario.

La Sala Constitucional, sin embargo, concluyó señalando que:

"si bien la Asamblea Nacional tiene atribuida la competencia de decretar amnistías, y sin perjuicio de que no se han definido a nivel constitucional o legal mayores límites expresos al alcance de esta institución, esto no significa que el parlamento pueda vulnerar los principios que inspiran la Constitución contenidos en los artículos 2 y 3, y que se constituyen en mandatos obligatorios, efectivizados a través del ejercicio de los derechos fundamentales, y del cumplimiento de las funciones de las autoridades estatales".

De allí que, esa facultad legislativa de la Asamblea Nacional no es ilimitada, ya que la soberanía del poder constituido que ejerce, no puede vulnerar los principios y valores en que se funda la obra del poder constituyente.

Al respecto, la Sala reconoce que cada órgano que ejerce el Poder Público debe tener un fin superior que cumplir establecido por la Constitución, por lo cual, la Asamblea Nacional debe sancionar las leyes respetando tanto los derechos, garantías y competencias fundamentales allí reconocidos, con razonabilidad y justicia, lo cual constituye una función más allá de un trámite formal, sino fundamentalmente sustantivo, que se manifiesta a través de un proceso de realización y ejecución normativa con exclusión de abuso de derecho, reconocido incluso como principio general del derecho, y *"la desviación de poder"* (*vid.* Sentencia número 259 del 31 de marzo de 2016).

Todo ello, de nuevo es aplicable a todos los órganos del Estado, incluyendo a la propia Sala Constitucional; pero la misma, considerándose fuera de esos límites, solo pensó en la Asamblea Nacional como un órgano donde por lo visto reina la posibilidad de la arbitrariedad, considerando entonces que tratándose la amnistía de una decisión política, que tiene "la capacidad de modificar un proceso penal o una pena establecida mediante sentencia firme," ello supuestamente:

"abre un amplio campo a la arbitrariedad y a la desigualdad en la aplicación de las leyes, motivo por el cual el ordenamiento jurídico debe establecer límites y cautelas para que la institución de la amnistía no resulte incoherente con los principios que informan un Estado democrático y social de derecho y de justicia. Lo contrario resultaría incompatible con los postulados constitucionales."

Sin embargo, ignoró la Sala Constitucional que en el caso específico de la amnistía, fue la Constitución la que estableció expresamente esos límites, los cuales sin embargo fueron considerados insuficientes por la Sala, pasando entonces en forma inconstitucional a imponerlos, usurpando el Poder Constituyente, en una sentencia que obedeció a un proceso que denominó como de "operación de integración del Derecho," con lo cual –dijo– al "no conseguir una norma en la cual subsumir la controversia planteada," [¿Cuál controversia? No lo dijo] procedió entonces la Sala a la tarea de "elaborar la norma para dar una solución pacífica al conflicto" [¿Cuál conflicto? No lo dijo].

Es decir, supuestamente "ante la ausencia de una regulación expresa" que la Constitución no exigió, y que supuestamente la Asamblea debió haber dictado para auto-regularse, la Sala Constitucional se consideró compelida a "recurrir al propio ordenamiento constitucional y los valores que lo inspiran en busca de la solución correcta para el conflicto que le corresponde resolver" [¿Cuál conflicto? Tampoco lo dijo], estableciéndole inconstitucionalmente todo tipo de límites a la Asamblea Nacional para ejercer del privilegio que tiene de decretar amnistías, con lo cual dejó de ser tal privilegio, lo que se confirmó con la declaratoria de inconstitucionalidad de la totalidad de la Ley.

4. *Sobre las limitaciones a la potestad de la Asamblea Nacional para decretar amnistías impuestas ilegítimamente por el Juez Constitucional*

Con base en lo anterior, la Sala Constitucional pasó entonces, impunemente –pues no tiene a nadie que la controle–, a establecer las limitaciones a la Asamblea Nacional en el ejercicio de su potestad de decretar amnistías, por vía de "integración del derecho," en virtud de que la propia Asamblea no se había auto-limitado con una especie de ley reguladora de su propia potestad de decretar amnistías. Para ello, la Sala comenzó por indicar que la Constitución, al conferir al Poder Legislativo tal potestad, "no faculta a la mayoría parlamentaria a violentar el espíritu constitucional de rechazo a la injusticia, que supone consagrar la impunidad para los violadores de derechos fundamentales." Consideró además, la Sala que "las amnistías al ser medidas absolutamente excepcionales […] deben, por tal motivo, ser excepcionales en su concesión," debiendo concederse teniendo presente dos valores fundamentales:

"por un lado, la justicia, la sanción a la impunidad, la preeminencia de los derechos humanos, la ética, la dignidad de la persona, y la condena de hechos punibles, y, por otro, la coexistencia de instituciones de gracia como las amnistías (en resguardo de valores como la convivencia social), que llevan a la necesidad de una ponderación que considere ambos valores, evitando que uno de ellos colapse respecto del otro."

Para ir construyendo las limitaciones que se propuso, la Sala insistió en considerar que:

"el fundamento de las leyes de amnistía se basa, por una parte, en la pacificación y reconciliación nacional como una condición necesaria para garantizar la continuidad del sistema democrático, mientras que, por otro lado, se cimienta en la justicia (artículos 1, 2 y 3 constitucionales) que conlleva a admitir una confrontación de valores que debe ser analizado mediante un test de ponderación en el cual se analice no solo el respeto de los derechos humanos ante la certera comisión de hechos punibles y su calificación como políticos o no, sino en igual medida respecto de la consagración constitucional de un Estado democrático y social de Derecho y de Justicia, previsto en el artículo 2 del Texto Constitucional."

Frente al "conflicto entre los referidos valores y principios constitucionales," la Sala pasó en su sentencia a analizar el principio de la "preeminencia de los derechos humanos como valor preponderante," haciendo referencia de nuevo a la norma del artículo 29 de la Constitución que establece límites a los beneficios procesales que puedan conllevar a la impunidad de delitos de lesa humanidad, violaciones graves cometidas contra los derechos humanos, y crímenes de guerra, considerando que "los derechos fundamentales, que constituyen la concretización de la opción garantista de la Constitución, se convierten en el parámetro de validez sustancial o límite de todos los actos del poder estatal." De allí, la Sala pasó a considerar que "la amnistía ha de cumplir con los principios de proporcionalidad y razonabilidad a los que debe someterse todo acto del poder público que incida en la vigencia de los derechos fundamentales," considerando que:

> "una ley de amnistía no podría consagrar el perdón de hechos encuadrados en delitos que expresen un manifiesto desprecio por la vida, la integridad y la dignidad de las personas, ya que ello supondría desconocer la vigencia de tales derechos, utilizando la amnistía para sustraer de la acción de la justicia a determinadas personas, y afectando el derecho de acceso a la justicia de los perjudicados por los actos amnistiados."

Ello –que no era el caso de la Ley de Amnistía bajo análisis–, conforme a la Sala, significaría "un vaciamiento de los contenidos esenciales del Texto Constitucional, al legislarse en contra o fuera del marco de los valores, principios y garantías institucionales que contienen los derechos fundamentales," volviendo a afirmar que "la atribución que tiene la Asamblea Nacional de decretar amnistías, no significa que el parlamento pueda acordarla respecto a crímenes de lesa humanidad, crímenes de guerra y violaciones graves a los derechos humanos," que es lo que dice la Constitución.

Pero más allá de los límites constitucionales, que era donde la Sala Constitucional quería llegar, la misma planteó que:

> "al otorgar la Constitución a los derechos humanos fundamentales una supremacía frente a la ley, se exige una autolimitación y no injerencia o intervención de los poderes públicos en la esfera individual, que es vulnerada por la amnistía cuando ordena al sistema de justicia a que no investigue, ni procese y libere a quienes han sido condenados por cometer delitos graves contra la vida, la integridad física, la libertad y el derecho a la justicia.

> Por ello, afirmar que la intervención legislativa deba realizarse en el marco de la Constitución es sostener que la restricción de la defensa de la persona humana debe ser excepcional, como excepcionales son las leyes de amnistía. [...]

> Por ende, la amnistía –de considerarse procedente en determinadas condiciones– debe suponer una expresión del respeto a la Constitución y a los valores, principios y derechos fundamentales por ella garantizados, en una relación de equilibrio balanceado que considere la fundamentalidad de la dignidad de la persona humana."

Luego la Sala se refirió al derecho a la vida considerando que las "leyes de amnistía, son la expresión de una acción omisiva del Estado que puede eventualmente llevar a desproteger el derecho a la vida;" y al principio según el cual "el análisis de la amnistía conlleva también a asumir una postura ética determinada en relación con los victimarios y perjudicados (víctimas) de los hechos punibles objeto de la misma, en la que sin lugar a dudas la opción moral por la reivindicación de las víctimas es la que se pone de parte del más débil en búsqueda del equilibrio social que se pretende restablecer," considerando que existe en la materia una "prohibición de desconocer a las víctimas directamente vinculadas con la determinación de los autores."

Con base en todo lo anterior, formulando afirmaciones acompañadas de infinidad de citas, manipulando a veces la opinión de destacados autores, pasó la Sala a precisar su rol como "Máximo Árbitro de la República" en la "protección y garantía suprema de la Constitución, incluso frente a vulneraciones de la misma que incluso pudieran provenir del propio Poder Legislativo Nacional," lo que le permitía, –afirmó la Sala– "analizar la institución de amnistía y de su limitación a la arbitrariedad del legislador," considerando para ello el "principio de justicia," "el principio de proporcionalidad," y el principio de la "preeminencia de los derechos humanos." A esos principios, añadió la Sala el principio de que las amnistías pueden instituirse "como un medio jurídico para un proceso de reconciliación, normalización y equilibrada convivencia, erigiéndose en un 'pacto de paz', que sea capaz de establecer un nuevo orden que pretende impedir que se reediten los hechos que se pretenden excluir del *ius puniendi* y someterlos al olvido," lo que sin embargo no habilita "a una contribución de la impunidad ni a la legitimación de atropellos contra el Estado de Derecho." En fin, que "los derechos fundamentales como límites a la actuación del Poder Público, se constituyen también en límites a la potestad legislativa de otorgar amnistías."

Luego pasó la Sala a analizar la democracia "vinculada a la garantía de los derechos fundamentales" consagrados en la Constitución, afirmando no sólo que "no hay democracia sin limitación y no hay limitación sin control que lo haga efectivo," sino también afirmando que "no es posible afirmar o concluir que cualquier decisión de la mayoría en ejercicio de la democracia directa o indirecta al ser legítimas, sea necesariamente conformes a derecho."

Consideró además la Sala que "el concepto de soberanía" que reside en el pueblo, "prohíbe que sea usurpada por una persona o grupo de ellas, sean mayoritarias o no en alguna de las instituciones que como la Asamblea Nacional [...] ya que la soberanía no pertenece a ningún hombre o sector de la sociedad distinto al pueblo entero." Se refirió luego la Sala a la "pretendida legitimación de la Asamblea Nacional para actuar en representación del 'pueblo,'" destacando que "existen prohibiciones materiales en cuanto al contenido de los actos decisorios, que se reflejan en la imposibilidad de legitimar por las mayorías, decisiones contrarias a los derechos fundamentales."

Todo ello lo afirmó la Sala, no para reafirmar la democracia o la soberanía, sino para romperla y usurparla y desconocer el sentido de la acción política cuando la mayoría de la representación popular en la Asamblea Nacional está controlada por la oposición al Gobierno, que es lo que para la Sala Constitucional motivó su decisión de cercenar la propia potestad de la Asamblea. Por ello, como lo ha expresado Carlos Reverón Boulton, para la Sala, "en lo sucesivo, jamás podrá dictarse una Ley de Amnistía, pues precisamente a través de esas leyes se perdona el delito, el cual siempre supondrá un agravio contra una víctima concreta que se ha visto perjudicada por quién ha sido perdonado por la amnistía."[22]

5. *La inconstitucional declaración de inconstitucionalidad de la Ley de Amnistía y Reconciliación Nacional*

Con base en todos los conceptos que hemos resumido anteriormente, la larga sentencia de la Sala pasó luego a ejercer el control de la constitucionalidad de la Ley de amnistía y Reconciliación Nacional sancionada por la Asamblea Nacional el 29 de marzo de 2016, declarando de plano su inconstitucionalidad total, después de haber hecho un ejercicio de declarar inconstitucionales determinadas normas de la Ley.

A. *La supuesta inexistencia de los presupuestos para acordar la amnistía en el caso de la Ley de Amnistía y Reconciliación Nacional*

La Sala comenzó declarando la inconstitucionalidad de la globalidad de la Ley por considerar que había en el caso, "inexistencia de los presupuestos para acordar amnistías." Para formular semejante afirmación, la Sala consideró una serie de principios y lugares comunes, tales como que "la impunidad es injusticia, pues no da al criminal el castigo que le corres-

---

22   Véase Carlos Reverón Boulton, "Lo peor de la inconstitucionalidad de la ley de Amnistía," 24 abril 2016, en *Guayoyo en letras*, en http://guayoyoenletras.net/2016/04/24/lo-peor-la-inconstitucionalidad-la-ley-amnistia/.

ponde; y el Estado no cumple con su misión fundamental de mantener el orden y de defender los derechos de los ciudadanos;" y que "no es posible sostener que se pueda atribuir una potestad arbitraria e irracional a ningún órgano que ejerza el Poder Público," afirmando que:

"la amnistía no puede constituir una institución que niegue o desconozca, fuera de todo parámetro de razonabilidad los elementos cardinales que caracterizan y definen el ordenamiento jurídico venezolano, como un sistema de normas que limitan el ejercicio del poder y que tienen como presupuesto antropológico el respeto de los derechos fundamentales consagrados en el Texto Fundamental."

Consideró la Sala, en forma hipotética, que "la amnistía, en sentido general y abstracto, podría constituir un verdadero contrasentido al sistema de garantías que resguarda derechos fundamentales y la obligatoriedad del sometimiento al ordenamiento jurídico," pudiendo "desempeñar funciones contradictorias en la sociedad en la que se aplica," pues "puede representar un hito que arruine la esfera pública, debilite la institucionalidad democrática y destruya el Estado de Derecho y de Justicia consagrado en la Constitución."

Y como por arte de magia, después de realizar esas afirmaciones generales, la Sala limitó exclusivamente la posibilidad de decretar la amnistía, sin ninguna fundamentación, a situaciones en las cuales se manifiesta como "justicia transicional," referidas "a verdaderos momentos de ruptura y la necesidad de instaurar una comunidad política;" y entonces, considerando que como esas circunstancias "no se aprecian como presupuesto y contexto de la situación de autos," ello, de entrada, a juicio de la Sala, supuestamente:

"invalida de conformidad con la Constitución la Ley bajo examen, tal como se evidencia del objeto de la misma (artículo 1) y el resto de sus normas. Así se decide."

Es decir, la Sala comenzó declarando la inconstitucionalidad de la Ley de Amnistía, por considerar que supuestamente no estaban dadas las condiciones para decretarla, cuando ello corresponde ser evaluado y considerado única y exclusivamente al órgano político de representación popular, en lo que la Sala no puede inmiscuirse. Como lo explicó José Ignacio Hernández, "con este razonamiento, en realidad, la Sala Constitucional está controlando la oportunidad y conveniencia de la amnistía, lo que según la doctrina anterior de la propia Sala, no puede ser control."[23]

No contenta con esto, la Sala pasó luego a reforzar su declaratoria de inconstitucionalidad de la Ley, refiriéndose a diversas normas de la misma.

B.   *La inconstitucionalidad con respecto a la calificación de los delitos políticos*

En esta forma la Sala pasó a considerar la inconstitucionalidad de la Ley de Amnistía y Reconciliación Nacional, partiendo del supuesto también sin sentido, de que la misma no era otra cosa sino:

"la consolidación de leyes de auto-amnistía o de impunidad, en el marco de la comisión de delitos comunes, bajo el manto de una pretendida protección manipulativa de salvaguarda de los derechos humanos."

Para justificar la afirmación, y después de argumentar sobre la diferencia entre delitos políticos y delitos comunes, y constatar que algunos países limitaban la amnistía a solo deli-

---

[23]   Véase en José Ignacio Hernández, "Sala constitucional del TSJ: el nuevo Superpoder vs. la Ley de amnistía," 12 abril de 2016, en http://pararesca-tarelpor-venir.blogspot.com/2016/04/blog-de-jose-ignacio-hernandezi-sala.html.

tos políticos, reservando el indulto para los delitos comunes, consideró que de una supuesta revisión exhaustiva del texto de la Ley, se podía advertir la "pretensión de otorgar amnistía a favor de todas aquellas personas 'investigadas, imputadas, acusadas o condenadas como autores o partícipes' de delitos claramente comunes y no políticos" (citando los artículos 6, 9, 11, 12, 14, 16, 16, 17, 19 de la Ley), considerando que con ello "en nada conducen o colaboran a una reconciliación nacional sino a una impunidad escandalosa en detrimento de la moral pública, subvirtiendo el orden moral y jurídico del país, en los términos antes expuestos." La expresión de la Sala, de que la Asamblea Nacional lo que buscaba era lograr una "impunidad escandalosa", es incomprensible, pues ello no se deduce en forma alguna de la Ley sancionada.

Con ello, en todo caso, la Sala sustituyó a la propia Asamblea, procediendo a juzgar si la amnistía contribuía o no a la reconciliación nacional, lo que solo la Asamblea podía hacer, concluyendo sin que la Constitución haya establecido ningún límite al respecto, también como por arte de magia, que:

> "habiéndose incluido en la Ley en cuestión, delitos comunes ajenos a esta figura constitucional, esta Sala no puede impartir su conformidad constitucional; y así se declara."

Y ello, a pesar de la referencia expresa contenida en la Ley de Amnistía, de que se trataba de delitos derivados de "hechos realizados en ejercicio de libertades ciudadanas y con fines políticos," entendiéndose que "se persigue una finalidad política o un móvil político cuando las protestas, manifestaciones, o reuniones en lugares públicos o privados; las ideas o informaciones divulgadas; o los acuerdos o pronunciamientos hayan estado dirigidos a reclamar contra alguna medida o norma adoptada por el gobierno nacional u otras autoridades" (Artículo 8).

De esto, la Sala, también como por arte de magia, concluyó que se trataba de "un solapamiento de la justicia," en orden a la consecución de una supuesta "reconciliación nacional o paz pública" cuyas bases "no se sustentan en un desacuerdo social subyacente," constituyendo ello, a juicio de la Sala:

> "una invitación que sentaría un terrible precedente, que instiga a la rebelión del particular contra la voluntad de la ley, la cual exige una reparación que vuelva a ratificar la autoridad del Estado mediante la imposición de una pena como resultado del trámite de un debido proceso."

Y para que no quedara duda de la posición de la Sala de querer juzgar políticamente la decisión del órgano político, procedió a insistir en que el "ejercicio de las libertades ciudadanas y con fines políticos" a que hace referencia la Ley no es ilimitado, y, por tanto, "no cualquier protesta, manifestación, reclamo o llamado contra el orden institucional es admisible, toda vez que si bien el artículo 68 constitucional prevé el derecho a manifestar, establece como límite a esta posibilidad su necesaria realización de forma pacífica," además, de las limitaciones que la propia Sala impuso al punto de su eliminación en sentencia N° 276 del 24 de abril de 2014, (caso: *"Gerardo Sánchez Chacón"*).[24] De todo ello, concluyó la Sala, advirtiendo que

---

24   Véase los comentarios en Allan R. Brewer-Carías, "Un atentado contra la democracia: el secuestro del derecho político a manifestar mediante una ilegítima "reforma" legal efectuada por la Sala Constitucional del Tribunal Supremo," en *Revista de Derecho Público,* N° 138 (Segundo Trimestre 2014, Editorial Jurídica Venezolana, Caracas 2014, pp. 157-169.

"el articulado de la Ley de Amnistía y Reconciliación Nacional (*cfr*. Artículos 2, 5, 8, 11 y 16), desconoce tal mandato y supone una generalización (que no excluye la violencia y el uso de las armas) en cuanto a las manifestaciones de protestas como 'ejercicio de libertades ciudadanas y con fines políticos,' que no es admisible bajo el prisma constitucional porque implicaría desconocer que Venezuela es un Estado democrático y social de Derecho y de Justicia. Así se declara."

C. De la inconstitucionalidad por violación de los principios de legalidad y tipicidad

Luego pasó la Sala Constitucional a declarar que la Ley de amnistía, aun cuando con ella no se creaba delito alguno sino se despenalizaban unos hechos, supuestamente violaba el artículo 49.6 de la Constitución que establece la garantía de que ninguna persona puede ser sancionada por actos u omisiones que no estuvieren previamente previstos como delitos, faltas o infracciones en leyes preexistentes, y que consagra el principio de tipicidad y legalidad penal (*nullum poena nullum crime sine legge*). Ello implica, como lo precisó la Sala Constitucional, "la prohibición al legislador de establecer lo que la doctrina ha calificado como las normas penales en blanco, por cuanto toda conducta que constituya delito, así como las sanciones correspondientes, deben estar claramente previstas en la ley."

No tienen sentido alguno, por tanto, aplicar siquiera el principio respecto de una Ley de amnistía que no crea delito ni establece penas, sino muy por el contrario, despenaliza hechos mediante el beneficio de la amnistía, otorgada de acuerdo con la valoración política que la Asamblea Nacional pueda hacer en un momento político dado.

Sin embargo, de nuevo, la Sala Constitucional, buscando a como diera lugar imponer límites al Legislador, inventó la peregrina tesis de que los mismos principios de legalidad y tipicidad para establecer delitos también debía aplicarse "para el establecimiento de normas que prevean una excepción a la penalización de ciertos supuestos de hecho," exigiendo que dicha despenalización "debe estar especificada y determinada de manera concreta," considerando entonces que ello no se cumplía en la Ley de Amnistía y Reconciliación Nacional.

La Sala consideró, en efecto, que en la Ley controlada, había "numerosas normas penales en blanco, que violan el principio de tipicidad de los delitos y de las penas y, por tanto, de las normas de gracia que puedan comprenderlos en virtud de la ausencia de concreción y falta de determinación expresa de que adolecen los textos referidos," cuando ello no era posible, pues la Ley de amnistía no creaba delitos.

Sin embargo, entre esas normas supuestamente con penas "en blanco," la Sala destacó la del artículo 2 de la Ley que se refería a hechos que se habían "producido en circunstancias que menoscaban la confiabilidad en la administración imparcial de la justicia o permiten concluir que aquellas obedecen a una persecución política." Sobre ello, la Sala estimó que en ese contexto:

"no es posible determinar a qué circunstancias concretas se refiere el legislador, menoscabando la administración imparcial de la justicia, ya que el mismo no se vincula con la persecución política, la cual constituye una opción disyuntiva en la estructura de la norma, quedando entonces bajo este supuesto cualquier comisión de delito como, por ejemplo, los vinculados a corrupción, narcotráfico, estafas inmobiliarias, delitos bancarios, entre otros, que la propia norma deja abiertos contrariando por tanto, las consideraciones antes expuestas respecto de la constitucionalidad de la amnistía. Así se declara."

A igual errada conclusión llegó la Sala respecto del artículo 16 de la Ley que se refería a "hechos considerados punibles, u otras infracciones, cometidos o supuestamente cometidos por abogados, activistas o defensores de derechos humanos," deduciendo –todo en hipótesis– que ello podría beneficiar a:

"los autores, determinadores, cooperadores inmediatos y cómplices de delitos vinculados a corrupción, narcotráfico, estafas inmobiliarias, delitos bancarios, señalados anteriormente, lo cual sería un medio para la impunidad y el desconocimiento absoluto del sistema jurídico penal y constitucional vigente."

Sin embargo, aún basada en hipótesis, la Sala de plano concluyó declarando "la inconstitucionalidad de los artículos 2, 16 y 17 de la Ley de Amnistía y Reconciliación Nacional, que contrarían y vulneran las garantías contenidas en el artículo 49 de la Constitución de la República Bolivariana de Venezuela; y así se declara," a pesar de que las mismas no creaban delitos por lo que nunca podrían haber sido "normas penales en blanco."

La afirmación de la Sala, en todo caso, fue esencialmente equivocada, porque la Ley de Amnistía no tenía por objeto establecer delitos y penas, a cuyo efecto es que se establece la garantía del principio de tipicidad y legalidad, sino que tenía por objeto despenalizar hechos, es decir, dar una gracia en favor de personas, operación en la cual no tiene cabida aplicar la garantía mencionada.

D. *La inconstitucionalidad por la violación de los principios de justicia y responsabilidad*

La Sala Constitucional pasó luego en su sentencia a decidir que la Ley de Amnistía y Reconciliación Nacional supuestamente también violaba principios como justicia y responsabilidad, para lo cual se refirió, no a un principio de la Constitución venezolana, sino de otras Constituciones, que –dijo– "suelen *prever de manera expresa* la prohibición de aplicación de tal prerrogativa a los supuestos de responsabilidad penal cometidos por algún miembro del órgano concedente, excluyéndolos de los sujetos susceptibles de beneficiarse por tal medida (*v.gr.* artículo 3 de la Constitución Española)."

Sin embargo, a pesar de reconocer que tal limitación, para poder ser aplicada requiere de texto expreso en la Constitución, la Sala Constitucional pasó a considerar que en la Ley de Amnistía y Reconciliación Nacional la Asamblea se debió prever lo mismo, considerando sin embargo, que la Ley de Amnistía:

"no sólo omite la exclusión expresa de sus propios miembros actuales como posibles beneficiarios de la ley en cualquiera de sus disposiciones, sino que, además, en su artículo 14 establece que "se concede amnistía por los presuntos hechos punibles que hubieran sido denunciados después de que el supuesto responsable del delito o falta hubiera sido electo como Diputado o Diputada a la Asamblea Nacional el 26 de septiembre de 2010, (…) si ello condujo al allanamiento de la inmunidad y a la separación forzosa de la Asamblea Nacional e inhabilitación política del Diputado o Diputada, o a que éstos renunciaran a la investidura parlamentaria para impedir dicho allanamiento de inmunidad y así evitar los efectos jurídicos derivados de la misma..."

De ello la Sala consideró que se trataba de "una tipificación tan amplia que pudiera abarcar a Diputados o Diputadas reelectos o reelectas en las elecciones del 6 de diciembre de 2015, y que actualmente se encuentren en funciones," como si ello incuso fuera un "delito."

Aparte de que no se trata de "tipificación" alguna, pues con la amnistía no se están creando delitos o tipos delictivos, sino despenalizándose hechos, la Sala consideró que se trataba de un supuesto de "auto-amnistía," considerando –siempre hipotéticamente– que con ello se exponía a la amnistía "a ceder con relativa facilidad, a que su ejercicio esté gobernado por la indebida arbitrariedad y parcialidad que vulneran el principio constitucional de justicia, de ética y moral."

Por otro lado, consideró la Sala, de nuevo sin atender a las limitaciones establecidas en la Constitución que son las únicas aplicables a la decisión que pueda adoptar la Asamblea Nacional en la materia, que "un elemento adicional de exclusión que suele ser común respecto de las instituciones de gracia," aun cuando sin decir donde ello se ha establecido y citando solo un libro que se refiere al indulto, "es que el posible beneficiario de la amnistía se encuentre prófugo, evadido o fuera de la disposición del sistema de justicia," lo que sin embargo correspondía exclusivamente a la Asamblea Nacional determinar, de acuerdo con la valoración política que hizo al conceder la amnistías.

La Sala, sin embargo, no lo consideró así, e impuso otra limitación a la potestad de la Asamblea de decretar amnistía, exigiendo que una vez despenalizados los hechos, sin embargo, ese beneficio no abarcaba a algunas personas. Con ello, la Sala Constitucional misma incurrió en inconstitucionalidad, al discriminar a determinadas personas por la situación procesal en la que pudieran encontrarse, violando el principio de la igualdad.

Así, sin tener potestad alguna para ello, la Sala consideró que los artículos 20 y 22 de la Ley de Amnistía y Reconciliación Nacional eran inconstitucionales, al abarcar con la amnistía que se decretaba para despenalizar hechos, y no para beneficiar a determinadas personas, a todos aquellos que pudieran estar incursos en los hechos punibles despenalizados, independientemente de que estuviesen o no "a derecho en los procesos penales correspondientes," (art. 20) decretando la "extinción de la acción penal, o, de ser el caso, la extinción de la pena," independientemente de si el "imputado o acusado no está a derecho, o si el condenado se ha sustraído del cumplimiento de la pena" (art. 22), autorizando en este caso, que la solicitud de aplicación de la Ley se pueda presentar por su representante judicial, su cónyuge u otras personas allegadas.

Todo ello, sin razón alguna, fue considerado inconstitucional por la Sala Constitucional, cuando en realidad, inconstitucional fue la discriminación que la misma impuso, basándose para ello en el deber constitucional que tiene toda persona de cumplir y acatar la Constitución (art. 131), de lo cual dedujo, pura y simplemente, que "quienes no se encuentran a derecho, tienen sobre sí el deber de presentarse al proceso, y acatar una orden judicial," que ha sido "producto de un trámite en el cual dicho ciudadano tuvo oportunidad de defenderse y alegar razones contrarias a las sostenidas por la parte acusadora (*vid*. Decisión de la Sala Constitucional número 1.806/2008)."

Es decir, la Sala, reiterando lo que expuso en sentencias Nos. 1.511/2008; 840/2010; 578/2012 y 1.312/2014, sentó el criterio absoluto e inconstitucional, por discriminatorio, de que una vez despenalizados unos hechos, una persona beneficiada por la amnistía que se hubiera negado a entregarse a sus perseguidores, por ejemplo, permaneciendo fuera del país, quedaría excluido del beneficio de la amnistía. Para ello la Sala indicó que para que cualquier imputado, acusado o procesado pueda presentar cualquier solicitud en justicia "es imprescindible la estadía a derecho," considerando que:

"resulta contradictorio que un procesado que no se encuentre a derecho pretenda llevar a cabo solicitudes o invocar derechos (…) cuando ni siquiera ha cumplido con su obligación procesal de acatar el mandamiento judicial devenido de una orden de aprehensión."

Confundió así la Sala Constitucional los requisitos procesales en los trámites ordinarios del proceso penal, que para determinados actos, como la realización de la audiencia preliminar, que por su carácter personalísimo, por ejemplo, el Código Orgánico Procesal Penal requieren la presencia personal del procesado; con el beneficio de la amnistía que deriva de la despenalización de los hechos, lo que de por sí, y en esencia, no puede conducir a "excluir" del beneficio a determinadas personas por consideraciones adjetivas o procesales, pues ello sería inconstitucional. Sin embargo, la Sala, al contrario, lo que le impuso a la Asamblea Nacional fue una limitación que no tiene base constitucional, y más bien viola la Constitución por discriminatoria, en el sentido de que si va a decretar una amnistía, por ejemplo, por delitos políticos, despenalizando determinados hechos punibles, esa amnistía no puede beneficiar sino a las personas que estén bajo rejas, en prisión, excluyendo a quienes están exiliadas precisamente para evitar ser encarceladas por delitos que por ejemplo estimen que no cometieron.

Para justificar la inconstitucional discriminación y exigir la pérdida de la libertad para que alguien se pueda beneficiar de la amnistía, la Sala concluyó con el absurdo de que como las órdenes judiciales como la detención de una persona deben ser cumplidas –dando primacía así a la pérdida de la libertad frente a la libertad misma–, entonces si se otorga una amnistía que beneficie a una persona que logró evadir la detención, o que estaba fuera del país cuando se ordenó la detención, entonces ello sería una forma de evadir la orden de detención "a través de mecanismos jurídicamente admitidos." Con ello, a juicio de la Sala, incluso se produciría "un fraude al principio de acatamiento a las órdenes de la autoridad, haciendo que opere una norma jurídica con la finalidad de evitar la aplicación de otra."[25]

De este nuevo absurdo, dedujo entonces la Sala Constitucional que la Asamblea Nacional, al incluir las normas citadas en la Ley de Amnistía y Reconciliación Nacional, había incurrido en "un fraude del orden constitucional" declarando la inconstitucionalidad de las normas, pero incurriendo en discriminación y violación del principio de igualdad y de la libertad ante un beneficio de orden constitucional como es la amnistía.

La Sala finalmente también consideró, sin base constitucional alguna, que la amnistía no podía beneficiar a los reincidentes, por lo que al no estar estos excluidos "de un posible beneficiario de la amnistía" en la ley sancionada, la Asamblea, a juicio de la Sala, ignoró –todo hipotéticamente– "la alta probabilidad de que recaiga en las conductas que llevaron a procesarla penalmente en diversas oportunidades por la comisión de hechos punibles." La Sala, dijo entonces, también sin fundamento alguno, que como algunas instituciones de gracia, como la conmutación, estaban excluidas respecto del reincidente en el Código Penal (art. 56), entonces la Asamblea Nacional también debió excluir a los reincidentes de la amnistía, cuando para ello no existe limitación constitucional alguna.

De todo lo expuesto, concluyó entonces la Sala, pura y simplemente, declarando en cuanto a las disposiciones citadas relativas "a la no exclusión de los miembros del órgano otorgante, del prófugo, evadido o no a disposición del sistema de justicia y del reincidente como posibles beneficiarios de la ley," que la misma no podía "declarar su constitucionalidad, de conformidad con los artículos 2 y 3 de la Constitución de la República Bolivariana de Venezuela; y así se decide," de lo que se deduce que lo que hizo fue declarar su inconstitucionalidad, pero expresada en forma oblicua, y basada a su vez en una inconstitucionalidad en la cual incurrió, al establecer con ello una violación de la garantías de la igualdad y de la libertad personal, y de no discriminación que establece el artículo 19 de la Constitución.

---

[25] A tal efecto, citando a Messineo, destacado autor de derecho mercantil, la sala consideró que "el fraude a la ley se caracteriza por la circunstancia de que se respeta la letra de la ley, mientras que, de hecho, se trata de eludir su aplicación y de contravenir su finalidad con medios indirectos." La cita en la sentencia es: F. Messineo, *Manual de Derecho Civil y Comercial*. Trad: Santiago Sentís Melendo. EJEA, Tomo II, Buenos Aires 1979, p. 480.

6. *La inconstitucionalidad de la amnistía respecto de las infracciones administrativas*

La Sala Constitucional, adicionalmente consideró inconstitucional que la Ley de Amnistía y Reconciliación Nacional regulara entre los supuestos comprendidos en la misma, a "situaciones o circunstancias relacionadas a infracciones administrativas enmarcadas en la defensa del patrimonio público y la lucha contra la corrupción," haciendo referencia a los artículos 15 y 19 de la Ley, que contemplaban la despenalización de hechos punibles, en los casos de: (i) "supuestos enriquecimientos ilícitos que hayan tenido como único sustento el procedimiento de verificación patrimonial efectuado por la Contraloría General de la República" (art. 15.b); (ii) de actos en los cuales "no haya habido recepción, apoderamiento o sustracción de bienes o fondos públicos en beneficio particular"(art. 19.a); y (iii) de "omisiones, inexactitudes o incumplimientos vinculados a la obligación de presentar, la declaración jurada de patrimonio" siempre que la declaración "haya sido presentada aunque luego del vencimiento del plazo legal."

De estas previsiones, la Sala Constitucional pura y simplemente dedujo que la Asamblea Nacional había hecho "un aprovechamiento arbitrario de la amnistía que la extiende a situaciones que rebasan la naturaleza excepcional de tal institución y que implican, además, un desconocimiento flagrante a la legalidad y constitucionalidad de las sanciones impuestas por la Contraloría General de la República," cuando la Constitución no regula ni excluye ningún ámbito de despenalización salvo los límites mencionados de delitos de lesa humanidad, delitos graves contra los derechos humanos, y crímenes de guerra.

Sin embargo, la Sala concluyó que al incluir la despenalización respecto de infracciones administrativas en la Ley, ello puso de manifiesto que la Asamblea se había desviado "ampliamente" del propósito especial y excepcional de la amnistía, concluyendo igualmente en este caso, que "no puede impartir la conformidad de la ley con la Constitución," lo que se entiende igualmente que es una declaración oblicua de inconstitucionalidad.

7. *La inconstitucionalidad de la amnistía por violación al principio de soberanía*

La Sala Constitucional también declaró la inconstitucionalidad del artículo 18 de la Ley de Amnistía y Reconciliación Nacional, nada menos que por violación al principio de la soberanía, por el hecho de que en la norma se previó que el juez competente para verificar las circunstancias relativas a la efectividad de la amnistía, debía tener en cuenta que el condenado hubiese sido "excluido de la lista o base de datos de personas requeridas" por la INTERPOL "al considerarse que la persecución penal se refiere a delitos políticos;" y además, que los Órganos de protección Internacional de los derechos humanos (Comisión o la Corte Interamericana de Derechos Humanos, Comité de Derechos Humanos previsto en el Pacto Internacional de Derechos Civiles y Políticos, o los Comités, Comisiones, Relatorías o Grupos de Trabajo del Sistema de Naciones Unidas), hubieran "declarado la violación de algún derecho del imputado, procesado o condenado durante el desarrollo del proceso penal correspondiente o que el presunto responsable se haya visto forzado a salir del territorio de la República Bolivariana de Venezuela y haya obtenido asilo o refugio."

El artículo 27 de la Ley, además, restableciendo la vigencia de los derechos humanos en la Constitución, estableció que:

"los tribunales y demás órganos del poder público darán estricto cumplimiento a las sentencias, medidas u otras decisiones que hayan dictado los organismos internacionales encargados de la protección de los derechos humanos, relativas a las acciones u omisiones del Estado venezolano que se hayan traducido en la vulneración de tales derechos, de conformidad con lo dispuesto en los respectivos tratados, pactos o convenciones ratificados por el Estado venezolano y a las demás obligaciones internacionales de la República."

Ahora bien, disponer que el Estado venezolano debe tener alguna confianza en lo resuelto por organismos internacionales como elementos a tener en consideración por el juez, fue suficiente para que la Sala Constitucional considerase como violada la soberanía nacional, considerando las normas mencionadas como inconstitucionales, ratificando para ello todas las sentencias que desde 2003 había venido dictando, desconociendo la "prevalencia de las normas que conforman los Tratados, Pactos y Convenios Internacionales sobre Derechos Humanos, en el orden interno," y ratificando su inconstitucional e inconvencional tesis del "carácter no vinculante de las opiniones, declaraciones, dictámenes e informes de los organismos internacionales; así como la inejecutabilidad de los fallos emanados de la Corte Interamericana de Derechos Humanos." En particular, la Sala hizo referencia a su sentencia Nº 1.942 del 15 de julio de 2003 (caso: *"Rafael Chavero Gazdik"*), ratificada recientemente en decisión número 1.175 del 10 de septiembre de 2015 (caso: *"Reinaldo Enrique Muñoz Pedroza y otros"*), donde desmontó lo previsto en el artículo 23 de la Constitución, mutando ilegítimamente su contenido.

La Sala Constitucional también "recordó," no sin disimular cierto absurdo orgullo, que a petición y exhortación suya, Venezuela denunció el 10 de septiembre de 2012 la Convención Americana sobre Derechos Humanos, por lo que en consecuencia, a partir del 10 de septiembre de 2013:

"el Estado venezolano está desligado de las obligaciones contenidas en esta Convención en lo que concierne a todo hecho que, pudiendo constituir una violación de esas obligaciones, haya sido cumplido por él anteriormente a la fecha en la cual la denuncia produce efecto (*cfr.* Sentencia de esta Sala número 1.175 del 10 de septiembre de 2015)."

En consecuencia de ello, la Sala Constitucional declaró que los artículos 2, 18 y 27 de la Ley "vulneran los múltiples fallos dictados por esta Sala, en los cuales se ha declarado la *inejecutabilidad* de las sentencias emanadas de la Corte Interamericana de Derechos Humanos," citando las siguientes sentencias:

1. Sentencia Nº 1.939 del 18 de diciembre de 2008, "que declaró *inejecutable* el fallo de la Corte Interamericana de Derechos Humanos, de fecha 5 de agosto de 2008, en el que se ordenó la reincorporación en el cargo de los ex-magistrados de la Corte Primera de lo Contencioso Administrativo Ana María Ruggeri Cova, Perkins Rocha Contreras y Juan Carlos Apitz B., se condenó a la República Bolivariana de Venezuela al pago de cantidades de dinero y a las publicaciones referidas al sistema disciplinario de los jueces."[26]

2. Sentencia de la Sala Constitucional Nº 1.547 del 17 de octubre de 2011, en la cual "se declaró *inejecutable* el fallo de la Corte Interamericana de Derechos Humanos, de fecha 1 de septiembre de 2011, en el que se condenó al Estado Venezolano, a través de los órganos competentes, y particularmente del Consejo Nacional Electoral (CNE)," a asegurar "que las sanciones de inhabilitación no constituyan impedimento para la postulación del señor López Mendoza en el evento de que desee inscribirse como candidato en procesos electorales;" anuló las Resoluciones del 24 de agosto de 2005 y 26 de septiembre de 2005, dictadas por el Contralor General de la República, por las que inhabilitaron al referido ciudadano al ejercicio de funciones públicas por el período de 3 y 6 años, res-

---

[26] Véase los comentarios sobre esa sentencia en Allan R. Brewer-Carías, "La interrelación entre los Tribunales Constitucionales de América Latina y la Corte Interamericana de Derechos Humanos, y la cuestión de la inejecutabilidad de sus decisiones en Venezuela," en *Anuario Iberoamericano de Justicia Constitucional,* Centro de Estudios Políticos y Constitucionales, Nº 13, Madrid 2009, pp. 99-136.

pectivamente; y se condenó a la República Bolivariana de Venezuela al pago de costas y a las adecuación del artículo 105 de la Ley Orgánica de la Contraloría General de la República y el Sistema Nacional de Control Fiscal."[27]

3. Y sentencia de esta Sala Constitucional número 1.175 del 10 de septiembre de 2015, en la que se declaró "que es inejecutable el fallo dictado por la Corte Interamericana de Derechos Humanos, de fecha 22 de junio de 2015, en el caso *Granier y otros (Radio Caracas Televisión) vs. Venezuela*, por constituir una grave afrenta a la Constitución de la República Bolivariana de Venezuela y al propio sistema de protección internacional de los derechos humanos; en consecuencia."[28]

Luego de citar estos lamentables fallos, la Sala pasó entonces a repasar sus anteriores decisiones relativas a declarar que "la soberanía, independencia, autonomía y autodeterminación nacional, constituyen derechos irrenunciables del Estado Venezolano y, por tanto, son inherentes a las funciones que constitucional y legalmente tiene atribuido su Poder Judicial (artículo 2 constitucional), ratificando lo resuelto en la sentencia N° 100 del 20 de febrero de 2015, caso: (*"Reinaldo Enrique Muñoz Pedroza"*), dictada para dar una "opinión jurídica" sobre la Ley del 2014 del Senado de los Estados Unidos para la defensa de los derechos humanos y la sociedad civil de Venezuela,[29] declarando que con base en ello, "el Estado venezolano ha objetado enérgicamente el uso desmedido, arbitrario y antiético de la figura de los delitos políticos para invocar el derecho de asilo; así como su concesión bajo el amparo de dicha figura a individuos sujetos a procesos judiciales, con el único fin de evadir la justicia venezolana," citando en apoyo el "Acuerdo de la Asamblea Nacional en Rechazo al Asilo concedido por el Gobierno de la República del Perú al ciudadano Manuel Rosales."[30]

La Sala rechazó, en todo caso, que pudiera darse valor alguno al hecho de que algún imputado, procesado o condenado, hubiese sido excluido de la base de datos o listas de personas requeridas por la INTERPOL por persecución por delitos políticos, y que se pretenda conceder amnistía "con el solo fundamento de que algún funcionario o exfuncionario del

---

[27]   Véase los comentarios sobre esa sentencia en Allan R. Brewer-Carías, "La incompetencia de la Administración Contralora para dictar actos administrativos de inhabilitación política restrictiva del derecho a ser electo y ocupar cargos públicos (La protección del derecho a ser electo por la Corte Interamericana de Derechos Humanos en 2012, y su violación por la Sala Constitucional del Tribunal Supremo al declarar la sentencia de la Corte Interamericana como "inejecutable"), en Alejandro Canónico Sarabia (Coord.), *El Control y la responsabilidad en la Administración Pública, IV Congreso Internacional de Derecho Administrativo, Margarita 2012*, Centro de Adiestramiento Jurídico, Editorial Jurídica Venezolana, Caracas 2012, pp. 293-371.

[28]   Véase los comentarios sobre esa sentencia en Allan R. Brewer-Carías, "La condena al Estado en el caso *Granier y otros (RCTV) vs. Venezuela*, por violación a la libertad de expresión y de diversas garantías judiciales. Y de cómo el Estado, ejerciendo una bizarra "acción de control de convencionalidad" ante su propio Tribunal Supremo, ha declarado inejecutable la sentencia en su contra," 14 de septiembre 2015, en http://www.allanbrewercarias.com/Content/449725d9-f1cb-474b-8ab2-41efb849fea3/Content/Brewer.%20La%20condena%20al%20Estado%20en%20el%20caso%20CIDH%20Granier%20(RCTV)%20vs.%20Venezuela.%2014%20sep.%202015.pdf.

[29]   Véase los comentarios sobre esa sentencia en Allan R. Brewer-Carías, "La inconstitucional confusión e inversión de roles en el Estado totalitario: el juez constitucional actuando como "consultor jurídico" dependiente del Poder Ejecutivo en la emisión de un "dictamen" sobre la "Ley del 2014 del senado de los Estados Unidos para la defensa de los derechos humanos y la sociedad civil de Venezuela," en *Revista de Derecho Público, N° 141*, (Primer semestre 2015, Editorial Jurídica Venezolana, Caracas 2015, pp. 191-202.

[30]   *Gaceta Oficial* N° 39.178 del 14 de mayo de 2009.

sistema de administración de justicia haya reconocido la manipulación fraudulenta del expediente, la investigación o el proceso penal,"[31] desconociendo que se pueda valorar que en la actividad jurisdiccional desplegada en procesos jurisdiccionales por razones políticas, puedan existir "circunstancias que menoscaban la confiabilidad en la administración imparcial de la justicia o permiten concluir que aquellas obedecen a una persecución política," pues ello, según la Sala, implicaría violar las garantías del debido proceso contenidas en el artículo 49, numerales 1, 2 y 5, de la Constitución.

De todo ello, la Sala Constitucional concluyó con su apreciación de que la inclusión de los artículos 2, 18 y 27 en la Ley, "resulta inaceptable" considerando que:

"la intención del legislador no es la de sentar las bases para la reconciliación nacional y la paz social, sino que ha pretendido explícitamente amparar la impunidad mediante la concesión de amnistía de los hechos considerados delitos, faltas o infracciones señalados en la misma, sobre la base de que el Poder Judicial de la República Bolivariana de Venezuela reconozca, tanto a nivel de la comunidad nacional como internacional, que en su actividad jurisdiccional que le es propia, no es autónomo, independiente e imparcial, sin que ello implique que el Estado venezolano no reconozca sus obligaciones internacionales en el marco del Derecho Internacional de los Derechos Humanos."

De todo ello, también, pura y simplemente, la Sala consideró "demostrado" que los artículos 2, 18 y 27 de la Ley de Amnistía y Reconciliación Nacional violan los artículos 2, 7, 23, 49.5, 253, 254, 256, 257, 334, 335 y 336 de la Constitución, "infringen flagrantemente los criterios jurisprudenciales con carácter vinculante y el ordenamiento jurídico" antes mencionados:

"y vulneran las sentencias dictadas por esta Sala en las cuales se ha declarado la inejecutabilidad de los fallos emanados de la Corte Interamericana de Derechos Humanos, esta Sala declara su inconstitucionalidad. Así se decide."

8. *La inconstitucionalidad de la amnistía por violación del derecho a la protección del honor, vida privada, intimidad, propia imagen, confidencialidad y reputación*

La Sala Constitucional, además, consideró que la Ley de Amnistía también era inconstitucional por violar el derecho a la protección del honor, vida privada, intimidad, propia imagen, confidencialidad y reputación, en los términos en los cuales la propia Sala en sentencias anteriores ha "delimitado el contenido del derecho a la libertad de expresión y a la información en cuanto a su forma de manifestación y los medios empleados," los cuales se encuentran restringidos por otros derechos que "pueden requerir una protección incluso mayor a los referidos derechos, como lo puede ser el derecho al honor, imbricado con la defensa de la dignidad humana," citando para reforzar su aserto lo resuelto en sentencia N° 571 del 27 de abril del 2001 (caso: *"Francisco Segundo Cabrera Bastardo"*), y N° 1.942 del 15 de julio de 2003 (caso: *"Rafael Chavero Gazdik"*).

---

[31]   Como fue el caso por ejemplo del Fiscal en el caso de la condena de Leopoldo López. Véase los comentarios en Allan R. Brewer-Carías, "Lo que faltaba: la confesión del fiscal Franklin Nieves, acusador en el caso de Leopoldo López y otros estudiantes, condenados por los inexistentes "delitos" de "opinión" y de "manifestar," reconociendo la ausencia de independencia y de autonomía de los jueces y fiscales en Venezuela," 25 de octubre 2015, en http://www.allanbrewercarias.com /Content/449725d9-f1cb-474b-8ab2-41efb849fea3/Content/LO%20QUE%20FALTABA.%20Con fesi%C3%B3n%20Fiscal%20del%20caso%20Leopoldo%20L%C3%B3pez.%20Pruebas%20falsas, %20oct%202015.pdf.

Del contenido de esos fallos, dedujo la Sala que resultaba "claro que la persona afectada por la emisión de una opinión tiene el derecho de accionar judicialmente contra el sujeto que emitió el pensamiento y contra el medio (radio, prensa, televisión ó página de internet) a través del cual se produjo la divulgación del mismo, sin que la responsabilidad de una de las partes sea excluyente de la otra," excluyendo sin fundamento alguno de la gracia de la amnistía, los "hechos ofensivos que atenten contra el honor, vida privada, intimidad, propia imagen, confidencialidad y reputación de una persona," considerando que es esos casos, "los tribunales penales ostentan una competencia genérica y funcional para conocer de la violación de este derecho constitucional que se alega violado."

La consecuencia de ello fue, pura y simplemente que lo previsto en el artículo 9 de la Ley de Amnistía y Reconciliación Nacional, al conceder amnistía en casos de hecho punibles que tengan relación con delitos de opinión, a juicio de la Sala vulnera el artículo 60 del Texto Fundamental "así como lo dispuesto en el artículo 19 del Pacto Internacional de Derechos Civiles y Políticos y el artículo 29.2 de la Declaración Universal de Derechos Humanos:"

> "al pretender anular el derecho de acción que tienen los afectados de solicitar ante los tribunales de justicia el restablecimiento de la situación jurídica infringida, cuando han sido dañados en su honor y reputación, así como de obtener la decisión correspondiente en los causas que se encuentren en curso; pretendiendo anular con ello unos de los rasgos fundamentales del estado de derecho, como lo es la justicia. Así se decide."

Igual consideración se extiende a los delitos de generación de zozobra, pues, como ya se expresó, si bien existe el derecho a la libertad de expresión, este no es absoluto, no pudiendo pretenderse amparar el uso delictual y malsano de dicho derecho en perjuicio de la paz social. Por lo que, definitivamente, lo que corresponde es el respeto a las decisiones que hayan sido tomadas por los tribunales en tales causas (evidentemente con el derecho a recurrir de las mismas con base en lo estipulado en la ley) o el correspondiente proceso judicial (si fuera el caso) en aquellas que no han iniciado, para que a través de un debido proceso se obtenga una decisión ajustada a derecho."

O sea, la Sala Constitucional, impunemente, agregó a la lista de limitaciones constitucionales para decretar amnistía que se refiere única y exclusivamente a los delitos de lesa humanidad, violaciones graves de los derechos humanos y los crímenes de guerra (art. 29), los delitos de opinión, mutando ilegítimamente la Constitución; delitos que por lo demás han sido declarados inconvencionales en el mundo latinoamericanos; declarando entonces inconstitucional la previsión del artículo 9 de la Ley de Amnistía y Reconciliación Nacional.

Con una decisión como esta, no sólo se eliminó la potestad de la Asamblea Nacional de decretar amnistías, sino que la Sala Constitucional de nuevo usurpó el poder constituyente y modificó la Constitución a su antojo.

9.   *La inconstitucionalidad de la totalidad del articulado la Ley de Amnistía por sus "efectos en la sociedad y el ordenamiento jurídico," como acto final de "ejecución" de la Asamblea Nacional en cumplimiento de la sentencia de muerte que se le había decretado*

Por último, la Sala concluyó su sentencia formulando una declaración genérica de inconstitucionalidad de la Ley de Amnistía y Reconciliación Nacional por los efectos que según la Sala produce "en la sociedad y en el ordenamiento jurídico," considerando que con dicha Ley "se revela una actividad arbitraria del legislador, el cual no actúa en representación del interés general de la sociedad," pretendiendo:

"imponer una verdadera hegemonía de los intereses sectoriales ajenos a los principios constitucionales (justicia, paz y responsabilidad entre otros), presentando sus intereses particulares como valores generales, mediante un pretendido consenso social sustentado, no en un proceso de disensos y consensos propio del sistema democrático, sino aprovechándose de la legitimidad derivada de la representación indirecta que se ejerce en el marco de las competencias del Órgano Legislativo."

O sea, como la Asamblea Nacional a partir de diciembre de 2015 responde a una nueva mayoría democrática opuesta al Gobierno que controla a la Sala Constitucional, entonces por ello, la Sala considera que la misma, por tener un legítimo criterio político de oposición al gobierno, lo que supuestamente busca es "imponer y reproducir una realidad social en el marco de un proceso de establecimiento de una posición hegemónica" acusando a la Asamblea Nacional de:

"la imposición de antivalores como la impunidad y la desobediencia a la ley, a través de un marco jurídico institucional, en el cual no se garanticen eficazmente los principios de dignidad, igualdad, libertad, entre otros, que informan el Texto Fundamental."

Con base en ello, la Sala Constitucional, frente a una Ley de Amnistía que solo compete ser evaluada y dictada políticamente por la Asamblea Nacional, consideró que era "claro que bajo el principio de obediencia a la autoridad," la Asamblea lo que pretendía era "imponer una ley arbitraria que promueve la impunidad de los delitos fuera del marco constitucional," y que además resultaba claro que la ley tenía:

"por fin, no el ejercicio de una potestad conforme al marco constitucional, sino como una normativa que atenta y desconoce su articulado, pero que, además, genera consecuencias contrarias al propio fin de toda ley de amnistía, que es lograr la paz social en el marco de un estado de derecho, lo que implica el sometimiento de los individuos y la sociedad a los canales democráticos para la solución de sus desacuerdos (Sentencia de esta Sala número 24/03)."

Imposible encontrar en una sentencia un rechazo tan determinante contra el órgano que ostenta la representación popular, donde una abrumadora mayoría le dio el control a la oposición democrática, usando para ello, cínicamente, argumentos supuestamente "democráticos."

Por ello, sobre la motivación de una amnistía decretada por la Asamblea para reconciliar a la sociedad, la Sala negó de plano que "un proceso de diálogo político deba darse desde el olvido de los crímenes […], como si ningún delito se hubiera cometido," acusando a la Ley de Amnistía de desconocer a "las víctimas" considerando que "por ser las más directamente afectadas, son las que mayor interés tendrían en el juzgamiento de los delitos que hoy se presentan amnistiados," y en fin considerando que leyes como la de amnistía, contribuyen a crear una situación de anómica:

"en la cual si bien existen las leyes y las costumbres, su respeto no está garantizado. Estas son poco observadas para la sociedad en su conjunto. La conducta anómica degenera en un caos social, por lo que constituye una real e importante amenaza para la sociedad."

Por ello, terminó la Sala afirmando que no podía "permitir otorgar la constitucionalidad de una Ley que propenda a la anomia de la sociedad venezolana, en franco desconocimiento de sus valores y los principios y garantías que informan el Texto Fundamental."

Con esta sentencia, en realidad, la Sala Constitucional se olvidó de lo que ella misma afirmó en la sentencia Nº 794/2011 (caso: *Ricardo Fernández Barruecos y otros*), que citó al final de la misma, y que sin duda se le aplica a ella misma, en el sentido de que ella "no puede, en ejercicio de las competencias que le son atribuidas," como es el control de constitucionalidad de las leyes, "afirmar un grado tal de discrecionalidad que le permita aseverar que tiene la opción de actuar en contra de la Constitución, los derechos y las garantías que en ella se consagran y que reflejan un conjunto de principios y valores," como lo hizo en este caso, concluyendo con la absurda declaración de que:

"*la totalidad del articulado* de la analizada Ley de Amnistía y Reconciliación Nacional desconoce que Venezuela es un Estado Democrático y Social de Derecho y de Justicia y se aparta de los fines constitucionalmente establecidos en los artículos 1, 2 y 3 de la Constitución de la República Bolivariana de Venezuela, motivo por el cual esta Sala Constitucional no puede impartir su conformidad con la Constitución; y así se declara."

O sea, la Ley de Amnistía y Reconciliación Nacional, en su totalidad, fue declarada inconstitucional por la Sala Constitucional del Tribunal Supremo, eliminando de la Constitución, materialmente, no solo toda posibilidad de que la Asamblea Nacional pueda en algún momento decretar una amnistía si el Tribunal Supremo está controlado por el gobierno, sino la simple posibilidad de que la Asamblea ejerza la representación popular y decida sobre asuntos políticos.

Es decir, el órgano político por excelente en la organización del Estado no puede tomar decisiones políticas, políticamente orientadas, si las mismas no están en la línea de acción del Poder Ejecutivo que controla a la Sala Constitucional. En consecuencia, la sentencia dictada declarando la inconstitucionalidad de la totalidad del articulado de la Ley de Amnistía y Reconciliación Nacional, equivale definitivamente a la ejecución de la Asamblea Nacional, en cumplimiento de la sentencia de muerte que la propia Sala ya había dictado.

Bajo otro ángulo, después de la oposición contra la Ley anunciada públicamente por el Ministro de la Defensa antes de dictarse la sentencia, como lo expresó María Amparo Grau:

"perdió el Estado de Derecho y el poder civil. El militar, ganó su inconstitucional batalla. Los presos políticos siguen en sus celdas y los derechos humanos de estos seres y sus familias caen víctimas de esta desigual lucha."[32]

III. LA ANIQUILACIÓN DEFINITIVA DE LA POTESTAD DE LEGISLAR POR LA ASAMBLEA NACIONAL: EL CASO DE LA DECLARATORIA DE INCONSTITUCIONALIDAD DE LA LEY DE REFORMA DE LA LEY ORGÁNICA DEL TRIBUNAL SUPREMO DE JUSTICIA

Los dos casos antes comentados de declaración de inconstitucionalidad de la Ley del Banco Central y de la Ley de Amnistía, pusieron en evidencia la política de Estado fijada desde que se produjo la elección de los diputados a la Asamblea Nacional del 6 de diciembre de 2015 de no permitirle a la Asamblea Nacional ejercer su función de legislar. Ello en todo caso se confirmó cuando la Sala Constitucional, de nuevo, arremetió contra la Asamblea mediante sentencia N° 341 de 5 de mayo de 2016,[33] en la cual, usurpando el Poder Constituyente, por una parte mutó ilegítimamente el texto y sentido del artículo 214 de la Constitución en materia de iniciativa legislativa, quitándole paradójicamente a la propia Asamblea

---

[32]   Véase María Amparo Grau, "La rebelión militar contra la fuerza de la ley," en *El Nacional*, Caracas 13 de abril de 2016.

[33]   Véase en http://historico.tsj.gob.ve/decisiones/scon/mayo/187589-341-5516-2016-16-0396.HTML
Véase el comentario en Allan R. Brewer-Carías, "La aniquilación definitiva de la potestad de legislar de la Asamblea Nacional: el caso de la declaratoria de inconstitucionalidad de la Ley de Reforma de la Ley Orgánica del Tribunal Supremo de Justicia," 16 de mayo de 2016, en http://www.allanbrewercarias.com/Content/449725d9-f1cb-474b-8ab2-41efb849fea3/Content/Brewer.%20Aniquilaci%C3%B3n%20%20Asamblea%20Nacional.%20Inconstituc.%20Ley%20TSJ%2015-5-2016.pdf.

Nacional, que es precisamente el órgano que ejerce el Poder Legislativo, la iniciativa en ciertas materias de leyes; y por la otra, contrariando su propia jurisprudencia,[34] impuso, en contra de su propia interpretación del texto constitucional, la necesidad de una mayoría calificada para poder reformar leyes orgánicas así calificadas en la Constitución.

La Sala Constitucional además, sin competencia constitucional para ello, juzgó como no "razonable" la reforma de la Ley Orgánica del Tribunal Supremo de Justicia de 7 de abril de 2016, cercenándole a la Asamblea su potestad de legislar políticamente; y declaró "inconstitucional" una norma procedimental introducida en la reforma que buscaba garantizar el debido proceso en los casos de control previo de constitucionalidad a solicitud del Presidente de la República conforme al artículo 214 de la Constitución.

La sentencia, en contra de todos los principios que rigen en materia de control de constitucionalidad, terminó declarando "inconstitucionales," "inexistentes" y "sin ninguna aplicabilidad" todas las normas de la Ley de reforma mencionada. Con ello, la Asamblea Nacional, definitivamente quedó sin materia sobre la cual poder legislar por obra del Juez Constitucional.

Simplemente, con esta sentencia, el mundo de la justicia quedó al revés, o como lo diría Umberto Eco en boca de Adso de Melk, "marcha patas arriba", como cuando:

> "los ciegos guían a otros ciegos y los despeñan en los abismos, los pájaros se arrojan antes de haber echado a volar, los asnos tocan la lira, los bueyes bailan, los perros huyen de las liebres y los ciervos cazan leones."[35]

Es decir, en Venezuela tenemos un Juez Constitucional que en lugar de ser el guardián de la Constitución, y que como tal la garantiza, es el que la viola abierta e impunemente, ejerciendo lo que podría calificarse como una "injusticia" inconstitucional, que está fuera de todo control.

1. *La Sala Constitucional cercenando en forma inconstitucional la iniciativa legislativa del propio órgano legislativo*

Así, ante una norma como es la del artículo 204.4 de la Constitución, que otorga la iniciativa en materia legislativa a las Comisiones de la Asamblea Nacional y a tres diputados al menos de la misma, y que reduce la iniciativa legislativa del Tribunal Supremo de Justicia a solo poder presentar proyectos de ley relativos a "la organización y procedimiento judiciales," excluyendo cualquier otra materia, la Sala Constitucional "interpretado" la Constitución, llegó al absurdo contrario, afirmando que la Asamblea, es decir, sus comisiones y diputados no tiene iniciativa legislativa en materia de leyes relativas a la organización y procedimiento judiciales, materia en la cual es el Tribunal Supremo el que tiene dicha iniciativa en forma exclusiva y excluyente.

La sentencia fue dictada con motivo de la remisión que le hizo el Presidente de la República conforme a lo previsto en el artículo 214 de la Constitución sobre control previo de la constitucionalidad de las leyes sancionadas y aún no promulgadas, y en la misma la Sala Constitucional procedió a declarar la inconstitucionalidad de la "Ley de Reforma Parcial de la Ley Orgánica del Tribunal Supremo de Justicia," que la Asamblea Nacional había sancionado el 7 de abril de 2016.

---

[34]   Véase sentencia N° 34 de 26 de enero de 2004 en http://historico.tsj.gob.ve/decisiones/scon/enero/34-260104-03-2109%20.HTM

[35]   Umberto Eco, *El nombre de la rosa*, Ed. Lumen, Barcelona 1987, pp. 22 y 98.

Para dictar esta sentencia, con el contenido mencionado, ya la Sala había preparado el camino al agregar una frase en su sentencia N° 9 del 1 de marzo de 2016, al referirse a la Ley Orgánica del Tribunal Supremo de Justicia, indicando entre paréntesis: *"(cuya iniciativa legislativa corresponde al Poder Judicial de forma exclusiva y excluyente, de conformidad con el artículo 204 numeral 3 de la Constitución)"*.[36]

Con base en esa frase, en la remisión que hizo el Presidente de la República de la reforma de la Ley ante la Sala, planteó entonces ante la misma que tenía "serias dudas":

"acerca de la competencia de los integrantes de la Asamblea Nacional para presentar proyectos de Ley al Parlamento y con ello dar inicio al procedimiento de elaboración de las leyes previsto en nuestra Constitución; toda vez que, a nuestro entender, tal competencia es exclusiva y excluyente del Tribunal Supremo de Justicia, de conformidad con lo dispuesto en el artículo 204 constitucional."

Es decir, ni más ni menos que la negación de la iniciativa legislativa del propio órgano constitucional al cual corresponde legislar. Recuérdese que conforme al artículo 187.1 de la Constitución, es una atribución de la Asamblea Nacional "legislar en las materias de la competencia nacional y sobre el funcionamiento de las distintas ramas del Poder Público," a cuyo efecto, el artículo 204 del mismo texto dispone que "la iniciativa de las leyes corresponde" en la forma más amplia posible:

"1. Al Poder Ejecutivo Nacional.

2. A la Comisión Delegada y a las Comisiones Permanentes.

3. A los y las integrantes de la Asamblea Nacional, en número no menor de tres.

4. Al Tribunal Supremo de Justicia, cuando se trate de leyes relativas a la organización y procedimientos judiciales.

5. Al Poder Ciudadano, cuando se trate de leyes relativas a los órganos que lo integran.

6. Al Poder Electoral, cuando se trate de leyes relativas a la materia electoral.

7. A los electores y electoras en un número no menor del cero coma uno por ciento de los inscritos e inscritas en el Registro Civil y Electoral.

8. Al Consejo Legislativo, cuando se trate de leyes relativas a los Estados."

Por supuesto, es elemental que con esta enumeración de iniciativas, además de la iniciativa popular de las leyes (ord. 7), por sobre todo, es el propio órgano legislativo a través de la Comisión Delegada, de las Comisiones Permanentes o de al menos tres diputados, el que tiene la iniciativa fundamental y más general para la presentación de proyectos de ley, cualquiera sea la materia de la ley.

---

[36] Véase en http://historico.tsj.gob.ve/decisiones/scon/marzo/185627-09-1316-2016-16-0153.HTML. Véase el comentario en Allan R. Brewer-Carías, "El ataque de la Sala Constitucional contra la Asamblea Nacional y su necesaria e ineludible reacción. De cómo la Sala Constitucional del Tribunal Supremo pretendió privar a la Asamblea Nacional de sus poderes constitucionales para controlar sus propios actos, y reducir inconstitucionalmente sus potestades de control político sobre el gobierno y la administración pública; y la reacción de la Asamblea Nacional contra a la sentencia N° 9 de 1-3-2016," en http://www.allanbrewer-carias.com/Content/449725d9-f1cb-474b-8ab2-41efb849fea3/Content/Brewer.%20El%20ataque%20Sala%20Constitucional%20v.%20Asamblea %20Nacional.%20SentNo.%209%201-3-2016).pdf.

En cuanto a la iniciativa otorgada a los otros órganos del Poder Público Nacional, salvo respecto del Poder Ejecutivo que puede tener la iniciativa de leyes en cualquier materia legal, en relación con los otros órganos del Poder Público la Constitución limita su poder de iniciativa de las leyes, única y exclusivamente respecto de aquellas que les conciernen. Es decir, el Tribunal Supremo de Justicia, puede tener iniciativa legislativa única y exclusivamente "cuando se trate de leyes relativas a la organización y procedimientos judiciales" (ord. 4); el Poder Ciudadano, puede tener iniciativa legislativa única y exclusivamente "cuando se trate de leyes relativas a los órganos que lo integran" (ord. 5); y el Poder Electoral, puede tener iniciativa legislativa única y exclusivamente "cuando se trate de leyes relativas a la materia electoral" (ord. 6).

Por tanto, dichos órganos del Poder Público nacional no tienen iniciativa alguna para presentar ante la Asamblea Nacional proyectos de ley sobre otras materias distintas a las mencionadas. Y lo mismo se aplica a la iniciativa otorgada a los Consejos Legislativos de los Estados, que única y exclusivamente pueden presentar ante la Asamblea Nacional proyectos "cuando se trate de leyes relativas a los Estados" (ord. 8).

Ese y no otro es el sentido de lo dispuesto en el artículo 204 de la Constitución, establecido para solo limitar la iniciativa legislativa de los órganos de los Poderes Judicial, Ciudadano y Electoral reduciéndola solo a las materias que les conciernen, pero en cambio sin limitar en forma alguna las materias de los proyectos de ley que pueden presentarse por iniciativa popular, por el Poder Ejecutivo y, por supuesto, por los propios órganos del órgano legislativo y sus diputados.

En este mismo sentido, como bien lo observó María Amparo Grau, en materia de iniciativa legislativa:

"De forma amplia se le reconoce a la Asamblea y sus miembros, al Poder Ejecutivo nacional y a la acción popular, y de forma limitada a los otros órganos del Estado mencionados en la norma, Tribunal Supremo de Justicia, Poder Ciudadano, Poder Electoral y al consejo legislativo estadal, los cuales la tendrán solo en los supuestos previstos en el artículo 204 citado.

En ningún caso puede entenderse que la iniciativa excepcional de estos órganos excluye la general de a quienes se les confiere de forma no limitada. No es que el Tribunal Supremo de Justicia sea el único que tenga iniciativa en las leyes judiciales, o el Poder Electoral en las electorales ni los consejos legislativos en las que atañen a los estados, porque eso no es lo que dice la Constitución, tanto más cuanto que es competencia de la Asamblea "legislar en las materias de la competencia nacional y sobre el funcionamiento de las distintas ramas del poder nacional" (artículo 187, numeral 1)."[37]

A pesar de la claridad de la norma, sin embargo, el Presidente argumentó ante la Sala Constitucional en su escrito, y esa era su "seria duda," que supuestamente la norma del artículo 204 establecía lo contrario, para buscar limitar la función legislativa de la Asamblea, argumentando que más bien lo que la norma establecía era:

"una verdadera reserva constitucional a los poderes allí señalados, para que presenten ante el Asamblea Nacional el proyecto de Ley, cuando éste se trate de leyes relativas a la organización y procedimientos judiciales, a los órganos que lo integran, y a la materia de su competencia según sea el Poder que lo presente."

---

[37] Véase María Amparo Grau, "Fraude constitucional: mermar la iniciativa legislativa," en *El Nacional*, Caracas, 6 de abril de 2016.

O sea que de una norma limitativa de la iniciativa legislativa que pueden tener los órganos de los Poderes Judicial, Ciudadano y Electoral, el Presidente "interpretó" que de lo que se trataba era de todo lo contrario, es decir, de una norma limitativa de la iniciativa legislativa del órgano legislativo, en el sentido de que sólo el Tribunal Supremo de Justicia tendría la iniciativa de las leyes relativas a la organización y procedimiento judiciales; de que sólo el Poder Ciudadano tendría la iniciativa de las leyes relativas a los órganos que lo integran; y de que solo el Poder Electoral tendría la iniciativa de las leyes relativas a la materia electoral.

Todo ello, con carácter excluyente en el sentido de que el órgano que legisla, es decir, absurdamente, la Asamblea Nacional, no podría tener la iniciativa para legislar sobre esas materias, y solo podría discutir y debatir los proyectos que le presenten los Poderes Públicos, con lo que, a juicio del Presidente se garantizaría:

> "el ejercicio de la potestad legislativa de la Asamblea Nacional, en un equilibrio perfecto que impide que el Poder Legislativo se apropie del resto de los Poderes Públicos, imponiendo desde allí posiciones políticas para favorecer a determinadas corrientes de la vida nacional."

Y ello fue lo que insensatamente acogió la Sala Constitucional en su sentencia, contra toda lógica y contra lo que la Constitución establece, considerando nada menos que inconstitucional la Ley de reforma, porque la Asamblea Nacional, que es el órgano que ejerce el Poder legislativo, se le ocurrió la idea de ejercer su iniciativa legislativa para reformar la Ley Orgánica del Tribunal Supremo de Justicia. El Presidente, y así lo acogió la Sala, consideró que con ello, no se había seguido "el procedimiento constitucionalmente establecido para la formación de las leyes," lo cual a su juicio viciaba "de nulidad absoluta todo el proceso y por ende el resultado del mismo."

La reforma sancionada, que la Asamblea Nacional justificó en la Exposición de motivos con base en el cúmulo de competencias en materia de Justicia Constitucional que tiene la Sala Constitucional conforme a la Constitución y la ley, básicamente tuvo por objeto aumentar el número de magistrados de la misma de cinco a quince magistrados (art. 8). A esa reforma se agregaron otras dos reformas sobre el procedimiento en los casos de causas que no requieren sustanciación (art. 147), y sobre el procedimiento en los casos de las solicitudes de control previo de constitucionalidad formuladas por el Presidente de la República conforme al artículo 214 de la Constitución (norma nueva en la reforma - artículo 146), incorporándose una Disposición Final sobre la elección de los nuevos magistrados de la Sala Constitucional por el aumento propuesto.

Para decidir, la Sala Constitucional, de entrada acogió lo expresado por el Presidente, mutando la Constitución, inventándose una "atribución exclusiva y excluyente del Tribunal Supremo de Justicia para la iniciativa legislativa en materia de organización y procedimientos judiciales."

Es decir, que de una norma restrictiva como es el artículo 204 de la Constitución que luego de regular en sentido amplio la iniciativa legislativa para las Comisiones de la Asamblea y para al menos tres diputados, dispuso que la iniciativa de las leyes corresponde *"4. Al Tribunal Supremo de Justicia, cuando se trate de leyes relativas a la organización y procedimientos judiciales"* (subrayado de la Sala); dedujo la Sala Constitucional que lo que la norma en realidad regulaba era una competencia exclusiva y excluyente del Tribunal Supremo que simplemente le quitaba toda iniciativa legislativa en la materia a la propia Asamblea Nacional a través de su Comisión Delegada o de las Comisiones especiales o de al menos tres diputados, lo cual siempre tuvo en Venezuela, desde que se constituyó el Estado en 1811. Y nada cambiaba el régimen constitucional por el hecho de que la iniciativa en la elaboración del proyecto de Ley del Tribunal de 2004 y de la reforma de 2010, en su momento hubiese partido del Tribunal Supremo de Justicia, como lo reseñó la sentencia.

La Sala Constitucional, además, advirtió que conforme al artículo 211 de la Constitución es "requisito imprescindible oír la opinión del Tribunal en el proceso de formación de la ley" cuando se refiera *a la organización y procedimientos judiciales;* y que en este caso, sin embargo, a juicio de la Sala la Asamblea procedió a sancionar la reforma "de forma desconsiderada, se pretendió cumplir con la previsión contenida en el artículo 211 constitucional de manera irregular, irrespetuosa y con evidente fraude a la Constitución," consultando al Tribunal "para que respondiera un cuestionario exiguo e irrelevante," lo que la Sala consideró que tal proceder no se compadecía "ni con la letra ni con el espíritu del artículo 211 constitucional."

Todo ello lo consideró la Sala como una "conducta irrespetuosa y fraudulenta a la Constitución," concluyendo que "desde un punto de vista constitucional resulta totalmente írrita. Así se decide."

2. *La Sala Constitucional imponiendo a la Asamblea Nacional una mayoría calificada para la reforma de las leyes orgánicas contrariando su propia jurisprudencia interpretativa*

La Sala Constitucional, en la misma sentencia N° 341 de 5 de mayo de 2016, por otra parte, pasó luego a decidir sin que siquiera ello se hubiese planteado en la solicitud formulada por el Presidente al remitir la Ley de reforma de la Ley Orgánica para su consideración, sobre un tema que ya había resuelto anteriormente –cuando el cuadro político en la Asamblea Nacional era otro, es decir, cuando el oficialismo contaba con mayoría– interpretando el artículo 203 de la Constitución, sobre la mayoría requerida para reformar leyes orgánicas así calificadas en la Constitución. Dicha norma, en efecto, sobre la reforma de las leyes orgánicas dispone que:

"*Artículo 203.* [...] Todo proyecto de ley orgánica, *salvo aquél que esta Constitución califique como tal*, será previamente admitido por la Asamblea Nacional por el voto de las dos terceras partes de los o las integrantes presentes antes de iniciarse la discusión del respectivo proyecto de ley. Esta votación calificada se aplicará también para la modificación de las leyes orgánicas."

Pues bien contra la lógica del texto constitucional, como lo advertimos en su momento,[38] la Sala Constitucional –porque se insiste en ese momento le interesaba políticamente justificar que la reforma de la Ley Orgánica del Tribunal Supremo se podía hacer con mayoría absoluta, es decir, la mitad más uno de los diputados presentes–, mediante sentencia N° 34 de 26 de enero de 2004 dictada precisamente para "interpretar el artículo 203 de la Constitución," resolvió lo siguiente:

"esta Sala Constitucional reitera que, conforme al artículo 203 de la Constitución vigente, *no es necesario el voto favorable de las dos terceras partes de los integrantes de la Asamblea Nacional para dar inicio a la discusión de los proyectos de leyes orgánicas investidas de tal carácter por calificación constitucional que pretendan modificar leyes orgánicas vigentes, entre los que se encuentra el proyecto de Ley Orgánica del Tribunal Supremo de Justicia,* y, advertido el silencio en la norma contenida en el referido artículo 203, respecto de la mayoría parlamentaria requerida para la sanción de cualquier ley orgánica, esté o no investida con tal carácter por la Constitución de 1999, declara que, de acuerdo con lo establecido en los artículos 209 de la Norma Fundamental y 120 del Reglamento Interior y de Debates de la Asamblea Nacional, cuya última reforma fue publicada en Gaceta Oficial Extraordinario, N°

---

38   Véase Allan R. Brewer-Carías, *La Constitución de 1999. Derecho Constitucional Venezolana,* Tomo I, Editorial Jurídica Venezolana, p. 451.

5.667, del 10-10-03, será necesaria *la mayoría absoluta de los integrantes de la Asamblea Nacional presentes en la respectiva sesión* para la sanción de las leyes orgánicas contempladas en el artículo 203 de la Constitución de la República Bolivariana de Venezuela, cualquiera sea su categoría. Así se decide."[39]

Sin embargo, doce años después, como la situación política era distinta a la de 2004, la Sala Constitucional varió radicalmente su interpretación del artículo 203 de la Constitución, por una totalmente opuesta a la antes establecida, decidiendo en cambio que para *modificar o reformar una ley orgánica así calificada en la Constitución* (como orgánica), ahora se requiere que la misma si sea objeto de votación calificada de las dos terceras partes de los diputados presentes antes de iniciarse la discusión del respectivo proyecto de reforma, no bastando la mayoría absoluta que antes dispuso. Sobre la discrepancia de sus propias y cambiantes interpretaciones constitucionales, hechas a la medida de los vaivenes políticos, la Sala solo dijo que lo que había resuelto en 2004, estaba "acorde con la realidad constitucional que se planteaba para ese momento y en relación al aludido texto legal."

En realidad, la "realidad constitucional" no había cambiado, y lo que sí había cambiado era la "realidad política." Por eso, la interpretación constitucional que adoptó era válida en 2004, cuando los diputados oficialistas no lograban obtener una mayoría calificada para aprobar la reforma de la Ley Orgánica del Tribunal Supremo; pero no era válida cuando los diputados oficialistas eran minoría en la Asamblea, llegando la Sala a decidir en 2016, al contrario de lo resuelto en 2004, que:

"En conclusión, esta Sala reitera que tal como lo exige el Constituyente, se requiere la mayoría calificada de las dos terceras partes de los integrantes presentes de la Asamblea Nacional, antes de la discusión del respectivo proyecto de ley, cuando se trate el mismo de una modificación de una ley orgánica, sea cual fuere su tipo o modalidad, según lo contemplado en el artículo 203 constitucional. Así se decide."

3. *La Sala Constitucional juzgando sobre la "razonabilidad" de la reforma de leyes, cercenándole a la Asamblea su potestad de legislar políticamente*

La sentencia de la Sala Constitucional, por último, y también sin que el Presidente de la República hubiese argumentado nada sobre ello, entró a juzgar sobre la "razonabilidad" de la reforma legal sancionada en el sentido de incrementar el número de magistrados de la Sala Constitucional, considerando que dicha reforma no tenía "justificación lógica." Con ello, de nuevo, la Sala le negó a la Asamblea Nacional como órgano legislativo, determinar políticamente, de acuerdo con la mayoría política que la compone, el sentido de la legislación que sancione; y ello, a pesar de que como la Sala lo reconoció en la sentencia, la Constitución en el artículo 262 dejó la determinación del número de magistrados que integran las Salas del Tribunal Supremo de Justicia, enteramente en manos del legislador. Y así fue cómo en las reformas de la Ley Orgánica de 2004 y 2010, se fijó en siete magistrados los integrantes de la Sala Constitucional y cinco magistrados para cada una de las otras Salas.

Mediante la reforma de abril de 2016, la Asamblea Nacional, dada la importancia de la Sala Constitucional en materia de Justicia Constitucional, decidió incrementar el número de magistrados de la misma a quince magistrados, y ello fue lo que la propia Sala Constitucional pasó a juzgar, con meros criterios de "racionalidad y de razonabilidad," quitándoselos al Legislador. Reconoció la Sala en efecto que "la integración de las Salas corresponde al legis-

---

[39] Véase sentencia N° 34 de 26-01-04 (Caso: *Interpretación artículo 203 de la Constitución*). Véase en http://historico.tsj.gob.ve/decisiones/scon/enero/34-260104-03-2109%20.HTM.

lador," pero se reservó para sí analizar "la racionalidad o razonabilidad de una prescripción normativa, de acuerdo a la lógica, espíritu o tendencia del ordenamiento jurídico," y considerando que "el legislador debe ser razonable," procedió a juzgar si había actuado "ajustado a la razón, moderado y racional, sin exageración ni abuso."

Bajo este nuevo criterio de juzgar la actuación de Poder Legislativo, esencialmente político, la Sala consideró que la reforma implicaba "aumentar de una manera desmesurada los magistrados" estimando el incremento de siete a quince magistrados "injustificado," supuestamente violando con ello, pero sin decir cómo ni por qué:

> "los principios de autonomía e independencia del Poder Judicial (artículos 136, 137, 253 y 267), de supremacía constitucional (artículo 7), de protección judicial del texto fundamental (artículo 335) y el principio democrático (artículo 2 y 6), todos expresamente contenidos en la Constitución vigente."

De nada valió toda la justificación expuesta por la Asamblea Nacional en la propia Exposición de Motivos de la reforma de la ley, en el hecho cierto de la expansión de las funciones de la Sala Constitucional en materia de justicia constitucional, de protección de los derechos humanos e incluso de control de convencionalidad; concluyendo en cambio con su propia apreciación que "con el número de magistrados que hoy la integran, tiene [...] claramente la suficiencia y capacidad de sus miembros para ejercer las atribuciones y competencias que constitucional, legal y jurisprudencialmente le han sido asignadas."

Y más nada; citando en la sentencia cuanta estadística se le ocurrió, la Sala Constitucional le negó a la Asamblea Nacional su potestad de legislar en materia de organización de Poder Judicial, y poder aumentar el número de magistrados del Tribunal Supremo, que consideró "impertinente" e "injustificada;" agregando además, que:

> "la justificación asomada en la Exposición de Motivos no está debidamente soportada ni económica ni racionalmente, no existiendo una estimación de la incidencia o impacto presupuestario debidamente sustentado, de conformidad con lo dispuesto en el artículo 103 del Reglamento Interior y de Debates de la Asamblea Nacional."

Artículo éste último del Reglamento, que por lo demás, no lo sancionó la Asamblea sino la propia Sala Constitucional en otra inconstitucional sentencia N° 269 de 21 de abril de 2016, que se analiza más adelante.

De todo ello, concluyó la Sala Constitucional, pura y simplemente que "ninguna Sala debe ser *'hipertrofiada'* sin fundamento lógico y sin tomar en cuenta las condiciones humanas y materiales para su efectiva implementación. Así se declara."

4. *La Sala Constitucional declarando "inconstitucional" una norma procedimental en materia de control previo de constitucionalidad que buscaba garantizar el debido proceso*

Con motivo de las decisiones adoptadas por la Sala Constitucional en materia de control previo de constitucionalidad, a solicitud del Presidente de la República, considerándose el asunto siempre como de mero derecho y sin posibilidad alguna de que las personas o funcionarios interesados puedan formular alegatos, en la reforma de la Ley Orgánica del Tribunal Supremo de Justicia, la Asamblea Nacional decidió excluir de las causas que no requieren sustanciación (artículo 145), precisamente los procedimientos de control previo de constitucionalidad, buscando garantizar el debido proceso.

Dicha modificación la consideró la Sala en su sentencia como abiertamente inconstitucional, pues agregó "un procedimiento no previsto por el Constituyente de 1999 (ni tampoco por el de 1961 –artículo 173 constitucional, último aparte–), en un asunto de mero derecho."

El argumento, por supuesto, fue completamente errado, primero, porque es el Legislador el que precisamente regula los procedimientos judiciales que, por supuesto, no están ni pueden estar establecidos en la Constitución (de lo contrario la Asamblea ni siquiera podría sancionar el Código de Procedimiento Civil, o las normas procesales contenidas en la Ley Orgánica de la Jurisdicción Contencioso Administrativa); y segundo, que nada autoriza a considerar *per se*, que el procedimiento del control previo de constitucionalidad sea siempre de "mero derecho" y que deba desarrollarse siempre sin que las partes interesadas, como puede ser por ejemplo la propia Asamblea, puedan formular alegatos en defensa de la ley sancionada.

La Sala Constitucional en cambio, sin argumentación alguna, consideró que la creación del trámite procedimental para "*sustanciar*" la solicitud de declaración de inconstitucionalidad presentada por el Presidente de la República (artículo 214 constitucional), no perseguía "subsanar una insuficiencia del Texto Fundamental ni de la vigente Ley Orgánica en caso de controversia entre el Poder Ejecutivo y la Asamblea Nacional; sino introducir un trámite inconstitucional dentro de una modalidad de control previo que, por su naturaleza, es de mero derecho." Dicho trámite, que introducía elementos de garantía del debido proceso, concluyó la Sala Constitucional, también sin argumentación alguna:

> "no es solo "*contra natura,*" sino que persigue subliminalmente dificultar el pronunciamiento oportuno de la Sala para que transcurra el lapso perentorio que el Constituyente dispone, introduciendo el análisis de admisibilidad, una audiencia constitucional y hasta la posibilidad de "*presentar pruebas, según el tema de controversia.*"

O sea que para la Sala Constitucional el garantizar el debido proceso en los procedimientos constitucionales, es simplemente "contra natura." Muy poco, por tanto, se puede esperar de este órgano que de garante de la supremacía e integridad de la Constitución, pasó a ser el instrumento para garantizar su violación impune.

5. *La Sala Constitucional declarando "inconstitucional" el ejercicio de la función de legislar por la Asamblea Nacional por "desviación de poder"*

Por último, la Sala Constitucional, como si no fuera poco lo que ya había hecho y logrado con su sentencia, castrando a la Asamblea Nacional de su potestad de legislar, terminó en la misma considerando que en la Ley de reforma de la Ley Orgánica del Tribunal Supremo que había sancionado la Asamblea, debía "advertirse con claridad un vicio, igualmente inconstitucional [que es] la desviación de poder."

Sobre dicho vicio, que se menciona en los artículos 139 y 259 de la Constitución y que en principio se aplica respecto de la actividad de la Administración Pública conforme a lo previsto en el artículo 12 de la Ley Orgánica de Procedimientos Administrativos, la Sala Constitucional lo generalizó, considerando que se manifiesta "cuando el funcionario u órgano que tiene competencia para tomar una decisión en una situación de hecho concreta, efectivamente decide, pero no para cumplir los fines previstos en la norma, sino para otros distintos." Para alegarse este vicio, por tanto, quien lo hace debe probar que efectivamente el funcionario hizo uso del poder que tiene, pero para lograr un fin distinto al establecido en la norma atributiva de competencia.

Y de allí, sin prueba alguna –que es la fase complicada y difícil del vicio de desviación de poder– la Sala Constitucional simplemente concluyó en que al aprobar la reforma de la Ley Orgánica incrementando el número de Magistrados de la Sala Constitucional, la Asamblea no persiguió

> "*optimizar*" el funcionamiento de la Sala en el ejercicio de sus múltiples atribuciones [...] sino copar de nuevos integrantes esta instancia judicial para entorpecer la labor de la máxima instancia de protección de la Constitución, con fines claramente políticos."

Y lo más cínico del argumento de la Sala Constitucional fue, en esta materia, el reconocimiento de que los requerimientos para la elección de los magistrados del Tribunal Supremo conforme a la Constitución, se establecieron "con el 'propósito de apartarlos de los eventuales cambios en la correlación de fuerzas políticas-partidistas en el seno de la Asamblea Nacional," buscando "no someter la integración del máximo Tribunal del Estado, a los vaivenes y cambios de los poderes intrínsecamente políticos." Es decir, como precisamente había sucedido en el caso de las designaciones de los magistrados efectuadas en diciembre de 2014 y diciembre de 2015, entre los cuales estaban los magistrados que estaban sentenciando. Es decir, como lo observó la organización *Acceso a la Justicia*:

"En esta decisión, la Sala Constitucional se muestra muy preocupada por defender su independencia cuando es conocido que los magistrados en buena medida son activistas políticos o tienen importantes lazos con el gobierno de turno."[40]

O como lo constató el Secretario General de la Organización de Estados Americanos en su comunicación del 30 de mayo de 2016 sobre la activación de la Carta Democrática Interamericana respecto a Venezuela, la actual integración del Tribunal Supremo "está completamente viciada tanto en el procedimiento de designación como por la parcialidad política de prácticamente todos sus integrantes."[41]

En fin, para la Sala Constitucional, la desviación de poder que le atribuyó a la Asamblea Nacional derivaban de "las intenciones subyacentes al proyecto" de Ley de Reforma, sumándose así esta decisión a lo ya resuelto en otras de la Sala, en las cuales declaró el mismo vicio con el objeto de cercenarle a la Asamblea su potestad de legislar, como órgano político. Ese fue el caso de las sentencias N° 259 del 31 de marzo de 2016 (caso: *constitucionalidad de Ley de Reforma Parcial del Decreto N° 2.179 con Rango, Valor y Fuerza de la Ley de Reforma Parcial de la Ley del Banco Central de Venezuela)*, y N° 264 del 11 de abril de 2016 (caso: *Ley de Amnistía y Reconciliación Nacional)*, que la Sala no dejó de recordar expresamente; a la cual se suman la sentencia N° 343 de 6 de mayo de 2015 (caso: *Ley de Otorgamiento de Títulos de Propiedad a Beneficiarios de los Programas Habitacionales del sector público)*, y la sentencia N° 460 de 16 de junio de 2016 (caso: *Ley Especial para Atender la Crisis Nacional de Salud)*, que se analizan más adelante.

La conclusión fue también en este caso, la declaratoria por la Sala Constitucional de la inconstitucionalidad de la Ley de Reforma Parcial de la Ley Orgánica del Tribunal Supremo de Justicia, sancionada por la Asamblea Nacional en su sesión ordinaria del 7 de abril de 2016, declarando entonces que "se preserva la vigencia de la Ley Orgánica del Tribunal Supremo de Justicia publicada en la *Gaceta Oficial* de la República Bolivariana de Venezuela N° 39.522 del 1 de octubre de 2010."

Con esta sentencia, como lo observó María Amparo Grau, al:

---

[40]		Véase "La Sala Constitucional usurpa otra vez las atribuciones de la Asamblea Nacional," *Acceso a la Justicia, Observatorio Venezolano de la Justicia*, 12 de mayo de 2016, en http://www.accesoala justicia.org/wp/info-justicia/noticias/la-sala-constitucional-usurpa-otra-vez-las-atribuciones-de-la-asamblea-nacional/.

[41]		Véase la comunicación del Secretario General de la OEA de 30 de mayo de 2016 con el Informe sobre la situación en Venezuela en relación con el cumplimiento de la Carta Democrática Interamericana, p. 127. Disponible en oas.org/documents/spa/press/OSG-243.es.pdf. En dicho Informe se afirma con precisión, que al menos cinco de los trece magistrados designados en 2015 "serían activistas político partidistas y ocuparon cargos dentro del gobierno nacional," *Ídem*. p. 83.

"restar judicialmente las competencias constitucionales del Parlamento con una consideración totalmente contraria al derecho es "un fraude hacia el orden fundamental" y un golpe
judicial al Estado constitucional de Derecho."[42]

Entonces, si con las anteriores sentencias dictadas en contra del Parlamento en los primeros meses de 2016, citadas por la misma Corte, se había sentenciado de muerte de la
Asamblea Nacional, y se la había ejecutado, e incinerado sus despojos, lo que ahora ha ocurrido con esta sentencia, equivale a la dispersión de sus cenizas.

Ya nada más podrá hacer la Asamblea Nacional, como órgano constitucional respecto
de sus funciones propias, por decisión precisamente de la Sala Constitucional, que debía
haber sido, al contrario, el órgano que debía garantizarle el ejercicio de sus funciones.

IV. LA DECLARATORIA DE INCONSTITUCIONALIDAD DE LA LEY DE OTOR-
     GAMIENTO DE TÍTULOS DE PROPIEDAD A BENEFICIARIOS DE LOS PRO-
     GRAMAS HABITACIONALES DEL SECTOR PÚBLICO: DERECHO A LA VI-
     VIENDA VS. DERECHO DE PROPIEDAD

El Presidente de la República también solicitó de la Sala Constitucional, conforme al
214 de la Constitución, el control previo de la constitucionalidad de la "Ley de Otorgamiento
de Títulos de Propiedad a Beneficiarios de la Gran Misión Vivienda Venezuela y otros Programas Habitacionales del Sector Público," que había sido sancionada por la Asamblea Nacional el 13 de abril de 2016; y mediante la cual se legisló a los efectos de "regular el otorgamiento de la titularidad del derecho de propiedad plena a los beneficiarios de unidades de
vivienda construidas" por el Estado (art. 1), estableciéndose la obligación de cumplir con ello
a todos "órganos o entes públicos competentes encargado de la ejecución del proyecto habitacional de que se trate"(art. 2); y regulándose el derecho de los beneficiarios a cuyo favor se
otorgue el correspondiente documento protocolizado "de poder *disponer libremente del bien
conforme lo establecido en el artículo 545 del Código Civil.*

La Sala Constitucional, unas semanas después, declaró la inconstitucionalidad de la Ley
mediante sentencia N° 343 de 6 mayo 2016.[43]

El fundamento para solicitar la declaratoria de inconstitucionalidad de la Ley expresado
por el Presidente de la República, estuvo en considerar que la Asamblea Nacional había
inobservado:

> "el procedimiento de formación de la Ley, en particular, por no haberse cumplido con lo es-
> tablecido en el Reglamento Interior y de Debates de la Asamblea Nacional, de conformidad
> con lo señalado por esta Sala en la sentencia N° 269 del 21 de abril de 2016, en la que se se-
> ñaló la obligatoriedad del estudio de impacto económico para determinar la viabilidad de la
> legislación a ser aprobada, así como el proceso de consulta pública correspondiente".

A ello agregó el Presidente para solicitar la declaración de inconstitucionalidad de la
ley, en "los perjuicios que considera que esta Ley tendría en la población por dársele propiedad al negocio inmobiliario sobre el derecho a la vivienda de las familias," considerando que
la Ley:

---

42   Véase María Amparo Grau, "Fraude constitucional: mermar la iniciativa legislativa," en *El Nacio-
      nal*, Caracas, 6 de abril de 2016.

43   Véase en http://historico.tsj.gob.ve/decisiones/scon/mayo/187591-343-6516-2016-16-0397.HTML.

"atenta contra ese derecho, al menos contra su sustancia de derecho humano, dando preminencia (como fuera tiempo atrás) a una disfrazada esencia económica, más bien parecida al derecho de propiedad privada."

La Sala en su sentencia, constató que a la Ley sancionada no se acompañó "ninguna ponderación en cuanto a cómo afectaría la Ley al sistema público de construcción de viviendas," y otros impactos económicos de la misma, a fin de poder determinar la viabilidad económica de la Ley. Por ello, con base en lo ya decidido por la Sala Constitucional en la referida sentencia N° 269 del 21 de abril de 2016, la Sala constató que en este caso:

> "no existe constancia de que se haya cumplido con las exigencias establecidas en los artículos 208, 311, 312, 313 y 314 de la Constitución y en el Reglamento Interior y de Debates de la Asamblea Nacional. Así se declara."

Pasó luego la Sala a considerar si el contenido de la Ley se ajustaba a los principios establecidos en la Constitución, haciendo una "ponderación y análisis de los derechos constitucionales regulados por esta ley, cuales son el derecho a la vivienda, establecido en el artículo 82 del Texto Fundamental y el derecho a la propiedad, consagrado en el artículo 115 *eiusdem*," en particular, "a la luz de los cambios significativos que en materia social trajo la aprobación de la Constitución de 1999, que obligaron a una transformación en la cultura jurídica venezolana," considerando la gestación de "un nuevo régimen constitucional" en el cual todos los derechos previstos en la Constitución son fundamentales.

Con base en ello, pasó la Sala a argumentar sobre el rol pasivo que tenía la actuación del Estado en el "Estado de derecho liberal" que "fue circunscrito a la mínima participación […] a objeto de no comprometer la libertad e igualdad formal de sus ciudadanos," haciendo el contraste con el "desarrollo del Estado social de derecho, incorporándose, a partir de 1947 en las Constituciones venezolanas la cláusula de Estado social de derecho, propugnando la participación del Estado en condición de protagonista para equilibrar las diferencias sociales, proyectándose en el círculo de los derechos humanos en pos de su eficacia;" concepto recogido en la Constitución de 1999 (art. 2); respecto del cual la Sala en anterior sentencia que cita, N° 85, del 24 de enero de 2002 (caso: *ASODEVIPRILARA*) puntualizó que tiene por objeto reforzar "la protección jurídico-constitucional de personas o grupos que se encuentren ante otras fuerzas sociales o económicas en una posición jurídico-económica o social de debilidad, y va a aminorar la protección de los fuertes. El Estado está obligado a proteger a los débiles, a tutelar sus intereses amparados por la Constitución."

Bajo estas premisas, la Sala pasó a analizar la inclusión en la Constitución del derecho a una vivienda, al establecer en su artículo 82, que:

> *"Artículo 82. "Toda persona tiene derecho a una vivienda adecuada, segura, cómoda, higiénica, con servicios básicos esenciales que incluyan un hábitat que humanice las relaciones familiares, vecinales y comunitarias. La satisfacción progresiva de este derecho es obligación compartida entre los ciudadanos y el Estado en todos sus ámbitos.*
>
> *El Estado dará prioridad a las familias y garantizará los medios para que éstas, y especialmente las de escasos recursos, puedan acceder a las políticas sociales y al crédito para la construcción, adquisición o ampliación de viviendas."*

La Sala consideró que dicho derecho, más formulado como política pública que como derecho exigible en los términos que se redactó la norma,[44] "se encuentra entre los llamados

---

[44] La Sala Constitucional, en su sentencia, recordó mi intervención en la Asamblea Constituyente, pero erradamente se refiere a "la concepción como derecho programático sostenida por el consti-

derechos prestacionales de interés social, cuya satisfacción progresiva debe ser garantizada por el Estado," el cual debe por ello, instrumentar "medidas que contribuyan al diseño y formulación de políticas sociales en aras de lograr el efectivo ejercicio de dicho derecho constitucional." Consideró incluso la Sala que la implementación de dicha política pública "por el Estado a través del Ejecutivo lo obligan, en aras de superar el asistencialismo, a reconocer que las personas beneficiarias de la misma resultan titulares de derechos."

La Sala, sin embargo, constató que "desde 1961 en Venezuela el derecho constitucional a la vivienda está ligado a la protección de las familias, por lo que su satisfacción por parte del Estado debe dirigirse primordialmente a tal fin, concepción esta que fue desarrollada con mayor profundidad en el artículo 82 de la Constitución de la República Bolivariana de Venezuela." Bajo este ángulo, la Sala entonces pasó a examinar:

"el carácter prestacional del derecho social a la vivienda, frente al derecho de propiedad que atañe a las libertades puramente individuales con todos sus efectos, que implican el uso, goce, disfrute y disposición de un bien por parte del titular del mismo con exclusión del resto de la sociedad, debiendo el Estado abstenerse de perturbar dicho derecho y, además, garantizar que no sea menoscabado por terceros, pero no implica que el Estado deba proveer de bienes a los ciudadanos y ciudadanas, por lo que se trata de un derecho de libertad individual pero no de carácter prestacional.

Entonces la Sala pasó a referirse al derecho de propiedad consagrado en el artículo 115 de la Constitución sujeto las restricciones y obligaciones que establezca la ley con fines de utilidad pública o de interés general, "lo que implica que no tiene un carácter absoluto, sino que, como todos los derechos constitucionales, se encuentra limitado por su interacción con otros del mismo rango, siempre y cuando no se altere su núcleo esencial," de manera que –afir-

---

tuyente Allan Brewer-Carías." Yo no sostuve que se trataba de un "derecho programático." Lo que dije fue que dicha norma estaba mal redactada, pues tal como quedó "no respondía al principio de la alteridad. El derecho consagrado implica una obligación del Estado a proveer vivienda, y lo que debió preverse es el derecho de las personas de acceder a la vivienda y el deber del Estado a proveer los medios para garantizar ese acceso." Por ello en la sesión del 30 de octubre de 1999, primera discusión del proyecto, expuse lo siguiente: "La forma de redacción del artículo debe ser objeto de meditación por la Asamblea. Cada vez que se regula un derecho constitucional, tiene que tenerse en cuenta el llamado "principio de la alteridad", un derecho constitucional implica una obligación de alguien. Cuando consagramos pura y simplemente: "Toda persona tiene derecho a una vivienda digna, segura, cómoda de dimensiones apropiadas higiénicas, con acceso al disfrute de servicios básicos esenciales", que es una fórmula ideal, estamos estableciendo que el Estado está obligado a suministrar vivienda en estas condiciones a todos, a toda persona, inclusive al transeúnte que aparezca por este país." Frente a ello, expresé que "aquí lo que se tiene que garantizar es el derecho al acceso a los medios para poder obtener vivienda, y la obligación del Estado a garantizar la disposición de esos medios, a los efectos de vivienda, pero tal como está redactado el artículo, es una norma que establece una obligación pura y simplemente imposible de cumplir en cualquier parte del mundo." Por todo ello, al final de la sesión del día 30 de octubre de 1999, consigné mi Voto Salvado sobre la redacción de esta norma, con el siguiente texto: "Salvo mi voto, porque a pesar de la buena intención y del ideal que expresa, la forma como quedó redactada esta norma la hace completamente incumplible. En la consagración de cualquier derecho, y más los de orden constitucional, debe tenerse en cuenta el principio de alteridad, en el sentido de que si se prevé un titular de derechos (un sujeto de derecho o todos) necesariamente tiene que haber un obligado (uno a todos); no puede haber derecho sin obligación. [...] En realidad, la norma debió prever el derecho a acceder a la vivienda, lo que obliga al Estado a proveer los medios (urbanísticos, rurales, materiales, financieros) para garantizar tal acceso en condiciones de igualdad o dando prioridad a determinadas familias.". Véase en Allan R. Brewer-Carías, *Debate Constituyente*, Tomo III, Fundación de Derecho Público, Editorial Jurídica Venezolana, Caracas 1999.

mó la Sala– "puede verse afectado en aras del interés social, sin que esto signifique vulneración a los principios y garantías previstas en la Constitución."

En cuanto al derecho a la vivienda, considerando la Sala que busca "la satisfacción de una necesidad básica de todas las familias de tener un lugar donde habitar," constató que "el mercado inmobiliario, al concebirla como una mercancía y su producción como un negocio solo permite su acceso a quienes tienen la capacidad económica para adquirirla y no como el derecho humano," considerando que:

> "la obligación que tiene el Estado de implementar políticas públicas eficaces de protección que permitan que todas las familias, independientemente de su capacidad económica, puedan acceder a una vivienda digna, mientras que el derecho de propiedad resguarda la libertad de los ciudadanos de disponer de bienes materiales sin que se les perturbe en el ejercicio de dicha libertad.

En definitiva, de ello, la Sala Constitucional arguyó que

> "la regulación que se haga de las unidades habitacionales dentro del marco de las políticas públicas para satisfacer el derecho a una vivienda digna no excluye el derecho a la propiedad, pero debe protegerse el acceso y mantenimiento del ejercicio del derecho social con adecuación a cada situación familiar, para que una vez cumplidas cada una de las fases de las obligaciones adquiridas, por una parte por el Estado y por la otra por los beneficiarios, esta propiedad se transfiera del Estado a la familia adjudicataria, evitando que ésta, en virtud de su vulnerabilidad económica, se vea presionada a ceder su derecho de propiedad para satisfacer otras necesidades materiales en menoscabo del derecho a la vivienda que el bien inmueble adjudicado por el Estado está llamado a cumplir en razón de su función social.

Después de esto, la Sala concluyó negando de plano la posibilidad de transferir la propiedad a los beneficiados con las viviendas del Estado indicando que "en el caso de las unidades habitacionales que el Estado ha destinado a garantizar el derecho a la vivienda de las familias la misma se circunscribe a cumplir con dicho fin, por lo que *debe excluirse la posibilidad de que los destinatarios de estos planes sociales puedan verse privados de su derecho a la vivienda por razones económicas que impliquen la transmisión de la tenencia del inmueble a través de los mecanismos especulativos del mercado.*"

La Sala además, consideró que ese derecho a la vivienda consecuencia de las políticas públicas,

> "debe tener limitaciones que impidan que la disposición de la misma desnaturalice su función social, impidiendo que se trate como cualquier objeto del comercio que pueda negociarse libremente en el mercado sin una protección reforzada del derecho que está llamada a satisfacer; de lo contrario, el derecho constitucional a una vivienda digna podría ceder ante el ejercicio del derecho a la propiedad si no cuenta con una protección reforzada para la familia a la que se le adjudicó el inmueble, razón por la cual estos dos derechos en principio compatibles resultarían contrapuestos."

Es decir, conforme a la doctrina de la sentencia, "el otorgamiento de títulos de propiedad sobre las unidades de vivienda adjudicadas dentro del marco de las políticas sociales del Estado, solo puede darse mediante un sistema que rigurosamente garantice que las familias no puedan verse privadas del ejercicio del derecho a la vivienda por la disposición del derecho a la propiedad con fines distintos al que está ligado el bien inmueble, es decir su función social que garantizar una vivienda digna de interés social, razón por la cual esta finalidad se constituye en un límite intrínseco del derecho de propiedad sobre tales inmuebles."

Por todo lo anterior, consideró la Sala Constitucional que:

"una legislación que anteponga la libre disponibilidad del bien sobre la función social que tiene una unidad habitacional adjudicada por el Estado para garantizar el derecho de las familias de acceder a una vivienda digna, resulta contraria a los principios rectores del Estado venezolano constituido como Estado Democrático y Social de Derecho y de Justicia y por tanto deviene inconstitucional y como tal nula. Así se declara".

Por tanto, al pasar a analizar el articulado de la Ley, particularmente el artículo 23 que disponía que los beneficiarios en cuyo favor se otorgase el correspondiente documento protocolizado de propiedad podían en consecuencia disponer libremente del bien conforme lo establecido en el artículo 545 del Código Civil, la Sala consideró que ello se hacía "con la intención de desvincular la propiedad de las unidades habitacionales de las restricciones que tiene por su función social al servicio del interés general, de garantizar el acceso a otro derecho fundamental, como lo es el acceso a la vivienda de las familias con menos recursos económicos."

Al regularse en la Ley la posibilidad de traspaso de la propiedad, agregó la Sala, sin que se "imponga algún requisito adicional para el traspaso de un bien público del dominio privado a un particular, ni algún tipo de garantía que permita preservar la función social del mismo para que no ingrese al mercado inmobiliario bajo modalidad de venta o alquiler por parte del adjudicatario o al mercado secundario de hipotecas por parte de alguna entidad financiera en favor de la cual se haya constituido alguna garantía real," ello implicaría una "desviación de la función social para la cual fue concebida la unidad de vivienda adjudicada por el Estado" y "un enriquecimiento sin causa de quien comercie con dicho bien."

De todo ello, indicó la Sala que la normativa de la Ley en cuestión "resulta inconstitucional" porque:

"la transferencia de la propiedad de las unidades habitacionales adjudicadas por el Estado para satisfacer el derecho de las familias a una vivienda digna, de modo tal que estas puedan disponer de dichos inmuebles sin ninguna limitación que resguarde la función social de dicha propiedad, resulta contraria al interés general materializado a través de las políticas del Estado para satisfacer el derecho social de una vivienda digna para todas aquellas personas más débiles y vulnerables."

En ese mismo orden de ideas, la Sala también consideró a la Ley inconstitucional, por contrariar supuestamente el principio de la progresividad en materia de derechos humanos establecido en el artículo 19 de la Constitución al considerar que la misma planteaba "la "progresividad" del "derecho de propiedad" y la omitía en cuanto a la satisfacción del "derecho a la vivienda" y "la protección a la familia," respecto del cual estimó, sin razón, que la Ley era regresiva, al abandonar el "carácter social del derecho fundamental a la vivienda en favor del mercado lucrativo con base en *la libre disposición del inmueble* bajo el supuesto de constituirse en el *mecanismo de apalancamiento para la inclusión financiera y de emprendimiento.*"

A todo lo anterior se agrega, respecto de las previsiones de la Ley que establecían la condonación de las deudas que pudieran tener los beneficiarios de la adjudicación de viviendas con el Estado, que ello, en definitiva, el Poder Legislativo no lo podía hacer, siendo ello supuestamente una atribución exclusiva del Poder Ejecutivo, concluyendo insólitamente la Sala en que "la Asamblea Nacional incurrió en usurpación de funciones del Director de la Hacienda Pública Nacional –Presidente de la República– al condonar las deudas contraídas por los beneficiarios de esta política pública en menoscabo de los principios rectores de la seguridad social y de los deberes ciudadanos de solidaridad y contribución con las cargas públicas."

De todo lo anterior concluyó la Sala Constitucional indicando que siendo la finalidad de la Ley de Otorgamiento de Títulos de Propiedad a Beneficiarios de la Gran Misión Vivienda Venezuela y Otros Programas Habitacionales del Sector Público "otorgar gratuitamente la propiedad de las unidades habitacionales adjudicadas por el Estado a los beneficiarios de las políticas públicas realizadas para satisfacer el derecho de las familias a una vivienda digna, para que en el ejercicio de la propiedad plena de las unidades habitacionales puedan los adjudicatarios de las mismas disponer de ellas con el explícito fin de apalancar el patrimonio familiar y el emprendimiento, es decir, convertir el bien inmueble destinado a garantizar un derecho social en una mercancía susceptible de ingresar al mercado para ser transada," ello "implica que el gran esfuerzo que ha hecho la sociedad a través de las políticas estatales como la Gran Misión Vivienda Venezuela, en la cual todos los contribuyentes han aportado para que las familias con mayores necesidades materiales accedan al derecho constitucional a una vivienda digna se vea desvirtuado, por cuanto se estarían privatizando los bienes inmuebles destinados a tal fin sin ninguna contraprestación, en beneficio del mercado inmobiliario y el sector financiero que lo sustenta, ya que por las propias necesidades económicas de las personas con menores ingresos y por no prever esta ley ningún mecanismo que las proteja, podrían ceder o hipotecar las propiedades que se les adjudica sin ninguna limitación, engrosando así la apetencia del mercado inmobiliario y del mercado secundario de deuda."

Ello, a juicio de la Sala, "contraviene los fines del Estado Democrático y Social de Derecho y de Justicia al no garantizar que el ejercicio progresivo del derecho de las familias a una vivienda digna no ceda ante el derecho de propiedad, al propender que las unidades habitacionales ingresen al mercado especulativo, para favorecer a quienes ejercen el dominio del mismo en detrimento de quienes ameritan de una protección reforzada por parte del Estado," de lo que concluyó señalando que la Ley era inconstitucional por ser solo:

"un subterfugio para colocar los inmuebles destinados por el Estado a la satisfacción de un derecho social como la vivienda en beneficio del mercado financiero y resulta contraria a los postulados constitucionales previstos en los artículos 2, 3, 75, 82, 86, 133 y 135 del Texto Fundamental, por lo que esta Sala debe declarar su inconstitucionalidad. Así se decide."

Como lo resumió *Acceso a la Justicia*, "sin ninguna razón jurídica" o "sin dar ningún argumento jurídico" la sentencia declaró "la inconstitucionalidad de una ley que otorga los títulos de propiedad a los beneficiarios" de las políticas de vivienda del gobierno, "restringiendo el derecho a la propiedad," reforzando "la sustitución de la propiedad privada por la social" y, en fin "convirtiendo al Estado en propietario en nombre del pueblo."[45]

De nuevo con esta sentencia, la Sala Constitucional le negó a la Asamblea Nacional la potestad de legislar conforme a la definición política que formule la mayoría parlamentaria, en el marco de lo establecido en la Constitución, en la cual ninguna de las limitaciones enumeradas por la Sala Constitucional al derecho de propiedad están establecidas, como tampoco está establecida una regulación del derecho a la vivienda que excluya el derecho de propiedad cuando las viviendas sean el resultado de la ejecución de políticas públicas. No corresponde al Juez Constitucional ser el juez de la política pública: ello solo compete al órgano político representante del pueblo, electo por el mismo.

---

[45]   Véase "Estado propietario en nombre del pueblo y pueblo sin propiedad. *Análisis de la sentencia de la Sala Constitucional de la ley sobre la GMVV*," en *Acceso a la Justicia*, 16 de mayo de 2016, en http://www.accesoalajus-ticia.org/wp/infojusticia/noticias/estado-propietario-en-nombre-del-pueblo-y-pueblo-sin-propiedad/

Quinto: *Comentarios sobre las sentencias de la Sala Constitucional sentencia N° 269 de 21 de abril de 2016, N° 327 de 28 de abril de 2016, N° 473 de 14 de junio de 2016.*

EL FIN DEL PODER LEGISLATIVO: LA REGULACIÓN POR EL JUEZ CONSTITUCIONAL DEL RÉGIMEN INTERIOR Y DE DEBATES DE LA ASAMBLEA NACIONAL, Y LA SUJECIÓN DE LA FUNCIÓN LEGISLATIVA DE LA ASAMBLEA A LA APROBACIÓN PREVIA POR PARTE DEL PODER EJECUTIVO

Allan R. Brewer-Carías
Director de la Revista

Resumen: *Este artículo estudia las sentencias de la sala Constitucional del Tribunal Supremo de Justicia, en las cuales, mediante una medida cautelar, procedió a reformar el Reglamento Interior y de Debates de la Asamblea Nacional, sujetando la potestad de legislar de la Asamblea, a la aprobación previa del Poder Ejecutivo.*

Abstract: *This article analyses the decisions of the Constitutional Chamber of the Supreme Tribunal through which, and by a precautionary measure, the Chamber reformed the Interior and Debates Regulation of the National Assembly, subjecting the power to legislate to the prior approbation by the National Executive.*

Palabras Clave: *Asamblea Nacional. Reglamento Interior. Poder legislativo*
Key words: *National Assembly. Interior Regulation. Legislative Power.*

La Sala Constitucional del Tribunal Supremo, después de haber decretado la sentencia de muerte del Poder legislativo, ejecutando la misma durante los primeros meses de 2016 al declarar inconstitucionales materialmente todas las leyes que sancionó, mediante una nueva sentencia N° 269 de 21 de abril de 2016,[1] en definitiva puso fin al Poder Legislativo en el país.

En esta sentencia, contentiva de medidas cautelares dictadas de oficio con ocasión de un juicio de nulidad que se había iniciado cinco años antes contra el Reglamento Interior y de Debates de la Asamblea Nacional, la Sala Constitucional, en efecto, le dio el golpe final a

---

[1] Véase en http://historico.tsj.gob.ve/decisiones/scon/abril/187363-269-21416-2016-11-0373.HTML. Véase los comentarios en Allan R. Brewer-Carías, "El fin del Poder Legislativo: La regulación por el Juez Constitucional del régimen interior y de debates de la Asamblea Nacional, y la sujeción de la función legislativa de la Asamblea a la aprobación previa por parte del Poder Ejecutivo, 3 de mayo de 2016, en http://www.allanbrewercarias.com/Content/449725d9-f1cb-474b-8ab2-41efb 849fea3/Content/Brewer.%20EL%20FIN%20DEL%20PODER%20LEGISLATIVO.%20SC.%20 mayo%202016.pdf.

ésta, eliminando completamente su autonomía, y sujetando el ejercicio de su función legislativa a la obtención del visto bueno de parte del Ejecutivo Nacional. Con la decisión, la Sala, usurpando funciones de la Asamblea, le "reguló" su propio funcionamiento y materialmente puso fin a su función esencial que es la de legislar, reafirmando lo que en su criterio consideró como característico del régimen constitucional en Venezuela, que supuestamente era *"fundamentalmente presidencialista de gobierno"* o el *"sistema cardinalmente presidencial de gobierno."* (Sentencia N° 327 de 28 de abril de 2016).

El juicio de nulidad que motivó las inconstitucionales medidas cautelares dictadas contra la Asamblea Nacional se había iniciado en 2011, cuando un grupo de diputados de la Asamblea Nacional en representación entonces de la minoría opositora al Gobierno en la Asamblea, demandaron la nulidad de diversas disposiciones de la Reforma Parcial del Reglamento Interior y de Debates de la misma,[2] denunciando la violación de diversos principios constitucionales como el principio democrático, el del pluralismo político, el del Estado de Derecho y el de progresividad, entre otros, y otras disposiciones constitucionales específicas, al considerar que el Reglamento había procedido a:

"reducir las posibilidades de intervención de los Diputados en los debates; ampliar las potestades de la Presidencia de la Asamblea Nacional, en detrimento de la plenaria o de instancias de trabajo coordinado entre diversas fuerzas políticas; en dificultar el ejercicio de algunos mecanismos de control y, por último, en eliminar ciertas garantías de funcionamiento regular o continuo de la Asamblea Nacional y de sus Comisiones Permanentes durante las sesiones ordinarias."

En particular, los impugnantes solicitaron la declaratoria de inconstitucionalidad de los artículos 1; 25, penúltimo aparte; 27, numerales 3 y 6; 45, en su encabezamiento; 48, primer aparte; 56, último aparte; 57; 64, numeral 4; 73, último aparte; 76, único aparte; 105, último aparte; y 126 del Reglamento Interior y de Debates de la Asamblea Nacional, por violación de los artículos 49.1, 187, 208 y 219 de la Constitución.

La Sala Constitucional se demoró cinco años para solo "admitir" la demanda de nulidad –calculadamente después de que los impugnantes, entonces miembros de la minoría parlamentaria opositora al Gobierno, pasaron a ser en general parte de la mayoría parlamentaria opositora al Gobierno–, y solo lo hizo para pronunciarse sobre las medidas cautelares solicitadas, pero con el único y preciso objetivo de usurpar la competencia privativa de la Asamblea Nacional de dictar su Reglamento Interior y de Debates que como *interna corporis* y acto de ejecución directa de la Constitución, solo la Asamblea puede dictar; y proceder a establecer normas de obligatorio cumplimiento que acabaron con la autonomía del Parlamento en materia de legislación. Como lo indicó el Grupo de Profesores de Derecho Público de Venezuela:

"las medidas dictadas *tienen contenido normativo*, de lo cual resulta que en definitiva, ha sido la Sala Constitucional la que reguló el funcionamiento interno de la Asamblea, usurpando el ejercicio de la atribución privativa de ésta de normar tal funcionamiento y regular el desarrollo del debate parlamentario."[3]

---

[2] Véase *Gaceta Oficial* N° 6.014 Extraordinario del 23 de diciembre de 2010.

[3] Véase Comunicado: Grupo de Profesores de Derecho Público: "La Nulidad e Ineficacia de la Sentencia N° 269/2016 de la Sala Constitucional," mayo 2016.

La Sala Constitucional, en efecto, "aprovechando" la solicitud de suspensión de "la aplicación de diversas normas impugnadas,"[4] en lugar de suspender los efectos de las mismas, lo que en castellano no es otra cosa que eso: suspender los efectos o la aplicación de las mismas, en el mismo sentido de lo indicado por la Sala en una sentencia anterior (N° 1.181/2001, del 29 de junio, caso: *Ronald Blanco La Cruz,* citada, que indica que "la medida de inaplicación requerida *supone una interrupción temporal de la eficacia del contenido normativo de la disposición impugnada"*); lo que la Sala hizo en realidad fue dictar una sentencia de contenido "normativo," la N° 269 de 21 de abril de 2016,[5] estableciendo una serie de regulaciones de carácter general, que dispuso incluso *de oficio,* sobre el régimen interior y de debates que solo la Asamblea podía constitucionalmente sancionar; con ocasión de "acordar la medida cautelar de suspensión de los artículos 25; 57; 64, numerales 5, 6 y 8; 73; y 105, último aparte del Reglamento de Interior y Debates de la Asamblea Nacional."

I.   RÉGIMEN DE LA CONSULTA PÚBLICA DE LOS PROYECTOS DE LEY: LA IMPOSICIÓN DE LA FÓRMULA DEL "PARLAMENTARISMO DE CALLE"

La primera medida cautelar dispuesta se refiere a la imposición a la Asamblea Nacional de obligatoriamente aplicar una modalidad de supuesta participación popular denominada "parlamentarismo de calle," a cuyo efecto la Sala recurrió a lo dispuesto en el artículo 211 la Constitución que regula como método de participación ciudadana en el proceso de formación de las leyes, la figura de la consulta popular de los proyectos de ley, en la siguiente forma:

"*Artículo 211.* La Asamblea Nacional o las Comisiones Permanentes, durante el procedimiento de discusión y aprobación de los proyectos de leyes, consultarán a los otros órganos del Estado, a los ciudadanos y ciudadanas y a la sociedad organizada para oír su opinión sobre los mismos. Tendrán derecho de palabra en la discusión de las leyes los Ministros o Ministras en representación del Poder Ejecutivo; el magistrado o magistrada del Tribunal Supremo de Justicia a quien éste designe, en representación del Poder Judicial; el o la representante del Poder Ciudadano designado o designada por el Consejo Moral Republicano; los o las integrantes del Poder Electoral; los Estados a través de un o una representante designado o designada por el Consejo Legislativo y los o las representantes de la sociedad organizada, en los términos que establezca el reglamento de la Asamblea Nacional."

Conforme a esta norma, por tanto, corresponde única y exclusivamente a la Asamblea establecer en su Reglamento Interior y de Debates, la forma y manera cómo la misma debe consultar a los ciudadanos y a la sociedad organizada para oír su opinión sobre los proyectos de ley, y cómo sus representantes tendrán derecho de palabra en la discusión de las leyes.

Para regular estos aspectos, en el Reglamento Interior y de Debates se estableció lo siguiente:

"*Artículo 45.* Las comisiones permanentes, de conformidad con los cronogramas aprobados por mayoría de sus miembros, realizarán las consultas públicas a las leyes y materias de sus competencias, a través del parlamentarismo social de calle, asambleas en las comunidades, foros, talleres y demás mecanismos de participación; en coordinación con los consejos comunales y otras formas de organización del Poder Popular. Se reunirán por convocatoria de su Presidente o Presidenta, o en su ausencia por el Vicepresidente o Vicepresidenta, por lo menos dos veces al mes, en las sedes de las comisiones permanentes.

---

4   Los impugnantes habían solicitado solo "*la suspensión de la aplicación* de los artículos 1; 25, penúltimo aparte; 27, numerales 3 y 6; 45, en su encabezamiento; 48, primer aparte; 56, último aparte; 57; 64, numeral 4; 73, último aparte; 76, único aparte; 105, último aparte; y 126 del Reglamento Interior y de Debates de la Asamblea Nacional."

5   Véase en http://historico.tsj.gob.ve/decisiones/scon/abril/187363-269-21416-2016-11-0373.HTML.

Las reuniones de las comisiones y subcomisiones serán públicas, salvo cuando por mayoría absoluta de sus miembros presentes se resuelva el carácter secreto de las mismas.

Los ciudadanos y ciudadanas, a título personal, o como voceros o voceras de organizaciones comunitarias podrán participar en las comisiones y subcomisiones en calidad de invitados o invitadas, observadores u observadoras, previa aprobación de la mayoría de los diputados y diputadas de la Comisión."

Esta norma fue impugnada por los diputados que solicitaron su declaratoria de nulidad particularmente por la limitación que en la misma se imponía, no ajustada a lo prescrito en el mencionado artículo 211 de la Constitución, reduciendo la acción del Parlamento al llamado "parlamentarismo de calle," razón por la cual solicitaron la suspensión de efectos de la misma.

La Sala Constitucional, al contrario, estimó que de la revisión de entrada de la norma no procedía que se acordase la suspensión del mismo, pero no se quedó allí, sino que estimó que debía "aprovechar esta Sala la oportunidad," para al contrario señalar que la norma estaba "plenamente vigente," de manera que "los actos del órgano legislativo nacional deben cumplir" con su contenido, estimando que la misma respondía a lo dispuesto en materia de participación ciudadana en los artículos 5, 70 y 211 de la Constitución. Para ello, la Sala solo recurrió a lo que ya había resuelto en sentencia Nº 1328 de 16 de diciembre de 2010, sobre la participación como derecho político, disponiendo entonces que la Asamblea debía:

"dar efectivo cumplimiento a los procedimientos que garantizan el Poder Popular como expresión del mismo, esto es, aquellos en los que se incluye el parlamentarismo social de calle, que no es otra cosa que el ejercicio de la participación protagónica del pueblo en los asuntos públicos, y en especial, en la labor legislativa, lo que conforme a lo dispuesto en el artículo 70 del Texto Fundamental, se materializa en el conjunto de normas que en desarrollo de ésta, se encuentran dirigidas a la integración del pueblo a los órganos del Poder Público, para hacer efectiva que la soberanía reside en el pueblo conforme lo establece el artículo 5 eiusdem."

Pero no se quedó allí la Sala Constitucional, sino que procedió a regular normativamente el tema respecto de la elaboración de los informes de las comisiones respectivas previstos en el artículo 105 del Reglamento impugnado, disponiendo entonces:

"con precisión que la consulta pública allí prevista no es una mera formalidad sino un requisito sine qua non para que tenga lugar la segunda discusión del proyecto de ley, por lo que para proceder a la misma deben ser consignados los resultados de las consultas públicas al pueblo soberano que se realicen a nivel nacional, como lo preceptúa el artículo 211 constitucional, respecto del contenido del proyecto de ley, toda vez que la participación protagónica del pueblo es lo que permite la consolidación del Poder Popular, y el ejercicio del control sobre la actuación de los parlamentarios electos en representación del pueblo, conforme lo disponen los artículos 66 y 197 del Texto Fundamental."

De manera que no sólo la Sala consideró que la reducción de la consulta popular de las leyes al llamado "parlamentarismo de calle" era lo ajustado a la Constitución (en otra parte de la sentencia se refirió la Sala a "la democracia participativa directa a través del parlamentarismo social de calle"), cercenando a la Asamblea de toda otra posibilidad de regular la forma de cumplir con el artículo 211 de la Constitución, imponiendo que todo proyecto de ley, para pasar a la segunda discusión, el informe respectivo de la comisión debe contener los resultados de las consultas al pueblo a nivel nacional; sino que la Sala Constitucional subordinó inconstitucionalmente el funcionamiento de un órgano representativo de la voluntad popular integrado por diputados electos mediante sufragio por el pueblo, a lo que indiquen los órganos del llamado "Poder Popular" que no tiene fundamento constitucional, y cuyos integrantes (voceros) no son electos por el pueblo.[6]

En relación con el mismo tema del "parlamentarismo de calle" como imposición hecha a la Asamblea, la Sala Constitucional también se pronunció al analizar la solicitud de suspensión de efectos del artículo 105 del Reglamento interior y de Debates, que establece un plazo máximo para que las Comisiones presenten los informes a la Asamblea, dejando a ésta la posibilidad de establecer un plazo menor, y previendo incluso la posibilidad de un plazo mayor "por necesidad de extender la consulta pública." Los impugnantes alegaron, sin embargo, que nada se indicaba en la norma respecto de "a quién corresponde adoptar la decisión de prolongar el tiempo disponible," pidiendo la suspensión de efectos de la norma.

La Sala, sin suspender dichos efectos, "vista la imprecisión" denunciada, a los efectos de que "se garantice el parlamentarismo social de calle como expresión del Poder Popular," procedió de oficio a establecer una norma de carácter general, regulando lo que solo puede establecerse en el *interna corporis* por la propia Asamblea, fijando:

> "que el lapso para las consultas públicas será como mínimo de veinte días, los cuales conforme a la complejidad y relevancia de la materia que trate el proyecto de ley presentado, puede ser **prorrogado** por un lapso similar, siempre que existan solicitudes de las organizaciones que conforman el Poder Popular para el ejercicio de la participación ciudadana. Así se decide."

De nuevo, la Sala Constitucional subordinó inconstitucionalmente el funcionamiento de un órgano representativo de la voluntad popular integrado por diputados electos mediante sufragio por el pueblo, a lo que indiquen los órganos del llamado Poder Popular cuyos integrantes (voceros) no son electos por el pueblo.

II.   LA RATIFICACIÓN DE LA OBLIGACIÓN DE LA CONSULTA POPULAR Y A LOS ÓRGANOS DEL ESTADO EN EL PROCEDIMIENTO DE FORMACIÓN DE LAS LEYES

Resuelto lo anterior, sin que los recurrentes en el recurso hubiesen siquiera mencionado los artículos 101 y 102 del Reglamento Interior y de Debates, la Sala Constitucional procedió a:

> "ratificar la plena vigencia y eficacia de los artículos 101 y 102 del Reglamento Interior y de Debates, el primero que señala con claridad la obligación de la Asamblea Nacional, en el procedimiento de formación, discusión y aprobación de los proyectos de ley, de consultar a los otros órganos del Estado, a los ciudadanos y ciudadanas y a las comunidades organizadas para oír su opinión sobre los mismos; y el segundo, que establece la obligación de consultar a los Estados, a través de los Consejos Legislativos estadales, "*...cuando se legisle en materias relativas a los mismos, sin perjuicio de otras consultas que se acuerde realizar conjunta o separadamente, en los ámbitos regional, estadal o local sobre las mismas materias, a criterio de los grupos parlamentarios regionales y estadales, de los representantes de la Asamblea Nacional ante los consejos de planificación y coordinación de políticas públicas, o de la Comisión de la Asamblea Nacional encargada del estudio*," los cuales responden a la obligación expresamente referida en el artículo 211 del Texto Fundamental, de que en la etapa de discusión y aprobación de los proyectos de ley, se abran los procesos de consulta a los otros órganos del Estado, a los ciudadanos y a las organizaciones populares como *expresión del Poder Popular.*"

---

[6]   Véase sobre el tema Allan R. Brewer-Carías *et al., Leyes Orgánicas del Poder Popular*, Editorial Jurídica Venezolana, Caracas 2011.

III. LA IMPOSICIÓN A LA ASAMBLEA NACIONAL DE LA OBLIGATORIA OBTENCIÓN DEL VISTO BUENO PREVIO DEL PODER EJECUTIVO PARA PODER DISCUTIR Y APROBAR PROYECTOS DE LEY

La Sala Constitucional, igualmente sin que se hubiese siquiera mencionado por los recurrentes el artículo 103 del Reglamento Interior y de Debates, en el cual se establecen los requisitos para la presentación y discusión de proyectos de ley, en la sentencia procedió a *reformar de oficio* dicha norma, que establece:

"*Artículo 103*. Todo proyecto de ley debe ser presentado ante la Secretaría y estará acompañado de una exposición de motivos que contendrá, al menos:

1. La identificación de quienes lo propongan.

2. Los objetivos que se espera alcanzar.

3. El impacto e incidencia presupuestaria y económica, o en todo caso, el informe de la Dirección de Asesoría Económica y Financiera de la Asamblea Nacional.

En caso que un proyecto no cumpla con los requisitos señalados, de acuerdo al criterio de la Junta Directiva, se devolverá a quien o quienes lo hubieran presentado a los efectos de su revisión, suspendiéndose mientras tanto el procedimiento correspondiente.

El proyecto que cumpla con los requisitos señalados se le dará Cuenta para ser incorporado al sistema automatizado.

En cada Sesión se dará Cuenta a la plenaria de los proyectos de ley recibidos por Secretaría. Para ser sometido a discusión, todo proyecto debe estar acompañado de la exposición de motivos y ser puesto a disposición de los diputados o diputadas por parte de la Secretaría."

Respecto a este artículo, la Sala recordó el contenido del artículo 207 de la Constitución que establece "una previsión sobre las reglas a seguir que todo proyecto de ley debe cumplir para que se convierta en ley," al disponer que "para convertirse en ley" todo proyecto debe recibir "dos discusiones, en días diferentes, siguiendo las reglas establecidas en esta Constitución y en los reglamentos respectivos," de manera que aprobado el proyecto, el Presidente de la Asamblea Nacional debe declarar sancionada la ley.

Frente a esta exigencia constitucional de que los proyectos deben "recibir dos discusiones en días diferentes," la Sala "encontró" que el Reglamento Interior y de Debates de la Asamblea Nacional "hace una exigencia muy estricta a la pretensión de ley cuya iniciativa está por presentarse para su primera discusión ante la cámara parlamentaria," considerando que:

"No basta entonces la simple iniciativa, sino que debe tener una exposición de motivos y el acompañamiento del estudio del impacto e incidencia presupuestaria y económica, o en todo caso, el informe de la Oficina de Asesoría Económica y Financiera de la Asamblea Nacional, tal y como lo ordena el propio Reglamento Interior y de Debates de dicho órgano, inclusive con la sanción de devolución a sus proponentes de ley y suspensión del procedimiento de formación si no se cumplen con estos pasos previos."

La Sala entonces al formularse la pregunta de: "¿En razón a qué, toda iniciativa de ley debe llevar consigo una información técnica sobre el impacto e incidencia que en la economía y finanzas del Estado ha de tener dicha pretensión normativa?," la contestó de seguidas afirmando: "A que toda ley comporta para su ejecución y cumplimiento una erogación del Presupuesto Nacional." Y de ello dedujo que:

"el aval económico que debe soportar todo proyecto de ley debe contar con la disponibilidad presupuestaria del Tesoro Nacional, de conformidad con el artículo 314 de la Constitución."

Todo ello no tendría mayor importancia si se tratase de reforzar el texto del Reglamento exigiendo el estudio económico del proyecto de ley, a través de la Oficina especializada en estudios económicos de la propia Asamblea Nacional. Sin embargo, esa no fue la intención de la Sala Constitucional al referirse incluso a las normas constitucionales que se refieren al "cuidado que deben tener las altas autoridades nacionales en el manejo de los recursos en este ámbito (artículos 287, 289 y 291)," y menos al referirse (i) a las atribuciones y obligaciones del Presidente de la República de "Administrar la Hacienda Pública Nacional;" de "decretar créditos adicionales al Presupuesto, previa autorización de la Asamblea Nacional o de la Comisión delegada" (arts. 236,11 y 236 13); y de cumplir con "las exigencias del Régimen Presupuestario" (art 311 ss.); (ii) a las previsiones constitucionales relativas a los límites del endeudamiento público (art. 312), y a la necesidad de que la economía se rija por un "un presupuesto de ley nacional presentado por el Ejecutivo Nacional anualmente y aprobado por la Asamblea Nacional" (art 313), de manera de asegurar que no se haga ningún tipo de gasto que no haya sido previsto en la Ley de Presupuesto, y que para decretar un crédito adicional al mismo debe contarse con recursos en la Tesorería Nacional para atender la respectiva erogación (art. 314); y (iii) a que existe una obligación constitucional de la Asamblea Nacional "de tomar en cuenta las limitaciones financieras del país cuando le corresponda acordar y ejecutar su propio presupuesto de gastos" (artículo 187.22).

La intención de la Sala Constitucional, al citar toda esta normativa, en realidad fue eliminar la autonomía de la Asamblea Nacional y construir de las citadas normas constitucionales, en combinación con otras (arts. 208 y 211) referidas a las consultas populares y a los diversos órganos del Estado de los proyectos de ley, una "normativa" que no existe en la Constitución, imponiendo una "*obligatoria concertación que debe existir entre la Asamblea Nacional y los otros Órganos del Estado durante la discusión y aprobación de las leyes,*" deduciendo de ello que "la viabilidad exigida en todo Proyecto de Ley tiene que ver no sólo con el impacto e incidencia económica y presupuestaria que tendría para el Estado venezolano *sino con la concertación obligatoria que entre ambos Poderes, Legislativo y Ejecutivo debe existir.*"

Y así, al referirse a la importancia del gasto público para dar cumplimiento a los objetivos de la política económica del Estado, la Sala Constitucional consideró, y así lo decidió, que para que se pudiera cumplir con el requisito establecido en el artículo 103,3 del Reglamento Interior y de Debates, sobre la necesidad para la discusión de los proyectos de ley del "impacto e incidencia presupuestaria y económica, o en todo caso, el informe de la Dirección de Asesoría Económica y Financiera de la Asamblea Nacional," resulta:

"indiscutible que sin la aprobación del órgano público competente en materia de planificación, presupuesto y tesorería nacional, no puede estimarse cumplida la exigencia a que se refiere el numeral 3 del artículo 103 del citado Reglamento."

O sea, que la Asamblea Nacional nada puede hacer por sí sola, no tiene autonomía alguna en el ejercicio de sus competencias, y cualquier proyecto de ley que pretenda discutir tiene que ser previamente aprobado por el Poder Ejecutivo. Ni más ni menos eso es lo que resolvió el Juez Constitucional, lo que es el fin *de facto* de la Asamblea como rama del Poder Público autónoma e independiente.

La Sala Constitucional, para resolver esto, de oficio, y "en aras de garantizar el principio constitucional de equilibrio fiscal" basándose en la "situación de excepcionalidad económica a nivel nacional," que declaró en su propia sentencia N° 4 de fecha 20 de enero de 2016 mediante la cual decidió la constitucionalidad del Decreto N° 2.184 de 14 de enero de 2016 sobre declaración del Estado de Emergencia Económica (prorrogado por Decreto N° 2.270 del 11 de marzo de 2016), y considerándolo "necesario, para no generar expectativas irresponsables contrarias a la ética, a la transparencia y a la democracia" procedió a dictar la siguiente norma como parte del *interna corporis* del Parlamento, sin duda, usurpando sus poderes privativos:

> "que el informe sobre el impacto e incidencia presupuestaria y económica, o en todo caso, el informe de la Dirección de Asesoría Económica y Financiera de la Asamblea Nacional que debe acompañar a todo proyecto de ley, a que se refiere el numeral 3 del artículo 103 del Reglamento Interior y de Debates de la Asamblea Nacional, son requisitos esenciales y obligatorios sin los cuales no se puede discutir un proyecto de ley, y que los mismos, en previsión de los artículos 208, 311, 312, 313 y 314 de la Constitución, *deben consultarse con carácter obligatorio por la Asamblea Nacional –a través de su Directiva– al Ejecutivo Nacional –por vía del Vicepresidente Ejecutivo– a los fines de determinar su viabilidad económica, aun los sancionados para la fecha de publicación del presente fallo*, en aras de preservar los principios de eficiencia, solvencia, transparencia, responsabilidad y equilibrio fiscal del régimen fiscal de la República, tomando en consideración las limitaciones financieras del país, el nivel prudente del tamaño de la economía y la condición de excepcionalidad económica decretada por el Ejecutivo Nacional."

Para completar este inconstitucional régimen normativo impuesto a la Asamblea por la Sala Constitucional "en ejercicio de su potestad cautelar de oficio," estableció otra "medida cautelar positiva," esta vez dirigida al Presidente de la República, imponiéndole que para que pueda promulgar una Ley conforme al artículo 215 de la Constitución:

> "deberá, a través de las autoridades que la Constitución prevé (Ministros del ramo y Vicepresidente conforme a lo establecido en el artículo 239, numeral 5 constitucional) realizar la efectiva verificación del cumplimiento de *la viabilidad* a que se refiere el artículo 208 de la Constitución, sin lo cual no podrá dictarse el "Cúmplase" que establece el artículo 215 *eiusdem.*"

Al final de la sentencia, la Sala reiteró que:

> "por cuanto, la aplicación del instrumento normativo legal genera un impacto en el gasto público del Estado, de allí que sea imperioso que exista por parte del órgano del Poder Público competente para el diseño, manejo, y ejecución del Plan y del Presupuesto del Estado, el estudio especial sobre el impacto e incidencia económica y presupuestario que la ley propuesta tendrá, pues los gastos que realiza el Estado deben estar balanceados con los ingresos fiscales. Así se decide."

O sea que todo proyecto de ley que se quiera discutir en la Asamblea Nacional para llegar a ser aprobado, *tiene que tener el visto bueno previo del Poder Ejecutivo* a través del Vicepresidente Ejecutivo de la República, sin lo cual si llegase a ser sancionada una ley sin cumplirse con las imposiciones dispuestas por la Sala Constitucional, ella misma dispuso, por encima de lo que prevé la Constitución, que la ley no puede ser aplicada, ni puede surtir efectos jurídicos *erga omnes*.

Como lo resumió la misma sentencia, al declarar la Sala que lo establecido en su fallo tiene:

> "carácter obligatorio, por cuanto todos los actos que emanen del órgano legislativo nacional están llamados al cumplimiento de la normativa vigente, en especial, la referida a la participación del pueblo en los asuntos públicos de la Nación, así como la intervención del órgano público competente en materia de planificación y presupuesto sobre el impacto económico de la ley a proponerse, lo cual como ya se apuntó reviste cabal importancia para el Estado, toda vez que cuando se propone una ley, independientemente de su contenido, la misma debe ser factible de ser ejecutada en la realidad, pues de lo contrario no tendría sentido dictar una ley cuya ejecución es de imposible cumplimiento."

IV. LOS EFECTOS DE LA IMPOSICIÓN DE LAS NUEVAS "NORMAS" LIMITANTES A LA FUNCIÓN LEGISLATIVA DE LA ASAMBLEA NACIONAL, SU APLICA-CIÓN RETROACTIVA

La Sala Constitucional, no contenta con imponer normas para el funcionamiento interno de la Asamblea Nacional, sin duda inconstitucionales, pues la Asamblea es la única que puede dictar su reglamento interior y de debates, dispuso las consecuencias del incumplimiento, indicando primero, que:

> "El incumplimiento de este requisito constitucional que responde al respeto de los principios de equilibrio fiscal y legitimación del gasto por parte de los órganos del Poder Público, *pudiese comportar un vicio en el proceso de formación de la ley.*"

Y segundo, disponiendo en contra de la Constitución (art. 24), la aplicación retroactiva de la normativa impuesta en la sentencia, respecto de todos los proyectos de ley que la Asamblea Nacional ya había sancionado con anterioridad. La Sala al decidir esto no se percató que el mismo día en que estaba dictando la sentencia comentada N° 269 de 21 de abril de 2016, también estaba siendo firmada la sentencia N° 274 de 21 de abril de 2016, en la cual estableció que lo que el artículo 24 de la Constitución disponía era el principio de "*irretroactividad absoluta*" en el sentido de que "*ninguna disposición jurídica, sea de la jerarquía que fuese, puede tener efectos retroactivos,*"[7] lo que incluye por supuesto las "normas" dictadas por la Sala, así sean esencialmente inconstitucionales.

Para decidir aplicando retroactivamente sus propias "normas," como órgano que definitivamente se colocó por encima de la Constitución, la Sala, recurriendo de nuevo al subterfugio del "hecho público, notorio y comunicacional"[8] para eludir la actividad probatoria, constató que la Asamblea Nacional había "sancionado un conjunto de leyes sobre las cuales, ya en algunas de ellas esta Sala se ha pronunciado sobre su constitucionalidad y otras cuya petición de duda constitucional ha sido planteada por el Presidente de la República en aplicación del artículo 214 constitucional," resolviendo entonces respecto de los mismos aun cuando habían sido "sancionados para la fecha de publicación del presente fallo," que:

> "*deben consultarse con carácter obligatorio* por la Asamblea Nacional –a través de su Directiva– *al Ejecutivo Nacional* –por vía del Vicepresidente Ejecutivo– a los fines de determinar su viabilidad económica."

En todo caso, en cumplimiento de la *orden de aplicación retroactiva* de la nueva "normativa" contenida en la sentencia, en evidente violación del artículo 24 de la Constitución, la Sala Constitucional decidió que la misma se debía aplicar a una ley que había sido sancionada casi un mes antes, el 30 de marzo de 2016.

---

7   Se trató de la sentencia dictada con ocasión de resolver un recurso de interpretación del artículo 340 de la Constitución para declarar que "tratar de utilizar la figura de la enmienda constitucional con el fin de acortar de manera inmediata el ejercicio de un cargo de elección popular, como el de Presidente de la República, constituye a todas luces un fraude a la Constitución," y una violación al principio de la irretroactividad absoluta. Véase en http://historico.tsj.gob.ve/decisiones/scon/abril /187368-274-21416-2016-16-0271.HTML.

8   La sentencia citó lo siguiente: "véanse, entre otras, páginas web http://www.ultimasnoticias.com. ve/noticias/actualidad/politica/claves-estas-son-las-10-leyes-en-la-mira-de-la-n.aspx, http://radiomun dial.com.ve/article/conozca-las-10-leyes-que-la-bancada-opositora-en-la-asamblea-nacional-preten de-modificar)."

V. LA SUSPENSIÓN DE LA POSIBILIDAD DE ENTRADA EN VIGENCIA DE LA LEY DE BONO PARA ALIMENTACIÓN Y MEDICINAS A PENSIONADOS Y JUBILADOS POR APLICACIÓN RETROACTIVA DE UNA "NORMATIVA JUDICIAL" INCONSTITUCIONAL

En efecto, al conocer de una solicitud de control previo de constitucionalidad por remisión que le hizo el Presidente de la República conforme al artículo 214 de la Constitución, respecto de la Ley de Bono para Alimentación y Medicinas a Pensionados y Jubilados, que había sido sancionada por la Asamblea Nacional 30 de marzo de 2016, la Sala Constitucional, mediante la sentencia N° 327 de 28 de abril de 2016,[9] declaró que la Ley era constitucional, pero:

"su entrada en vigencia está supeditada al cumplimiento, por parte de la Asamblea Nacional, del extremo necesario relativo a la viabilidad económica que permita garantizar el cumplimiento de la finalidad social que involucra tal ley."

El Presidente de la República, entre los aspectos que solicitó de la Sala Constitucional que considerara, se refirió a uno ajeno totalmente al tema de la constitucionalidad de la Ley, que fue que se tomara

"en consideración la incorporación presupuestaria del gasto que se pretende, así como las disponibilidades financieras necesarias para su ejecución, para lo cual se debería coordinar con el Poder Ejecutivo que represento a través de los organismos competentes a fin de establecer la oportunidad temporal adecuada para la entrada en vigencia de la Ley en cuestión. En virtud de los argumentos precedentemente expuestos es que se tienen serias dudas acerca de la conformidad a derecho de la Ley de Bono para Alimentos y Medicinas a Pensionados y Jubilados." (Subrayados del original).

Para considerar esos aspectos, y luego de analizar el régimen del Estado Social en la Constitución y la incidencia de la ley en materia de derechos y políticas sociales, la Sala asumió el rol de supremo decisor y supervisor de las políticas públicas, estimando "de manera positiva las iniciativas del Poder Público que profundicen la garantía de los derechos sociales," pero considerando que "esas iniciativas deben ser viables y eficaces," y:

"no deben ser instrumentos para generar falsas expectativas, para agudizar la situación económica, para perjudicar a sectores sociales, para profundizar crisis con el mero fin de incrementar poder político a costa de los más débiles, para propiciar conflictos a lo interno de la comunidad y mucho menos para promover la desestabilización institucional y política del país, en perjuicio del desarrollo, del orden y de la paz social."

Con base en ello, y luego de afirmar que "al Presidente de la República, especialmente *en un sistema fundamentalmente presidencialista de gobierno*, como el que ha regido la historia constitucional patria, es a quien le corresponde dirigir la Administración Pública Nacional," estimó que para que la Ley sancionada pudiera "ser viable, aplicable y eficaz," era necesaria "la consulta y concertación con quien dirige la acción de gobierno y administra la Hacienda Pública Nacional," para verificar "el impacto y viabilidad económica del mismo," concluyendo en definitiva, que la sanción de la ley, por más plausible en teoría que pudiera ser, se hizo:

"desconociendo las competencia insoslayables del rector de la Hacienda Pública Nacional y, en fin, negando una atribución elemental de un Poder Público cardinal, en cuya responsabilidad recae la dirección de la acción de gobierno, sin la determinación de la fuente de finan-

---

[9] Véase en http://historico.tsj.gob.ve/decisiones/scon/abril/187498-327-28416-2016-16-0363.HTML.

ciamiento, sin soporte presupuestario para su ejecución inmediata dentro del presupuesto del año fiscal 2016, y sin existir recursos previstos en el Tesoro Nacional para tales fines, no sólo viola los principios de legalidad presupuestaria, transparencia, responsabilidad y equilibrio fiscal, además de los postulados de autonomía de poderes y supremacía constitucional."

De ello, concluyó la Sala, citando la sentencia N° 269 de 21 de marzo de 2016, antes comentada, observando que "la Constitución y el Reglamento Interior y de Debate de la Asamblea Nacional, junto [a la] Ley Orgánica de la Administración Financiera del Sector Público, tal como lo ha reconocido esta Sala, determinan el procedimiento que debe seguirse al momento de la aprobación de una Ley, dentro de las cuales está la determinación de la fuente de financiamiento, la viabilidad económica-presupuestaria y *la obligación del Parlamento de acordar con el Poder Ejecutivo antes de sancionar cualquier texto legal* por el impacto económico que en sí mismo tiene en el presupuesto fiscal."

La Sala además, en este caso, entró a conocer directamente el texto del "Informe del Impacto Económico y Presupuestario que efectivamente en el Parlamento se había efectuado al Proyecto de Ley de Bono para Alimentos y Medicinas a Pensionados y Jubilados," observando fallas en su contenido en el sentido de que "debió señalarse en el mismo la fuente de financiamiento, y la estimación de las personas que serían beneficiarias del bono de alimentos y medicinas," y "no previó la asignación de los recursos correspondientes ni garantizó la existencia de los mismos en la hacienda pública nacional." O sea, el Juez Constitucional, convertido en el órgano supremo del Estado, tomando en cuenta otros estudios económicos sobre el tema, concluyó refiriéndose a:

> "la necesidad de un análisis técnico-económico sustentado en fuentes de conocimiento sólidas, así como la necesaria previsión y concertación presupuestaría con el administrador de la Hacienda Pública Nacional –artículo 236.11 constitucional (Presidente de la República: Jefe del Estado y Jefe del Gobierno– artículo 226 *eiusdem*) que precisamente ha venido liderando *en este sistema cardinalmente presidencial de gobierno*, junto con el resto de Poderes Públicos, el desarrollo de los derechos fundamentales, con especial énfasis en los derechos sociales, para determinar que ese texto legal sancionado realmente pueda ser aplicado […]."

La conclusión de la Sala Constitucional fue, en todo caso, que la vigencia de la Ley "está inexorablemente supeditada a la viabilidad económica sustentada que permita garantizar realmente el cumplimiento de la finalidad social que involucra la ley, de conformidad con el criterio de Derecho asentado por esta Sala en sentencia N° 269 del 21 de abril de 2016." Y por tanto, a pesar de que por dilación del Presidente de la República en promulgar la Ley de acuerdo con su obligación constitucional (art. 215), el Presidente de la Asamblea Nacional anunció el 22 de abril de 2016 "haber promulgado la Ley," la Sala, de paso, en su sentencia declaró "*inexistente* dicha actuación, toda vez que el Presidente de la República recibió de la Asamblea Nacional la presente ley (sancionada el 30 de marzo de 2016) el día 5 de abril de 2016, y la remitió a esta Sala el 14 de ese mismo mes y año, es decir, dentro de los diez días que tiene para promulgarla."

En definitiva, la Sala consideró que en el caso de esta Ley no se había cumplido "con las previsiones de los artículos 208, 311, 312, 313 y 314 constitucionales, en lo concerniente a la debida concertación entre el Poder Legislativo y el Poder Ejecutivo para obtener los recursos necesarios a los fines de que la ley pueda ser ejecutada y determinar si dicha ejecución puede hacerse de manera inmediata o progresiva," instando, en la sentencia, a "la Asamblea Nacional a que *proceda, de conformidad con lo dispuesto en la sentencia N° 269/2016, a la concertación con el Ejecutivo Nacional* a los efectos de estudiar las vías para el financiamiento del beneficio social acordado en el proyecto de ley sancionado."

Con base en ello, entonces la sentencia resolvió declarar la inconstitucionalidad de la Disposición Final Única de la ley que estableció la entrada en vigencia de la Ley, a partir de su publicación en la *Gaceta Oficial,* indicando en consecuencia, sin potestad alguna para ello, que:

> "su entrada en vigencia, está supeditada a la previsión y existencia de recursos en el Tesoro Nacional, así como también al debido análisis fáctico y económico, junto a la armonización de la propuesta legislativa, con los indicadores y variables que arrojan los sistemas integrados de la administración financiera del sector público, lo que se vincula de forma directa, inmediata e indisoluble con la competencia del Presidente de la República referida a la administración de la Hacienda Pública Nacional, contemplada en el artículo 236.11 de la Constitución de la República Bolivariana de Venezuela; circunstancia que hace evidente y necesaria la debida concertación con el Poder Ejecutivo Nacional [...]."

VI. LA PRECISIÓN, EN RESUMEN, DE UN NUEVO "PROCEDIMIENTO DE FORMACIÓN DE LAS LEYES" FIJADO POR LA SALA CONSTITUCIONAL AL MARGEN DE LO PREVISTO EN LA CONSTITUCIÓN

Para finalizar su sentencia, la Sala Constitucional hizo un "resumen del recorrido adjetivo que debe llevar una propuesta de ley para convertirse en ley con fuerza constitucional," indicando en usurpación de los poderes de la Asamblea de regular su régimen interior y de debates, los siguientes pasos:

(i)   "Todo proyecto de ley implica dos discusiones en días diferentes ante el Cuerpo Legislativo."

(ii)   "La iniciativa de ley, antes de su presentación en primera discusión debe cumplir con las estrictas exigencias del Reglamento Interior y Debates de la Asamblea Nacional, el cual obliga a incluir no sólo su Exposición de Motivos (para evaluar su objetivo y alcance), sino su viabilidad a través de la presentación del estudio de impacto e incidencia presupuestaria y económica o en su defecto el informe de la Oficina de Asesoría Económica de la Asamblea Nacional."

(iii)   "Cumplida ésta exigencia, la iniciativa de ley o proyecto pasa a su primera discusión en Cámara, en la cual se analiza su pertinencia (objetivo, alcance y viabilidad) en el debate parlamentario, y de aprobarse, pasaría a la Comisión Permanente respectiva para iniciar el procedimiento en segunda discusión, el cual incluye, no sólo el debate de artículo por artículo del proyecto de ley propuesto, sino que el mismo debe ser discutido conjuntamente con el Poder Popular y otros Órganos del Estado, todo esto a los fines de obtener un informe para segunda discusión en Cámara concertado con el pueblo soberano (Elemento Formativo de Estado) y otros Órganos del Estado para precisar la real y efectiva pertinencia de la ley."

(iv)   "Ya en Cámara para su segunda discusión, el proyecto de ley se somete a la misma para la discusión artículo por artículo. Si dicho proyecto de ley, en la segunda discusión ante la Cámara no sufre modificaciones, nos da a entender que el mismo tiene la aprobación popular, tiene un fin útil para la sociedad y que es posible su cumplimiento y ejecución real en beneficio del pueblo con soporte en las Finanzas Públicas o Presupuesto Nacional."

(v)   "Es sólo en ésta circunstancia cuando de manera responsable, el Cuerpo Legislativo puede Decretar la Sanción de la Ley y remitirla (ya con valor de ley) al Ejecutivo Nacional para su respectiva Promulgación y "Cúmplase" (fuerza de ley)."

De este resumen del procedimiento de formación de las leyes, construido por la Sala Constitucional, al margen de la Constitución, mutando y reescribiendo ilegítimamente lo que la misma dispone, la misma concluyó en su sentencia, que si el procedimiento prescrito:

"no se perfecciona así, tendríamos entonces una *ley viciada de nulidad* por carecer de los elementos de pertinencia necesarios para su existencia, independientemente, de haber cumplido con un procedimiento formal de discusión."

En particular, la Sala Constitucional destacó la exigencia respecto de "las respectivas consultas del poder popular y otros Órganos del Estado" concluyendo de ello que:

"No dar cumplimiento a estos pasos de concertación implicaría, de sancionarse y promulgarse la Ley, un serio compromiso, frente al pueblo venezolano, de los dos Poderes Nacionales relacionados directamente con la misma, a saber el Legislativo, quien sancionaría una ley sin haber cumplido con la exigencia de la viabilidad y consultas obligatorias en su proceso de formación al haberle dado valor de ley con su sanción; y al Poder Ejecutivo al promulgarla y darle el "cúmplase" para alcanzar la fuerza de ley."

Con esta sentencia, en todo caso, la Sala Constitucional de nuevo se colocó por encima de la Constitución, primero, estableciendo con evidente usurpación de funciones una normativa para el funcionamiento de la Asamblea Nacional que solo ésta puede dictar al aprobar su Reglamento Interior y de Debates; estableciendo obligaciones al Poder Ejecutivo que sólo la Asamblea Nacional puede sancionar mediante ley; y todo con el objetivo final de eliminar totalmente la función legislativa de la Asamblea Nacional, al someter inconstitucionalmente la sanción de las leyes a la obtención del visto bueno previo por parte del Ejecutivo Nacional.

Con esta sentencia se confirmó el fin de la Asamblea Nacional, que además de no poder ejercer sus funciones de control político en relación con el Poder Ejecutivo y la Administración Pública, a partir de la misma simplemente no puede legislar más, salvo que el Poder Ejecutivo se lo autorice. La Asamblea Nacional, así, quedó subordinada al Poder Ejecutivo, es decir, incinerada por obra del Juez Constitucional.

Lo único que le quedó, ante esta arremetida del Tribunal Supremo, era la ineludible obligación de desconocer la sentencia pues al estar viciada de usurpación de funciones, como lo expresó el Grupo de Profesores de Derecho Público de Venezuela, "no puede ser vinculante para la Asamblea ni mucho menos puede limitar su funcionamiento interno;" agregando respecto de la propia Sala Constitucional que "pretende desconocer *de facto* a esa Asamblea," que conforme a los artículos 333 y 350 de la Constitución, está "habilitada para restablecer la efectiva vigencia de la Constitución, no solo respecto a la sentencia N° 269/2016, sino respecto del resto de decisiones de la Sala Constitucional que solo pueden justificarse en el intento de ésta de desconocer, de hecho, la existencia de la Asamblea Nacional electa el pasado 6 de diciembre."[10]

La Asamblea, aparte de haber manifestado su rechazo a la sentencia a través de su Junta Directiva, lo que hizo a partir del 28 de abril de 2016, a partir de esa sentencia debió haber reformado de inmediato su Reglamento Interior y de Debates, para regular con toda la potestad que tiene el procedimiento de formación de las leyes, y eliminar toda la "normativa" dictada inconstitucionalmente por el Juez Constitucional.

---

[10]   Véase Comunicado: Grupo de Profesores de Derecho Público: "La Nulidad e Ineficacia de la Sentencia N° 269/2016 de la Sala Constitucional," mayo 2016.

VII. EL RECHAZO AL DESISTIMIENTO DE LA ACCIÓN DE NULIDAD INTENTADA CONTRA EL REGLAMENTO INTERIOR Y DE DEBATES, Y LA RATIFICACIÓN DE LAS INCONSTITUCIONALES MEDIDAS LIMITATIVAS DE LOS PODERES DE LA ASAMBLEA NACIONAL

En todo caso, para poner término a la anómala situación procesal, los diputados impugnantes de la normas del Reglamento Interior y de Debates de la Asamblea, que cinco años antes habían iniciado el juicio de nulidad en el cual la Sala Constitucional del Tribunal Supremo, dictó la inconstitucional sentencia N° 269 de 21 de abril de 2016 antes mencionada, cinco días después de su publicación, el 26 de abril de 2016 desistieron formalmente de la acción de nulidad que habían intentado. Adicionalmente, el 27 de mayo de 2016, el apoderado judicial de la Asamblea Nacional presentó por su parte un escrito de oposición a las medidas cautelares decretadas en la dicha sentencia, por estimarlas inconstitucionales.

En cuanto al desistimiento de la acción de nulidad, que es un derecho procesal de todo recurrente, denunciando particularmente, la clara desviación que existió entre la aspiración de tutela jurisdiccional que había sido reclamada por los recurrentes, y el contenido cautelar del fallo de la Sala Constitucional, particularmente porque en la acción aquellos jamás solicitaron "la intervención de un órgano ajeno a la actividad legislativa, como lo es la Vicepresidencia Ejecutiva de la República, en el proceso de formación de leyes" en particular para determinar el impacto económico de las mismas, lo que consideraron, con razón, violatorio de la Constitución.

La Sala Constitucional, en relación con estas peticiones, dictó la sentencia N° 473 de 14 de junio de 2016 mediante la cual negó la homologación del desistimiento planteado y ratificó las medidas cautelares acordadas por la Sala,[11] para lo cual sin embargo, comenzó por admitir que conforme a la Ley Orgánica del Tribunal Supremo (art. 98), y a las normas del Código de Procedimiento Civil (artículos 263 y 264), los demandantes tienen el derecho de "desistir de la demanda" en cualquier estado y grado de la causa, "siempre que no se encuentre involucrado el orden público o las buenas costumbres." Por esto último, en este caso, la Sala decidió que a pesar del desistimiento debía proceder a conocer de la demanda "como máxima garante del derecho positivo y custodia de los derechos fundamentales," pues siendo la acción incoada "de carácter objetivo pues responde a la determinación de la constitucionalidad o no de una norma dictada por un órgano del Poder Público, que regula sus funciones constitucionales," ello "evidencia el interés general en su resolución, más allá de los intereses particulares de la parte recurrente."

En consecuencia, citado una anterior decisión N° 181 del 16 de febrero de 2006 que consideró que "la nulidad por inconstitucionalidad es de orden público, y en el proceso la Sala Constitucional puede suplir de oficio las deficiencias o falta de técnica del recurrente," y estimando que en el caso se trataba de un "control abstracto de las normas", resolvió que "al instarse al máximo órgano judicial de la jurisdicción constitucional, no puede homologarse el desistimiento de la acción que se formule, por no tratarse de un asunto que verse sobre derechos disponibles, sino sobre una causa que interesa a la colectividad en general."[12] Destacan-

---

[11]   Véase en http://historico.tsj.gob.ve/decisiones/scon/junio/188317-473-14616-2016-11-0373.HTML.

[12]   La Sala, citó en apoyo de su apreciación diversos autores, y entre otros a quien escribe, refiriéndose a mi estudio sobre "El Juez Constitucional vs. La Supremacía Constitucional," que consultó en: http://www.allanbrewer-carias.com/Content/449725d9-f1cb-474b-8ab2-41efb849fea8/Content/ 567. pdf), en el cual la Sala destacó mi apreciación sobre "el principio de supremacía constitucional y el rol de los jueces constitucionales, que se concreta, conforme al principio de la separación de pode-

do además impropiamente el principio de que en materia de recursos de nulidad por inconsti-tucionalidad de leyes, conforme al artículo 32 de la Ley Orgánica del Tribunal Supremo de Justicia, "no priva el principio dispositivo" solo a los efectos de que la Sala pueda "suplir, de oficio, las deficiencias o técnicas del demandante por tratarse de un asunto de orden público," procedió a negar "la homologación del desistimiento planteado," no sin antes calificar la actuación de los impugnantes como "contradictoria, incongruente, y maliciosa," acordando continuar con la sustanciación de la causa.

Como consecuencia, la Sala pasó entonces a decidir sobre la oposición a las medidas cautelares que había acordado en la sentencia N° 269 de 21 de abril de 2016, en la cual, entre otras cosas, le impuso a la Asamblea obtener la autorización previa del Poder Ejecutivo para poder legislar, para lo cual comenzó por rechazar el poder que el Presidente de la Asamblea, quien tiene la representación de la Asamblea, le había otorgado un abogado para actuar en el juicio. La Sala consideró que la representación de la Asamblea que el Reglamento Interior y de Debates (art. 27.1) otorga a su Presidente, solo se refiere a "los asuntos propios de la fun-ción del Poder Legislativo, tales como reuniones, consultas públicas, coordinación con otros órganos del Poder Público, entre otras situaciones que requieran la representación del órgano legislativo, mas no así al otorgamiento de poder de representación judicial;" y que en cambio, la representación de la Asamblea Nacional para actuar en juicio supuesta y absurdamente solo correspondería a la Procuraduría General de la República, que además, es un órgano que forma parte del Poder Ejecutivo, dependiente de las instrucciones del Presidente del Repúbli-ca. La Sala, en efecto, del texto del artículo 247 de la Constitución[13] dedujo incorrectamente que "la representación judicial de los órganos de Poder Público la ejerce legal y constitucio-nalmente el Procurador General de la República y cualquier órgano que pretende ejercerla deberá contar con previa y expresa sustitución del Procurador o Procuradora General de la República, lo cual no ocurrió en el presente caso."

Tan absurdo como esto: que en un conflicto entre los Poderes Ejecutivo y Legislativo, el Poder Legislativo para defenderse tienen que hacerlo a través del abogado (Procurador Gene-ral) que depende y está sujeto a las instrucciones del Poder Ejecutivo, todo lo cual fue denun-ciado por la Asamblea como contrario al orden constitucional y democrático.[14]

En todo caso, aparte de dejar a la Asamblea sin posibilidad de representarse a sí misma mediante apoderados designados por quien ejerce su representación, que es el Presidente, la Sala ratificó las medidas cautelares limitativas de la Asamblea que había dictado consideran-do que los hechos que las motivaron no habían cambiado, conminando al Presidente de la

---

res, en un derecho fundamental a la tutela judicial efectiva de la supremacía constitucional, es de-cir, a la justicia constitucional."

[13]   Artículo 247:"*La Procuraduría General de la República asesora, defiende y representa judicial y extrajudicialmente los intereses patrimoniales de la República, y será consultada para la aproba-ción de los contratos de interés público nacional*".

[14]   Mediante Comunicado la Asamblea Nacional rechazó la decisión N° 473 de la Sala Constitucional, como violatoria a la autonomía constitucional y al derecho a la defensa de la misma, considerando que la sentencia privaba a la Asamblea de la facultad de defender en juicio las leyes y demás actos parlamentarios por medio de apoderados escogidos por la misma, como siempre ha ocurrido en el país; quedando la representación conforme a la sentencia, en apoderados nombrados por el Procu-rador General que es un órgano del Poder Ejecutivo. En fin, la Asamblea denunció que la senten-cia violaba el orden constitucional y democrático. Véase el Comunicado de 5 de julio de 2016 en http://www.asambleanacional.gob.ve/uploads/documentos/doc1cce92be2c893e0f0f266ac32f05e89 d7ad28579.pdf

Asamblea, "a cumplir a cabalidad con lo decidido en la sentencia N° 269 del 21 de abril de 2016," advirtiéndole sobre las multas previstas en el artículo 122 de la Ley Orgánica del Tribunal Supremo para los casos de desacato a las decisiones del Tribunal, "sin perjuicio de las sanciones penales, civiles, administrativas o disciplinarias a que hubiere lugar;" y conminándolo a la Asamblea que remitiera a la Sala "la documentación donde se evidencie el cumplimiento de las medidas cautelares decretadas en el fallo N° 269 del 21 de abril de 2016, en el proceso de formación de las leyes, en un todo acorde con la Constitución," y en particular ordenando al Presidente que en un lapso de 5 días informase "en forma específica, y consignase recaudos que lo apoyen" sobre dicho cumplimiento; en particular sobre la consulta de:

"carácter obligatorio por la Asamblea Nacional –a través de su Directiva– al Ejecutivo Nacional por vía del Vicepresidente Ejecutivo– a los fines de determinar su viabilidad económica, aun los sancionados para la fecha de publicación del presente fallo, en aras de preservar los principios de eficiencia, solvencia, transparencia, responsabilidad y equilibrio del régimen fiscal de la República, tomando en consideración las limitaciones financieras del país, el nivel prudente del tamaño de la economía y la condición de excepcionalidad económica decretada por el Ejecutivo Nacional."

Con esta decisión, la Sala Constitucional dejó así abierta la posibilidad de reaccionar contra los diputados de la Asamblea por desacato, y por ello, proceder a enjuiciarlos.

COMENTARIOS SOBRE LA SENTENCIA
N° 269/2016, DE 21 DE ABRIL

José Ignacio Hernández G.

*Profesor de Derecho Administrativo en la Universidad Central de Venezuela
y la Universidad Católica Andrés Bello
Director del Centro de Estudios de Derecho Público de la Universidad Monteávila*

Resumen: *La sentencia N° 269/2016 de la Sala Constitucional, usurpó la competencia exclusiva de la Asamblea Nacional de dictar sus propias normas internas de funcionamiento.*

Abstract: *The Constitutional Chamber, in its decision number 269/2016, approved several internal rules of the National Assembly, violating the constitutional competences of the Legislative Power in Venezuela.*

Palabras Clave: *Control judicial de la Constitución, Reglamento Interior y de Debates.*

Key words: *Judicial review, Internal rules of the Legislative Power.*

1. Mediante sentencia N° 296/2016, de 21 de abril, la Sala Constitucional admitió la demanda de nulidad presentada en 2011 contra el Reglamento Interior y de Debates.

2. Los aspectos más graves de la sentencia son:

a) Obliga a efectuar una "concertación" con el Poder Popular en todo procedimiento de consulta pública, lo que otorgaría el control sobre ese procedimiento al Poder Popular.

b) Establece un control previo del Poder Ejecutivo, sobre la viabilidad económica de todo Proyecto de Ley para su presentación a primera discusión. Tal control aplicará a todos los Proyectos sancionados a la fecha por la Asamblea.

3. De esa manera, la Sala suspendió el penúltimo aparte del artículo 25 del Reglamento, el cual dispone que –según la gravedad del caso– la plenaria de la Asamblea podrá decidir sobre la autorización solicitada por el Tribunal Supremo de Justicia *en la misma oportunidad en que se recibe dicha solicitud o en la sesión más próxima*. En virtud de la medida cautelar acordada, la Sala dispuso que no podrá emitirse pronunciamiento en la misma sesión, sino en la sesión "más próxima", luego de "*oído el Diputado o la Diputada respecto a la cual verse la autorización a que se refiere el artículo 200 del Texto Fundamental*".

4. Al negar la medida de suspensión del artículo 45 del Reglamento –que contempla la consulta pública de las Leyes, incluido el "parlamentarismo de calle"– la Sala Constitucional señaló que "*es imperativo del órgano que ejerce el Poder Legislativo Nacional, el dar efectivo cumplimiento a los procedimientos que garantizan el Poder Popular como expresión del mismo*". Esto implica, además, que concluida el procedimiento de consulta pública "*deben ser consignados los resultados de las consultas públicas al pueblo soberano que se realicen a nivel nacional*". Tal consulta, según la Sala, permite "*obtener un informe para segunda discusión en Cámara concertado con el pueblo soberano*".

5. Asimismo, al pronunciarse sobre la medida cautelar contra artículo 57 del Reglamento –convocatoria a sesiones de la Asamblea– la Sala dispuso ampliar el lapso para efectuar la convocatoria a las cuarenta y ocho (48) horas.

6. Cautelarmente –en relación con la modificación del orden del día, según el artículo 64– la Sala dispuso que el orden del día, una vez incluido en el sistema automatizado, "*no admitirá modificación, en aras de preservar la seguridad jurídica como principio que debe imperar en el ejercicio de la función legislativa*".

7. También se suspendió el numeral 8 del artículo 64, que permite diferir el orden del día.

8. La Sala suspendió el artículo 73 del Reglamento, sobre la duración de las intervenciones. Por ello, según la Sala, la participación de los Diputados no puede limitarse en cuanto al tiempo, pues la duración de la intervención dependerá de "*la complejidad o importancia del tema en debate*".

9. Con ocasión a la medida de suspensión del artículo 105, sobre la duración del proceso de formación de las Leyes, la Sala dispuso que para garantizar "*el parlamentarismo social de calle como expresión del Poder Popular, se estima procedente fijar (…) que el lapso para las consultas públicas será como mínimo de veinte días, los cuales conforme a la complejidad y relevancia de la materia que trate el proyecto de ley presentado, puede ser prorrogado por un lapso similar, siempre que existan solicitudes de las organizaciones que conforman el Poder Popular para el ejercicio de la participación ciudadana*".

10. Finalmente, la Sala Constitucional, de oficio, determinó que para cumplir con el requisito según el cual todo Proyecto de Ley, para su presentación, debe estar acompañado del estudio del impacto e incidencia presupuestaria y económica, o en todo caso, el informe de la Oficina de Asesoría Económica y Financiera de la Asamblea Nacional, es necesario que la Asamblea consulte previamente el Proyecto con el Ejecutivo Nacional, a quien corresponde la gestión financiera del presupuesto.

11. Para la Sala, es obligatoria la concertación "*que debe existir entre la Asamblea Nacional y los otros Órganos del Estado durante la discusión y aprobación de las leyes*". Esa concertación es tanto más prioritaria en atención a la emergencia económica.

12. Por ello, la Sala dispuso que el informe sobre el impacto e incidencia presupuestaria y económica, o en todo caso, el informe de la Dirección de Asesoría Económica y Financiera de la Asamblea Nacional que debe acompañar a todo proyecto de ley, deben "*consultarse con carácter obligatorio por la Asamblea Nacional –a través de su Directiva– al Ejecutivo Nacional –por vía del Vicepresidente Ejecutivo– a los fines de determinar su viabilidad económica*". Este requisito aplica incluso para todos los proyectos ya sancionados por la Asamblea.

13. Tal control permite al Poder Ejecutivo realizar la efectiva verificación del cumplimiento de la viabilidad del proyecto. La sentencia no aclara, sin embargo, cómo debe instrumentarse ese procedimiento de consulta; cuál es el lapso para que el Ejecutivo responda ni qué carácter tiene la consulta. Sin embargo, es razonable concluir que el criterio comentado implica que el proyecto no podrá ser presentado a primera discusión si no cuenta con la opinión favorable del Poder Ejecutivo en torno a su viabilidad.

DEMOCRACIA PARTICIPATIVA
(Reflexiones con motivo de la Sentencia N° 269 de la Sala Constitucional de fecha 21/04/2016 en el recurso de nulidad del Reglamento Interior y de Debates de la Asamblea Nacional)

María Alejandra Correa Martín

Abogada

Resumen: *El procedimiento de formación de las leyes constituye una garantía de la legitimidad del acto legislativo. La consulta a las demás ramas del Poder Público, a los ciudadanos y a la sociedad organizada, prevista en el artículo 211 de la Constitución, tiene por objeto asegurar que la respuesta legislativa sea adecuada, pero no implica un condicionamiento o limitación de la potestad legislativa de la Asamblea Nacional, en particular no dispone una sujeción a los designios del Ejecutivo, como lo decidió la Sala Constitucional, al pretender someter los proyectos de ley a un supuesto control previo de viabilidad, a cargo del Ejecutivo Nacional*

Abstract: *The process of formation of laws is a guarantee of the legitimacy of the legislative act. The consulting the other branches of government, citizens and organized society, provided under Article 211 of the Constitution, it is to ensure that the legislative response is adequate, but does not imply a conditioning or limitation of legislative power of the National Assembly, in particular it does not mean it subordination to the approval or by the Executive, as decided by the Constitutional Court, attempting to submit the bills to an alleged prior control of feasibility by the National Executive.*

Palabras claves*: Procedimiento de formación de las leyes, consulta, legitimidad, autonomía de la función legislativa.*

Key words: *Forming procedure of laws, consultation, legitimacy, autonomy of the legislative power.*

La legitimidad del Poder Legislativo se erige sobre la idea que la ley es expresión de la voluntad general, sin duda la expresión más fiel de esa voluntad, no solamente porque es el cuerpo parlamentario donde se encuentra la mayor representación cuántica de individuos elegidos por el pueblo, sino además por estar sujetos, en la formación de las leyes, a un procedimiento constitucional que supone discusión y consultas, durante el cual el proyecto de ley es permeable a la opinión pública, facilitando que la ciudadanía se forme criterio, emita opiniones y que éstas de alguna manera influyan o molden el texto que sancionen los legisladores.

Ahora bien, esa deseable participación ciudadana no propugna volver a los esquemas antiguos de asambleas con participación directa de todos los ciudadanos, lo cual en los tiempos modernos no sería más que una utopía, no necesariamente conveniente, como lo advertía Duverger, quien al referirse al procedimiento de democracia directa expresaba:

"Rousseau veía en ella la única democracia verdadera porque pensaba que los representantes tienden a situarse en lugar de los representados y que, por lo tanto, la representación conduce a una alienación de la voluntad popular. A menudo, los hechos le dan la razón. Pero, de hecho, la democracia directa solo puede funcionar en países muy pequeños, donde todo el pueblo puede reunirse. Por otra parte, es necesario que los problemas a resolver sean bastante simples para que todos los ciudadanos puedan hacerlo directamente. ... *omisis*... En realidad el sistema no es tan democrático como parece, ya que la discusión pública perjudica más o menos el secreto de las elecciones políticas de los ciudadanos"[1].

La Constitución de 1999, incluyó en el procedimiento de formación de las leyes la obligación de consulta a los ciudadanos, a los órganos del Poder Público y a la sociedad organizada. El artículo 211 establece que los órganos parlamentarios deben adelantar esa consulta y conceder derecho de palabra "durante el procedimiento de discusión y aprobación de los proyectos de las leyes" (no antes), a los representantes de los órganos de los demás Poderes Públicos, esa norma no condiciona la iniciativa legislativa, ni dispone que los criterios de los demás Poderes Públicos priven o se impongan al cuerpo parlamentario, ni podría hacerlo porque los diputados detentan una representación no sujeta a mandato, ni instrucciones.

Ese procedimiento de consulta es un mecanismo dirigido a garantizar que las leyes respondan verdaderamente a las necesidades del colectivo y ofrezcan las soluciones que ameritan los problemas de la sociedad, que se cuente con la información técnica y/o se consideren los aspectos particulares de la materia regulada, que permitan asegurar su efectividad práctica.

El artículo 211 de la Constitución no sugiere la inclusión de un mandato imperativo, por demás expresamente prohibido en el artículo 201 de la Constitución, conforme al cual los diputados son representantes del pueblo, *no sujetos a mandatos ni instrucciones*.

En relación a esas disposiciones constitucionales Juan Miguel Matheus expresa:

"… en Venezuela el estatuto jurídico del parlamentario y la relación de este con su propio partido político, está asentado sobre la teoría clásica, liberal, de la representación política. No otra cosa significa la presencia del ya varias veces mencionado artículo 201 en el texto constitucional...*omisis*... En lo referido a la representación y al voto a conciencia en el marco de la relación del diputado con su propio electorado, debe decirse que, a pesar del *participacionismo* que impregna el texto constitucional, el estatuto de los parlamentarios asegura la independencia del diputado frente a su propio electorado, es decir, frente al electorado de la circunscripción por la cual este fue escogido, de manera tal que ese diputado sirva a los intereses de la nación entera y no solo a los de sus representados directos.[2]

Lo anterior lo expresa el autor respecto de la vinculación del diputado con su electorado, relación que debe mantener para que en su labor pueda identificar las necesidades del pueblo al que representa, sin perjuicio del voto personal y a conciencia del diputado, como lo dispone el artículo 201 de la Constitución, lo que determina que si bien es necesaria e importante la consulta ciudadana, no es vinculante.

Respecto de los otros Poderes Públicos el proceso de consulta, igualmente importante y de carácter no vinculante, tiene una justificación distinta. El cuerpo parlamentario debe oírlos, sin deberse a ellos, sin necesidad si quiera de justificarse; la Asamblea Nacional es un

---

[1]   Maurice Duverger, *Instituciones Políticas y Derecho Constitucional,* Ed. Ariel, 1980, p. 80.

[2]   Juan Miguel Matheus, *La Asamblea Nacional: Cuatro perfiles para su reconstrucción constitucional,* Caracas, 2013, p. 97.

poder independiente, separado, la función legislativa le es propia, no sujeta a aprobación, autorización, ni condición que le imponga otro Poder Público.

La consulta en este caso no tiene por objeto permitir que los otros poderes públicos incidan en la definición de la política legislativa, sino de colaboración, a través del suministro de información, a fin de ilustrar a los parlamentarios sobre consideraciones fácticas, particularidades técnicas o condiciones necesarias para la ejecución de la legislación que se proyecta adoptar. Se trata de un mecanismo de colaboración entre poderes y no de participación política, como si es el caso de la consulta ciudadana.

La participación de los ciudadanos en los asuntos públicos constituye un signo de evolución de la democracia, porque en la medida que los pueblos toman mayor conciencia de sus derechos y de los mecanismos para exigir el respeto a sus libertades, tienden a ser más activos políticamente.

Pero no puede desconocerse que la democracia participativa es también una respuesta a lo que Chevallier llama *crisis global del sistema representativo,* caracterizada por el descrédito que afecta a los gobernantes, percibidos como más preocupados por mantenerse en el poder que por servir, y quienes se ven cada vez más comprometidos en asuntos de corrupción y escándalos, crisis que afecta a toda la clase política, incluida los parlamentarios; descrédito que cuestiona la lógica de la democracia representativa, fundada en el principio de la delegación y conduce a la restauración de la creencia conforme a la cual la democracia requiere de una presencia más activa de los ciudadanos en los asuntos públicos, con la extensión de la práctica de someter los asuntos a referendo[3].

Sin embargo, en Venezuela hemos visto como en los últimos años la bandera de la participación ciudadana y del poder popular se ha invocando desde otra perspectiva, la de la retórica política, y no necesariamente como mecanismo de legitimación de las políticas públicas.

Con la entrada en vigencia de la Ley Orgánica de la Administración Pública, se celebró la inclusión de un título relativo a la participación social de la gestión pública y en particular la regulación de un procedimiento de consulta pública, previo a la adopción de los actos normativos, que antes solamente se conocía en materias específicas como la consulta de los planes de desarrollo urbano en materia municipal y que, previo a la consagración de manera general en la Ley Orgánica de la Administración Pública, se contempló de manera especial en la Ley Orgánica de Telecomunicaciones[4].

Pero a pesar de esa consagración legislativa, en la práctica han sido raras las oportunidades en que se dan las consultas públicas antes de la adopción de los actos normativos de la Administración Pública, ello sin contar que la participación ciudadana ha sido groseramente vulnerada por el constante recurso en los últimos años a leyes habilitantes, que permitieron al Ejecutivo Nacional legislar mediante Decretos-Leyes, obviando no solamente el procedimiento de formación de las leyes, sino la aplicación del artículo 211 de la Constitución, relativo a esa participación ciudadana que ahora la Sala Constitucional considera tan fundamental e imperativa para la adopción de las leyes.

---

3   Véase Jacques Chevallier, *Institutions Politiques, Paris,* LGDJ, 1996, p 180.

4   Véase Chavero Gazdik, "La participación social en la gestión pública", en *La Ley Orgánica de la Administración Pública*, EJV, Caracas 2003, pp. 93 y ss.

En la sentencia N° 269 de la Sala Constitucional del 21 de abril de 2016,[5] que motiva las presentes reflexiones, se admite, con 5 años de retraso, el recurso de nulidad interpuesto el 9 de marzo de 2011, conjuntamente con solicitud de medida cautelar, contra la Reforma Parcial del Reglamento Interior y de Debates de la Asamblea Nacional, y en su motivación se afirma que:

"es imperativo del órgano que ejerce el Poder Legislativo Nacional, el dar efectivo cumplimiento a los procedimientos que garantizan el Poder Popular como expresión del mismo, esto es, aquellos en los que se incluye el parlamentarismo social de calle, que no es otra cosa que el ejercicio de la participación protagónica del pueblo en los asuntos públicos, y en especial, en la labor legislativa, lo que conforme a lo dispuesto en el artículo 70 del Texto Fundamental, se materializa en el conjunto de normas que en desarrollo de ésta, se encuentran dirigidas a la integración del pueblo a los órganos del Poder Público, para hacer efectiva que la soberanía reside en el pueblo conforme lo establece el artículo 5 *eiusdem*".

El artículo 70 de la Constitución no contempla el llamado parlamentarismo social de calle, esa norma solamente define como medios de participación, en lo político: "la elección de cargos públicos, el referendo, la consulta popular, la revocación del mandato, la iniciativa legislativa, constitucional y constituyente, el cabildo abierto y la asamblea de ciudadanos".

Valga un paréntesis para indicar que esperamos que la Sala Constitucional tenga tan presente el imperativo de la participación ciudadana cuando le corresponda pronunciarse sobre la constitucionalidad de la Ley Orgánica de Referendo, o incluso que lo tenga igualmente presente para recordarle oportunamente a la Presidenta del Consejo Nacional Electoral, que está en la obligación constitucional de *facilitar la generación de las condiciones más favorables para la práctica del derecho a participar libremente en los asuntos públicos, directamente o por medio de sus representantes elegidos*, como lo dispone el artículo 62 de la Constitución y, con fundamento en esas normas, la exhorte a atender las solicitudes de referendo revocatorio del mandato del presidente de la República, que le han sido formuladas en ejercicio de los mecanismos democráticos de participación.

Retomando el procedimiento de formación de las leyes, en él la participación ciudadana se concreta, conforme a lo dispuesto en los artículos 70, 204, numeral 7 y 211 de la Constitución, mediante las iniciativas legislativas, por una parte y, por la otra, mediante el proceso de consulta pública durante la discusión y aprobación de los proyectos de ley; en el entendido – insistimos– que esa consulta pública, que efectivamente debe cumplirse, no altera en forma alguna el carácter representativo y no imperativo del encargo conferido por los electores a sus diputados, conforme a lo dispuesto en el artículo 201 de la Constitución.

Por otra parte, resulta irónico que la Sala Constitucional le indique ahora a la Asamblea Nacional que debe, imperativamente, cumplir los procedimientos de parlamentarismo de calle, cuando respecto de los Decretos Leyes nunca advirtió que la actividad legislativa del Estado se estaba desarrollando al margen del derecho de los ciudadanos a participar, al menos a través de la consulta prevista en el artículo 211 de la Constitución.

Además con gran cinismo invoca el artículo 70 de la Constitución –para justificar un parlamentarismo de calle no previsto en el texto constitucional–, pero no reconoce que esa norma sí hace expresa referencia expresa a la elección de cargos públicos como mecanismo de participación política, lo que implica que a los diputados elegidos debe tenérseles conforme a ese artículo y al 62 de la Constitución, como instrumentos legítimos de participación y, en consecuencia, sus actos son expresión de la voluntad general del pueblo, en quien reside la soberanía, según lo expresa el artículo 5 de la Constitución.

---

[5]   http://historico.tsj.gob.ve/decisiones/scon/abril/187363-269-21416-2016-11-0373.HTM

Ese silogismo lógico es inadvertido por la Sala Constitucional cuando en sus decisiones recientes se ha dedicado a desconocer los efectos de la participación ciudadana en el proceso electoral del 6 de diciembre de 2015, donde se eligió a la actual Asamblea Nacional, como lo hizo, en la decisión del pasado 11 de abril de 2016, mediante la cual declara inconstitucional la Ley de Amnistía y Reconciliación nacional, al afirmar:

> "Por tanto, un solapamiento de la justicia, en orden a la consecución de una supuesta "reconciliación nacional o paz pública" cuyas bases no se sustentan en un desacuerdo social subyacente –que no puede dirimirse ni se haya dirimido por los medios institucionales establecidos en el ordenamiento jurídico (*v.gr.* elecciones)– sería igual a desconocer no sólo los fines inmediatos del Estado como garante de los derechos humanos fundamentales, sino una invitación que sentaría un terrible precedente, que insta a la rebelión del particular contra la voluntad de la ley, la cual exige una reparación que vuelva a ratificar la autoridad del Estado mediante la imposición de una pena como resultado del trámite de un debido proceso"[6].

Cabe recordarle a la Sala Constitucional que la Ley de Amnistía y Reconciliación Nacional fue una de las propuestas de la Mesa de la Unidad Democrática durante la campaña electoral para la elección de los diputados a la Asamblea Nacional de diciembre de 2015, y que al votar el electorado mayoritariamente por los diputados de la Mesa de la Unidad Democrática, avalaron la propuesta de la amnistía, de manera que mal puede considerar la Sala Constitucional que las bases que sustentan la amnistía no se hayan dirimido y legitimado a través de un proceso electoral.

Al afirmar lo expresado en la parte antes transcrita de la sentencia dictada con motivo de la Ley de Amnistía, la Sala Constitucional viola el derecho del electorado al reconocimiento de los efectos la participación ciudadana y la legitimidad que el proceso electoral del 6 de diciembre de 2015 le imprimió a la amnistía.

La necesidad de participación ciudadana debería haberla tenido presente la Sala Constitucional cuando decidió la inconstitucionalidad de la Ley de reforma parcial del Decreto Ley del Banco Central de Venezuela, cuyo objeto era recuperar el control por parte de los representantes del pueblo en la Asamblea Nacional, respecto de las decisiones del Ejecutivo Nacional. Y es que en la Constitución si está previsto que el Ejecutivo Nacional requiera para cumplir determinados actos y asumir determinados compromisos, la participación ciudadana, a través de sus representantes en la Asamblea Nacional, para que se imparta la autorización o aprobación parlamentaria, a tenor de lo dispuesto en los artículos 187 y 222 de la Constitución, tal como estaba contemplado en la Ley del Banco Central que el Ejecutivo arbitrariamente reformó en diciembre de 2015, para impedir ese control.

Por el contrario, el consenso previo al procedimiento de discusión de los proyectos de ley, que establece ahora la Sala Constitucional en la sentencia del 21 de abril de 2016, no está previsto en la Constitución.

En la decisión comentada la Sala Constitucional sostiene:

> "Esto nos lleva a entender la obligatoria concertación que debe existir entre la Asamblea Nacional y los otros Órganos del Estado durante la discusión y aprobación de las leyes. De ahí que la viabilidad exigida en todo Proyecto de Ley tiene que ver no sólo con el impacto e incidencia económica y presupuestaria que tendría para el Estado venezolano sino con la concertación obligatoria que entre ambos Poderes, Legislativo y Ejecutivo debe existir.

---

[6]   http://historico.tsj.gob.ve/decisiones/scon/abril/187018-264-11416-2016-16-0343.HTML

Esto es así, porque el gasto público representa un elemento clave para dar cumplimiento a los objetivos de la política económica del Estado, de modo que al ser ejecutado dicho gasto a través del Presupuesto Público como instrumento de gestión del Estado para el logro de los resultados a favor de la población, a través de la prestación de servicios y logro de metas de cobertura con equidad, eficacia y eficiencia por los órganos y entes del Poder Público <u>es indiscutible que sin la aprobación del órgano público competente en materia de planificación, presupuesto y tesorería nacional, no puede estimarse cumplida la exigencia a que se refiere el numeral 3 del artículo 103 del citado Reglamento.</u>

…, al existir límites de los gastos durante el año fiscal en curso, por cada una de las entidades del Sector Público de acuerdo a los ingresos que los financian, esto es, con la disponibilidad de los Fondos Públicos, …se considera necesario, <u>para no generar expectativas irresponsables contrarias a la ética, a la transparencia y a la democracia</u>, mientras se decida el fondo del presente recurso, establecer que el informe sobre el impacto e incidencia presupuestaria y económica, o en todo caso, el informe de la Dirección de Asesoría Económica y Financiera de la Asamblea Nacional que debe acompañar a todo proyecto de ley, a que se refiere el numeral 3 del artículo 103 del Reglamento Interior y de Debates de la Asamblea Nacional, <u>son requisitos esenciales y obligatorios sin los cuales no se puede discutir un proyecto de ley</u>, y que los mismos, en previsión de los artículos 208, 311, 312, 313 y 314 de la Constitución, <u>deben consultarse con carácter obligatorio por la Asamblea Nacional –a través de su Directiva– al Ejecutivo Nacional –por vía del Vicepresidente Ejecutivo– a los fines de determinar su viabilidad económica, aun los sancionados para la fecha de publicación del presente fallo, en aras de preservar los principios de eficiencia, solvencia, transparencia, responsabilidad y equilibrio fiscal del régimen fiscal de la República, tomando en consideración las limitaciones financieras del país, el nivel prudente del tamaño de la economía y la condición de excepcionalidad económica decretada por el Ejecutivo Nacional</u>". (Subrayados agregados).

No le cuestionaría a la Sala Constitucional que hablare de concertación para afirmar que el Estado es uno y que los fines que orienten las actuaciones de todas las ramas del Poder Público deberían ser los mismos: satisfacer el interés general y servir a los ciudadanos, por lo que la técnica del buen gobierno impone acciones coordinadas y la cooperación entre los Poderes Públicos.

Pero si es muy cuestionable que pretenda someter el ejercicio del Poder Legislativo a la voluntad del Ejecutivo Nacional. La colaboración entre los Poderes no puede entenderse deba funcionar únicamente para que la Asamblea Nacional tenga que acompasar sus acciones a los designios del Ejecutivo Nacional.

En la sentencia comentada, la Sala Constitucional no solamente pretende condicionar inconstitucionalmente el ejercicio de potestad legislativa de la Asamblea Nacional, al cumplimiento de requisitos no previstos en la Constitución, como es que el Ejecutivo se pronuncie sobre la viabilidad económica de los proyectos de leyes que la Asamblea Nacional se propone discutir y sancionar, sino que además pretende que sea el Ejecutivo Nacional quien decida, a través de ese pronunciamiento sobre la viabilidad económica de los proyectos de ley, las leyes que el Poder Legislativo podrá discutir y sancionar, so pena de nulidad del proceso de formación de las leyes.

Peor aún decide la aplicación retroactiva de ese nuevo requisito, impuesto por la Sala en un usurpado rol de Constituyente, respecto de los proyectos ya sancionados por la Asamblea Nacional.

Queda una pregunta, a quién le consulta la Sala Constitucional sus decisiones en las cuales modifica la Constitución y desconoce la autoridad de la Asamblea Nacional, elegida por el pueblo en un proceso de participación democrática.

En buen Derecho, la Sala Constitucional no tiene que consultar, porque las decisiones jurisdiccionales tienen la autoridad del Derecho que aplican, pero cuando no son conformes a la Constitución, cómo justificar su autoridad.

Si las interpretaciones de la Sala Constitucional no son fieles al texto constitucional, cuya supremacía y uniforme interpretación debe garantizar (artículo 335 de la Constitución), se compromete el Estado de Derecho y la democracia.

Allan Brewer-Carías, luego de comentar una cita de Bolívar, *"La justicia sola es la que conserva la República"*, advierte que si el Poder Judicial no es un adecuado instrumento de control del Ejecutivo y del Legislador la base del sistema social no existe, ni se puede hablar de Estado de Derecho, ni de democracia y afirma:

> "Sin la menor duda puede decirse que la esencia de la democracia tiene su mayor expresión en la existencia de un Poder Judicial autónomo e independiente. La democracia esta consustancialmente unida al ejercicio del control político, administrativo y judicial. Y si no hay control judicial ejercido por jueces autónomos e independientes, no hay democracia. Por eso en las autocracias, lo primero que se silencia, se amedrenta y se condiciona es al Poder Judicial"[7]

Eduardo García de Enterría advierte sobre la importancia y riesgos de los Tribunales Constitucionales, al señalar:

> "La responsabilidad de éstos en el sistema jurídico y político es tan excepcional que cualquier deficiencia en su funcionamiento viene a poner virtualmente en crisis el sistema entero"[8].

Sentencias como la que motiva el presente comentario evidencian el rol preponderante que la jurisdicción constitucional juega en la defensa de la democracia o en su destrucción, según se ejerza de manera independiente, para garantizar la vigencia de la Constitución y de los derechos fundamentales, o de manera servil a una determinada rama del Poder Público.

---

[7] Allan R. Brewer-Carías, *Democracia y Reforma del Estado*, Caracas, 1978, pp. 508-509, *El Poder Nacional y el Sistema Democrático de Gobierno*, Tomo III de las Instituciones Políticas y Constitucionales, Caracas, 1996, p. 173.

[8] Eduardo García de Enterría, *La* Constitución *como Norma y el Tribunal Constitucional*, Civitas, Madrid, 1994, p. 157-158

Sexto: *Comentario sobre la sentencia de la Sala Constitucional N° 411 del 19 de mayo de 2016, que declaró la constitucionalidad del Decreto N° 2.323 de 13 de mayo de 2016 sobre el Estado de Excepción y de la Emergencia Económica.*

LA USURPACIÓN DEFINITIVA DE LA FUNCIÓN DE LEGISLAR POR EL EJECUTIVO NACIONAL Y LA SUSPENSIÓN DE LOS REMANENTES PODERES DE CONTROL DE LA ASAMBLEA CON MOTIVO DE LA DECLARATORIA DEL ESTADO DE EXCEPCIÓN Y EMERGENCIA ECONÓMICA

Allan R. Brewer-Carías

Director de la Revista

Resumen: *Este artículo tiene por objeto comentar los alcances del Decreto N° 2.323 de 13 de mayo de 2016, como fue interpretado por la Sala Constitucional, de declaración de Estado de excepción, con el objeto de eliminar en forma definitiva la función de legislar de la Asamblea Nacional.*

Abstract: *This Paper is intended to analyze the scope of the Decree N° 2.322 of May 13, 2016 issued by the President of the Republic, as it was interpreted by the Constitutional Chamber of the Supreme Tribunal in order to eliminate in a definitive way the legislative function of the National Assembly.*

Palabras Clave: *Asamblea Nacional. Función Legislativa. Estado de Excepción.*

Key words: *National Assembly. Legislative Function. Estate of Emergency.*

Mediante Decreto N° 2.323 de 13 de mayo de 2016,[1] el Presidente de la República, al decretar de nuevo un estado de excepción y de emergencia económica, le terminó de dar un golpe definitivo a la Constitución, al usurpar totalmente la potestad de legislar, despojando a la Asamblea Nacional de su función esencial –que ya le había impedido ejercer la Sala Constitucional–, al suspenderle a la misma los poderes de control que aún no le había cercenado la

---

[1] Véase en *Gaceta Oficial* N° 6.227 Extraordinario del 13 de mayo de 2016, la cual sin embargo sólo circuló tres días después, el lunes 16 de mayo de 2018. Véanse los cometarios sobre este decreto en Allan R. Brewer-Carías, "Nuevo golpe contra la representación popular: la usurpación definitiva de la función de legislar por el Ejecutivo Nacional y la suspensión de los remanentes poderes de control de la Asamblea con motivo de la declaratoria del estado de excepción y emergencia económica," 19 de mayo de 2016, en http://www.allanbrewercarias.com/Content/449725d9-f1cb-474b-8ab2-41efb849fea3/Content/Brewer.%20Golpe%20final%20a%20la%20democracia.%20%20%20Edo%20excepci%C3%B3n%20%2019%20mayo%202016.pdf.

Sala Constitucional en materia de autorizaciones legislativas de créditos adicionales al presupuesto y para la celebración de contratos de interés nacional.[2]

A partir de este Decreto, ya nada le quedó por hacer a la Asamblea Nacional en Venezuela, salvo rebelarse constitucionalmente contra la usurpación de la voluntad popular que han ejecutado tanto el Poder Ejecutivo como el Poder Judicial a través de la Sala Constitucional del Tribunal Supremo.

Para dictar este inconstitucional Decreto, el Presidente de la República invocó su carácter de Jefe del Estado y Jefe del Ejecutivo (art. 226 de la Constitución), ejerciendo la atribución establecida en el artículo 236.7 de la Constitución, e invocó igualmente lo previsto en los artículos 337, 338 y 339 de la misma; normas que en forma alguna lo autorizan a autorizarse a sí mismo la función de legislar ni a coartar el funcionamiento de la Asamblea Nacional.

Al haberlo hecho en la forma absolutamente imprecisa como se dictó el Decreto, sin haber restringido ninguna garantía constitucional específica, podría resultar el absurdo de que el Presidente lo que pretendió fue *restringir todas las garantías constitucionales*, con grave riesgo a los derechos humanos en el país, lo no sólo sería inconstitucional, sino por supuesto, totalmente inadmisible en un Estado de derecho.[3]

I.   BASES DEL RÉGIMEN CONSTITUCIONAL DE LOS ESTADOS DE EXCEPCIÓN

Las normas que citó el Presidente como base constitucional del decreto, en efecto, regulan la atribución del mismo, en Consejo de Ministros, para decretar estados de excepción, considerándose como tales:

"las circunstancias de orden social, económico, político, natural o ecológico, que afecten gravemente la seguridad de la Nación, de las instituciones y de los ciudadanos y ciudadanas, a cuyo respecto resultan insuficientes las facultades de las cuales se disponen para hacer frente a tales hechos" (art. 337).

Tal declaratoria puede consistir en un "decreto del estado de emergencia económica cuando se susciten circunstancias económicas extraordinarias que afecten gravemente la vida

---

[2]   Por ello, con razón, *Foro por la Vida* advierte que constituye "una ruptura del orden constitucional." Véase "Foro por la Vida: Decreto de Estado de excepción rompe el orden constitucional," 18 de mayo de 2016, en http://runrun.es/nacional/262345/foro-por-la-vida-decreto-de-estado-de-excepcion-rompe-el-orden-constitucional.html.

[3]   Por eso, con razón, el Comité de Familiares de las Víctimas de los Sucesos de Febrero-Marzo de 1989 (COFAVIC), expresó que: "El decreto de estado de excepción no establece de manera específica las garantías restringidas, lo cual deriva en una suspensión general e inconstitucional de todos los derechos humanos y las garantías previstas en nuestra Constitución, abriendo la posibilidad de una suspensión del Estado de Derecho no previsto en la Carta Magna y que coloca en graves riesgos a los derechos humanos y las libertades públicas, lo cual es absolutamente contrario al artículo 337 del texto constitucional." Véase: COFAVIC. "Comunicado Público: Los Estados de Excepción no pueden ser usados para coartar libertades públicas, perseguir o discriminar," Caracas 17 de mayo de 2016, en http://www.cofavic.org/co-municado-publico-los-estados-de-excepcion-no-pueden-ser-usados-para-coartar-libertades-publicas-perseguir-o-discriminar/6. En sentido coincidente, Foro por la Vida sostiene que: El decreto por su ambigüedad y amplitud permite interpretaciones discrecionales y arbitrarias, lo que relativiza las obligaciones del Estado y posibilita la criminalización del ejercicio inderogable de estos derechos por parte de todas las personas." Véase "Foro por la Vida: Decreto de Estado de excepción rompe el orden constitucional," 18 de mayo de 2016, en http://runrun.es/nacional/262345/foro-por-la-vida-decreto-de-estado-de-excepcion-rompe-el-orden-constitucional.html.

económica de la Nación," (art, 338), lo cual por supuesto, en ningún caso "interrumpe el funcionamiento de los órganos del Poder Público," es decir, de los Poderes Legislativo, Judicial, Ciudadano y Electoral (art. 339).

La declaratoria de estado de estado de excepción y de emergencia económica puede implicar la restricción temporal de "las garantías consagradas en esta Constitución, salvo las referidas a los derechos a la vida, prohibición de incomunicación o tortura, el derecho al debido proceso, el derecho a la información y los demás derechos humanos intangibles," (art. 337); lo que en todo caso debe ser una decisión expresa y precisa, y en cuyo caso, *en el mismo* "decreto que declare el estado de excepción" dice la Constitución, "se regulará el ejercicio del derecho cuya garantía se restringe" (art. 339). El decreto, además, debe cumplir obligatoriamente por imposición de la Constitución "con las exigencias, principios y garantías establecidos en el Pacto Internacional de Derechos Civiles y Políticos y en la Convención Americana sobre Derechos Humanos" conforme al artículo 339 de la Constitución, el cual constitucionalizó dichos instrumentos internacionales, que por ello en particular la Convención Americana sigue vigente a pesar de la denuncia de la misma en 2012.

II. LA INCONSTITUCIONALIDAD DEL DECRETO DE EXCEPCIÓN Y DE EMERGENCIA ECONÓMICA POR PRETENDER EL EJECUTIVO NACIONAL DELEGARSE A SÍ MISMO LA POTESTAD DE LEGISLAR, USURPANDO LAS FUNCIONES DE LA ASAMBLEA NACIONAL

El anterior es fundamentalmente el régimen constitucional que rige la declaratoria de los estados de excepción, el cual fue abiertamente violado por el Presidente de la República, al dictar el Decreto N° 2323 de 13 de mayo de 2016.

En efecto, con base en esas normas constitucionales, lo que el Presidente podía hacer al decretar el estado de excepción y emergencia económica, era proceder a dictar en el mismo decreto aquellas medidas para lo cual "resultan insuficientes las facultades de las cuales se disponen para hacer frente a tales hechos," o conforme al artículo 6 de la misma Ley Orgánica sobre los Estados de Excepción,[4] "en caso de *estricta necesidad para solventar la situación de anormalidad*, ampliando las facultades del Ejecutivo Nacional;" pero no está ni estaba autorizado en forma alguna como Jefe del Ejecutivo Nacional para "anunciar" que el propio Ejecutivo Nacional –como si quien dictaba el decreto fuera otro órgano del Estado distinto al Ejecutivo que lo iba a ejecutar– adoptaría "medidas" en el futuro, en particular:

"las medidas oportunas excepcionales y extraordinarias, para asegurar a la población el disfrute pleno de sus derechos, preservar el orden interno, el acceso oportuno a bienes y servicios fundamentales, e igualmente disminuir los efectos de las circunstancias de orden natural que han afectado la generación eléctrica, el acceso a los alimentos y otros productos esenciales para la vida" (art. 1).

---

[4] Véase en *Gaceta Oficial* N° 37.261 de 15-08-2001. Sobre dicha ley véanse los comentarios en Allan R. Brewer-Carías, "El régimen constitucional de los estados de excepción" en Víctor Bazán (Coordinador), *Derecho Público Contemporáneo*. Libro en Reconocimiento al Dr. Germán Bidart Campos, Ediar, Buenos Aires, 2003, pp. 1137-1149. Véase en general sobre los estados de excepción en la Constitución de 1961: Jesús M. Casal H., "Los estados de excepción en la Constitución de 1999", en *Revista de Derecho Constitucional,* N° 1 (septiembre-diciembre), Editorial Sherwood, Caracas, 1999, pp. 45-54; Salvador Leal W., "Los estados de excepción en la Constitución", en *Revista del Tribunal Supremo de Justicia*, N° 8, Caracas, 2003, pp. 335-359; María de los Ángeles Delfino, "El desarrollo de los Estados de Excepción en las Constituciones de América Latina", en *Constitución y Constitucionalismo Hoy*. Editorial Ex Libris, Caracas, 2000, pp. 507-532.

El sentido de esta previsión, por lo demás, se repitió en el artículo 3 del Decreto, con el siguiente texto:

"*Artículo 3*. El Presidente de la República podrá dictar otras medidas de orden social, ambiental, económico, político y jurídico que estime convenientes a las circunstancias, de conformidad con los artículos 337, 338 y 339 de la Constitución de la República Bolivariana de Venezuela, con la finalidad de resolver la situación extraordinaria y excepcional que constituye el objeto de este Decreto e impedir la extensión de sus efectos."[5]

Estas fórmulas, de entrada, fueron una burla a las potestades de control que tiene la Asamblea Nacional y la Sala Constitucional de los decretos de estado de excepción, órganos a los cuales debía remitirse dentro del lapso de ocho días para que la primera lo considerase y se pronunciase sobre su aprobación o no, y a la segunda para que se pronunciase sobre su constitucionalidad. Esos controles se burlaron, al ser el decreto una simple cascara, con solo enunciados, sin contenido, de manera que así fuera aprobado y evaluada su constitucionalidad, el control constitucional no se realizaría luego cuando se comenzasen a dictar "las medidas" *de verdad* que se anunciaban, las cuales serían las que supuestamente tendrían el contenido de la emergencia, escapando fraudulentamente a todo control, particularmente al control de la representación popular. Ello era inconstitucional, pues eliminó dicho control político del Parlamento y el control jurídico de la Sala Constitucional sobre las medidas de emergencia, que eran precisamente las que deben someterse a control.

Lo anterior evidencia que el decreto de estado de excepción que se reguló en la Constitución, no es un acto para que el Ejecutivo se pueda autorizar a sí mismo para dictar medidas diversas. El decreto de emergencia debe ser el que contenga las medidas a dictar; no puede ser un simple anuncio de medidas imprecisas y futuras. Su texto tiene que contener las medidas que se consideren necesarias; es decir, el decreto de estado de excepción "es" el acto que debe contener las medidas que se estime son necesarias para afrontar las circunstancias excepcionales, que no pueden atenderse con la facultades de las cuales se disponen para hacer frente a tales hechos, que se consideren insuficientes –lo que además, hay que argumentar–, y por ello es que conforme a las mismas normas constitucionales citadas, el decreto de estado de excepción debe someterse al control político por parte de la Asamblea Nacional (aprobación), y al control jurídico por parte del Tribunal Supremo de Justicia.

No es admisible, por tanto, un decreto de estado de excepción como el dictado por el Presidente de la República que no contiene ninguna medida específica, y que pretendió sólo anunciar que habría medidas en el futuro, y que las mismas, por tanto, por ello escaparían a todo el control político y jurídico que exige la Constitución.

Y mucho menos el decreto de estado de excepción, puede ser concebido, como sucedió en este caso del Decreto 2.323, como una especie de "ley habilitante" que el Ejecutivo Na-

---

5   Sobre esto, sin embargo, COFAVIC con razón advierte que en dicho "artículo 3 del decreto, el Ejecutivo se concede amplísimas facultades que exceden su ámbito de competencia, lo cual configura intromisiones en las atribuciones independientes del Poder Judicial y del Poder Legislativo. Nuestra Constitución establece de manera expresa en su artículo 339, que la declaración del estado excepción no interrumpe el funcionamiento de los órganos del Poder Público lo que significa que el Ejecutivo no podrá sustituir funciones de otros Poderes Públicos." Véase: COFAVIC. "Comunicado Público: Los Estados de Excepción no pueden ser usados para coartar libertades públicas, perseguir o discriminar," Caracas 17 de mayo de 2016, en http://www.cofa-vic.org/comunicado-publico-los-estados-de-excepcion-no-pueden-ser-usados-para-coartar-libertades-publicas-perseguir-o-discriminar/6.

cional se dio a sí mismo; es decir, no puede ser un instrumento para que el Ejecutivo Nacional, que no ejerce el Poder legislativo, usurpando las funciones exclusivas de la Asamblea Nacional, pretenda "delegar" en el propio Poder Ejecutivo un conjunto de materias para regularlas mediante decretos leyes.

Y eso, y no otra cosa, es lo que se observa del contenido del Decreto de estado de excepción y emergencia económica N° 2.323, que no fue otra cosa que una inconstitucional "autorización" que el Ejecutivo Nacional se dio a sí mismo para adoptar medidas "oportunas excepcionales y extraordinarias" pero sin especificar cuáles eran, ni por qué eran necesarias ni en qué forma resultaban insuficientes las facultades de las cuales se disponían al momento de ser dictado para hacer frente a tales hechos.

III. LA INCONSTITUCIONALIDAD DEL DECRETO DE ESTADO DE EXCEPCIÓN Y EMERGENCIA ECONÓMICA AL ANUNCIAR MEDIDAS IMPRECISAS, SIN INDICAR LA INSUFICIENCIA DE LAS FACULTADES REGULADAS PARA HACER FRENTE A LOS HECHOS, Y SIN QUE SE HUBIERAN RESTRINGIDO GARANTÍAS CONSTITUCIONALES

El régimen de un estado de excepción y emergencia económica, es un asunto serio constitucionalmente hablando, pudiendo justificarse su decreto, solo, única y exclusivamente porque para atender "las circunstancias de orden social, económico, político, natural o ecológico, que afecten gravemente la seguridad de la Nación, de las instituciones y de los ciudadanos y ciudadanas [...] *resultan insuficientes las facultades de las cuales se disponen para hacer frente a tales hechos"* (art. 337).

Este es el elemento clave y fundamental para justificar un estado de excepción, lo cual no solo debe fundamentarse en el decreto que lo dicte, sino que debe explicarse y motivarse en el mismo para demostrar su necesidad.

Además, si esas medidas que se pretende adoptar porque las facultades legales de los entes públicos no resultan suficientes para hacer frente a los hechos, para poder dictarlas, si exceden de lo que está previsto y regulado en las leyes, resulta ineludible e indispensable entonces, para poder dictarlas, hacer uso de la potestad de restringir las garantías constitucionales de los derechos, como lo indica el artículo 337 de la Constitución, particularmente la garantía de la reserva legal para regular las limitaciones y restricciones de los derechos. Sin embargo, en el Decreto N° 2.323, no se restringió garantía constitucional alguna, por lo que las "medidas" que anunció solo podrían realizarse en el marco de la legislación vigente.

Es decir, mediante la peculiar excepción y emergencia prevista en el Decreto N° 2.323, el Presidente de la República sin restringir garantía constitucional alguna, se asignó a sí mismo la potestad de dictar "las medidas que considere convenientes," aun cuando sin especificarse ninguna, particularmente relacionadas con los siguientes aspectos y sectores que se enumeran en el texto, pretendiendo con ello solamente dictar actos administrativos en ejecución de las leyes vigentes, no pudiendo dictar como sin duda fue la intención, previsiones que modifiquen las que están previstas en leyes.

Descartada la posibilidad constitucional de que el Presidente pueda entonces en este caso dictar actos con valor y rango de "ley," por la ausencia de decisión sobre la restricción de garantías constitucionales, en realidad con el decreto lo único que podría hacer eras ejecutar las competencias previstas y *regulados en la multitud de leyes dictadas durante la última década en las diversas materias,* que ya facultaban al Ejecutivo Nacional para poder adoptar las medidas necesarias, y que lo que tenía que hacer el Presidente era ejecutarlas, lo que confirmaba la innecesidad del decreto. Esas medidas fueron:

1. Para que el sector público asegure el apoyo del sector productivo privado "en la producción, comercialización y sana distribución de insumos y bienes que permitan satisfacer las necesidades de la población" (art. 2.1).

2. Para que el sector público asegure el apoyo del sector productivo privado en el "combate de conductas económicas distorsivas como el "bachaqueo," el acaparamiento, la usura, el boicot, la alteración fraudulenta de precios, el contrabando de extracción y otros ilícitos económicos" (art. 2.1).

3. "El diseño e implementación de mecanismos excepcionales para el suministro de insumos, maquinaria, semillas, créditos y todo lo relacionado para el desarrollo agrícola y ganadero nacional" (art. 2.2).

4. "La garantía […] de la correcta distribución y comercialización de alimentos y productos de primera necesidad", "incluso mediante la intervención de la Fuerza Armada Nacional Bolivariana y los órganos de seguridad ciudadana, con la participación de los Comités Locales de Abastecimiento y Distribución (CLAP)" (2.3).

5. "El establecimiento de rubros prioritarios para las compras del Estado, o categorías de éstos, y la asignación directa de divisas para su adquisición, en aras de satisfacer las necesidades más urgentes de la población y la reactivación del aparato productivo nacional" (2.6).

6. "El establecimiento de políticas de evaluación, seguimiento y control de la producción, distribución y comercialización de productos de primera necesidad" (Art. 2.8).

7. "Atribuir funciones de vigilancia y organización a los Comités Locales de Abastecimiento y Distribución (CLAP), a los Consejos Comunales y demás organizaciones de base del Poder Popular, conjuntamente con la Fuerza Armada Nacional Bolivariana, Policía Nacional Bolivariana, Cuerpos de Policía Estadal y Municipal, para mantener el orden público y garantizar la seguridad y soberanía en el país" (art. 2.9).[6]

8. "La autorización a los Ministros o Ministras competentes para dictar medidas que garanticen la venta de productos regulados según cronogramas de oportunidad que respondan a las particulares características de la zona o región, prevaleciendo el in-

---

[6] Sobre esto, sin embargo, COFAVIC con razón advirtió que "Contraviniendo de manera contundente el artículo 332 de nuestra Constitución, el decreto, en su artículo 2, numeral 9, otorga amplísimas facultades a la Fuerza Armada Nacional (FFAA) y grupos civiles para el control del orden público, la garantía de seguridad y la soberanía en el país." Véase: COFAVIC. "Comunicado Público: Los Estados de Excepción no pueden ser usados para coartar libertades públicas, perseguir o discriminar," Caracas 17 de mayo de 2016, en http://www.cofavic.org/co-municado-publico-los-estados-de-excepcion-no-pueden-ser-usados-para-coartar-libertades-publicas-perseguir-o-discriminar/6. De acuerdo con Foro por la Vida, se trata en este caso, de la "Promoción de mecanismos ilegales para el control del orden público, mediante la atribución de funciones de vigilancia y control para garantizar "la seguridad y soberanía del país" a grupos de filiación político-partidista (Comités Locales de Abastecimiento y Distribución-CLAP). De acuerdo al decreto, estos grupos con el apoyo de las Fuerzas Armadas, servirían para enfrentar presuntas "acciones desestabilizadoras"./ Las labores de control de orden público corresponden estrictamente a los organismos de seguridad que deben ser de carácter civil. La intervención de militares, milicias y grupos civiles en el ejercicio de estas funciones, actuando bajo doctrina o adhesión político-partidista contra posibles "enemigos internos", genera condiciones para la violación sistemática y discriminatoria de derechos humanos." Véase "Foro por la Vida: Decreto de Estado de excepción rompe el orden constitucional," 18 de mayo de 2016, en http://runrun.es/nacional/262345/foro-por-la-vida-decreto-de-estado-de-excepcion-rompe-el-orden-constitucional.html.

terés en el acceso a los bienes con el debido control y supervisión, y con el fin de lograr que los artículos de primera necesidad lleguen a toda la población, mediante una justa distribución de productos que desestimule el acaparamiento y reventa de éstos" (art. 2.10).

9. "La planificación, coordinación y ejecución de la procura nacional o internacional urgente de bienes o suministros esenciales para garantizar la salud, la alimentación y el sostenimiento de servicios básicos en todo el territorio nacional, en el marco de acuerdos comerciales o de cooperación que favorezcan a la República, mediante la aplicación excepcional de mecanismos de contratación expeditos que garanticen además la racionalidad y transparencia de tales contrataciones" (art. 2.11).

10. "La implementación de las medidas necesarias para contrarrestar los efectos de los fenómenos climáticos, tales como el ajuste de la jornada laboral, tanto en el sector público como en el privado, y la realización de estudios y contratación de asesoría internacional para la recuperación de los ecosistemas involucrados en la generación hidroeléctrica del país, la vigilancia especial de las cuencas hidrográficas por parte de la fuerza pública" (art. 2.12).

11. "Requerir de organismos nacionales e internacionales, así como del sector privado nacional, apoyo y asesoría técnica para la recuperación del parque de generación del Sistema Eléctrico Nacional" (art. 2.13).

12. "Adoptar las medidas necesarias y urgentes para el restablecimiento y mantenimiento de las fuentes de energía eléctrica del Estado" (art. 2.14).

13. "Dictar medidas de protección de zonas boscosas para evitar la deforestación, la tala y la quema que contribuyen a la disminución de las precipitaciones, alteran los ciclos hidrológicos e impactan de forma negativa amenazando los ciclos agroproductivos y cosechas, mermando los niveles de producción y afectando el acceso del pueblo venezolano a bienes y servicios, cuya vigilancia estará a cargo de la Fuerza Armada Nacional Bolivariana" (art. 2.15).

14. "Dictar medidas y ejecutar planes especiales de seguridad pública que garanticen el sostenimiento del orden público ante acciones desestabilizadoras que pretendan irrumpir en la vida interna del país o en las relaciones internacionales de éste y que permitan avances contundentes en la restitución de la paz de la ciudadanía, la seguridad personal y el control de la fuerza pública sobre la conducta delictiva" (art. 2.16).[7]

---

[7] Sobre esto, sin embargo, COFAVIC con razón advierte que "El Decreto, en el artículo 2, numeral 16, por su ambigüedad e indeterminación, deja abierta la posibilidad de que el derecho a manifestar y la libertad de expresión sean considerados como acciones desestabilizadoras que pretendan irrumpir en la vida interna del país. Asimismo, no hace mención al uso proporcional de la fuerza pública en el restablecimiento del orden interno, refiere planes especiales en el delicado ámbito de la seguridad ciudadana, sin especificar el objetivo y alcance de los mismos." Véase: COFAVIC. "Comunicado Público: Los Estados de Excepción no pueden ser usados para coartar libertades públicas, perseguir o discriminar," Caracas 17 de mayo de 2016, en http://www.cofavic. org/comunicado-publico-los-estados-de-excepcion-no-pueden-ser-usados-para-coartar-libertades-publicas-perseguir-o-discriminar/6.

15. "La adopción de medidas especiales en el orden de la política exterior de la República que garanticen el absoluto ejercicio de la soberanía nacional e impidan la injerencia extranjera en los asuntos internos del Estado venezolano" (art. 2.17).

16. "El Ministerio del Poder Popular con competencia en materia de banca y finanzas podrá efectuar las coordinaciones necesarias con el Banco Central de Venezuela a los fines de establecer límites máximos de ingreso o egreso de moneda venezolana de curso legal en efectivo, así como restricciones a determinadas operaciones y transacciones comerciales o financieras, restringir dichas operaciones al uso de medios electrónicos debidamente autorizados en el país" (art. 4).

17. "Se podrá suspender de manera temporal el porte de armas en el territorio nacional, como parte de las medidas para garantizar la seguridad ciudadana y el resguardo de la integridad física de los ciudadanos y ciudadanas, preservando la paz y el orden público. Tal medida no será aplicable al porte de armas orgánicas dentro del ejercicio de sus funciones a los cuerpos de seguridad del Estado y la Fuerza Armada Nacional Bolivariana" (art. 5).

18. "A fin de fortalecer el mantenimiento y preservación de la paz social y el orden público, las autoridades competentes deberán coordinar y ejecutar las medidas que se adopten para garantizar la soberanía y defensa nacional, con estricta sujeción a la garantía de los derechos humanos" (art. 8).

Todas estas "medidas," que eran más bien definición de políticas públicas, si acaso pretendía el Presidente de la República con el decreto de excepción querer adoptarlas modificando la legislación vigente, ellas serían absolutamente inconstitucionales por violación del principio de la reserva legal prevista en la Constitución para regular el ejercicio de los derechos constitucionales (arts. 19 y siguientes), pues tal garantía no se restringió con el decreto.

Por ello, como no se restringió dicha garantía, las medidas anunciadas, como se dijo, estando reguladas en la multitud de leyes que se habían sancionado y reformado sucesivamente en los últimos lustros para regular todos los sectores de la economía, con previsiones incluso excesivas e inconstitucionales restrictivas de la libertad económica y de la propiedad privada, podían implementarse en ejecución de las mismas, las cuales por lo demás, habían permitido en el pasado a los órganos del Ejecutivo Nacional intervenir en todas las fases del proceso productivo nacional.

Lo único que tenía que hacer el Presidente de la República, era ejecutar las políticas públicas que considerase necesarias, y proceder a cumplir y ejecutar la legislación vigente para implementarlas. No era necesario, sino más bien redundante, un decreto de excepción y de emergencia económica, sin contenido, como el Decreto 2.323, dictado al margen de la Constitución y en fraude a la misma al pretender permitir que escapasen del control político y judicial los "actos" que eventualmente se dicten en su ejecución.

Por lo demás, en la misma línea de previsiones redundantes del decreto estaba la contenida en su artículo 7, indica que:

"Artículo 7. Corresponde al Poder Judicial y al Ministerio Público realizar las actividades propias de su competencia a fin de garantizar la aplicación estricta de la Constitución y la ley para reforzar la lucha contra el delito e incrementar la celeridad procesal, así como las atribuciones que le correspondan en la ejecución del presente decreto."

El Poder Judicial y el Ministerio Público deben sin duda, cumplir sus funciones de acuerdo con la legislación que los rige, para lo cual el Presidente de la República nada tiene que decir ni agregar.

Por ello, el verdadero motivo del decreto de excepción, en realidad, fue otro distinto incluso a la implementación de dichas políticas públicas que podían realizarse ejecutando la legislación, y fue provocar, en contra de lo prescrito en la Constitución (art. 339), la interrupción indebida del funcionamiento de la Asamblea Nacional, eliminando sus competencias constitucionales.

IV. LA INCONSTITUCIONAL ELIMINACIÓN DE LA INTERVENCIÓN DE LA ASAMBLEA NACIONAL EN EL MANEJO DE LAS FINANZAS PÚBLICAS

En efecto, conforme a la Constitución, "la administración económica y financiera del Estado se regirá por un presupuesto aprobado anualmente por ley" (art. 313), de manera que "no se hará ningún tipo de gasto que no haya sido previsto en la Ley de Presupuesto" (art. 314).

La Constitución agrega, sin embargo que:

"Sólo podrán decretarse créditos adicionales al presupuesto para gastos necesarios no previstos o cuyas partidas resulten insuficientes, siempre que el Tesoro Nacional cuente con recursos para atender la respectiva erogación; a este efecto, se requerirá previamente el voto favorable del Consejo de Ministros y *la autorización de la Asamblea Nacional* o, en su defecto, de la Comisión Delegada" (art. 314).

A tal efecto, el artículo 236.13 de la Constitución dispone que el Presidente de la República solo puede "decretar créditos adicionales al Presupuesto, *previa autorización de la Asamblea Nacional* o de la Comisión Delegada," correspondiendo a la Asamblea Nacional no sólo "discutir y aprobar el presupuesto nacional y todo proyecto de ley concerniente al régimen tributario y al crédito público" (art. 187.6), sino "*autorizar los créditos adicionales al presupuesto*" (art. 187.7); y a la Comisión Delegada de la Asamblea, la atribución de "*autorizar* al Ejecutivo Nacional para decretar créditos adicionales" (art. 196.3).

Más claras, ciertamente, no pueden ser las disposiciones constitucionales en materia del manejo del gasto público y sobre la necesaria intervención mediante autorización previa por parte de la Asamblea Nacional, como manifestación concreta del régimen de control político que le corresponde a la representación popular en el manejo de las finanzas públicas.

Sin embargo, ignorando lo que disponen todas estas normas constitucionales en cuanto a la necesaria e imprescindible intervención autorizatoria de la Asamblea Nacional para decretar créditos adicionales al presupuesto, en el Decreto Nº 2.323 de estado de excepción y emergencia económica, el Presidente de la República, violando la Constitución, se autorizó a sí mismo a seguir violándola, al prever en el decreto la siguiente "medida" que él mismo puede dictar:

"4. La autorización por parte del Presidente de la República, en Consejo de Ministros, de erogaciones con cargo al Tesoro Nacional y otras fuentes de financiamiento que no estén previstas en la Ley de Presupuesto, para optimizar la atención de la situación excepcional. En cuyo caso, los órganos y entes receptores de recursos ajustarán los correspondientes presupuestos de ingresos" (art. 2.4).

Es decir, de un plumazo, pura y simplemente, lo que hizo el Presidente de la República fue eliminar la aplicación de cuatro normas constitucionales, los artículos 187.7, 196.3, 236.13 y 314, anulado los poderes de control de la Asamblea Nacional en materia de gastos públicos, lo que evidentemente violó directa y abiertamente la Constitución.

V. LA INCONSTITUCIONAL ELIMINACIÓN DE LA INTERVENCIÓN AUTORIZATORIA DE LA ASAMBLEA NACIONAL EN LA SUSCRIPCIÓN DE CONTRATOS DE INTERÉS NACIONAL

La Constitución atribuye al Presidente de la República, además, competencia para "celebrar los contratos de interés nacional conforme a esta Constitución y a la ley" (art. 236.14); indicándose sin embargo en el artículo 187.9, que es competencia de la Asamblea Nacional:

"Autorizar al Ejecutivo Nacional para celebrar contratos de interés nacional, en los casos establecidos en la ley. Autorizar los contratos de interés público municipal, estadal o nacional con Estados o entidades oficiales extranjeros o con sociedades no domiciliadas en Venezuela."

Todo ello se ratifica y complementa en el artículo 150 de la Constitución, en el cual se dispone que:

"*Artículo 150.* La celebración de los contratos de interés público nacional requerirá la aprobación de la Asamblea Nacional en los casos que determine la ley.

No podrá celebrarse contrato alguno de interés público municipal, estadal o nacional con Estados o entidades oficiales extranjeras o con sociedades no domiciliadas en Venezuela, ni traspasarse a ellos sin la aprobación de la Asamblea Nacional."

Sin embargo, en contra lo previsto en todas estas normas constitucionales, mediante el Decreto 2.323 de estado de excepción y emergencia económica, el Presidente eliminó el ejercicio del control político y administrativo por parte de la Asamblea Nacional para autorizar la celebración de contratos de interés público nacional, al atribuirse el Presidente de la República, a sí mismo, la "competencia para":

"5. La aprobación y suscripción por parte del Ejecutivo Nacional de contratos de interés público para obtención de recursos financieros, asesorías técnicas o aprovechamiento de recursos estratégicos para el desarrollo económico del país, sin sometimiento a autorizaciones o aprobaciones de otros Poderes Públicos."

Es decir, de otro plumazo, pura y simplemente, lo que hizo el Presidente de la República fue eliminar la aplicación de otras tres normas constitucionales, los artículos 150, 187.9 y 263.14, anulado los poderes de control de la Asamblea Nacional en materia de celebración de contratos de interés nacional, lo que evidentemente también violó directa y abiertamente la Constitución.

VI. LA INCONSTITUCIONAL DECLARACIÓN DE UNA ESPECIE DE "IMPUNIDAD ANTICIPADA" PARA LOS FUNCIONARIOS DEL PODER EJECUTIVO FRENTE AL EJERCICIO DEL CONTROL POLÍTICO POR PARTE DE LA ASAMBLEA NACIONAL

En el Decreto N° 2.323 de estado de excepción, se incluyó además, entre las "medidas" que el Presidente se autorizó a sí mismo para dictar, una bizarra previsión con el contenido siguiente:

"7. Decidir la suspensión temporal y excepcional de la ejecución de sanciones de carácter político contra las máximas autoridades del Poder Público y otros altos funcionarios, cuando dichas sanciones puedan obstaculizar la continuidad de la implementación de medidas económicas para la urgente reactivación de la economía nacional, el abastecimiento de bienes y servicios esenciales para el pueblo venezolano, o vulnerar la seguridad de la nación" (art. 2.7).

Con esta previsión, el Presidente de la República desconoció abiertamente la atribución constitucional de la Asamblea Nacional prevista en el artículo 187.10 de la Constitución, de "dar voto de censura al Vicepresidente Ejecutivo y a los Ministros" pudiendo decidir la Asamblea con voto calificado de las tres quintas partes de los diputados, la destitución del Vicepresidente Ejecutivo o del Ministro. Esta atribución de la Asamblea se ratifica y complementa en los artículos 240 y 246 de la Constitución.

Contrariamente a lo dispuesto en esas normas, con la previsión del artículo 2.7 del Decreto N° 2.323, el Presidente decidió poner en sus propias y solas manos, "suspender" el ejercicio de la potestad constitucional de la Asamblea Nacional para poder aprobar votos de censura al Vicepresidente Ejecutivo y los ministros, desconociendo la Constitución, como ya había sido desconocida por el propio Poder Ejecutivo mediante Decreto N° 2.309 de 2 de mayo de 2016.[8]

Es decir, también en este caso, de otro plumazo adicional, pura y simplemente, lo que hizo el Presidente de la República fue eliminar la aplicación de otras tres normas constitucionales, los artículos 150, 240 y 246, anulado los poderes de control político de la Asamblea Nacional en materia de aprobación de votos de censura contra Vicepresidente Ejecutivo y los Ministros, y la posibilidad de que se ordenase legislativamente la remoción de dichos funcionarios, lo que evidentemente también violó directa y abiertamente la Constitución.

VII. LA INCONSTITUCIONAL VIOLACIÓN DE DERECHOS GARANTIZADOS EN LA CONSTITUCIÓN SIN QUE SE HAYA RESTRINGIDO GARANTÍA ALGUNA DE DERECHOS CONSTITUCIONALES

Como hemos señalado, la Constitución establece que la declaratoria de estados de excepción y de emergencia económica puede implicar la restricción temporal de "las garantías consagradas en esta Constitución, salvo las referidas a los derechos a la vida, prohibición de incomunicación o tortura, el derecho al debido proceso, el derecho a la información y los demás derechos humanos intangibles," (art. 337); lo que en todo caso debe ser una decisión expresa y precisa, y en cuyo caso, *en el mismo* "decreto que declare el estado de excepción" dice la Constitución, "se regulará el ejercicio del derecho cuya garantía se restringe" (art. 339).

En el Decreto N° 2.323 de 13 de mayo de 2016 no se restringió garantía constitucional alguna, por lo que en el mismo no podría establecerse medida alguna que significara restricción de la libertad personal o de la libertad económica, de que las personas pudieran libremente contratar con las entidades u organismos extranjeros que elijan libremente para la ejecución de proyectos en el país. Nada en la legislación impide ni restringe ese derecho, y el mismo no está constitucionalmente restringido.

Sin embargo, en violación a la Constitución, en particular al ejercicio del derecho al libre desarrollo de la personalidad (art. 20), la libertad de asociación (art. 50), el derecho a la participación política (art. 62), el derecho de asociarse con fines políticos (art. 67) y a la libertad económica (art. 112), sin que las garantías de dichos derechos se hubieran restringido, y por tanto violando la obligación del Estado de garantizarlos (art. 19), en el Decreto N° 2.323, el Presidente de la República se autorizó a sí mismo para:

---

[8] Véase en *Gaceta Oficial* Extra. N° 6225 de 2 de mayo de 2016.

"18. Instruir al Ministerio de Relaciones Exteriores la auditoría e inspección de convenios firmados por personas naturales o jurídicas nacionales con entidades u organismos extranjeros para la ejecución de proyectos en el país, y ordenar la suspensión de los financiamientos relacionados a dichos convenios cuando se presuma su utilización con fines políticos o de desestabilización de la República" (art. 2.18).[9]

Con ello, también de otro plumazo acumulado, pura y simplemente, lo que hizo el Presidente de la República fue violar las garantías establecidas en seis normas constitucionales, los artículos 19, 20, 50, 62, 67 y 112, violando la reserva legal que implica que las restricciones al ejercicio de tales derechos solo puede establecerse mediante ley. El Decreto 2.323, como se dijo, no restringió garantía constitucional alguna de derechos constitucionales, por lo que no puede el Presidente de la República someter la libertad de las personas de contratar con quienes quieran, en la forma que quieran y para los fines que quieran, a la "auditoría e inspección de los convenios" que hubiesen firmado por parte de autoridad alguna, ni podía el Presidente "ordenar la suspensión de los financiamientos relacionados a dichos convenios" en ningún caso.

Si alguna autoridad presume que algunas fuentes de financiamiento de cualquier naturaleza se puedan utilizar "con fines políticos o de desestabilización de la República," en realidad, lo que debe ocurrir es denunciar el asunto ante el Ministerio Público para que inicie las averiguaciones para determinar la comisión de algún hecho punible de orden político.

VIII. LA INCONSTITUCIONAL MOTIVACIÓN DEL DECRETO DE ESTADO DE EXCEPCIÓN: LA CRIMINALIZACIÓN DE LA OPOSICIÓN Y EL INTENTO DE ACABAR CON LO QUE QUEDABA DE DEMOCRACIA MEDIANTE "DECRETO"

Aparte de las inconstitucionalidades del contenido del Decreto de estado de excepción y de emergencia económica, N° 2.323 de 13 de mayo de 2016, lo que más llama la atención es la motivación del mismo, que se basó en acusaciones genéricas, sin identificar grupo alguno, a que las causas del colapso económico del país, que es única y exclusivamente consecuencia de las erradas políticas económicas del gobierno queriendo imponer un modelo socialista y comunista, destruyendo el aparato productivo del país; se debía a una supuesta alianza de "algunos sectores políticos nacionales, aliados con intereses particulares extranjeros," que habrían sido los que habrían atacado la economía venezolana, todo "con la finalidad de pro-

---

[9]   Sobre esto, sin embargo, COFAVIC con razón advierte que "el artículo, 2 en los numerales 17 y 18 del decreto, constituyen una clara limitación y amenaza al derecho de asociación, al debido proceso y al accionar legítimo, independiente y libre de las organizaciones no gubernamentales y del sector académico." Véase: COFAVIC. "Comunicado Público: Los Estados de Excepción no pueden ser usados para coartar libertades públicas, perseguir o discriminar," Caracas 17 de mayo de 2016, en http://www.cofavic.org/co-municado-publico-los-estados-de-excepcion-no-pueden-ser-usados-para-coartar-libertades-publicas-perseguir-o-discriminar/6 Sobre esto mismo, Foro por la Vida ha advertido que se trata de una "Prohibición de la cooperación internacional para labores calificadas como de "fines políticos" o "desestabilización de la República", impidiendo el trabajo de las organizaciones de la sociedad civil autónomas e independientes. La medida puede ser aplicada, según el artículo 2, numeral 18, por la sola presunción del gobierno de que se realizan con la finalidad de desestabilizar el país. Ello afecta directamente el derecho a la asociación limitando las posibilidades de respuesta de la sociedad ante los graves problemas de inseguridad, alimentación y salud pública que enfrenta el país en este momento." Véase "Foro por la Vida: Decreto de Estado de excepción rompe el orden constitucional," 18 de mayo de 2016, en http://runrun.es/nacional/262345/foro-por-la-vida-decreto-de-estado-de-excepcion-rompe-el-orden-constitucional.html.

mover un descontento popular contra el Gobierno Nacional; creando un clima de incertidum-bre en la población, con la intención de desestabilizar las Instituciones del Estado."

Se agregó, además, que había sido "la oposición política venezolana" la que había apli-cado "esquemas perversos de distorsión de la economía venezolana tales como el acapara-miento, el boicot, la usura, el desabastecimiento y la inflación inducida," cuando ello no ha sido otra cosa que consecuencia de las políticas económicas implementadas por el Gobierno que han alentado esas distorsiones, de las cuales no se puede acusar irresponsablemente a la "oposición política venezolana." Así como tampoco se puede acusar, a "sectores privados de la economía y de políticos opuestos a la gestión de Gobierno" de "actitud hostil y desestabili-zadora" y mucho menos de ser agentes económicos que:

"auspiciados por intereses extranjeros, obstaculizan el acceso oportuno de los venezolanos a bienes y servicios indispensables para la vida digna de la familia venezolana, generando de manera deliberada malestar en la población a través de fenómenos distorsivos como el "ba-chaqueo", las colas inducidas y un clima de desasosiego e incitación a la violencia entre hermanos."

De todo ello, el único culpable es el propio Gobierno del Presidente de la República, consecuencia de sus políticas destructivas de la economía nacional, basada en un ingreso petrolero que se malgastó, despilfarró y saqueó, y al final resultó inexistente para pretender financiar la importación de todo lo que se dejó de producir en el país por obra del desmante-lamiento y destrucción del aparato productivo del Estado, y aniquilación de la iniciativa privada.

En todo caso, lo grave de todo el contenido del decreto de estado de excepción y emer-gencia económica, es que a juicio del Presidente de la República, pura y simplemente en Venezuela no puede haber oposición a las políticas del Gobierno, acusándose a la oposición de todos los males del país, incluso de estar combinada con supuestos "grupos criminales armados y paramilitarismo extranjero." Esta fase de criminalización de la oposición, por ser oposición, es lo que se refleja en la denuncia que el Presidente hizo en los "Considerandos" del decreto, al expresar que fue a partir de 5 de enero de 2016, cuando se instaló la nueva Asamblea Nacional electa en diciembre de 2015, que la misma pasó a estar controlada por:

"representantes políticos de la oposición a la Revolución Bolivariana, quienes desde su oferta electoral y hasta sus más recientes actuaciones con apariencia de formalidad, han pretendido el desconocimiento de todos los Poderes Públicos y promocionando particularmente la inte-rrupción del período presidencial establecido en la Constitución por cualquier mecanismo a su alcance, fuera del orden constitucional, llegando incluso a las amenazas e injurias contra las máximas autoridades de todos los Poderes Públicos."

O sea, en Venezuela, con esta manifestación, a juicio del Presidente no puede haber oposición política al gobierno, y la que existe, hay que perseguirla, pues se la concibe como "enemiga," violándose con ello la Constitución, los principios democráticos, los tratados sobre derechos humanos y la Carta Democrática Interamericana.

El decreto, por ello, es en definitiva, un decreto mediante el cual el Jefe del Estado y del Ejecutivo Nacional decretó el fin de la democracia, la cual sin embargo, lamentablemente para él, no se termina mediante decretos.

IX. LA ELIMINACIÓN DEFINITIVA DE LA POTESTAD DE LEGISLAR DE LA ASAMBLEA DURANTE LOS ESTADOS DE EXCEPCIÓN: EL CASO DE LA DECLARATORIA DE INCONSTITUCIONALIDAD DE LA LEY ESPECIAL PARA ATENDER LA CRISIS NACIONAL DE SALUD

La decisión de la Sala Constitucional del Tribunal Supremo de eliminar definitivamente la potestad de legislar de la Asamblea Nacional durante la vigencia de los Estados de excepción, se concretó en relación con la Ley Especial para Atender la Crisis Nacional de Salud que la Asamblea Nacional sancionó el 3 de mayo de 2016, motivada por la *"crisis humanitaria"* que el Parlamento consideró existía en el país, y por la negativa del Poder Ejecutivo de autorizar la recepción de ayuda humanitaria del exterior.

En relación con dicha Ley, quien ejercía la Presidencia de la República, sometió la misma conforme al artículo 214 de la Constitución a la consideración de la Sala Constitucional, solicitándole un pronunciamiento sobre su constitucionalidad, dado las "dudas razonables" que sobre ello tenía, en virtud de que: *primero,* que una vez decretado el estado de excepción por emergencia económica, de acuerdo con el Presidente solicitante "debería quedar temporalmente suspendida la potestad legislativa relativa a los derechos y garantías de contenido económico que se han visto afectados por la declaratoria de estado de excepción;" *segundo,* que la Asamblea Nacional había evidenciado con esta legislación "la falta de visión política sobre la situación nacional" al dictar "una ley que pretende 'solucionar la crisis nacional de salud' y hablan sobre 'cooperación y ayuda internacional'" pero que "bloquea todas las iniciativas del Ejecutivo Nacional" en la materia; considerando que "la conducta e insensatez de los diputados de oposición y la directiva de la Asamblea Nacional en su forma de legislar, genera una *presunción de inconstitucionalidad* de la ley," que era lo más "parecido a la desviación de poder;" y *tercero* que para su sanción no se había seguido el criterio impuesto por dicha Sala mediante sentencia N° 269 de fecha 21 de abril de 2016, de que el Parlamento debía obtener previamente a la sanción, el visto bueno del Vicepresidente Ejecutivo sobre la viabilidad económica de la legislación aprobada.

La Sala Constitucional, sobre ello, ejerciendo el control preventivo de constitucionalidad de las leyes, dictó sentencia N° 460 de 16 de junio de 2016,10 declarando la Ley inconstitucional, al considerar que la finalidad de la misma era:

"imponer al Gobierno Nacional a recibir de parte de la Organización Mundial de la Salud (OMS), por concepto de ayuda humanitaria, cierta cantidad de medicamentos calificados por el propio organismo especializado de la Naciones Unidas como "esenciales", con el propósito de atender la "crisis humanitaria" declarada por la propia Asamblea Nacional mediante acuerdo legislativo del 26 de enero de 2016."

Para decidir, la Sala Constitucional se basó en lo que resolvió en su sentencia N° 411 del 19 de mayo de 2016, que declaró la constitucionalidad del Decreto N° 2.323 de 13 de mayo de 2016 que decretó el Estado de Excepción y de la Emergencia Económica, considerando inconstitucionalmente que como el mismo tenía rango de ley, el Presidente de la República se había investido a si mismo de todos los poderes, "suspendiendo" para ello "temporalmente, en las leyes vigentes, los artículos incompatibles con las medidas dictadas en dicho Decreto"; y considerando además, que una vez decretado un estado de excepción, ello impedía "la concurrencia de competencias con cualquier otro órgano del Poder Público;" es decir, significaba en definitiva respecto de la Asamblea Nacional, la eliminación de su potestad de legislar.

---

10   Véase en http://historico.tsj.gob.ve/decisiones/scon/junio/188165-460-9616-2016-16-0500. HTML

De allí concluyó la Sala Constitucional, contrariamente a lo dispuesto en el artículo 339 de la Constitución según el cual "la declaración del estado de excepción no interrumpe el funcionamiento de los órganos del Poder Público," indicando que una vez decretado un estado de excepción, la Asamblea Nacional supuestamente solo "mantiene su competencia para legislar sobre materias *distintas* a las incluidas en el ámbito de circunstancias" contenidas en el decreto de Estado de Excepción y Emergencia Económica. Sobre la norma del artículo 339 de la Constitución, la Sala pura y simplemente le mutó y cambió su contenido al decidir que la misma "no implicaba" que la Asamblea pudiera:

"dictar normas o actos para atender la situación de emergencia, ya que la habilitación conferida al Ejecutivo Nacional en virtud del estado de excepción, no admite concurrencia y excluye temporalmente la capacidad normativa de otros órganos en el mismo ámbito material del régimen extraordinario, pues ello pudiera generar contradicciones para la garantía de los derechos fundamentales y el orden constitucional."

De todo ello concluyó la Sala que decretado el estado de excepción, ello supuestamente implicaba, contrario a lo dispuesto en la Constitución, que las medidas que se dictasen para resolver la situación que lo originó "forman parte del ámbito material del régimen del estado de excepción [que] se encuentran *reservadas* al Presidente de la República en Consejo de Ministros." Siendo ello supuestamente así, entonces, consideró la Sala que los poderes públicos debían actuar sobre la base de "entendimiento, diálogo, tolerancia y respeto," concluyendo entonces en su sentencia que la Ley Especial para Atender la Crisis Nacional de Salud, que había sido sancionada por la Asamblea Nacional, atentaba "contra las competencias conferidas al Presidente de la República por el artículo 15 de la Ley Orgánica Sobre Estados de Excepción. Así se decide."

Ello, por supuesto era completamente falso, pues dicha norma de la Ley no establece otra cosa que la consecuencia constitucional de la potestad de decretar los estados de excepción, que no es otra que *en el mismo decreto* se adopten las medidas excepcionales requeridas. Pero deducir de ello que una vez decretado un Estado de excepción, el Presidente independientemente de las medidas contenidas en el mismo pueda de allí en adelante adoptar todas las que se le ocurra, quedando eliminada la potestad de la Asamblea Nacional de poder legislar, es absolutamente contrario a lo dispuesto al final del artículo 339 de la Constitución que precisamente dispone lo contrario, que "la declaración del estado de excepción *no interrumpe el funcionamiento de los órganos del Poder Público.*"

Adicionalmente, para declarar la inconstitucionalidad de la Ley sobre la crisis del sistema de salud, la Sala consideró que como la Asamblea Nacional había obviado solicitar el "visto bueno" previo del Vicepresidente Ejecutivo para sancionar las leyes, como inconstitucionalmente se lo había impuesto la propia Sala en sentencia Nº 269 de 21 de abril de 2016, antes comentada, la Asamblea entonces habría incurrido "en vicios procedimentales que acarrean su declaratoria de inconstitucionalidad. Así se declara."

Pero no quedó allí el pronunciamiento de la Sala, esencialmente inconstitucional, sino que la misma en su sentencia pasó a pronunciarse sobre el contenido mismo de la Ley especial, en particular sobre las normas que le imponían al Poder Ejecutivo la obligación de presentar informes a la propia Asamblea en relación con la ejecución de la Ley (art. 5; 14), lo que la Sala consideró inconstitucional y "totalmente irracional y desproporcionada" con base en su propia "doctrina vinculante de interpretación constitucional," establecida en relación a las normas constitucionales relativas a los estados de excepción en la sentencia Nº 9 del 1º de marzo de 2016, también comentada anteriormente; y en la inconstitucional declaratoria de inconstitucionalidad de las normas de los artículos 3, 11, 12 y 21 al 26 de la Ley sobre el Régimen para la Comparecencia de Funcionarios y Funcionarias Públicos o los y las Particulares ante la Asamblea Nacional o sus Comisiones, anulando toda posibilidad de ejercicio por parte de la Asamblea de sus poderes de control político y administrativo sobre el gobierno y la Administración Pública; también comentada anteriormente.

La Sala Constitucional, en definitiva, concluyó indicando, por supuesto inconstitucionalmente, que ninguna Ley puede establecer mecanismos de control parlamentario sobre la gestión del Poder Ejecutivo Nacional en términos distintos o adicionales a los previstos por los artículos 237 y 244 de la Constitución," es decir, a la "presentación de la memoria y cuenta anual."

La Sala, adicionalmente, consideró que la previsión de la Ley sobre la crisis del sector salud de permitir a la Asamblea Nacional el poder "servir de intermediario en la solicitud de Cooperación Internacional para atender la crisis nacional de salud," significaba conferir "a la Asamblea Nacional competencias para formular, dirigir y ejecutar las relaciones exteriores de la República," lo que a juicio de la Sala supuesta y adicionalmente violaba la disposición de los artículos 226 y 236.4 de la Constitución que asignan al Presidente de la República, como materia que le está reservada, el "dirigir las relaciones exteriores de la República;" considerando finalmente que al dictar la Ley examinada que declaró como inconstitucional, la Asamblea Nacional había "usurpado" las "competencias atribuidas al Presidente de la República en materia de dirección de la acción de gobierno en el ámbito de los estados de excepción, así como en materia de relaciones internacionales.

Es decir, en definitiva, con esta sentencia del Juez Constitucional, basta para interrumpir el ejercicio y funcionamiento de la Asamblea Nacional y eliminar su potestad de legislar, que el Presidente de la República decrete un estado de excepción, lo que obviamente es una interpretación contraria al texto de la Constitución que precisamente indica, al contrario, como se ha dicho, que "la declaración del estado de excepción no interrumpe el funcionamiento de los órganos del Poder Público."

Séptimo: *Comentario sobre la sentencia de la Sala Constitucional Nº 478 de 14 de mayo de 2016.*

EL DESCONOCIMIENTO JUDICIAL DEL PODER DE LA ASAMBLEA NACIONAL PARA EXPRESAR OPINIONES POLÍTICAS SOBRE ASUNTOS DE INTERÉS NACIONAL

Allan R. Brewer-Carías
Director de la Revista

Resumen: *En este artículo se analiza la sentencia de la Sala Constitucional del Tribunal Supremo en la cual se declaró la inconstitucionalidad de una declaración eminentemente política, adoptada por los diputados en ejercicio de su libertad de expresión.*

Abstract: *This article comment the decision of the Constitutional Chamber of the Supreme Tribunal in which it was declared the unconstitutionality of an political opinion adopted by the representatives in exercise of their freedom of expression.*

Palabras Clave: *Asamblea Nacional. Acuerdos políticos. Libertad de expresión.*

Key words: *National Assembly. Political declarations. Freedom of Expression.*

El desmantelamiento progresivo de la Asamblea Nacional como órgano de representación popular por parte de la Sala Constitucional del Tribunal Supremo de Justicia, ha sido de tal naturaleza en Venezuela, que además de haberla despojado de sus competencias constitucionales para legislar, para controlar políticamente al Gobierno y la Administración Pública, y para revisar sus propios actos, también se la ha despejado de su competencia para expresar su voluntad política mediante Acuerdos, sobre asuntos de interés nacional.

I. LA DISPARATADA "ACCIÓN DE AMPARO" CONSTITUCIONAL INTENTADA POR EL PROCURADOR GENERAL DE LA REPÚBLICA CONTRA LA ASAMBLEA NACIONAL, SU DIRECTIVA Y SUS DIPUTADOS, SIN INDICACIÓN DE PERSONA AGRAVIADA NI DE LOS DERECHOS FUNDAMENTALES VIOLADOS

En efecto, el 3 de junio de 2016, un grupo de abogados de la Procuraduría General de la República, intentaron ante la Sala Constitucional una acción de amparo constitucional, contra:

"las actuaciones, vías de hecho y amenazas de daño inminente emanadas del Presidente, de la Junta Directiva y de la mayoría de diputados que circunstancialmente conforman la Asamblea Nacional (...) con la finalidad de consumar un golpe de Estado con pretendidos y negados visos de legitimidad, asumiendo graves daños colaterales a la población, que han venido siendo contrarrestados por el Ejecutivo Nacional."

Es decir, ni más ni menos, una disparatada acción de amparo intentada por la República como supuesta parte "agraviada" contra unos diputados como supuesta parte "agraviante," pero sin que siquiera se identificase el derecho fundamental que se buscaba proteger. En ese marco absurdo, la esencia de la motivación expresada por la Procuraduría General de la República en el libelo de la acción, se fundamentó en el hecho de que:

"a partir de su instalación el día 05 de enero de 2016, la actual mayoría de la Asamblea Nacional, circunstancial y opositora al Gobierno Nacional, encabezada por su presidente y demás miembros de la junta directiva, han venido desplegando una serie de actuaciones legislativas y no legislativas (como acuerdos parlamentarios sin forma de ley), incluso vías de hecho, que han tenido como objetivo destruir la credibilidad del gobierno nacional y entorpecer de forma evidentemente ilegítima e ilícita su gestión, con grave perjuicio y amenaza de daños al pueblo venezolano, especialmente a los sectores más vulnerables del Pueblo Venezolano. Esta actuación, cubierta de cierta "formalidad" ha sido apoyada por un incesante ataque mediático nacional e internacional y el apoyo parcializado de ciertas organizaciones internacionales que vienen criticando abiertamente el modelo político y económico de participación y protección preferente del pueblo venezolano".

Para reforzar su argumento, la Procuraduría General de la República destacó entre los hechos "agraviantes" de la Asamblea Nacional el haber procedido "en sus casi 150 primeros días de gestión," a "dictar leyes," a "convocar a los ministros del gabinete ejecutivo" para interpelaciones, a "adelantar juicios y sanciones políticas contra altos funcionarios del Gobierno Nacional," a "dictar acuerdos" sobre la crisis del país, a "insistir en la salida del Presidente de la República por cualquier medio, como única posibilidad de superación de la crisis económica y oportunidad de desarrollo nacional," a "invocar la renuncia forzada, el revocatorio del mandato, el pronunciamiento de fuerzas militares, la injerencia de estados y organismos internacionales, la revuelta popular, la inhabilitación política y, en general, otras fórmulas de dudosa juridicidad que apuntan a la ruptura del orden constitucional por vías de hecho," a "descalificar las actuaciones del resto de los poderes públicos," y a "desconocer las actuaciones del resto de los poderes a través del desacato directo o el cuestionamiento ofensivo de sus decisiones."

A lo anterior, para reforzar su argumento, la Procuraduría alegó ante la Sala que por su parte, el Poder Ejecutivo, "haciendo uso legítimo de sus competencias constitucional y legalmente otorgadas," había formulado las siguientes solicitudes en relación con esas "actuaciones de injerencia" en las funciones propias del Poder Ejecutivo:

1.   Solicitud de Declaratoria de constitucionalidad del Decreto de Emergencia Económica dictado por el Ejecutivo Nacional y desaprobado por la Asamblea Nacional.

2.   Solicitud de constitucionalidad de la prórroga del Decreto anterior.

3.   Solicitud de inconstitucionalidad de la Ley de Reforma Parcial de la Ley del Banco Central de Venezuela.

4.   Solicitud de inconstitucionalidad de la Ley de Amnistía y Reconciliación Nacional.

5.   Solicitud de inconstitucionalidad de la Ley de Bono para Alimentación y Medicinas a Pensionados y Jubilados.

6.   Solicitud de inconstitucionalidad de la Ley de Reforma Parcial de la Ley Orgánica del Tribunal Supremo de Justicia.

7.   Solicitud de inconstitucionalidad de la Ley Especial para Atender la Crisis Nacional de Salud.

8.   Solicitud de inconstitucionalidad de la Ley de Otorgamiento de Títulos de Propiedad a Beneficiarios de la Gran Misión Vivienda Venezuela, y

9. Solicitud de Declaratoria de constitucionalidad del Decreto de Estados de Excepción y de Emergencia Económica".

Todo ello como reacción a la "inédita mayoría de la Asamblea Nacional, temporal y opositora al gobierno y al orden constitucional," que a juicio de la Procuraduría "no ha cesado ni cesará en ningún momento de intervenir en las competencias propias del Poder Ejecutivo" todo lo cual a juicio del Procurador:

"constituyen claros supuestos de inconstitucionalidad por usurpación de funciones, desviación de poder, vulneración de derechos fundamentales y violación al orden constitucional que pudieran generar graves daños a la estabilidad de la República, de la Región y del mundo en general a corto, mediano y largo plazo".

Con base en ello, el Procurador simplemente solicitó a la Sala Constitucional que admitiera y declarase "procedente la presente acción de amparo constitucional," y, en consecuencia, procediera a dictar:

"aquellos actos que considere necesarios para restablecer la situación jurídica infringida y exhorte al Poder Legislativo Nacional para que cese en la usurpación de funciones del resto de los Poderes Públicos, cese en su intento de desestabilizar al Gobierno Nacional y en sus acciones contra la paz y la constitucionalidad de la República."

Ciertamente es difícil encontrar en un libelo de demanda de amparo, tanto disparate junto como el que se evidencia de lo antes expuesto, razón por la cual la Sala Constitucional al "admitir" la acción, mediante sentencia N° 478 de 14 de mayo de 2016[1] procedió a enmendar los errores del Procurador General de la República, observando con razón que la demanda no se sustentaba "de forma directa en la violación de derechos constitucionales, sino en la presunta vulneración de competencias y atribuciones constitucionales inherentes al Poder Ejecutivo Nacional ("usurpación de funciones"), procediendo entonces a "identificar" la acción como "una demanda de controversia constitucional" de las reguladas en el artículo 336.9 de la Constitución,[2] a la cual la recondujo la Sala.

II. LA MEDIDA CAUTELAR DE OFICIO SUSPENDIENDO LAS MANIFESTACIONES POLÍTICAS DE LA ASAMBLEA Y PROHIBIENDO SU EXPRESIÓN A FUTURO

En todo caso, a pesar de que en el deficiente y errado libelo de la "acción de amparo" intentado el Procurador recurrente no solicitó de la Sala Constitucional que dictase medida cautelar alguna, la misma conforme al artículo 130 de la Ley Orgánica del Tribunal Supremo de Justicia, que le confiere poderes de oficio en la materia, procedió a fijarse en dos Acuerdos adoptados por la Asamblea Nacional "como vocera del pueblo soberano": *primero* el "Acuerdo exhortando al cumplimiento de la Constitución, y sobre la responsabilidad del Poder Ejecutivo Nacional, del Tribunal Supremo de Justicia y del Consejo Nacional Electoral para la preservación de la paz y ante el cambio democrático en Venezuela" de 10 de mayo de 2016,[3] ya mencionado; y *segundo*, el "Acuerdo que respalda el interés de la comunidad inter-

---

[1] Véase en http://historico.tsj.gob.ve/decisiones/scon/junio/188339-478-14616-2016-16-0524.HTML

[2] *Artículo 336.* Son atribuciones de la Sala Constitucional del Tribunal Supremo de Justicia: [...] 9. Dirimir las controversias constitucionales que se susciten entre cualesquiera de los órganos del Poder Público".

[3] Véase en http://www.asambleanacional.gob.ve/uploads/actos_legislativos/-doc_4a8238c36cbfec bad cff3b7c3c435c192459d5f3.pdf. Véase el texto de este Acuerdo en el Apéndice de este libro.

nacional acerca de G-7, OEA, UNASUR, MERCOSUR y Vaticano en la crisis venezolana" de 31 de mayo de 2016.[4]

Del contenido de dichos Acuerdos, la Sala Constitucional "sin pretender adelantar opinión sobre la decisión definitiva en el presente recurso de controversia constitucional," observó sin embargo:

"que en los actos parlamentarios expuestos en los acuerdos precedentes, a simple vista se denota una acción desde la Asamblea Nacional, dirigida a actuar ante instancias internacionales en ejercicio de atribuciones que no le serían propias en el marco del orden constitucional vigente."

Todo ello lo "dedujo" la Sala del solo hecho de que en el Acuerdo de 10 de mayo de 2016, la Asamblea "instara" a diversos organismos internacionales respectivos a pronunciarse y adoptar "las medidas que corresponda, tendientes a exigir a los Poderes Públicos garantizar la vigencia efectiva de los derechos fundamentales en Venezuela;" y que en el acuerdo del 31 de mayo de 2016, la Asamblea Nacional "respaldara" la "decisión del Secretario General de la OEA, Luis Almagro, de solicitar una reunión extraordinaria del Consejo Permanente para examinar la situación y evitar que se agrave la crisis humanitaria" en el país. Igualmente, la Sala Constitucional destacó una comunicación de la Junta Directiva de la Asamblea Nacional de 16 de mayo de 2016 dirigida al Secretario General de la OEA, en la cual se refirió a la "vulneración a la democracia y al Estado de Derecho en Venezuela" alegando "un deterioro progresivo de la institucionalidad" y "la alteración del orden constitucional que afecta gravemente el orden democrático;" argumentando que ello "conducirá seguramente a un desmantelamiento de la institucionalidad democrática," urgiendo la actuación del Secretario General de la OEA "de acuerdo a lo dispuesto en el artículo 20 de la Carta Democrática interamericana."

Del texto de los Acuerdos, así como de diversas notas de prensa emanadas de la Asamblea Nacional, la Sala dedujo que la Asamblea Nacional habría solicitado "la intervención de organismos e instancias internacionales en asuntos internos de la República," actuaciones que consideró reñidas con lo dispuesto en el artículo 236.4 de la Constitución que le atribuye competencia al Presidente de la República, para "dirigir las relaciones exteriores;" de todo lo cual, tratando la acción intentada como una "acción de controversia constitucional," la Sala consideró que habrían "indicios de los cuales pudiera desprenderse que el órgano legislativo ha asumido atribuciones que constitucionalmente son propias del Poder Ejecutivo." O sea, de una simple manifestación de opinión política sobre la actuación de organismos internacionales, la Sala ya "dedujo" que había "indicios" de que la Asamblea Nacional estaba "dirigiendo" las relaciones exteriores del país.

Y entonces, pura y simplemente, de un plumazo, la Sala procedió no sólo a privar a la Asamblea Nacional como órgano de representación popular, de su poder de manifestar su opinión política sobre los asuntos que considere conveniente del acontecer nacional, suspendiendo "los efectos de los actos parlamentarios de fechas 10 y 31 de mayo de 2016," contentivos de los Acuerdos mencionados; sino a prohibir "a la Asamblea Nacional, a su Presidente, a su Junta Directiva y a sus miembros en general," de "pretender dirigir las relaciones exteriores de la República y, en general, desplegar actuaciones que no estén abarcadas por las competencias que les corresponden conforme al ordenamiento jurídico vigente, y que, por el contrario, constituyen competencias exclusivas y excluyentes de otras ramas del Poder Público; so pena de incurrir en las responsabilidades constitucionales a que haya lugar."

---

4   Véase en http://www.asambleanacional.gob.ve/uploads/documentos/doc-ee2994352ec045270e59
b3859af4d375966a767b.pdf

Esto último, sin duda, no había otra forma de interpretarlo sino como una amenaza de enjuiciamiento, por ejemplo, contra el Presidente de la Asamblea Nacional si concurría ante el Consejo Permanente de la OEA aceptando la invitación formulada por el Secretario General de la misma para exponer la situación institucional de Venezuela.

Y lo primero, lo de "suspender" los efectos de una declaración política, no fue más que una necedad de imposible ejecución, o al menos una galimatías, pues es bien difícil comprender cómo se puede "suspender" una expresión de opinión o "de pensamiento" formulada por un órgano político como la Asamblea Nacional mediante Acuerdo. Una vez que se expresa la opinión, expresada quedó, y no puede nadie "suspender" dicha expresión. La única forma de "suspenderla" podría ser revocando el Acuerdo, y nadie puede obligar a la Asamblea la cual opinó, a que se retracte. Solo en una dictadura ello podría lograrse a la fuerza y persecución; y eso fue precisamente lo que pretendió en este caso, con amenazas, el órgano que orquesta la conducción de la dictadura judicial en el país, incurriendo con su sentencia además en una violación de la libertad de expresión que garantiza la Constitución (art. 57).

Jurisprudencia Extranjera

DDHH VERSUS DERECHO INTERNACIONAL: LA PERSONA Y SUS DERECHOS POSICIONES JURÍDICAS EN TORNO A LA SENTENCIA DE DDHH DE LA CORTE SUPREMA DE CHILE Rol 17393-15, EN FAVOR DE LEOPOLDO LÓPEZ Y DANIEL CEBALLOS[*]

María Victoria Villegas Figueroa

Abogado chilena, Licenciada PUCV

Resumen: *Este artículo fundamenta la sentencia de la Corte Suprema de Chile en favor de Leopoldo López y Daniel Ceballos de Noviembre de 2015 en la razón de humanidad que pernea desde 1948 el Derecho Internacional, desplazando al estado y sus derechos como el sujeto de su mayor importancia. La persona con su dignidad y derechos es el sujeto preeminente de Derecho Internacional y Constitucional, sin distinción posible, quienes pueden usar la red del Estado de Derecho a través de la Doctrina de Jurisdicción Universal, en su defensa y protección.*

Abstract: *This article position the Chilean Supreme Court ruling in favor of Leopoldo López and Daniel Ceballos of November 2015, on the reason of humanity that permeates since 1948 the International Law, shifting the State from its role as the most important subject and its rights. The person, with their dignities and rights are the preeminent subject of the International and Constitutional Law, without any possible distinction, allowing them to use the Rule of Law and its net described on the Doctrine of Universal Jurisdiction for their defense and protection.*

Palabras Claves: *Doctrina de Jurisdicción Universal, Derechos Humanos, Estado de Derecho, Persona, Soberanía, Acto soberano, actos nulos o prohibidos, Atribuciones Presidenciales, Atribuciones Judiciales, Posición Jurídica, Derecho Internacional, Derecho Constitucional.*

---

[*] Presento estas ideas como Derecho a Réplica al artículo de Don Hernán Salinas Burgos publicado en el Anuario de Doctrina y Jurisprudencia, bajo el título: Protección de los DDHH por actos cometidos en el extranjero: Limitaciones en el Derecho Constitucional y en el Derecho Internacional". Esta anuario, que recopila análisis de las sentencias de la Corte Suprema, las Cortes de Apelaciones, el Tribunal Constitucional y Tribunal de Defensa de la Libre Competencia de Chile, lleva por título: Sentencias Destacadas 2015. Una mirada desde la perspectiva de las Políticas Públicas, Mayo 2016, Ediciones LYD, ISBN: 978-956-7183-81-4. / Una vez más agradezco al James Madison Program in American Ideals and Institutions, por reconocer en este trabajo, las gotas del mismo manantial. Agradezco además, al Sr. Salinas la oportunidad de presentar esta opinión como réplica a su artículo, que ofrezco a la comunidad jurídica para su debate. Mail: victoriavillegas5@gmail.com

Key Words: *Doctrine of Universal Jurisdiction, Human Rights, Rule of Law, Person, Sovereignty, Void and forbidden Acts, Presidential Powers, Judiciary Power, Legal status, International Law, Constitutional Law.*

ANTECEDENTES:

1.- Con fecha 18 de Noviembre de 2015 la Corte Suprema de Chile acogió con voto de mayoría en Recurso de Protección, Rol 17393-15, entablado ante el Poder Judicial chileno en favor de los presos políticos venezolanos Leopoldo López y Daniel Ceballos. La sentencia otorgó derechos en favor de los protegidos solicitando a la Comisión Interamericana de DDHH realizar una visita carcelaria a ambos presos, emitir un informe para ser remitido a la misma Corte para su conocimiento y a la Asamblea General de la OEA para su conocimiento y resolución. Esta sentencia quedó firme y ejecutoriada, después de varios recursos, el día 10 de Marzo de 2016.

2.- Con fecha 2 de Diciembre de 2015 el Consejo de Defensa del Estado de Chile (CDE) presentó un Incidente de Nulidad y en subsidio, petición de nulidad de oficio de la sentencia en comento, incidente que fue rechazado por el máximo tribunal con fecha 28 de Diciembre. Casi toda la argumentación del escrito del CDE coincide con los argumentos vertidos en el artículo del Sr. Salinas. El planteamiento del CDE se basó en la tesis de la especial atribución de la Presidencia de la República en la conducción de las relaciones internacionales, y el supuesto atropello a dicha facultad por parte de la Corte Suprema de Chile violando la separación de poderes al dictar la sentencia ya indicada. Además se alegó la falta de jurisdicción del máximo órgano jurisdiccional de la República en materia de DDHH. En el ámbito del derecho Internacional, presentó varias jurisprudencias del sistema europeo y un caso interesante y relevante llamado Genocidio de Guatemala, porque dicho país forma parte del sistema Interamericano de Protección de DDHH y del Pacto de San José.

3.- La Comisión Interamericana de DDHH (en adelante CIDH) en carta suscrita por Doña Elizabeth Abi-Mershed, Secretaria Ejecutiva Adjunta, informó a la Corte Suprema de Chile, con fecha 4 de Febrero de 2016, que siendo la CIDH un órgano principal y autónomo de la OEA, cuyo mandato surge de la Carta de la OEA, de la Convención Americana de DDHH (en adelante Pacto de San José) y de otros instrumentos de DDHH, no se encuentra sujeta a la jurisdicción de los tribunales nacionales. Igual carta y con la misma fecha me fue remitida como abogado patrocinante del recurso.

4.- Atendida esta nueva circunstancia, con fecha 3 de Junio de 2016 quedó presentada para ante la CIDH, denuncia de violación de DDHH en torno al incumplimiento de la sentencia de la Corte Suprema de Chile con petición subsidiaria, –para el caso de declaración de inadmisibilidad o rechazo–, tenerse por presentado caso de Interpretación del Pacto de San José, para ante la Corte Interamericana de DDHH al tenor de los contenidos de la misma denuncia.

En esta denuncia se cuestionan la posición jurídica del CDE que creó un conflicto artificial entre el Poder Ejecutivo y el Poder Judicial y se critica la legalidad de la posición jurídica del Ministerio de RREE y de la CIDH, por generar el enervamiento del cumplimiento de la sentencia de la Corte Suprema de Chile.

Hasta ahora, la CIDH no nos ha notificado de la resolución de recepción sobre esta denuncia, encontrándose en mora de sus obligaciones de acuerdo al art. 42 del Reglamento de la misma, y más importante aún, mantiene en la oscuridad la denuncia que es pública para ser juzgada en su legalidad, seriedad y validez por todos los habitantes del continente americano.

Copia de dicha denuncia, fue enviada vía email a la Secretaría de la Corte Suprema de Chile para su conocimiento.

5.- En lo que respecta a la vida de Leopoldo López y Daniel Ceballos ambos siguen presos, con más de dos años y medio de prisión. El primero en un estricto régimen de aislamiento carcelario en la Cárcel Militar Ramo Verde, y Daniel Ceballos, quien se encontraba cumpliendo arresto domiciliario por razones de salud, fue removido a la Cárcel de Guárico en la víspera de la protesta llamada Toma de Caracas de 1o. de Septiembre de 2016. Procesalmente, Leopoldo López enfrenta una sentencia de 13 años y fracción confirmada por la Corte de Apelaciones restando los recursos para ante el Tribunal Supremo venezolano y Cortes Internacionales. Daniel Ceballos se mantiene como procesado en nuevos cargos después de una primera sentencia cumplida por hechos relacionados a la protesta que generó la detención de Leopoldo López.

REPLICA:

Resulta paradojal tener que defender la atribución exclusiva del Poder Judicial Chileno en materia de DDHH, en cuanto es y ha sido el mecanismo constitucional utilizado para respetar los DDHH en Chile. Por 26 años el programa de DDHH de los sucesivos gobiernos democráticos de Chile ha reconocido la jurisdicción y competencia de las Cortes chilenas para resolver los casos de violaciones de DDHH, porque Chile entiende que los DDHH son Derecho.

De acuerdo a la Teoría de DDHH estos son Universales, Indivisibles, Imprescriptibles, Inmancillables e Inquebrantables. ¿Como entonces es posible que el artículo del Sr. Salinas cuestiona la jurisdicción y competencia de los tribunales chilenos y con ello, la vigencia de los DDHH en el Derecho Internacional? ¿No son *Ius Cogens* desde que se les declaró el año 1948 por la Organización de Naciones Unidas, y han seguido su desarrollo sin parar hasta hoy?

TESIS:

Mi respuesta es que desde el año 1948 el Derecho Internacional evolucionó con los DDHH, creando éstos nuevos principios, normas, teorías y jurisprudencias en el Derecho y el Derecho Internacional, desplazando al Estado como el centro y sujeto principal en ambas esferas. En esta nueva disciplina del Derecho, la razón de Estado perdió su fortaleza lógica en manos de la teoría de los DDHH y la razón de humanidad. El camino no está agotado. Esta nueva rama de Derecho Internacional recién cumplirá 70 años. Lo importante es que es Derecho, no sólo porque su nombre así lo indica, sino porque generó todo un campo de nuevas normas acompañando la vida de todos nosotros en la conquista de un modelo de estabilidad social, y sobretodo a nivel personal, consagrando a nivel Constitucional el respeto a la dignidad de la persona. El objetivo de nuestra convivencia es vivir en paz, armonía y prosperar en conjunto y el derecho sirve con sus regulaciones a este fin en lo que conocemos como el Estado de Derecho y el Imperio de la ley. Toda la argumentación ofrecida por don Hernán Silva aborda la sentencia bajo el prisma de una teoría en que el Estado es el único y principal actor del Derecho Internacional, en circunstancias que desde el año 1948 el *Ius Cogens*, los Tratados y los ordenamientos internos de cada país, han venido adaptándose al derecho de los DDHH.

La teoría surgida a partir de la Declaración Universal ha replanteado importantes principios de Derecho Internacional al reconocer a la persona, a un simple particular, como titular de su propia dignidad y de sus derechos. La persona y su dignidad son los dueños del máximo legal y éstos constituyen el límite del actuar soberano de los Estados. El concepto de soberanía es hoy mucho más sobrio que el existente a comienzos del siglo XX. El concepto de Estado como lo planteo Max Weber: el ejercicio de la legítima violencia ha quedado caduco. El principio de no intervención y no injerencia también ha encontrado su límite en los DDHH, y hoy hay claridad en entender que el ordenamiento jurídico sólo declara y reconoce dichos derechos, –en los casos de violación de los mismos–, utilizando las instancias nacionales e internacionales, usando toda la red del Derecho para que sea restituido el Imperio de la Ley. Los DDHH son entonces el máximo legal jurídico. Existen en y como una instancia superior como norma jurídica positiva y no sólo natural o meramente moral, por sobre cualquier otra norma Constitucional, legal o reglamentaria, atado intrínsecamente a la vida de todos y hasta el último ser humano vivo en el planeta.

MÉTODO:

Como el Derecho no se prueba, (no el *Ius Cogens*, ni los Tratados que son ley en la República) utilizaré sólo las Normas de Derecho Internacional para demostrar la validez de mi tesis: la razón de humanidad permea todo el Do. Internacional y Do. Constitucional moderno. A mi juicio, donde hay normas legales, la jurisprudencia y la opino iuris deben ceder también frente al lenguaje claro y simple del Derecho. Mi interpretación será solamente orientar al lector en los artículos seleccionados y recordarles los antecedentes que entregué como base de esta réplica. Mis premisas son muy simples y creo no debieran crear controversia:

1. El Derecho sirve a la persona humana, y no al revés; sin distinción alguna, porque dicha diferenciación ofende la universalidad de los derechos y la común dignidad de cada persona.

2. El Derecho como norma es la primera fuente de derechos, la Jurisprudencia y la opino iuris siendo importantes, se deben a la claridad del lenguaje de la ley. Me gusta el aforismo que señala: si el tenor de la ley es claro no es lícito interpretar.

3. La sentencia judicial es derecho y sus contenidos crean derecho de propiedad. Las sentencias como fuente de derecho nacen de un acopio de información, juicios y análisis que permiten presumir un sobrio estudio y razonamiento final en la solución que ofrecen; más aún cuando se trata de la última instancia de un ordenamiento jurídico. Además es importante recordar que toda sentencia judicial reclama su cumplimiento, especialmente una sentencia definitiva dictada por el máximo tribunal de una República. Es por ello que presenté la denuncia para asegurar su cumplimiento.

En esta réplica no abordaré el estudio de la sentencia, porque todo ello es materia de la denuncia que ha sido presentada para resolución del Sistema Interamericano de DDHH.

4. De acuerdo a la Teoría de los Tratados, estos son cuerpos legales complejos, en donde todo tiene importancia. El preámbulo es parte del Tratado, como lo es también su cuerpo general y finalmente, forman parte de él las Actas de ratificación.

I.   SOBRE DERECHO INTERNACIONAL Y LOS DERECHOS HUMANOS

El Derecho Internacional es un derecho moderno, nacido junto al desarrollo de la idea de Estado como Persona Jurídica y sus relaciones con otras entidades y personas. No soy una creyente del derecho internacional creado desde los albores de la civilización, y tampoco le asigno una importancia fundamental determinar el momento en que podemos definir su existencia real. Si me parece importante recalcar que todo lo acontecido en la historia ha contribuido a perfilar, delinear y crear derecho como idea que regula nuestra existencia en común, y también que el derecho Internacional como lo entendemos hoy, es Derecho, y este punto es de gran importancia para analizar las ideas que siguen. No creo ni sigo la argumentación de quienes le niegan al Derecho Internacional el carácter de derecho. Quizás su propia modernidad explica las fuentes que hasta ahora se le ha reconocido, y que crea la dicotomía que reclaman quienes se han opuesto al fallo de la Excma. Corte Suprema de Chile, y a la inexplicable posición de la CIDH como del Órgano velador del cumplimiento de los DDHH en las Américas, negándole el cúmplase a la sentencia judicial a firme que se le ha presentado.

La dicotomía de argumentación simplemente plantea en un extremo estatismo, en el que sólo el Estado y sus instituciones pueden ser sujetos del derecho Internacional, negando en los hechos cualquiera participación de las personas como sujetos de dicho derecho, aún cuando seamos los que sufrimos las consecuencias de las guerras, los abusos de poder y el ejercicio ilegítimo del actuar del Estado.

En contraposición, estamos quienes sostenemos que los DDHH, como parte del Derecho Internacional que se desarrolla a partir de la Declaración Universal de DDHH en 1948, incluye sin lugar a dudas a la persona, al simple particular, ciudadano de cualquier país como sujeto del Derecho Internacional. Tan relevante es su bien ganada posición jurídica, que bajo la doctrina de DDHH, la persona deja de ser un simple sujeto de derechos a nivel de Estado y se transforma en ciudadano del mundo. Se yergue como sujeto de derecho a un nivel mundial, titular del máximo legal doquiera esté, con las limitaciones de respetar los DDHH de los demás y los ordenamientos jurídicos que se ajusten al Estado de Derecho.

Pensado de este modo, el Estado, sus instituciones, como es la Soberanía y el Principio de No Intervención tienen como límite a los DDHH de las personas y su actuar en consecuencia debe respetar los DDHH de cualquier de ellas, para que puede ser considerado acto soberano, legítimo y legal.

Además, bajo esta posición jurídica, todo el sistema jurídico está al servicio de la persona humana, a un simple particular, y no sólo a las ideas jurídicas como Estado, soberanía y sociedad. Todo esto crea una red de derecho que protege y habilita a cualquier persona y que se llama Doctrina de Jurisdicción Universal, cuya base descansa en la teoría de los DDHH.

El principio que me parece muy importante recalcar es que el Derecho como idea es una red, y allí sí resulta importante entender que todos los eventos históricos, tanto los positivos, de paz y cotidianos como las más feroces guerras internas o internacionales han contribuido a crear Derecho. La dispareja prosperidad, las disparejas instituciones que sabemos existen a lo largo del planeta son sostenidas por Derecho. Así entendido, el Derecho es una idea en desarrollo, aún podemos decir imperfecta; tan imperfecta como lo es la democracia, a la que sirve como pieza angular en nuestras vidas en los diferentes Estados del orbe. Ambas construcciones intelectuales: democracia y Estado de Derecho son altamente deseadas por todos nosotros y sometidas a la libre adhesión de cada persona que existe y que ha existido para sostenerlas y sustentarlas. Para mí el crimen es una resistencia individual al derecho como un golpe de Estado es otra resistencia más organizada al derecho. (Aún asumiendo las imperfecciones del sistema que se resiste).

Para entender esta argumento pensemos, por ejemplo en la esclavitud, la idea más ferozmente resistida por el espíritu humano. La religión es un instrumento inventado para contenerla, entre ese y otros más altos objetivos. Las guerras y las normas creadas en torno a ella, no sólo han existido para contenerla sino en un círculo vicioso, también usadas para asegurar la mercadería humana y el derecho de los opresores. Recién en el siglo XIX se creó un sólido consenso en el orden jurídico, –que no es unánime– en torno a la esclavitud.

Si pudiéramos preguntarle a los aún millones de personas que hoy viven sometidas a este vejamen, ya sea en sus formas de tráfico de esclavos, de trabajadores, de menores y de mujeres para comercio sexual, no dudo que escogerán en su casi total mayoría su libertad, aún sin que ellos sepan de la existencia de la Declaración Universal de DDHH, creada para asegurar la dignidad de quienes no se la reconozcan a sí mismos, y por supuesto, no a los demás.

CONCLUSIÓN:

Desde la creación de la Declaración Universal de DDHH el año 1948 el Derecho Internacional evolucionó, introduciendo a la persona como una nueva fuente y un nuevo sujeto de derechos en el derecho internacional, desplazando al Estado como principal sujeto de estudio y derechos. Con la Declaración Universal de DDHH, la persona se transformó en titular de derechos en la esfera del Derecho Internacional Público, junto a lo que puedan ser las actuaciones del Estado como Personas Jurídicas y los organismos Internacionales públicos y privados, donde en estos últimos, encontramos una gran variedad de ONG de reciente creación. Allí la persona, en toda su vulnerabilidad tras los genocidios fue reconocida como sujeto de derechos. Hasta ahora, la mayoría de los Tratados y Convenciones se refieren a sus derechos como víctima, pero ¿ya existiendo como sujeto en el ámbito del Derecho Internacional, que impide que sea reconocida como titular de todos sus derechos?

Mi respuesta: Nada. El *Ius Cogens* lo reconoce desde 1948, y los Tratados Internacionales que tratan del tema de DDHH también. A partir de la creación de la Doctrina de Jurisdicción Universal, por Joan Garcés en 1980, que no es otra cosa que reconocer que la red del derecho con sus órganos jurisdiccionales previamente investidos pueden y deben ser utilizados para asegurar su real vigencia y respeto jurisdiccional, nada impide que la persona sea reconocida en su máximo legal. En Otras palabras, la persona humana frente al Derecho Constitucional o Internacional –por tratarse del tema de esta réplica–, puede hacer todo aquello que su libertad desee, salvo aquello que está prohibido por la ley. Incluye en dicha prohibición la libertad de cada persona que delimita y limita el ejercicio de la libertad de otra y donde el Estado está para servir a cada uno en su aporte para generar la prosperidad en común.

II. LOS DDHH, *IUS COGENS* SON EL LIMITE DE LOS DERECHOS SOBERANOS DE LOS ESTADOS

El Principio que los DDHH son el límite natural (y con ello no implico el Derecho Natural, sino lo que define algo, lo que hace diferente una cosa de otra), de la soberanía de cualquier Estado es *Ius Cogens*, y se colige de la abismal diferencia entre los preámbulos de la Declaración Universal de DDHH de 1948 en Nueva York y del Pacto de la Sociedad de las Naciones de 1919 en Versailles y los tratados hoy vigentes.

La Declaración Universal de DDHH, *Ius Cogens*, fue adoptada y proclamada por Resolución de la Asamblea General 217 A del 10 de Diciembre de 1948, mientras que la segunda, firmada por las partes el 28 de Junio de 1919 entró en vigor el 10 de Enero de 1920. El ámbito a asegurar cambió radicalmente, desde los derechos de las naciones partes, aún planteando el concepto de honor por parte de un Estado en pos de la paz y seguridad mutua, a reconocer la dignidad intrínseca de los derechos inalienables de todos los miembros de la familia humana, (Cons. 1), donde un Régimen de Derecho sea el mecanismo protector (Cons. 3) de los derechos fundamentales, de la igualdad y dignidad de la persona (Cons. 5). En ello, los Estados se comprometen a asegurar en cooperación un respeto efectivo de dichos derechos (Cons. 6) bajo una concepción común (Cons. 7), proclamando que imponen el "esfuerzo tanto en los individuos como las instituciones, para avanzar en medidas progresivas de carácter nacional e internacional en normas de aplicación universales y efectivas. (Proclamación).

Fundaré mi argumentación simplemente en base al tenor literal del *Ius Cogens*, Tratados Internacionales y textos constitucionales. La interpretación la dejo al mínimo, en aras de la brevedad que impone la réplica, y porque simplemente en mis ojos, todo es meridianamente claro si seguimos el tenor literal de la ley.

1. *Declaración universal de derechos humanos, 1948*[*]

Preámbulo:

Considerando que la *libertad, la justicia* y la paz en el mundo *tienen como base el reconocimiento de la dignidad intrínseca y de los derechos iguales e inalienables de todos los miembros de la familia humana,*

Considerando que el desconocimiento y el menosprecio de los derechos humanos han originado actos de barbarie ultrajantes para la conciencia de la humanidad, y que se ha proclamado como la aspiración más elevada del hombre, el advenimiento de un mundo en que los seres humanos, liberados del temor y de la miseria, disfruten de la libertad de palabra y de la libertad de creencias,

Considerando esencial que los derechos humanos sean protegidos por un régimen de Derecho, a fin de que el hombre no se vea compelido al supremo recurso de la rebelión contra la tiranía y la opresión,

Considerando también esencial promover el desarrollo de relaciones amistosas entre las naciones,

Considerando que los pueblos de las Naciones Unidas han reafirmado en la Carta su fe en los *Derechos fundamentales del hombre, en la dignidad y el valor de la persona humana y en la igualdad de derechos de hombres y mujeres*, y se han declarado resueltos a promover el progreso social y a elevar el nivel de vida dentro de un concepto más amplio de libertad,

Considerando que los *Estados miembros se han COMPROMETIDO A ASEGURAR*, en cooperación con la Organización de las Naciones Unidas, *el respeto universal y efectivo a los derechos y libertades fundamentales del hombre,*

Considerando que una concepción común de estos derechos y libertades *es de la mayor importancia para el pleno cumplimiento de dicho compromiso,*

La Asamblea General

Proclama la presente

Declaración Universal de DDHH, como ideal común por el que todos los pueblos y naciones deben esforzarse, *a fin de que tantos LOS INDIVIDUOS COMO LAS INSTITUCIONES, inspirándose constantemente en ella,* promuevan mediante la enseñanza y la educación, el respeto a estos derechos y libertades, *y aseguren, por medidas progresivas de carácter nacional e internacional su reconocimiento y aplicación universales y efectivos*, tanto entre los pueblos de los Estados miembros como entre los de los territorios colocados bajo su jurisdicción.

---

[*] Nota: Todos los énfasis en *italic* y en negro son míos para orientar al lector.

He aquí en la proclamación, la creación del *Ius Cogens* moderno que incluye a la persona, a un simple particular, sin cargo ni poder alguno, como actor en el ámbito de Derecho Internacional, con la capacidad de reclamar, proteger y demandar no sólo para sí, sino para y en favor de terceros. Bien sabemos que donde la ley no distingue no es lícito al intérprete distinguir. En consecuencia, la atribución de ser titular de derechos incluye por razones obvias el mandato. Bien sabemos que una víctima de violación de DDHH poco puede hacer por sí mismo, ya sea en la cárcel o si ya ha muerto, pero mucho puede esperar de la solidaridad humana en su nombre.

Noten además el lenguaje usado tratándose de los Estados: la proclamación habla de las Instituciones, porque en un Estado, el poder se encuentra dividido no sólo en los tres tradicionales que conforman el modelo republicano, sino numerosas instituciones con más o menos autonomía e independencia. Incluso debe y puede incluirse todo la diáspora de instituciones que conforman las Personalidades Jurídicas, del ámbito público o privado.

Por ello, no es contra Derecho Internacional que la Corte Suprema Chilena haya dictado la sentencia de Protección, sino que es una consecuencia directa de la obligación estatal de responder frente a las violaciones de DDHH.

2.   *Tratado de Versailles: 1919*

Las Altas Partes contratantes: Considerando que para fomentar la *cooperación entre las naciones* y para garantizarles la paz y la seguridad, importa:

Aceptar ciertos compromisos de no recurrir a la guerra.

Mantener a la luz del día relaciones internacionales, fundadas sobre la justicia y el honor.

Observar rigurosamente las prescripciones del derecho Internacional, reconocida de ahí en adelante como *regla de conducta efectiva de los gobiernos.*

Hacer que reine la justicia y respetar escrupulosamente todas las obligaciones de los tratados en las relaciones mutuas de los pueblos organizados; Los Estados Unidos de Norteamérica y la Unión de Repúblicas Socialistas Soviéticas, en adelante, referidas como Las partes, Adoptan el presente Pacto que instituye la Sociedad de las Nacionales.

Conocemos la historia. La I Guerra Mundial dio paso a la II Guerra Mundial a cuyo término se aprueba la Declaración Universal por la Asamblea General de las Naciones Unidas reunidas en Nueva York. ¿Por qué falló la Sociedad de las Naciones? No soy historiadora, pero en el ámbito jurisdiccional erró simplemente porque la sociedad de las naciones no fue inclusiva, no era universal, no en su origen no en su propósito. La paz y la justicia son preocupaciones de toda la familia humana, no sólo se las Partes en un Tratado que "aceptan un compromiso". Los derechos atados a la persona no podrán nunca ser efectivamente protegidos por los gobiernos, porque la obligación descansa en todos, y quizás más claro aún, cada persona es y debe ser el garante de sus propios derechos y del de los demás. Así se construye la democracia, "el peor sistema de gobierno conocido, a excepción de todos los demás". (Definición de Democracia por Winston Churchill)

3.   *Pacto de San José, de 1969, y sus ratificaciones por Chile y Venezuela*

Un paso adicional en posicionar a la persona al centro de esta evolución del Derecho Internacional lo constituye el Pacto de San José, llamada también la Convención Americana de DDHH, del año 1969. Este Tratado es particularmente importante en el caso que motiva esta réplica, porque se trata además de una Convención sujeta a la Teoría del Derecho Internacional de Tratados, una de las fuentes tradicional de Derecho que estudiamos, sino además porque es Ley de la República de Chile, tras su ratificación por DS. 873, que promulga el Tratado finalizando el proceso de ratificación, con fecha 23 de Agosto de 1990.

El Pacto de San José transforma a cada habitante de las Américas en un ciudadano del mundo, reconociendo sus derechos esenciales no por ser natural de un Estado del Continente, sino por su intrínseca dignidad.

A. *Acta De Ratificación de Chile: D.S. 873 de 5 de Enero de 1991*

El acta recalca como condiciones de la ratificación las siguientes declaraciones:

a) El Gobierno de Chile declara que reconoce la competencia de la Comisión Interamericana de DDHH, *por tiempo indefinido y bajo **condiciones de reciprocidad**,* y

b) El gobierno de Chile declara que reconoce como obligatoria de pleno derecho la competencia de la Corte Interamericana de DDHH ***respecto de casos relativos a la aplicación e interpretación de esta Convención*** de conformidad con lo que dispone el art. 62, que incluye, de acuerdo al No 3 de dicho artículo:

La Corte tiene competencia para conocer de cualquier caso relativo a la interpretación y aplicación de las disposiciones de esta Convención que le sea sometido, siempre que los Estados Partes en el caso hayan reconocido o reconozcan dicha competencia, ora por declaración especial, como se indica en los incisos anteriores, ora por convención especial.

El límite de la Ratificación del Tratado para Chile como Estado es que se traten de hechos posteriores a 1990 y las expropiaciones por causa de interés público; ambas condiciones irrelevantes al tema de la sentencia y denuncia del caso en referencia.

B. *Ratificación de Venezuela, denuncia del tratado y artículos de la Constitución Venezolana:*

Venezuela por su parte también es parte del Tratado de San José. Lo es pese a su denuncia el año 2012, porque el tenor de la Constitución Venezolana actualmente rigiendo, no admite la denuncia como acto válido no sólo para ante sus ciudadanos, sino para ante los ciudadanos de las Américas.

Venezuela como una más de las naciones del continente ratificó el Pacto de San José el 9 de Agosto de 1977 y sin embargo, el 10 de Septiembre de 2012 el gobierno de Maduro denunció unilateralmente el tratado. ¿Es legal, válida y legítima su denuncia?

No, porque la Constitución en sus art. 19, 23, 31 y 339 permite concluir que la denuncia es acto prohibido y en consecuencia nulo. No es acto soberano porque ningún gobierno puede privar de sus DDHH a los ciudadanos y habitantes de un país.

A mi juicio es tan claro el tenor de la Constitución de Venezuela que el Pacto rige aún y pese a la denuncia, pues el Principio de la Progresividad que la Constitución consagra anula la acción gubernamental ya descrita. A nivel de Derecho Internacional las materias del Pacto de San José son *Ius Cogens,* y en consecuencia son irrenunciables, intransferibles e inmancillables. La CIDH mantiene su mandato como órgano velador del respeto y vigencia de los DDHH de todos y cada uno de los venezolanos y personas viviendo en dicho país.

Acta de Ratificación del Pacto de San José por Venezuela:

De acuerdo a lo estipulado en el párrafo 1 y 45 de la Convención, el gobierno de la República de Venezuela reconoce la competencia de la Comisión Interamericana de DDHH para recibir y examinar las comunicaciones en que un Estado Parte alegue que otro Estado Parte ha incurrido en violaciones de los DDHH establecidos en esta Convención, en los términos previstos en el art. 2 de dicho Artículo. <u>Este reconocimiento de competencia se hace por tiempo indefinido.</u>

Constitución de Venezuela:

Art. 19 Const. Venezuela: *El Estado garantizará a toda persona*, conforme al Principio de Progresividad y sin discriminación alguna, *el goce y ejercicio irrenunciable, indivisible e interdependiente de los DDHH. Su respeto y garantía son obligatorias para los órganos del poder público* de conformidad a la Constitución, con los Tratados sobre DDHH suscritos y ratificados por la República y con las leyes que los desarrollen.

Art. 23 Const. Venezuela: **Los Tratados, Pactos y Convenciones relativos a DDHH, suscritos y ratificados por Venezuela, tienen jerarquía constitucional y prevalecen en el orden interno**, *en la medida que contengan normas sobre su goce y ejercicio más favorables que las establecidas por esta Constitución y en las leyes de la República, y son de Aplicación inmediata y directa por los tribunales y los demás órganos del Poder Público.*

Art. 31 Const. Venezuela: *Toda persona tiene derecho*, en los términos establecidos en los Tratados, Pactos y Convenciones sobre DDHH ratificados por la República a dirigir *peticiones o quejas ante los órganos internacionales creados para tales fines con el objeto de solicitar el amparo de sus derechos humanos.*

Art. 339 Const. Venezuela: Aún el decreto que declare el Estado de Excepción constitucional cumplirá con las exigencias, principios y garantías establecidas en el Pacto Internacional de Derechos Civiles y Políticos y la Convención Americana de DDHH.

Establecido el Pacto de San José como Tratado Internacional, veamos el extraordinario reconocimiento y extensión de los derechos que se colige del preámbulo del Pacto de San José:

C. *Preámbulo:*

Los Estados Americanos signatarios de la presente Convención,

Reafirmando su propósito de consolidar en este Continente, **dentro del cuadro de las Instituciones democráticas,** un régimen de libertad personal y de justicia social, **fundado en el respeto de los derechos esenciales del hombre.**

Reconociendo que los derechos esenciales del hombre *no nacen del hecho de ser nacional de determinado Estado, sino que tienen como fundamento los atributos de la persona humana, razón por la cual justifican una protección internacional,* **de naturaleza convencional coadyuvante o complementaria de la que ofrece el derecho interno de los Estado Americanos.**

Considerando que estos principios han sido consagrados en la Carta de la Organización de Estados Americanos, en la declaración Americana de los derechos y deberes del hombre y en la Declaración Universal de DDHH, que han sido reafirmados y desarrollados en otros instrumentos internacionales, tanto de ámbito universal como regional.

Reiterando que con arreglo a la Declaración Universal de DDHH, sólo puede realizarse el ideal del ser humano libre, exento de temor y de la miseria, *si se crean condiciones que permitan a cada persona gozar de sus derechos* económicos, sociales y culturales tanto como de sus derechos civiles y políticos, y

Considerando que la Tercera Conferencia Interamericana Extraordinario (BBAA, 1967) aprobó la incorporación a la propia Carta de la Organización **de normas más amplias sobre derechos** económicos, sociales, educacionales y resolvió que una convención interamericana sobre DDHH determinara la estructura, competencia y procedimiento de los órganos encargados de esta materia, se ha convenido:

D. *Artículos del pacto de San José:*

Esta Convención del año 1969 determinó varios deberes de los Estados a derechos protegidos a todas las personas.

Art. 1: Los Estados partes de este Convención *se comprometen a respetar los derechos* **y libertades reconocidas en ella** y *a garantizar su libre y pleno ejercicio a toda persona.*

Art. 2: *Deber de adoptar disposiciones de Derecho Interno.*

Si el ejercicio de los derechos y libertades mencionados en el art. 1 no estuviere ya garantizado por disposiciones legislativas o de otro carácter, **los Estados Partes se comprometen a adoptar, con arreglo a sus procedimientos constitucionales y a las disposiciones de esta Convención, las medidas legislativas** *o de otro carácter que fueren necesarias para hacer efectivos tales derechos y libertades.*

De modo que el actuar de la Excma. Corte Suprema de Chile es el resultado natural de la madurez del Estado de Derecho en Chile y la ganada experiencia en materia de DDHH, después de más de 26 años de procurar reparación y verdad de acuerdo al Programa de DDHH que mantiene el gobierno de Chile en su Ministerio del Interior.

Sobre los Derechos materia de la Sentencia a firme de la Excma. Corte Suprema de Chile son derechos que forman parte de la Convención, pero lo más importante, el art. 25 se refiere expresamente a la Protección Judicial como deber del Estado,(y que por la reciprocidad del Tratado también obliga a la CIDH, y a los Poderes ejecutivos por igual) sin distinguir, porque los derechos que establece la convención son a toda persona cualquiera sea sus atributos de nacionalidad (preámbulo) y a mayor cohesión, el Pacto de San José en el art. 29 establece las Normas de Interpretación:

Art. 29: Ninguna disposición de la presente Convención puede ser interpretada en el sentido de:

a) *Permitir a alguno de los Estados Parte, grupo o persona, suprimir el goce y ejercicio de los derechos y libertades reconocidos en la Convención o limitarlas* en mayor medida que la prevista en ella.

b) *Limitar el goce y ejercicio de cualquier derecho o libertad que pueda estar reconocido de acuerdo con las leyes de cualquiera de los Estados Partes* o de acuerdo con otra convención en que sea parte uno de dichos Estados,

c) *Excluir otros derechos y garantías que son inherentes al ser humano o que se derivan de la forma democrática representativa de gobierno, y*

d) *Excluir o limitar el efecto que pueden producir la Declaración Americana de Derechos y Deberes del Hombre y otros actos internacionales de la misma naturaleza.*

Art. 25 N° 2: *Protección Judicial.*

Los Estados Partes se comprometen: (recordemos aquí el principio de reciprocidad que une a los Estados con la CIDH, de modo que obligación es tanto para los Estados como para el organismo internacional)

a) a garantizar que la autoridad competente prevista por el sistema legal del Estado decidirá sobre los derechos de toda persona que interponga tal recurso.

b) a desarrollar las posibilidades de recurso judicial y

c) a garantizar el cumplimiento, por las autoridades competentes, de toda decisión en que se haya estimado procedente el recurso.

Conforme a estos artículos sólo el poder judicial chileno tiene la jurisdicción y competencia para conocer, resolver y hacer cumplir las sentencias judiciales que dicte conforme a derecho, y que incluyen la sentencia motivo de este caso de denuncia e interpretación internacional.

Art. 44: Cualquiera persona o grupo de personas, o entidad no gubernamental legalmente reconocida en uno o más Estados Miembros de la organización, puede presentar a la Comisión peticiones que contengan denuncias o quejas de violación de esta convención por un Estado Parte.

Las condiciones de admisibilidad de una denuncia o comunicación conforme al art. 44 están detalladas en el art. 46:

a) Que se haya interpuesto y agotado los recursos de jurisdicción interna, conforme a los principios del Derecho Internacional generalmente reconocidos.

b) Que sea presentada dentro del plazo de 6 meses, a partir de la fecha en que el presunto lesionado en sus derechos haya sido notificado de la decisión definitiva.

c) Que la materia de la petición o comunicación no esté pendiente de otro procedimiento de arreglo internacional, y

d) Tratándose del art. 44 la petición contenga el nombre, nacionalidad, profesión, el domicilio y la firma de la persona o las personas o del representante legal de la entidad que somete la petición.

Específicamente el N° 2 señala que los requisitos a) y b) no se aplicarán cuando a) No exista en la legislación interna del Estado de que se trata el debido proceso legal para la protección del derecho o derechos que se alega han sido violados.

Esta causal es de importancia en el caso de referencia, si recordamos la denuncia unilateral que el Gobierno de Nicolás Maduro hizo del Pacto de San José, con lo cual, se crean las condiciones para que opere la protección intracontinental desde ya, usando como título de derechos la sentencia dictada conforme a las atribuciones constitucionales por el Poder Judicial Chileno en la sentencia motivo de la denuncia que espera su cumplimiento para ante la CIDH o la Corte Interamericana de Justicia.

Finalmente antes de entrar a la justificación Constitucional de la sentencia en comento, me detendré en la Carta de la OEA porque es la base del sistema Interamericano de DDHH, y es el sistema Internacional al cual se le pidió el cumplimiento de la sentencia.

4. *Carta de la OEA, año 1948*

Preámbulo de la Carta de la OEA:

En nombre de los pueblos de los Estados representados en la IX Conferencia Internacional Americana:

Convencidos de que la misión histórica es *ofrecer al hombre una tierra de libertad y un ámbito favorable para el desarrollo de la personalidad y la realización de sus justas aspiraciones;*

Conscientes de que esa misión ha inspirado ya numerosos convenios y acuerdos **cuya virtud esencial radica en el anhelo de convivir en paz** y de propiciar, mediante su mutua comprensión y su respeto por la soberanía de cada uno, el mejoramiento de todos en la independencia, en la igualdad y en el derecho;

Ciertos de que *la democracia representativa es condición indispensable para la estabilidad, la paz y el desarrollo de la región;*

Seguros de que el sentido genuino de la solidaridad americana y de la buena vecindad no puede ser otro que el de consolidar en este Continente, dentro del *marco de las instituciones democráticas, un régimen de libertad individual y de justicia social, fundado en el respeto de los derechos esenciales del hombre;*

Persuadidos de que el **bienestar de todos ellos, así como su contribución al progreso y la civilización del mundo** *,habrá de requerir, cada día más, una intensa cooperación continental;*

Determinados a perseverar en la noble empresa que la Humanidad ha confiado a las Naciones Unidas, **cuyos principios y propósitos reafirman solemnemente,**

Convencidos de que la organización jurídica es una condición necesaria **para la seguridad y la paz, fundadas en el orden moral y en la justicia** y

De acuerdo con la Resolución IX de la Conferencia sobre Problemas de la Guerra y de la Paz, reunidos en Ciudad de México

HAN CONVENIDO

en Suscribir la siguiente Carta de la OEA.

Este contenido quedó suscrito en Bogotá el año 1948, entró en vigencia en 1951 y ha sido enmendado con los Protocolos de Buenos Aires del año 1967, Protocolo de Cartagena de 1985, Protocolo de Managua de 1993 y Protocolo de Washington de 1992.

Esta Carta en su artículo 1 plantea los principios de paz, justicia, fomentar la solidaridad, robustecer la colaboración y defender la soberanía de los Estados.

Su inciso segundo señala *que ninguna de las disposiciones la autoriza a intervenir en asuntos de la jurisdicción interna de los estados miembros.*

Su art. 2 señala de entre sus propósitos:

b) Promover y consolidar la democracia representativa dentro del respeto al principio de no intervención.

e) Procurar la solución de los problemas políticos, jurídicos...que se susciten entre ellos;

Sobre los *Principios*: reafirman en el art 3:

a) El Derecho Internacional es norma de conducta de los Estados en sus relaciones recíprocas.

b) El orden internacional está esencialmente constituido por el respeto a la personalidad, soberanía e independencia de los Estados y por el fiel cumplimiento de las obligaciones emanadas de los tratados y de otras fuentes de derecho internacional.

*l) Los Estados americanos **proclaman los derechos fundamentales de la persona humana sin hacer distinción** de raza, **nacionalidad**, credo o sexo.*

El art. 9 se refiere al mecanismo de Suspensión de la organización en los casos de un miembro de la organización vea su gobierno democráticamente constituido sea derrocado por la fuerza, y que es el mecanismo actualmente en consideración frente a la crisis por la que atraviesa Venezuela.

Presten especial atención a que el mecanismo opera frente a la pérdida de la democracia por obra de fuerza sin distinguir, lo cual nos permite incluir no sólo la fuerza externa, sino también la interna.

La Carta avanza en el tema de los derechos y deberes de los Estados estableciendo la igualdad entre ellos.

El art. 13 describe ampliamente el marco de atribuciones estatales y define el límite en su parte final: *El ejercicio de estos derechos no tiene otros límites que el ejercicio de los derechos de otros Estados conforme al Derecho Internacional.*

El art. 19 señala el Derecho de No Intervención:

Ningún Estado o grupo de Estados tiene derecho a intervenir, directa o indirectamente, y sea cual fuere el motivo, en los asuntos internos o externos de cualquier otro. El principio anterior excluye no solamente la fuerza armada, sino también cualquier otra forma de injerencia o de tendencia atentatoria de la personalidad del Estado, de los elementos políticos, económicos y culturales que lo constituyen.

El art. 20 insiste en el derecho de no intervención:

Ningún Estado podrá aplicar o estimular medidas coercitivas de carácter económico o político para forzar la voluntad soberana de otro Estado y obtener de éste ventajas de cualquier naturaleza.

Cierro con el art. 22 que señala la proscripción del uso de la fuerza:

Los Estados americanos se obligan en sus relaciones internacionales a no recurrir al uso de la fuerza, salvo el caso de legítima defensa, de conformidad con los tratados vigentes o en cumplimiento de dichos tratados.

Al lector le pido aquí que recuerde que si la ley no distingue, debe entenderse que es todo tipo de fuerza, ya sea contra otros estados, como contra los ciudadanos del continente.

El análisis del Principio de No Intervención y No Injerencia lo dejo para más adelante cuando trate el tema de la Soberanía utilizando los contenidos de la Constitución chilena.

En el capítulo V referido a la Solución Pacífica de controversias, el art. 25 incluye el procedimiento judicial, punto que solicito al lector tenga presente para entender el alcance de la sentencia definitiva de la Corte Suprema de Chile como título legítimo y legal de derechos frente a las instancias Internacionales, presentado a la CIDH por la secretaría de la Corte Suprema de Chile y por quien escribe en denuncia con fecha 3 de Junio de 2016 para su cumplimiento.

El Capítulo VII de la Carta se refiere al Desarrollo Integral de los miembros de la OEA.

El art. 31 es particularmente claro sobre el rol de la democracia para asegurar este fin:

La cooperación interamericana para el desarrollo integral es responsabilidad común y solidaria de los Estados miembros en el marco de los principios democráticos y de las instituciones del sistema interamericano.

El art. 32 recalca que "la cooperación interamericana para el desarrollo integral debe ser continua y encauzarse preferentemente a través de los organismos multilaterales", lo cual nos lleva a recordar que la sentencia de la Corte Suprema de Chile, cumple exactamente con esta disposición, al solicitar a la CIDH que realice la visita carcelaria y emita los informes que ya hemos señalado para la Asamblea General de la OEA.

Finalmente el art. 33 nos da claridad sobre que significa el desarrollo integral:

*El desarrollo es responsabilidad primordial de cada país y debe constituir un proceso integral y continúo para la **creación de un orden** económico y social justo **que permita y contribuya a la plena realización de la persona humana.***

El art. 45 es la piedra angular de la carta de la OEA:

Los Estados miembros convencidos de que el hombre sólo puede alcanzar la plena realización de sus aspiraciones dentro de un orden social justo, acompañado de desarrollo económico y verdadera paz, *convienen en dedicar sus máximos esfuerzos a la aplicación de los siguientes principios y mecanismos:*

a) todos los seres humanos sin distinción de raza, sexo, nacionalidad, credo o condición social, tienen derecho al bienestar material y a su desarrollo espiritual, en condiciones de libertad, dignidad, igualdad de oportunidades y seguridad económica.

Conforme a todo este derecho Internacional, es posible sostener que la sentencia de la Corte Suprema de Chile es un acto soberano del Poder Judicial chileno, que se ajusta a las fuentes de derecho Internacional conforme al tenor literal de los Tratados, Convenciones y Pactos. Lo hizo porque el Poder Judicial de cualquier país es el custodio exclusivo de la resolución de conflictos en los derechos que son materia de disputa en cualquiera República. Así lo dispone para el caso chileno, el art. 76 de la Constitución que pasaremos a estudiar.

Una última disquisición en este punto:

En el caso en comento, mi esposo y yo recurrimos ante el Poder Judicial chileno, porque los eventos en Venezuela que nos movieron a solidarizar, ocurrieron cuando estábamos viviendo en dicho país. Fue providencial que coincidiera que Chile tiene una cultura en torno a los DDHH de más de 26 años en su vida democrática post dictadura.

Todos los argumentos de derecho chileno son materia de la denuncia que fue presentada conforme al punto 4 de los antecedentes de esta opinión y que es pública, aunque hasta ahora, la CIDH no ha entregado número de Registro de la misma.

El principio de Soberanía, no Intervención y no Injerencia no se explican solos. Su interpretación, utilizando las normas de derecho Internacional tiene que incluir todo el contexto que he presentado, la Constitución Chilena y la Teoría de DDHH que pasamos a estudiar a continuación.

III. CONSTITUCIÓN CHILENA Y DDHH

La Constitución Chilena de 1980 adhiere al límite del acto soberano en su **art. 5 inciso segundo** que dice:

El ejercicio de la soberanía reconoce como limitación el respeto a los derechos esenciales que emanan de la naturaleza humana.

Es tal le extensión de este principio que implica que la República de Chile no sólo reconoce que su propia soberanía tiene como límites los DDHH de todas las personas, sin distinguir si son chilenos habitantes o ciudadanos, sino que implica además por el principio de igualdad entre los Estados, consagrado en la Carta de la OEA, que Chile sólo reconoce como acto soberano y vinculante, aquellos que proviniendo de las autoridades de otros Estados, respetan a cabalidad los DDHH de las personas, de nuevo sin distinción alguna.

1. *¿Que son entonces los actos de las autoridades de los estados que violan DDHH?*

Claramente no son actos soberanos, porque la soberanía no es propiedad ni atributo del Estado sino de la Nación, esto es, la sociedad civil organizada en torno a un territorio jurisdiccional. Así lo dice el **art. 5 inciso primero de la Constitución Chilena:** *La soberanía reside esencialmente en la Nación. Su ejercicio se realiza.....y también por las autoridades que esta Constitución establece.* **Ningún sector del pueblo ni individuo alguno puede atribuirse su ejercicio.**

Con ello, todo el punto IV, a partir de la página 171 y ss. de la opinión del Sr Salinas es errónea.

La Presidencia de la República no es el órgano supremo del Estado: Ese privilegio le pertenece a la Nación toda y como pasaremos a señalar, los DDHH no son sólo de su competencia y esfera.

El art. 5 continúa señalando: ***Es deber de los órganos del Estado respetar y promover tales derechos,*** **garantizados por esta Constitución, así como por los Tratados Internacionales ratificados por Chile y que se encuentren vigentes.**

Este inciso nos permite concluir que la obligación de respetar los DDHH no es sólo atribución del Ejecutivo o sólo del Judicial, sino de todo el aparato Estatal y sus instituciones. Si "todas las autoridades constitucionales" tienen atribuciones, significa que no es posible concluir que sólo el ejecutivo tiene atribuciones en materia de DDHH.

En mi opinión los actos que violan los DDHH son actos prohibidos por la ley (entendiéndose aquí el concepto de ley en su sentido más amplio: desde el *ius cogens* hasta el valor de una sentencia definitiva como título de derecho), y en consecuencia son nulos, conforme al **art. 10 del Código Civil:**

Los actos que prohíbe la ley son nulos y sin ningún valor, salvo en cuanto designe expresamente otro efecto que el de la nulidad para el caso de contravención.

La víctima de DDHH y sus familias sufren en su propias vidas el abuso Estatal ya sea con las largas condenas, pérdida de fuentes de ingreso y oportunidad, y aún más, su propias salud y vidas.

El Sr Salinas, elabora un efecto diferente de acuerdo al derecho Internacional. A partir de la página 174, donde establece el criterio general y su resumen en página 177 párrafo segundo señalando:

De modo general, la responsabilidad por infracción del Derecho Internacional lo sufren los Estados y es de tipo compensatorio. Es en este marco, que ubicamos el Derecho Internacional de los Derechos Humanos cuyo objeto es la imposición de obligaciones a los Estados respecto a todos los individuos, nacionales y extranjeros, otorgando a los individuos el derecho de acceder a instancias internacionales para reclamar directamente contra el Estado infractor en caso de vulneración de libertades y derechos consagrados en Tratados Internacionales, como son, por ejemplo el Pacto Internacional de Derechos Civiles y Políticos de 1966, el Pacto Internacional de Derechos Económicos y sociales de 1966 y la Convención Americana de Derechos Humanos de 1966, a nivel del sistema Interamericano.

En mi opinión primero debe obtenerse el reconocimiento y respeto de los derechos violados, tanto por el ordenamiento nacional como internacional y sólo allí, en una etapa futura, podremos estar pensando sobre compensaciones económicas. Si la sentencia no es reconocida como título de Derecho, ¿como va a ser reconocida como título de compensación económica?

Este argumento pecuniario es a mi juicio una distracción para poder entender que son verdaderamente las violaciones de DDHH.

Con todo, imagino su bien intencionada posición, olvida que para las víctimas sus vidas es más preciadas que sus bolsillos, y en el caso de la sentencia de la C.S. que estudiamos, quien cometió la violación original no es el Estado de Chile, que además no es parte recurrida del Recurso de Protección.

Sólo a partir de la denuncia para asegurar el cumplimiento de la sentencia de la C.S. de Chile ante la CIDH, el Poder Ejecutivo chileno, en las actuaciones y omisiones de las autoridades que la denuncia señala, (el Presidente del CDE y el Ministro de RREE de Chile) se ha sumado a la violación original, razón del por qué la denuncia es presentada contra dos autoridades chilenas y no contra el Estado de Chile. En mi opinión, los abusos son siempre actos personales, porque el Estado y sus instituciones se desenvuelven en el mínimo legal, esto es, el actuar soberano de las instituciones de un país son sólo aquellos que se ajustan a lo que la Constitución, las leyes y los acuerdos internacionales.

Sin embargo, desde ya planteo que compensaciones económicas o determinar un culpable en las violaciones contra los Sres. López y Ceballos, no es la causa de pedir del Recurso de Protección, no de la denuncia para asegurar el cumplimiento de la sentencia.

La acción entablada, el Recurso de Protección y no Amparo, –como erróneamente lo identificó el Sr. Salinas en su punto 2, en página 163,– sólo busca proteger y específicamente se delimitó la acción en dichos términos, sin abordar si Nicolás Maduro o alguien de su gobierno es responsable. Nuestro interés en accionar era exigir el respeto de los derechos de ambos protegidos y no más, y sigue siéndolo en la instancia de denuncia, en donde mi esposo y yo somos parte agraviada por las acciones y omisiones de las autoridades chilenas identificadas y de las actuaciones de los funcionarios de la CIDH, que hasta ahora han creado el enervamiento del cumplimiento de la sentencia.

Además, mal podría ser responsable pecuniario el Estado de Chile por la correcta actuación de la Corte Suprema de Chile y a la vez, ser responsable "penal" por los actos nulos del Presidente del Consejo de Defensa del Estado y el Ministerio de Relaciones Exteriores, al tenor de la denuncia. El Estado de Chile es unitario, y sobre los hechos descritos llegamos a suma 0 sobre este tema. Lo que sí tengo claro es que las actuaciones violando las atribuciones legales y generando violación de DDHH en contra de mis protegidos son nulas, conforme al art. 10 del CC.

En consecuencia, en mi opinión las violaciones de DDHH, son siempre actos personales, donde una persona se irroga las atribuciones y el poder del Estado en un acto viciado, para privar, menoscabar o perturbar los DDHH de una o más personas.

Esta es la explicación por la que la denuncia no es presentada contra la persona de la Presidencia de la República de Chile, aún cuando se argumente que sus funciones fueron usurpadas para declarar viciada la sentencia de la Corte Suprema de Chile.

2.   *Obligación de los órganos del estado y DDHH*

Aclarando la obligación estatal del art. 5 ya estudiado, señala *el art. 6 de la Constitución:*

Los órganos del Estado deben someter su actuación a la Constitución y a las normas dictadas conforme a ella.

Los preceptos de esta Constitución obligan tanto a los titulares o integrantes de dichos órganos, como a toda persona institución y grupo.

La infracción a esta norma generará las responsabilidades y sanciones que determine la ley.

Por su parte el art. 7 dice:

Los órganos del Estado actúan válidamente previa investidura regular de sus integrantes, dentro de su competencia y en la forma que prescribe la ley.

Ninguna magistratura, ninguna persona o grupo de personas **puede atribuirse, ni aún a pretexto de circunstancias extraordinarias, otra autoridad y derechos que los que expresamente se les hayan conferido en virtud de la Constitución o las leyes**

Sobre estos artículos Constitucionales es fácil concluir que la sentencia no vulnera de modo alguno las atribuciones de la Presidencia de la República en la *conducción de las relaciones exteriores*, tema largamente desarrollado en el punto 3 y 4 del artículo del Sr Salinas, paginas 166 y ss. Tampoco que el fallo de la Corte Suprema de Chile se extralimitó en sus atribuciones, tema abordado en su punto 5 por el mismo autor y que pasamos a esclarecer.

3.   *Atribuciones presidenciales y función judicial:*

Efectivamente *el art. 32 N° 15 de la Constitución señala que es una atribución especial* (y noten, no exclusiva) de la Presidencia de la República:

Conducir las *relaciones políticas* con las potencias extranjeras y organismos internacionales.

Esta función adquiere sentido y claridad a la luz de las siguientes normas constitucionales y legales:

Art. 33 de la Const.: Los Ministros de Estado son los colaboradores directos e inmediatos del Presidente de la República *en el gobierno y la administración.*

Art. 36 Const.: Los ministros serán responsables *individualmente* de los actos que firmaren y solidariamente de los que suscribieran o acordaron con los otros ministros.

D.F.L. 1 de 28 de Julio de 1993 Texto refundido de la ley Orgánica del CDE, en sus artículos pertinentes sobre las atribuciones del Presidente de esta institución.

Art. 76 Const.: *La facultad de conocer de las causas civiles y criminales,* de resolverlas y de hacer ejecutar lo juzgado, *pertenece exclusivamente* a los tribunales establecidos por la ley.

Ni el Presidente de la República, ni el Congreso pueden, en caso alguno, ejercer funciones judiciales, avocarse a causas pendientes, revisar los fundamentos o contenido de sus resoluciones o hacer revivir procesos fenecidos.

Reclamada su intervención en forma legal y en negocios de su competencia, no podrán excusarse de ejercer su autoridad, ni aún por falta de ley que resuelva la contienda o asunto sometido a su decisión.

Para hacer ejecutar sus resoluciones, y practicar o hacer practicar los actos o instrucciones que determine la ley, los tribunales ordinarios de justicia y los especiales que integran el Poder Judicial, podrán impartir órdenes directas a la fuerza pública o *ejercer los medios de acción conducentes de que dispusieran...*

La autoridad requerida deberá cumplir sin más trámite el mandato judicial y no podrá calificar su fundamento u oportunidad, ni la justicia o legalidad de la resolución que se trata de ejecutar.

IV. ALGUNAS IDEAS

PRIMERA IDEA: LOS DDHH SON DERECHO. NO SON POLÍTICA NI ACTOS DE GOBIERNO Y ADMINISTRACIÓN. MENOS ASUNTOS EXTERNOS O INTERNOS.

Los DDHH son Derecho como ya señalé, y ahondando aún más no son política y nunca serán herramienta política, porque son inmancillables. Tampoco pueden ser actos de gobierno y administración porque están atados a las personas y a su intrínseca dignidad. Todos ellos están referidos siempre a la vida de cada persona viva o muerta del país y del planeta. Cuando se reclaman los DDHH de las víctimas fallecidas, se hace porque sus derechos están atados a los DDHH de los demás, sosteniendo en conjunto el Estado de Derecho. Como ya señalé su violación, aún proviniendo de actos ejecutados por alguien en cargo público, es viciado y nulo, y en consecuencia no son actos ni de gobierno ni administración.

Insisto una vez más que la actuación soberana del estado sólo está formada por los actos que se ajustan a lo que la Constitución y la ley ordena.

Por lo tanto: la atribución presidencial del art 32 N° 15: al utilizar el término de "relaciones políticas" jamás podría incluir los DDHH de las personas, porque el detentador y titular de ellos es cada persona y no el Estado y sus instituciones. Los DDHH son Derecho y no política.

Tampoco son materia de la función Ministerial, pues ellos son los *colaboradores directos de la presidencia de la República para el gobierno y la administración del Estado, y como ya he explicado los DDHH son atributo de cada persona y no del Estado que es una idea y Persona Jurídica de Derecho Internacional Público.*

Aún más claro es que tampoco son de competencia del Presidente del Consejo de Defensa del Estado, donde *numerosos artículos de la ley orgánica de la institución delimitan claramente su función sólo como órgano autónomo del Estado de Chile para la protección de los intereses pecuniarios del mismo.*

Sobre los alcances pecuniarios de las violaciones de DDHH y de la acción ejercida en la sentencia otorgada por la Corte Suprema de Chile, ya me extendí señalando que la Sentencia de la Corte Suprema de Chile que otorga protección a Leopoldo López y Daniel Ceballos no tiene repercusión pecuniaria para el Estado de Chile, aún en los aspectos de la denuncia para hacer cumplir la sentencia, frente a las omisiones y acciones ilegítimas de las autoridades denunciadas.

No existen dichas repercusiones pecuniarias principalmente porque el Estado de Chile cumplió con la protección de los DDHH en favor de Leopoldo López y Daniel Ceballos en el fallo dictado por la C.S. de Chile, y su bien ha habido acciones y omisiones que han enervado de cumplimiento, la acción requerida para cumplir la sentencia, está en manos de la CIDH, con la realización de la visita carcelaria por sus autoridades o por mandatario debidamente investido y presentar el informe respectivo tanto a la C.S. de Chile como a la Asamblea General de la OEA.

Frente a una acción u omisión que produce privación, perturbación o amenaza sobre los DDHH, es responsable la persona que suscribe y u ordena dicha acción u omisión, pues la violación de DDHH importa un acto no soberano, nulo y viciado.

Lo que el Estado de Derecho reclama frente a dichas violaciones es restablecer el imperio de la ley o restablecer el Estado de Derecho.

Conforme al art. 3 de la Carta de la OEA: el Derecho Internacional es norma de conducta de los estados en sus relaciones recíprocas, lo cual nos lleva a la segunda idea:

SEGUNDA IDEA: LOS ESTADOS Y LOS ORGANISMOS INTERNACIONALES TAMBIÉN SE DEBEN AL MÁXIMO LEGAL DE LA PERSONA:

Como señala el art 3 letra a), b) y l) de la Carta de la OEA:

a) *El Derecho Internacional es norma de conducta de los estados en sus relaciones recíprocas.*

Allí se incluye el orden internacional definido en la letra b:

b) *El orden internacional está constituido por el respeto a la soberanía e independencia de los Estados y el fiel cumplimiento de las obligaciones emanadas de los Tratados y de otras fuentes de Derecho Internacional.*

l) *Los Estados americanos proclaman los derechos fundamentales de la persona humana sin hacer distinción de nacionalidad.*

Esta idea del actuar soberano queda aún más claro conforme al *art. 13 de la Carta de la OEA:*

El ejercicio de estos derechos no tiene otros límites que el ejercicio de los derechos de otros Estados conforme al Derecho Internacional.

De modo que podemos concluir que la sentencia dictada por la Corte Suprema de Chile en favor de los presos políticos venezolanos, habiéndose ajustado a derecho constitucional chileno y a derecho internacional, la transforma en título legítimo y legal para reclamar su cumplimiento ante los organismos de la OEA, porque Chile forma parte del sistema interamericano en reciprocidad y porque Venezuela también, pese a su denuncia unilateral, que adolece de vicio de nulidad por lo ya expresado.

Me queda pronunciarme sobre las sentencias dictadas conforme a Derecho Internacional, en donde se postula y resuelve conforme al criterio que identifico como Estatista. Sobre todas ellas, le recuerdo al lector que la jurisprudencia es fuente de derecho en cuanto **resuelve el conflicto entre partes**, basado naturalmente en los antecedentes aportados y la comprensión del derecho por quienes emitieron la sentencia. En ello, la sentencia dictada en causa Rol 17393-15 es una más, resolviendo conforme al nuevo criterio de razón de humanidad, aplicando el derecho Internacional, *Ius Cogens* y Derecho Constitucional chileno en un debido proceso que prevaleció aún frente a varios Incidentes de Nulidad.

La sentencia más importante de este grupo, aquella identificada como Genocidio Guatemala, es concordante con el uso de la Doctrina de Jurisdicción Universal, pero no pudo hacer uso de los Principios de la Teoría de Tratados y de las normas del Pacto de San José, porque España no forma parte de dicho Tratado que es Americano. Por ello necesitó llegar a su conclusión utilizando una vía subsidiaria para justificar la Doctrina de Jurisdicción Universal.

Nuestra sentencia en comento en cambio, regula la situación de violación de DDHH entre dos países americanos, ambos partes del Pacto de San José (pese a la denuncia de Venezuela), *Ius cogens* y Derecho Constitucional chileno en total armonía, y en ello se aplica además todo la Teoría de los Tratados y las obligaciones vinculantes entre Partes.

TERCERA IDEA: EL DERECHO DE NO INTERVENCIÓN E INJERENCIA NO INCLUYE LOS DDHH.

Conforme a todo lo ya expresado el **art. 19 de la Carta de la OEA** resulta muy claro en su tenor:

Ningún Estado tiene derecho a intervenir…en los *asuntos internos o externos.*

¿La pregunta que tenemos que hacernos es: las personas y sus DDHH son "asuntos internos o externos"?

La respuesta obvia: NO. Las personas y sus vidas son competencia de cada uno y del Derecho en caso de conflictos o discrepancias a través del uso de las instancias judiciales. No son "asuntos" de gobierno y administración. Tampoco asuntos de naturaleza interna o externa de los Estados.

El principio que los DDHH no quedan incluidos en el Principio de No Intervención, fluye de todo lo explicado con anterioridad y del resto del citado del art. 19 de la Carta de la OEA que dice:

El principio anterior excluye no solamente la fuerza armada, sino también *cualquier otra injerencia… de los elementos políticos,* **económicos y culturales que lo constituyen.**

Como ya he afirmado los DDHH son Derecho, no política o una herramienta política y las infracciones cometidas a ellos, aún usando fuerza del Estado, es una fuerza ilegítima e ilegal, que está usurpando las atribuciones del Estado por quienes violan los DDHH.

El art. 20 que clarifica aún más el derecho de No Intervención dice:

Ningún Estado podrá aplicar o estimular medidas coercitivas (que es fuerza, de un modo u otro), de carácter económico o *político para forzar la voluntad soberana de otro Estado y obtener de éste ventajas de cualquier naturaleza.*

Con este artículo queda totalmente claro que los DDHH quedan excluidos del ámbito del Principio de No Intervención y no Injerencia, porque su reclamo se hace en instancias judiciales, y en consecuencia procede aplicar, para los casos en que exista vulneración de DDHH en una persona o en toda la población de un Estado, lo que señalan los art. 31, 32, 33 y 45 de la Carta de la OEA.

El argumento que los DDHH tienen mecanismos diversos de protección según la gravedad de la violación, es profundamente ofensivo y erróneo, si se mira la violación desde la posición jurídica de cualquiera víctima, y por supuesto ofende el principio de Universalidad e Indivisibilidad de los DDHH.

El art. 31 **impone el deber de la cooperación interamericana para el desarrollo integral** (que incluye el respeto de los DDHH). Este artículo dice textualmente: "Es responsabilidad común y solidaria de los Estados miembros" **en el marco de los principios democráticos y de las instituciones del sistema interamericano.** (De acuerdo al Pacto de San José por la reciprocidad incluye a los organismos de la OEA, como es la CIDH y la Corte Interamericana de Justicia).

El art. 32 insiste que la cooperación "debe encauzarse a través de los organismos multilaterales; acción que la Excma. Corte Suprema cumplió a cabalidad, al pedir a la CIDH gestionar su mandato en Venezuela y entregar la última palabra y resolución a la Asamblea General de la OEA.

El art. 33 de la Carta de la OEA define lo que debemos entender por desarrollo integral: lo define como "responsabilidad primordial" de cada país y debe constituir un proceso integral y continuo (como lo es el uso de la red del Estado de Derecho en el continente, de acuerdo a la doctrina de Jurisdicción Universal de DDHH), para la creación de un orden económico y social justo que permita y contribuya a la plena realización de la persona humana.

Cierra la argumentación de que el Principio de No Intervención y no Injerencia no puede permitir los abusos de DDHH el art. 45 de la Carta que identifico como la piedra angular de dicho Tratado:

Art. 45: Los Estados miembros, *convencidos que el hombre* sólo puede alcanzar la plena realización de sus aspiraciones dentro de un orden social justo, acompañado de desarrollo económico y verdadera paz, *convienen en dedicar sus máximos esfuerzos a la aplicación de los siguientes principios y mecanismos:*

a) *Todos los seres humanos, sin distinción de raza, sexo, nacionalidad, credo o condición social, tienen derecho al bienestar material y a su desarrollo espiritual, en condiciones de libertad, dignidad, igualdad de oportunidades y seguridad económica.*

Por todo lo anterior, Chile y el Continente americano debieran celebrar el cabal cumplimiento del mandato de *Ius Cogens*, Constitucional y legal que lograron los miembros de la Corte Suprema de Chile en Noviembre 18 de 2015 en Rol 17393-2015 y sentencias interlocutoras que la acompañan, al acoger el simple Recurso de Protección en favor de dos víctimas de violaciones de DDHH, y esperar que el resto de las instituciones de los países del continente y sus organismos internacionales, se sumen a dicho logro en las esferas de sus atribuciones, y hagan cumplir esta primera sentencia de protección interamericana basada en los Principios de Derecho Internacional y la Doctrina de Jurisdicción Universal de DDHH.

RESEÑAS BIBLIOGRÁFICAS

EL DERECHO ADMINISTRATIVO EN IBEROAMÉRICA DOCTRINARIOS Y ESTUDIOSOS

Víctor Rafael Hernández-Mendible

*Director del Centro de Estudios de Regulación
Económica en la Universidad Monteávila*

Resumen: *Esta crónica describe un importante libro publicado recientemente, que rinde tributo a los autores del Derecho Administrativo en Iberoamérica.*

Abstract: *This chronicle outlines an important book published recently, which tribute to the authors of Administrative law in Latin American.*

Palabras Clave: *Derecho administrativo; Derecho Iberoamericano; Doctrinarios; Estudiosos.*

Key words: *Administrative law; Latin American law; Doctrinaire; Scholars.*

Con motivo de la celebración del XIV Foro Iberoamericano de Derecho Administrativo, organizado por la Universidad Panamericana, en Ciudad de México, bajo la responsabilidad del profesor Luis José Béjar Rivera con el apoyo del resto de las autoridades universitarias, tuvieron lugar el día 15 de octubre de 2014 en la mencionada casa de estudios y en la Universidad Autónoma de Nuevo León, en Monterrey, el día 16 de octubre de 2014 respectivamente, los actos de presentación de la obra titulada *"EL DERECHO ADMINISTRATIVO EN IBEROAMÉRICA. DOCTRINARIOS Y ESTUDIOSOS"*, integrada por un tomo de 882 páginas, que cuenta con la autoría de los profesores Germán Cisneros Farías[1] de México, Miriam Mabel Ivanega[2] de Argentina y Felipe Rotondo Tornaría[3] de Uruguay, editada por la Facultad de Derecho y Criminología de la Universidad Autónoma de Nuevo León.

---

[1] Doctor en Derecho por la Universidad Nacional Autónoma de México y nivel II del sistema nacional de investigadores del CONACYT, miembro de la Academia Mexicana de Ciencias, del Foro Iberoamericano de Derecho Administrativo, de la Asociación Internacional de Derecho Administrativo, profesor investigador de la Universidad Autónoma de Nuevo León, profesor de Derecho Administrativo en la Facultad de Derecho y Criminología en la misma universidad, así como director del Departamento de Derecho Administrativo. Es autor de varias publicaciones y conferencias en Iberoamérica.

[2] Doctora en Derecho y Ciencias Sociales por la Universidad Nacional de Córdoba, profesora titular de Derecho Administrativo en la Universidad de Buenos Aires y en la Universidad Austral, miembro del Foro Iberoamericano de Derecho Administrativo, de la Asociación Iberoamericana de Derecho Administrativo, de la Asociación Internacional de Derecho Administrativo, de la Asociación Internacional de Derecho Municipal y de la Confederación Internacional de Derecho Disciplinario. Se ha destacado como la profesora argentina autora de más publicaciones y conferencias en toda Iberoamérica.

[3] Doctor en Derecho y Ciencias Sociales y Doctor en Diplomacia, por la Universidad de la República Oriental del Uruguay, profesor adscrito de la misma universidad y Director del Instituto de Derecho Administrativo. Es profesor de cursos de Maestría en la Universidad de Montevideo y en la

Teniendo en consideración la diversidad de países que conforman la comunidad iberoamericana, a los fines de lograr un trabajo más eficiente, los autores de la obra que se reseña investigaron, seleccionaron, biografiaron a los Doctrinarios y Estudiosos del Derecho Administrativo que desarrollan su actividad en este espacio común e hicieron una referencia bibliográfica de cada uno de ellos, en atención a un plan de trabajo perfectamente trazado, que les llevó a distribuirse el mismo de la siguiente manera: El profesor Germán Cisneros Farías se dedicó a los autores de Bolivia, Cuba, Costa Rica, El Salvador, España, Guatemala, México y Panamá; la profesora Miriam Mabel Ivanega abordó los investigadores de países como Argentina, Colombia, Ecuador, Perú y Venezuela; y el profesor Felipe Rotondo Tornaría, hizo lo propio con los países de Brasil, Chile, Paraguay, Portugal y Uruguay.

Luego de formular el índice de la obra, procedieron a explicar a los lectores los motivos que los llevaron a elaborar su acucioso trabajo, de seleccionar a los juristas que han contribuido al Derecho Administrativo contemporáneo en Iberoamérica. Para ello, procedieron a formular y responder las siguientes preguntas: ¿el por qué? (I), ¿el cómo? (II), y, ¿el para qué? (III).

I.   La respuesta al por qué invertir tiempo en elaborar un trabajo académico sobre ciertos juristas de Iberoamérica, que con sus aportes han contribuido a formar una corriente doctrinal del Derecho Administrativo en Iberoamérica, la justifican señalando:

1.   Los autores seleccionados con sus ideas han contribuido de manera resuelta al desarrollo de la disciplina del Derecho Administrativo, dentro del escenario de las distintas ramas del Derecho en general, al extremo que estos han colaborado a la separación e independencia entre el Derecho Administrativo y el Derecho común.

2.   Este trabajo académico de separación e independencia ha sido de gran temple y envergadura por parte de los pensadores que lo han realizado de manera notable, quienes con sus contribuciones fueron efectuando el deslinde de las categorías fundamentales de forma progresiva, para luego realizar la sistematización de los conceptos, instituciones, categorías y teorías que explican la tarea realizada.

3.   Constituye una dura tarea para los administrativistas, especialmente los iberoamericanos, la configuración de las instituciones, los conceptos y la construcción de la propuesta teórica de Derecho Administrativo, como la que ha sido realizada por los estudiosos que se mencionan.

No dejan de aclarar los autores, *"que ni son todos los que están, ni están todos los que son"*, por lo que seguirán investigando para dar cuenta de los otros Doctrinarios y Estudiosos que han contribuido a la construcción del nuevo edificio donde viven los derechos fundamentales de la persona humana.

4.   En las explicaciones anteriores tuvieron como referencia el pasado y el presente, pero siendo difícil hablar del futuro se plantean algunos perfiles. Es así como se tienen en consideración las innovaciones que se están experimentado en algunos países, producto de los cambios de los presupuestos fundamentales del Derecho Administrativo, como consecuencia de las modificaciones constitucionales.

Oficina Nacional de Servicio Civil, director del Anuario de Derecho Administrativo, miembro del Foro Iberoamericano de Derecho Administrativo. Es autor de valiosas obras en toda iberoamericana y es uno de los prominentes conferenciantes, de la no menos ilustre Escuela de administrativistas uruguayos.

Por ello, se han considerado en la obra, las voces que se han alzado para promover la estabilidad y presentar la nueva arquitectura del Derecho Administrativo contemporáneo.

II. La respuesta al cómo, se orienta a explicar conforme a cuál procedimiento o metodología se seleccionaron los autores y se reunieron sus tesis, por considerarlas grandes contribuciones al Derecho Administrativo contemporáneo de Iberoamérica, lo que se explicó a través de los siguientes argumentos:

1. La mayoría de los autores seleccionados tienen una obra con el título o rúbrica sobre Derecho Administrativo, que ha servido de sustento para conocer sus posiciones, a lo que se suman los diferentes artículos en revistas científicas en la materia. No obstante, el acento se ha puesto en una obra pedagógica de divulgación científica, que además de la puntualidad y precisión de conceptos, exige ser expuesta al análisis y crítica de profesores y alumnos.

2. Es necesario el afianzamiento de las ideas en un tiempo determinado, de la repetición de las tesis por otros intelectuales, de la maduración que da el tiempo a una buena idea, lo que se aprecia en las referencias o citas bibliográficas, lo que ha permitido constatar cómo se han hallado las obras citadas en otros libros o artículos especializados.

3. Resulta importante la opinión escrita de los profesores del Derecho Administrativo, pero también es necesario constatar el efecto práctico –lo que no siempre fue fácil de encontrar durante la investigación– de sus tesis o propuestas sobre las particularidades del Derecho Administrativo, que son tomadas en cuenta en las sentencias de su país de origen o de otros países.

4. Un aspecto fundamental es el interés en "hacer escuela" en el Derecho Administrativo, entiendo por tal *"el cuidado que un autor, generalmente profesor de Derecho Administrativo, ha tenido por atender y mantener informados a sus discípulos. En esta forma de conducta, siguiendo a Miguel de Unamuno, constituyen <<actos heroicos del día a día>>: impartir cátedra, organizar seminarios, dictar conferencias, organizar congresos, instituir jornadas académicas, etcétera, son actos relevantes para darles un espacio en este trabajo académico".*

5. Se reconoce que no ha sido una tarea fácil sintetizar las contribuciones de los autores seleccionados, siendo que las reseñadas no son limitativas sino meramente enunciativas, destacándose aquellas que se consideran consolidadas como tales.

6. La inclusión de ciertos autores, no desconoce a otros que también tienen credenciales académicas para ser incluidos, pero las razones de espacio y tiempo impusieron efectuar esta primera selección que fue lo más representativa en los aportes doctrinarios, tanto en sus países de origen como en la doctrina y jurisprudencia extranjeras.

7. Los autores incorporados han analizado otros temas de Derecho Administrativo que no aparecen reflejados en la publicación, pues se seleccionaron únicamente aquellos relacionados con el objetivo de efectuar una visión amplía de la obra de cada Doctrinario, que estuviese vinculada a los conceptos fundamentales de la disciplina del Derecho Administrativo.

III. La respuesta al para qué, se dirige a determinar los objetivos que se persiguen al estudiar las enseñanzas de determinados doctrinarios del Derecho Administrativo, que se explican así:

1. Contar de manera sistemática con los aportes efectuados por los doctrinarios –que sin abandonar lo local, que los inspira– contribuyen a perfilar las instituciones del Derecho Administrativo Iberoamericano.

2. Honrar al Derecho Administrativo como el ordenamiento jurídico que regula al poder público orientado al bien común (interés general) y brindar una apreciación de conjunto de esta Ciencia, a través de las enseñanzas de algunos de sus cultores.

3. Facilitar a las nuevas generaciones el contacto con la producción académica de los especialistas de enjundia de los diversos países de nuestro continente y destacar así la transcendencia de un Derecho Administrativo que sirva al funcionamiento de un Estado democrático y social de Derecho, que tiene como epicentro servir a la persona humana.

Luego de expresado lo anterior se debe mencionar, que la prestigiosa lista quedó integrada por orden alfabético de países y autores, así:

Argentina:

Rafael Bielsa, Juan Carlos Cassagne, Julio Rodolfo Comadira, Bartolomé Fiorini, Agustín Gordillo, Tomás Hutchinson y Miguel Santiago Marienhoff.

Bolivia:

José Mario Serrate Paz.

Brasil:

Romeu Felipe Bacellar Filho, Celso Antonio Bandeira de Mello, Marcel Justen Filho y Lucia Valle Figueiredo.

Chile:

Rolando Pantoja Bauzá, Enrique Silva Cimma y Eduardo Soto Kloss.

Colombia:

Libardo Rodríguez Rodríguez, Jaime Orlando Santofimio Gamboa y Jaime Vidal Perdomo.

Costa Rica:

Ernesto Jinesta Lobo y Enrique Rojas Franco.

Cuba:

Andry Matilla.

Ecuador:

Juan Carlos Benalcázar Guerrón y Jorge Zavala Egas.

El Salvador:

Henry Alexander Mejía.

España:

Eduardo García de Enterría, Tomás Ramón Fernández, Jesús González Pérez, José Luis Meilán Gil, Santiago Muñoz Machado, Luciano Parejo Alfonso y Jaime Rodríguez-Arana Muñoz.

Guatemala:

Hugo Calderón.

México:

Miguel Acosta Romero, Alejandro Carrillo Castro, Gabino Fraga Magaña, Jorge Fernández Ruiz, Alfonso Nava Negrete y Andrés Serra Rojas.

Nicaragua:

Karlos Navarro Medal.

Panamá:

Víctor Leonel Benavides Pinilla.

Paraguay:

Luis Enrique Chase Plate, Miguel Ángel Pangrazio Ciancio y Salvador Villegra Maffiodo.

Perú:

Jorge Danós Ordoñez, Eloy Espinosa-Saldaña Barrera, Richard J. Martín Tirado y Juan Carlos Morón Urbina.

Portugal:

Marcelo Alves Caetano, Diogo Freitas Do Amaral, Afonso Rodrigues Queiró.

Uruguay:

Mariano Brito Checchi, Juan Pablo Cajarville Peluffo, Héctor Giorgi, Daniel Hugo Martins, Alberto Ramón Real y Enrique Sayagués Laso.

Venezuela:

José R. Araujo-Juárez, Allan R. Brewer-Carías y Víctor R. Hernández-Mendible.

No se puede concluir esta reseña sin hacer un triple reconocimiento a los autores: El primero, toda vez que al haber asumido esta iniciativa, han manifestado una gran generosidad, al implícitamente renunciar a formar parte de la misma, aunque tienen las credenciales académicas para integrarla como Doctrinantes y Estudiosos iberoamericanos, desde sus respectivos países; el segundo, para felicitarlos por la encomiable tenacidad intelectual y académica para lograr la selección de los autores y las obras que han sido comentadas, lo que les ha exigido una inversión de tiempo y trabajo silencioso, incluso en idioma portugués; la tercera y última, pero no por ello menos importante, para agradecerles en nombre de todos los integrantes de la lista, el reconocimiento e inclusión en esta selección y a título personal, por haberme incorporado junto a este distinguido grupo de profesores e investigadores, que con honestidad intelectual han efectuado propuestas y reflexiones orientadas a construir el *Ius Commune Administrativo* de Iberoamérica.

COMENTARIO BIBLIOGRÁFICO AL LIBRO "OBSERVATORIO DE POLÍTICAS AMBIENTALES 2015"
Thomson Reuters - Editorial Aranzadi, SA, Fernando López Ramón (Coord.) y otros, Pamplona 2015

José Luis Villegas Moreno[*]

Abogado

Resumen: *Se hace la recensión de la obra colectiva Observatorio de Políticas Ambientales 2015.*

Abstract: *The recession of the collective work of Observatory Environmental Policies 2015.*

Palabras Clave: *Obra colectiva - Observatorio políticas Ambientales.*

Key words: *Collective work - Observatory Environmental Policies.*

Hay básicamente dos motivos por los que alguien puede decidirse a elaborar una reseña bibliográfica, a pesar del esfuerzo que conlleva. El primero es el más presentable: el deseo de proporcionar al público información científicamente útil sobre un libro que ha leído, o para resaltar aspectos positivos del mismo, o para criticarlo y poner de relieve sus defectos, o para ambas cosas. El segundo es más cuestionable: muchas veces uno se siente presionado, de manera directa o indirecta, por alguien de su entorno. Las presiones pueden obedecer, a su vez, a diversas causas. Por ejemplo, a menudo se sugiere a los investigadores noveles, con buen criterio, que ejerciten su espíritu crítico y deslumbren con la recensión de algún que otro libro. Otras veces hay detrás intereses menos altruistas. Se trata de hacer publicidad o propaganda de la obra en cuestión, con fines comerciales, reputacionales o de promoción profesional.

El maestro Alejandro Nieto, ha sido muy crítico sobre este asunto y refiriéndose al contexto español ha dicho:

"Es lamentable que en España –y si no se quiere generalizar tanto, en la bibliografía de su Derecho administrativo– carezcamos por completo de algo tan importante como son recensiones críticas de libros, cuya ausencia produce efectos deletéreos graves… El recensionista debe ejercer una función de censura académica digna y necesaria. Lo que aquí no se hace, puesto que como sólo se recensiona ordinariamente por compromisos de amistad, no se separa el grano de la paja y todo se resuelve en alabanzas rituales que ni siquiera informan".

---

[*] Doctor en Derecho. Profesor Titular de Derecho Administrativo y Derecho Ambiental en la UCAT. Director de la *Revista Tachirense de Derecho*. Coordinador académico de la Cátedra Fundacional sobre medio ambiente y municipio, UCAT, Miembro de la Asociación Española e Iberoamericana de Profesores e investigadores de Derecho Administrativo.

Curiosamente el mismo Alejandro Nieto[1] después de criticar la referida práctica, de la que él se considera una víctima, confiesa que siempre la ha observado y nunca se ha desmarcado de ella:

"Esto es lo que pienso ahora y he pensado siempre, pero no lo que he hecho. Confieso que en este punto he sido infiel a mí mismo: nunca me he atrevido a ser el primero en la ruptura de la inercia".

Con estos prenotandos pretendo abordar mi labor de recensionista sobre esta publicación, con la motivación indicada en el primero de los motivos descritos al inicio de este comentario. Claro está, desprejuiciado de los temores del maestro Nieto y siendo fiel a mis ideas, ya que en el presente caso estamos ante una publicación seria y pertinente, que no precisa de alabanzas y elogios inmerecidos, sino que será muy útil para toda nuestra comunidad iberoamericana, como podrán apreciar los lectores interesados.

Así, debo empezar por informar que el *Observatorio de Políticas Ambientales* es una iniciativa constituida con el objetivo de analizar periódicamente las políticas en materia de medio ambiente del Estado y de las Comunidades Autónomas en España, teniendo en cuenta el contexto internacional, comunitario europeo y comparado. Para su organización cuenta con el apoyo del *Ministerio de Medio Ambiente, y Medio Rural y Marino, del Centro Internacional de Derecho Ambiental, y de la Fundación Ecología y Desarrollo.*

La idea de este proyecto surgió a principios de 2005 en el ámbito de unas jornadas sobre el tema ambiental en la ciudad de Cádiz. El equipo promotor lo integraban: José Francisco Alenza García, Francisco Delgado Piqueras, Agustín García Ureta, Jesús Jordano Fraga, Demetrio Loperena Rota, Fernando López Ramón, Blanca Lozano Cutanda, Alba Nogueira López, Luis Ortega Álvarez, Juan Rosa Moreno, Iñigo Sanz Rubiales y Germán Valencia Martín. El Grupo de Trabajo del Observatorio está formado en la actualidad por 70 catedráticos y profesores titulares especializados en Derecho Ambiental pertenecientes a 30 centros universitarios, en Europa y América Latina que realizan los diferentes análisis cada año.

En este volumen que comentamos están contenidas las ponencias elaboradas a lo largo del primer trimestre del año 2015 por los integrantes del Observatorio de Políticas Ambientales, en que participaron 49 autores. Anteriormente, se han publicado, por la editorial Thomson-Aranzadi, los estudios correspondientes al período 1978-2006 y a las anualidades 2007, 2008, 2009, 2010, 2011, 2012, 2013 y 2014. Colaboran con el mismo, el Ministerio de Agricultura, Alimentación y Medio Ambiente, y el Centro Internacional de Estudios de Derecho Ambiental, integrado en el Centro de Investigaciones Energéticas.

Informamos a los interesados que el contenido de estos estudios está disponible en las páginas Web del Centro Internacional de Estudios de Derecho Ambiental (*www.cieda.es*), la Fundación Ecología y Desarrollo (*www.ecodes.org*) y la revista *Actualidad Jurídica Ambiental* (*www.actualidadjuridicaambiental.com*).

El Observatorio de Políticas Ambientales, continúa con este volumen la serie de análisis anuales de las políticas públicas en materia ambiental. Este año tiene la particularidad de estar dedicado a la memoria del maestro Ramón Martín Mateo que falleció en 2014. Todo un referente y faro rector para las presentes y venideras generaciones de juristas en el área del Derecho Ambiental. Los estudios de esta publicación que comentamos se han realizado te-

---

[1]   Nieto, A., *Estudios de Derecho y Ciencia de la Administración*, Centro de Estudios Políticos y Constitucionales, Madrid, 2001.

niendo como referencia temporal el año 2014, aunque en algunos casos se han tomado en consideración datos anteriores que no habían podido ser tenidos en cuenta hasta ahora. En ellos pueden encontrarse detalladas referencias y valoraciones críticas sobre el conjunto de las políticas ambientales practicadas en los niveles internacional, comunitario-europeo, comparado, estatal y autonómico durante el período considerado. Los elementos utilizados en los trabajos son las normas jurídicas (tratados, directivas, leyes y reglamentos), los presupuestos públicos, los documentos de programación y planificación (estrategias, bases políticas, directrices, programas, planes), las medidas organizativas, la jurisprudencia de los diversos tribunales y los conflictos planteados.

Se incluyen también, en la sección de análisis de políticas sectoriales y locales, trabajos dedicados a los progresos de la ordenación del litoral, la variable ambiental en la ordenación y gestión de las aguas, las novedades relativas al régimen de los residuos, la reordenación de las competencias ambientales de las entidades locales, el impacto ambiental del comercio mundial, el régimen forestal y la fiscalidad ambiental. Los estudios comparados se refieren a Alemania, Perú, Portugal, República Checa, Venezuela y Chile.

No es pertinente concluir sin destacar en esta recensión, la importante labor de coordinación realizada por el Catedrático don Fernando López Ramón, quien además le correspondió en 2015, el honor de presidir la Asociación Española de Profesores de Derecho Administrativo y llevar adelante esta valiosa obra colectiva, cuya lectura y consulta se recomienda ampliamente.

DIEZ APUNTES SOBRE UNA OBRA COLECTIVA: EL DOMINIO PÚBLICO EN EUROPA Y AMÉRICA LATINA
Fernando López Ramón y Orlando Vignolo Cuevas (Coordinadores). Círculo de Derecho Administrativo Lima, 2015

Miguel Ángel Torrealba Sánchez*

Resumen: *Se reseña la obra colectiva: El dominio público en Europa y América Latina.*

Abstract: *Review of the collective work: Public domain in Europe and Latin-America.*

Palabras Clave: *Europa-Latinoamérica-Dominio público-Bienes Públicos.*

Key words: *Europe-Latin-America-Public Domain-Public property.*

La Red Internacional de Bienes Públicos ha iniciado labores editoriales publicando los resultados de su primer proyecto de investigación colectiva, mediante una obra sobre el régimen jurídico de los bienes públicos y del dominio público en Europa y América Latina. *El dominio público en Europa y América Latina*. Fernando López Ramón y Orlando Vignolo Cuevas (Coordinadores). Círculo de Derecho Administrativo, Lima, 2015, pp. 514. Investigadores pertenecientes a prestigiosas instituciones académicas de ambos lados del Atlántico aportan su visión sobre el tema, no solo en cuanto a cada ordenamiento jurídico, sino también respecto a los antecedentes, el desarrollo doctrinal y jurisprudencial, e incluso la situación de la materia en los planes académicos de los estudios jurídicos universitarios. Se está, sin duda, ante una obra llamada a constituirse en punto de referencia para quien se dedique al estudio de la materia, y en general, del Derecho Público.

Partiendo –si se quiere– de la visión panorámica sobre la codificación de los bienes públicos en Latinoamérica ofrecida por Fernando López Ramón, uno de los más reconocidos estudiosos del tema en España y con amplia influencia en Latinoamérica, como corrobora la constante cita de sus obras en los diversos trabajos, el libro de autoría múltiple incluye enfoques actualizados del tema en Francia, que como es común en el Derecho Administrativo, puede considerarse la cuna de esa categoría jurídico-administrativa, así como también, Italia, Portugal y España, para luego pasar a Latinoamérica, a saber: Costa Rica, Venezuela, Colombia, Perú, Chile, y Argentina.

* Universidad Central de Venezuela: Escuela de Derecho. Facultad de Ciencias Jurídicas. Abogado Magna Cum Laude y Especialista en Derecho Administrativo. Profesor Ordinario (Agregado) de Derecho Administrativo. Universidad Monteávila: Director Adjunto del Centro de Estudios de Regulación Económica (CERECO). Universidad Católica "Andrés Bello": Profesor de la Especialización en Derecho Administrativo. Universidad Carlos III de Madrid, España: Máster en Política Territorial y Urbanística.

Evidentemente, los aportes colectivos son de tal magnitud y profundidad que no pueden ser reflejados en esta reseña bibliográfica. No obstante, aunque muy lejos de pretenderse una exposición integral de cada visión en estos pocos párrafos, una lectura panorámica de los trabajos permite exponer diez apuntes –lista que pudiera aumentar según el criterio de cada lector– sobre la situación actual y las tendencias del régimen jurídico del dominio público y de los bienes públicos en Latinoamérica, y en los países de Europa Occidental con mayor influencia directa sobre la primera. Veamos pues esta tentativa lista de ideas, que solo intenta invitar al lector a profundizar mediante la lectura de la obra reseñada:

PRIMERO: Aunque con antecedentes remotos en los Derechos Romano o Medieval (y en el Derecho Castellano para los países hispanohablantes), se constata el origen e influencia directa de la codificación francesa y posteriormente del Derecho Administrativo de ese país, en todo el estudio y tratamiento normativo de los bienes demaniales y de los bienes públicos en el resto de los ordenamientos (*v.g.* CASSAGNE y DE LA RIVA en Argentina). Y ello, aunque curiosamente, como en casi todas las instituciones del Derecho Administrativo Francés, la distinción entre dominio público y privado estatal respondía parcialmente a la dualidad jurisdiccional francesa (ALCARRAZ), lo que no suele ser el caso en el resto de los países. En menor medida, se evidencia también la importancia del Código Andrés Bello de Chile y de la legislación española en el Derecho Positivo de Hispanoamérica (LÓPEZ RAMÓN comentando las codificaciones latinoamericanas) –incluso de textos que no alcanzaron vigencia, como en el caso del proyecto Código Civil Franco-Italiano, recibido parcialmente por ejemplo en Venezuela conforme destaca HERNÁNDEZ-MENDIBLE–.

SEGUNDO: Resalta la crítica común a la inexistencia, en casi toda Latinoamérica, de un régimen general que regule integralmente los bienes públicos, que en contraste sí existe, aunque tenga sus cuestionamientos y vacíos, en Francia (ALCARRAZ), España (MOREU CARBONELL) y en menor medida Portugal (CORREIRA y GONCALVES MONIZ), omisiones suplidas en parte por legislación sectorial.

TERCERO: Se denuncia la escasa atención en los estudios universitarios (España y Latinoamérica), y también el limitado tratamiento dogmático e incluso legislativo de los bienes públicos en Latinoamérica (no así en Europa, donde el tema ha sido prolijamente desarrollado). Una excepción en lo doctrinario parece ser Argentina como pone de relieve la amplia bibliografía referida por CASSAGNE y DE LA RIVA.

CUARTO: Se ponen de relieve, como caracteres resaltantes y comunes del dominio público: la titularidad pública, un régimen jurídico especial y la afectación a una finalidad de interés general (uso o servicio público), así como también la inalienabilidad (entendida como la prohibición de cambios en su titularidad o en su régimen mediante negocios jurídicos privados, mas no así a modificaciones en su uso y aprovechamiento a través de la constitución de derechos reales administrativos) e imprescriptibilidad (GUERRERO MANSO y MOREU CARBONELL en España; PIPERATA, DE MICHELE y NOVARO en Italia; CASSAGNE y DE LA RIVA en Argentina, entre otros).

QUINTO: Se evidencia el relativo mantenimiento de la discusión en cuanto a la naturaleza jurídica del dominio público (partiendo de las tesis de que se trata de una propiedad, de una propiedad especial, de un título de intervención o incluso de otras), con cierta tendencia a adoptarse propuestas mixtas o eclécticas, así como a matizar las diferencias entre dominio público y privado, al establecerse un régimen especial del uso y aprovechamiento de bienes afectados a usos de interés general, en ocasiones incluso con independencia de su titularidad (ALCARRAZ en Francia; MOREU CARBONELL en España, CORREIRA y GONCALVES MONIZ en Portugal; PIMIENTO Y SANTAELLA en Colombia; VIGNOLO CUEVA en

Perú). Asimismo se cuestiona en algunos casos las clasificaciones tradicionales, pero no parece encontrárseles sustitutos enteramente satisfactorios (ALCARRAZ en Francia, PIPERATA, DE MICHELE y NOVARO en Italia; PIMIENTO Y SANTAELLA en Colombia).

SEXTO: Se avizora el surgimiento de otra discusión adicional a las anteriores, y más actualizada en ciertos aspectos, en cuanto a la mejor forma de delinear y regular los alcances y límites de la protección del dominio público o de su aprovechamiento económico, bien sea a través de títulos tradicionales (concesión u otorgamiento de derechos reales administrativos) o más contemporáneos (privatizaciones, contratos de patrocinio –el ejemplo de la administración y gestión del Coliseo romano es emblemático–, participación público-privada, entre otros) (MOREU CARBONELL en España, PIPERATA, DE MICHELE y NOVARO en Italia; HERNÁNDEZ-MENDIBLE en Venezuela). Correlativamente, hay tendencias a aumentar o disminuir la lista de bienes demaniales según prevalezca el enfoque proteccionista o bien el economicista de la eficiencia en el gasto y en el uso y protección del demanio (PIPERATA, DE MICHELE y NOVARO en Italia).

SÉPTIMO: Se hacen notar también las tendencias descentralizadoras en la titularidad o gestión del dominio público, aunque en muchos casos limitadas a los entes públicos con base territorial. En el caso Europeo a través por ejemplo de la introducción del principio de subsidiariedad, lo que implica en otros supuestos nuevas formas de participación en los procesos decisorios en cuanto a la gestión de los bienes públicos que presentan una relevancia a partir del ámbito local o comunal (PIPERATA, DE MICHELE y NOVARO en Italia, JINESTA LOBO en Costa Rica).

OCTAVO: Se ha generado también una discusión en torno a la idoneidad del Derecho Privado para la regulación de los bienes públicos (LÓPEZ RAMÓN comentando las codificaciones latinoamericanas; HERNÁNDEZ-MENDIBLE en Venezuela). Desde la posición que sostiene la necesidad de que se mantenga el régimen básico en el Código Civil, pues es el instrumento destinado a regular los lineamientos generales de la propiedad de los bienes (LÓPEZ RAMÓN comentando las codificaciones latinoamericanas) –lo que no ha sucedido en los más recientes Códigos–, hasta aquellas que niegan prácticamente toda vinculación del Derecho Civil con el régimen actual de los bienes públicos (VERGARA BLANCO en Chile), o también posturas intermedias, como en el Derecho venezolano según detalla HERNÁNDEZ-MENDIBLE. O bien destacando la evolución del tema en la perspectiva del Derecho Positivo, que ha pasado de apoyarse en el Código Civil, luego en la Constitución y más recientemente en la legislación sectorial (DANOS ORDÓÑEZ para el caso peruano, CORREIRA y MONIZ para el supuesto portugués, y parcialmente HERNÁNDEZ-MENDIBLE para el venezolano, entre otros).

NOVENO: Se constata una gran dispersión terminológica en el tratamiento del tema, aunque en la mayoría de los casos sí hay puntos coincidentes de fondo (quizá la excepción sea Colombia conforme destacan PIMIENTO Y SANTAELLA, quienes llegan a optar incluso por prescindir del término dominio público dada su equivocidad en ese país). Pero también, y quizá paradójicamente, se nota la persistencia de la dualidad entre bienes demaniales y bienes públicos del dominio privado, o bien de una trilogía, al añadirse los bienes comunes, sea por tradición histórica (casos europeos) o innovación constitucional (*res communis omnium* –v.g. HERNÁNDEZ-MENDIBLE en Venezuela– patrimonios de comunidades indígenas en Constituciones Hispanoamericanas, recursos naturales, bienes sometidos a regímenes especiales). De tal forma que, aún con múltiples diferencias de enfoque, se evidencia también un hilo conductor común, lo que obedece a las raíces francesas imperantes en los países de "régimen administrativo".

DÉCIMO: Se presenta también, respecto al uso de los términos, una polémica en cuanto a considerar al Estado como titular o administrador de los bienes públicos (*v.g.* LÓPEZ RAMÓN en España y Latinoamérica), o más bien a la Nación (VERGARA BLANCO en Chile), aunque en ocasiones se empleen ambos vocablos. Así por ejemplo: Nación, además de en Chile, también en Costa Rica según destaca JINESTA LOBO, así como en Perú, aunque HUAPAYA TAPIA sostiene que deba entenderse como Estado, conforme a la tradición constitucional que reseña DANOS ORDÓÑEZ. Idas y vueltas terminológicas que no parecen coadyuvar en el desarrollo de unos vocablos comunes y de unas nociones inequívocas.

Una última consideración, ya para cerrar. Es este del dominio público y de los bienes públicos, uno de los capítulos eternos del Derecho Administrativo, y también del Derecho Civil, a juzgar por varias de las opiniones vertidas en esta –sin duda utilísima– obra. Y es asimismo uno de los más inacabados. La tarea de esta investigación colectiva, como la de trabajos precedentes, revela que en él mucho queda aún por desarrollar. Comenzando por intentar una cierta aproximación –si no uniformidad– terminológica y conceptual– para luego adoptar regímenes generales sistemáticos y coherentes, a ser desarrollados luego conforme a las exigencias de cada ámbito sectorial.

Solo haciendo esta labor, y otras adicionales, puede aminorarse el riesgo de que las peculiaridades de cada sector terminen produciendo una atomización normativa que lleve a perder de vista el bosque (las categorías del dominio público y de los bienes públicos) por enfocar a cada árbol, en este caso, cada ordenamiento nacional o incluso cada instrumento sectorial. Lo cual podría en riesgo la finalidad de poder contar con un soporte normativo y dogmático coherente con las mejores tradiciones del Derecho Administrativo, incluyendo la de la necesaria adaptabilidad de esa rama jurídica a la evolución de las dinámicas sociales, económicas, tecnológicas y políticas, y en última instancia, a las exigencias que impone la satisfacción de interés general y la protección de los derechos de la persona al Estado Social y Constitucional de Derecho de comienzos del siglo XXI.

De modo pues que esta primera iniciativa de la Red Internacional de Bienes Públicos, cuya publicación celebramos y a cuya lectura detenida invitamos nuevamente, parece constituirse en un primer Capítulo llamado a ser continuado y desarrollado por otros trabajos posteriores.